KB037137

전염병과 역사

Epidemics and History

전염병과 역사

제국은 어떻게 전염병을 유행시켰는가

셸던 와츠 지음 ㅣ 태경섭·한창호 공역

모티브북

| 감사의 말 |

이 책을 쓰기 위해 많은 시간이 걸렸다. 다시 한 번 살펴보면서, 1981~1982년에 일로린 대학교 인문학 세미나에서 페스트와 콜레라의 사회사에 관해 발표했던 일이 생각났다. 이러한 종류의 연구를 맡는 데 선결조건인 원인과 결과 간의 순환적 관련성을 파악하는 능력을 개발하도록 도와준 나이지리아의 동료학자와 학생들, 그리고 나이지리아 전체에 감사드린다. 1990~1991년, 영국 리버풀 대학교 R. 맨설 프로데로Mansell Prothero 교수는 그의 초기 저작 『이주민과 말라리아Migrants and Malaria』에 토대해 인간의 이주와 질병에 관한 연구서를 집필해달라는 요청을 받았는데, 그의 제자였던 내 아내 수전 와츠Susan Watts를 통해 그 연구과제가 내게 주어졌다.

지난 6년 동안 웰컴의료사연구소의 로이 포터Roy Porter는 언제나 좋은 충고를 아끼지 않았다. 그는 각 장이 집필되는 대로 끈기있게 읽고 논평해주었으며, 현재 상태의 원고보다 1.5배 더 길었던 초고 전체를 검토해주었다. 로이의 지원과 격려가 없었다면 이 책은 세상에 나오지 못했을 것이다.

일단 연구가 진행되자 많은 학자들이 기꺼이 조언과 서지학적 제안을 해주었다. 이전의 저작 『사회사Social History』(1984)가 좀 더 역사적 접근방식을 취했더라면 덕을 많이 보았으리라는 과거 지적뿐만 아니라 페스트에 관한 논평과 제안을 해준, 『전염병과 인류의 역사*Plagues and Peoples*』의 저자 윌리엄 맥닐William McNeil에게 감사드린다. 맥닐 교수와 나는 1991년 6월의 로드아일랜드 프로비던스에서 열린 "유럽인의 의식 속의 아메리카: 1493~1750년 신세계 발견이 끼친 지적 영향"을 주제로 한 국제회의를 조직한 바 있었다. 그 위원회의 앤서니 팍덴Anthony Pagden 교수와 존 엘리엇John Elliott 교수에게도 감사드린다. 두 분은 유럽의 '타자他者'에 관한 생각을 전개할 수 있도록 도움을 주었다. 이 측면에서는 1993년 봄에 웰컴의료사연구소에 머무는 동안 '동양 및 아프리카 연구스쿨'의 데이비드 아널드David Arnold와 함께 했던 토론은 큰 도움이 되었다. 이 원고의 초기의 없는 초안 상태에서 '황열병과 말라리아' 부분을 놓고 시간을 들여 논평해준 존스홉킨스대학의 필립 커틴Philip Curtin 교수에게도 역시 감사드린다. 그 이외에도 토론에 참여하고 논평해준 많은 학자들께 감사드린다. 콜레라에 관한 자료를 제공해준 케네스 모트Kenneth Mott 박사(WHO, 제네바), 황열병에 관한 중요한 자료를 제공해준 튤레인대학교(LA) 열대의학과 바네트 클라인Barnett Cline, 천연두에 관한 최신 정보를 마련해준 (글로벌 2000의) 도널드 홉킨스Donald Hopkins, 말라리아에 관한 자료를 마련해준 존스홉킨스의 피터 윈치Peter Winch, (최근에 UN과 함께) 나병에 관한 그밖의 자료를 마련해준 도널드 하이젤Donald Hiesel, 맘루크 인들을 제대로 파악하게 안목을 열어준 (아랍연구 AUC 센터의) 엘리자베스 사르테인Elizabeth Sartain 박사가 그런 분들이다. (아디스아바바의) 리처드 팽크허스트Richard Pankhurst 교수는 내게 전쟁 이전 에티오피아의 전염병학적 맥락에 관한 유용한 통찰력을 제공했다. 특히 자료를 빠르게 읽고 오랜 시간이 걸리는 토론에서 지원을 아끼지 않았던 일로린의 학자 두 분께 감사드린다. 최근 크와라 공과대학에 재직 중인 앤 오히어Ann O'Hear 박사와 일로린의 마지막 식민지 교육 관리 중 한 사람이자 훗날 가베론 소재 보츠와나대학교 부총장 보좌관이었고 현재 카이로에 거주하는 휴 버논 잭슨Hugh Vernon Jackson 박사가 그분들이다. 또한 각 지역의 나병원을 돌아볼 수 있게 해주고 각종 전염병에 관한 토론에 뛰어난 영감을 제공해준(수에즈 커낼대학교의) 아델 아부 시프Adel Abou Seif 박사에게도 감사드린다. 여러 도서관 직원들께서 도와주어 연구에 큰 힘이 되었다. 영국의 웰컴의학사연구소, 열대의학대학원, 런던대학교(평의원 회관), 동양 및 아프리카연구대학원, 역사연구소의 도서관이 그랬다. 미국에서는 노스웨스턴과 에반스톤대학교, 델루스 소재 미네소타대학교의 도서관이 그랬다. 이집트는 카이로 소재 아메리칸대학교 도서관과 무바라크도서관이 도움을 주었다. 나는 웰컴의학사연구소의 연구 보조금 덕분에 광범위한 학자들을 만날 수 있었고, 마지막까지 연구할 수 있었다. 예일대학교 출판부의 독자가 내게 다양한 주제와 사고방식에 관해 통찰력을 제공해주었다. 그 중 일부는 이 책의 최종판본에 반영되었으며, 로버트 벌독이 조력을 아끼지 않았다.

마지막으로 내 반평생의 반려자요 동반자인 아내, 수전은 처음부터 연구과제에 관여했고, 세심한 온갖 형태의 지원과 더불어 언제나 각 초안을 읽고 논평해주었다. 수전이 없었다면 이 연구과제는 결코 잉태되지도, 자양분을 공급받지도, 최종적 완성을 이루어내지도 못했을 것이다. 감사드린다.

차례

6. 황열병과 말라리아의 발병

: 대서양 연안 아프리카와 신세계(1647~1928년)

7. 끝맺는 말

:전염병학상의 변화를 위하여

| 들어가는 말 |

카이로와 전염병! 내가 카이로에 머물렀던 기간 내내, 그곳은 전염병의 창궐로 인해 모든 거리와 뒷골목 구석구석까지 병이 돌고 있었기 때문에, 카이로! 하면 나는 그곳을 전염병과 분리시켜 생각할 수 없을 정도이다. …… 하지만 동양인들(이집트인들)은 전염병으로 인한 고통스러운 생활을 유럽인들보다 훨씬 꿋꿋하게 이겨나가고 있었다. '죽음의 도시에' 텐트가 쳐지고, 아이들의 즐거운 비명과 함께 그네가 흔들거렸다.─무시무시한 어느 휴일의 모습이었다! 그러나 그 이슬람교도들은 죽음의 그림자에도 아랑곳하지 않고 예로부터 내려오는 그들의 풍습을 지키며 …… 긍지를 느끼고 있을 뿐이었다.

─알렉산더 킹레이크, 『에오덴*Eothen*』, 1835[1]

『에오덴』의 저자가 전염병의 시대를 기록하고서 160년이 지나고 나서 바로 그 카이로에서 대부분의 생활을 하던 나는 이집트 문화가 생명의 위협 아래서도 온전히 그 순수성을 지켜낸 것에 놀라지 않을 수 없었다. 말하자면, 킹레이크에 의해 널리 알려진 일종의 문화적 제국주의가 여전히 소멸되지 않았음을 나는 깨달을 수 있었다. 예를 들어 최근 카이로의 거리에서 구입한 런던의 한 신문에서는, 유엔이 작성한 기후 변화에 관한 어느 목록에서 제3세계에 사는 한 개인의 현금 가치는 서유럽이나 미국에 비해 겨우 1/5로 평가되고 있는 현실을 폭로했다.[2]

제국주의와 유행성 질병의 영향에 관계된 비교사 연구에서 제기되는 첫 번째 질문은 대학에서 훈련을 받은 의사들의 역할에 관한 것이다. 말하자면, 그들이 오늘날과 똑같은 기능을 수행했는가? 라는 질문인데, 그 대답은 "아니다"라고 단언할 수 있다. 20세기 초까지, 즉 서구 세계가 "의료화"될 때까지 유럽 서민 계층의 환자들은 그저 가족에게서 기본적인 치료를 받았다. 그러다가 상태가 악화되면 마을에 있는 치료 행위를 하는 사람을 부르기도 했고, 행상인들에게 들은 처치법으로 치료를 보완하기도 하였을 것이다. 이처럼 당시 유럽인들이 치료 비용이나 환자의 상태와 상관없이 의사에게 가지 않았던 유일한 이유는 의사들이 심각한 병을 결코 치료할 수 없다고 생각했기 때문이다.

당시에 갈레노스(131~201년)와 아비세나(아랍어로 시나의 아들이란 뜻, 1037년 사망)가 제시한 의료 지침에 따라서 의사들은 환자 개개인에 맞는 치료를 하는 것을 자신의 의무로 생각했다. 만약 의사의 처방에 따라 식이 요법을 하던 환자가 심각한 병에 걸리게 되면, 의사는 그를 정신적으로 안정을 시키고, 목욕과 지혈 및 식사 조절 등을 권하면서 환자가 보살 핌을 받는다는 느낌을 갖게 하는 그런 역할을 했었다. '19세기 이전에는 여자 의사란 말 자체가 없었을 정도로' 의사는 자신이 중병에 걸린 환자를 치료할 수 없다는 것을 너무도 잘 알고 있었다.[3]

우리의 관점에서 볼 때, 현대 의학은 프로이센의 의학자 로베르트 코흐(1843~1910)에서 시작된다. 코흐는 1883년 이집트의 알렉산드리아에 머무는 동안 콜레라를 일으키는 아주 작은 유기체vibrio를 발견했고, 이내 1884년 캘커타에서 자신의 발견에 대한 확신을 갖게 되었다. 사실 그는 2년 전에도 결핵의 원인이 되는 병원균을 발견했었지만,[4] 코흐의 급진적인 생각이 호응을 얻고 치료 행위에 영향을 주기까지는 어느 정도 시간이 걸렸다. "학문적 진리"라는 위대한 전통 속에서 훈련된 의사들은, 대부분의 병이 독기毒氣나 불규칙적인 생활 습관에 의해 발생한다고 생각했지, 아주 작은 유기체에 의해 발생한다고는 전혀 생각지 않았기 때문

그림 1_ 로베르트 코흐 교수. 1890년 11월 29일자 런던 뉴스에 삽입된 P. 나우만의 판화.

이었다. 당시 의사들은 코흐의 생각을 받아들일 수 없었으나 그들이 은
퇴하고, 새로운 패러다임하에서 교육을 받은 의사들은 마침내 코흐의 생
각을 받아들이게 되었다.[5]

 서양이 (병에 대한 첫 번째 대응으로서 의사를 찾는) 완전한 의료화 체
계가 마련되기 시작한 1880년대부터 1930년대까지의 시기는 유럽과 북

미 제국주의가 번창하던 시기와 일치한다. 말하자면, 이 두 현상은 연관성이 있다는 것이다. 아프리카와 중국을 차지하려는 쟁탈전이 시작되고, 미국이 카리브 해와 태평양 연안에 있는 스페인의 옛 제국을 정복하면서 열대 의학이라는 새로운 학문 분야가 태동하게 되었다. 그러므로 열대 의학은 바로 정복의 최초 단계부터 세계 모든 지역에 '백인종'이 정착할 수 있게 하고, 또한 착취를 가능하게 하는 "제국주의의 도구"였던 것이다. 이 새로운 역할을 정당화하는데, 허버트 스펜서가 고안하고 후에 찰스 다윈이 쓴 진화론의 생식 관련 저작들이 대중화되면서 구체화된 것이 큰 기여를 하였다. 일반적으로 사회 진화론의 메시지는 진화론 사슬의 정점에 유럽인들이 있고, 유럽인들이 다른 모든 인류를 지배하는 것이 정당하다는 이론이었다.[6]

하지만 잘 알다시피, 이러한 주장에서 새로운 점이 있다면 그것은 유럽인들을 정당화하기 위해 사용된 과학주의뿐이다. 실제 유럽 제국주의의 역사는 대략 500년 이전으로 거슬러 올라간다. 세계 정복을 향한 그들의 첫행보는 15세기 포르투갈과 스페인 사람들에 의해 시작되었고, 다음 200년 동안에는 네덜란드, 프랑스, 영국인들이 그 뒤를 따랐다. 그리하여 17세기 중반에는 오스트레일리아를 제외한 모든 대륙을 아우르는 진정한 의미의 세계 경제가 출현하면서 대량 소비주의 시대가 시작되었다. 이 현상은 발전 혹은 진보라는 큰 틀 속에서 전개되기 시작했고, 제노바, 리스본, 앤트워프, 그리고 나중에는 암스테르담과 런던에 있는 금융 자본 회사에서 일하는 사람들에 의해 조종되었다.

우리의 관점에서 볼 때, 초기 근대 그리고 근대 전체를 추동시킨 원동력이라 할 수 있는 발전은 다양한 형태로 전개되었다. 발전에 가장 필요한 네 가지 요소는 다음과 같다. (1) 비옥한 땅, 씨앗, 산림, 그리고 광물과 그 밖의 천연 원료들. '이것의 일부는 완전히 새롭게 탈바꿈하여 소비자의 구매욕을 불러일으키는 생산품이 된다.' (2) 땅의 소유주나 고용자들에게 종속되어 생산자이자 소비자로서 이중의 짐을 지기도 하면서 실제로 그 원료를 상품으로 변화시키는 역할을 하는 노동자들. (3) 천연 원료와 노동자들을 한곳으로 모으는 데 필요한 비용을 감당할 수 있고 가장 높은 이윤을 남길 시장으로 생산품을 가져갈 수 있는 신용과 신용 능력. (4) 현금이나 약속어음을 양도하거나 구두로 지불 약속을 하고서 생산품을 금이나 은으로 바꾸는 소비자들.—1930년대 이전에 유럽의 신용 체계는 금과 은에 의존해 있었고, 고도의 기술 산업 시대로 들어선 19세기 후반까지도 손이나 기계 또는 양자에 의해 완성된 생산물의 실제 성격은 주로 비물질적인 것이었다. 하지만 중요한 것은 유럽의 '발전'을 수행해 온 사람들이 생산 과정을 계속해서 변화시켜서 점점 더 많은 세상 사람들 또한 그 생산 과정에 종속시켰다는 점이다.[7]

그 '발전'의 의도하지 않은 결과 중 하나는, 포르투갈 인들에 의해 최초로 무역 네트워크가 만들어진 것처럼 전 세계를 아우르는 질병의 네트워크가 생성되었다는 점이다. 1492년 콜럼부스의 역사적인 대서양 횡단 이전까지는 이 책에서 다루는 유행성 질병들이—페스트, 나병, 천연두, 콜레라, 말라리아, 황열병 또는 (딸기종과 반대되는)매독—신세계에는 존재하지 않았다. 우연히 일어난 두 사건이 신세계에 행복한 조건을 부여한 것처럼 보인다. 그중 하나는, 약 4만 년 전에 아시아 원주민이 오늘날의 베링 해협을 건너 신대륙으로 이주 정착하여 콜롬부스가 상륙하기 전 신대륙 거주자들의 조상이 되었는데, 3만 년 후 해수면이 높아지면서 이 통로가 차단된 일이다. 다른 하나는, 이 이주민들이 신대륙으로 떠난 후 구세계에 근대적 질병이 생겨나기 시작했다는 점이다.[8]

유럽인들은 그들 자신이 확립한 규칙은 언제 어디서나 적용될 수 있다고 생각했는데, 이러한 생각에 기초한 이론들을 보면 우리가 이 책에서 논의하는 유행성 질병들이 일정 규모 이상의 정착 인구를 필요로 한다는 것을 알 수 있다. 구세계에서 '농경 생활은 채집이나 사냥 생활과는 반대의 의미에서' 기원전 1만 년에서 기원전 9천 년 사이에 '이집트와 비옥한 초승달 지대에서' 시작되었다. 이러한 연대는 구세계에 질병이 발생하고 증가하기 시작한 시기와 거의 일치하지만, 이러한 이론은 '결핵을 제외하곤' 구세계의 질병이 왜 신세계에서는 사라져갔는지를 설명하지는 못한다. 서반구에서는 기원전 500년경, 특히 중앙아메리카 지역에서는 커다란 시장이 있는 마을과 많은 사람들이 거주하는 '약 5만 명이 넘는' 도시들이 생겨났다.

유라시아 대륙에 유행성 질병을 일으키는 미생물이 퍼지기 시작한 것은 아시아 원주민들이 아메리카 대륙으로 떠나고서 수천 년이 흐른 후에야 일어난 일이었다. 이러한 사실은 아메리카로 건너간 아시아 원주민의 후손들이 유행성 질병에 대한 면역을 지닐 필요나 이유가 없었다는 것을 의미하지만, 한편으로 면역력을 지니지 못한 결과는 치명적이었다. 특히 천연두의 경우가 그러했는데, 콜럼부스가 사망한 후 20년 만에 감염된 유럽인들의 발이 닿은 아메리카 대륙의 모든 지역에서 그곳 원주민들은 한 세대 안에 열 명 중 아홉 명이 천연두나 이와 유사한 치명적인 병에 감염되어서 자신의 아이를 갖기도 전에 죽어갔다.

그러나 신대륙에서 금과 은을 최대한 캐내야 하는 유럽의 '발전' 수행자들에게는 그처럼 원주민들이 엄청나게 죽어가는 것이 큰 손실이 아니었다. 포르투갈 인들의 해양 기술(얼마 지나지 않아 네덜란드와 영국인들이 추월했다)과 아프리카와 아시아에 있는 그들의 전진기지 덕분에 아프리카 노예들을 아메리카의 광산으로 수입하는 것은 비교적 쉬운 일이었기 때문이다. 그러므로 유럽인들이 아메리카로 들어간 지 불과 수십 년 만에 '홍역과 발진티푸스와 함께' 천연두에 의한 대재앙은 백인들의 탐욕과 맞물려 신대륙의 인종 구성을 완전히 뒤바꾸게 만든 것이다.[9]

그곳이 유럽이든, '발전'이란 패러다임에 의해 변형되고 있는 비유럽 지역이든, 아니면 유럽의 식민지든 간에 전염병은 소수의 지배자와 다수의 피지배자 사이의 권력 관계에 영향을 주었다. 분명, 유행성 질병의 위협에 (종종 의사들과의 협의하에) 공식적 대응을 결정하는 자는 통치자들이었는데, 맥락은 다를지라도 지배층인 엘리트 계급은 거의 언제나 전염병이 일정한 부류의 사람들에게만 영향을 미치고 그 외 사람들은 전염병의 백색 지대에 있게 할 것을 주장했다. 문화적 여과 장치를 통과해서 이르게 된 이러한 사고는 내가 이 책에서 질병의 구성개념 '나병의 구성개념과 황열병의 구성개념처럼'이라고 이름 붙인 것에 속하는데, 정치가들이 공식적인 대응책을 마련하면서 사용된 이 구성개념은 질병의 이동을 차단하기 위한 모든 행위들에도 적용된다.[10]

거의 언제나 대중들은 전염병이 번지는 기간 중에 강력하게 시행되는 정책들이—공동묘지에 횟가루를 입힌 시체들을 신속하게 매장하고, 죽은 자들의 재산을 환수하고, 시장을 철폐하고, 격리소를 만드는 일 따위—전염병 자체보다도 자신들의 삶에 훨씬 더 큰 위협을 가한다고 생각했다. 하지만 소수의 특권 계층은 그들 자신의 이념이 왜 보편적 규준으로 받아들여지지 않는지 결코 이해하지 못했다. 그러나 프랑스와 영국, 스코틀랜드에 계몽주의가 시작되면서 엘리트 계급과 일반 대중 간의 전염병에 대한 태도의 차이는 상당히 좁혀졌다.[11]

다음에 이어지는 여섯 개의 장에서 나는, 각 장마다 전염병을 두 개의 상이한 문화적 맥락 속에서 고찰하고 있는데 하나는 유럽인의 시각이고, 다른 하나는 비유럽의 시각이다. 시간과 공간과 문화 속에서 전염병을 맥락화한 것은 내가 20년 전 윌리엄 맥닐William McNeill이 했던 것과는 어느 정도 다른 과제를 설정했다고 보면 된다. 말하자면, 맥닐이 전염병이 인류에게 미치는 파괴력을 고찰하고자 했다면[12] 나는 전염병과 관련하여 연대기적으로 책을 서술했는데, 1347년에 서유럽과 카이로에 기반을 둔 맘루크 족을 강타한 페스트 전염병에 관한 연구를 첫 장에 소개하면서 유럽에서 이 질병이 1690~1720년 사이에 소멸했지만 중동 아시아에서는 1840년까지 지속되었음을 설명했다. 또한 첫 장에서는 소멸된 지 수세기가 지난 후에도 유럽에서 이 전염병은 사람들의 뇌리에 무시무시한 천벌로 남아 있었고, 그래서 어떤 위기가 닥칠 때마다 사람들은 그 일을 이 질병과 비교하기도 했음을 언급하고 있다.[13] 또한 유럽인들에게 무시무시한 고통을 안긴 이 전염병은 훗날 천연두가 아메리카 원주민에게 가했던 방식처럼, 외부 정복자들이 지닌 병이 되지는 않았음을 지적하고 있다.

나병을 다룬 두 번째 장에서는 유럽의 중세에 잠재적인 전염병 구성개념이 증가한 상황을 고찰하고, 이어서 오명이 씌워진 나환자에 대한, 그리고 전염병 구성개념이 19세기 식민지에 적용된 방식에 대한 사례 연구를 고찰한다. 또한 이 장에서는 내가 하와이와 인도를 시작으로 남아프리카와 나이지리아, 필리핀, 말레이시아를 순례한 일을 언급하면서, 장의 마지막은 경고의 메시지로 끝을 맺는다. 시기를 놓치지 않는다면 나병에 대한 효과적인 치료가 이제 가능해졌지만, 중세의 기독교적 구성개념은 여전히 남아 있다. 나환자의 구성개념에 대한 서구적 관념을 쉽게 받아들이는 사람들은 일찍 치료를 받으면 손가락과 발가락을 잃지 않을 수 있음에도 좀처럼 의사를 찾지 않았다.

세 번째 장은 아메리카와 유럽에 발생했던 천연두에 관해 다루고 있고, 네 번째 장은 유럽과 1943년 이후 아메리카에서 숨겨진 전염병으로 알려진 매독에 관해 살펴보면서 우수한 문명을 자랑하는 중국이 잠재적인 매독에 직면하게 된 과정에 대한 논의로 끝을 맺는다.

다섯 번째 장의 주제는 인도와 대영 제국에 발생한 콜레라이다. 1786~1947년까지의 영국 통치 기간 중에 콜레라는 2,800만 명이 넘는 사람들의 목숨을 앗아갔다. 영국인들이 인도에 들어오기 전에는 콜레라가 인도 대륙에 심각한 위협을 끼친 적이 없었던 것으로 보아, 콜레라는 식민주의가 낳은 질병일 가능성이 높다. 1831년에 최초로 콜레라의 공격을 받은 영국에서는 콜레라와 콜레라로 의심이 되는 바이러스가, 중간 계층이 사회적 적대 계층인 직공들을 무너뜨리는 몇 가지 수단 가운데 하나로 취급되었다.

여섯 번째 장은 대서양 지역(아프리카, 카리브 해의 섬들, 그리고 아메리카 본토)에 퍼진 말라리아와 황열병을 다룬다. 이 질병이 생겨나면서 '발전'

은 (동부에서 서부로 수백만의 잠재적 노동자들의 불가피한 이주를 포함하여) 다시금 기본 동력으로 여겨졌다. 19세기의 나병과 함께 말라리아의 잠재적 요소는 지배 계급의 태도를 형성하는 데 중요한 역할을 했다. 황열병에 관한 한 아프리카 흑인들이 면역력이 있는 것으로 간주되었는데, 이러한 오해는 기독교의 신이 그들을 아메리카에서 노예로 일하도록 창조했다는 증명으로 이어지기도 했다. 심지어 1890년대에 아프리카와 리버풀에서 영국의 의료진들은 말라리아의 발생을 계기로 흑인들을 몰아낸 일도 있었다.

과거에 전염병을 이처럼 잔인하게 이용한 것은 '후기'에서 이 책이 인쇄소로 넘어갔을 때 벌어진 상황을 짤막하게 얘기할 때 다시 논하게 된다. 나는 이 책을 기술할 때, 현대의 의사와 의료진들이 로베르트 코흐의 통찰을 기반으로 하여 마침내 이번 연구에서 논의된 모든 유행성 질병들을 통제할 수 있다는 사실을 이 책의 출발점으로 삼았다. 오늘날에도 여전히 치명적인 병인 말라리아를 아직도 통제하지 못하는 이유는 기술적 무능력 때문이라기보다 사회적, 지식적, 경제적 장벽 때문이라고 말할 수 있다. 하지만 비슷한 장벽을 극복한 천연두는 1977년에 지구상에서 소멸되었음을 잊지 않았으면 한다.[14]

해를 거듭할수록 과학 기술은 발전하지만 의료계에 종사하는 사람들은 더 커다란 사회적 시스템의 일부분으로 고정이 되어 그들의 진정한 가치를 공유하지 못하고 있다. 그래서 경제적으로 발전한 북반부와 열대의 일부 도시에 사는 엘리트 계급은, 이제는 주로 남반구에서 발견되는 감염성 질병에 대해 그 질병의 억제에 관심을 갖기보다는 개인적인 이익을 우선시한다. 하지만 알렉산더 킹레이크가 1835년 카이로의 공동묘지에서 관찰했고, 내가 매일매일 카이로 거리에서 보는 보통 사람들은 인류 개개인이 지니고 있는 동등한 가치와 존엄성에 대한 의지를 끊임없이 보여준다. 진정, 그런 사람들 속에 더 나은 인간의 미래를 위한 씨앗이 들어있음이 분명하다.[15]

1347년에서 1844년, 전염병에 대한 서유럽과 중동의 대응

서론

1347년 여름 페스트 전염병에 감염된 쥐와 벼룩이 흑해의 카파(현재의 테오도시아)항에 정박해 있던 제노바 상선에 기어올랐다. 이듬해 이 상선들 중 몇 척은 다르다넬스 해협을 통과하여 시칠리아 섬의 메시나에 정박한 다음, 계속해서 피사와 제노바 그리고 마르세이유로 항해하였다. 또 다른 제노바 상선들은 직접 카파 항에서 이집트의 나일 강 입구로 나아갔는데, 불과 채 몇 달이 지나지 않아 사람들이 알 수 없는 역병으로 죽기 시작했다. 특히 지중해 연안에 사는 여성들과 아이들 가운데 사망자가 속출했으며, 1348년이 끝날 무렵에는 이 전염병이 대서양과 발틱 해 연안에 사는 주민들에게까지 번지기 시작했다. 그다음에 이 병균은 강을 거슬러 오르고, 길을 따라서 그리고 들판을 가로지르면서 내륙 깊숙한 곳에 사는 유럽인들에게까지 다다르게 되었다.

입수 가능한 통계에 의하면, 5년 동안(1347~1351년) 흑해 지역은 급속히 확산된 페스트로 인해 사망률이 1/8에서 2/3까지 이르렀다. 유럽 전역에서 페스트로 인해 열 명 중 세 명이 사망했고, 총 2,400만 명이 목숨을 잃었다. 이는 로마 제국이 붕괴한 이후 유럽에서 발생한 최악의 대재앙이었다.[1]

이슬람 문명권인 중동 지역의 사망률이 가장 높았는데, 이 지역에서는 이 병으로 인해 인구의 1/4에서 1/3이 사망했다. 1349년 안달루시아 출신의 의사인 이반 카티마Ibn Khatimah는 다음과 같이 증언했다.

> 이 병은 신의 섭리라고 말할 수밖에 없다. 왜냐하면 이토록 엄청나고 오래 지속된 참사는 역사상 단 한 번도 일어난 적이 없기 때문이다. 이 병에 관한 만족스러운 보고서는 결코 나올 수가 없다. 이 병은 예전에는 없던 병이고…… 오로지 신만이 지구상에서 언제 사라질지를 아는 병이기 때문이다.[2]

1351년이 지난 후에도 몇 년 동안 페스트 전염병은 지중해 주변의 전 지역에서 간헐적으로 계속 발생했다. 그 어떤 사람도 이 병에 대한 면역력이 없었고, 두 번 세 번 발생할 때마다 이 병의 1차 표적은 임산부와 어린아이들이었다. 아이들과 청소년들이 성장하기도 전에 죽어 갔기 때문에 인구 증가의 싹은 제거되고 말았다. 르네상스의 발원지로 알려져 있는 피렌체의 경우는 그 결과가 더욱 참혹했다. 1348년부터 1427년 사이에 여덟 차례나 이 병이 발생해서 10만에 달했던 인구 가운데 살아남은 사람의 수는 채 1/3도 되지 않았다.[3]

그 이유는 분명치 않지만 1450년경부터 유럽의 사망률과 중동 지역의 사망률은 차이를 보이기 시작했다. 이슬람 지역에서 페스트는 1840년대까지 계속 번지면서 많은 사람들을 죽음으로 몰아넣었지만, 이와는 대조적으로 유럽에서는 페스트가 아이를 낳을 수 있는 연령대를 급감시킬 정도의 영향력은 이미 15세기 중반에 끝났다. 또한 유럽에서의 페스트는 1575~1576년, 1630~1631년, 그리고 1656년에 북부 이탈리아 도시들을 강타했던 국지적인 발생을 제외하면 주로 농촌 지역에서 발생했고,

15세기 중반 이후에는 특정 지역에 한정적으로 그리고 점차 간헐적으로 발생하게 되었다. 그 결과 인구가 점차 회복되어, 발생 첫 해인 1347년의 수준을 넘어서게 된 것이다.[4]

이러한 구도에서 먼저 서유럽 지역을 고찰하면서, 1450년대까지 왜 엘리트 계급이 각별한 대응책이 요구되는 특별한 질병인 페스트에 대해 아무런 대응책도 내놓지 못했는가 하는 점을 살펴보고자 한다. 단, 북부 이탈리아의 엘리트 계급만이 페스트에 대한 특별한 대책을 마련하긴 했는데, 그 대응책은 내가 질서의 이데올로기라고 명명하는 것에 바탕을 두고 있다.[5] 이러한 정책이 유럽에서 가장 정치적으로 민감한 지역(토스카나, 리구리아, 롬바르디아, 베네치아)에 도입된 후 유럽의 전 지역에 적용되기까지는 200년이나 걸렸다. 전문가들의 의견이 일치하는 것은 아니지만, 1660년 이후 시행된 격리 및 기타 표준적인 억제 기술들이 아마도 페스트를 물러가게 하는 데 핵심적인 역할을 했을 것이다.[6] 이러한 측면에도 불구하고 분명한 사실은 그러한 새로운 정책이 전통적으로 여겨져 온 통치자와 백성들의 고유한 역할을 지나치게 강요했다는 점이다. 앞으로 보게 되겠지만, 새롭게 창안된 전염병 억제 정책은 관념적으로든 실제적으로든 엘리트 계급의 권력을 매우 강화시켰음이 분명했다.

그다음으로는 카이로를 본거지로 삼았던 맘루크 제국과 1517년 맘루크 제국을 계승한 오스만투르크 제국을 살펴보면서, 나는 1805년 무하마드 알리가 이집트의 통치자가 될 때까지 간섭주의 정책이 전혀 없었던 이유를 고찰할 것이다. 당시 이집트의 인구는 1347년에 페스트가 발생하기 전 인구의 1/3에 불과했다.

이 장에서 나는 페스트와 그 뒤로 계속 생겨난 역병들로 인한 도시와 농촌의 인구 감소가 오랜 기간 동안 서유럽과 중동의 여러 지역의 운명에 어떤 역할을 했는지에 관한 논쟁으로 나아갈 생각은 없다. 하지만 이러한 논쟁을 통해서 발견된 하나의 사실은 주목하고 싶다. 즉, 인구의 갑작스런 감소는 (북부 이탈리아 같이) 전통적으로 경제가 번성했던 지역과

(영국이나 네덜란드 같이) 새로운 경제적 기회가 펼쳐지는 지역과의 균형을 결정적으로 무너뜨릴 수 있는 여러 요인들 중 하나일 뿐이었다는 사실이다. 이탈리아의 경우는 최근에 케임브리지 대학의 역사학자인 S. R. 엡스타인이 시칠리아와 토스카나 지역의 운명을 비교한 바 있다. 엡스타인에 의하면, 페스트로 인한 초기 사망률이 두 지역 간에 이루어졌던 장거리 사치품 무역(엘리트 계급에만 해당되었던)의 중요성을 약화시키기는 했지만, 좀 더 지속적인 영향을 끼친 중요한 결과는 비 사치품을 판매하는 지역 시장을 발전시켰고, 그 결과 농업보다는 시장에서 생계를 꾸려가는 지역민의 비율을 증가시켰다는 점이다. 두 지역에서 가장 중요하게 고려되었던 점은 제도적인 틀과 지배 계급의 사고방식이었다. 경쟁 관계에 있는 두 지역의 통치 계급이 일반 백성들이 살고 있는 광대한 지역을 통제하지 못하는 느슨한 상황 속에서 (시칠리아의 경우) 페스트에서 살아남은 농부들과 직공들은 가족을 먹여 살릴 수 있는 방법을 강구할 수 있는 여지가 있었다. 가족과 가정의 소비 구조를 유지하기 위해서 그들은 지역 시장에 내다 팔 수 있는 상품을 생산했고, 그로부터 얻게 되는 수입은 그들이 다시 시장에 의존하는 소비자가 될 수 있게 하였다. 이와는 대조적으로 르네상스 시기의 피렌체와 그 관할 지역에서는 제도적 틀이 권위주의적이면서도 효율적이었다. 그 결과 1348~1450년 사이의 대재앙을 겪고도 그런대로 사람들의 삶이 유지될 수 있었지만, 일반 백성들에게 부과된 가혹한 세금과 노동은 그들이 빈곤에서 탈출할 수 있는 길을 가로막았다.[7] 하지만 똑같이 페스트로 인한 대량 학살의 참사를 겪은 두 지역(시칠리아와 토스카나)은 엘리트 계급의 정책이 피렌체와는 달랐고, 그것은 매우 상이한 결과로 이어졌다.

병에 대한 태도의 변화

앤서니 몰로는 최근 "중세 후기 이탈리아 문화의 이질성을 …… 적절히 나타낼 수 있는" 언어 표현의 필요성에 대해 글을 쓴 바 있다.[8] 그 이질적인 과거의 한 시기에 페스트에 직면했을 때 엘리트 계급은 그들의 관념—질병의 재앙이 어떤 결과를 낳는가에 대한 상상—에 따라 페스트를 해석하는 경향은 달랐다. 그 관념은 고대 그리스-로마 시대의 책들에 대한 독서 체험이 바탕을 이루고 있는데,[9] 그리스 – 로마 시대의 책이 엘리트 계급에게 끼친 영향력의 단적인 예는 시에나 연대기에 들어있는 아그놀로 디 투라Agnolo di Tura의 다음과 같은 도입부이다.

> 죽음의 행렬은 (1348년) 5월부터 시에나에서 시작되었다. 결과는 끔찍하고 잔혹했다. …… 그 끔찍스러움에 대해 다 말하기는 불가능할 정도이다. …… 손자와 며느리, 아들 모두를 잃은 사람들도 있었다. …… 돈이나 우정 때문에 시체를 묻는 사람은 아무도 없었다. 시에나의 곳곳에 구덩이들이 파였고, 수많은 주검들이 그 안에 쌓였다. …… 그리고 나, 아그놀로 디 투라는 …… 내 손으로 다섯 자녀를 땅에 묻었다. 개들은 얕게 묻힌 시체들을 파내어, 물어뜯으면서 끌고 다녔다. 죽은 자들을 애도하는 사람은 아무도 없었다. 왜냐하면 모두가 언제 죽을지 모르는 상황이었기 때문이다.[10]

이러한 묘사가 깊은 울림을 주긴 하나, 단어나 문체를 볼 때 이 글은 1348년에 실제로 겪은 생생한 체험이라기보다는 기원전 427년에 아테네에 발생한 것으로 알려진 한 질병의 재앙에 관해 쓴 역사가 투키디데스의 글에서 더 커다란 영향을 받고 있는 것으로 보인다.

1347년 전염병이 다시 출현했을 때 (541년부터 775년 사이에 성행한 전염병은 사람들의 뇌리에 거의 남아 있지 않았다.) 식자층을 지배하던 유대-기독교적 관념은 인간은 누구나 다 특별한 존재라는 사상이었다. 다시 말해서 인간만이 영혼을 가지고 있고, 인간만이 창조자인 신과 접촉할 수 있는 유일한 존재라는 것이다. 르네상스기에 피렌체에서는 성서에 기반을 둔 신플라톤주의 철학이 대두되었는데, 이는 본래 이교도적 뿌리를 갖는 철학으로서 (270년 이집트 아시우트에서 태어난 플로티노스의 저작에서 연원한다.) 15세기 초에 다시 유행한 사상이다. 경건한 기독교 형태를 띠게 된 신플라톤주의 이론은 모든 생명은 존재의 거대한 사슬로 연결되어 있다고 가정하고, 이 사슬 속에서 고귀한 존재인 인간은 천사, 대천사, 천체 다음 순으로 창조되었으며 비천한 동물인 쥐와는 많은 고리에 의해 분리되어 있다는 견해였다. 이러한 견해는 인간이 별들을 관장하는 신의 유일한 관심의 대상이라는 관념과 결부되어 인간과 쥐 사이에 있을 수 있는 연관성에 대한 인식을 방해했는데, 전염병의 전염성과 같은 문제에서도 역시 그러했다.[11]

식자 계층이 경험적 관찰—농부나 직공들, 또는 다른 비천한 직종에 종사하는 사람들의 전형적인 관습으로 간주되는—에 대해 갖는 편견은 어떤 새로운 현상의 본질적인 모습을 편견 없이 자유롭게 파악하는 것을 가로막았다. 그래서 부스토 아르시치오Busto Arsizio라는 이탈리아 북부의 도시에서는 1630년 다음과 같은 보고가 있었다. "백 마리가 넘을 것으로 보이는 상당히 많은 쥐들이 집집마다 살고 있었다. …… 이들은 굶주린 나머지 문과 창틀을 갉아먹었다." 하지만 실제 사람들의 태도는 쥐의 이러한 행동이 전염병과는 아예 무관한, 우연한 일일뿐이라고 생각했다. 올바르게 보자면, 1630년이라는 그 중요한 시기에 최초로 전염병에 감염된 쥐가 죽고, 죽은 쥐에서 기생하던 벼룩이 살아서 인간에게로 이동하였으며, 이 벼룩이 인간의 살을 물어뜯고, 2~6일 정도의 잠복기를 거쳐 병을 전염시킨다. 얼마 후 최초로 감염된 사람이 죽게 되고 뒤이어 계속해서 모든 계층의 사람들이 죽어가는 일이 잇따랐다. 하지만 당시는 쥐의 행동과 전염병의 연관성을 파악하기 어려웠던 시기였기에 쥐의 이러한 행동이 전염병과는 아예 무관한 우연한 일일뿐이라고 생각했던 것

이다.[12]

　세 번째로 전염병이 맹위를 떨쳤던 1890~1945년 동안의 형태를 연구하고 1347년~1844년 기간의 형태와의 유사성을 발견함으로써, 결국 17세기 과학 혁명과 함께 페스트 전염병의 우연한 대리자와 그 전염 경로의 비밀을 밝히는 과정이 시작되었다.[13] 이러한 지적 혁명은 우주라는 거대한 설계도의 중심에서 인간을 끌어내린 새로운 관점의 발견이었다. 17세기에 뿌려진 의심의 씨앗에서 발아한 지적 사고는 약 250년 동안 의학적 사고에도 자극을 주기 시작하였는데, 의심과 경험적 관찰을 결합한 세균 이론이 마침내 탄생한 것이다.

　로베르트 코흐와 루이 파스퇴르는 1876년과 1877년에 각각 독자적인 연구를 통해 탄저병—소나 말이 걸리는 질병으로서 인간에게도 전염될 수 있는—이 눈으로는 볼 수 없지만 고성능의 현미경으로는 뚜렷하게 관찰되는 미생물에 의해 발병된다는 사실을 발견했다. 그 후, 독자적인 연구를 하던 또 다른 두 의학박사가 앞서 있었던 발견을 페스트 전염병에 결부시켰는데, 그 두 명의 박사는 시바 사브로 키타사토(Shiba Saburo Kitasato, 1886~1891년 사이에 코흐와 함께 베를린 대학에서 연구했다.)와 스위스 학생으로 루이 파스퇴르와 에밀 루의 제자였던 알렉산더 예르생 Alexander Yersin이었다. 1894년에 홍콩에서 페스트 전염병이 유행하는 동안, 두 사람은 페스트 전염병으로 죽은 쥐와 인간의 조직에서 지금은 예르시니아 페스티스 Yersinia pestis로 알려진 바실루스를 발견했다. 2년 후 봄베이에서 프랑스 의사 폴 루이스 시아몬 Paul Lewis Simond은 쥐와 인간의 연결 고리는 쥐벼룩인 크세놉실라 케오피스 Xenopsylla cheopis라는 사실을 입증했다. 수백 종의 다른 벼룩들도 병을 옮길 수 있지만, 크세놉실라 케오피스 Xenopsylla cheopis는 이제 서혜선 형태 전염병의 기본 병원균으로 간주되고 있다.[14]

　한 번 바실루스 전염병에 감염되면 쥐벼룩은 음식—쥐의 피—의 소화에 문제가 생겨, 걸신들린 듯이 피를 빨게 된다. 그러다 피를 빨리던 쥐가 전염병에 걸려 죽으면, 벼룩은 필사적으로 다른 음식을 찾게 되고, 인간 숙주를 발견하게 되면 인간에게로 이동한다. 하지만 인간은 페스트 전염병을 직접 다른 인간에게 옮길 수 없으므로, 바실루스를 지배하는 보이지 않는 힘은 인간에게서 막다른 골목에 봉착하게 된다. 새로운 동물 숙주를 찾는 동안 장소를 옮긴 쥐벼룩은 (사람들의 생명의 양식인 빵의 재료가 되는) 곡물이나 모직물과 같은 부드럽고 하얀 옷감 속에서 50일까지 추위를 피해 숨어 있을 수가 있었고, 곡식과 옷감은 모두 무역의 주요 품목이므로 이 물품을 운송하는 일이 인간이 전염병을 퍼뜨리는 한 방식이 되었다.[15]

　페스트 전염병이라는 이름은 서혜부에, 그리고 팔 아래와 귀밑 윗목 부분에 있는 림프샘의 종양(페스트)의 이름에서 유래했다. 14~15세기의 부검 기록에 의하면 종양은 달걀이나 포도알 크기였다고 한다. 외부 종양이 발견되지 않은 희생자들은 조직 내부의 종양 때문에 사망한 것으로 기록되어 있다. 페스트 전염병에 의한 사망률은 감염 초기에 30~80퍼센트에 달하는데, 그 이유는 바실루스 균이 보통 발생 한 달 동안 가장 치명적이기 때문이다. 1347~1348년 사이에 바실루스 전염병의 이러한 치명적인 양상은 여름과 겨울 동안 지속적으로 이어졌다. 아비뇽에서는 1348년 1월에 이 전염병이 발생했는데, 목격자인 의사 거이 드 숄리아크 Guy de Chauliac의 진술에 따르면, 이 병은 7개월 동안이나 지속되었다고 한다. 하지만 15세기 중반 이후에는 여름에만 맹위를 떨쳤고, 날이 점차 추워지면서 그 힘을 잃었고 콘스탄티노플에서도 똑같은 현상이 이어졌다. 이와 반대로 19세기 초 이집트에서 나온 자료에 의하면, 알렉산드리아에서는 일반적으로 7월에 최고조에 달하고 10월에는 소멸되었다고 한다. 또한 아시우트 남부에서는 쥐들이 곡식 지대에서 나일 강을 따라 사람들의 거주 지역으로 이동하면서 벼룩이 피를 빠는 데 가장 호기인 8월에서 12월 사이에 바실루스 전염병이 유행했고, 수많은 사람들이 1월이 되기도 전에 감염으로 인해 죽기 시작했다.[16]

페스트 전염병은 무차별적이었다. 상류층 사람일지라도 좋지 않은 때에 좋지 않은 장소에 있다면 굶주린 유랑민이나 농부처럼 병에 걸려 죽기 십상이었다. 더구나 페스트 전염병은 면역성이 길지 않았다. 페스트 전염병에 걸렸다가 회복된 사람일지라도 그 다음 해에 다시 그 병에 걸려 죽을 수도 있었다. 아마도 이러한 이유 때문에 16세기 중앙아메리카에서 페스트 전염병으로 보이는 병을 경험했던 유럽인들이 이 병을 인종 선택적인 것으로 보지 않았던 것 같다.[17]

이러한 좁은 의미의 페스트 전염병에는 두 개의 변종이 있었다. 두 변종은 모두 최초 희생자의 몸속에서 페스트 형태를 띠고 있었는데, 그중 한 변종에서 병균을 매개하는 동물은 사람벼룩, 풀렉스 이리탄스Pulex irritans였다. 감염된 사람벼룩이 숙주를 바꾸어 다른 사람을 물면, 바실루스균이 바로 핏속으로 침투하게 되어 몇 시간 안에 죽음에 이르게 되는 것이다. 19세기 초 유럽에서는 두세 사람이 한 침대를 쓰는 일이 흔해서 사람벼룩이 사람 사이를 옮겨 다니는 것은 어렵지 않은 일이었다. 페스트 전염병의 세 번째 형태는 호흡에 의한 전염이었다. 이것은 최초 희생자의 페스트 전염병 균이 2차 감염자의 폐 속에 들어감으로 전염되는 형태인데, 이 경우 페스트 전염병은 (한 사람에서 직접 다른 사람에게로 감염됨) 감염자가 숨을 쉬거나 피를 토할 때 나오는 작은 물방울로도 감염될 수 있었다. 이 호흡성 페스트 전염병의 잠복기는 1일에서 6일 정도였고, 치사율은 거의 100퍼센트에 달했다.[18] 몇몇 역사가들은 1347~1351년에 유럽을 강타하여 전체 인구의 1/3의 손실을 가져온 페스트 전염병이 페스트와 호흡성 페스트 전염병의 결합에 의한 것이라고 주장한다. 이 두 가지가 결합된 형태는 종종 이집트에서도 발생했던 것으로 보인다.

서유럽에서는 두 종류의 쥐가 페스트 전염병에 연관된 것으로 보인다. 하나는 검은 쥐이고, 다른 하나는 들쥐 혹은 시골 쥐의 변종이었다. 들쥐의 활동 영역이 정착 생활을 하는 검은 쥐의 영역과 겹치긴 하지만, 들쥐는 일반적으로 직접 인간과 접촉하지는 않았다. 반면 검은 쥐는 포도 저장 창고나 사람의 집 근처에 살기를 좋아했으며 들쥐나 검은 쥐나 둘 다 배에 오르거나 육로 여행객의 짐 자루에 잘 들어갔다. 1340년대 중반 크리미아 반도의 카파 항구에 전염병을 옮긴 것은 중앙아시아에서 실크로드를 따라 카자흐스탄의 발하슈 호Lake Balkhash 근처의 동-서 무역 중심지를 거쳐 흑해로 나아간 상인들에게 붙어 들어간 검은 쥐였을 가능성이 높다. 전염성 병균을 품은 검은 쥐들이 배를 타고 메시나로 이동한 다음, 밧줄을 타고 내려와 해안에 상륙하는 것은 어렵지 않은 일이었을 것이다.

육지에 도착하자마자 (메시나에서처럼) 검은 쥐는 사람의 거주지 근처에 굴을 파기 시작했으며, 사람과 쥐는 먹는 음식이 비슷하기 때문에 검은 쥐는 곡식이나 밀가루가 담긴 저장고 가까이에 굴을 팠다. 따라서 한 지역에서 빵 가게와 방앗간 주인이 페스트 전염병에 의한 최초의 희생자가 되는 것은 흔한 일이었다. 검은 쥐의 소굴이 벼룩에 의해 감염되면, 1630년 부스토 아르시치오Busto Arsizio에서처럼 병에 걸린 쥐들과 죽어가는 쥐들이 지상으로 떼 지어 몰려나오는 경우도 있었다(각 집마다 수백 마리가 넘는 쥐들이 우글거렸다).[19] 1940년대나 그 이전 시대에 대부분의 농가들이 지붕 위에 비둘기 집을 만들어 놓았던 이집트의 북부 지역에서는 집을 지은 지 채 2주가 되기 전에 사람들이 전염병에 걸려 죽기 시작했을 뿐 아니라 죽은 쥐들이 지붕에서 떨어졌다. 한편, 비둘기가 스스로 집을 지은 집에는 묘하게도 전염병이 돌지 않는다는 이집트 농부들의 속담이 있다.[20]

유럽 전역에서 두 번째로 전염병이 확산되던 시기에 쥐와 벼룩이 병을 전염시킨 방식에 대한 정보는 상당히 부족하다. 아마도 항구나 항구의 물품이 운송된 시장 근처에서 병에 걸린 검은 쥐의 피를 빤 벼룩들이 들쥐의 굴에서 먹이를 찾았을 것으로 보인다. 병균을 품은 벼룩은 들쥐의 피를 빨면서 그 등에 붙어서 들판을 지나 내륙으로 옮겨갔을 것이다. 사람의 거주지 근처에 와서 벼룩은 죽어가는 들쥐를 버리고 잠시 검은 쥐

그림 2_ 하수구 속의 쥐들. 1940년대 A. L. 타터.

의 피를 빨아먹다가, 사람에게 옮겨 붙었을 것이다. 다행히도(인간의 관점에서 보면) 감염된 굴속에 살던 들쥐들은 6년에서 10년이 지나면서 서서히 죽어간 반면, 검은 쥐는 그보다 더 짧은 시간 안에 죽는 경향이 있었다. 이러한 전염 방식은 유럽이나 이집트가 동물에 의한 감염의 저장고가 아니었음을 의미한다. 말하자면 들쥐의 어느 영역이 전염되지 않았다면, 그 지역은 새로운 바실루스 균이 이 전염병의 저장고인 중앙아시아에서 운송될 때까지는 전염병에서 자유롭다는 것을 의미했다. 1450년대 이탈리아 행정부에 의해 실시되었고 1660년대 이후 서유럽 전역에서 일반화된 검역에 의한 통제가 효과적일 수 있었던 것은 바로 이러한 전염 방식 때문이었다.[21]

직업에 따른 전염 방식:지속과 변화

처음 전염병이 발생한 시기에 유럽 도시의 반자율적인 권력자들은 전염병에 대해 아무런 공식적인 조치를 하지 않거나, 그저 일반 질병에 대처했던 방식으로 대응했다. 이렇게 대응한 이유는 간단하다. 가장 발전한 지역일지라도—이를테면 이탈리아 북부와 이베리아 반도의 무역 도시들—1290년대에 와서야 비로소 공중 보건에 대해 본격적인 관심을 갖기 시작했기 때문이다.[22]

하지만 이탈리아의 도시 통치자들은 공중 보건을 공공의 이익publica utilitas으로 바라보는 관점을 가짐으로, 히포크라테스나 갈레노스 같은 고대 의학자들이 병을 일으키는 원인으로 설명한 여섯 가지 비자연적 요소 six Non—Naturals에 대한 학설을 새롭게 받아들였다. 이들의 학설 중에 우리에게 가장 중요한 것은 공기를 포함하는, 중세 사람들이 소위 '기후'라고 불렀던 것인데 이것이 오늘날에는 사회 심리적 환경으로 번역되기도 한다. 분명 14세기의 전문가들은 오염된 공기가 병을 일으킨다고 생각했던 것이다. 또 다른 비자연적인 요소는 우울증을 의미하는 '영혼의 고통'이었다. 중세 학자들이 (아리스토텔레스나 플라톤과 같은) 고대 이교도 철학자들이 쓴 글을 기독교적 계시와 연관시킬 때 사용하는 논리학적 방법 (유비에 의한 주장)을 사용했다면, 그러한 '영혼의 고통'은 도시 국가의 공간이 오염됨으로써 발생한 건강의 악화를 의미했다.[23] 만일 스콜라 논리학의 또 다른 방법을 사용한다면, 한 공동체 전체가 신을 모독한 소수에 대해 신의 분노를 증명하는 (독기의 형태로 된) 신의 화살을 맞은 것으로 볼 수도 있었다.[24]

이와 같은 학문적 이해를 바탕으로 북부 이탈리아나 아라곤 지방의 도시 통치자들은 이미 1347년 이전부터 (그리고 전염병이 시작되기 이전부터) 인플루엔자, 열병, 또는 다른 여러 가지 질병으로 위기 상황이 발생할 때는 언제나 긴급 조치를 시행하였다. 이러한 위생 정책 때문에 푸줏간 앞에 버려진 채 썩어가는 고기 찌꺼기들이나 가죽 업자들이 길에 내버린 가죽 조각과 폐수들, 문 앞에 버린 대변과 그 밖의 악취를 풍기는 모든 것들이 수거되어 도시 밖에서 처리되었다. 질병의 위기가 심각한 때는 창녀들이나 도덕적으로 지탄받는 사람들 또한 도시 밖으로 쫓겨날 수 있었다.

세속적인 도시적 사고의 최전선에 있던 피렌체나 시에나와 같은 토스카나 지방의 도시들에서는 1347~1348년에 전염병이 발발하자 바로 위에 서술된 새로운 방식으로 질병에 대처했다. 통치자의 명령에 의해 거리는 깨끗하게 치워졌고, 악취를 풍기는 쓰레기와 썩어가는 고기들이 신속하게 땅속에 파묻혔다. 이전이라면 성직자들이 (전염병에 대해) 예전의 방식으로 위기 대처를 주장할 경우, 공동체의 대표자들은 신의 노여움을 달래기 위해서 속죄 행진에 참여하라는 지시를 받아야 했다. 게다가 전염병의 위기 국면이 심각한 상황으로 여겨지면, 신의 노여움을 불러일으킨다고 여겨지는 비정상적인 삶을 사는 모든 사람들은 추방당하기까지 했다.[25]

1348년, 피렌체에서는 일시적인 전염병 예방 활동을 감독하는 보건청이 설립되긴 했지만, 이후의 전염병 발생 기간 동안에는(1450년 이전까지) 더 이상 설립되지 않았다. 왜냐하면 도시에는 보건청을 지원하고 이끌 수 있는 충분한 수의 관료가 남아 있지 않았기 때문이다. 그들 자신의 사적인 경고 체계 속에서 피렌체의 지도층 500여 가구 대부분은 전염병으로부터 안전하다고 알려진 지역으로 이주했다. 전염병이 떠돈다는 소문이 돌면, 피렌체뿐 아니라 유럽 어느 곳에서도 "최대한 빨리 최대한 멀리 도망치고, 최대한 늦게 되돌아오라"라는 명령이 유럽 유한 계급들의 보편적인 대응이었다.[26]

그렇지만 목숨을 보존하기 위해 도망을 치면서도 피렌체의 권력층은 뒤에 남은 일반 시민들이 도시를 지배하지 않을까 하는 우려를 마음속에 담고 있었고, 아마도 이러한 두려움은 실제로 현실화되었던 것 같다.

1378년 여름, 피렌체의 엘리트 계급이 당파 싸움으로 인해 일시적으로 힘이 약화되었을 때, 반항적인 목공들이 몇 개월 동안 권력을 장악하였다. 그 후 엘리트 계급은 이 같은 일이 다시 일어나는 것에 대한 두려움을 갖게 되었는데, 특히 1383년 전염병 발생 기간 동안의 상황이 그러했다. 1378년 치옴피Ciompi 봉기 기념일인 7월 22일에, 피렌체의 기능공들은 혁명적인 슬로건을 외치면서 도시 전역을 휩쓸었다. 봉기를 일으킨 많은 사람들이 붙잡혀 고문을 당하고 교수형에 처해졌지만, 당시 진행 중에 있던 문화적 르네상스의 측면에서는 한편 다행스러운 일이기도 했다. 역사가인 마르치오네 스테파니Marchionne Stefani는 다음과 같이 기록했다.

어떤 시민도 전염병을 이유로 도시를 떠날 수 없도록 하는 여러 가지 법률이 제정되었다. 권력층은 대다수 민중들이 도시를 떠나지 않을 것이고, 저항 세력이 민중과 결합해서 봉기를 일으킬 가능성에 대해 두려움을 가지고 있었다. …… (그렇지만 민중들을) 통제하는 것은 불가능한 일이었다. …… 왜냐하면 민중들은 언제나 크고 강력한 힘을 지닌 야수처럼, 울타리를 부수고 뛰어넘었기 때문이다.[27]

피렌체의 권력층이 전염병의 확산을 막는다는 미명하에 민중들을 통제하는 정책을 개발하기까지는 70년 이상의 세월이 흘러야 했다.

1450년 이전, 다시 말해 권력층의 전염병 대책이 부재했던 시기에 두 그룹의 전문 직업 종사자인 교회 목사와 대학의 의학자들이 전염병의 원인을 해명하는 지도적 위치에 있었다. 두 그룹 중 목사들의 수가 훨씬 많았는데, 이는 1347~1348년까지 인구 2,000명 이상의 도시에 사는 유럽 인구의 10퍼센트가 기독교 신앙을 가지고 있었음을 반영한다. 나머지 90퍼센트는 목사들의 목회 활동이나 교류가 쉽지 않은 작은 마을이나 산재된 거주지에 살고 있었고 간혹 목회 활동을 하는 곳이 있다 하더라도 그곳의 목사들은 농부 출신으로 겨우 글을 깨친 사람들이었다.[28]

도시 거주자이면서 기독교도인 인구 10퍼센트의 사람들이(이들은 대체로 시골 농부들을 촌뜨기라고 경멸했다.) 이탈리아 항구 도시에서 페스트이 발생했다는 소식을 듣고서 나타낸 최초의 반응은 하느님이 천벌을 내린 것이라는 반응이었다. 목사의 설교에 동화된 일부 사람들은 이교도(비기독교도)를 뿌리 뽑아야 이런 일이 발생하지 않을 것이라고 생각했다. 유럽 전역에서 나타난 현상은 아니지만, 유럽 남북을 잇는 무역과 교통의 중심 항로인 라인 강을 따라서 유대인들을 향한 인종 말살 폭동이 일어났다. 전염병에 대한 대부분의 반응과 마찬가지로 이러한 인종 말살 폭동은 과거에 있었던 어떤 대응이 반복된 것으로, 말하자면 최초 십자군 전쟁 기간인 1090년대의 인종 말살 행위가 재현된 것이다.

십자군 전쟁 때처럼, 1340년대에도 유대인들은 갈보리 언덕에서 예수 그리스도를 못 박은 사람들의 후손으로 여겨졌다. 농부가 되는 것이 법으로 금지되었던 유대인들은 주로 도시에 거주하면서 때로는 돈을 빌려주거나 의약품을 취급하는 일을 했다. 또한 유대인 남자 아이들은 대부분의 기독교 가정의 소년들과는 달리, 어린 시기부터 문자 교육을 받았다. 유대인들은 여러 가지 기술 중에서 특히 문자 교육을 잘 받았기 때문에 히브리어를 포함한 여러 중동 지역의 언어를 습득했고, 그리하여 고대의 의학 지식에 쉽게 접근할 수 있었다. 유대인들은 (플랜테저넷 Plantagenet이 1291년에 이들을 영국에서 추방했음에도 불구하고) 영국 행정 조직의 많은 영역에서 여전히 일을 하고 있었는데, 특히나 진료를 담당하는 의사들 중 가장 높은 비율을 차지한 사람들이 유대인이었다. 말할 것도 없이 무면허 의사들 가운데도 당연히 유대인들의 수가 가장 많았다. 세간의 입소문을 비롯한 4차 라테란 공의회에서 유대인들에게 구별되는 옷을 입도록 한 결정 때문에, 유대인들은 가장 분명하게 구별되는 소수 민족이었고, 그래서 위기의 시대에 손쉬운 희생 양이 될 수밖에 없었다.[29]

전염병이 실제로 발생하기 직전인 1349년, 성 발렌타인 날에 스트라

그림 3_ 전염병이 도는 기간 불태워지는 유대인들. 하르트만 쉐델의 1493년 목판화.

스부르에서 900명의 유대인이 산 채로 불태워진 일은 그들을 희생 양으로 삼은 전형적인 모습이었다. 그해 봄이 지나자마자 페스트는 인구가 밀집해 있는 스트라스부르 주민들과 목사들을 공격하기 시작했다. 교황 클레멘트Clement 4세는 남프랑스 아비뇽에 있는 궁전의 폐쇄된 방으로 피했고(거기서 그는 쇠틀로 된 거울에 비친 악마의 모습을 두려워했다), 유대인뿐만 아니라 기독교인들도 똑같이 페스트에 희생당하게 되자, 페스트를 저주하기도 했다.[30]

페스트가 유행하자 목사들은 유대인들을 공격하는 발언을 하는 것 외에도 야외 행진을 기획했다. 그 목적은 경쟁 관계에 있던 지역의 반대 세력들에게 기독교에 대한 미움을 버리고 신을 찬양하는 시 전체의 연대

의식에 동참하도록 하기 위해서였다. 이 행진은 어느 정도 그 목적을 달성했지만, 밀집한 군중들이 긴 행렬을 이루어 행진하는 모습은 흡사 벼룩들의 이동에나 어울리는 모양이었다. 1466년 파리에서는 이러한 성스러운 행진의 맨 앞에 성 크리스핀 형제의 유골이 함께 동행했고, 페스트가 창궐한 시떼 섬을 통과해 노트르담 성당의 쌍둥이 탑을 지날 때는 수천 명의 사람들이 이 행진을 지켜보았다. 그 이유는 정확히 알 수 없지만, 스트라스부르에서 페스트는 짧은 시간 안에 두 배의 위력을 떨쳤고 교외로까지 확산되었다.[31]

이탈리아에서는 행정 관료들이 밀집된 군중의 접촉 때문에 전염병이 확산된다고 생각해서 행진이 바람직하지 않다고 판단을 내리자, 목사들도 이 문제를 고심하기 시작했다. 1497년 크리스마스 날 프란체스코회 한 수도사는 베네치아 공작 앞에서 설교를 하면서 다음과 같이 경고했다.

여러분은 페스트에 대한 공포 때문에 교회 문을 닫고 있습니다. 그것은 영리한 판단입니다. 하지만 하느님께서는 교회를 폐쇄하는 것에 만족하지 않으실 것입니다. 하느님께서는 페스트의 원인을 치료하기를 바라실 것입니다. 그 원인 치료란, 하느님과 성자를 모욕하고 남색 행위를 하며 리알토 섬에서 끊임없이 행해지는 고리대금업과 같은 우리가 저지른 끔찍한 죄들을 제거하는 것입니다. 이 도시를 방문한 다른 지역의 사람들에게 수녀원 아니, 매춘굴을 보여준다면 더 끔찍할 것입니다. 존귀하신 왕자님, 저보다 왕자님께서 이 모든 사실을 더 잘 알고 계시리라 생각합니다. 조치를 취하십시오, 조치를 취하시면 이 전염병을 물리칠 수 있을 것입니다.[32]

1570년, 가톨릭 부흥의 핵심 인물 중 한 사람인 밀라노의 대주교 가롤로 보로메오Charles Borromeo는 신의 격노를 가라앉히기 위해선 여전히 속죄 행진이 필요하다고 주장했다. 이 문제는 여기서 끝나지 않았다. 1630

년 프랑스와 스페인의 군대를 이탈리아 깊숙이 끌어들인 만투안 전쟁 중에 교황 우르바노 4세는 속죄 행진을 금지했다는 이유를 들어 피렌체 위생 위원회를 파면하기도 했다.

성 베드로의 후계자인 교황에게서 이와 같은 지원을 받으면서, 농촌 지역의 신부들은 신의 분노를 가라앉히는 낡은 방식을 계속 유지해 갔다. 1631년, 몽테 루포Monte Lupo 교구의 사제인 드라고니Dragoni 신부는 피렌체 공국에서 날아온 금지 명령을 무시하고 자신의 교구 사람들을 행진에 참여하도록 했다. 이러한 행진에서 전염병이 쉬이 옮겨질 수 있다는 가능성을 무시한 결과 많은 사람들이 죽었다.[33]

대학에서 훈련을 받은 의사들 또한 페스트를 막을 대응책을 강구했다. 1348년 프랑스 왕 필립 4세는 파리의 의학교수진에게 전염병의 원인에 관해 자문을 구했고, 소르본 대학의 의사들은 전염병이 1345년 3월 24일에 있었던 목성, 토성, 화성이 합쳐지는 현상 때문에 비롯되었다는 결론을 내렸다. 다시 말해, 그들은 이 이상한 행성의 움직임이 대기를 뜨겁게 해서 페스트균이라는 독기가 생기게 되었다고 설명했다.[34]

점성술 또한 근대적인 의료 담당자들에게는 생소한 분야이긴 하나, 14세기 의료 행위의 한 부분을 담당했다. 이 전통은 고대 그리스인들에게서 유래한 것으로, 이 분야의 대가는 고대 로마의 갈레노스였는데, 그는 종종 아라비아의 의학서를 라틴어로 번역하여 소개하기도 했다. 갈레노스의 여러 저작들은 그보다 앞서 활동한 히포크라테스라는 거장의 모음집, 『히포크라테스』(기원전 5세기 코스 섬에서 태어난 의학 저술가의 모음집)에 통합되어 실렸다. 패듀아, 볼로냐, 몽펠리에, 파리에 있는 네 곳의 주요 대학에서 공부하는 학생들은 갈레노스 외에도 고대 철학자로서 알려져 있던 아리스토텔레스에 관해서도 공부를 했다.[35]

H. J. 쿡은 한 독창적인 에세이에서 14세기부터 17세기 사이의 의학자들을 지배하고 있던 패러다임의 틀을 보여주었다.[36] 쿡의 설명에 따르면, 당시 대학에서 의사physician라는 명칭은 물리학physic을 다루는 학자들을

일컬었다. 물리학은 자연 세계를 다루는 학문이었고 대부분 아리스토텔레스의 저작에 기반을 두고 있는 자연철학으로 좀 더 커다란 영역에 속한 것이었다.

문자를 읽고 쓸 수 있는 협소한 세계의 사람들에게 아리스토텔레스에 굳건히 뿌리를 내리도록 만드는 것은 중요한 일이었다. 왜냐하면 그것은 학자들에게 '학식이라는 긴 가운'을 입혀주는 것이었고, 교회에서건 시민 사회에서건 '존경받을 가치가 있는 훌륭한 직위'를 부여하는 것이었기 때문이다. 그렇다 하더라도 그들은 권력을 가지는 것보다는 당대의 최고 지식인인 신학자나 법학자가 되고 싶어했다.[37] 그들의 지위에 필요한 것은 고대의 지혜가 담긴 문자로 기록된 의학적 지식이었고, 그것은 사실 그들을 '경험주의'와 동떨어지게 했다. 하지만 그 반면 '경험'을 바탕으로 의료 행위를 하는 사람들이 압도적으로 많았다. 경험주의자들 중에는 물론 대학에서 탈락한 사람도 있었으나, 대부분은 정식 교육은 받지 않았지만 선배들의 실제 치료 행위를 관찰하고 체득하면서 그들로부터 치료 기술을 전수받은 사람들이었다. 따라서 정규 교육을 받은 의사들은 이들을 돌팔이로 생각했는데,[38] 일례로 1603년부터 1611년 사이에 런던에서 전염병을 경험했던 영국인 의사 엘리저 던크Eleazar Dunk는 자신의 우월성을 다음과 같이 과시했다.

경험주의라는 명칭은 경험을 의미하는 그리스어에서 유래합니다. 아시다시피, 경험에 의존하는 치료자들은 철학이나 논리학, 문법에 대해서는 전혀 아는 바 없이 형편없는 경험에서 치료 기술을 얻고 있습니다. 그러므로 그들이 다른 의사들과 구별되는 점은 바로 무지에 있습니다.[39]

정식 의사들은 질병이란 사람이 지니고 있는 네 가지 체액의 불균형에서 비롯된다고 갈레노스로부터 배웠다. 네 가지 체액은 모든 물질을 구성하는 네 가지 원소 즉 불, 흙, 공기, 물에 해당하는 것이고, 그것은 다시 뜨겁고, 차고, 마르고, 축축한 네 가지 성질을 가진다. 다른 가능성에 대한 고려 없이 오직 열병이라고만 간주된 페스트 전염병의 경우, 갈레노스의 이론을 따르는 정식 의사들은 이 질병이 심장을 질식하게 할 정도로 열이 뜨거워진 현상으로 생각했다.[40] 또한 정식 의사들은 대우주(지구와 천체)와 소우주(개별 인간 존재) 사이를 연결하는 것은 공기이므로, (병의 확산이 사람과 사람의 접촉에 의해 일어난다는 1450년대 이후 위생을 담당하는 관료들의 생각을 무시하고) 병의 원인은 나쁜 공기에 있다고 생각했다.

학자들이 갖는 의학적 패러다임은 질병의 보편적 개념이었다. 비비안 누톤Vivian Nutton은 다음과 같이 표현했다.

하나의 질병은 그 자체로 존재하는 것이 아니라, 항상 "개인의 특수한 체질"과 연관되는, 정상 상태로부터의 이탈에서 발생한다. 질병의 성질은 (각) 개인의 기질, 기관의 구조, 물리적 또는 심리적 작용 속에서 발견되는 것이고, 그 기능들이 제대로 작동하지 못할 때 분명하게 드러난다.[41]

누톤의 글에서 유추할 수 있듯이 개업의들은 자신의 주된 사회적 소임이, 환자들에게 적절한 식사와 환경을 마련하고 여타 후천적인 요인들을 조절해서 환자를 보살피는 것이라고 생각했다. 이러한 돌보는 기능은 환자의 생활 습관에 대한 꼼꼼한 주의를 필요로 했고, 환자가 준수해야 할 적절한 섭생법을 마련해주어야 했을 것이다. 이것은 오랜 시간을 필요로 하는 것이었고, 그 과정에서 필연적으로 적지 않은 비용이 들기 때문에, 지주들(영주나 성직자, 귀족들), 부르주아 계급 상층부의 부유한 은행가나 상인들이 주요 고객이 될 수밖에 없었다. 아라곤 왕국과 북부 이탈리아, 그리고 1436년 이후에는 독일 제국의 많은 도시에서 의사들을 고용하여 가난한 사람들을 돌보게 했지만, 의사들은 이러한 일이 정식 의료 경력에는 크게 도움이 되지 않는 것으로 여겼다.[42] 1576년에 한 이탈리아 의사가 기록한 것처럼, 의사들의 눈에 비친 도시의 가난한 사람들의 외양은 "더럽고 불결한 체액이 넘쳐흐르는 혐오스러운 모습"이었다.[43] 페스트가 최초로 발생하기 전 30년 동안 피렌체 지방에서 의사로 활동한 사람들의 대부분은 "무면허"였다.[44]

16세기 중엽, 정식 의사들이 병을 치료하는 데 얼마나 무능력했는지를 바르치Varchii란 의사는 다음과 같이 기록했다.

> 의료라는 것은 올바른 원리와 규칙이 정해져 있다. …… 만약 치료가 잘못되더라도, 의료의 원리나 규칙 자체가 잘못된 것은 아니다. 의사들이 실수를 저질렀거나, 치료가 어려울 정도로 병이 심한 경우였을 수 있다. 또한 환자들이 처방대로 행하지 않는 경우도 많고, 약제사들이 잘못할 경우도 많다.[45]

1656~1657년에 로마의 보건 담당 장관이었던 가스탈디Gastaldi 추기경은 200년간의 유럽 역사에 대해 서술하면서 의사들에 대한 불쾌감을 다음과 같이 표현했다. "실제 의료 행위를 경험해보면, 정식 의사들의 치료가 쓸모없고 오히려 병을 더 악화시킨다는 것을 알 수 있다."[46]

코흐 이후의 관점에서 볼 때, 당시 대학에서 훈련을 받은 의사들이 전염병 퇴치에 많은 관심을 쏟은 것으로 보이지는 않는다. 사실, 그들은 전염병 퇴치를 위해 의사라는 직업을 택하지는 않았을 것이다. 어떤 이유에서건 간에—개인적인 지위 상승이든 또는 의무감에서든—페스트이 유럽 인구의 1/3을 앗아간 이후 반세기 동안, 의학과에 지원한 학생 수는 14세기 초반 40년 동안의 수와 거의 같은 수준이었다.[47]

문자를 읽을 수 없었기 때문에 대학에서 베풀어지는 의학 지식이 전혀 없던 (당시 서양 인구의 95퍼센트를 차지한) 대다수의 사람들 가운데는 병과 죽음을 일으키는 원인이 다름 아닌, 악마나 방황하는 영혼이라고 여기는 사람들도 있었다. 예를 들어, 14세기 후반에서 15세기에 농촌 지역이던 룩셈부르크와 프랑스의 마시프셍트랑 지역에서 농부들은 인간과 동물을 지배하는 초자연적인 힘이 건강을 주기도 하고 병을 주기도 한다고 여겼다. 이러한 관념(이것은 악마와 선한 신이라는 양극성을 지닌 기독교의 이원론을 벗어난다.) 속에서 초자연적인 힘은 마을의 조화와 부조화, 외부와의 접촉 등에 의해 작용한다고 생각했다. 벼룩이 잘 달라붙는 모직물 대신 가죽옷을 입고, 외부와의 접촉을 꺼렸던 농촌의 사람들은 십일조를 모금하러 오는 신부들이나 이곳저곳을 돌아다니는 행상인들이 전염병을 옮기기 전까지는 전염병으로부터 안전할 수 있었다.[48]

농부들이 전염병이 도는 지역에서 오는 이방인들을 거부한 사례는 여러 기록에서 찾아볼 수 있다. 프랑스에서 두 번째로 큰 도시인 리옹에 전염병이 발생한 후인 1628년, 리옹의 부유한 부르주아들은 종종 그러했듯이 그들의 소유지가 있는 시골 지역으로 도피했다. 하지만 일반 서민들이 리옹을 떠나 시골 지역에 들어오려고 하자, 마을 농부들은 돌을 던지며 그들을 쫓아냈다. 그다음 해에 프로방스 지역의 농부들은, 전염병이 번진 디뉴 지역 사람들이 자기들이 사는 마을로 피난해 와서 생존을 위협한다면, 디뉴를 공격하겠다고 위협하기도 했다.[49] 농부들은 자신들만의 고유한 세계관을 바탕으로 전염병을 막는 매우 안전한 방법, 즉 사람들의 이동을 차단하는 방법을 생각해낸 것이다. 하지만 농부들과는 전혀 다른 세계관을 지닌 이탈리아의 도시 엘리트 계급이나 유럽 엘리트 계급은 전염병을 막는 것 이상의 제거하는 방법을 찾는 방향으로 나아가야 한다는 생각을 가지고 있었다.

전염병 억제 방법의 발견

유럽에서 가장 창조적인 사고가 생겨난 지역인 북부와 중부 이탈리아에서 엘리트 계급은 1439~1450년 사이에 사고의 전환을 경험했다.[50]

공공의 이익이라는 새로운 보건 개념을 발견했을 뿐만 아니라 오스만투르크의 위협을 받는 비잔틴으로부터 지적인 자극을 받았던 것이다. 오스만투르크의 성장에 위협을 받는 비잔틴 황제는 1439년에 피렌체에 가서 군사 지원을 요청했지만 아무런 성과를 얻지 못했고, 그 후 1453년 콘스탄티노플은 함락되었다. 하지만 비잔틴의 뛰어난 몇몇 학자들은 피렌체에 남아서 그리스와 아라비아어로 된 고대의 의학 서적들을 라틴어로 옮길 수 있는 사람의 수를 엄청나게 늘렸다.[51]

그 결과 시민적 휴머니즘civic humanism으로 알려진 일련의 사조가 발생했다. 무엇보다도 시민적 휴머니즘에 의하면 사회의 체계는 살아 있는 유기체와 유사하기 때문에, 그 체계의 맨 꼭대기에 위치한 지도자들은 하위 계층 즉 도시의 임금 생활자나 시골의 농부들에 대해 가부장적 감독권을 지니며, 반대로 하위 계층의 사람들은 그들의 지도자에게 복종과 경의를 표해야 한다는 것이다.[52]

시민적 휴머니즘은 그것이 확립되자마자, 인구가 서서히 전염병 발생 이전 수준으로 회복되기 시작하면서 한편으로는 어려움 내지 위험을 초래하였다. 농부의 자녀들은 그들의 마을에서 농사지을 땅을 얻지 못할 뿐 아니라 다른 생계 수단도 찾지 못하고 결국 일거리를 찾아 도시로 몰려들었다. 도시에 모여든 그들 중 일부는 좀도둑질을 하거나 매춘 혹은 구걸을 하게 되었다. 처음에는(비교적 그 수가 적었을 때) 예수의 사도로 여겨졌던 가난한 이주민들이 이제는 사회 질서를 뒤집을 수 있는 잠재적인 범죄 집단으로 여겨지게 된 것이다.[53]

소수의 특권층이 가난한 사람들에게 갖는 경멸감은, '빈곤층'의 범주가 대다수 노동 계급을 포함하는 것으로 확대되면서 더더욱 심해졌다. 이러한 상황하에서 푸주한, 고기 판매자, 여관 주인들, 빵 굽는 사람, 잡화상들, 그리고 하루하루 노동으로 생계를 꾸려나가는 사람들은—이탈리아 인구의 2/3이상의 사람들—"더럽고, 비천하고, 불결한 사람들"로 간주되었다.[54] 이들은 교수대, 채찍, 형틀 및 다른 적절한 처벌로 다스려져야 하는 사람들로 여겨졌으며 처벌은 자비로운 온정이라는 왜곡된 말로 불리며 엄중히 가해졌다.

이러한 사고가 보편화되면서 (카마이클Carmichael과 핸더슨Henderson은 1448년에 발생한 전염병 유행 시기에 피렌체에서 이러한 사고가 확립된 것으로 본다), "빈곤한" 사람들은 병을 옮기는 자들이고, 병 자체가 전염성을 내포하고 있어서 사람에서 사람으로 전달되는 것이라고 자연스럽게 결론 내려지기도 했다.[55] 이러한 사고는 (전염병이 불규칙하게 진행되었던) 15세기 중엽에 전염병의 진행 방식을 관찰해 보면 확실해진다. 사정상 대다수의 가난한 사람들은 벼룩이 들끓는 환경에서, 다시 말해 도시 변두리에 나무나 풀을 엮어 만든 집에서 살아야 했다. 반대로 도심에서 돌로 지은 집에 살면서 전염병이 유행한다는 소식을 접하면 시골로 도피할 수 있었던 부유한 사람들은 전염된 들쥐나 벼룩과 거의 차단된 상태에서 살 수 있었을 것이다. 또한 폭력적인 권력의 문제로 행정 관료들은 하층 계급 보건 담당자들에게 하층민들에게서 발생한 의심스러운 시체는 "전염병에 걸려 죽은 시체"라는 딱지를 붙이도록 명령을 내렸다. 아마도 이러한 이유로 인해, 15세기 중반 피렌체와 1532년 이후 런던에서 치명적인 전염병이 발생한 기간 동안 '전염병 사망자'의 거주지를 조사해보면 항상 빈곤층이 부유층보다 훨씬 더 위험했었다는 사실을 알 수 있다.[56]

이러한 관념에서 출현한 것이 질서의 이데올로기였다. 그리고 이것은 전염병이 유행하는 시기에 일반 서민들의 삶에 대한 간섭을 정당화하는 역할도 했다. 인문주의 학자, 법률가, 보건 행정 관료들—이들은 대체로 대학에서 훈련을 받은 의사는 아니었다—에 의해 피렌체 그리고 엇비슷한 몇몇 도시에서 처음 시작된 질서 이데올로기는 점차 프랑스와 스페인으로 퍼져나갔고, 수십 년 후에는 스웨덴이나 영국과 같은 북쪽의 먼 왕국에까지 뿌리를 내렸다. 불규칙적으로 발생하지만, 모든 사람들이 생애에 한두 번은 겪는 전염병의 기간에 간섭주의 정책은 권력이 일반 서민들의 일상생활에 마음대로 개입할 수 있다는 명백한 표명이었다. 하지만 간섭주의 정책이 실제로 전염병의 확산을 막았다는 점은 증명되지 않았다.[57] 통제 방식이 그 어떤 곳보다 권위주의적이었던 피렌체에서는 1497~1498년, 1522~1528년 사이에는 해마다 발생했으며, 1530년과 1531년에, 그 후로 1630년과 1631년 그리고 1633년에도 계속해서 전염병이 발생했다. 하나의 공화국으로서든, 메디치 공국의 수도로서든 피렌체는 19세기까지도 페스트 발생 이전의 인구를 회복하지 못했다.

본격적으로 확립된 이탈리아의 전염병 통제 정책은 다음과 같은 다섯 가지 항목으로 요약할 수 있다. (1) 전염병에 오염된 지역에서 전염병이 돌지 않는 지역으로의 이동은 해상과 육로를 차단하여 엄격하게 통제한다. (2) 전염병에 걸려 죽은 자는 특별 장소에 강제로 매장하며, 그 개인의 물품 또한 소각한다. (3) 전염병 환자는 격리소에 격리시키며, 그 가족은 집 밖으로 나오지 못하게 하거나 거주 밀집 지역에서 멀리 떨어진 임시 가옥에 격리한다. (4) 격리되어 있는 사람들에게는 자유롭게 의료와 식량을 공급할 수 있도록 과세의 책임을 지역 단위에 넘긴다. (5) 시장 폐쇄에 의해 파산한 사람들이나 식량이 전혀 없는 사람들에게는 식량을 제공한다.

그런데 이러한 항목에서 두 가지 중요한 일이 발생했다. 전염병을 막는다는 취지하에, 안드레아 졸지Andrea Zorzi가 "사회적 조정, 관리 프로그램"이라고 불렀던 그 정책이 일반 서민들의 삶을 전대미문의 상태로 깊이 간섭하게 된 것이다.[58] 전염병 희생자 가운데는 부자든 가난한 사람이든 종교 행렬과 카니발 같은 축제에 함께 참여하고 완치된 사람들을 위한 의식에 참여해야 한다는 낡은 관념을 가진 이들이 있었다. 하지만 그 때문에 희생된 사람들과 자금 마련의 문제가 있었다. 대부분의 정책에서 귀족 계급은 직접적인 세금 납부를 면제받았다. 이러한 사실은 세금 납부자인 일반 서민들에게서 정책 시행에 필요한 엄청난 금액을 거두어들여야 한다는 것과 엘리트 계급의 능력 자체가 새로운 질서 이데올로기의 시금석이라는 것을 의미했다. 팔레르모의 한 보건 담당 관료는 1576년 전염병 유행 기간 동안 다음과 같은 표어를 자신의 모토로 삼았다. 그것은 '금, 불, 교수대'인데, 다시 말해 비용을 지불해야 할 돈과 전염병의 오염 가능성이 있는 물품을 소각하기 위한 불 그리고 보건 당국의 명령을 거부하는 가난한 자들을 매달 교수대였다.[59]

1450년 무렵 대大 가문들 사이의 권력 관계가 정돈됨으로 강력한 통치 체제가 시행된 이탈리아 도시 국가에서는 새로운 통제 정책이 비교적 쉽게 시행될 수 있었다. 이들 도시의 관료들은 질서 의식이 강했기에 전염병에 대한 위기감이 조성되자 더더욱 집단적인 책임감을 갖게 되었다. 그래서 1476년 전염병 기간 동안 공작이 죽은 밀라노에서는, 대신 보건 장관이 공작이 살아 있을 때만큼이나 효과적으로 전염병 통제 조치를 수행하기도 했다. 이와는 대조적으로 알프스 산맥 너머 유럽에서는 왕과 지방 영주들이 일반 서민들에 대한 통제 정책을 펴기 전에 먼저 그들 계급의 하위 구성원들을 효과적으로 관리해야만 했다. 1517년 이후, 중앙 집권화를 위해 왕들은 종교 개혁가들에 의해 야기된 대중들의 흥분을 가라앉혀야 했고, 비교적 자주적인 지방 토호들을 말 잘 듣는 군주로 길들여야 했다. 그런 이유로 독일 제국과 스페인 왕국의 몇몇 도시에서는 16세기 중엽 이후에야 전염병 통제 정책이 시험적으로 실시될 수 있었다. 프랑스에서는 중앙 집권화가 시작되자마자 경쟁관계에 있던 엘리트 계급들이 (1598년에야 끝나는) 30년 종교 전쟁을 일으켜 국토를 갈기갈기 찢어놓았으며, 유럽에서 가장 견고하고 오래된 왕권 국가인 영국에서는 국가 전체를 아우르는 전염병 통제 정책이 1578년까지도 마련되지 못했다.[60]

전염병 법규가 시행된 어느 곳에서나 무언의 거부 반응과 공공연한 저항이 있었다. 스웨덴, 영국 등의 기록을 보면, 사람들은 전염병이 처음 발생한 일주일 정도는 매우 두려워했지만, 점차 전염병의 위험에 익숙해져서 법규에 의한 간섭이 없을 경우에는 일상으로 되돌아갔다. 사회적인 문제가 발생되는 경우는 거의 전염병 때문인 경우보다는 전염병 법규의

.Cerusico, Medico, e Confes.sporchi. 31. Carrette, e Profumatori sporchi, che pr
robbe, che mandano allo spurgo. 35. Carretoni, che portano via le dette rob

그림4_ 전염병에 오염된 물품을 소각함, 로마 1656년.

시행에 의한 것이었다.

다음의 잘 알려진 글에서 장 들뤼모Jean Delumeau는 전염병이 발생했을 때 당시 집안의 가장들이 어떤 적절한 조치를 취했는지에 대해 서술하고 있다.

일반적으로 병이 발생해서 환자를 돌보게 되는 일은 환자와 그 주변 사람들의 유대를 더욱 강하게 만든다. 환자가 죽게 되면 친숙한 장례 절차가 뒤따른다. 주변 사람들이 시신 주위에 모여 고인을 보고, 장례식을 거행하며 무덤을 만든다. 사람들은 눈물을 흘리며 낮은 목소리로 슬픔을 표현하고, 과거를 회상한 후 망자의 방을 치우며 기도하면서, 망자를 보내는 장례 행렬에 가족과 친구들이 참석한다. 망자를 보내는 의식을 구성하는 수많은 요소들은 합당한 질서이고 예절이었다. 하지만 전염병 시기에는 (모든 예절은 금지되고), 죽은 자의 사회적 인격은 폐지되었다.[61]

들뤼모는 산자가 고인을 존경하며 고인의 죽음을 받아들이는 장례 의식을 강제적으로 금지한 것에 대해 일반 서민들이 극도로 분개했다고 느꼈다. 1603년 런던에서 장례식 금지에 대한 대중의 반응을 살핀 한 엘리트는 다음과 같이 기록했다. "거지같은 사람들, 심지어 아이를 데리고 온 여자들까지 장례식에 모여들었다. (더 심각한 일은) 시신을 안치한 무덤 앞에 모여 온갖 물건을 함께 파묻는 것이었다. 실로 모든 사람들이 전염병을 두려워하지 않는 것처럼 보였다."[62]

때로는 전염병 사망자들을 석회로 뒤덮어, 대량으로 파묻는 일도 있었다. 일반 서민들은 교회 마당에서의 장례를 금하는 일이 동물들이나 불가촉천민인 살인자나 배교자에게나 합당한 조치라고 생각했다. 종교개혁 이후의 스웨덴—특히 스웨덴은 종교개혁이 잘 이루어진 나라였다—에서 전통을 중시하는 사람들은 고인에게 이러한 처우를 겪게 하느니 차라리 시신을 집에 잘 보관하고 있다가 (아마도 캄캄한 밤에) 절차에 따라 묻는 방법을 택하는 경우도 많았다. 스웨덴 스모랜드Smaland 지방의 페르 멘손Per Mansson이란 인물은 비밀리에 무덤을 팠던 사람이다. 1730~1731년 무렵 그는 전염병으로 죽은 부인과 아이들을 자신이 다니던 교회 근처에 몰래 묻었으며, 그 후엔 다른 희생자의 가족에게도 그처럼 매장하는 일을 해주었다. 그의 과실은 이웃이 아닌 장사꾼처럼 대가로 현금을 요구한 것이었다. 국법을 위반했다는—당시 지역 관청도 국법을 인정하진 않았다—지역 관청의 경고를 받은 후에도 멘손은 계속해서 몰래 매장 일을 하다가 결국 붙잡혀서 형벌을 받았다. 스웨덴 왕국 어느 곳에서든 사람들이 전통적인 장례 절차를 유지하고자 하는 데에 사적인 이익을 취한다는 생각이 없었기 때문이다. 1710년 브리킨예Blikinge 지방에서 분노한 교구민들이 지역 외곽의 언덕에 있었던 (늑대 무덤이라고 불렀던) 전염병자 공동매장지에서 시신을 파내어 합당한 매장을 하기 위해 교구로 끌고 온 일이 있었다. 이와 같은 일들은 지방의 민중들이 직접적으로 스웨덴 국가 권력에 도전한 사건이었다. 그 시기는 바로 스웨덴 왕국이 폴타바Poltava에서 러시아와의 대규모 전쟁에서 패배한 때였다.[63]

일반 서민들에게 있어 전염병으로 죽은 사람의 옷과 침구를 불태워야 하고 집에서 쓰던 물건들을 석회로 소독해야 한다는 (표면상으로는 전염을 예방한다는) 규정은 관습을 심각하게 침해하는 일이었다. 15세기 말 토리노에서는 전염병 예방 조치가 더 심해졌다. 전염병을 보균한 것으로 의심이 가는 가옥은 무조건 불태워졌다. 1461년의 한 법정 기록을 보면, 부모의 집이 불태워진 한 상속자가 손실 보상이 계속 이루어지지 않는다고 소송을 제기한 내용이 있다. 당시 대다수의 가난한 사람들은 법률 대리인에게 줘야 할 돈이 없어서 이러한 법정 소송을 하지 못했다.[64]

피렌체에서 1630~1631년 사이에 진행된 많은 법정 소송은—소송은 전염병 법규(공공 보건 장관 시행령)를 집행하는 특별 법정에서 열렸다—주로 관료들의 시각은 절도죄로 생각하는 반면 일반 서민들의 시각은 그저 고인의 물건을 다시 사용하는 것으로 생각한 문제와 관련된 것이었다. 과거의 관례에 따르면, 고인의 유품은 고인에게 특별한 관심을 보인다는 것을 증명하기 위해 무덤을 파는 사람에게 전해졌다. 1348년 이전에 이러한 관례는 무덤 파는 사람들의 길드 조직 규약에 명시되어 있었지만, 이제는 공작이 그 소유권을 요구하게 된 것이다. 또 다른 형태의 소유권 분쟁 사례는 1630~1631년에 있었던 제빵업자 살바토르 토르토렐리Salvatore Tortorelli와 관련된 일이었다. 아이가 없던 매제가 사망하자 토르토렐리는 매제의 집에 몰래 들어가 미망인인 여동생의 지참금인 보석을 빼내었다. 토르토렐리의 주장은, 만약 그 보석을 그냥 내버려두면 전염되지 않는 공작의 가사 담당자들의 주머니에 들어가게 될 것이라는 것이었다. 이러한 주장은 보건 장관 시행령으로 해결되지 않는 것이었지만, 토르토렐리는 감옥에 갇히고 고문을 당하기까지 했다. 그의 팔이 고문대에서 비틀리는 동안에도 토르토렐리는 국가가 어떻게 주장하든 그가 가져온 보석은 가족의 재산이고 그 소유권은 자신의 가족에게 있다고 외쳤

다.[65]

전염병 법규는 일반 서민들의 상속 관례를 위험하다고 규정했을 뿐만 아니라, 닭싸움과 소싸움이 벌어지는 장소, 매춘굴, 술집 등 사람들 간에 사교 모임을 가지는 장소도 폐쇄했다. 대부분 자영업자인 결혼한 장인들, 미혼의 도제, 기능공들은 그들의 작업장에서 살았으므로 그들에게 선술집과 같은 곳은 정보를 교환하고 일자리를 찾고 미혼의 젊은 여성과 부인들의 행동을 통제하기 위해 전통적인 도덕규범을 강화시킬 수 있는 방법을 결정하는 사교의 장소였다. 때문에 이러한 장소를 폐쇄시키는 일은 이웃 간의 유대감을 위협하는 처사였다.

따라서 전염병 법규가 강화되는 것은 사람들의 일상생활을 박탈하는 억압이었다. 물고기를 잡거나 거리 모퉁이나 시장에서 옷을 팔아 생계를 유지하는 것 외에는 아무런 대책이 없던 비천한 사람들에게 만남의 장소를 폐쇄하는 것은 극심한 궁핍을 초래함을 의미했다. 수공업자에 의존하고 있던 임금 노동자들의 상황 역시 심각했다. 수공업자들은 검역이 시행되는 시기에 공장 문을 닫고 노동자들을 내쫓았다. 단지 몇 사람의 가장이 감염되었다면, 주변 이웃들이 끼니를 도와줄 수 있었을 것이다. 하지만 노동 인구의 1/3 이상이 직물산업에 종사하고 있던 상황에서 부유한 공장소유주들이 공장을 폐쇄하고 피신하는 것은 이웃들 간의 유대감을 전체적으로 파괴하는 일이었다. 일반적으로 뒤늦게 시작되고 그 규모도 작은 자선 기부금이 노동자들을 기아에서 구해낼 수도 있었지만, 그들을 (최악의 기근 병인) 발진티푸스로부터 막아내기에는 역부족이었을 것이다. 발진티푸스나 폐렴에 걸려 가족 중 한 사람이 죽게 되면, 가장과 가족 구성원들은 매장업자의 희생자 목록에 "전염병"이라는 표기가 부가되는 모욕을 감내해야 했을 것이다. 그리고 지배층들은 이러한 일들을 가난과 페스트가 직접적인 관련이 있다는 기만을 더욱 강화하는 데 이용했을 것이다.[66]

당시 대상인들은 지역 내뿐 아니라 지역 간에 그리고 국제적으로도 물품 교환을 하고 있었음으로 검역 때문에 상행위가 지연되면 다른 지역의 경쟁자들에게 그들이 점유하고 있던 시장을 빼앗기게 될까 봐 걱정했다. 그래서 그들은 검역의 필요성을 가능한 한 받아들이려고 하지 않았다.[67] 이러한 생각 때문에 1629년 베네치아의 지배층은 전염병이 가까이 옮아왔다는 경고를 무시하면서 방역선이 불필요하다고 주장했다. 그 후 짧은 기간 동안 벌어진 결과는 참담했다. 전염병은 거침없이 만투안과 밀라노를 지나 1629년 베네치아로 들어왔다. 전염병은 1631년 가을까지 지속되었고, 17세기 베네치아에 가장 심한 참사를 가져왔다. 육지에서 농민들이 이주하여 한 세대 안에 전염병 발생 이전 수준으로 인구가 회복되긴 했지만, 그 밖의 다른 피해는 회복할 수 없었다. 베네치아가 폐쇄되고, 전염병 발생으로 타격을 입은 지도층이 골든 북(베네치아 귀족 가문의 목록이 적혀 있는 책, 평의회 위원들은 이 목록을 바탕으로 지도층을 선출했다.)에 소속된 젊은 세력들로 바뀌는 동안, 네덜란드와 영국 사업가들은 과거부터 교역이 성행하던 지역인 아드리아와 동지중해 연안으로 시장을 옮겼다. 한 번 교역을 트게 되면 사업가들은 그 지역에 머물렀다. 주요 시장을 빼앗기고 지도층의 동맥 경화 현상(젊은 층은 육체적으로, 노년층은 정신적으로)을 겪는 베네치아는 곧 경제적 영향력이 상실된 지역 세력으로 전락하고, 곧 박물관 도시로 바뀌고 말았다.[68]

　이탈리아 도시 국가들뿐 아니라 1578년 이후 영국에서도 통치자들은 전염병 희생자가 발생한 모든 가구에 가옥 폐쇄를 명령했다. 이 새로운 권위주의는 전염병 발생 가옥의 출입문을 나무로 봉쇄하고, 필요한 식료품은 창문에서 줄을 사용하여 바구니로 받게 했다. 1604년 영국에서는 전염병 보균자가 거리에서 발견되면 합법적으로 교수형에 처해질 수 있었다. 1630~1633년 전염병 기간 동안 피렌체의 기능공들은 폐쇄된 가옥을 빠져나오는 방법을 찾게 되었다. 가족 중에 한 사람이 전염병 증상을 보이면, 노동 연령에 있는 남성들이 일터로 몰래 빠져나와서 동료 노동자들이 제공하는 식료품 재료와 음식을 받아갔고, 그동안 여성과 아이들은 병자를 돌보았다. 이러한 방법을 쓴 몇몇 가구들이 단호한 즉결 심판권을 가진 특별 위생 재판소로부터 경고를 받게 되는 경우도 있었는데, 이것은 악의를 품은 이웃이 옆집을 경찰에 고발해서 생긴 일이었다. 1468년 밀라노에서의 가옥 폐쇄는 분명 개인적인 이익을 노린 의사들의 요청에 의해 이루어졌다. 일정 금액이 전염병 담당 의사들에게 흘러 들어가면, 오랫동안 지속된 이웃 간의 불화도 해소될 수 있었던 것이다.[69]

밀라노와 베네치아에서 시행된 한 정책은 전염병 발생이 의심되는 사람과 함께 거주하는 모든 이들을 나무와 짚으로 만들어진 오두막으로 격리시켜 다른 집 거주자들과 분리시키는 것이었다. 하지만 이런 오두막에 고립시키건, (런던에서처럼) 자신의 거주지에 고립시키건 간에 심각한 문제는, 감금 당시에는 전염병에 걸리지 않았던 고립자들도 치명적인 벼룩이 퍼트리는 페스트나 발진티푸스 또는 폐렴이나 기아 등으로 죽어갔다는 점이다. 전염병 발생이 의심되는 모든 가구에 대한 폐쇄 조치 이후 영국의 상황을 기록한 글을 보면 이는 보편적인 현상이었다. 폴 슬렉Paul Slack에 의하면 "전염병 발생 기간 동안 죽은 희생자의 1/3 내지 2/3는 세 명 이상이 희생된 가구에서 나왔다."[70]

질서 이데올로기를 바탕으로 하는 또 다른 제도적 장치는 페스트 환자 수용소의 설립이었다. 이러한 기관을 설립하는 데는 커다란 비용이 들었고, 그래서 설립을 공표한 후 실제 기관의 문을 열기까지는 적지 않은 시간이 걸렸다. 예를 들어, 제노바의 대 평의회Great Council는 1467년에 페스트 환자 수용소를 인가했는데, 그 건물이 최종적으로 완성되어 문을 열기까지는 60년의 세월이 흘러야 했다. 그러나 그 기간 안에 즉 1499년과 1501년, 그리고 1524~1526년의 3년 동안에 전염병은 이미 제노바를 강타했다. 페스트 병원이 세워지면—유럽 대부분의 지역에서는 17세기 초반까지도 페스트 병원이 설립되지 못했다—시에서 마련한 기금으로 고용된 의사나 비인가 의사들에 의해 빈곤층을 대상으로 기본적인 치료가 무료로 제공되었다. 그 결과는 예상할 수 있는 것이었다.

아마도 볼로냐 페스트 환자 수용소에 대한 다음과 같은 서술은 페스트 환자 수용소의 전형적인 모습이었을 것이다. 스파다Spada 추기경의 글에 따르면, "여기는 온통 참을 수 없는 냄새로 가득하다. …… 시체를 지나치지 않고는 걸음을 옮길 수가 없다. …… 이곳은 혼란과 공포만 있는 지옥의 복사판이다."[71] 베네치아의 페스트 환자 수용소에서는 의료진들이 병자에게서 나올 것으로 여겨지는 독기를 피하기 위해 마스크와 두꺼운 보호복을 착용했다. 그 시기의 그림이나 조각 등에 묘사된 것을 보면, 페스트 환자 수용소의 의료진들은 그로테스크한 죽음의 축제에 등장하는 배우처럼 보인다.

1630년 밀라노에서 그리고 1656년 제네바에서 전염병에 의한 극도의 사망률을 기록한 것은—제노바 인구의 70퍼센트가 사망했다—아마도 전염병 보균 의심자들을 페스트 환자 수용소에 격리시킴으로써 기아와 발진티푸스, 페스트가 전염되어 나타난 결과일 수도 있다. 1656년의 대재앙 이후 제노바 나병원 원장은 다음과 같이 말했다. "만약 페스트를 제거할 수 있는 어떤 대책도 없다면, 제노바는 얼마나 더 큰 손실을 입을 것인가?"[72] 하지만 이러한 한탄으로 이루어지는 것은 아무것도 없었다. 권력의 강제적인 조치와 내재된 복종의 습관 때문에 일반 서민들은 페스트 환자 수용소로 옮겨지는 것에 대해 거의 속수무책이었다.

저항이 있었다면, 그것은 아마도 페스트 병원이 그들의 자연적인 역할(산 자를 돌보고, 죽은 자의 장례를 치르는 일)을 탈취한다고 느낀 여성들(때로는 미망인들)에 의한 것이었다. 찰스 1세 당시의 영국에서는 여성들이 1627년에는 솔즈베리Salisbury에서, 그리고 1631년에는 콜체스터Colchester에서 페스트 병원을 불태웠다. 전통적 가치를 지키고자 하는 이러한 행동은 질서 이데올로기에 직면해서 민중 문화의 복원력을 증명하는 것이었다. 대공국의 지배하에 있던 피렌체에서도 이와 유사한 일들이 있었다. 병자의 아내나 딸, 자매인 여성들이 폐쇄된 가옥에 갇힌 채로, 창문 밖으로 저항의 소리를 내질렀다. 이에 감화되어 분노한 젊은이들이 관리들을 공격했다. 1633년 비아 폴키아Via Porcia 지방에서 200명의 군중이 식량 배급자인 쟈코포 세시Jacopo Sassi를 감금하고서 그가 저항을 포기할 정도의 "커다란 공포와 두려움"을 가했다.[73]

하지만 페스트 병원이나 가옥 폐쇄라는 매서운 위협이 유럽 전역을 지배한 것은 아니었다. 네덜란드에서는 렘브란트의 그림에 나오는 것과 같은, 일종의 공동 사업 같은 것을 하는 신사들이 세계로 확장되고 있는 무역 제국을 위해 "희생을 최소화하는 적절한 조치"를 취하는 것이 일반적이었다. 그런 분위기에서 사람들은 전염병으로 고통받는 이웃을 방문해서 마지막 고통의 시간을 함께하려 했고, 걸을 수 있는 전염병 환자들은 보균자임을 식별케 하는 지팡이를 가지고 있으면, 바람을 쐬러 집 밖으로 외출할 수 있었다. 또한 환자와 함께 사는 가족들도 교회에 나가 종교의 위안을 받을 수 있었다. 당시 네덜란드는 공격적인 자본주의 형태를 해외 여러 나라 사람들에게 적용하고 있었지만, 전통적인 가치는 여전히 유지되고 있었다. 네덜란드의 전염병 사망률은 결코 높지 않았다.[74]

좀 더 권위적인 나라에서는 전염병 환자 개인을 격리시키는 것 이상으로, 도시 전체를 격리하는 정책이 시행되었다. 알려져 있는 최초의 방역선 조치는 인문주의자들의 질서 이데올로기보다 약 75년 앞서서 행해졌다. 동시대인들에게는 잔혹한 폭군으로 여겨진 밀라노의 독재자 베르나르도 비스콘티Bernardo Visconti는 1374년 밀라노에서 남쪽으로 150킬로미터에 있는 레조넬에밀리아Reggio nell'Emilia라는 도시를, 군대를 동원하여 봉쇄하라는 명령을 내렸다. 이러한 예방 조치에도 불구하고 전염병은 밀라노로 진격해 들어왔다. 아마도 방역선의 효과는 없었던 것으로 보인다.[75] 일찍이 비효과적으로 생각된 이러한 밀라노식 조치는 권위주의의 승리와 함께 한때 공화주의자들이 권력을 차지했다가 이제는 대공작Grand Duke의 지배하에 있는—밀라노의 경쟁 상대인—피렌체에서도 전적으로 받아들여졌다. 피렌체에서는 전염병 경보 기간 중 위생청의 주도하에 콘타도contado 지방의 부속 도시들을 관리하기 위해 몇 팀의 군인을 고용하는 것은 일반적인 조치였다. 전염병 발생 지역에서 몰래 도망치다 붙잡히는 사람들은 처형을 당했다. 밀라노의 또 다른 관례를 좇아서 피렌체 위생청은 한 도시에서 다른 도시로 여행을 하려는 사람들에게 본 거주 지역에서 위생을 보증하는 통행권을 발급받도록 하는 제도를 최초로 시행했다. 또한 프랑스는 헨리 4세의 미망인으로 여왕에 등극한 마리 드 메디치Marie de Medici의 통치 기간에 피렌체로부터 위생 통행권 제도를 받아들였다.[76]

유럽 도처에서 17세기의 20년이 흐르는 동안 엘리트 계급의 명석한 사람들은 전염병 법규가 광범위한 지역에 걸쳐 시행되면, 이상하게도 전염병이 주춤하게 된다는 사실을 깨닫기 시작했다. 하지만 범유럽적인 사회적 질서와 통제를 위해서는 (지역 간의) 상호 적대감을 없애기 전에 먼저 사고방식에 있어서의 큰 변화가 요구되었다.

사고방식의 변화를 어떻게 이끌어낼 수 있을지에 대해서는 특별한 방책이 없었다. 테오도르 랍은 30년 전쟁(1618~1648) 과정에서 벌어진 일련의 사건들에서 표출된 엘리트 계급의 혐오감에 대해 큰 의미를 부여했다. 독일 인구의 1/5~1/3이 죽은 이 잔혹한 전쟁으로 인해 유럽은 거의 도덕적 무정부 상태에 이르렀다. 스웨덴의 구스타프 아돌프Gustavus Adolphus 왕이 통솔하던 군대와 그와 유사한 체계의 부대들은 독일 북부와 중부 그리고 남부에서 강간과 약탈과 살인을 자행했다. 전쟁의 주변부에서는 용병들이 단지 재미로 학살하기도 했다. 이러한 도덕적 가치의 붕괴에 간담이 서늘해진 유럽의 군주들은 베스트팔렌 평화 조약(1648년) 체결 후 그들의 군대를 농부들의 세금으로 유지되는 직업적 상비군 체제로 재편했다. 그래서 군주들은 인구가 과잉된 알프스 칸톤 지방과 여타 기독교 국가의 미개한 지역에서 유입되는 용병들을 고용할 필요를 없앴다. 더구나 통치자들은 새롭게 확정된 전쟁 규약에 복종하도록 군대에 명령을 내렸다. 도시에서 멀리 떨어진 지역에서 전투를 하며, 어떤 상황에서도 무고한 시민들을 약탈하거나 살해해서는 안 된다는 것이 새로운

전쟁 규약이었다. 새로운 국제 질서가 형성되는 과정에 있게 된 것이다.[77]

17세기 중반에는 또한 지방 귀족 세력과 왕 사이에 새로운 균형 관계가 확립되었다. 루이 14세는 젊은 시절 귀족과 재판관들의 반란(프롱드의 난, 1648~1652년)에 의해 쫓겨났지만, 몇 해만에 다시 왕권을 되찾으면서 프랑스의 모든 귀족 계급을 왕권에 복종시켰다. 귀족들에게 승리를 거두고 군주들을 중앙에 복속시키고, 프랑스적인 것을 양식화하는 가운데 효율적인 국방 국가가 확립되었다. 스페인과 스페인계 이탈리아, 스웨덴과 덴마크 그리고 영국의 귀족 계급은 이러한 국가에 협력해서 일하는 것보다 반란을 일으키는 것이 더 큰 이익이 된다는 판단을 하기 시작했다. 이 같은 일은 여전히 파편화된 채 여러 공국들로 구성되어 있던 전형적인 봉건 국가인 (1675년과 1683년 사이에 발생한 전염병으로 커다란 고통을 겪던) 독일 제국에서도 일어났다.[78]

1648년 이후 몇 십 년 간 유럽 엘리트 계급은 타협을 통해 독립성을 획득하고자 했고, 새롭게 등장한 정치 및 경제학자들이 이에 보조를 같이했다. 새롭게 등장한 이 전문가들은, 국가의 힘은 국민들의 부를 창출하는 능력에 달려있다고 주장했다. 자국 산업의 완전한 고용뿐 아니라 기근이 발생했을 때 식량 공급 체제를 잘 구축하고 있으면 국가의 안정이 확립될 수 있다고 이들은 주장했다. 이론을 실제화하기 위해 중상주의자들은 기근과 재앙을 구제하는 프로그램을 만들었고, 그 비용은 점증하는 세리들이 강압적으로 거둔 세금으로 충당되었다.

중상주의 정책 시행자들은, 귀족 계급이 이러한 일에 동참한다면 모든 문제가 해결될 수 있을 것이라며 귀족 계급에 압력을 가했다. 시급히 해야 할 일들 중 하나는 전염병이 없는 지역과 오염된 지역의 육로를 엄격하게 통제함으로써 전염병의 이동 경로를 제거하는 것이었다. 1679년 6월 스페인 정부가 당시 남쪽에서 맹위를 떨치고 있는 전염병으로부터 마드리드를 보호하기 위해 시행한 조치가 그 대표적인 예이다. 전염병이 독기에 의해 발생한다는 오래된 관념을 버리고—마드리드는 유럽에서 가장 냄새가 고약한 도시로 불렸다—관리들은 남부 안달루시아에서 북쪽으로 이어지는 육로를 봉쇄했다. 군대를 동원한 두 개의 방역선으로 육로를 차단한 결과, 마드리드는 전염병으로부터 안전을 유지했고, 그 이후 무시무시한 페스트는 마드리드에 한 번도 입성을 하지 못했다.[79]

앞에서 언급한 것처럼, 전염병으로 오염된 들쥐의 소굴은 6~10년이 흐르면 자연스럽게 소멸되었다. 그래서 한 지역이 전염병 오염원으로부터 깨끗해지면, 그 지역은 다른 감염 지역에서 검은 쥐나 검은 쥐를 감염시키는 벼룩이 들어오기 전까지는 안전을 유지할 수 있었다. 이탈리아 항구 도시들은 1450년 이래로 검역소를 설치 사용하고 있었다. 문제는 검역소가 제대로 기능을 발휘하지 못한다는 점이었다. 그 이유는 레반트에서 값비싼 물건과 함께 쥐와 벼룩도 싣고 들어오는 작은 배들이 지역 법규를 위반하면서 외딴곳에 상륙했기 때문이었다. 하지만 이 모든 상황은 17세기 말에는 변화되었다.

국가 간의 협력이 과거 개별 도시의 노력을 수포로 돌아가게 했던 문제들을 극복할 수 있다는 낙관론을 등에 업고, 지방 정부들은 통제 방식을 서로 협력하기 시작했다. 레반트나 북부 아프리카에서 전염병이 시작된다는 인식하에 유럽인 영사들과 여행객으로 이루어진 초기 경보 시스템은 자국 정부에 전염병과 밀수선의 위치를 통보했다. 또한 신문은 규칙적으로 오스만 제국의 전염병 상황을 보도했다. 그리고 전염병 감염이 의심되는 항구에서 들어오는 배들은 3~4주 동안 검역소에 머물러야 했다.[80]

항구로 들어오는 선박에 대한 검역과 육로 통제를 결합함으로써 전염병은 점차 물러나기 시작했다. 그리하여 결국 전염병은 스코틀랜드에서는 1647년, 영국에서는 1668년, 네덜란드에서는 1670년, 독일 서부와 스위스에서는 1679년, 스페인에서는 1711년, 이탈리아 북부와 중부에서는 1714년에 마지막으로 발생했다. 전염병으로부터 거의 깨끗한 지대였던 프랑스에서는 1720년 레반트에서 들어오는 대大안토니 호Le Grand Saint Antoine라는 배에 의해 전염병이 다시 발생하게 되었다. 그 배의 선장은 검역소를 피하기 위해 마르세유 항만청을 뇌물로 매수했다. 살아남은 자—약 십만 명이 사망했다—와 납세자에게서 세금을 걷고 많은 비용을 들여 사회적 캠페인을 벌인 후에 결국 전염병은 마르세유에만 남아 있었고, 그 후 사실상 유럽에서는 사라졌다.[81]

유럽 남중부에 걸쳐 있는 합스부르크 왕국에서는 1716년에 전염병은 그 막을 내렸다. 하지만 오스만 제국의 술탄이 통치하고 있던 인근 발칸 지역에서는 전염병이 여전히 오랫동안 계속되었다. 방역선과 검역소가 왜 효과적인지를 모르고 있던 합스부르크 왕가는, 벨그레이드 평화조약으로 합스부르크와 오스만 터키 간의 전쟁이 1739년에 끝난 이후 슬라보니아와 크로아티아 지역의 약 절반을 뒤덮는 전염병 방역선을 만들고, 약 4,000명에 달하는 군인들에게 일자리를 제공했다. 또한 이와 비슷한 용도의 군사적 영역이 트란실바니아와 다뉴브 강 남부 지역에도 설립되었다. 기동력을 갖춘 경계 초소의 군인들은 모든 군사 경계선을 순찰을 하면서 인가받지 않은 여행자들을 사살할 수 있는 권한을 가지기까지 했다. 오스만 제국에서 오는 사람들은 사타구니나 겨드랑이를 벗기는 조사에 응해야만 했고, 48일간 계속되는 검역 기간을 그대로 따라야 했다. 들여온 물품은 소독되었다. 감염이 의심스러운 양털의 경우, 하층민들이 잠을 자는 대규모 공공시설에서 시험 사용이 되었다. 그러다 만약 전염병 증상이 발생하면, 감염자는 사살되고 양털은 불태워졌다.[82]

합스부르크의 전염병 정책은 경계선 양편에 친척과 가족을 둔 발칸 지역 사람들에게 고통을 안겨주었다. 그들은 서로에게 손을 흔들거나 신호를 보낼 수 있었지만, 48일간의 검역 기간 때문에 좀처럼 만날 수 없었다. 또한 합스부르크의 정책은 오스만 제국 쪽에서 거래를 하는 불가리아와 그리스의 상인 자본가들에게 큰 걸림돌 역할을 했다. 이들에게 의존하고 있는 직공들은 유럽 기독교 국가들에게 팔 옷을 만들었는데, 초창기에는 옷과 곡물이 그들의 주요 수출품이었다. 합스부르크 왕국이 시행한 긴 검역 기간으로 인해 이스탄불에서 빈에 이르는 1,300킬로미터를 갈 수 있는 시간에 이제 사람들은 대서양 연안의 항구에서 식민지 신세계로 항해해야 했다. 검역 기간의 여러 어려운 상황들을 극복한 후 알렉산더 킹레이크가, 이슬람교도들과 오스트리아인들은 "마치 그들 사이에 펼쳐져 있는 50개의 지방들만큼이나 산산이 흩어져 있다"고 말한 것은 아마 올바른 지적일 것이다.[83]

이것은 단순히 시간과 공간의 문제만은 아니었다. 다니엘 판자크Daniel Panzac가 말한 것처럼, 오스트리아의 통제선은 (자신들이 사는 곳을 전염병이 없는 문명화된 지역으로 생각한) 서방 기독교 세계와 (전염병이 횡행하는 원시적 사회로 간주되는) 중동의 이슬람 세계와의 이념적 간격을 더 멀어지게 만들었다. 이러한 분위기 속에서 영국의 한 의학 잡지 독자들은 1799년에 다음과 같은 글을 읽게 되었다. "터키와 전쟁을 오래 하게 되면, 어떤 국가도 전염병에 걸리지 않을 수 없다."[84]

중동 지역의 전염병에 대한 반응

페스트 전염병이 1347년 중동지역에 다시 출현했을 때, 이슬람 서부 지역은 맘루크 군사 정부의 지배하에 있었다.[85] 카이로의 시타델에 근거지를 둔 맘루크 제국은 남쪽으로는 아스완Aswan 지역을 넘고, 북쪽으로는 팔레스타인과 시리아까지 세력을 확대했다. 이곳에 정착한 사람들에게 최초의 전염병 출현은 치명적인 결과를 가져왔다. 아마도 인구의 1/3이 사망한 것으로 보인다. 전염병이 발생하기 전, 인구가 약 50만이었던 카이로—당시 세계에서 첫 번째, 혹은 두 번째로 넓은 도시였다—는 1347년 10월에서 1349년 1월 사이에 인구가 20만으로 줄었다. 카이로에서 남동부 나일 강 삼각주 지역으로 이어지는 대상들의 길 위에는 도처에 시체들이 깔려있었다고 전해진다. 멀리 북쪽 알렉산드리아에서는 수천 명의 노동자들이 죽거나 피난을 감으로 실크와 질 좋은 면 그리고 품질 좋은 옷을 생산하던 산업이 붕괴되고 말았다. 허벡Hrbek이 "페스트와 뒤따른 기근이 이슬람 역사상 이집트를 덮친 가장 무시무시한 재앙이었다"고 말한 것은 타당했다.[86]

전염병 출현에 뒤따르는 기근 현상도 전염병과 함께 전 지역으로 퍼져나갔다. 기록된 증거 자료는 많지 않지만, 기근 현상은 농부들이 먹을 것을 찾아 카이로나 다마스커스 등의 다른 대도시로 피난함으로 인해 발생한 것으로 보인다. 농부들은 또한 전염병을 옮기는 귀신을 쫓아줄 것으로 생각되는, 무당을 찾아서 도시로 떠나기도 했다. 당시 "귀신에 의한 통증"은 페스트를 우회적으로 뜻하는 말이었다. 또한 많은 농부들이 지주의 압제를 피해 농촌을 떠났고, 이들은 도시 노동자가 되면 그들의 고향 마을로 되돌아가지 않았다. 경작지의 대부분은 물을 끌어들여서 농사를 지었기 때문에, 건장한 남성과 여성 농부들이 도시로 빠져나가는 것은 전 지역의 농업을 붕괴시키는 일이었다. 경작을 하지 않는 땅은 커다란 갈대밭이 되어 수로를 막기도 했다.[87]

부재지주들이 땅을 살리는 데 관심을 거의 쏟지 않았고, 또한 제국 주변부에서는 정착민을 이주시키는 노력도 거의 하지 않았으므로 일단 전염병이 발생하면 경작지 대부분이 쓸모없게 되었다. 이집트 상부 지역과 누비아에서는 무역로를 폐쇄한 중앙의 권력에 대항해서 베두인 족들이 반란을 일으켰고 그 반란이 성공함으로 상황은 더욱 복잡해졌다. 그 여파로 경작지에서 농사를 짓던 농민의 수가 1347년 이전에는 2만 4,000명이던 것이 1389년에는 단 1,000명에 불과했다.[88] 페스트로 수백 개의 마을이 폐허가 된 북쪽 시리아에서는, 한 세기 후 인구가 급격하게 줄었다. 하지만 그 이유는 전염병이 모든 마을을 쓸어버렸기 때문이라기보다는 살아남은 농민들이 농사지을 땅을 찾아 나일 삼각주 지역으로 이동해서 그곳에 정착했기 때문인 것처럼 보인다.[89]

이집트 농업의 중심지인 나일 삼각주 지역에서는 1347~1349년 사이에 전염병과 기근으로 극심한 피해를 입었다. 그렇지만 7~8년이 지난 후에는 삼각주 지역 2,300여 마을 대부분이 다시 밀과 곡식들을 생산하고 이를 카이로에 공급할 수 있게 되었다. 그리고 카이로에서는 마치 이러한 지속성이 이집트만의 특별한 모습이라는 것을 보여주기라도 하듯 다시 공장이 돌아가고 물건을 사고파는 상거래가 이루어지고 일상의 활동들이 재개되었다.

페스트와 그 후 맘루크 제국에 발생한 전염병이 남긴 결과를 검토하기 위해서는 먼저 사회 계급들 간의 관계를 고려해야만 한다. 결론적으로 말해서, 1347~1805년 동안 전염병에 대한 인간의 대응은 아무것도 변한 것이 없다고 할 수 있다. 왜냐하면 어떤 사회계급도 옛날부터 내려오는 전통적인 행동양식을 바꿀 마땅한 이유를 찾지 못했기 때문이다. 항상 사회 계급의 밑바닥에 있었던 농민 계급에게뿐 아니라 서민들에게도 나아가 권력을 행사하는 권력 계급에게도 이것은 변함없는 진실이었다.

전염병이 발생했던 오랜 기간 동안, 농촌 마을의 가부장들은 마을 촌장의 감독하에 자신의 땅에 대한 세습권을 가졌다. 마을 촌장은 마을과 바깥 세상을 연결해 주는 유일한 존재였다. 맘루크 정권이 막강한 힘을 발휘하고 있을 때, 마을 촌장들은 새롭게 관개 시설을 구축하는 강제 노역에서 노동자들을 모집하는 역할을 담당했다. 농민들은 이러한 강제 노역과 촌장들이 걷어가는 과도한 세금(밀, 가금류, 과일, 여타 생산물)에 분노했다. 물론 침범해 들어오는 외부 세력에 맞서 싸울 때는 마음이 하나가 되었지만, 평상시 농민들은 몇 개의 그룹으로 나뉘어 서로를 적대시했다. 자신의 역할을 잘 수행하는 촌장들은 이와 같이 나뉘어져 있는 마을의 두세 그룹을 자신의 이익을 위해 이용하는 법도 잘 알고 있었다.[90]

이와 같이 농부들은 사람에 의해 겪는 고통과 더불어 언제 나일 강이 범람하는지, 물의 수위가 얼마나 높아지는지에 대해서도 걱정을 해야만 했다. 나일 강이 완전히 범람을 해야만 모든 경작지에 토양을 증대시키는 침적토가 쌓일 수 있었기 때문이다. 몇 해 동안 강이 범람하지 않고 물의 양이 적을 때면 (1375~1376년의 경우처럼) 이내 기근으로 이어졌다. 또한 곡식을 휩쓸어가는 메뚜기 떼와 들쥐들이 들끓게 될 때에도 기근이 발생했는데, 이러한 위기는 오래전부터 이어져 내려온 일이었다. 기원전 1379년경 아케나텐Akhenaten 제국 시기를 포함한 수년간의 유랑 기간 동안 히브리인들은 "이집트의 열 가지 전염병"이라는 말을 만들어냈다. 그것은 메뚜기 떼, 들쥐, 홍수, 기근, 전염병 등으로 일어나는 모든 재앙을 한꺼번에 일컫는 말이었다. 그 후 수천 년이 지난 1347년 이후, 나일 강 유역의 농부들은 페스트 전염병인 페스트에 의해 야기되고 (아마도 폐렴에 의해 촉진되는) 특별한 문제에 대응하는 방법을 찾아내기 시작했다. 그 방법은 끝까지 참고 기다려서 전염병이 자연 소멸되기를 기다리거나, 농사를 포기하고 카이로나 알렉산드리아로 탈출해서 비숙련 임금 노동자가 되는 것이었다.

유목민인 베두인 족들은 전염병으로 고통받고 있는 정착민인 농부들의 세계 바깥에 있었다. 나일 경작지 제방에서 수 마일 떨어져 있는 사막에서 생활하는—이집트의 95퍼센트는 사막이었다—베두인 족들은 낯선 질병으로 고통받고 있는 정착민들과의 접촉을 수세기 동안 피해왔다. (베두인 족들은 이미 농민들이 전염병 때문에 고통받고 있다는 사실을 알고 있었다.) 1347~1348년에 도시 시장에 있는 정탐 요원들로부터 페스트 전염병이 돌고 있다는 정보를 듣고서 베두인 족들은 이에 대처하기 시작했다. 낙타의 걸음걸이에 맞춰 유랑을 하던 베두인 사람들은 사막 깊숙이 물러나서, 이 시기뿐만 아니라 이후 페스트가 발생한 기간 동안에는 전염병의 이동 경로에서 상당한 거리를 두고 생활했다. 북아프리카를 거쳐 안달루시아로 여행을 한 이슬람 학자 이븐 알 카티브Ibn-al-Khatib는 1348년 직후 유목민들의 이러한 대처 방식을 매우 높이 평가하면서 기록했다.[91] 하지만 정착민들과 유목민 사이의 강한 적대 감정 때문에 (베두인이라는 말은 현재 아랍인들의 일상어에서 보통 '불결한 야만인'이란 뜻으로 사용된다.)

나일강 유역의 농부들은 신앙심이 별로 없는 유목민들에게서 그 어떤 것도 배우려 하지 않았다.[92] 그 대신 전염병이 맹위를 떨칠 때는 언제나 도시로 피난을 해서 잠재적인 도시 희생자가 되곤 했다.

정착민과 유목민의 대조되는 행동 방식은 오랜 세월이 흐르면서 다음과 같은 몇 가지 결과를 낳았다. 이집트의 인구가 감소되는 시기에 (1346년에 약 8백만이던 인구는 점차 줄어들어 1805년에는 약 3백만으로 감소했다.) 유목민의 인구는 (기껏해야 수십만에 불과하긴 했지만) 대체로 안정적으로 유지되었다. 남쪽 먼 지역, 나일 강 중부, 그리고 삼각주 경계 지역 같은 주변부에서는 맘루크 정권의 힘이 약화된 시기에(1399년 이후) 강력한 베두인 지도자들은 어느 정도 독립적인 그들 자신의 정부를 세울 수 있었다. 그들 자신의 힘에 고취된 (15세기와 18세기) 동부 사막 지역의 유목민들은 고립되어 있던 콥트 왕조를 공격하고 승려들과 책을 불살랐다. 유목민들이 조공을 바치고 있는 한, 맘루크 중앙 권력은 대체로 유목민들의 이러한 행동을 묵과했다.

유목민 이외의 다른 그룹들은 전염병이 인간에 의해 제어될 수 있다는 생각을 왜 하지 못했는지 그 이유를 생각해 보면, 14~15세기 중동 사회의 꼭대기에 위치한 맘루크 족의 권력자들에게서 그 원인을 소급해 찾을 수 있다. 맘루크 족의 통치자들은 유럽의 귀족, 기사 계급과는 매우 대조적으로 아들이 아버지의 신분을 상속하지 않는, 자체적으로 형성된 군사 엘리트 집단이었다. 일반적으로 맘루크 족은 피부색이 흰 비이슬람 터키인들이나 흑해 북쪽, 러시아 남부의 스텝 지역에서 살아가던 시르키시아인들에 의해 인구가 새롭게 충원되었다.[93] 이탈리아인들이 노예들—일반적으로 아프리카 흑인들—을 중요한 일에는 적합하지 않은, 가정에 필요한 도구 정도로 여기던 시기에 맘루크 사회에서 높은 지위에 있는 거의 모든 사람들은 본래가 노예였다.

서부 아시아의 고향 땅에서 노예 신세가 되어 혈족과 떨어지게 된 젊은 시르키시아 인들과 터키 유목민들은 흑해 항구에서 배에 실려 다르다넬스 해협Dardanelles를 거쳐 이집트의 항구 두미앗(다미에타)로 호송되었고, 거기서 카이로 시타델의 병영으로 옮겨졌다. (살라딘에 의해 건설된) 거대한 요새 안에서 이들은 술탄(맘루크 왕족)이나 지도자들의 시중을 들게 되었고, 피상적으로나마 이슬람 신앙을 (고환이 거세된) 환관들로부터 교육받았다. 좀 더 실제적인 차원에서 용병들은 기마병으로 훈련을 받으며, 창과 활과 화살을 사용하는 방법을 익혔다. 기마병 훈련이 완전히 끝난 후에 용병들은 이제 노예 신분에서 해방되어 맘루크 인이 되었다. 하지만 강력한 맘루크 군대에 형식적으로 복무하면서 기병 대장의 집에서 살기도 했는데, 이 기병 대장들 중 한 사람이 술탄의 직위를 차지하고 있었다.

맘루크 기병대는 1250년 프랑스의 성왕 루이 9세를 사로잡고, 6차 십자군을 궤멸시키기도 했다. 뿐만 아니라 1258년 당시 이슬람 세계의 최고 도시였던 바그다드를 손아귀에 넣고 파멸시켰던 몽골족을 그들 본래 지역인 중앙아시아로 퇴각시킨 것도 맘루크 기병대였다. 또한 기독교 세계의 전사들이 흔히 알려진 이유—십자군의 핵심 요새였던 아크레Acre가 1291년 술탄의 알 아쉬라프 칼릴al Ashraf Khalil 지휘하에 있던 맘루크 군대에 함락된 것—때문에 제대로 싸워보지도 못했던 시기에, 맘루크 군대가 몽골족에 승리하여 중앙 유럽을 폐허의 위기에서 구해냈다는 것도 믿을만한 사실로 보였다. 1400년 직후 전염병이 횡행하던 시기에 다시 맘루크 기병대는 템벌레인(티무르랑)이 이끄는 몽고 군대의 새로운 침략을 격퇴시키고, '몽골족의 미래는 기독교 세계나 중동 지역이 아니라 중국이라는 점'을 설득시켜서 서방 세계를 구했다.

그들의 군사 작전은 늘 승리했기 때문에 맘루크 족은 스스로가 완벽하다고 확신했지만, 다른 관점에서 보면 맘루크 족은 새로운 것을 받아들이는 데 있어서 준비가 되어있지 않은 사람들이었다. 맘루크 족 대부분은 문맹이었고(이것은 1550년 이전 알프스 북부의 대부분의 귀족 계급에서도 나타난 특징이었다.) 그래서 간혹 접하게 되는 문자로 기록된 새로운 정보를 받아들이지 못했다. 또한 맘루크 족은 다른 방식으로도 고립되어 있었다. 군대에 복무하는 동안 일반적으로 그들은 결혼이 금지되어 있었고, 도시에 사는 형제자매를 방문해서 만나는 것 이외에는 카이로의 토착민들과 공유하는 것이 거의 없었다. 그들이 천일야화(아라비안 나이트)의 우화 같은 이야기에 영감을 제공한 사람들이긴 했지만, 단지 소수의 맘루크 인들만이 대부분의 카이로 시민들이 사용하는 아랍어를 배우려 했다. 아랍어는 그 고전적 형태에 있어서 알라신이 예언자 무하마드에게 성서 코란Qur'an의 내용을 전달하는 언어였다. 또한 소수의 맘루크 인들은 기독교계의 소수 언어인 콥트어를 배웠다. 그것은 14세기에는 점차 일상생활에서 사라지고 있는 말이었다. 맘루크 인들은 그들끼리 대화를 주고받을 때는 터키 방언을 사용했는데, 그것이 이집트인들에게는 비천한 말로 간주되었다.[94]

맘루크 권력자들은 가정 경제를 위해 입타ipta라고 불리는 구획된 토지를 할당했는데, 중앙 군사 위원회의 이름하에 그렇게 했다. 소유 증서는 중앙 법원에 등록되었다. 맘루크의 입타는 일반적으로 이집트 북부와 남부, 시리아 등지에 흩어져 있었고 5년마다 다시 할당되었는데, 그 이유는 중앙 집권화 이전 유럽의 귀족들에게서 개별적으로 나타난, 영지 소유를 바탕으로 한 지역 권력의 획득을 방지하기 위해서였다. 한 사람의 맘루크 인이 죽거나 은퇴를 하게 되면, 그의 땅은 군사 위원회에 귀속되어 다시 할당되었다. 지금까지 살펴본 여러 점들을 종합해 볼 때, 분명한 것은 맘루크 권력자들은 그들이 철저하게 약탈했던 토착민들과는 실제적으로 아무런 공통점을 갖지 않았다는 사실이다.[95]

이방인과 같았던 맘루크 인들도 전염병이 횡행하는 시기에는 병에 대처하기 위한 개인적인 결정을 내려야 했다. 1347~1348년에는 11년간 통치하던 술탄의 인도하에 많은 수의 맘루크 인들이 카이로를 떠나 전염병이 없는 지역을 찾아 북쪽으로 피난했다. 하지만 그 이후 맘루크 인들 대부분은 적으로부터 자신의 이익을 지키기 위해 시타델에 머물러 있는 것이 최선책이라는 결론을 내렸다. 그렇지만 함께 머물러 있는 것은 좋은 판단이었던 것 같지 않다. 동시대 사람들의 기록을 보면, 요새 안에 있는 거주자들은 극도로 높은 전염병 사망률을 보였다. 도처에서 맘루크 인들의 수는 줄어들어 1346년에 만 명에 달하던 인구가 1517년 터키가 침입해 오는 시기에는 단지 5~6천 명에 불과했다. 인구는 그렇다 쳐도, 터키 침입군의 규모는 십자군이 첫 출정에 성공하고 나서 신성한 땅을 유지하기 위해 주둔시킨 규모의 열다섯 배였다. 맘루크 인들의 인구가 줄어들면서 그들의 사기도 떨어졌다. 어찌 됐든, 맘루크 인들이 전염병에 쉽게 걸렸다는 점은 그들이 가난과 도덕적 타락, 전염병 확산 사이의 연관성을 전혀 인식하지 못했음을 의미한다. 이러한 태도는 1450년 이후 북부 이탈리아의 모습과 극명하게 대조를 이룬다.[96]

이탈리아 인문주의자들과 왕자들이 르네상스라는 문화 현상을 일으킬 무렵, 맘루크 정권은 (정신적으로) 파멸하고 있었다.[97] 일찍이 몽골족과 십자군을 중동에서 격퇴한 난공불락의 기병대만을 믿고 있던 16세기 맘루크 인들은 그들의 숙적 오스만투르크가 템벌레인 지휘하에 당했던 패배에서 회복하여, 소총과 대포로 무장한 군대를 효율적으로 운영하게 된 것을 전혀 눈치 채지 못했다. 1517년 1월 카이로 북쪽에서 벌어진 대규모 전투에서 터키군은 맘루크 기병대를 격퇴시켰다. 그 이후 이스탄불에 있는 오스만투르크 제국의—비잔티움은 1453년 터키에 의해 함락되었다—술탄이 지역 대표부를 두고 이집트를 지배했다. 하지만 이집트는 실제로 변한 것이 거의 없었다. 오스만 술탄의 지배하에서도 맘루크 인들은, 프랑스의 젊은 장군 나폴레옹과의 나일 강 전투(1798년)에서 살아남은 자들이 1811년 오스만 총독에게 시타델에서 항복할 때까지 사실상 이집트의 지배 세력으로 군림하고 있었다.

1517년 이전 그리고 그 이후에도 맘루크 권력은 고도로 중앙 집권화된 국가 관료 체제에 의해 유지되고 있었다. (927년에 설립된) 알 아즈할Al Azhar 대학의 커리큘럼은 시의 공무원을 양성하기 위한 것이라기보다는 이슬람 신학자나 법률가를 양성하기 위한 것이었으며, 관료 체제는 주로 아랍어를 읽을 수 있는 원주민인 콥트 족 기독교인들이 담당했고 소수의 유대인들의 지원도 있었다.[98] 종교적 소수자로서 이방인 엘리트 계급을 위해 복무하는 콥트 족 관료들은 전염병과 기근, 재난으로 세금을 걷을 수 있는 인구가 급격하게 줄어드는 상황이라 할지라도, 술탄의 중앙 금고로 세금을 거두어들이는 역량에 자신의 생존이 달려 있다는 것을 잘 알고 있었다. 1423년에 중앙의 국고를 담당하던 콥트인들의 발의로 사탕수수 판매에 대한 국가의 독점이 실시되었다. 그리고 1429년에는 알렉산드리아의 푼두크 안에 있는 유럽 판매상들에 대한 향신료 판매 독점권이 시행되었다. 이러한 독점 판매 수익으로 맘루크 정권은 전염병으로 위협받고 있는 농민 계급을 돌보는 데 필요한 자금을 충당 또는 경감할 수 있었다.[99]

　도시 거주민이 농촌 지역의 토지를 갖는 것이 금지되었기 때문에, 콥트 족 관료들은 15세기 카이로의 인구가 (이주민들이 영입되었음에도 불구하고) 서서히 줄어들고 있고 더불어 도시의 세수 기반이 무너져간다는 것을 예감했다. 어떤 일들이 벌어지고 있었는지 좀 더 구체적으로 살펴보면, 전염병 시기에 인구 계산은 도시 관문 밖으로 나가는 희생자의 관 수를 세거나 회교 사원에서 금요일 특별 기도 시간에 불려지는 전염병 희생자의 수를 세는 것으로 헤아려졌다. 이럴 때 외에는 관료들이 되풀이되는 페스트 발생에 대해 전혀 관심을 두지 않았고, 더구나 피렌체의 경우처럼 위생청을 설치하려는 생각은 전혀 하지 않았다.[100]

　맘루크 공무원 계급 밑에는—개인 재산에 있어서는 때로 공무원들을 능가하는—카이로와 알렉산드리아 쿠스(Qus 나일 강에서 홍해에 이르는 최단 길을 관리하는 이집트 남부의 도시)의 대상인들과 은행가들이 차지하고 있었다. 이들 중에서 카리미 상인 집단이 가장 유명했다. 일부 카리미 상인들은 유대인이었고, 사람들은 이들이 카리미 상인이 된 것은 이슬람인이 되려는 술책이라고 생각했다.[101] 맘루크 지배 세력이 홍해로 가는 접근로를 아덴Aden에서 통제하고 있었기 때문에, 상인들은 인도, 실론, 인도네시아, 중국과의 대규모 향신료 무역을 해상에서 진행했다. 이집트에서 상인들의 최대 관심사는 무역 을 통한 수익이 고정적으로 들어오는지의 문제였다. 술탄 바르스베이Barsbay가 1423년 향신료 무역에 대한 국가 독점권을 공포한 이후, 적지 않은 상인들은 인도로 옮겨가서 장사를 했다. 원거리 무역을 통해 얻는 맘루크 제국의 세수가 감소하게 된 가장 큰 원인은 포르투갈 인들이 1498년 희망봉을 경유해서 아시아로 가는 새로운 길을 발견한 사실 때문이라기보다는 상인들의 이주 때문이었다는 사실을 역사가들은 지금에 와서야 인식하게 되었다.[102]

상인들이 거래하는 아시아 향신료의 주요 구매자는 제노바 무역상들이었는데, 그들은 카이로에 있는 맘루크 엘리트 계급과 유럽 부유층에게 이를 제공하기 위해 알렉산드리아에 거주하고 있었다. 말하자면 농촌의 농부들에게는 이 같은 사치품이 전혀 필요치 않았던 것이다. 이런 이유로 농민들은 상인들의 관심 밖에 있었다. 또한 이탈리아의 경우처럼 해상이나 육지에 검역소를 설치해보려는 생각도 상인들에겐 관심 밖의 일이었다. 검역소는 항해의 흐름을 차단할 뿐이었을 것이다. 어떤 경우든 맘루크 지배 세력은 도시에 상점을 열고 거주하는 이집트 상인들에게 어떤 정치적 권한도 부여하지 않았다. 상인들은 전염병 시기에 (근대 초기 독일, 프랑스, 영국에 있는 도시의 모습이었던) 위생청의 검사를 받아야 하는 곤란함을 겪지 않고 단순히 그들의 잘 지어진 집에 틀어박힌 채 전염병이 소멸되기만을 기다렸다.

도시에 사는 카이로 인들은 대가족 전체가 벌집 모양으로 구분된 건물 안에 거주했고 함께 일하는 노동자들도 그러했는데, 수공업 생산은 길드 조직에 의해 관리되었다.[103] 길드 조직 내에는 직물 노동자 길드, 금속 노동자 길드, 요리 종사자 길드, 엘리트 계급을 위해 섬세한 모직물과 실크를 만드는 노동자들의 길드, 노동자와 농부들의 막옷을 만드는 길드가 있었고, 또한 매춘과 소매치기 길드도 있었다. 각각의 길드는 정부에서 임명된 관리의 감독을 받았고, 그 관리들은 길드 노동자들이 중앙 관청에서 부과하는 세금을 규칙적으로 내고 있는지를 감시했다. 도덕적이건, 비도덕적이건 길드에 소속된 모든 사람들은 세금을 내는 주체였기 때문에 맘루크 정권과 이후 오스만 이집트의 관용적인 분위기에서 이들에게 전염병을 옮기는 자들이란 오명을 씌울 필요는 없었다. (농촌 문화에서 볼 수 있는 '귀신'과는 다르지만) 자신들의 고유한 속죄양이 없는 상태에서, 전염병을 막기 위해 사람들의 이동을 제한해야 한다는 생각을 떠올릴 여지가 맘루크 인들에게는 전혀 없었다.

페스트에 대한 이집트인들의 반응을 고찰하면서 일부 역사가들은 이슬람 종교가 전염병에 대해 공식적으로 대응하는 명백한 본질을 강조한다. 하지만 이러한 해석은 복잡한 실태를 매우 단순화한 것이다.[104] 무엇보다도 (소수의 이교도를 무시한다면) 삼각주 지역과 카이로에 사는 대부분의 사람들은 15세기까지는 스스로를 무슬림으로 생각하지 않았다. 이집트는 기독교를 국교로 삼은 로마 제국이 최초로 복속시킨 지역 중 하나였다. 기독교가 로마 제국의 종교가 된 것은 300년대 중반, 성 아우구스티누스 (430년 사망)가 '원죄'라는 개념을 만들어 내기 몇 해 전이었다. '원죄' 개념이 성립된 후 '원죄' 의식을 따르는 유럽의 기독교도와 다른 지역의 기독교도들이 구별되었다. 640년에 있었던 아랍인들의 침공 이후 (콥트 인들은 이를 비잔틴 교회(그리스 정교회)의 손아귀에서 이집트를 해방시킨 침략으로 환영했다.) 콥트 인들은 이슬람 인들과 공존했다. 이슬람 인들은 다른 종교를 가진 사람들(유대인과 기독교도)의 권리를, 그들이 이슬람 인들을 개종시키려고 하지 않는 한, 그들의 고유한 종교로 인정해 주었다. 이 공존은 맘루크 족의 지배 기간 동안에도 계속됐다. 하지만 제노바와 베네치아가 이집트 해안을 침략하는 특별한 위기 국면에서는 (이들은 1356년 알렉산드리아를 잿더미로 만들었다) 콥트 인들은 가족 전체가 이슬람교로 개종하는 것이 유리하다고 생각했다.[105] 그러나 새롭게 무슬림이 된 사람들이 전염병에 대처하는 기존의 입장을 바꾸지는 않았을 것이다.

페스트 전염병이 다시 출현할 때까지 콥트 인들 사이에 행해지던 관습 중 하나는 그들 자식들 가운데 한 명이 승려가 되는 것이었다. 동쪽 사막에 있는 성 안토니St. Anthony 수도원이나 서부 사막 지역의 와디 나트룬 Wadi Natrun에 있는 수도원들은 신앙의 참된 증표였다. 그렇지만 수도원의 건물 구조는 벼룩을 달고 다니는 들쥐들이 서식하기에 매우 알맞게 만들어졌기 때문에—밀 방앗간은 대체로 승려들의 거주지 근처에 위치해 있었다—수도원 공동체는 전염병에 의해 특히 극심한 피해를 입었다. 당시 기록에 의하면, 1346년 이집트 사막에 있었던 백여 개의 수도원이 1450년 무렵에는 단 7개만이 유지되고 있었다.[106] 콥트인들의 생각에 전염병은 단연코 신이 보낸 것이며 인간의 개입은 무익한 것으로 여겨졌다.

또한 이집트에 있는 소규모 유대인 공동체도 전염병에 대해 다른 입장을 갖지 못했다. 유대인들은 특히 알렉산드리아—로마 제국 때부터 유대인들은 이곳에 거주했다—와 푸스타트Fustat 근방의 올드 카이로Old Cairo에 많이 살았고, 그들 중 많은 수가 인도와의 향신료 무역에 종사했다. 그 밖의 유대인들은 의사였다. 이들은 독기와 체액에 관한 갈레노스의 사상을 따르는 유나니(Yunani, 그리스-아랍) 전통 속에서 훈련받았다. 서방 세계의 의사들처럼 이집트의 유대인 의사들은 종종 개인 의사 자격으로 궁정의 높은 직위에 있는 사람들을 진료했다. (농촌 마을에서는 거의 찾아볼 수 없는) 회당을 설립하기 위해서는 8명의 세대주가 필요했기 때문에 대부분의 유대인들은 도시 거주자들이었고, 따라서 그들은 농촌 지역의 사람들에게 전염병이 쉽게 발생한다는 사실에 대해서는 전혀 알지 못했다.[107]

다소 다른 이유 때문에 1347~1349년 이후 (알 아즈할 대학과 카이로의 마드라사에서 가르치던) 법률을 공부한 이슬람 신학자와 법률가들은 870년 무렵에 형성된 전염병에 대한 기본 입장을 바꾸지 못했다. 로렌스 콘래드가 최근에 제시한 것처럼, 최초로 페스트 전염병이 광범위하게 유행하는 동안 선지자 무하마드(570~632년)가 생존하고 있을 당시, 이 전염병은 모든 인간을 무력하게 만드는 공포스런 그 무엇을 가리키는 별칭으로 사용되었다. 또한 메카와 메디나에서 이슬람 지역 최초로 전염병이 횡행하던 동안, 여전히 이교도이던 아랍 유목민들은 전염병이 어떤 더 높은 존재의 명령으로 내려진 것이 아닌, 그들 자신에게서 나오는 사악한 귀신에 의해 생긴 것이라고 생각했다. 무슬림들에게 이것은 신의 침해할 수 없는 권리를 부정하는 이단적인 생각이었다. 그래서 선지자를 따르는 자들은 이교도의 입장을 신학적, 민중적 이해의 요구에 적합하도록 완전히 바꾸고자 했다. 이것은 시간을 필요로 하는 일이었다. 콘래드는 870년 무렵까지는 이러한 시도가 완전히 성공을 거두지 못한 것으로 추측했다.[108]

870년 이후 전염병은 기억으로 전해져 내려오는 선지자 하디스의 말씀 안에서 자비롭고 전능한 알라신의 도구가 되었다. 이러한 해석은 전염병이 악귀에 의해 발생하는 것이 아니라는 점을 보증했다. 하디스는 자신의 동료 두 사람이 전염병으로 죽었다는 사실을 인정하면서 신앙인이 전염병으로 죽으면 곧바로 천국으로 간다고 주장했다. 이러한 관점에서 전염병 사망자들은 신앙을 위해 죽은 순교자들이나 지하드(성스러운 전쟁)를 벌이다가 죽은 사람들과 동일한 위인들로 간주되었다. 반대로 하디스는 이교도, 무신론자, 그 외의 비신앙자들이 전염병으로 죽으면 그것은 바로 지옥으로 떨어지는 것이라고 주장했다. 전염병이 전능하신 알라신의 도구라는 인식 속에서 하디스는 무슬림들에게 이렇게 충고했다. "너희들은 전염병이 어느 지역에 유행하고 있다는 말을 들으면 그곳에 가지 말아라. 하지만 네가 살고 있는 곳에 전염병이 유행하면 네가 사는 곳을 떠나 도망가지 말아라."[109]

종합해보면 이러한 가르침들은 가족 중에 한 사람이 전염병으로 죽더라도 집을 떠나 피난할 필요가 전혀 없을뿐더러, 속죄양을 찾을 필요도 없다는 점을 분명하게 예시하고 있다. 그것은 알라신의 의지라고 생각했기 때문이다. 그러므로 전염병이 유행하는 시기에 사람들은 마치 아무 일도 없다는 듯이 평소처럼 생활을 해야 했다. 이것에 대한 기록은 이븐 하갈 알 아스칼라니Ibn Hagar al-Asqalani라는 사람에 의해 기록되었는데, 그는 1417년과 1429~1430년의 전염병 시기를 무사히 보낸 후 1449년에 사망한 카이로 이맘Cairo imam이었다. 이 이맘imam에 의해 계기가 마련되어 (돌스Dols의 추측이다.) 1437년 이후의 전염병 시기에는 알 아즈할 (대학)에서 열리는 금요일 기도회에 모인 신앙인들에게 하디스의 적절한 말씀을 읽는 것이 하나의 관례가 되었다.[110]

맘루크와 오스만 제국 시기에 신학과 법률에 정통한 알 아자르 학자들은 병에 대한 의사들의 대처 방식을 지시하는 공문을 공표했다. 하지만 실제로는 다양한 방식의 처방이 이루어지고 있었고, 사회 구성원들 각자는 각각의 전통에 따른 고유한 자기만의 방식을 택하고 있었다. J. P. 버키Berkey는 이슬람의 전염병 대처 방식에 대해 마드라사라는 교육 기관의 예를 드는데, 이곳은 학생들에게 이슬람 전통에 적합한 율법의 형식으로 전염병에 대한 대처 방법을 교육하기 위해 1430년에 설립된 교육 기관이었다. 이 교육 기관을 설립하는 기부 행위에는 하나의 특별한 진주가 있는 방이 마련되어야 한다는 규정이 포함되었다. 이 특별한 진주를 은 접시에 놓고 물을 부은 다음 그 물로 비뇨기 질병을 치료했다. 문화적 다원주의의 실제적 한 사례인 이러한 기부 행위에는, 이 진주로 적셔진 치료 물이 일반인들에게 항상 허용될 수 있어야 한다는 명령이 포함되어 있었다.[111]

맘루크 궁궐에서도 다양한 방식의 의료 행위가 이루어지고 있었다. 태수들은 혈족이 없는 병든 노예 병사들에게 그리스-아랍(유나니) 전통을 따르는 유대인 의사의 치료를 받게 했다. (전염병이 아닌) 열병을 앓는 노예는 14세기 유대인 의사나 비기독교도 의사들이 서양의 궁궐에서 사용했던 방식의 치료를 받았던 것으로 보인다. 말하자면 이 치료 방식은 이븐 시나 법규Ibn Sina's Canon에 나오는 열병과 관련된 적절한 항목에서 비롯되었을 것이다. 또 다른 치료 방식으로, 태수와 매끈한 피부의 노예들은 수피Sufi에게 가서 치료를 받았는데 수피는 암송, 기도, 명상을 통해 생명을 갱생하는 정령과 접촉함으로써 치유의 힘을 지니게 된 자를 일컬었다. 태수들은 또한 '예언자의 치료'라고 알려져 있는 방식을 행하는 치료자를 찾아가기도 했다. 이 치료법은 치료의 정당성을 보증하는 의학적 명칭을 사용하면서, 병을 예방하고 치료하는 다양한 방식들을 모두 포함하고 있었다. 이를 테면, 파라오 전제 군주의 치료 방식, 유목민들과 정착 아랍인들의 치료 방식, 그리고 고대의 치료 방식과 같은 것들이었다. 그것이 담고 있는 지혜 가운데에는 모든 병은 전염병과 광견병과 노쇠함을 제외하고는 자기 치유력이 있다는 격언이 있었다.[112] 또한 도시 빈민들이 선택할 수 있는 값싼 치료 방법 중 하나는 부적을 지니는 것이었고, 부적은 개개인에게 다가오는 악마의 눈을 피하게 해 주거나 마을을 습격하는 전염병 귀신을 막아 준다고 여겨졌다.

16세기 초 서양의 기독교 사회처럼 이슬람 사회에서도 신앙심은 농촌 지역 보다 대도시에서 훨씬 두터웠다. 그래서 1695~1696년 대규모 전염병이 발생했던 카이로에서 중간 계급의 사람들은 신앙인의 품위를 잃지 않고 견실한 자세를 유지해 나갔다. '좋은 일을 행하라'는 이슬람교의 가르침을 널리 전하면서, 가족이나 친구나 이웃들은 전염병에 걸린 환자를 정기적으로 찾아가서 환자를 먹이고 목욕시키고 하는 일을 도왔다. 또한 환자가 사망하면, 고인의 가족들을 위로하면서 그들의 장례 절차를 도왔다. 장례식에는 수많은 조문객의 행렬이 함께했다. 역사가 갈바티Garbarti의 기록에 따르면 "부유한 사람들, 족장, 대상인을 포함한 많은 사람들이 장례식에 참석해서 많은 전염병 사망자들을 동부나 남부에 있는 공동묘지에 매장하는 일을 직접 도왔다."[113] 이러한 일을 행하면서 신앙인들은 그것이 자비로운 알라신의 부름에 의한 것이고, 천국으로 가는 360개의 출입구 가운데 하나의 문을 여는 행위라고 생각했다.

농촌 지역의 상황은 매우 달랐을 것이다. 문화적 변동을 겪지 않은 농민들에게 전염병의 발생은 강력한 악마가 출현한 것으로 여겨졌고, 최선의 대응책이라고 해야 노동력 부족 현상을 흔히 겪고 있는 카이로로 피난하는 것이었다.[114] 오스만 제국 심장부에 있는 동쪽의 아나톨리아 Anatolia에서는 1720년의 전염병 유행 기간 동안 많은 시골 사람들이 고지대로 이동했고, 전염병 위기가 사라진 후 일부는 그 새로운 정착지에 그대로 눌러 앉았다. 1816년 그 반대편에 있는 홍해 해안의 이집트를 여행하면서 존 루이스 부르크하르트John Lewis Burckhart는 피난하는 사람들에게서 다음과 같은 말을 들었다. "전염병은 덕 있는 사람들을 천국으로 데려가기 위해 알라신이 세상에 보낸 은총입니다. 우리도 다음번에는 자신을 거둬들임으로(즉, 병을 받아들임으로) 이 은총의 왕국에 도달해야 한다고 생각합니다."[115]

전염병에 대한 대처 방법을 고민하는 가운데, 이집트에서는 대가족과 농촌 공동체와 모든 시설이 잘 구비된 도시민들이 우선 그들의 조상이 전염병에 어떻게 대응했는지를 살펴보았던 것으로 보인다. 조상들이 전염병에 대해 이렇다 할 대응을 하지 않았던 것을 알게 되면서 이들 역시도 어떤 인위적인 대응책을 만들어내지 않았다. 그렇게 전염병은 계속되었다. 1750~1800년 사이의 50년 중에 최소 16년 동안 이집트에서는 엄청난 수가 전염병으로 사망했다. 그다음에는 19세기 초 새로운 이방의 통치자가 무대에 등장했다. 그 선조들과 달리 새로운 통치자 무하마드 알리는 전염병에 직면했을 때 강력한 조치를 취하기 시작했다.

마케도니아 병사이자 상인의 아들인 무하마드 알리는 오스만 군대에 복무하면서 터키 의사들로부터 전염병을 관리할 수 있는 방법을 배웠던 것으로 보인다. 당시 터키는 전염병 관리에 있어서 이집트를 반세기 이상 앞서고 있었다.[116] 1801년 승승장구한 청년 무하마드 알리는 알바니아 부사령관의 자격으로 나폴레옹 보나파르트의 잔당—이들은 일찍이 시리아에서 전염병으로 타격을 입은 상태였다—을 일소하도록 이집트에 파견되었다. 1805년 무하마드 알리는 총독이 되었고, 사실상 오스만 술탄 지배하에 있는 이집트의 통치자가 되었다.

무하마드 알리는 이집트와 1805년 이후 점령한 시리아 지방을 자신이 할 수 있는 모든 힘을 다해 변화시켰다. 맘루크 권력의 상속자로서 그가 지배하는 곳에서 그의 말이 곧 법이었다. 모략의 위험을 제거하기 위해 그는 1811년 3월, 시타델에서 470명의 맘루크 인들을 저녁 식사에 초대하여 식사가 끝난 후 그들을 모두 쏘아 죽였다. 그의 명령으로 수피교 교사들은 이집트와 누비아 북부 지방에 거주 촌을 건설하여, 이슬람 개종자를 이용하여 경작지를 확대했다. 군사적 강제력을 동원하여 이집트 지역을 넘어서 시나이와 시리아 유목민들도 세금을 내는 신민으로 복속시켰다. 또한 그는 아들들에게 지시를 내려 훨씬 멀리 떨어져 있는 성지인 메카와 메디나에 있는 근본주의자들을 뿌리 뽑을 것을 명령했다. 그래서 1816년 이슬람 정통파인 수니파의 보호자로서 파샤(Pasha, 오스만투르크의 문무文武 고급 관료에 주어진 명예로운 칭호 – 역자)를 오스만 제국 내에 두었다. 이 모든 것은 군대의 힘으로 가능했고, 당시 무하마드는 2000만 명에 달하는 군사와 알렉산드리아에서 새로 발명한 대포로 무장한 30척의 배를 구비한 해군을 거느리고 있었다.

무하마드 알리는 유럽에 있는 무역 상대국들과 (특히 영국과 프랑스와) 동등한 조건하에서 경쟁하기 위해, 그리고 이미 상당한 규모로 진행되고 있는 중동 지역의 무역을 더욱 확대하기 위하여 이집트를 근대화시키고자 했다.[117] 그의 이러한 시도가 성공했다면, 이집트는 앞선 자본주의와 제국주의를 구가하는 근대 세계의 대열에 성공적으로 입성한 최초의 비유럽 국가가 되었을 것이다. 파샤 정책이 결국 실패했다면, 그것은 파샤 자신의 잘못이라기보다는 자유의 가치, 자유방임주의, 소유적 개인주의를 모토로 삼고 있는 유럽의 국가들이 훨씬 더 우월한 인적 자원과 발전된 기술과 신용 재정을 갖고 있었기 때문이다. 그들은 또한 천연자원과 시장에 대한 강력한 우선권을 확보하고 있었다. 인구 2,000만의 영국이나 3,400만의 프랑스와는 대조적으로 무하마드 알리의 이집트 인구는 단지 300만 명에 불과했다. 그것도 글을 읽지 못하는 문맹자가 대부분이었다. 450년간 지속된 전염병과 네덜란드보다 더 협소한 경작지에서 살아갈 수밖에 없었던 생활 조건에서 유래한 결과라고 할 수 있다.[118]

무하마드 알리는 이러한 인구에 개의치 않고, 1809~1814년 사이에 나폴레옹 군대를 포르투갈과 스페인에서 몰아내고 있던 웰링턴Wellington 휘하의 영국군에게 밀을 판매한 대가를 기반으로 부분적인 명령 경제를 확립했다. 그다음에는 15세기 맘루크 선조들에 의지해 온 면화와 아마포, 수공업 제품들에 대한 국가 독점권을 확보했다. 그는 또한 유럽과 아나폴리아와의 무역 독점권을 확보했고, 해군력으로 이를 뒷받침했다. 1838년 이후에는 기존의 권리를 무시하고 모든 경작지에 대한 국가의 통제권을 시행하고 새로운 토지 소유 계급을 확립했다. 그들은 대부분 터키와 키르카시아 인들로서, 이들은 1950년대 나세르에 의해 붕괴될 때까지 귀족층을 형성했다. 무하마드 알리는 이러한 국가 관리 체제를 구축하고, 이집트의 모든 힘을 모아 면화와 곡식, 그리고 중동과 유럽에 수출하는 여타 상품들을 생산하기 위해 선조들의 왕권 통치에 기반을 둔, 그리고 그에게 복무하는 이탈리아와 프랑스 인들이 유럽에서 시행되고 있는 사상이라고 간언한 질서 이데올로기를 고안해냈다. 이집트에 적용한 이 질서 이데올로기는 이탈리아 시스템과 완전히 동일한 방식으로 실시되었다.

무하마드 알리가 제정한 국가 건설 정책의 많은 부분들은 유럽에 있는 자유주의자들의 촉각을 곤두서게 했다. P. J. 코인Coin과 A. G. 홉킨스Hopkins는 영국의 입장을 다음과 같이 요약했다.

지금 시작되고 있는 상보적 관계—맨체스터의 모직 생산을 위해 이집트에서 원료를 수입하는 것—는 무하마드 알리가 국가 독점과 보호주의를 우선시하는 팽창주의적 야망을 지닌 중앙 집권적 행정가라는 사실을 은폐시키지 못한다. 반면 영국은 자유 무역을 우선시하고 작은 정부를 향한 길을

걷기 때문에 영국에 복종하는 말 잘 듣는 위성국가를 창출할 필요가 있다.[119]

1827년 나바리노 만Navarino Bay에서 프랑스-영국 연합 함대가 무하마드 알리의 해군을 격침시켰다. 알리의 해군은 그들의 주인인 오스만 술탄을 도와 그리스 반란군을 진압하기 위해 출격하고 있었다.[120] 1830년에는 카이로에 있는 프랑스와 영국의 영사들이 만나, 알리가 알제리에 있는 무슬림을 도와 새로 이주한 프랑스 정착민을 내쫓지 못하도록 하는 방안을 협의했다.

19세기 중반 무하마드 알리(파샤)의 이집트 국민들과 그들의 의료 관습이 갖는 비중앙 집권적 태도는, 영국인 장사꾼 리차드 버튼Richard Burton의 다음과 같은 언급에서 잘 알 수 있다. 메카로 몰래 들어가기 위해 잠시 카이로에 머무르면서 돈을 벌어야겠다고 생각한 그는 다음과 같이 기록했다.

청년 시절부터 나는 의학이나 신비주의적 학문에 대해 늘 관심을 가져왔다. …… 더구나 의료 행위라는 것은 문명화된 민족들을 괴롭히는 복잡한 난치병 같은 것이 없는 이곳의 교육받지 못한 사람들에게는 비교적 쉬운 일이다. …… 그래서 …… 나는 나 자신이 마치 파두아에서 보노 페르 레스테로buono per l'estero 학위를 받은 것처럼 (카이로에서 의료 행위를 할 수 있는) 충분한 능력을 갖추었다고 생각한다. …… 내가 독자들에게 요청하는 것은 나 자신을 단순한 돌팔이 의사로 보지 말아 달라는 것이 아니라, 동양의 의학은 본질적으로 미신적인 관습과 밀접하게 연관되어 있기 때문에, 유능한 치료사로 알려진 자라면 반드시 자신을 '숙련의'로 인정받는 것이 마땅하다는 점을 요청하는 것이다.[121]

이것은 프로이센의 의학자 로베르트 코흐가 서양 의학 자체는 "미신적인 관습이 뒤섞인 것" 이상이라는 전제로써 현대 의학을 규정하기 40년 전에 기록된 글이었다.

계몽된 폭군으로서 무하마드 알리는 사회의 모든 구성원들이 생산적인 일꾼이 되기 위해서는 근대적인 보건 체계에 도달해야 한다는 점을 인식했다. 이 목적을 위해서 그는 최초로 국가가 지원하는 농촌 보건 체계를 지중해 지역에 확립했다. 자유로운 영국에서도 1945년 사회주의가 도래할 때까지는 이와 유사한 보건 체계를 갖지는 못했다. 농촌 지역의 보건 위생을 전체적으로 관할하기 위해 무하마드 알리는 A. B. 크롯Clot을 수장으로 하는 임상적 전통을 물려받은 유럽의 의료 고문들을 끌어들였다. 크롯과 무하마드 알리는 유럽 스타일의 교육과 의료를 겸하는 병원(카스르 엘 에이니Kasr el Ainy)을 최초로 이집트에 설립했다. 교육은 아랍어로 진행되었고, 학생들은 법률과 신학을 가르치는 알 아즈할Al-Azhar에서 뽑았다. 1830년경 그 병원의 졸업생들이—크롯 박사는 이들이 스스로를 의학 박사로 부르는 것을 금지했다—농촌 지역의 의료 활동을 위해 치료 전선에 나왔다.[122] 4년 후 이집트는 두 차례의 무자비한 전염병의 회오리 중 그 첫 번째 습격을 맞았다. 이제 이에 대해 논할 차례다.

1834년 무렵 무하마드 알리는 전염병의 위기 국면에서 이미 질서 이데올로기에 힘을 쏟고 있었다. 1812년 전염병이 정치적 주인의 도시이자 최고의 무역 대상인 이스탄불에 상륙했다는 소식을 접하자, 무하마드 알리는 터키 배에 대한 해상 검역을 명령했다. 그 결과 전염병은 이집트로 들어오지 못했다. 나중에는 전염병이 도는 레반트 항구에서 들어오는 사람들과 상품과 관련된 문제를 처리하기 위하여 무하마드 알리는 다미에타에 페스트 환자 수용소를 짓고 커다란 상점을 개설했다. 아이러니하게도 그의 의학 고문인 크롯 박사는—그는 독기 설을 믿는 사람이었다—이 질서 이데올로기가 바탕으로 삼고 있는 전염 이론을 비웃었다. 그렇지만 1830년대 이집트에서는 바로크 시대의 이탈리아처럼 의료 행위자의 의견은 왕의 명령에 의해 쉽게 무시될 수도 있었다.

1834년에 실시한 검역소 예방책에도 불구하고, 전염병은 그다음 해에 이집트의 지중해 항구 도시로 강력하게 밀고 들어왔다. 알렉산드리아 외곽 지역만이 감염되었던 초기 몇 달 동안 무하마드 알리는 알렉산드리아 둘레에 방역선을 설치했다. 전염병이 발생하자, 이번에는 1656년 제노바의 경우와 흡사하게 무자비한 방법을 사용했다. 경찰과 군인들은 전염병 감염자들을 페스트 환자 수용소에 감금하고, 그들의 흔적이 닿은 물건들은 모두 불태웠다. 여기서는 유럽에서처럼 신분이 고려되었다. 중상위 계급의 알렉산드리아 인들은 가족 중 한 사람이 전염병에 걸린 것으로 의심되면 가택 연금에 처해졌다. 반면, 가난한 일반 서민들은 같은 경우 밤에 집을 포위한 후 도시 외곽에 있는 검역소로 분리시켰다. 그리고 가족 중에 전염병 사망자가 있다는 사실을 보고하지 않은 세대주는 발각되는 즉시 총살에 처해졌다.[123]

무하마드 알리의 질서 이데올로기가 알렉산드리아에 사는 이슬람 인들을 더더욱 고통스럽게 한 것은 서양의 의사들이 이슬람 의사들에게 율법에 어긋나는 일을 하도록 명령하는 것처럼 보였다는 점이다. 석회로 발라져 매장되어야 할 벌거벗은 시체가 의료진들에 의해 해부되는 검시 행위가 그들에게는 율법을 어기는 대표적인 사례였을 것이다. 전염병 의심 환자의 주위에 모여드는 것을 막기 위해 (소문에 의하면 단순히 전염병이 의심되는 환자도 진료를 받기 위해서는 전염병 사망자로 불려야 했다.) 이슬람 지배 계급은 어둠이 깔리면 병사들을 동원하여 길을 막고 사람들의 접근을 차단했다. 그 결과는 예측 가능한 것이었다. 수십 명의 사람들이 총에 맞아 죽고, 모든 이웃 주민들이 두려움에 떨었지만, 그러면서도 전염병 희생자와 그 가족들 주위로 사람들은 계속 모여들었다. 이웃의 협력을 받지 못하게 된 일부 가정은 자신만의 방책을 강구했다. 그들은 밤에 몰래 땅을 파고 도심 외곽에 희생자를 묻거나, 발각되어 처벌을 받지 않을 만큼 멀리 떨어진 곳에 시체를 버렸다.

머지않아 결국 질서 이데올로기의 실행은 실패로 끝이 났다. 페스트가 들쥐나 벼룩 그리고 사람들에게 묻어서 알렉산드리아와 룩소르Luxor 사이의 모든 통로에 만연하게 되자, 무하마드 알리도 그저 전염병이 지나가길 기다리는 수밖에 다른 방도가 없었다. 1837년 10월 전염병이 소멸되었을 때, 대략 7만 5,000명의 카이로 시민과 12만 5,000명의 이집트인들이 사망했다. 전체 사망자 수는 전체 군인의 수와 맞먹는, 이집트 전체 인구의 7퍼센트에 해당하는 수였다.[124]

유럽의 제국주의 열강에 맞서 동등하게 등장하려는 조그만 비서구 국가에게 전염병으로 인한 이 같은 손실은 적지 않은 타격이었다. 하지만 이것은 서막에 불과했다. 1838년 자유 무역(Gatt, 제네바 관세 협정)의 전신)의 바람이 부는 가운데 파머스턴Parmerston 경은 오스만 술탄과 이집트에 있는 그의 총독을 압박해서 영국 상인들이 생산자로부터 면화를 직접 구매할 수 있도록 했다. 이것은 이집트의 핵심적 수출 수입 동력에 대한 국가 독점권을 파괴하는 것과 같은 조처였다. 3년 후 유럽 국가들은 이집트를 시리아에서 물러나도록 했다. (시리아는 1250년부터 맘루크 제국에 병합되었었다.) 무하마드 알리는 시리아의 조세 기반을 박탈당하고 이집트 내의 국가 독점 사업에서 나오는 세수를 빼앗는 걸 지켜볼 수밖에 없었으며, 1840년대 중반에는 이집트의 돈 시장을 유럽의 고리 대금업자들이 좌지우지하는 것을 더는 막을 수가 없었다. 이름뿐인 오스만의 종주권 지배하에서 서구로부터 독립한 이집트를 건설하려는 그의 꿈은 빠르게 환상으로 귀결되는 것처럼 보였다.[125]

해외로부터 전염병의 새로운 유입을 막기 위한 파샤의 주 방어선 역시 서양의 방식과 같았다. 한 비유럽국가의 "야만주의와 폐쇄주의"가 운명을 맞이하게 되자, 영국의 외교관들은 새로운 검역소의 설립을 막기 위해 노력했다.[126] 1839년 서브라임Sublime 항구에 있는 영국 외교관 폰슨비 Ponsonby 경은 배와 상점을 차단하고 수색하는 동양의 검역 정책을 비난하는 글을 썼다.

이 나라는 협정에 의해 발효된 위대하고 소중한 원칙과 권리를 심각하게 침해하려 한다. 말하자면 영국인 프랭크Frank의 신성한 주거권을 침해하려 하고 있다. 그리고 이 나라는 아마도 병자들에게 약탈과 살인, 그리고 무제한의 곤궁과 비참함을 안겨줄 것이다. …… 그러므로 나는 이러한 방식을 혐오한다.[127]

유럽 제국주의 열강이 무하마드 알리에게 가하는 방해에도 불구하고 1841년 이집트 북부에 전염병이 발생했을 때, 그는 또다시 전염병과의 투쟁을 시작했다. 이 시기 무하마드 알리의 전염병 담당 외국인 의사들은 군대의 호위를 받고 있었고, 전염병 환자의 성별을 고려하여 여성 치료자를 대동했다. 이러한 의료 지원 시스템에 대하여 지역 주민들은 등을 돌리고 협조하지 않았다. 대표적인 예로, 갈비야Gharviyya의 삼각주 지역에서는 300명의 마을 촌장들이 1841년 2월 지역 토호를 만나 농부들이 전염병으로부터 깨끗하다는 점을 전달했다. 이것은 명백히 거짓이었다. 며칠 후 650명의 농부가 전염병으로 이미 죽었다는 소식이 알려지게 되었다. 이는 일반적인 한 농촌 마을 인구의 절반에 해당하는 숫자였다. 전염병이 휩쓸고 간 또 다른 마을에서 생존자들은, 무하마드 알리가 시신을 찾으려는 지역민의 행동을 막기 위해 급파한 군인들에게 폭력을 행사하기도 했다. 하지만 그 밖의 지역에서는 질서 이데올로기를 수행하는 군인들이 성공적으로 임무를 수행했다.[128]

1841년 삼각주 지역에서 마세라노Masserano 박사와 그의 의료진이 수행한 전염병 대처는 잔혹했다. 전염병이 의심되는 모든 마을에서 살아남은 환자와 그 가족들은 건강한 농부들로부터 벗어나 격리되어야 했다 전염병이 돈 모든 마을에는 군인들에 의해 방역선이 둘러지고, 군인들에게는 이를 어기는 사람들을 사살할 수 있는 권한이 부여되었다. 전염병 사망자의 의복과 가옥은 불태워졌다. 그 밖의 다른 모든 마을 사람들은 줄 세워져서, 성별로 분리되어 의료진들이 지켜보는 가운데 발가벗겨진 채

목욕을 해야만 했다(그래서 여성들의 목욕을 감독하는 여성 의료진이 필요했다). 공공장소에서 벌거벗는 것은 이슬람 율법을 심하게 위반하는 행위였다. 목욕이 끝나면 (하지만 이를 통해 전염병을 옮기는 벼룩들이 완전히 씻겨 나갔는지는 아무도 알 수 없었다.) 농부들에게는 깨끗한 옷이 주어졌고, 며칠 동안은 의료진들의 감독하에 지내야만 했다.[129]

전염병이 의심되는 지중해 항구에서 들어오는 배들을 엄격하게 통제함으로, 무하마드 알리의 전염병 대책이 이번에는 놀라운 효과를 거둔 것처럼 보였다. 전염병이 서서히 줄어들다가 (마지막 발생은 1844년 10월에 있었다.) 점차 소멸했다. 그 이후 이집트는 전염병에서 자유로운 지역이 되었고, 100년이 지나도록 그 어떤 전염병도 발생하지 않은 것으로 보인다. 오늘날 시타델에 있는 무하마드 알리의 사원에 안치된 파샤의 무덤 앞에 서면, 여행객들은 "그러나 적어도 나는 전염병의 승리자였다"라는 한탄의 목소리가 무덤에서 들린다고 생각해도 좋을 것이다. 하지만 검역소가 전염병 감염 들쥐들의 개체 수를 소멸시키는 역할을 하면서 실제로 상당한 지역을 대재앙으로부터 막아냈다는 현대의 해석은 무하마드 알리의 자만심을 부추기는 일일 것이다.

숨겨진 의미들

: 유럽 제국주의 지배하에 있던 중서부 지역과 열대 지방에서의 나병과 나환자

서론

1885년 그랜덤Grantham에 있는 영국 교회의 부감독인 헨리 라이트는 오랜 세월 문명화 과정 속에서 이미 사라졌다고 생각했던 "무시무시한" 나병이 인도에서 출현하여 "(영국) 사람들의 신경 조직을 갉아먹고 있다."고 경고했다. 가까운 미래에 많은 영국인들이 인도에 정착할 것이라고 생각한 라이트는 여행객들의 잦은 출입을 통해 "인구가 밀집해 있는" 영국 본토에 이 무시무시한 질병이 발생하게 될 것이라고 예견했다. 이러한 "대영 제국의 위험"을 막기 위해 라이트는 사람들로부터 경멸을 받는 "누더기를 걸친 나환자"들에 대한 기독교도들의 헌신을 촉구했다. 나환자는 예수에게 알려졌던 것처럼 "서둘러 그를 돕도록 우리에게 보내진" 사람들이었다.[1]

6년 후 목사가 아닌 의사에게서 라이트가 생각했던 나병의 고통에 관한 책 한 권 분량의 개요서가 나오게 되었다. 『나병Leprosy』(1891)이라는 책에서 조지 씬George Thin 박사는 "현대의 신경성 나병"은 구약 성서 레위기 13장 44~46절에 기록되어 있는 것과 똑같은 병이라고 확신했다. 성서에는, "이제 누구나 나병에 걸릴 수 있다. 그러므로 그는 성직자의 판단에 의해 격리되어, …… 진영에서 떨어져 홀로 살아가야 할 것이다."라고 기록되어 있다.[2] 이 질병에 직업적 관심을 갖는 여러 사람들처럼—가령 봄베이의 보건 담당 관료인 액워스Acworth처럼—씬 박사는 중세 시대에도 구약 성서의 명령을 글자 그대로 받아들여 나환자들을 체포하고 감금했으며, 이러한 정책이 16세기 말 유럽에서 나병을 사라지게 하는 역할을 했다고 생각했다. 시민권에 관한 근대적 관념을 언급하면서 씬 박사는 "영국인들을 나병의 전염으로부터 안전하게 한 이 극단적 방법들은 그 어떤 문명국에서도 찾아보기 힘든 것이었다."고 자랑했다.[3]

하지만 씬 박사가 글을 쓰던 바로 그 시기에, (값싼 신문의 출현과 때를 같이하여) 급속하게 문명화된 미국은 나환자들을 태평양 한가운데 있는 하와이 섬에 엄격하게 격리시키고 있었다. 영국에서는 1889년 하와이 나환자들을 위해 순교한 벨기에의 로마 가톨릭 선교사인 다미앵 드 베스테르Damien de Veuster 신부에 대한 언론의 동정 여론 때문에 웨일즈의 왕자를 명예 의장으로 하는 나병 정부 기금이 설립되었다.[4] 이에 발맞추어 최초의 세계 나병 회의가 1897년 베를린에서 개최되었다. 베를린은 당시 유럽의 제국주의 열강들이 사하라 남부의 아프리카 대륙에 대한 각자의 몫을 나누기 위해 협의하던 장소였다. 회의에 모인 나병 전문가들이 범세계적인 나환자 격리 정책에 압도적인 찬성표를 던진 것은 당연했다.

이러한 배경을 거슬러 올라가 나는 이 장을 중세의 나병을 살펴보는 것으로 시작하려 한다. 후기 빅토리아 시대의 가장 뛰어난 두 의학자—찰스 클레이튼Charles Creighton과 조나단 허친슨Jonathan Hutchinson—의 발자국을 좇으면서 나는 라이트와 씬으로 대표되는 중세 시대 나병에 관한 설명과 우리 시대의 푸코에 의한 중세 시대 나병에 대한 19세기의 역사적 설명을 거부할 때가 되었음을 주장한다. 이러한 맥락에서 보건대, 중세의 "나병"은 다음 세 가지 스펙트럼의 어딘가에 위치하고 있다.

1. 도덕적 불결성으로서의 나병. 여기서 도덕적 불결은 나병이라는 상상의 질병으로 이동한다. (이것은 실제가 아닌 상상의 질병으로서, 공식적으로는 어떠한 물리적 강요도 필요치 않다.)

2. 고발자와 판사들의 행동을 촉구하는 완전한 망상으로서의 나병. (이것이 나환자들을 격리소에 감금시키게 한다.)

3. 한센병으로서의 나병. (이것은 임상적으로 참된 나병이다.)

메리 더글러스Mary Douglas와 달리 나는 적어도 한센병을 앓는 소수의 환자들이 11세기 후반부터 13세기까지 북유럽에서 "나환자"로 분류된 사람들 속에 있었으리라고 추측한다. 따라서 나는 상상 속에서 만들어진 나병이라는 개념이, 한동안 전염병처럼 위협적인 것이었다고 생각한다. 다음에 나는 허치슨과 크레이턴의 발견에 의존한 나병에 대한 중세의 대응책이 실제로는 대부분의 나환자들을 자유롭게 돌아다니게 내버려둔, 이질적인 것들이 뒤범벅이 된 대응책이었음을 주장할 것이다.[5]

중세의 고발자들과 "나병" 희생자들을 고찰한 후에, 나는 빅토리아 시대의 정통주의자들이 자신들에게 유리한 나병의 역사를 쓰기 위해 선택한 요인들에 초점을 맞출 것이다. 이런 요인들로부터 조지 씬 박사에 의해 정리된 성서에 기초한 나병에 대한 '구성개념'이 출현했다. 열대 식민지 세계에 적용된 이러한 나병 개념에서는 한 평범한 식민지 주민을 인간의 형상을 상실한 나환자로 변모시키는 정체성의 변화에 특별한 결점이 찍힌다.[6] 1860년대부터 계속되는 이와 같은 기독교적 패러다임의 적용은 하와이와 남아프리카, 말레이시아, 필리핀에서 행해진 정책의 근간을 형성했다.

그 밖의 지역, 특히 인도에서는 식민지 관료들이 하와이의 모델을 그들이 목표로 삼아야 할 이상으로 생각했다. 하지만 실제적으로는 많은 식민지 관료들이, 식민주의 침략자들에 대한 지역의 문화적 태도를 고려할 때 하와이의 모델이 요구하는 수준으로 일반 서민들의 삶에 개입하는 것은 무모한 일이라는 점을 인식하고 있었다. 여기에는 또한 '나환자들을 대규모로 격리하는 데 필요한 비용은 누가 지불할 것인가?' 라는 쉽지 않은 재정적 문제가 늘 결부되어 있었다. 따라서 인도와 미국 정부의 정책을 모델로 여겼던 여타 지역에서 식민주의 관료들은 하와이 모델을 따르지 않고 명목상의 차별 폐지 정책을 택했다. 하지만 매우 적은 수의 나환자를 격리하는 일조차도 대개는 토착민들의 비웃음을 샀다. 이것은 오랫동안 형성되어 온 중요한 귀결점이다. 19세기 제국주의의 잘 알려지지 않은 비밀 가운데 하나는, 종종 식민주의자들에게는 본국의 특수한 이해관계를 가진 사람들의 이익을 위한 사소한 개입이라고 생각된 것이 식민지 주민들에게는 엄청난 간섭으로 여겨졌다는 점이다. 그렇지만 이러한 식민지 주민들의 반응은 종종 오랫동안 지역에 복무하면서 지역의 조건과 언어를 잘 알고 있다고 생각하는 식민지 관료들의 생각조차 벗어난다.[7]

서양인들이 "제국주의의 위험"을 걱정하던 19세기 후반, 나병은 평범한 사람을 코가 문드러지고 손톱과 발톱이 빠지고 몸과 숨에서 악취가 나고 쉰 목소리를 내는, 말라비틀어진 비참한 불구자로 만드는 유전적이고 전염성의 치료 불가능한 병으로 간주되었다. 더더욱 나환자들을 좌절시키는 것은 이 병에 붙는 불명예스러운 오명이었다. 역사적으로 알려진 가장 일반적인 견해는, 나병은 어둡고 은밀한 생각이나 말 또는 행위에 대한 신의 처벌이며 그것은 보통 역겨운 섹스의 형태와 결부되어 있다는 주장이다. 그래서 나환자들에게 필요한 것은 의학적 치료보다는 도덕적 치료라고 생각되었다. 이러한 관념 때문에 인도와 아프리카에서 나환자들과 하는 일의 대부분은 선교사, 선교 의사, 종교적 동기를 지닌 유럽 본토 출신의 자원 봉사자들이 맡고 있었다. 이 사람들은 하나의 강력한 세력을 형성하고 있었지만, 식민지 관료들은 이들의 존재를 애써 무시했다.

아이러니하게도 최근까지 나병 확산 방지를 목적으로 진행된 실험실

A KAFFIR WITCH DOCTOR.

그림 5_ "타자"—한 "카피르 마법 의사", 1864년 12월 10일자 「런던 뉴스」 삽화.

연구의 관점에서 보면, 나병은 병원균— 미코박테리움 레프래 Mycobacterium leprae—이 발견된 최초의 질병들 중의 하나였다. 1873년 노르웨이의 아르마우어 한센이 최초의 길을 열었고, 9년 후 프로이센의 로베르트 코흐가 결핵 병원균을 나병의 원인으로 규명했다. 오늘날 이 두 개의 병원균은 매우 밀접하게 연관되어 있는 것으로 알려져 있다. 하지만 이러한 순조로운 출발에도 불구하고 한센병은 이 책에서 다루는 전염병 중 가장 전염이 안 되는 병 가운데 하나였다. 왜냐하면 완전한 치료에 준하는 어떤 치료법이 발견되었기 때문이다. 처음에 만족스러운 치료약으로 보였던 뎁손(dapsone:나병 치료제)이 1940년대 초에 발견되었지만, 많은 환자들이 거부감을 표시해서 1980년대에는 다양한 약제 치료법으로 대체되었다. 이 새로운 치료법은 퇴행 과정을 멈추게 하지만(치료 역할을 하지만) 앞으로 진행되는 경우에만 충분히 효과를 나타내고, 이미 손상된 신경은 결코 회복될 수 없다.[8]

현대의 시각에서 한센병은 고도로 파괴적인 나종 나병에서 결핵 나병에 이르는 스펙트럼의 유형이다.[9] 1920년대 임상 연구는 나종 나병이 세 단계로 진행된다는 것을 밝혀냈다. 가장 전염력이 강한 최초 단계에서는 조직 손상이 거의 눈에 띠지 않는다. 마지막 세 번째 단계에서 환자가 더 이상 전염력이 없어졌을 때 나환자는 코가 손상되고 손과 발이 문드러지고, 다른 보기 흉한 손상을 겪게 된다.[10]

전 세계적으로 "제국주의의 위험"을 두려워하는 동안 나병은 대부분 열대 지방에서 발견되었다. 하지만 이들 지역에서도 병에 접촉한 사람 중 왜 약 5퍼센트에게서만 증상이 나타나는지 그 이유는 불분명하다. 문제 해결을 가로막는 요인 중 하나는 접촉과 최초의 증상 사이의 기간이 7~10년 정도 걸린다는 점이다. 그래서 나병은 어린 아이들에게서는 좀처럼 발견되지 않는다. 지금은 이해가 가는 일이지만, 인구의 대부분이 박테리아 병원자—미코박테리움 레프래에 노출되더라도 이 박테리아에 저항할 수 있는 면역 체계를 지니고 있다면 왜 5퍼센트의 사람들이라도 이 병에 걸리는지를 당시로서는 설명하지 못했다. 20세기 초 전문가들이 생각한 가능성 중 하나는 나병이 매독이나 임질, 말라리아처럼 쉽게 걸릴 수 있는 병이라는 추측이다. 또 다른 전문가들이 생각한 가능성은 영양부족에 의한 육체의 쇠약, 대가족이 비위생적인 좁은 공간 안에 사는 것, 탄광 근처에 사는 것, 오염된 물고기를 먹는 것 등이다. 남북전쟁 이전에 미국 남부의 플랜테이션 농업 지대의 의사들은 나병을 흑인이

가져온 질병으로 간주하는 경향도 있었다.[11]

1920년대에는 나병이 어떻게 확산되는지 정확히 알지 못했다. 코에서 나온 병균이 공기 중으로 전파된다는 주장과 "제국주의의 위험"의 시기에 나병을 지닌 이주민들이 파리나 여타 도시들에 살게 되면서 퍼지게 되었다는 주장이 교차하고 있었다. 이와 유사하게 남북전쟁 후 북아메리카의 미네소타나 위스콘신으로 이주한 170명의 노르웨이 나환자들은 나병을 확산시키지 않았고, 실제로 나병을 지닌 아이들을 낳지도 않았다는 사실이 밝혀졌다. 유럽에서는 특수한 경우를 제외하면 나병은 인구가 거의 없는 브루타뉴 해안이나 피레네 산맥, 노르웨이 해안에 국한되었다.[12]

수백 년이 흐르는 동안 극소수의 나환자들만이 (상상이거나 실제로 발생한) 병의 실제적 증상에 대한 기록을 남겼을 뿐이다. 이러한 정보의 부족 때문에 나는 카이로 외곽의 아부 자발Abou Zaabal에 있는 나병 시설을 직접 방문해야겠다고 생각했다.[13] 그곳에서 나는 수십 명의 한센병 환자들이 눈이 멀고, 손이 문드러지고, 뼈만 남은 폐인의 모습으로 있는 것을 보았다. 그들은 문헌에서 읽었던 끔찍한 육체의 모습 그대로였고, 프랑스의 가톨릭 수녀들이 그들을 돕고 있었다. 공교롭게도 (기원전 2세기의 것으로 추정되는) 최초의 나환자의 유골이 발견된 장소가 이집트 남서부 다크라 오아시스Dakhlah Oasis에 있다. 하지만 문헌상의 여러 증거 자료를 볼 때, 나병은 대략 기원전 6세기 인도에서 최초로 발견된 것으로 추측된다.[14]

중세 유럽의 나병과 그 배경

나병으로 손상된 20~30구의 유골이 비교적 최근에 로마의 브리튼 Britain과 골Gaul 그리고 로마 제국 경계 너머의 헝가리와 북유럽 여러 나라들에서 발견된 사실은, 나병이 많은 동양학자들이 생각하듯 십자군 전쟁 기간 동안 유럽으로 유입된 것이 아니라, 그보다 훨씬 전에 유럽에 존재했다는 결론을 입증했다.[15] 아마도 한센병을 앓고 있는 사람들이 (기원전 58~49년 갈리아에 살았던) 율리우스 카이사르 같은 로마 정복자들의 수행원 가운데 있었던 것으로 보인다. 아니면 로마의 통치 지역인 레반트에서 나병이 발생했을 것이다. 다시 말해서 나병은 알렉산더 대제가 기원전 327년에 인도를 공격한 후 레반트에 나타난 것으로 보인다.[16]

7~8세기로 접어들면서 롬바르디아 선조들은 종교적 이단자들과 나환자들을 무차별적으로 고발했는데, 그것은 500년 이후, 중세 전성기에는 전형적인 일이었을 것이다. 550년 이후 남으로 이동하면서 이탈리아에 정착한 최후의 부족인 이 독일 민족은 (알렉산드리아의 아리우스Arius of Alexandria에서 이름을 딴) 아리우스파 기독교의 신봉자들이었다. 이들은 예수가 아버지 하나님과 유사한 존재라고 주장했다. 파비아Pavia와 밀란 Milan에 정착한 소수의 롬바르디아 인들은 아타나시우스Athanasius를 따르는 피정복 하위 계급과 더불어 살았다. 이들은 예수가 아버지 하나님과 유사한 존재가 아니라, 아버지 하나님과 동일한 실체를 갖는다고 주장했다. 이 차이는 신자들에게 커다란 의미를 갖는다.

아타나시우스 교리와 로마 대주교를 따르는 민중들에게 둘러싸인 채, 롬바르디아 왕 로타리Rothari는 롬바르디아 성인 남성들을 "가장 행복한 군대"라고 표현했다. 아마도 그의 말은 자신과 같은 내부자의 '무결함'과 외부자에 의해 부과된 '위험'을 염두에 둔 것이었을 것이다.[17] 이러한 긴장된 분위기 속에서 635년 로타리는 법전에 나병 처방에 관한 항목을 집어넣었다.

누군가 나병에 걸리게 되어 판사와 사람들에 의해 사실임이 밝혀지면 그는 도시와 집에서 추방되어 홀로 살아가야 할 것이다. 그럴 경우, 그는 집에서 추방되는 그 날부터 죽은 사람과 같기 때문에 재산을 양도할 권리도 갖지 못한다. 그렇지만 그가 생존하고 있는 동안 그는 남겨진 재산에서 나오는 수입으로 살아갈 수 있다.[18]

나병이라는 명칭의 의미가 (질병의 의미든 상상의 구성개념이든, 혹은 두 가지 모두이든) 롬바르디아 사회에서 명확하게 사용되진 않았지만, 롬바르디아와 그와 이웃하고 있는 (피핀 왕이 통치하고 있던) 프랑크 족의 골과의 관계를 검토하는 가운데, 그 의미는 매우 명확해졌다. 프랑크 족은 753~754년 롬바르디아 족에 맞서서 교황의 권위를 지키는 군사적으로 잘 무장된 종족이었다. 롬바르디아 족을 무릎 꿇게 한 이후, 피핀 왕은 프랑크 왕 또는 왕자와 롬바르디아 공주의 결혼을 통해 왕조의 유대를 튼튼하게 하려는 것은 프랑크 왕족의 혈통에 나병의 유전 형질을 가져오게 될 것이라는 교황의 경고를 받아들였다. 말하자면 교황은 이미 나병의 특징을 잘 알고 있었던 것으로 보인다. 그 후 교황의 지시를 따라서 프랑크 족이 롬바르디아 인들을 "나병 혈통을 지닌 더럽고 불결한 족속"이라고 부르는 것도 당연했다.[19]

로마 제국이 붕괴되고 10~11세기의 유럽이라고 불릴 수 있는 사회가 출현하기까지의 오랜 기간 동안, 고전에 밝은 의사들은 거의 다 과거 로마 제국의 도시화된 동부 지역에 거주하고 있었다. 즉 그들은 기독교 세계의 심장부인 콘스탄티노플이나 이슬람 세계의 중심인 바그다드와 카이로에 살고 있었다. 이들 두 지역에서 도시적 삶의 맥박은 계속해서 강하게 고동치고 있었다.[20] 이와 매우 대조적으로 5세기 말경 로마 제국 이후의 서부 지역(현 유럽의 원형)에서는 쇠퇴와 몰락의 길을 걸으면서 가장 기본적인 삶의 형태마저도 붕괴되었고, 더불어 의사들이 필요로 하는 일종의 후원자와 고객의 관계도 깨어졌다. 계속해서 상황은 더 악화되었다. 814년 방랑하는 프랑크족의 왕 샤를마뉴(피핀의 아들)이 사망한 후 서구 세계는 농촌지역의 폭동으로, 처음에는 이름이 널리 알려진 외부 침략자—바이킹 족, 마자르 족, 사라센 족—에 의해, 그다음에는 지방에서 출현하는 침략자들에 의해 황폐화되었다.

10세기 후반 서쪽의 프랑크 족 영토와 11세기 후반 동쪽의 (게르만 족) 영토에서는 성을 소유한 성주들과 그곳에 거주하는 전사들—후에 기사로 불리게 된다—이 농민들을 체계적으로 착취하는 무법의 상황이 벌어지고 있었다. 이러한 약탈자들 대부분은 표면적으로는 대영주들에게 고용되어 있는 자들이었다.[21] 1127년 부르고뉴의 클뤼니에 있는 베네딕트 수도원의 수도원장인 가경자(可敬者, 가톨릭에서 시복諡福 후보자에게 잠정적으로 붙이는 존칭) 피터Peter의 기록에 의하면, 성주들과 그 밑의 관료들이 도망칠 수 없었던 농민들을 마음대로 때리고 약탈하고 고문하는 일이 비일비재했다. 매년 무장한 약탈자들로부터 피해를 당한 농민들은 이들에게 굴복하여 정기적으로 조세를 바치는 그들의 농노가 되었다.[22]

서구 기독교 세계의 이러한 약탈과 붕괴의 기간 동안 사람들의 건강을 담당한 자들은 주로 마을의 치료사들, 마법사들, 유랑하는 사람들, 기적을 행하는 수호성인들이었다[23] 11세기에 제대로 된 치료법들이 마침내 문서의 형태로 기록되었는데, 그 치료법들은 바깥 세계에서 온 것들이었다. 1236년 이전, 의학 자료의 보고는 코르도바Cordoba라는 안달루시아의 도시에 있었다. 그곳에는 아랍어와 헤브라이어, 그리스어, 라틴어로 된 40만 권의 책들이 있었다. 그 책들은 기독교도들이 침략해 온 1236년에 소실되었는데, 아마도 소실된 책들의 상당수는 고대의 의학적 지혜들을 담고 있었을 것이다.[24] 또 다른 자료들은 레반트에 있는 필사실에서 이탈리아 해안가 군주의 서가로 옮겨진 필사본들이었다. 이렇게 옮겨진 필사본 중에는 나병에 관한 고대의 저술들이 있었을 것이다. 하지만 그 시기 이후, 서구 유럽의 표준이 되는 의학적 해석을 확립하는 과정에 있어서는 많은 우연들이 작용하게 되었다.

마이클 돌스Michael Dols, 미르코 글멕Mirko Grmek, 그리고 몇몇 사람들이 지적한 것처럼 나병에 관한 현존하는 최초의 서술은 오랜 기간 동안 잃어버린 채 무시되었다. 1세기 알렉산드리아의 의사, 카파도키아의 아레타이오스Aretaeus of Cappadocia는 의학사에 있어서 위대한 인물이 "될 수 있었던" 사람 가운데 한 명이다. 그가 언급한 네로, 베스파시아누스Vespasian 같은 군주들처럼 아레타이오스는 전통적인 로마의 만신 사상을 믿고 있었다. 이 만신들 중에는 그 어느 누구도 질병을 개인의 도덕적 행위와 연관 짓지 않았다. 이처럼 윤리적으로 중립적인 입장 때문에 아레타이오스는 한센병을 단지 육체적인 병으로만 간주했다. 하지만 나병이 가져오는 육체의 불완전한 형태로 인해 나병이 많은 사람들을 두렵게 한다는 점을 언급했다. 그는 "이러한 이유 때문에 그들의 가장 소중한 핏줄마저도, 심지어 아버지나 아들, 형제일지라도 사막이나 산속에 버리는 사람들이 있었다."고 기록했다.[25]

7세기에서 많은 의학적 정보를 지니게 된 11세기 사이에 이슬람 저자들은 한센병에 대해 어느 정도 정확한 서술을 보여주는 고대 후반기의 저자들을 따랐다. judhäm, bahq, baras (나병의 다양한 형태를 나타내는 아랍어들)는 참고 견뎌야만 하는 생의 위험 요소들 중 하나로 생각되었다. 말하자면 나병은 도덕적 범주나 신의 처벌로 여겨지지는 않았다.[26] 하지만 그 시기에 서양에는 아랍어를 읽을 수 있는 개방적 태도를 지닌 기독교 학자들이 거의 없었기 때문에 나병에 관한 여러 기능적 의미를 밝히는 데 필요한 지식을 아랍어로 된 의학 문헌에서 가져올 수는 없었다. 대신 서양의 학자들은 유대 – 기독교적 문헌에 관한 종교적 해석에 영향을 받은 자료들을 참조했다.

이러한 상황은 당시 서서히 나타나기 시작한 서구적 정신의 한 지점으로 이어진다. 그것은 피부의 문제와 관련된 구약 성서의 사상과 언어가 다시 말해, 둔화되는 신경의 말단 조직, 삭아드는 뼈, 도덕적 불결함zara'at이라는 윤리적 의미가 전면에 부각된 것이다. 레위기 13장 44~46절에 기록된 바에 따라서 피부가 벗겨지는 헤브라이인들은 성직자들의 검사를 받아야만 했다. 만약 피부가 계속 벗겨지고, 흰색 점이 나타나면 그들은 헤브라이 신을 모독하는 것으로 판단되어 피부와 윤리적 불결함zara'at이 깨끗해질 때까지 건강한 사람들의 거주지에서 떠나 있어야 했다. 이것은 레위기의 "그가 나환자인 경우에는 늘……그는 진영에서 떨어져 홀로 살아가야만 한다"라는 문장의 의미일 것이다. 1906년, 왕립 의학 대학의 학장이었던 J. 허친슨은 다음과 같은 의미 있는 주석을 언급했다.

(구약) 성서의 기록은 마비 증상이나 감각의 상실, 진짜 나병에서 비롯된 육체의 무력한 손상에 대해서는 전혀 언급하지 않고 있다. 대신 성서의 기록은 오직 피부에 관련된 증상과 그것이 흰 점으로 완성된다는 것만을 알려 주고 있다.

허친슨은 '한센병이 사람에 의해 치료될 수 없고—손가락, 발가락, 코가 없는—자기 치료를 하는 한센병 환자들의 대부분이 병의 세 번째 단계에 있는 것'이라는 주장을 할 때 아르무어 한센과 여러 학자들의 지혜를 따랐다. 육체가 기형화되는 이 세 번째 단계의 나환자들은 아마도 죄가 씻어지면 집안의 어른이나 성직자에 의해 진영으로 되돌아가게 된다는 윤리적 순결함의 범주보다는 그 앞에서 아들, 아버지, 형제들도 두려워서 도망을 치는 기형화된 인간의 모습을 서술한 카파도키아의 아레타이오스Aretaeus of Cappadocia의 범주에 훨씬 더 들어맞는다. 이런 점에서 헤브라이인들이 모닥불이나 제단 주위에 모여 레위기를 암송하던 시기에 팔레스타인에 존재했던 도덕적 불결함zara'at을 뜻하는 나병에 대한 규정은 오늘날 현대의 의사들이 나병으로 생각하는 병과는 차원이 달랐다.[27]

고고학자들 또한 한센병과 레위기에 서술된 것 사이의 연관성을 의심했다. 레위기의 서술이 유대인들에게 구전되던 시기인 기원전 6세기에서 5세기 사이에, 팔레스타인에서 수백 구의 나환자 유골을 발굴했던 고고학자들은 진정한 나병의 흔적을 지닌 어떤 유골도 발견해내지 못했다. 이러한 부정적 증거에도 불구하고 고대의 나환자 유골들은 늘 대규모로 발견되긴 했지만, 레위기가 만들어지던 시기에 팔레스타인에서는 나병은 발견되지 않았다는 것이 현재 고고학자들의 공통된 의견이다.[28]

성직자들에 의한 "나환자" 만들기 과정은 그로부터 기원전 3세기에 이르는 200년의 기간에 비롯되었다. 일상 대화에서 헤브라이어보다는 그리스어를 사용하는 것이 더 편했던 유대인 학자들은 알렉산드리아에서 두 개의 언어를 사용하는 일에 종사하면서 구약 성서(칠십인 역)를 그리스어로 번역했다. 레위기를 번역하는 과정에서 그들은 헤브라이어 zara'at(도덕적 불결함)이란 말을 그리스어 lepra(나병)이라는 말로 옮겼다. 400년 후 서기 1세기에 알렉산드리아에 살고 있던 요세푸스Josephus라는 유대인 학자와 그의 로마인 공저자는 유대인이 나환자들이었기 때문에 고대 이집트에서 쫓겨났다는 300년 전부터 내려오는 반 셈 족 신화를 (부정하기 위해) 저술하면서 그리스어 lepra(나병)를 다시 사용했다.[29] '나환자' 만들기에 공헌한 그다음 중요한 사람은 중세 시대의 표준 성서인 라틴어 성서의 편찬자인 성 제롬(Jerome, 419년 사망)이었다. 추측컨대 그는 그리스어보다는 헤브라이어에 익숙한 것으로 믿어지는 사람이었다. 하지만 레위기의 zara'at(도덕적 불결함)를 라틴어로 옮기면서 제롬 역시 구약 성서의 편찬자들과 요세푸스가 일찍이 사용했던 lepra(나병)라는 용어를 사용했다.

500년 후, (나폴리 북부의) 몬테카시노Monte Cassino에 살던 아프리카 출신의 수도사 콘스탄티누스(Constantinus, 1020~1087년)는 라틴어를 읽는 서양 의사들의 표준 서적이 된 아랍어 의학 서적의 번역의 체계를 세웠다. 그는 아랍어 judäm의 라틴어 번역 대신에 진짜 나병을 의미하는 lepra라는 단어를 사용했다. 베네딕트 교단의 교리에 복종해야 하는 한 기독교도로서 콘스탄티누스는 분명 성 제롬이 번역에서 선택한 단어가 이슬람 학자가 사용한 그 어떤 단어보다도 기독교의 근본적 진리에 가까운 것이라는 생각이 들었을 것이다. 번역에서 이루어진 이러한 결정으로, 11세기 서양에서 글을 읽을 수 있는 사람들에게는 도덕적으로 중립적이었던 고대 세계와 아랍 세계가 이해하는 '나병'의 의미를 억압할 수 있는 길이 열렸다.[30] 이러한 기초로 인해, 나병이 죄에 대한 신의 처벌이고 그러므로 나환자는 진영에서 추방되어야 한다는 유죄 판결이 비로소 이루어지게 된 것으로 보인다.

1090~1363년의 나환자에 대한 대규모 사냥

1090년에서 1363년까지 지속된 대규모의 나환자 사냥에 관한 1987년의 연구에서 R. I. 무어Moore는 "어떻게 나환자들이 생겨나고, 그들의 증상이 구성되었는가에 대해 전체적으로 의문을 던지는 것이 핵심적인 중요성을 갖는다. 그리고 이 문제에 대해서 우리는 여전히 무지하다."고 말했다. 좀 더 최근에(1991년) 메리 더글러스는 나환자에 대한 사냥은 육체적 질병과 관련된 것이 아니라, 성가신 사람들을 제거하기 위한 음모에 불과한 것이라고 추측했다.[31]

논의를 진전시키기 위하여 11세기 후반 권력의 중개자들 사이에서 레위기가 대단한 힘을 발휘하고 있었다는 사실에서 시작하고자 한다. 알다시피 저 고대 헤브라이어 문헌에 의하면, 나환자를 판단하는 책임은 성직자와 재판관 그리고 "백성들"에게 있었다. 나환자에 대한 사냥이 시작된 초기에 이러한 책임이 어떻게 해석되었는지는 알려져 있지 않다. 왜냐하면 재판에 관한 어떤 증거도 남아 있지 않은 것으로 보이기 때문이다. 그렇지만 14세기 중엽 칼레에서 나온 증거 자료를 보면, 그 당시 "백성들"은 배심원의 형태를 취했다는 것을 알 수 있다. 우리는 이 특별한 배심원들이 어떤 식으로 선출되었는지 모른다. 하지만 14세기 영국의 비슷한 경우를 보면, 배심원들은 선량한 도덕적 위치에 있는 지역민들로서 피고의 환경에 대해 잘 아는 사람들이었다. 유죄나 무죄냐를 결정하는 데 있어서 배심원들의 관심은 피고의 '평판'이 어떠한지, 피고가 친지나 친구들 그리고 원한 관계에 있는 숙적과의 문제 해결에 도움을 주는 후견인과 어떤 관계를 맺고 있는지에 있었다.[32] 이러한 통상적인 관계에서 좋지 않은 결과가 나타나면 그는 나병에 관한 재판에서 공정한 판결을 거의 기대할 수 없었을 것이다. 사실 평판이 좋지 않거나 사람들과의 관계가 좋지 않다는 것은 판결에서 아무것도 기대할 수 없는 불리한 상황을 낳았을 것이다.

그렇지만 이러한 고찰은 무어가 제기한 '대사냥 기간 동안 누가 나환자를 식별하였는가?'라는 질문에 적절한 답변이 되지 않는다. 무어의 질문은 고발자와 재판관의 판단을 구별하자는 것이 아니다. 하지만 가능한 모든 것들을 전제할 때 11세기 후반과 12세기에 일종의 새로운 성직자 계급으로 규정되는 사람들이 모종의 어떤 역할을 한 것으로 보인다. 무어가 추측하기에 (서계를 받은 사람들로 라틴어를 사용할 수 있는) 이 성직자들은 중앙 집권화하는 토호들에 의해 최초의 관료 계급으로 고용되었고, '사회가 나환자를 박해하는 형태를 취하는 과정'에서 선두에 서서 그 역할을 수행하였다. 고발자에 의해 시작되고 성직자, 재판관, 백성들 앞에서 진행되는 모든 재판의 형태에서 새로운 스타일의 이러한 성직자는 아마도 자신의 고용인이 요구하는 어떤 능력을 갖추고 재판에 참여했을 것이다.

골치 아픈 자들을 제거하기 위해 상상 속의 허구적인 나병 개념을 고안해낸 1090년대의 종교 및 정치적 권력자들에게 있어서 그들이 자기편으로 끌어들이고자 한 마지막 사람들은 의학에 정통한 전문가들이었다. 이러한 행위는 별다른 문제가 없었다. 1090년대에는 의학 분야에 관해 일반적인 지식을 가진 사람조차도 드물었기 때문이다. 유럽에서 오랜 기간 동안 유일하게 의학을 가르치는 학교가 있었던 살레르노는 자신의 앞길을 예감할 수 있었다.[33] 말하자면 개인의 안전이 관건이었다. 종교적·

정치적 계급사회에서 상상의 나병 개념을 사회의 통제 수단으로 사용하는 프랑스와 그 주변 지역에서 목숨을 건지려는 의사들은 아마도 조용히 사냥터를 피해 있었을 것이다. 다니엘 자카르Danielle Jacquart와 클로드 토마셋Claude Thomasset은 이러한 상황을 재치 있게 표현했다. "특히 나병의 경우에 …… 의사들은 신성한 성경의 전통이 요구하는 바에 따라 질병 분류학적 개념을 제공했다."[34]

다음에 나는 대사냥이 시작되는 근거들을 제시하면서 왜 14세기 중반 이후 패권을 잡은 권력층이 사회 통제 수단으로서 상상의 나병 개념에 관심을 보이지 않았는지 검토하고자 한다. 앞으로 제시되겠지만, 카를로 긴즈부르그Carlo Ginzburg가 훌륭하게 서술한 것처럼 사냥의 목표물이 유대인, 이교도, 마녀로 바뀌었기 때문이다.[35] 목표물의 이러한 변화는 진행 과정에 있었고, 나병에 있어서는 두 가지 변화가 일어났다. 하나는 재판의 혁신이었다. 즉 의학적으로 유능한 전문가가 올바른 판결을 내리기 위해 공동체 외부에서 불러들여졌다. 두 번째로 거이 드 숄리아크(1348년 아비뇽에 있던 교황 클레멘트 6세의 주치의.)가 자신의 저서(라 그란데 쉬지에, La Grande Chirvrgie, 1363)의 필사본을 유포시키면서 최신 의학 정보를 접할 수 있는 새로운 장을 열었다. 여러 가지 특징들 가운데 토착 언어로(자국어로) 기록된 이 책은 나병의 독특한 특징과 표식에 대한 서술을 담고 있었다.[36] 이 새로운 도구를 가지고 재판정에 선 의사들은 진짜 나환자를 식별하는 과정에서 필수적인 역할을 수행했다. 이러한 인도주의자들이 마침내 판결의 결정권을 갖게 된 즈음인 1360년대 이후 나환자로 판명된 숫자가 급격하게 감소하기 시작한 것은 놀라운 일이 아니었다.[37]

하지만 (많은 사람들이 나환자에서 근대적 형태의 사회적 비정상인으로 바뀌어가는) 이러한 변화의 시기에 의사의 역할은 도전을 받게 되었다. 1318년 아라곤 왕국이 있는 발렌시아 지방에서 처음으로 베르낫 쿠벨스Bernat Cubells라고 불리는 한 피의자를 새롭게 주어진 권한을 바탕으로 나병에 걸리지 않았다고 한 의사의 판정이 지역 재판관에 의해 뒤집어졌다. 재판관은 쿠벨스를 감금하라고 판결했고, 결국 재판관의 의지가 최종적으로 승리를 거뒀다.[38] 몇 십 년 후 라인 지역의 도시 아그노에서 수년 동안 지역 나병 판결의 배심원 역할을 했던 이발사 겸 의사들은—이들은 사례비를 챙기는 데 익숙했던 사람들이었다—스스로가 슈파이어Speyer와 메츠Metz라는 하이델베르크에서 온 턱수염을 기른 대학의 의사들보다 훨씬 더 나환자를 잘 판단할 수 있다고 주장했다. 이러한 이발사 겸 의사들의 불평 속에는 외부에서 온 의사들 중 한 사람이 유대인이라는 불만도 포함되어 있었다.[39]

대사냥(1090~1363년)과 커다란 진공 상태—1363년 이전(또는 아라곤 왕국 초기) 나병 재판에서 의사들이 거의 부재한 상황—사이의 관계를 고려해 보았으므로, 중세 전성기에 상상의 나병 개념을 사회 통제 수단으로 사용한 본래의 주제로 돌아가 보자. 우리에게 잘 알려져 있지만 그럼에도 불구하고 매우 진기한 통계적 사실인, 1090~1120년 사이와 1240~1260년 사이에 서유럽에 수천 개의 나병 수용소가 세워진 사실에서 논의를 시작해 보자. 기록에 의하면,

파리 관구에만 43개의 수용소가 있었고, …… 그중 가장 규모가 큰 두 개의 시설인 생 제르맹Saint-Germain과 생 라자르Saint Lazare는 파리 바로 옆에 있었다. 12세기의 인구가 백오십 만 명이었던 영국과 스코틀랜드에서만 220개의 나병 수용소가 설립되었다.[40]

액면 그대로 받아들일 때, 이와 같은 나환자 시설의 폭발적인 증가는 나병의 발생이 급작스럽게 증가했음을 의미하는 것으로 생각될 수도 있다. 영국의 경우를 보면, 인구 천 명당 1.4개의 나병 수용소가 세워졌음으로 한 시설에 평균 10명이 수용되었다고 가정한다면, 믿기지 않게도 천 명당 14명의 나환자가 있었던 것으로 계산된다.[41]

이 같은 나병 유행의 원인을 17세기의 환상과 유사한 집단적 환영의 (마법을 발휘하여 날씨의 작용에 개입하는 나이 많은 여성의 능력에 대한) 문제로 보지 않으려는 역사가들은 일반적으로 나환자 수가 급증한 이유를 물리적, 경제적 환경의 변화에서 찾는다. 이러한 설명은 10세기 후반과 11세기에 서구 세계가 로마 제국 이후의 인구 감소와 사회적, 경제적 쇠퇴의 흐름에서 마침내 벗어나기 시작했다는 일반적인 역사적 이해를 바탕으로 하고 있다. 새로운 도구와 사고방식을 사용하게 되면서 숲이 잘려 나가고, 늑대나 늑대인간 또는 그린맨과 같은 것이 사라지게 되었다. 그로 인해 내륙의 강둑을 따라서 그리고 대서양과 발틱 해와 지중해 연안을 따라서 시장이 새롭게 만들어지거나 다시금 활기를 띠게 되었다. 인구가 500명에 불과한 소읍들이나 1만~2만 명이 거주하는 커다란 도시들이나 농촌에서 생산된 먹을거리를 필요로 했다. 어디에서나 도시와 농촌간의 교환의 요구가 있었고, 몇몇 도시에서는 카이로와 여타 이슬람 중심지와의 값비싼 물품의 장거리 교역을 필요로 하면서 금과 보석, 향신료의 교환에 기반을 둔 유럽의 낡은 선물 경제는 돈과 (아랍식의) 신용장으로 물품을 교환하는 좀 더 광범위한 지역을 포괄하는 방식의 경제에 자리를 내어주었다. 이러한 발전이 가져온 최초의 예기치 않은 결과 중 하나는 인구가 증가하기 시작했다는 점이다. 너무 많은 입과 너무 적은 먹을거리 사이의 불균형이 일으킨 위기감과 부를 축적해가는 소수의 계급(영주, 고위 성직자, 대상인들)과 여전히 착취당하고 있는 가난한 다수 사이의 첨예한 분화가 가져온 도덕적 위기감이 덧붙여졌다.[42]

논리적으로는 이제 새롭게 활기를 띤 유럽에서 각 지역의 나환자의 수는 대체적으로 그 지역의 인구 밀도에 비례해야만 할 것이다. 하지만 나타난 결과를 보면, 나병은 가장 도시화된 두 지역—북부와 중부 이탈리아와 저지대 나라들—의 기록에서 그렇게 두드러진 수치를 나타내지 않았다. 조금 다른 시각에서 문제를 바라보고 나병이 육체의 질병이라기보다는 심적인 상태라는 나의 논점을 옹호하는 시각에서 보면, 나병과 나병 수용소가 가장 유행한 곳은 공세적인 태도를 취하고 있던 서유럽의 새로운 문화적 중심지인 프랑스와 그 해협을 가로지르고 있는 프랑스의 문화적 위성국가들이었다. (영국은 1066년 노르만 인의 영국 정복 이후에 이러한 상태에 도달했다.)

프랑스의 극적인 변화 양상을 고찰하면서 역사가들은 1050년 이후 진행된 교황 그레고리오의 개혁 운동을 그것의 가장 큰 원인으로 보고 있다. R. W. 서던Southern의 설명에 따르면, 개혁의 힘에 추동되어 중세의 종교적 삶과 구별되는 특징들이 짧은 몇 년 동안에 자리를 잡게 되었다.[43] 이러한 과정의 한 부분으로서 개혁적인 성직자들은 의도적으로 자신들을 세속적인 통치자들과 구별했다. 세속적인 통치자들은 1081년에 그려진 교황 그레고리오 7세의 그림에 나타나 있듯이 "교만과 약탈, 배반과 살인으로 동료들 위에 올라선" 자들이었다.[44] 또한 그레고리오의 성직자들은 자신을 일반인들과 구별하기 위해 신은 순수한 사고를 하는 명상가들을 육욕에 사로잡혀 있는 인간보다 무한히 우위에 있는 자로 여긴다고 주장하면서 영원히 순수하게 남아 있을 것을 스스로 맹세했다.

신과 그들 사이의 연결 고리가 정신에 있다고 천명하면서 성직에 있는 개혁주의자들은 일반인들의 성에 대한 관념을 통제해야 한다고 주장하고 자신들의 권리를 사법권에까지 확장했다. 1159년에서 1181년 사이에 교황 알렉산더 3세는—일찍이 프랑스 왕 루이 7세와 식사를 같이 하던 판사인 로널드 경으로 알려져 있었다—몇 개의 기본 법률을 공포했다. 그 가운데는 평신도 남성과 평신도 여성 사이의 결혼은 일부일처제이어야 하며 근친상간은 금해져야 하고, 이혼은 불가하며, 결혼은 양가의 동의가 있어야 성립되며, 성직자의 주관하에 이루어져야 한다는 규정이 포함되어 있었다. 물론 이 규정 중 그 어느 것도 성직자에게 적용되는 것은 없었다.[45]

따라서 개혁주의자들은 통제하고, 분류하고, 분리하려는 그레고리오적인 노력의 일환으로서 프랑스 동부 클뤼니Cluny에 있는 베네딕트 수도원의 느슨한 관행을 비판했다. 브르타뉴의 로베르토 아리브리셀(Robert Arbrissel of Brittany, 1055~1117년)에 의하면 클뤼니의 수도사들은 제단을 장식하기 위해 금, 은, 보석 등을 요구하는 타락한 행태를 보였고, 그리스도의 자선 행위에서 일탈하는 방향으로 나아갔다.[46] 클뤼니가 지닌 정신적 가치에 대해서는 아무것도 주목하지 않은 채 로베르토는 4세기에 바람직한 모습으로 이집트 동부 사막 지역에 세워진 성 안토니 수도원과 성 바울의 밀폐된 수도원을 주목했다. 순수한 기독교 사회에 대한 자신의 '새로운 이집트' 모델을 염두에 두면서 아리브리셀은 그리스도의 가난한 사람들에 대한 특별한 관심에 주목했다. 즉, 그는 나환자를 예수가 갈보리 언덕으로 가는 도중에 치료를 해주었던 사람으로 주목하면서, 그러한 사람들은 근대적 방식으로 여전히 기독교도들이 자비를 실천하는 기회를 제공하는 사람들이라고 생각했다.[47]

로베르토 아리브리셀이 나환자를 기독교적 자비의 본질적인 요소로 바라본 것은 아시시의 성 프란체스코(1226년 사망)의 선행에서 정점에 달했다. 이집트에서 무슬림들을 개종하기보다는 이탈리아의 가난한 사람들을 위해 일을 한, 성 프란체스코는 나환자들 속에 있었다. 성 프란체스코는 다음과 같이 적었다.

내가 죄 속에 빠져 있는 동안 나는 너무나 고통스러워서 나환자를 제대로 바라보지 못했다. 하지만 주님이 나를 그들에게로 인도하였고, 그래서 나는 그들에게 동정을 베풀 수 있었다. 그래서 내가 그들을 떠날 때에 나에게 쓰디쓴 고통처럼 여겨졌던 것은 육체와 영혼의 행복으로 바뀌어 있었다.[48]

성 프란체스코의 뒤를 이어 이집트에서 선교사로서 나환자의 발을 씻겨주었던 사람은 프랑스의 성 루이 9세였다. (그는 1250년 맘루크 족에게 사로잡혔다.) 루이 9세의 전기 작가이자 친구였던 쟝 드 쥬앙빌Jean de Joinville은 종종 루이 9세가 나환자들과 신체적으로 접촉하는 것에 괴로움을 느끼자, 다음과 같은 훈계를 받았다고 한다. "가장 추한 나병은 도덕적 죄를 지닌 나병이라는 것을 너는 알아야 한다. 왜냐하면 도덕적 죄를 지닌 영혼은 악마와 같기 때문이다."[49]

이러한 문장 속에는 상상의 나병 개념이 갖는 이중적 의미가 있다. 나환자가 그리스도의 자비를 실천할 기회를 제공하는 인물로 보일 수도 있지만, 한편으로 나환자는 레위기의 가르침대로 신앙인의 공동체에서 추방되어야만 하는 저주받은 죄인으로 여겨질 수도 있었다. 나병과 죄를 연관 짓는 또 다른 실례는 12세기 30~40년 사이에 파리의 유명한 나병 수용소에서 그리 멀지 않은 곳에 위치한 성 빅토르 수도원의 리차드가 쓴 글에서 찾아볼 수 있다. 이 수도사의 글에 의하면,

간음자, 첩, 근친상간자, 간통자, 탐욕자, 고리대금업자, 위증자, 여성을 탐욕스럽게 바라보는 자들은 모두, 다시 말해서 죄를 지어 신으로부터 단절된 사람들은 모두 (신의 계율을 알고 이를 지키는) 성직자에 의해 나환자로 판결되어, 육체적으로가 아니라면, 정신적으로라도 신앙인들로부터 격리되어야 한다.[50]

1970년 발표된 세미나 논문에서 재커리 거소Zachary Gussow와 조지 트레이시George Tracy는 어느 곳에서나 나병을 비난받아 마땅한 병으로 간주하는 보편적인 관념은 서양의 소수 지배 계급에 의해 형성된 문화적 구성 개념이라는 점을 보여주었다. 이와 반대로 대부분의 다른 사람들은 나병을 다른 질병과 같은 병으로 여기고 있었다.[51] 근대 식민지 세계와 관련되는 이러한 통찰은 동일하게 중세의 농촌 지역에 적용된다. 16세기까지 제도적 교회의 영향력이 미약했던 방대한 농촌 지역에서는 기지가 넘치는 여성, 치료사들, 마술사들과 구전 문화의 전통을 지닌 무당들이 전통적 가치를 유지하고 있었다. 이들은 병이란 도덕적으로 양가적인 힘을 가지고 바깥세계에서 마을 안으로 들어오는 것이고, 나병은 여러 병

들 가운데 하나라고 생각했다. 불행하게도 이러한 생각은 공격적인 엘리트 계급의 정신세계와는 전혀 다른 일개 농부의 세계관일 따름이었다. 11세기 엘리트 계급은 그 어떤 도구보다도 상상의 나병 개념을 가지고 새로운 유럽을 건설하고 있었다.

상상의 나병 개념으로 느슨하게 풀어져 있는 여러 가닥의 실들을 엮은 것은 1179년에 개최된 3차 라테란 공의회에서 있은 발표였다. 교황 알렉산더 3세(이전에는 로널드경)가 소집한 모든 공의회의 결과는 나환자들에게 처음부터 결론이 정해져 있는 것이었다. 라테란 공의회가 열리기 몇 해 전에 교황 알렉산더 3세는 격렬한 회칙을 공포했다. 그것은 바늘로 피부를 찔러도 감각을 느끼지 못한 것으로 알려져 있는 왕실의 한 나환자, 즉 예루살렘의 십자군 왕국의 통치자인 볼드윈 4세를 겨냥한 회칙이었다. 알렉산더는 볼드윈이 나환자이기 때문에, 명백히 비도덕적이어서 신의 은총을 받지 못하는 왕의 지배하에서는 예루살렘이 이슬람 적들에게 함락될 것이라고 경고했었다. 볼드윈 4세가 사망하고 나서 2년 후 교황이 경고한 것처럼 예루살렘은 이슬람의 수중에 들어갔다.[52]

교황 알렉산더 3세의 주도하에 열린 3차 라테란 공의회에서 성직자들은 남성 동성애라는 죄악과 남프랑스 고지대에 위치한 카타리파 이단에 의한 위협을 논의하고, (이단자들은 화형에 처해지게 되었다.) 그다음에는 나환자에게로 논의의 방향을 돌렸다. 당시 유럽의 지역 통치자들은 이미 나환자를 일반인들의 도덕을 위협하는 존재로 여기고 그들을 특수한 감옥에 격리시키고 있었는데, 회의에 모인 주교들은 이러한 사실들을 용인했다. 따라서 주교들은 나병 수용소에 갇힌 자들이 일반 교회의 종교 행사에 참가할 수 없고, 신성한 땅에 그들의 시체를 묻을 수 없다고 생각했다. 이러한 난점을 보완하기 위해, 수용소에 갇힌 나환자들을 특별 예배당에 갈 수 있도록 하고 수용소 안에서의 매장을 허용하며 수용소의 밭에서 키운 곡식은 10분의 1세를 면제한다는 내용의 법규 23항을 만들었다.[53]

성직자들의 도움을 받아 그들 자신의 예배당을 갖는 것이 나환자들에게 정신적으로 도움이 된다는 판단하에 만들어진 법규 23항에 의거하여, 1090~1260년 사이에 수천 개의 새로운 나병 수용소가 지어졌는데(2만 명이 살던 툴루즈 시에는 7개가 세워졌다.) 이에 대한 하나의 해석은, 이러한 수용소들이 성직을 수행할 수 있는 제단을 갖지 못했을 수천 명의 성직자들에게 일자리를 제공했다는 것이다. 『영국의 전염병 역사』라는 책에서 크레이턴은 일찍이 1891년에 가능한 방식으로 이러한 해석을 개진했다.[54] 하지만 1차 십자군 전쟁 기간, 기사 계급의 경건성에 대해 역사적으로 성공적인 연구를 한 마커스 불Marcus Bull의 시각에서는 우후죽순 격으로 진행된 수용소 설립은 좀 더 확실한 해석을 통해 해명되는 것으로 보인다.

그 새로운 해석은, 무기를 지니고 다니는 기사들이 신이집트식(4세기 이집트의 금욕적인 수도원 운동을 뜻함 – 역자)의 경건한 수도사들을 매우 존경했다는 점에 기초하고 있다. 동시에 성직자에 부여되는 특별한 지위를 박탈당한 평신도로서 무기를 지닌 기사 계급은 자신의 개인적 죄의 무게에 압도되는 느낌을 갖고 있었다. 그래서 그들은 그들보다 먼저 죽은 그들 조상들의 처지와 조상들의 죄 있는 영혼들이 천국과 지옥 사이에서 방황하고 있다는 생각에 고통스러워했다. 1081년 교황 그레고리오가 단언했듯이, 이런 조상들의 대부분은 교만과 약탈, 배신, 살인을 통해 권력의 지위에 올랐던 사람들이었다. 교회는 이미 재산이 있는 평신도들에게 그들 자신과 선조들을 구원할 수 있는 길이 있다는 것을 약속했지만, 무기를 지닌 기사 계급은 더 많은 것을 원하고 있었다.[55] 특별한 목적으로 지어진 수용소에 격리되어야만 하는 나환자들로 유럽이 넘쳐나고 있다는 환영을 만듦으로 시장을 창출하려는 교회는 새로운 형태의 선행들을 만들어냈다.

일찍이 1135년에 노르망디의 뮬랭 백작Count of Meulan인 워레이안Waleran은 나병 수용소에 기부하는 것은 일반적인 수도원에 내는 기부 행위만큼이나 성 베드로가 행한 정도의 충분한 자비 행위라는 점을 분명히 했다. 백작 자신은 성 질St. Gilles 나병 수용소의 설립자였다. 이러한 신이 집트식 정치가이자 지적인 거인이었던 끌레르보의 버나드Bernard of Clairvaux는 똑같은 점을 지적했다. 나병 수용소를 건립하는 것은 죽은 조상의 운명을 바꿀 수 있을 정도의 중요한 자비 행위라는 버나드의 발언은 샤르트르Chartres의 대주교가 자신의 하위 관리들이 기부금을 거둬들이면서 불행한 농부들을 괴롭히고 있다고 비난을 한 지 얼마 되지 않아 샤르트르의 그랑볼리우Grand-Beaulieu에 있는 나병 수용소를 방문하면서 한 말이었다.[56]

상세한 지역 연구 자료를 보면, 나병 수용소의 설립자들은 여러 종류의 범주로 나누어진다. 노르망디에서는 지역의 기사들이 수용소 설립을 주도한 것으로 보인다. 칼레 주변의 상황을 연구한 알베르 부르주아Albert Bourgeois는 설립자나 주요 기부자 10명 중 9명이 영주 계급이었음을 보고하고 있다. 아키텐Aquitaine 주에서는 대수도원을 갖고 있는 수도원장들이 자신의 수도원에 종속된 예배당이 있는 나병 수용소의 설립을 후배 성직자들이 일할 수 있는 제단의 수를 늘리는 방편으로 생각했음이 분명하다. 라인 지역에서 온 게르만 족 정착민들이 정착한 동쪽의 도시에서도 상황은 대체로 비슷했다. (지금의 폴란드에 있는) 포메라니아Pomerania 시에서는 성직에 있는 자신의 형제, 아들, 조카들에게 일자리를 주고 싶어 하는 시의원들이 예배당을 갖춘 나병 수용소를 자주 설립했다.

분명 다양한 목적을 지니고 시작된 나병 수용소 설립 운동은 각각 고유한 계기를 지니고 있었다. 1200~1250년 무렵, 포괄적인 사법권을 지니고 있었던 모든 영주들과 수도원장들과 시 지자체들은 예배당뿐만 아니라 방앗간과 감옥 심지어는 교수대까지 갖춘 나병 수용소를 고려하고 있었음이 분명하다.[57] 문제는 이 모든 시설에 드는 비용을 충당할 수 있는 충분한 나환자를 확보하는 일이었다. 이제 이 문제로 시선을 돌리고자 한다.

1215년에 개최된 4차 라테란 공의회에서는 사회의 두 비정상적 구성원인 나환자와 유대인은, 행인들이 전염을 피할 수 있도록 특별한 옷을 입어야 한다는 규정이 공포되었다. 이 두 구성원들을 짝 지은 것은 의미심장하다. 반유대인 정서가 오랫동안 내리막길을 걷고 있었지만, 유대인이 이방인이라는 관념은 클뤼니의 수도원장 피터에 의해 매우 명확하게 표현되었다. 피터는 다음과 같이 의문을 제기했다.

유대인은 인간인가? 왜냐하면 유대인은 인간의 이성에 따르지도 그 자신의 전통에 따르지도 않기 때문이다. 그 살 속에 무정함이 들어 있는 그런 사람이 인간인지 나는 모르겠다.[58]

피터가 유대인의 인간성에 대해 숙고하던 1130년대와 1140년대 무렵 파리에서 교육을 받은 구직중인 문사들에게 가장 중요한 것은 직업적 전망이었다. 학교 공부를 끝낸 후 처음에는 저명한 학자 아벨라르가 가르쳤던 대학에 관심을 두었던 이 새로운 스타일의 문사들은 회당(시나고그) 학교에서 교육을 받은 유대인들이 그 우수성 때문에 새롭게 만들어진 군주와 교황의 행정 관료직을 차지하지 않을까 우려했다.[59] R. I. 무어가 명명했듯이, 이 '추방하는 사회'는 나환자를 추려 내어 이들을 사회에서 제거하는 방식을 통해 이러한 어려움에서 벗어나는 하나의 길을 찾았을 것이다.

사무 서기 직으로 일하는 것 외에 유대인들에게 특히 어울리는 일로 여겨졌던 직업 유형은, 파리 대학의 철학자인 로저 베이컨Roger Bacon의 글에서 확인할 수 있다. 1292년 이전에 쓴 글에서 베이컨은 다음과 같은 결론을 내렸다.

철학의 모든 지혜는 신에 의해서 …… 주교와 예언자들에게 주어졌다. …… 그리고 그 모든 세세한 부분들은 헤브라이 언어 속에서 완전하게 표현되어 있다. 말하자면, 신의 언어에 접근할 수 있는 사람들이 합리적(보편적) 영혼의 의지에 따라 마법의 언어를 말할 수 있을 것이다. 이 보편적 영혼은 사람들에게 하늘의 힘을 전달하는 단순한 행위 속에서 받아들여진다. ……왜냐하면 이 힘에 의해 우리의 육신이 치료되기 때문이다.[60]

베이컨의 논리에 따르면, 헤브라이어를 사용하여 합리적인 영혼의 힘을 불러일으킴으로써 병자를 치료하는 것은 유대인들의 독점적 권한이 되었을 것이다. 분명 이러한 상황은 문사들에게는 좋지 않은 상황이었을 것이다.

나병 재판에 고소인의 역할을 담당한 것으로 보이는 비유대인들 사이에서는 실제 치료를 담당하는 의사들 중 많은 수가 유대인이라는 것은 상식이었다. 물론 유대인들은 이미 추방된 지역(예를 들어 영국)에서는 볼 수 없었지만, 랑그도크Languedoc나 프로방스Provence 같은 그 밖의 지역에서는 유대인들이 지역 의사들의 1/3정도는 차지하고 있었던 것으로 보인다. 이러한 사실을 용납할 수 없었던 그레고리오 교황과 금욕적인 성직자와 주교들은 지역 종교 회의를 열어 유대인 의사들이 비―유대인 환자를 치료하는 것을 금지시켰다.[61] 이러한 일은 상상의 나병 개념을 적용해서, 유대인을 나병 수용소에 격리함으로써 성공할 수 있었다.

'유대인은 특히 나병에 잘 걸린다'라는 신화는 이집트의 프톨레마이오스 왕조로부터 (요세푸스를 거쳐) 전해져 온 수많은 이야기 중의 하나로 보인다. 결과(나병)에서 원인으로 거슬러 올라가보면, 유대인들이 특히 색정광이라는 고대의 진술에 가 닿는다. 이러한 행동 양식은 돼지고기를 먹지 않는 유대인의 습관과 관련이 있다. 돼지고기에 대한 금지는 왜곡되어 유대인들이 새끼를 잘 배고, 많은 새끼를 낳는 돼지와 유사한 성향을 갖는다는 것을 의미하게 되었다.[62] 대사냥 기간 동안 유대인들이 얻은 색정광으로서의 유명세는 그들이 나환자들이라는 고발로 쉽게 탈바꿈했다. 유대인에 대한 고소가 얼마나 자주 진행되었는지는 알려져 있지 않다. 유럽에 있었던 수천 개의 나병 수용소 수용자의 목록은 현재 문서 보관소에서는 찾아볼 수 없다.

이러한 목록의 부재 외에도 또 다른 흥미로운 누락은 1350년 이전의 것으로 보이는 나환자의 유골이 거의 남아 있지 않다는 점이다. 1300년의 나병 수용소 숫자를 대략적인 기준으로 삼아서 의사이자 역사가인 A. 부르주아는 파 드 칼레Pas-de-Calais에 천 명당 2~3명의 나환자가 있었던 것으로 추산하고 있다. 이 숫자는 지금까지 고고학적으로는 증명되지 않고 있으며, 발굴된 노르만 족 유골에서 거의 모든 종류의 질병이 발견되었지만 한센병은 발견되지 않았다. 그 밖의 중요한 발견은 덴마크의 네스트베드Naestved에 있는 단 하나의 나병 수용소에서 나왔는데, 이곳은 나병에 관한 논의의 핵심부인 프랑스에서 매우 멀리 떨어져 있는 지역이다. 네스트베드에서 발견된 대부분의 유골의 생존 시기는 대사냥의 끝무렵으로 추정되고, 그 시기는 나병에 대한 이데올로기적 공세가 쇠퇴해 가던 때라는 점이 주목된다.[63] 이 모호한 덴마크의 증거 외에 유럽에 있는 나병 수용소 무덤에서 발견된 한센병 흔적이 남아 있는 소수의 유골들 대부분은 그 추정 연대가 14세기 말에서 16세기의 것으로, 이미 대사냥이 끝난 이후의 시기이다. 대사냥의 기간 동안 강력한 정책을 폈던 영국의 경우 나환자의 급격한 증가에 대한 기록들은 나환자의 유골이 발견되지 않음으로 입증되지 않고 있다.[64] 이러한 점이 나병은 박테리아가 원인이 된 질병이라기보다는 고발자의 마음속에 존재하는 상상의 개념이라는 생각을 갖게 했다.

또 다른 의아한 점이 있다. 대사냥이 끝날 때까지 석공들과 조각가들 그리고 화가와 그 밖의 묘사 기술을 가진 장인들이 나환자를 그리거나 묘사할 때에 12세기 유럽 사람들 대부분이 생각했던 모습으로 그리지 않았다는 점이다. 말하자면, 그들은 나환자의 모습을 코가 문드러지고, 손가락이 없고, 그 밖의 한센병의 신체적 특징을 지닌 것으로 그리지 않았다. 미술적인 측면에서의 이러한 누락은 샤르트르에서 발견된 그림에 잘 나타나 있다. 대성당이 있는 샤르트르 외곽 수 킬로미터 떨어진 곳에 샤르트르 그랑 볼리우Grand Beaulieu de Chartres라는 커다란 나병 수용소가 있었는데, 이곳은 지역의 성직자, 관료, 여타 고발자들이 나환자로 지목한 사람은 모두 수용되었던 곳으로 추측된다. 샤르트르 시의 중심에는 거대한 고딕 양식의 노트르담 성당이 있고, 성당은 북쪽의 익부와 거대한 조각으로 이루어진 입구(1230년 이후 설립), 그리고 입구가 있는 남쪽의 익부(1224년 이후 설립)를 갖추고 있다. 이 건물은 나환자의 발을 씻겨주었던 루이 9세와 그의 어머니의 기부로 설립되었다. 이 성당의 현관에는 구약 및 신약 성서의 내용과 일상생활의 모습을 담은 조각상들이 정렬해 있는데, 아마도 인간의 모습을 매우 사실적으로 묘사할 수 있는 뛰어난 조각가들에 의해 조각된 것으로 보인다. 하지만 이 조각상들 가운데 그 어느 곳에서도 한센병을 앓고 있는 모습은 없다. (나환자를 치료하는) 예수의 자비를 나타내는 곳에서도, 분노한 신의 저주를 받고 고통스러워하는 모습에서도 나환자의 모습은 찾아볼 수 없다. 당시 이 조각상들은 궁정에 있는 후원자들의 요청에 의해 조각되었기 때문에, 샤르트르의 그랑 볼리우로 가는 길 바로 위에 거주했던 사람들을 묘사했으며, 그들은 조각가들의 스케치를 위해 포즈를 취하기보다는 자발적인 마음으로 나왔던 사람들이었는데, 우리가 한센병의 모든 형태를 지닌 수많은 사람들의 모습을 기대하는 것은 어쩌면 당연한 일일 것이다.[65] 다른 한편으로 상상의 나환자들이 다른 사람과 똑같은 모습을 한 사람들이었다면 한 예술가의 특별한 주목을 끌지 않았을 것이다.

현금과 양도 가능한 자산을 기반으로 하는 경제생활이 확산되면서, 중세 사람들의 질병을 결정하는 중요한 기준은 그가 지닌 개인 재산이었다. 샤르트르에 있는 그랑 볼리우같은 거대한 나병 수용소는 자선기금으로 지원되는 극빈층 나환자를 위한 공간이 있긴 했지만, 대부분의 건물들은 (오늘날 서구에서 노인들을 위한 요양소의 대부분이 그러하듯이) 자신의 공간을 돈으로 살 수 있는 요양자들을 필요로 했다. 그래서 1508년 덴마크의 요단Jodan 왕은 네스트베드에 있는 엉망으로 관리되고 있는 수용소에 입장료를 지불할 수 있는 지역 태생의 남성 나환자들만 받아들이도록 명령을 내렸다. 그전에는 병이 없는 건강한 성직자나 탁발 수도사들도 이 나병 수용소를 무료로 거처할 수 있는 장소로 이용했던 것으로 보인다. 이와 관련된 예로서, 세인트 알반스St. Albans 인근 세인트 줄리안St. Julian에 있는 나병 수용소에서 1344년 작성된 규칙은 수용자가 사망 시에 재산의 2/3를 수용소에 내도록 규정하고 있었으며, 수용자들은 그 나머지 재산이 가족에게 귀속되도록 요청할 수 있었다. 참으로 수용소 생활은 잘사는 사람들이 누릴 수 있는 특권이었다.[66]

처분할 수 있는 재산이 있는 나환자들은 때때로 단순한 상품으로 간주되었다. 1255년경 코르비에Corbie에서 있었던 한 재판이 단적인 예라 할 수 있다. 이 재판에서 도시의 시의원들과 지역의 수도원장들은 누가 수용소에 특정한 나환자를 보낼 수 있는 권리가 있는지를 놓고 다투었는데, 첫 번째는 도시 시의원들이 승리했고, 그 결과 승리한 쪽의 환자는 붙잡혀서 나환자 수용소로 보내졌다. 그다음에는 수도원장들이 재판에서 승리를 거두었고, 재판 결과에 따라 나환자 수용소로 보내졌던 그 나환자의 실물을 본떠 만든 인형이(그가 재판 진행 중에 사망했기 때문에) 수용소에서 엄숙한 형식적 절차를 거쳐 본래 살던 집으로 되돌려졌다.[67]

나병의 기능이 토지와 관직, 돈 또는 다른 형태의 재산을 양도하는 것과 관련되어 있다는 점을 고려할 때, 대사냥 기간 동안 각 지역은 분명 지역 고유의 관습적인 불문법으로 지배되고 있었을 것이다. 서양에서 법률의 문서화, 법전화, (불완전한 형태이긴 하지만) 표준화는 16세기에야 비로소 시작되었을 뿐이다.[68] (노르만 공작 – 왕에 의해 영국으로 수입된 것과 같은) 몇몇 지역의 관습에서 나환자로 판명된 자는 재산 상속의 권리를 상실했다. 지역의 관습에 발을 딛고 생각해본다면, 우리는 잠재적인 유산 상속자들을 상상해 볼 수 있다. 다시 말해서, 나병으로 피소된 형제나 사촌이 있어서, 말 잘 듣는 변호사를 고용해 재판을 진행하다가 피소인이 사망하게 되면 자신의 운명을 바꿀 수 있는 그런 유산 상속자들을 생각해볼 수 있다. 다소 늦은 감이 있지만, 거이 드 숄리아크(1363)는 재판에 참여한 의사들에게 "격리되지 않아야 할 사람에게 격리 판정을 내리게 되면 그 피해는 너무나 크기 때문에" 나병에 대한 확실한 의학적 판단 기준이 있다는 점을 확신시킬 것을 요구했다.[69]

정확하지 않은 증거를 가지고 나환자를 고발하는 것이 위험하다는 것을 알게 된 후, 대사냥 시기에 정치적 의도를 기초로 한 나병에 대한 고발이 영국의 남부 지역에서 있었던 것으로 기록되어 있다. 그 하나의 예는 국왕 에드워드 2세(1327년 살해됨)의 통치하에 있던 윈체스터에서 일어난 일이다. 스코틀랜드를 공격하기 위해 자금을 모으던 국왕은 윈체스터에서 나환자들을 추방하도록 지시했다. 도시의 관리들은 이러한 명령을 전 시장인 피터 드 누트레Peter de Nutle를 몰아내는 허가권으로 생각했다. 전 시장은 관리들을 괴롭혀 자신의 사욕을 채우는 데 자신의 직위를 이용한 인물로 추정된다. 관리들이 피터를 체포했으나 그는 공정한 재판 권리를 요구하면서 법원의 영장 발부를 막아냈다. 그러나 이 재판은 정당하게 진행되었고, "자문 위원회와 나병 전문 의사들에 의한 검사와 조사"가 이루어진 후 피터는 "몸의 어떤 부분도 감염되지 않은 완전하고 깨끗한" 사람으로 밝혀졌고, 어느 곳에서나 거주할 수 있는 자유가 부여되었다.[70]

이보다는 좀 더 작은 사건이지만, 또 다른 재판의 실례가 1468년 에식스Essex에 있는 브렌우드Brentwood 마을에서 있었다. 이 사건에서 이웃 주민들은 "더러운 나병 병균"에 감염되었으면서도 계속해서 나환자들과 접촉하는 조안나 나이팅케일Johanna Nightyngale이라는 여성을 고발했다. 나이팅게일은 법정에서의 재판을 요구하며 영장 발부를 막아냈다. "나병이 가진 40가지 이상의 특징"이 적힌 목록에 따라 자세한 검사를 한 후(거이 드 숄리아크의 경우는 단 16개의 목록이 적혀 있었다), 의사들은 나이팅게일이 "전혀 감염되지 않고 완전히 깨끗하다."고 선언했다.[71] 이것은 가능성이지만, 나이팅게일이 이러한 재판 과정에 재판 비용을 매우 적게 지불했다면, 상황은 달라졌을 수도 있다. 사건의 연대(1460년대)를 고려할 때, 고발자들은 나이팅게일을 (과거의 환상인) 나병만큼이나 (미래의 환상인) 마법의 혐의를 그녀에게 뒤집어 씌웠을 수도 있다.

대부분의 역사가들은 나병이 1550년 무렵까지 일종의 통제 수단으로 사용되었다는 데 의견을 같이한다. 지식, 권력, 신체에 관한 전문가인 미셸 푸코에 의하면, 나병이 "이상하게도 사라지게 된" 현상은 "격리 정책의 자연스런 결과"라고 한다.[72] 하지만 찰스 클레이튼과 조나단 히친슨에 의해 20세기 전환기에 기록된 연구와 그것을 뒷받침하는 좀 더 최근의 연구 성과에 의하면 푸코의 입장과는 반대로, 전 유럽 나환자들에 대한 지속적인 격리 및 감금 현상은 일어나지 않았던 것으로 보인다.[73] 이는 실제로 중세 시대에 나환자를 수용소에 머무르게 하는 것이 자비로운 선행이라는 관점에서부터 출발하여 여러 가지 측면에서 증명될 수 있다. 예를 들어 앙들리Andelys에 있는 세인트 라자즈의 1380년의 규정에 의하면, 수용소에 있는 나환자가 수용소 바깥에 있는 아내와 성 관계를 가졌을 경우 1년 하고 하루 동안 수용소 밖으로 추방되어야 했다.[74] 같은 목적을 지닌 세인트 알반스 근처의 세인트 줄리안 수용소의 1344년 규정에 의하면, 결혼한 나환자는 그의 아내가 수녀가 되거나 평생 순결을 지킬 것을 맹세하지 않는 한, 수용소에 들어가는 것이 허용되지 않았다. 또한 세인트 줄리안에서는 (신이집트식 관점에서 볼 때 "신에게 어처구니없는 해를 끼치는") 수용소가 이익을 남기는 장사를 한다고 불만을 토로하는 환자들은 영원히 추방되었다.[75]

프랑스에서는 수용소에 들어가는 것이 자발적인 행위일 수도 있었다. 이것은 몽타이유Montaillou 근처의 남부 고지대에서 있었던 일로서, 1430년경 종교재판소는 나병이 특수한 질병이라는 점을 사람들에게 인식시키고자 했다. 이 지역에서는 일반적으로 주민이 사라지는 경우, 그가 빚을 졌거나 (종교재판소를 피해서 살아가던) 당시 이단으로 여겨졌던 그리스도교도이거나 나환자였기 때문이라는 인식이 지배적이었다. 나환자인 경우, 그들은 우선 버짐이나 피부병 또는 맥각 중독증 환자들과 함께 악스 레 테르모Ax-les-Thermes에 있는 유황 온천에서 치료를 받을 수 있었다. 병이 악화되면 나환자들은 세베르뎅Saverdun이나 파미에Pamiers에 있는 나병 수용소에 들어갈 수도 있었다.[76]

나병 수용소가 잘 구비된 지역일지라도 가난한 나환자들이 들어가기란 쉽지 않았다. (정신적으로는 동정을 받을 수 있는) 헐벗은 몸 밖에 아무것도 보여줄 수 없는 나환자들은 교회 입구나 다리 위 또는 시장 등지에서 구걸을 해야만 했다. 몇몇 도시에서는 이들을 불쾌감을 유발하는 자로 생각했지만, 다른 지역에서는 오래전부터 내려오는 가치가 존속하는 곳도 있었다. 16세기에야 자비로운 마음을 지닌 합스부르크의 왕자, 찰스 5세 황제가 나환자들을 공공장소에서의 구걸이 금지된 거지들과 탁발 수도사들과 (예수가 사랑했던 가난한 자들인) 구별해서, 나환자들에게는 불행한 사람들을 향한 기독교도의 자비 행위가 허용되도록 했다.[77]

이탈리아와 스코틀랜드 사이의 사법권이 미치는 모든 지역에 있어서 나병에 관한 표준화된 고전적인 연구서에는 구걸하는 나환자들을 엄하게 처벌하는 왕실과 공작, 시 위원회의 칙령 목록들이 적혀 있다. 똑같은 권력 계급이 금지 명령을 자주 반복한 것을 보면, 이는 칙령이 거의 시행되지 않았다고 생각할 수 있다. 자주 간과되는 점은 나환자에 관한 칙령이 종종 수난 주간이나 여타 중요한 종교 축제일 동안에는 나환자가 도시에 들어올 수 있다는 것을 명문화했다는 점이다. 치유하는 성소를 향한 나환자들의 순례 여행이 허용된 것도 이와 비슷한 맥락이다. 12세기 후반 이후 캔터베리 대성당Canterbury Cathedral에 있는 성 토마스 베켓St. Thomas a Becket의 유골함은 프랑스의 나환자들이 특별히 자주 찾는 장소였다. 이와 같은 관용적인 정부의 칙령은 나병이 오늘날 생각하듯이 공공의 건강을 위협하는 병이 아니라 도덕적인 의미를 지닌 병으로 생각되었다는 점을 분명히 보여 준다.[78]

12~13세기 나병 수용소의 생활환경에 대해서는 거의 알려져 있지 않다. 규모가 작은 수용소들은 6명도 채 수용하지 못했다. 좀 더 커다란 수용소에는 스무 명 이상이 들어갈 수 있었고, 성직자들과 보조자들이 이들을 돌보았다. 영국의 야머스Yarmouth근교 웨스트 소머튼West Somerton에 있던 나환자 수용소의 판례는 수용소가 1290년대에 실제로 어떤 식으로 운영되고 있었는지 어느 정도 알게 해준다. 몇 십 년간의 그 수용소의 진행 과정을 연구한 한 역사가는 웨스트 소머튼 수용소가 13명을 수용할 수 있게끔 지어졌지만 단 8명만이 그곳에 거주했는데, 그것은 아마도 수용소에 들어가는 조건 때문이었다는 것이다. 수용소에 들어가기 전에, 나환자들은 다음과 같은 맹세를 해야만 했다.

결코 수용소 밖으로 나가지 않을 것이며, 친구들과 얘기하기 위해 담장 위를 올려다보지도, 나무 위에 올라가지도 않을 것이며, 모든 불평과 불만은 수도원장과 그 후임자에게 좋지 않은 영향을 미칠 것이므로 그것이 정당하건 정당하지 않건 간에 자신이 처한 상황에 대해 불평하지 않을 것이다.[79]

나환자 친구들의 접근을 막기 위해서 요양원장은 대문 앞에 개를 두어 지키게 했다. 법정에 출두한 요양원장은 이러한 혐의 이외에도 요양원 시설을 자의적으로 사용했다는 혐의로 피소되었다. 거실과 침실, 예배당, 그리고 외부 손님을 맞는 접대실에선 빈번하게 대규모 파티를 열었다고 한다.

파티에 초청된 사람들은 주로 부주교들, 관리들, 대학의 학장과 직원들, 왕의 집행관과 그 밑의 하급 관료들이었고, 그 밖의 다양한 직위에 있는 사람들이 매일 와서 밤에 머물기도 하고 나환자들의 물건을 흩뜨려놓거나 망가뜨리기도 했다.[80]

이 소송은 맞소송으로 이어졌는데, 이번에는 요양원장이 원고가 되어 수용소에 수용된 나환자와 공모하여 그들의 물건을 원상 복귀시키려 했다는 혐의로 이웃해 있는 뭇포드Mutford의 성직자를 고소했다. 이러한 재판을 보건대, 분명 이 나병 수용소는 기독교의 자비 행위와는 더 이상 아무런 연관도 없는 것으로 보인다. 그렇지만 웨스트 소머튼의 이러한 문제는 1321년 프랑스 나환자들에 의해 불거진 다음의 사건과 비교할 때 상대적으로 그 의미가 퇴색된다.

1321년의 끔찍스러운 사건들은 상상의 나병 개념, 유대인을 이방인으로 간주하는 관념, 십자군의 이상, 그리고 어렴풋이 다가오는 무서운 이슬람 세력의 위협 등과 같은 허구적 관념들이 결합되어 생산된 최종적 산물이라고 생각할 수 있을 것이다. 심각한 질병에 시달리면서도 중앙집권 정책을 펴는 국가의 수장에 의해 이러한 관념의 산물은 실질적인 행동으로 바뀌었다.[81]

사건의 중심에는 장신이었던 왕 필립 5세(1316~1322)가 있었다. 십자군 전쟁에 실패한 성 루이 9세의 손자인 필립은 기독교 군대를 이끌고 팔레스타인에 있는 잃어버린 성지를 되찾으려는 강한 의무감에 사로잡혀 있었다. (레반트 주요 지역을 점령하고 있는) 이슬람 인들이 모든 기독교 세계를 지배하려 한다는 소문을 퍼트리면서 왕은 십일조 수입을 프랑스의 중동 정책을 위해 사용하도록 구두쇠로 소문난 교황(요한 22세)을 설득했다. 하지만 좀 더 직접적인 왕실의 관심은 남쪽으로는 가스코뉴Gascony에서 북쪽으로는 플랑드르Flanders에서 벌어진 영국인들의 사주를 받은 소요 사태에 있었다. 이 지역들을 굳건하게 통치하기 위해서는 지역의 중심에 자리 잡고 있는 봉토 소유자들과 관직에 있는 사람들에 대한 궁정의 엄격한 통제가 필요하다는 것을 그 장신 왕은 알고 있었다.

지역 영주들과 재정에 관한 안정적 협의가 없었기 때문에(1789년 대혁명 이후까지도 이러한 협의는 존재하지 않았다.) 필립은 관례에 따라 특별 회의를 소집한 후, 1321년 6월 (파리에서 남서쪽으로 300킬로미터 떨어진 곳에 위치한) 포이티에르Poitier에서 교황을 만났다. 사정을 아는 사람들은 그 회합이 폭풍우를 일으킬 것이라고 예상했다. 그 장신 왕은 십자군 전쟁에 출격할 것을 약속하고 돈을 요구했다. 분명 병을 앓고 있었던 것으로 보이는 필립 5세는 자신의 상속인 외동아들보다 먼저 죽게 된다.

불확실성이라는 전반적인 시대 분위기 위에는 그리스도의 적에 대항하는 십자군의 이상이 북부 유럽의 중심 지역에 격앙시킨 히스테리의 정서가 있었다. 1320년 봄, 노르만 청년들로 이루어진 광포한 무리가 가론 계곡으로 내려가기 전, 일 드 프랑스Ile de France주를 침입했다. 그들은 계획적으로 예수와 인종이 같은 사람들을 살해했다. 살아남은 유대인들은 이러한 사태가 불러올 일들로 인해 두려움에 떨었다. 1306년에 추방당한 이후 그들은 얼마 전에야 비로소 프랑스로 다시 돌아올 수 있는 허가를 얻어 냈다. 국왕의 아버지가 1314년 부유한 십자군 기사단을 처리했던 방식(날조된 성적 음란, 거짓 재판, 박해, 몰수)을 떠올리면서 유대인 지도자들은 필립 5세의 보호를 얻고자 노력했다. 하지만 재정적인 준비는 1321년 5월에 완료되었다. 불행히도 (나환자들에 대한 사냥이 시작되자) 재정적인 준비도 그들을 구제하지 못했다.

부활절 금요일 전 주에 (피레네 산맥 북쪽에 접하고 있는) 파미에에 거주하는 성주와 주교들은 포이티에르에 있는 필립 5세에게 서한을 보내어 수백 명의 나환자가 연루된 음모가 발각되었다고 보고했다. 이 거짓 보고는 나병 수용소에 있는 나환자의 우두머리들이 회합을 하고 나병을 전염시켜서 프랑스 사람들에게 맺힌 원한을 갚기로 결정했다는 내용이었다. 이들의 계획은 파충류의 사지와 인간의 배설물을 섞어서 샘을 오염시키는 방법으로 추정되었다. 모든 프랑스 인들이 나환자가 되었다면, 이 음모자들은 프랑스의 새로운 지배자가 되었을 것이다.

이러한 잔인한 음모를 처리하기 위해 고위 성직자들이 모여 필립 5세를 만나러 갔다. 회의에 모인 사람 중에는 도미니크 수도회의 조사관과 이단 조사 전문가인 파미에의 주교 자크 푸르니에Jacques Fournier가 있었는데, 이들의 이름은 앞으로 계속해서 더 많이 접하게 될 것이다. 단지 죽은 자만이 저항할 수 있는 절대적인 조사 기술을 사용하여 지배 계급은 주로 유대인 공동체가 나환자들에게 자금을 대주었고, 그 밖에 바빌로니아에 있는 신화적인 이슬람 제국의 술탄과 그라나다의 왕이 자금을 지원했다는 사실을 밝혀냈다.

그 동기가 무엇이든 간에, 필립 5세는 마치 이 음모를 실제처럼 받아들였다. 왕이자 자칭 십자군으로서 어떤 조치를 취해야만 했던 필립 5세는 1321년 6월 21일 포이티에르에서 공포한 법령에서 나환자들에게 대역죄라는 혐의를 씌우고 모두 사형에 처해지도록 명을 내렸다. 죄가 있는 것으로 밝혀진 사람은 화형에 처해지고 그들의 재산은 왕이 몰수한다는 법령이 내려졌다. 8월 18일 필립 5세는 나환자들의 불결함을 이 땅에서 완전히 제거해야 한다는 명령을 담은 법령을 잇따라 공포했다.[82] 이것이 무엇을 의미하는지 깨달은 수백 명의 나병 의심자들이 산을 넘어 아라곤으로 도망쳤지만, 음모가 사실이라고 믿었던 아라곤 왕은 자신의 영토로 들어오는 피난민들을 체포하도록 명령했다.[83]

프랑스의 어느 곳에서나 관리들은 필립 5세의 법령을 살인 허가증으로 받아들였다. 증거가 불충분함에도 불구하고 남부의 많은 도시들에서 재판은 대량 학살로 이어졌고, 아이를 밴 여성 나환자들도 화형에 처해졌다고 전해진다. 일부 지역에서는 관리들이 극도로 흥분한 지역 주민들에게 판결권을 넘기기까지 했다. 예를 들어 루앙Rouen에서는 "재판에 의해 살해된 사람들보다 주민들에 의해 살해된 나환자가 더 많았다." 그 밖의 지역에서 관리들의 역할은 더 분명했다. 에스카도르의 샤토Chateau 지역에서 한 성주는 13명의 나환자를 붙잡아서, 16주 동안 이들을 고문한 다음 이 중 5명을 성난 군중에게 넘겼다. 아르뚜Artois 주에서는 관리들이 두리에Douriez 나병 수용소에서 한 나환자를 끌어내어 재판에 회부한 다음 산 채로 불태웠다. 근교 플랑드르Flemish의 도시들에서는 군중들이 바깥에서 격노의 욕설을 퍼붓는 사이, 관리들이 나환자들을 감옥에 집어넣기도 했다. 나환자들에 대한 폭력은 프랑스 동부의 로잔Lausanne에서도 일어났다. 남부 아라곤 왕국에서는 지역 종교재판소가 나환자를 고문하고, 혐의가 명백한 음모자들을 사형에 처하도록 명령했다. 이러한 일련의 과정들은 우에스카Huesca, 에예Ejea, 타라조나Tarazona, 몽블랑Montblanc, 바르셀로나Barcelona에서도 일어난 것으로 전해진다.[84]

특히 프랑스에서 폭력의 희생자는 나환자들뿐만이 아니었다. 1215년 교회 권력층은 비기독교인들인 유대인들을 나환자와 동일시하여 사형에 처했다. 특히 끔찍했던 사건은 투르Tours지역의 시농Chinon 성 안에 있는 커다란 구덩이에서 160명의 유대인들이 불태워졌던 일이다. 일 년 후 교황 요한 22세는 유대인들을 아비뇽의 교황 관할권 지역에서 추방하도록 명령했다. 프랑스 전 지역에서 이러한 인종 말살은 필립 5세가 사망하고 동생인 샤를로Charles 4세가 왕위에 오른 후 유대인들을 프랑스에서 추방했던, 1323년에야 막을 내렸다. 그는 이미 그 이전에도 나환자들을 추방했었다.

1322년 왕위에 오르자마자 샤를로 4세는 지역의 관리들에게 모든 나환자들을 나병 수용소에 영구적으로 가두도록 지시했다. 하지만 예기치 않게도 이에 필요한 재정적 결핍 때문에 계획은 수포로 돌아갔다. (7월 31일) 법령이 공포되자마자 법령은 휴지 조각이 된 것이다. 재정 상태가 계획을 실행시킬 수 없을 정도였음이 분명했다.

대량학살이 실제로 진행되는 동안 상상의 나병 개념은 도시와 읍에 거주하는 프랑스 일반 대중들의 뇌리에 직접적이고 강한 영향을 끼쳤다. 그 한 실례로 불타버린 남부 고지대 지역의 경우가 그러했다. 르 로이 라뒤리Le Roy Ladurie가 자세히 서술한 것처럼, 아르노 드 베르놀리Arnaud de Verniolles라는 한 청년이 이단자 조사 위원회의 조사를 받던 중 두려운 마음에 1321년 툴루즈에서 학생 시절의 성 경험에 대한 자백을 했다.

사람들이 나환자들을 불태워 죽이던 그 당시 저는 한 매춘부와 "성교를 했습니다." 죄를 저지른 후 제 얼굴은 달아오르기 시작했습니다. 저는 나병에 걸리지 않았을까 하는 생각에 두려움에 떨었습니다. 그래서 앞으로는 절대로 여자와 잠을 자지 않겠다고 스스로 맹세했습니다. 대신, 맹세를 지키기 위해 그 후 저는 어린 소년들을 성폭행하기 시작했습니다.[85]

샤를로 4세가 사망하고 몇 년이 지난 후에 파마에의 주교인 자크 푸르니에는 교황 베네딕트 12세가 되어 성 베드로의 권좌에 올랐다. 그는 1321년 수천 명의 나환자를 학살하는 데 앞장섰던 인물이었다. 그는 1338년 자기 영혼의 운명에 관해 고민하면서, 1321년 대량 학살의 희생자인 나환자들이 무고한 사람들이었고 그들의 음모는 관리들이 계획적으로 꾸며낸 것이었음을 시인했다.

그의 전면적인 개혁 프로그램의 일환이자, 중요한 조치로서 푸르니에는 성직자로서 모든 사람은 죽음을 맞이하게 되는 즉시 개별적으로 신의 심판을 받게 된다는 점을 (베네딕투스 데우스(즉각적인 심판)Benedictus Deus 교서에서) 공포했다. 이 교서는 세상이 멸망될 때까지 신의 심판은 연기될 것이라는 (요한 계시록에 기록된) 성서의 사상을 새롭게 대체한 것이었다.[86] 1336년에 만들어진 이 새로운 교리는—사망 후 곧바로 천국이나 연옥(천국과 지옥의 중간 지대)으로 들어가게 된다는—생존한 사람들로 하여금 최근에 사망한 자들의 운명에 대해 엄청난 관심을 갖게 했다. 오랫동안 그들이 결코 본 적도 없는, 이미 오래전에 죽은 혈족들을 위해 기도를 드리는 행위에 익숙해져 있던 평신도들은 이 새로운 교리를 열정적으로 환영했다. 왜냐하면 "선행"을 하게 되면 사랑하는 아내와 아이들 또는 조합의 동료들을 비참한 연옥에서 구해내어 곧바로 천국으로 가게 할 수 있다는 점을 이 교리가 담고 있었기 때문이다.

베네딕트 12세의 새로운 교리는 제도적인 관점에서 부유한 기부자들의 마음을 움직여 성직자들이 최근에 죽은 사람들의 평안을 위해 미사를 올릴 수 있는 헌금 예배당과 제단을 설립케 하였다.[87] 이와 같은 예배당

건립으로 만들어진 일자리 중에는 계약직과 유사한 일자리가 있었는데, 이 일을 맡은 성직자는 헌금을 기부한 사람이 부탁한 특정 개인을 위해 30일간의 연속 미사를 집행했다. 또 다른 일자리로는, 이탈리아와 프랑스의 진보적인 도시에서 조직되었던 일종의 평신도 조합을 위해 봉사하는 일자리였다. 여기서 성직자들은 조합원 중의 한 사람이 사망하게 되면 장례 의식에 참여해서 연옥에 있는 그 영혼을 위해 기도로써 도움을 주는 역할을 담당했다. 한걸음 더 나아간 것은 면죄부의 발행이었다. 면죄부는 규정된 시간 동안 머물러야 할 연옥에서 망자의 영혼을 구해낼 수 있었다. 자유의지로 보편 교회the Universal Church에 헌신하는 대신 성직자들에 의해 배포된 면죄부는 시간제 성직자들에게 최고의 수익을 가져다주었다. 요약하자면, 헌금 예배당과 면죄부 그리고 이와 비슷한 행위들은 상상의 나병 개념에 강한 영향을 주었다.

1260년경 이래로, 교회 마케팅 전문가들은 나병 수용소에 대한 기부자들의 관심이 줄어들고 있다는 것을 감지하기 시작했다. 나병 수용소의 평균 감소율을 고려할 때 (2~3세대 후에는 폐쇄될 위기에 처하게 되었다.) 새로운 수용소 설립이 둔화된다는 것은, 성직자들의 잠재적 일자리에 대한 심각한 손실을 의미했다. 하지만 다행히도, 이렇게 줄어드는 일자리는 푸르니에의 교황 교서 베네딕투스 데우스(Benedictus Deus, 즉각적인 심판)로 인해 성직자들에 대한 수요가 증가하면서 보충되었다.

나병을 다시 생각하게 만든 또 다른 충격은 페스트이었다. 단 몇 달 안에 무수한 성직자들이 죽게 되자, 곤경에 처한 교회는 어느 정도 글을 읽을 수 있는 교회 종사자들이 사망한 성직자들의 역할을 대신하게 했다. 성직자들의 수요가 부족하게 된 이러한 위기 국면에서 만족스러운 보증서가 발부되었다. 그것은 부유한 기부자들이 여전히 성직자들을 사회의 어려움을 타개할 수 있는 중요한 사람들로 여기고 있다는 확신이었다. 부유한 기부자들의 이러한 보증으로 힘을 얻은 교회는 그들이 비판해 왔던 하나님의 적의 모습을 새롭게 바꿀 수 있었다. 상상의 나환자라는 낡은 개념을 버리고 새롭게 탈바꿈한 개념으로 지목받은 대상은 마녀들, 이단자들, 그리고 유대인들이었다. 목표물이 이와 같이 바뀌게 됨에 따라, 1360년 후 몇 십 년 동안 권력층은 별 다른 어려움 없이 나환자 재판의 배심원 역할을 했던 의사들의 힘을 약화시킬 수 있었다.[88] 앞서 언급했던 것처럼 교황의 왕진 의사였던 거이 드 숄리아크는 1363년 진짜 나병의 확실한 징표들을 나열한 목록을 최초로 공표했다. 이 목록을 가지고 인도주의적 의사들은 무고한 사람들을 사회에서 추방하는 허위 고발을 막을 수 있었고, 또한 실제로 그렇게 했다.

1891년 중세의 나병에 관한 연구에서 찰스 크레이턴은 나병 수용소 설립에 대한 두려움과 성급함은 단지 그릇된 지식의 결과라고 추측했다. 중세의 배심원들은 나병을 딸기종, 펠라그라, 얼굴의 혹과 피부암, 연주창으로 인해 나타나는 종기 또는 그 자체의 심각성보다는 눈에 혐오감을 주는 피부 발진과 같은 질병들을 모두 포함하는 것이라고 잘못된 진단을 내렸다. 이러한 잘못된 판단에서 다음과 같은 결과가 도출되었다.

> 중세 영국에서는 나환자가 마을의 바보만큼이나 흔하게 눈에 띄었을 것이다. 반면 커다란 읍내나 도시에서는 …… 진짜 나환자들이 그 대부분이 최소한의 생활을 위해서만 성직을 행하는 무수한 수도승 숫자보다도 적었을 것이다.[89]

크레이턴은 출현하고 있던 불안정한 엘리트 계급이 상상의 나병 개념을 만들어 비정상적인 사람들을 이에 결부시키고, 그들을 나병 수용소에 가두어 관리한 방식에 관하여 서술했다. 하지만 그것을 증명하는 유골은 뜻밖에도 거의 발견되지 않고 있다. 인종 청소가 여전히 종교의 이름으로 그리고 그와 관련된 민족주의의 이름으로 자행되고 있던 20세기 말미에는 크레이턴이 서술한 중세 사람들보다는 좀 더 현명한 태도를 취할 수 있었을 것이다.[90]

나병과 제국

나병과 그 숨은 의미 사이의 중세적 연관성은 이성理性에 대항한 계몽주의 운동 가운데에서도 소멸되지 않고 살아남아, 19세기 중반 다시 표면 위로 떠올랐다.[91] 급속한 인구 증가와 아메리카 대륙으로의 대규모 이주 그리고 런던, 암스테르담, 파리, 뉴욕의 자본가들이 투자할 곳을 적극적으로 찾아나서는 시대에 나병에 대한 관심이 다시 시작된 최초의 지역은 하와이였다.[92]

샌프란시스코와 오스트레일리아 사이의 중간쯤에 위치한 하와이 섬은 영국인 선장 제임스 쿡이 이 섬에 상륙하기 전까지는 폴리네시아인들이 약 1500년 전부터 정착해 살고 있었다. 1777년 제임스 쿡이 이 섬에 상륙한 이후 백인들이 지니고 온 성병은 하와이 여성들의 생산 능력에 영향을 끼치기 시작했다. 이와 함께 하와이의 인구를 감소시킨 원인은 홍역, 백일해, 천연두였다. 심한 편차가 있긴 하지만 242,000명에서 800,000명까지 측정되었던 1776년의 하와이의 인구는 1853년에 73,138명으로 줄어들었다.[93] 『하와이 섬, 선교 활동하에서의 하와이 섬의 진보와 조건』(1864)이란 책에서 루퍼스 앤더슨Rufus Anderson 신부는 이러한 인구 감소를 마치 "병에 걸린 육체의 부분이 절단되는 것"처럼 자연스러운 현상으로 생각했다.[94]

대 각성 운동the Great Awakening의 영향을 받은 미국 선교사들은 하와이 섬에 최초로 도착한 이후, 소수의 백인 정착이 거대한 이주 물결로 바뀌어 가는 과정을 주의 깊게 기록했다. 1848년 캘리포니아에서 금광이 발견되고, 중국과의 교역이 거대한 물결처럼 커지면서 하와이는 갑자기 태평양의 식량 공급 기지가 되었다. 이러한 수요에 대응하여, 돌Dole, 비숍Bishop, 주드Judd 같은 별칭이 붙은 본토 대륙의 기업가들이 소 목장과 사탕수수 설탕이나 열대 과일 같은 작물을 도입했지만, 이러한 플랜테이션 농업에 필요한 노동력이 하와이인들로는 부족하다는 점을 깨닫게 되었다. 노동력 부족의 원인은 토착민들이 병에 자주 걸렸다는 점이 한 가지 요인으로 작용한다. 또한 호놀룰루의 퀸스 병원Queen's Hospital에서 일한 윌리엄 힐러브랜드William Hillebrand 박사의 기록에 의하면, "병을 치료하는 데 있어서 냉정하고 합리적인 과학적 방법"을 잘 받아들이지 못했다는 점도 그 원인이 되었다.[95] 병에 걸렸을 때 토착민들은 플랜테이션 농장의 의사들에게 오늘은 몸이 좋지 않아서 쉬겠다고 말하는 것이 관례였다. 이러한 요청은 당연히 거부되는 절차일 뿐이었다. 나중에 그들은 들판에서 죽은 채로 발견되곤 했다. 하와이인 노동력의 부족을 메우기 위해 해외에서 농부들이 수입되었다. 처음에 들어온 외국의 농부들 가운데는 한센병을 앓고 있는 (아마도 아르무어 한센이 자국의 농부들 가운데서 발견했을) 소수의 노르웨이인들이 포함되어 있었다. 1851년 이후에는 홍콩과 중국에서 들어오는 젊은 이주자들이 하와이 노동력의 주요 공급원이었다. 나중에 이들의 유입이 법적으로 차단되자, 필리핀의 노동자들이 밀려오기 시작했다.[96]

정확히 언제인지는 불확실하지만 1777년 이후 어느 시기에 나병은 하와이에 유입되었을 것이다. 1897년 (그가 저명한 『열대 의학 저널』의 편집자가 되기 전에) 나병 학자인 제임스 캔들리James Cantlie는 한 저술에서 미국 선교국의 성직자 C. S. 스튜어트Stewart가 1823년이 지날 무렵에 쓴 기록을 인용했다. 이 기록은 "그 어떤 것보다도 명백하게 신의 저주를 천명하는, 그리고 매년 수백 명의 사람들을 무덤으로 인도하는, 천벌의 병이 갖는 상습적이면서 무서운 특징"을 보고하고 있다. 스튜어트는 또한 다음과 같이 기록했다. 대부분의 하와이인들은

발진과 종기로 보기 흉한 모습이고, 적지 않은 사람들은 나환자처럼 혐오스럽다. 안염, 연주창, 상피병은 매우 흔했다.(밑줄은 캔들리가 그은 것임)[97]

스튜어트가 혐오스러운 나환자처럼 보았던 "걸어가는 시체"들 중 일

부가 실제로 나환자인지 아니면 그가 비유적인 언어를 사용한 것일 뿐인 지는 확실치 않다. 좀 더 나중에 온 선교사의 기록을 인용하면서 캔들리 는 이집트에서 나병을 식별하는 법을 알게 된 한 신사가 1840년 하와이 에서 나환자들을 보았다는 보고를 기록했다. 아마도 그는 나환자를 정말 로 보았을 것이다. 하지만 좀 더 확실한 지식의 기반 위에 서 있는 우리는 대륙에서 온 과일 재배자들이 나병의 존재를 시인할 때 하와이 수출 무 역에 좋지 않은 영향을 미칠 것이라고 생각했으리라는 것을 추측할 수 있다. 이 점이 1850년 하와이에 보건청이 설립되면서 발행된 공문서에 나병에 대한 언급이 전혀 없었던 이유일 것이다. (그렇지만 공문서에는 콜 레라고 언급되어 있었다.)[98]

그 후 1863년 힐러브랜드 박사는 권력자들에 용기 있게 맞서면서 나 병이 토착민들의 전염병이 되었다는 사실을 (비록 완전히 자기 역할을 하 지 못하는 상태로 보이지만) 하와이 정부에 알렸다.[99] 대륙에서 온 권력자 들은 노르웨이에서 (나병을 지닌 채로 – 역자) 온 이주민들의 존재에 대해 서는 눈감아주면서 나병의 책임 소재를 중국에서 온 노동자들에게로 떠 넘겼다. 백인들은 아프리카 노예들에 대한 혐오감과 거의 동등할 정도로 이미 중국 노동자들에 대해서도 혐오감을 가지고 있었다.

대륙의 권력자들의 입장에 굴복하는 하와이 정부의 꼭두각시 왕은 1865년 나환자들을 엄격하게 격리시키는 법령을 공포했고, 나병에 걸린 것으로 의심이 가는 자들을 위한 강제 수용소가 몇 달 내에 설립되었다. 강제 수용소는 몰로카이 섬 북쪽 해안의 뾰족하게 나온 반도에 설치되었 다. 그곳은 삼 면이 바다로 둘러싸여 있고, 나머지 한 면은 가파른 절벽으 로 섬과 분리되어 있어서 사실상 도주가 불가능한 곳이었다. 미국의 한 보건 관리가 쓴 무미건조한 다음과 같은 문장을 보면,

이를(격리를) 수행하기 위해 나병 의심자가 있음을 알게 되는 모든 사람 은 보건 당국에 이를 고발할 의무가 있다. 이러한 정보를 알게 된 보건 당국

은 그 당사자를 조사해야 한다.

　나병 의심자는 법의 규정에 따라 세 명의 의사로부터 검사를 받아야만 한다. …… 한 명의 의사는 나병 의심자가 선택할 수도 있다. 이렇게 공정한 검사 위원회가 구성되면, 다수의 의견이 최종 판단이 된다.[100]

　몰로카이 섬으로 격리 판정을 받은 나환자는 다시 되돌아올 가망성이 없었다. 나병은 치료가 불가능한 병으로 여겨졌기 때문이다. 건강을 유지할 수 있는 식량도, 신선한 물도 없는 최소한의 생존도 유지하기 힘든 그 섬에 격리되는 즉시 이러저러한 병으로 사망하는 일은 흔한 일이었다. 벨기에의 가톨릭 선교사인 다미앵 신부가 1873년 나환자들을 돌보기 위해 그곳에 들어간 후에 이러한 최악의 상황에서는 벗어날 수 있게 되었다.

　다미앵 신부 자신이 나환자가 되었을 때, 영웅적인 선교 활동은 좋은 기삿거리를 제공했다. 전 세계의 신문이 다미앵 신부의 이야기를 보도했다. 그 자신 또는 그들의 가족이 나병에 걸린 것을 알게 된 대다수의 하와이인들은 사실상 자기 고장의 일이 아닌 경우에는 전혀 관심을 갖지 않았다. 비록 1777년 이전에는 나병을 전혀 경험하지 못했지만, 그들 중에 나환자가 있다는 것을 알게 된 하와이인들은 나병의 숨은 의미에 대한 기독교적 가르침을 무시하고 나병을 계속 다른 병과 같은 하나의 병으로서 생각했다. 정부의 간섭을 피한 나환자들은 지역 주민들 사이에서 평소대로 삶을 살아나갔다.

　1880년대 후반, 재판관으로서 나병에 걸렸던 J. 카와이Kauai는 나병에 걸린 친구들과 함께 보건 당국의 감시를 피해 카우아이Kauai 섬 깊숙한 곳에 위치한 칼랄라우Kalalau 골짜기로 달아났다.[101] 그들은 1890년경 마구 제조인이자 소몰이꾼이며 사격의 명수인 코올라우Koolau라는 이름을 가진 사람—그 역시 나환자였다—과 규합하게 되었다. 하지만 얼마 후 재판관 카와이의 조그만 연합체의 평화는 방해를 받았다. 그 즈음 독립적인 하와이 공화국을 건설한 통치자들은 다미앵 신부의 죽음이 가져온 좋지 않은 결과를 잘 알고 있었고, 나환자를 격리하는 법을 집행하는 것이 그들의 수출 무역에 좋은 영향을 줄 것이라고 생각했다. 그에 따라 1893년 치안 책임자인 루이스 스톨즈Louis Stolz는 사격의 명수인 코울라우와 다른 나환자들을 체포하기 위해 카우아이 섬으로 건너갔다. 하지만 코울라우는 오히려 루이스 스톨즈의 가슴에 총탄을 명중시켜 그를 저 세상으로 보냈다. 하와이 공화국의 대통령인 샌포드 돌Sanford Dole은 계엄령을 선포하고 포함과 유탄포와 군대를 카우아이 섬으로 급파했다. 카우아이 섬에 상륙한 군대는 옛 재판관 J. 카와이―이 무렵 그는 60대 후반의 노인이었다―와 14명의 다른 나환자들을 사로잡기 위해 칼랄라우 골짜기로 이동했다. 그런데, 명사수인 코울라우가―그는 그때까지 기독교적 관념에서 상상되는 혐오스러운 나환자의 모습을 하고 있지 않았다―두 명의 병사를 사살했고, 또 한 명의 병사는 우연히 자신의 총에 맞아 죽었다. 세 명의 사상자를 낸 공화국 군대는 그것으로 충분히 자신의 역할을 했다고 생각하고 코울라우는 골짜기 쪽으로 19발의 포탄을 발사한 다음 철수했다. 그 영웅적인 나환자는 폭격 속에서 살아남아 1896년 사망할 때까지 나환자인 아들과 함께 둘이서 골짜기에서 살았다. 코울라우의 유명한 총은 그의 무덤 속에 함께 묻혔다.

1898년 (스페인-미국 전쟁의 부산물로서) 하와이가 미국에 합병된 후, 하와이인들은 계속해서 명사수 코울라우를 기리면서 대륙에서 온 통치자들의 나병 정책에 저항했다. 1909년 미국 공공 보건청은 몰로카이Molokai에 있는 강제 수용소 부근에 30만 달러를 들여 나병 연구소를 세웠다. 나병에 걸린 사람은 이전의 모든 사회적 관계를 상실하고 오직 나환자가 될 뿐이라는 기독교적 관념을 지닌 미국 보건청 관리들은 몰로카이에 있는 나환자들을 쉽게 설득해서 이 실험에 자발적으로 참여시킬 수 있을 것이라고 생각했다. 하지만 그들의 기독교적 관념은 하와이 인들의 관념을 전혀 고려하지 못한 것이었다. 몰로카이에 있는 900명의 나환자

중 9명만이 자신을 (기독교적 관념의) 나환자로 생각하며 자발적으로 실험에 참여했다. 화가 난 대륙 출신의 과학자들은 짐을 싸서 본국으로 돌아갔고, 막대한 비용을 들인 실험 설비만이 남겨졌다.[102]

이러한 온건한 정책 시행은—당시 세계 언론의 주목을 거의 받지 못했다—그 유명했던 하와이의 과거 엄격한 정책과 극명한 대조를 보였다.[103] 1897년 식민지화된 홍콩의 관점에서 대륙 식민주의자들의 성공에 관한 글을 쓰면서, 제임스 캔들리는 다음과 같이 주장했다.

그 누구도 (하와이) 정부가 발표한 이러한 면밀하고 정교한 보고서를 따라 할 수 없으며, 연민과 감탄을 금할 수가 없을 것이다. 왜냐하면 유럽의 가장 오래된 국가라 할지라도 최근에야 야만의 상태에서 벗어난 이 조그만 민족보다 더 커다란 열정과 지혜와 자기희생을 보여줄 수 없을 것이기 때문이다. …… 그 재앙은 실로 엄청난 것이어서, 그해 보건청이 사용한 비용은 337,300 달러였고, 대부분은 나병 수용소 설립을 위해 사용되었다. (수용소는 그해 1,152명의 나환자를 수용했고, 그중 1,011명이 "하와이 원주민"이었다.)[104]

간단히 캔들리의 주장을 요약하자면, 하와이 정부의 나병 정책은 백인들의 짐을 용기 있게 대신한 한 식민지 정부의 눈부신 실례였다는 것이다.

1897년 베를린에서 개최된 최초의 세계 나병 회의에서 (나병학자인 캔들리나 아르무어 한센의 연구 결과에 힘을 얻은) 참석자들은 비서구 세계의 모든 지역에 나환자에 대한 엄격한 격리 정책을 승인했다.[105] 그 후 몇 해동안 나환자에 대한 격리 통제 정책이 미국의 지배를 받는 필리핀, 영국지배의 말레이 반도와 싱가포르, 독일의 지배를 받는 남서아프리카(지금의 나미비아), 그리고 이주 정착민이 지배하는 케이프 식민지(1910년 이후남아프리카 공화국으로 합병되었다.)에 도입되었다. 그다음으로는 남아프리카 공화국과 이웃하고 있는 바수토란드(Basutoland, 지금의 레소토)가 강제 격리 정책을 실시했고, 1914년에는 나환자를 숨겨주는 행위도 처벌할 수 있는 법을 만들었다. 이것은 아프리카 인들 스스로가 최초로 나병에 대한 의미 있는 대응을 보인 법률이었다.

1914년 초 식민지 경찰은 657명의 바수토의 나환자들을 체포해서 보사렐로Botsalelo 수용소에 격리시켰다. 몇 주 후(5월에) 감금된 나환자들은 그들의 사회적 정체성을 회복하고 폭동을 일으켰다. 그 결과 대부분의 나환자들은 자기 마을로 도망쳐서 마을 사람들의 보호하에 삶을 이어나갈 수 있었다. 15년 후 힘이 약화된 백인 통치자들이(통틀어 수백 명으로 헤아려지는) 갑작스럽게 격리 정책을 실행하고자 했지만, 그 효과는 미미했다. 보사렐로에는 수용자의 수가 폭동을 일으켰던 1914년보다 더 적었다.[106]

1897년 베를린 나병 회의가 전 세계적인 격리 정책을 지지한 이후 세계 도처의 식민지 통치자들은 재정적인 문제를 고려하지 않을 수 없었다. 일부 통치자들은 신중한 고려 끝에 나환자들을 무시해버리기로 결심했다. 레오폴드 왕이 지배하는 콩고에서는—이곳에서는 특권을 획득한 세계 여러 나라의 기업들이 노예 노동으로 수확한 고무를 미국과 영국 시장에 팔아 막대한 이익을 얻고 있는 중이었다—나환자에 대해 정부는 전혀 관심이 없었다. 사실은 백인들이 지닌 문명화에 대한 책무를 보여주는 어떤 형식적인 모습도 나타내지 않았다. 1920년대까지 나병에 관련해서는 프랑스의 서사하라 식민지에서도 동일한 상황이 계속되었다.[107]

1882년 해외 채무 변제를 담보로(여기에는 수상 개인의 포트폴리오 투자의 막대한 자금이 포함되어 있다.) 영국이 정복한 나라인 이집트에서는 비용을 의식한 식민주의자들이 원주민 나환자들을 거자일소하기로 결정했다. 1900년, 사실상(영국의 주요 은행가 가문의 한 사람인) 에블린 베어링Evelyn Baring, 로드 크로머Lord Cromer가 통치하는 동안, 카이로에 있는 정부

병원에서 치료를 받은 나환자는 단 3명이었다. 이러한 사실은 나병 발병률이 매우 미미했다는 것을 의미한다. 하지만 같은 해 그 병원에서는 570 건의 매독 환자 치료가 있었다. 매독의 증상은 일반적으로 접촉한 지 며칠 후에 나타나며, 반면에 나병은 몇 년이 지나서야 증상이 나타나는 것이므로 영국식으로 변한 카이로의 성 문화에 무엇이 더 큰 위협으로 생각되는지는 분명했다. 세계의 시선을 잠시 이집트로 고정시켰던 민족주의자들의 혁명이 실패로 끝난 지 몇 해 후인 1927년에, 영국은 공식적인 발표를 통해 나병에 대한 정부의 진지한 대응이 지속적으로 요구된다는 점을 부인하면서 나병 발병률이 천 명당 0.5명 이하라고 주장했다. 하지만 영국의 지배자들이 사실상 존재하지 않는 문제로 여겼던 나병 문제는 영국인들이 최종적으로 이집트에서 떠난 후 매우 심각한 위협으로 이집트인들에게 인식되었다. 영국 지배 이후의 한 조사에서 나병 발병률은 약 1,000명당 2명으로 확인되었다.[108]

니아살란드(지금의 말라위)에서는 영국 통치 시대—영국인들에게 이 식민지는 젖소로 여겨졌다—나 독립 이후의 시대에서도 이집트와 비슷한 양상을 보였다. 1908년 한 공식적인 조사에서 전 영토 내에 769명의 나환자가 있는 것으로 파악되었지만, 1927년경 식민지 지배자들은 5,000~6,000명 정도가 된다고 시인했다. 독립 이후 말라위의 관료들은 나병 발병률이 1,000명당 28명—세계에서 가장 높은 발병률에 속하는—이라고 보고했다.[109]

현실적인 이해득실의 관점에서 나병 문제를 바라본 수단의 상황도 이와 비슷했다. (마흐디Mahdi가 정복했던) 수단은 1880년대에 영국이 이집트에 양도한 후 1898년 옴두만Omduman 전투에서 되찾은 거대한 지역이었다. 한 세기의 1/4의 기간이 지나는 동안 공적인 관심을 보이지 않았던 영국인들은 1920년대 중반 마침내 조사를 시작하여 6세기처럼 살아가는 남부 정령숭배자들의 나병 발병률이 1,000명당 40명이 넘는다는 사실을 발견했다. 그 후 1928년 양심의 자극을 받은 정부는 예외적으로 강제 격리 법령을 포고했다. 5,000명 이상의 나환자들이 붙잡혀서 세 개의 커다란 강제 수용소에 구금되었다. 수용소에서 환자들은 하와이의 모델에 따라 엄격한 감독을 받으며 생활해야만 했다.[110]

18세기 이래로 영국의 지배를 받았던 인도의 상황은 다소 복잡했다. 하와이의 선교사 다미앵 신부가 나병으로 사망한 것으로 알려짐에 따라, 그리고 (영국) 국가 나병 기금이 1890년에 설립됨에 따라, '제국의 병'으로서 나병을 걱정하던 사람들은 현장 조사를 요구했다. 푸른색 리본을 단 조사 위원들이 1892년에 임명되었다. 하지만 위원을 뽑는 과정에서 정부는 재정적인 고려를 간과하지 않았음을 드러내었다.

따라서 한때 인도에서 사라졌던, 버밍햄의 조지프 체임벌린Joseph Chamberlain이 제안한 비용 효율적인 운영을 하는 몇 개의 시립 병원을 조사한 후, 조사 위원들은 "나환자의 수가 너무 과대평가되어 (과거의 조사 결과인 25만 명이라기보다는) 11만 명 정도가 사실에 가깝다."고 판단했다. 이러한 결과를 바탕으로 조사 위원들은 "그러므로 나병은 '제국의 병'이라는 관점에서 받아들여질 수 없다."고 결론을 내렸다.[111] 아마 조사 위원들이 옳았을 수도 있고, 단순히 그들이 (그리고 영국으로 돌아가려는 자본가들은) 심각한 전염병 문제가 있다는 사실을 알고 싶지 않기 때문이었을 수도 있다. 1857년에 발생한 인도인들의 반란과 같은 커다란 위기의 시기를 제외한다면, 영국의 제국 지배의 기본적인 통치는 식민지에서 다른 경로를 거치지 않고 본국의 권력에 직접 돈이 보내져야 한다는 것이었다.

나병 조사위원들의 수치와 인도 인구 2억을 대입해 보면, 1892년 인도의 나병 발병률은 대략 천 명당 0.5명으로 계산된다. 이러한 수치는 나병 환자와 그 가족에게는 불안한 것이지만 지배자들에게는 위협적이지 않을 것이다. 그러나 이 수치는 명백히 과소평가된 수치였다. (인도가 20년 동안 페스트 전염병과 기근으로 커다란 피해를 겪은 후인) 1921년 인도의 감옥에 감금된 사람들을 대상으로 현장에서 무작위 조사를 한 결과, 나병 발병률은 천 명당 10명으로 나타났다. 이 수치를 바탕으로 인도 전체의 발병률을 헤아려보면 약 천 명당 4~5명이 된다. 독립한 지 24년이 지난 후 인도 보건 당국에 의해 실시된 나병 조사 결과는 천 명당 5.8명으로 나왔다.[112] 같은 나라, 같은 병인데도 다른 결과가 산출된 것이다.

식민지 통치자들이 편리하게 이용하는 표현인 "재정적 속박"에 더하여 식민지 나환자들에 대한 무시는 또한 서구 의사들의 태도에 기인했다고 할 수 있다. 1931년 캘커타 열대 의학부에서 쓴 글에서 1905년 팔레스타인으로 갔다가 그 후 인도로 온 의료 선교사인 어니스트 뮤어Ernest Muir 박사는, 대부분의 의사들이 나병을 "질병이기보다는 치료가 불가능한(불치의) 질환으로 보았고, …… 나병에 걸릴 수 있다는 두려움 때문에 (소수의 의사들만이) 치료를 하려고 했다."고 기록했다. 반세기 후에도 분위기는 변한 것 같지 않아 보였다. 1983년 오슬로와 뉴욕에 있는 각자의 연구실에서 쓴 논문에서 블룸Bloom과 고달Godal은 "나병 치료 현장에 갈 의사들과 보건 요원을 뽑는 일이 사실상 불가능하다."는 점을 밝혔다.[113]

이러한 언급은 현장의 상황에 의해 입증되는 것처럼 보인다. 1900년 무렵, 총 인구 240만 명—이들 중 24퍼센트가 백인이었다—의 케이프 식민지에서 등록된 720명의 의사 중 한두 명만이 정기적으로 나환자를 치료할 수 있다고 생각했다. E. B. 밴 헤이닝van Heyningen에 의해 "압도적인 다수가 남성이고, 백인이며, 중간 계급이고, 영국에서 태어나 에딘버그에서 교육받은" 자들로 특징된 이들 의료 분야의 "제국의 앞잡이"들은 로번Robben 섬에 격리된 나병 환자들을 정기적으로 방문하는 일은 유일한 여성 의사(제인 워터스톤Jane Waterston)에게 떠넘겼다.[114] 세계의 다른 쪽에 있는, 영국인이 관리하는 싱가포르의 나병 수용소에서도 의사들의 수는 매우 적어서 환자들은 간호사들에게 떠넘겨졌다. 아시아 간호사들은 긴 막대기로 찌르면서 나환자들을 이동시켰고, 낡은 깡통 속에 음식을 담아 감금된 방의 문 아래로 밀어 넣곤 했다. 싱가포르 시에서 나환자들이 체포되었을 때, 간호사들은 마스크와 장갑을 착용하고 나환자의 집과 물건에 마구 제독제를 뿌려댔다. A. 조슈아 라그바(Joshua—Raghavar, 그 자신도 나환자였다.)가 지적한 것처럼, 이러한 방법은 예전에는 나환자를 두려워하지 않았을 의료 종사자들을 나병 공포증 환자로 만드는데 적합한 방법처럼 보였다. 상상의 나병 관념이 자연스럽게 형성된 것이다.[115]

나병에 대한 서양인들의 두려움은 양날의 칼이었다. 1931년의 인터뷰에서 인도 북동쪽의 고지대에 사는 주민들은 유럽 의사들이 실제로 나병을 일으켰다고 주장했다. 1927년 북부 나이지리아에서도 상황은 이와 유사했다. 영국에 의해 점령된 직후 툴라 왕고Tula Wango 지역의 주민들은 백인 방문객에게 예전에는 나병을 알지도 못했다고 말했다. 나병이 백인들의 병이라는 관념과 동일한 논리에 따라서 나탈 줄루Natal Zulu 지역의 주민들은 1840년경 아프리카 인들이 그들에게 나타나기 전까지는 나병은 모르는 병이었다고 주장했다. 줄루Zulu 사람들에게는 불행하게도, 줄루의 식민지 지배자들은 특히나 전형적인 기독교적 나병 정책을 엄격하게 실시했던 사람들이었다.[116]

1890년대 보어 인들이 아프리카의 경작지와 목초지로 세력을 팽창해 오는 동안 아프리카 흑인들 사이에서 나병은 구약 레위기에 기록된 죄의 대가라는 설명의 거부할 수 없는 증거로 보였다. 신으로부터 이중의 저주—피부색과 나병—를 받은 흑인 나환자들은 백인 경찰과 수색 견에 의해 강제로 격리되어야 할 뚜렷한 목표물이었다. 나환자들은 날카로운 철조망으로 둘러싸인 채 엄중하게 경계되는 강제 수용소로 끌려갔다. 그러한 수용소 중의 하나가 트란스케이에 있는 엠야냐Emjanyana in the Transkei에 있었고, 또한 프레토리아Pretoria에도 있었다. 이 두 수용소는 매년 20퍼센트의 사망률을 기록했다. 하지만 흑인 나환자들이 도망을 쳐서 나병이 확산될 수 있다고 걱정하는 백인들에게는 프레토리아나 엠야냐나보다도 로번 섬 같은 접근할 수 없는 섬이나 독일 식민지 정부가 니아사 호Lake Nyasa에 있는 룬다Lunda 섬에 설립한 수용소가 훨씬 더 나은 장소였다. 일단 한 번 섬에 들어가게 되면, 나환자들은 값비싼 치료나 그 밖의 서비스를 받을 필요도 없이 자연사하는 경우가 대부분이었다.[117] 1909년 룬다 섬에 관한 보고서에는 다음과 같은 내용이 들어 있다.

> 처음에는 일부 나환자들이 도망을 쳤지만 정부는 그들의 탈출을 도와준 이웃 족장들을 처벌했고, 그 결과 이제는 탈출이 불가능해 보인다. 분노한 한 가난한 여성은 수용소 건물 대부분을 불태웠고 …… 나환자들은 식량 부족을 호소했다.[118]

일부 열대 지역에서는 다른 형태의 원조가 이루어지고 있었는데, 그것은 백인 기독교 선교 사절이었다.

19세기 후반에는 세 가지 현상—나병에 대한 전통적인 백인들의 관념, 열대 지역에 대한 백인 통제의 팽창, (스스로 개종하는 사람들은 소수였지만) 기독교로 개종하는 사람들의 증가—으로 인해 식민지 지역의 나환자에 대한 비가족 노동은 자발적인 기독교 조직의 선교사들과 구성원들이 거의 독점하게 되었다. 식민지 주민들의 생활 방식에 대한 정보가 거의 부족했기 때문에 선교사나 자원 봉사자들이 식민지 주민들에게 어떤 방식으로 대했는지에 대해서는 전체적인 결론을 내리기가 쉽지 않다. 분명 모든 아프리카 인들이 나이지리아 남부의 오시오모Ossiomo 나병 수용소 주변의 사람들과 같지는 않았을 것이다. 이 지역에서 나환자들 돌보던 한 의사의 말에 따르면, 지역 주민들은 "1931년 (선교사들이) 수용소 안에 커다란 구멍을 파고 그곳에 나환자들을 밀어 넣은 다음, 산 채로 묻은 것으로 굳게 믿고 있었다."[119]

선교사들은 나병에 관한 많은 소식지와 보고서를 발간했다. 특히 중요한 점은 이러한 보고서들이 구약 성서에 나오는 나병에 대한 내용을 자주 참조하고 있다는 점이다.[120] 대표적인 예로, 에티오피아 황제 메넬리크Menelik 2세의 의료 고문이었던 프랑스 인 신부 메랍Merab은 1920년경 "예전에는 유대인들의 병이었던, 이 성서의 질병을 막는 방법을 알려면,

레위기 13장을 읽는 것으로 충분하다."고 말했다.[121] 30년 전 중앙아메리카 성공회 가톨릭주의 선교사였던 H. W도 같은 내용을 말했다. "이 질병의 본질과 그 결과를 살펴보면, 유대인 나환자들에 대해 가혹한 법규를 적용한 것은 놀라운 일이 아니다."[122]

이처럼 나병을 혐오스러운 질병으로 여기는 관념은 다양한 방식으로 아프리카 의료인들에게 가르쳐졌다. 그리고 이들은 이러한 관념을 내면화해서 다른 아프리카 인들에게도 퍼트렸다. 1927년 7월 니아살란드에서 프레드 니렌다Fred Nyirenda 라는 한 아프리카 의료인은—이 사람은 중앙아프리카 성공회 가톨릭주의 대학 선교회UMCA의 구성원으로 교육을 받았다—북부 니아사 토착인 협회North Nyasa Native Association가 주관한 모임에서 영국인들은 중세 시대에 모든 나환자들을 엄격하게 격리함으로써 나병을 자국 땅에서 몰아냈다는 발언을 했다. 나병 발병률이 천 명당 20~30명인 이 지역에서, 기독교 선교사들이 모습을 드러내기 전까지는 나환자들과 "같은 그릇으로 먹고, 같은 컵으로 물을 마시고 …… 나환자가 다른 사람의 아이들을 안을 수 있었던 것"이 일반적인 모습이었다.[123]

1970년 세계적인 역사적 관점에서 나병을 고찰하면서, 거소와 트레이시는 다음과 같이 주장했다.

나병과 선교사들의 활동의 관계는 근대적 우화를 바라보는 데 있어서 주목할 만한 장이 되었다. …… (나환자)를 보았을 때 선교사들은 그 나환자의 모습을 가장 신랄한 예수의 가르침 및 실천들과 연결시키는 한 명칭을 발견한다. 관념과 질병의 이러한 결합은 "나환자"를 나병이란 (도덕적) 질병을 지닌 사람으로 만들었다. …… 그리하여 나병은 점점 더 도덕적인 상태로 …… 도덕적 증상을 가진 질병으로 생각되기 시작했다. …… 나병은 돌보는 사람의 신분—의사가 아닌 성직자—에 의해 채색되었다.[124]

다양한 시간과 공간의 조건에 따라, 선교사들이 이러한 (그들의) 보편적인 진리를 실제 나환자들에게 부과하는 방식은 다양했다. 동부와 중앙 아프리카에서—이 지역에서 식민주의는 인도가 영국의 지배하에 들어가고 나서 대략 80년 후에 그 모습을 드러냈다—지역의 주민들은 선교사들이 세금 징수인이자 그들의 땅을 강탈하는 정착자의 선구자라는 것을 알게 되기 전까지는 종종 서구인들의 가르침에 적극적으로 귀를 기울이기도 했다. 나병을 도덕적인 질병으로 바꾼 초기의 성공 사례가 1891년에 있었다. 웨스트민스터 수도원 맞은편에 위치한 UMCA 본부는 선교사 클레멘트 스콧Clement Scott이 지역의 "야만적인 부족들에게 …… 나병에 대해 좀 더 확실한 공포감을 갖게 하는데" 성공했다는 것을 알게 되었다.[125] 그리고 몇 십 년 안에 동부와 중앙아프리카 인들은 인도인들처럼 선교 의료가 "백인 권력의 핵심 요소"라는 것을 인식하게 되었다. 기껏해야 백인들의 치료는 실제로 치료를 증명했던 (딸기종 같은) 몇몇 질병에만 적용되었다. 그 당시 식민지 지배자들은 나병에 대해서는 효과적인 치료 방법을 갖고 있지 못했다.[126]

인도에서 나병에 대한 서구인들의 관념을 대행한 핵심 기관은 1874년에 설립되어 런던에 본부를 둔 나환자 선교단이었다. 그곳에서 일하는 종사자들에게는 매우 실망스럽게도, 이 기관은 좀 더 상위 계급에 있는 인도인들에게도 별다른 도움을 주지 못했다. 1920년 성직자 E. 캐논Cannon은 수용소로 들어온 나환자들이 "대부분 하위 계급의 힌두교도들이었다. 이들은 매우 무지하고 미신적이며, 그들이 걸린 병에 대해서만 생각했고, …… 대체로 빈민들이었다."고 언급했다.[127] 힌두교도들의 카스트 제도 때문에 어려움을 겪은 또 다른 자원봉사자는 W. C. 어바인Irvine이라는 사람이었다. 그는 1920년 수용소 원장들의 한 모임에 참석해서 다음과 같이 불만을 털어놓았다.

카스트 제도가 무소불위의 힘을 발휘하는 인도에서는 그가 참된 기독교인이라면 그는 예수 안에 있는 그의 형제들을 대하는 데 있어서 (그가 어떤 계급에 있건) 큰 어려움을 느끼지 못할 것입니다. 만약 그가 카스트 제도의 구속에서 해방된 예수를 믿으면서 형제로서 살아가는 사람들을 본다면 기독교에서 가르치는 형제애의 참된 정신으로 (그들이 어떤 계급에 있건) 별다른 어려움을 느끼지 못할 것입니다. 그것이 아무리 힘든 싸움일지라도 우리는 우리의 수용소에서 이 문제와 싸워야 합니다. 최초로 세례를 받은 세 사람은 (매우 낮은 계급인) 마하Mahar들이었습니다.[128]

자수성가한 영국과 아일랜드 부자들에 의해 세워진 자발적 조직인 나병 선교단은 나병 불구자들이 겪은 고통스러운 지난 세월에 분명 위안을 주었을 것이다. 또한 이 조직은 선행을 열망하는 기독교도들에게도 만족스러운 기회를 제공했다. 14세기에 가톨릭 신자들이 수용소 설립자들의 영혼을 위한 간청자로서 나환자들을 이용했다는 것을 알고 있었을 어바인은 1920년 다음과 같이 주장했다.

아마도 언젠가 우리는 우리의 수용소 안에 마법과 같은 숨은 힘이 사용될 준비를 하고 있고 그것이 기록으로 남겨지길 갈망하고 있다는 사실을 깨닫게 될 것입니다. …… 스스로 끊임없이 확실한 기도자이길 원하며 기도하는 나환자들은 십자가 군병의 대열 속에서 강력한 힘이 될 것입니다.[129]

이것은 나환자들이 선교사들을 필요로 하는 것보다 선교사들이 나환자들을 더 필요로 했다는 것을 암시한다. 이 같은 일은 아프리카에서도 나타나곤 했다.[130]

영국인들이 식민지 통치를 시작한 초기 서아프리카에서는 이에 필요한 인원과 세수가 부족했다. 그 결과 나환자를 돌보는 일은 다소간 우연에 맡겨졌다. (1890년대 후반 런던에 기반을 둔 자본가들에게 빼앗긴 지역인) 남부 나이지리아에서 정부의 의료 관리인 E. 무어는 1905년 이보 섬 아사바Asaba in Iboland에 있는 선교 활동이 이루어지지 않은 어느 나환자 마을을 조사했다. 무어는 조야한 갈대 오두막촌인 이 마을에는 한 명의 원주민 감독이 평균 13명의 여성 나환자와 16명의 남성 나환자를 감독하고 있고, 감독은 "환자들에게 너무나 친절"했다고 무어는 애써 지적했다. 경찰, 수색 견, 철조망 울타리가 없는 가운데 환자들은 "마음 내킬 때는 언제나 시장을 이리저리 걸어 다녔다." 무어는 이와 같이 규율이 없는 상태를 걱정하면서 오니차Onitsha에—모을 수 있는 기금의 정도에 따라—적어도 1,000명의 나환자를 집어넣을 수 있는 폐쇄된 나병 수용소가 설립되기를 바랐다.[131] 그 밖에 이보 섬에서는 새로운 식민지 정부가 이미 나환자들을 통제하기 시작했다. 1904년 이그보카Igboka에서는,

왕이 도시의 회의를 소집해서 정부가 새로 제정한 법률을 사람들에게 알리도록 했다. 그래서 한 소년은 밤에 도시 전역을 뛰어다니며 큰 소리로 나환자인 사람들은 격리될 것이라고 외쳤다. …… 하지만 나환자가 있다고 고백하는 사람들은 없었으며, 심지어 기독교도들 사이에서도 더더욱 그러했다.[132]

1875년 이후 리빙스턴, 루가드 등에 의해 아프리카가 개방되었을 때, 오래된 직무 차별이 여전히 힘을 발휘하고 있었다. 행정 관료들, 군 장교들, 의사들, 선교사들, 기타 자국의 정부가 1등급으로 분류한 직업 종사자들은 인도로 향했고, 나머지 사람들은 다른 곳으로 향했다. 그 다른 곳은 아프리카를 가리켰다.[133] 1880년대 후반, 커다란 교훈을 찾아다니는 인물이었던 윌러비 경은 동아프리카에서 만난 교회 선교단CMS의 선교사들에 대해 다음과 같이 보고했다.

그들은 상인, 사무원, 기능공들로 만들어진 사람들이었다. 그렇게 만들어지는 과정은 어렵지 않았다. 선교 일을 통해 좀 더 높은 지위로 올라갈 수 있다고 생각한 사람은 1~2년 동안 학교에 나가서 신학에 관한 얼마의 내용과

그림6_ 세 개의 삽화: 인도의 선교사와 나환자들, 목판화 1900년경.

함께 의료나 목공 일을 어느 정도 배우면 되었다. 그리고 나면, 그는 완전한 선교사가 되었다.[134]

　교회 선교단의 모집에 뽑힌 사람들이 존 윌러비 경이 말한 것처럼 사회적 지위 상승에 그 목적이 있었다고 하더라도, 그들은 영국을 떠나면 열대 풍토병으로 귀향선을 탈 확률이 기껏해야 30퍼센트정도에 지나지 않는다는 것을 알고 있었다. 하지만 선교단에 신청자 수는 부족하지 않았던 것으로 보인다. 1896~1906년 사이에 서아프리카의 교회 선교단 사무소의 숫자는 51개에서 72개로 늘어났고, 개종자로 알려진 사람들의 수는 2만 1,000명에서 3만 2,000명으로 증가했다. 교회 선교단 이외에도 수단 국내 선교단과 여러 종류의 옛 감리교 및 가톨릭 신자들로 구성된 여러 선교 집단이 있었고, 이들은 서로 자기 종교로 개종시키기 위해 경

쟁했다.[135]

백인들의 팽창주의가 최고조에 달했던 1880년대와 1890년대 아프리카에서는 문화 접촉의 호기가 그 중요한 역할을 했다. 나병을 도덕적 질병으로 보는 학문적 사상에 사회 진화론이 더해졌다. 사회 진화론은 창조된 인류는 고등한 (백인)종과 열등한 (흑인과 유색인)종으로 구분된다는 것을 현대과학이 입증했다고 주장했다. 예수와 허버트 스펜서의 이러한 결합으로 생성된 대표적인 글이 1902년 중앙아프리카 대학 선교단의 잡지, 『중앙아프리카 *Central Africa*』에 실렸다. 「환자로서의 흑인」이라는 제목의 이 기고문은 다음과 같이 말하고 있다.

인류의 다양한 종을 광범위한 생물학적 관점에서 바라보고 이를 동물 세계와 관련지어 생각할 때, 좀 더 고차원적으로 조직된 종으로부터 시작해서 경험되는 고통의 아픔이 점점 줄어드는 하위의 등급의 종으로 분류된다는 점을 언급하지 않을 수 없다. …… 고통에 둔감하다는 것은 흑인종의 생명력에 대한 약간의 실마리를 우리에게 제공한다. …… 하지만 병든 흑인은 여러 가지 흥미로운 모습들을 보여 준다. …… 그는 태양 아래로 기어나가서 죽거나 동물처럼 풀숲에 숨어서 죽기도 한다.[136]

선교사들이 아프리카 오지로 들어가면서 함께 지니고 갔을 또 다른 사회 진화론적 경향은 나병 학자인 제임스 캔들리가 1906년 5월 리빙스턴 대학 선교반의 졸업식에서 한 연설에 암시되어 있다. 캔들리는 다음과 같이 주장했다.

우리가 선교사들을 해외로 내보내면, 첫 번째로 그가 백인이라는 사실 때문에 어느 정도의 의료 지식을 지닌 사람으로 그는 평가됩니다. 그리고 두 번째로 그는 학식이 있고 종교적인 사람이기 때문에, 그는 모든 원주민들에게 종교적 가르침을 베풀지만, 치유의 힘을 가진 사람으로 생각됩니다.[137]

선교사들의 리더십에 대해 말하면서, 로널드 로스(1897년 말라리아로 유명해짐)는 강조점을 살짝 바꾸면서, 자신들에게 유리하게 의학사를 구성했다. 로스에 의하면,

이집트와 그리스 그리고 로마에서 문명이 시작되던 시기에, 성직자들은 또한 의사이기도 했다. 내 생각에, 야만적인 사람들을 가르치기 위해 온 현대 선교사들은 여전히 비슷한 위치에 있는 것으로 생각된다. …… 종종 병원도 관공서도 보건소나 보건 담당자도 없는 오지에 파견된 선교사들은 과거의 성직자의 위치에 있음이 분명하며, 그에게는 정신과 육체 모두를 치료해야 하는 이중의 의무가 부과되었다.[138]

더러운 영혼을 치료함으로써 (노예무역이 초래한) 아프리카의 상처를 치유하기로 결심한 선교사들에게 로스의 말은 결정적인 것이었음에 틀림없다. 1909년 선교사 잡지인 중앙아프리카는 잔지바르Zanzibar근처의 조그만 UMCA 나환자 마을에서의 일을 보도했다.

이 끔찍한 병에 걸린 흑인 남자보다 비참한 사람이 이 세상에 있을까? 백인들에게 있어 더러운 상처를 종교적으로 치료하는 일보다 더 지루한 일이 또 있을까? …… 하지만 침상 위에 있는 십자가에 박힌 예수의 모습은 언제나 희망과 기쁨과 평화를 보여 준다.[139]

"상인, 사무원, 기능공들로 구성되어 아프리카로 파견된 선교사들이 받은 의료 훈련은 거의 수박 겉핥기식이었다. 1898년 『열대 의학 저널』은 이타적 본성에 호소함으로써 젊은 대학 졸업생들을 모집하고자 했다.
우리는 나환자들과 기아에 고통받는 사람들에게 사랑의 정신을 보여 주는 남아프리카와 이집트에 있는 의사들을 보았습니다. …… 필요한 것은

······ 직업적 기술을 이교도 세계의 고난을 개선하는 도구로 만들고자 하는 열망입니다. ······ 보답은 부의 형태로 오지 않습니다. 하지만 선교사들의 수입은 생활하는 데에는 충분하고, 재정적인 걱정에서 자유로운 느낌은 같은 일에 종사하는 고국의 동료들보다 훨씬 클 것입니다.[140]

이와 비슷하게 선교사들을 계속 모집했지만, 아프리카에서 의학적으로 훈련된 선교사들은 드물었다. 대표적인 예로, 1927년 나이지리아에서는 (전체 백인 인구의 1/5에 가까운) 525명의 선교사들 중 단 18명만이 직업 의사였다. 몇 년 후 한 방문객은 중앙아프리카의 나병 통제 정책에 대해 언급하면서 의학적으로 훈련을 받지 않은 선교사들의 "고귀한 위안의 노력"을 칭찬하였지만, 결과적으로는 그들이 나병을 완전히 관리하는 데는 거의 기여하지 못했다고 결론을 내렸다.[141]

영국이 지배하기 시작한 처음 20년 동안 나이지리아에서는 일부 나환자 수용소가 정부의 관리하에 운영되기도 했지만, 그 밖의 나환자 수용소들은 적은 액수의 원조금 지원을 받는 선교사들에 의해 운영되었다. 그 후 1926년(선교사의 3퍼센트만이 의료 자격증을 갖췄던)에 정부는 남부에 있는 나환자 수용소 관리를 선교사들에게 맡겼다. 그리고 10년 후에도 자리아Zaria, 소코토Sokoto, 카치나Katsina에 있는 북부 지역 수용소들의 관리를 선교사들에게 양도했다. 의료 업무 지휘자들은 이러한 조치를 받아들이는 데 "처음에는 다소 주저"했다고 고백했다. 왜냐하면 대부분 무슬림인 지역 주민들이 기독교로 개종시키려는 선교사들에게 그들의 나환자를 맡기려 하지 않으리라는 것을 알고 있었기 때문이다. 하지만 런던에 있는 자본가들의 조종을 받는 의료 업무 지휘자들은 선교사가 운영하는 나병 수용소가 금전적 가치가 충분하다는 것을 인식했다. 비록 나이지리아의 인구가 영국의 서사하라 식민지 주민의 1/3이상에 달하고 있었지만, 그들은 영국이 거둬들이는 총 세수의 1/8에 못 미치는 액수를 생산해 내고 있었다.[142]

1890~1939년 사이 50년 동안에 많은 선교사들이 백인이 운영하는 번화가의 상점과 술집과 매춘 굴과 같은 백인 정착자들의 타락한 영향력이 미치지 않는 지역에 복무하도록—로널드 로스의 말에 의하면—"소명"을 받았다. 아프리카를 선택한 대부분의 개신교 선교사들은 개인적인 죄의식과 그들이 태어난 유럽—아메리카 사회 또는 유럽인들로부터 느끼는 소외감을 극복할 수 있는 어떤 계시를 경험한 후에야 오지행을 택하는 것처럼 보인다. 복음주의 기독교인으로서 그들은 불변의 종교적 진리를 의문시하면서 신은 죽었다고 외치는 책들이(슈트라우스, 르낭, 니체) 쏟아져 나오는 현상에 대해 반감을 가졌다. 만약 그들이 교회의 높은 지위에 있는 권위적인 형식주의자들이었다면 그들은 최근 자국에서 일반 대중들이 민주적으로 참정권을 획득한 사건에 대해서도 기분이 상했을 것이다.[143]

"가장 멀리 떨어진 지역에 살도록 소명을 받은" 선교사들은 그들이 "진정한" 공동체를 만들 수 있는 장소를 선택했다. 그들이 바라는 공동체의 모델은 중세 시골 마을의 (신화적으로) 정해진 위계질서에, 로베르토 아리브리셀의 '새로운 이집트'가 채색된 그러한 공동체였다. 이러한 상상된 과거 속에서 선교 활동을 하는 기사와 성직자들은 나환자들과 흑인 보조원들 그리고 흑인 성직 수임 후보자들에게 무조건적인 충성을 요구할 수 있었다.[144] 많은 수용자들이 기본적인 생활필수품들을 백인 후원자들에게 의존하고 있었기 때문에, 나환자 마을은 선교사들에게 임무가 잘 수행된다는 느낌을 줄 수 있는 커다란 잠재력을 지닌 곳이었다.

대표적인 실례로 우좌콜리Uzuakoli에 있는 나환자 정착촌과 칼라바르Calabar 지역의 이보Ibo 사람들이 살고 있는 나환자 정착촌, 그리고 (원시 감리교 수장인 A. B. 멕도널드McDonald의 지휘하에 1928년 재건되어, 벨기에가 지배하는 콩고의 나환자 수용소의 모델로 사용된) 이투에 있는 나환자 정착촌들은 시각적 심리적 질서를 고려해서 설계되었다. 단정하게 줄지어 늘어서 있는 나환자 오두막집들은 성별로, 병의 단계별로, 부족별로 분리되어서, 똑바른 길에 90도 각도로 교차로가 맞닿아 있었다. 이투에서는 마을 전체의 질서가 열두 명의 경찰과 하나의 경찰 법정에 의해 유지되었다. 이투와 우좌콜리 모두는 자체적으로 식량을 충당하도록 마련되었다. 그것은 비용을 줄이기 위한 목적뿐만 아니라—이투에서는 환자들이 입장료를 지불했다—독일의 사회학자 막스 베버가 주장했듯이, 사람들에게 사회적 가치를 느끼게 해주는 프로테스탄트 노동 윤리를 지닐 수 있는 기회를 제공하기 위해서였다. 이 두 곳의 나이지리아 나병 수용소에서는 환자들에게 자주 설교를 해 주고, 또 도덕적으로 고양될 수 있는 여러 가지 기회를 제공함으로써 나병으로 인해 사회적 정체성을 상실했던 환자들에게 자긍심을 회복시킬 수 있는 길을 제시한 것으로 보인다.[145]

1930년대 중반 나병 담당 관리들은 서양의 후원자들에게 기부금을 요청하면서, 남아프리카나 케냐의 고지대에 사는 대다수 주민들처럼 발전된 문명의 영향을 거의 받지 못하는 지역에서 잘 운영되는 나환자 플랜테이션 농장들이 전 지역에 계몽의 구심점 역할을 하고 있다고 주장했다. 1,100명의 환자가 있었던 나이지리아의 우좌콜리는,

실습의 중심지이고, 이상적인 마을의 모델이며, …… 새롭게 길을 만들고, 개선된 농사법을 실제로 보여주며, 사람들의 식사의 질을 높이고, 모든 면에서 계몽과 희망을 흩뿌리는, 새로운 마을 만들기의 모범이다.[146]

하지만 이러한 관점과는 반대로, 아프리카 나환자 수용소의 수용자들은 때때로 마을 개선가들이 생각하는 방식대로 서양인들의 선행에 응하지 않았다. 기록에 의하면 설립된 지 20년이 지난 1940년, 잘 정돈된 이투 수용소의 2,000명 이상의 수용자들에겐 여전히 백인들의 이러한 제도적 마련으로 기대되는 진취적인 열정이 결여되어 있었다. 이 같은 실패를 합리화하기 위해 환자들의 대다수가 과거에 노예였거나 노예무역

의 고통을 겪은 분명 노예적 혈통을 지닌 하등 부족 출신이라는 이유가 붙여지기도 했다. 분명히 그러한 사람들은 발전하는 도시의 벼락부자가 되는 것을 기대할 순 없을 것이다.[147]

따라서 나이지라 이보 섬, 우좌콜리에 있는 수용소는 선교사들에겐 실망스러운 곳이었다. 방문 선교사로서 암스트롱이 1935년에 쓴 글에 의하면 노동, 학습, 기도로 이어지는 계획표는 환자들로 하여금 "고향 마을로 돌아가고 싶은 생각이 들지 않을 정도로" 바쁘게 지내도록 고안된 것이었다. 수용소에서 선교사들이 가르친 이상은 이 선교 공동체가 수용자들이 정말로 소속감을 느끼는 유일한 사회라는 점이었다. 하지만 암스트롱은 환자와 그들 고향 마을과의 연결 고리가 사실은 끊어지지 않았다는 점을 발설했다. 플랜테이션 상점에서 음식을 구입하도록 나환자들에게 부여된 보조금은 종종 "바깥 마을에 사는 친척들의 생계를 위해" 쓰였다.[148] 이것은 아프리카 인들이 다원적인 정체성을 향유하고 있었다는 증거이며, 따라서 선교사들은 아마도 배신감을 느꼈을 것이다.

이와 같은 서로 다른 관념들 간의 긴장은 또한 우좌콜리를 모델로 하는 한 공동체에서도 발견된다. 남로디지아의 음마후리Ngomahuri에 있는 나환자 공동체에 관한 글에서 한 나병 조사자는 다음과 같이 기술했다. "이 지역의 아프리카 원주민들은 가족들 간의 유대가 밀접하고, 가족의 아이들을 매우 좋아한다."[149] 여기서 그들 가족으로부터 나환자를 분리시켜서 "근대적 우화의 삶으로 안내하는" 선교사들의 행동은 지역 주민들로부터 그들의 문화적 정체성을 부정하는 것으로 간주되었다. 국내 전쟁으로 인해 우좌콜리에 있던 나환자 수용소가 완전히 파괴된 후, 나이지리아 인들은 그곳이 과거 식민지의 아픈 상처를 떠올리게 하는 장소임을 분명히 밝혔다. 수용소 건물은 나이지리 인들의 바람에 따라 재건축되지 않고 폐허로 남을 수도 있었을 것이다.[150] 나병 문제를 유대인-기독교인 우화의 재편성으로 바라보아야 한다는 관점은 이러한 이해에 반대된다.

위에서 서술했듯이, 『열대 의학 저널』의 편집자인 제임스 캔들리는 1906년에 선교사가 되려는 학생들에게, 어디를 가거나 "바로 백인이라는 점" 때문에 원주민들은 선교사가 의학적 지식이 있다고 생각할 것이라고 확신시켰다. 하지만 나병—본질적으로는 중세 유럽의 성서의 병—에 직접 대면했을 때 유럽인들은 아무런 치료를 하지 못했다. 솔직히 그 이유는 원인을 발견하려는 노력이 부족했기 때문만은 아니었다. 19세기 후반 서양 의사들은 인도의 치료사들에 의해 수백 년 동안 사용되어 온 대풍자나무hydnocarpus에서 추출한 대풍자유chaulmoogra를 나병 치료에 시험 사용했다. 하지만 1895년의 기록에 적혀 있듯이, "대풍자유로는 전혀 치료가 되지 않고, 오히려 병의 증상이 더 악화되었다."[151]

1920년대 초 대풍자유를 환자에게 주사할 수 있는 방법이 발견되었을 때, 일종의 돌파구가 보였다. 이 기술을 널리 보급하기 위해서 (후에 기사 작위를 받은) 로널드 로저스는 1923년 권위적인 영국 제국 나병 구제 협회BELRA를 설립했다. 하지만 결과는 실망스러웠다. 여전히 의학적인 치료보다 자가 치료가 더 일반적으로 받아들여지고 있었기 때문이다. 로저스는 마지못해 1927년 "일반적으로 나병에는 어떤 특별한 치료법도 없다."고 시인했다.[152]

하지만 이 새로운 대풍자유 치료법은 선교 목적에 있어서는 신이 보낸 선물이었다. 계속 주사를 맞기 위해서는—이투에서는 5시간의 노동마다 임금을 지불했다—환자들은 나환자 마을에서 살아야만 했다. 나환자 마을에서는 환자들의 반☩자발적인 노동이 플랜테이션 야자 오일, 면화, 그리고 여러 가지 수출 곡물을 성공적으로 생산해 냈다. 하지만 더 중요한 점은 노동의 대가로 그들에게 주어지는 임금에는 백인 의사가 그들의 나병을 치료하고 있다는 믿음을 강화시키는 목적을 내포하고 있다는 점이다. 이러한 의미에서 존 리페John Iliffe는 대풍자유 치료는 인정할만한 '사기 수법'이라고 생각했다. 하지만 모든 사람이 존 리페의 생각에 동의하지는 않을 것이다.[153]

비선교 나병 학자인 로버트 코크레인Robert Cochrane은 성행하던 대풍자유 치료법에 타격을 가했다. 1927년 인도의 상황을 기록한 글에서 코크레인은 대다수 수용소에서 나환자 세 명 중 두 명이 더 이상 전염을 일으키지 않는 거의 죽어가는 사람들이며, 이 극빈 나환자들에게 잠자리를 제공한 일은 "위대한 인도주의적 행위"이긴 하지만 이는 나환자의 수를 감소시키는 데에는 거의 또는 아무런 영향도 끼치지 못했다고 주장했다.

코크레인은 언론의 광범위한 주목을 받았던 1931년 에딘버그 대학의 카메룬 강의에서 이러한 견해를 상세하게 펼쳤다. 아이러니하게도 이미 1910년에 수용소 정책의 실패가 폭로되었지만, 이러한 사실을 폭로한 글은 잡지에 실리지도 못했다. 아마도 그 이유는 이 글을 쓴 저자(칸 밥두르 N. H. 초크시 박사)가 현대 의학 전문가들의 피부색을 갖지 못했기 때문인 것으로 추측된다.[154]

내전이 진행되는 시기에 서양의 객관적 시각을 가진 의료 감독자들은 강제 격리 정책이 나병 발병률에 커다란 영향을 미치지 못한다는 것을 인정했다. 이러한 관찰은 그 자체로 훌륭한 것이었지만, 수용소 내에서 일하는 사람들의 직업적 이해관계를 고려하지 못했다. 고향으로 돌아가기 전에 은퇴연금을 받을 수 있는 20~25년의 확실한 일자리를 필요로 하는 이주자들은 미국령 필리핀에 사는 고위직 나병 노동자들이었다. 1928년 열대 의학 카이로 회의에서 필리핀의 나병 수용소 대표자들은 자신들이 보건 예산의 1/3을 엄격한 나병 관리를 위해 쓰고 있다고 자랑했다. 1929년에 있었던 재정 붕괴 이후 1935년에 필리핀 통치자들은 좀 더 솔직하게, "(나병) 통제는, 이 질병이 전염되고, 접촉으로 옮는 병이며, …… (간단한 접촉으로도 병이 감염되는) 증거는 점차 늘어나고 있는 중이라는, 널리 인정된 사실을 기반으로 삼을 수밖에 없다."고 말했다. (객관적으로 증명되지 않는) 이러한 주장은, 1906~1921년 사이에 쿨리온Culion 나병 수용소에서 1만 3,000명의 나환자를 가두어서 관리한 것이 나병 발병률에 별다른 영향을 주지 못했음을 제시하는 보고서와 맞닥뜨리게 되

었을 때 제기되었다.[155]

따라서 널리 인정된 하와이 방식으로 나환자를 가두어서 관리하는 것이 문명화의 큰 흐름이라는 것을 입증하고자 하는 식민지 정부에게는 자신을 정당화하는 하나의 방법으로 보였을 것이다. 이러한 태도의 전형적인 사례는 포르투갈의 식민지였던 (인도의) 고아Goa였다. 자신의 역할을 서구적 가치의 전초기지로 여긴 고아 정부는 1928년 카이로 회의에서 모든 나환자를 감금하는 단호한 조치가 담긴 계획서를 제출했다.[156]

또한 자신들보다 20배가 많은 흑인들에 둘러싸여 살고 있었던 남아프리카에 사는 150만 명의 백인들은 적대적인 환경 속에서 방어적인 자세를 취하며 살고 있었다. "아프리카 대륙에 기독교 문명을 뿌리내리는 자"로 스스로의 위치를 자리매김한 남아프리카 정부는 나병에 대해 많은 자금을 투여해야 한다고 느꼈다. 1920년대 중반 그들은 레오날드 로점 Leonard Rogerm 경의 새로운 치료법을 다섯 개의 나병 수용소에 도입했다. 그 후 1940년에 그들은 나병 치료에 2~3백만 L(란트)를 썼으며, 그것은 매년 환자 1인당 40~50파운드를 지불한 것이며, 지난 20년 동안 4,502명의 환자를 치료해서 내보냈다고 주장했다. 분명, 이와 같은 소수 백인 정부에게는 1885년 그랜덤 부주교Archdeacon of Grantham가 선언한 '제국의 위험'이라는 오래된 관념이 여전히 유용한 버팀목 역할을 하고 있었다. 하지만 실제로 남아프리카의 농촌과 도시의 흑인을 사망케 한 주범은 결핵이었다. 그러나 결핵에 대해서 정부는 명색뿐인 자금만을 투여했을 뿐이다.[157]

세계의 다른 편에 있는 싱가포르에서는 또 다른 식민지 정부가 부주교의 저술 '제국의 위험'이라는 명제를 유용하게 이용했다. 하지만 1920년대 싱가포르에서 한 브라질 나병 학자는 감염이 되지 않는 노쇠한 나환자들이 지역의 수용소에서 풀려나지 않고 있으며, 그 이유는 세기 말에 공포된 나병 관리 법령이 사망하는 경우를 제외하고는 이들을 내보내는 어떤 규정도 담고 있지 않다는 점을 알고 있었다. 몇 년 후인 1931년에

『스트레이츠 타임*Straits Times*』이라는 잡지의 한 편집자는 계속되는 이러한 상황을 비판했다. 중세의 나병에 대해 갖는 유럽인들의 기이한 강박 관념을 잘 알고 있던 그는 독자들에게 결핵이 나병보다 다섯 배나 감염력이 높다는 것을 상기시켰다. 남아프리카에서처럼 싱가포르 정부는 결핵에 대해서는 거의 돈을 쓰지 않고 있었다.[158]

'문명'과 '야만'을 대립시키는 서양의 관념 속에서 나병의 범위에 관한 주목할 만한 양의적인 해석이 있었다. 로벤 섬 수용소의 의료 감독관이었던 로스 박사—그는 말라리아 연구로 유명한 인물과는 다르다—는 1890년 다음과 같이 주장했다.

> 줄루 사람이나 카피르 사람과 같은 순수한 원주민들은 좀처럼 나병에 걸리지 않았다. 하지만 코레네 인들이나 원주민 여성과 유목민인 보어 인 사이에서 태어난 사람들은 …… 대개 나병에 걸린 경우가 많았다.[159]

이것은 나병이 이 종족 간의 결합에 의해 생겼다는 것에 대한 다른 방식의 주장이었다.

몇 년 후 캘커타 대학의 열대 의학 박사이자 철인으로 불렸던 에드워드 뮤어*Edward Muir*는 나병 발생은 문명화의 척도라고 주장했다. 아직까지 현대 문명에 오염되지 않은 고지대의 원시 부족들에게는 나병은 거의 알려지지 않은 병이었다. 뮤어에 따르자면, 나병은 도시의 교육을 받은 중간 계급의 인도인들에게도 거의 알려지지 않은 병이었다. 하지만 그는 계속해서 다음과 같이 말했다.

> 원시 부족과 좀 더 문명화된 사람들이 접촉하는 곳에서 우리는 나병을 발견한다. …… 불행히도 쉽게 수용된 문명의 특징들은 종종 신뢰할 수 없으며, 수용된 문명이 쉽게 획득할 수 없는 보호막에 의해 반대되거나 통제되지 않으면, 육체적으로나 도덕적으로 위험한 것일 가능성이 높다.[160]

이처럼 기독교적 우화와 의학적 진리를 뒤섞은 뮤어 박사의 주장은, 그것이 연구의 우선권을 침해하거나 다음 세대의 나병 노동자들을 잘못된 길로 나아가게 하지 않는 한 아마도 무해한 주장일 것이다. 기독교도로서 그는 일부다처제를 취하고 있는 벨기에 지배하의 콩고 남성들에 대한 혐오감을 숨기지 않았다. 하지만 의사로서 그는 성병이 나병을 일으키는 원인은 아니라고 주장했다. 하지만 그의 인도 제자들은 제자로서의 입지 때문에 성병이 나병을 일으키는 원인이라는 견해를 받아들였다. 궤도를 이탈한 이러한 이해—12세기 클뤼니의 수도사 피터의 가르침을 모방하는 것—는 식민주의자들에게는 달갑지 않은 것이었다.[161]

1980년 이전 서양 노동자들의 사고의 중심에는 어느 곳에서든 문명화된 사람들은 나환자를 꺼린다는 관념이 있었다. 나환자를 꺼리지 않는 모든 사람들은 야만적이거나 적어도 반#문명화된 사람들이었다. 이러한 기준을 적용할 때 우간다의 키게지 족Kigezi은 문명에서 뒤떨어진 사람들이었다. 1931년 이들을 돌보는 일을 한 A. C. 스탠리 스미스는 그들의 지식에 충격을 받았다. 그의 요청으로 그들이 초기 상태의 나환자를 데리고 왔을 때, 스미스의 말을 인용하면, "나(스미스)는 그들이 코를 실제로 문질러 나병 균이 드러나서, 이 원시적인 진단사들이 옳다는 것이 입증될 때까지는 나병으로서 받아들이는 것을 주저했을 것이다." 하지만 이 사람들을 야만인이 되게 한 것은 나환자와 자유스럽게 뒤섞이는 그들의 관습이었다. 스미스는 "정상적인 여성과 결혼하는 나환자들을 흔히 발견할 수 있었다."고 역겨움을 토로했다.[162]

나환자들을 두려워하지 않았던, 그래서 유럽인들이 보기에는 비문명화된 또 다른 인종은 에티오피아라는 낯선 나라에 있었다. 에티오피아는 1934~1936년까지 유럽에 의해 정복되지 않았던 유일한 나라였다. 리처드 팽크허스트Richard Pankhurst가 자세히 서술했듯이, 이탈리아가 침략하기 이전에도 에티오피아에서는 나병에 걸린 거지들을 어디에서나 볼 수 있었다. 그들은 시장이나 황제의 궁궐에도 우글우글했고, 때로는 자선을 요구하면서 개인 저택에도 침입하곤 했다. 1880년대 유대인 교회 선교단의 독일 대표자였던 헨리 아론 스턴Henry Aaron Stern은 황제에게 도처에 아무렇게나 누워 있는 나병 거지들을 감금해야 한다고 권고했었다. 이에 대한 황제의 대답이 유명하다. "내가 이미 충분히 양심의 짐을 지고 있지 않은가?"[163]

아마도 (선교사들이 생각하는) 나환자의 요구들에 대해 선교사들이 무엇인가를 해줄 때 느끼는 가장 큰 어려움은 무슬림들이 그들의 나환자들을 특수한 도덕적 범주로 파악하지 않는다는 점이었다. 어디를 가든—인도, 네덜란드가 지배하는 인도네시아, 수단, 서아프리카, 동부와 중앙 아프리카에서—선교사들은 무슬림들과 마주쳤다. 또한 선교사들은 자신들이 한 명의 사람을 개종시킬 때, 이슬람인 교도들은 열 명의 사람을 개종시킨다는 것을 알게 되었다. 1906년 프레드릭 쉘포드Friedrick Shelford는 무슬림의 성공은 생물학적인 이유, 즉 이슬람교의 선교사들은 원주민이고, 반면 기독교 선교사들은 풍토병에 면역력이 전혀 없는, 그러므로 종종 '적응할 수 없는' 유럽인들이기 때문이라고 여겼다. 대표적인 예로 니아살란드의 말린디Malindi에서 UMCA 선교 성직자가 병이 들어 갑자기 유럽으로 떠난 후, 기독교 개종자와 성직자를 보조하던 사람들이 한꺼번에 이슬람교로 개종한 일이 있었다.[164]

세브르 조약(1920년)으로 옛 오스만 제국이 분할되고, 터키가 서유럽 침입군으로부터 자국을 성공적으로 방어한 이후, 이슬람에 관한 대중적인 책들이 유럽에 쏟아져 나왔다. 그중 『혁명 중에 있는 이슬람 세계와 전진하고 있는 젊은 이슬람』이란 책이 있었다. 이 책들의 중심 내용은 서구 문명과 가장 밀접하게 접하고 있는 무슬림들이 그들 자신의 정통 신앙에 대한 환상에서는 벗어났지만, 아직 기독교의 진리에는 마음의 문을 열고 있지 않다는 것이었다. 그러므로 선교사들에게는 이슬람 인들은 변덕스럽고, 성가신 세력으로 남아 있었다.[165]

나병과 관련된 일에 종사하는 유럽 노동자들이 이 이슬람 타자들에 대해 특히 불편하게 생각한 점은 무슬림들이 기독교의 우화에 반대되는 입장을 취했다는 점이다. 무슬림들에게 나병은 전혀 위험한 병이 아니었다. 예언자(=알라신 – 역자)의 한 하디스는 "그가 나환자의 손을 잡고 그 손을 자기가 먹던 접시로 이끈 다음, '나와 함께 먹자, 나는 알라신을 믿기 때문에 알라신이 원치 않는 한 나는 너의 질병에 걸리지 않을 것이다.'라고 말했다."고 증언했다. 또 다른 하디스는 "이 질병은 사람들 간에는 옮지 않는다."라고 주장했다.[166] 유럽인들에게 더 혐오감을 준 것은 말이 실제 행동으로 나타났을 때였다. 1930년 나이지리아를 방문한 T. F. 메이어Mayer 박사는 "북부의 무슬림들에게는 나병에 대한 두려움이 전혀 없고, 밤에 친구들과 방문객들을 나환자 수용소에서 자지 못하게 하는 것은 매우 힘든 일"이라는 것을 관찰했다.[167] 기독교도들에게는 영혼의 질병이고, 무슬림들에게는 육체의 질병일 뿐인 나병에 대한 이러한 상이한 태도는 나병이 흔했던 아프리카와 아시아에서 미래가 자신들의 것이 아닐지도 모른다는 두려움을 선교사들에게 가중시켰다.

실질적이고 온화한 힘을 지닌 것으로 여겨지는 서구 과학의 신뢰성은 2차 대전 후 나병 치료의 새로운 돌파구가 열림으로써 한층 두터워졌다. 그것은 1950년대 황화물 약물 치료의 발견으로 1980년대 다양한 약물 치료법의 길을 열어 주었다. 마침내 서양은 효과적인 치료법을 갖게 되었으며 이제 남은 것은 병의 초기 단계에서 환자를 발견하고, 자발적으로 나병 클리닉에 참여하도록 환자들에게 용기를 주고, 스스로가 약물을 규칙적으로 복용하는 법을 가르치는 것이었다. 이러한 의학적 접근이 성공을 거둔다면, 새로운 감염 경로는 차단될 것이고 나병은 천연두의 뒤를 이어 차츰차츰 지역별로 사라질 것이라고 예상할 수 있다.[168]

하지만 1970년에 거소와 트레이시가 예견했듯이, 이제 효과적인 과학적 치료가 가능해졌기 때문에 나병을 오점과 죄가 없는 "무고한 질병"으로 간주하는 것은 기독교가 강력한 정신적 자원으로 여겼던 것을 파괴하는 위협으로 여겨졌다. 1988년 란시 대학의 한 인도인 인류학자는 다음과 같은 사실을 지적했다.

불행히도 나병에 대한 두려움과 오명은 여전히 지속되고 있다. 도시에 사는 좀 더 교육을 많이 받은 계층일수록—심지어 의료인들도 포함해서—나병에 대한 두려움과 오명은 더 크게 나타난다. 나병은 인류 전체가 싫어하는 병이다.[169]

신세계의 천연두와 구세계의 천연두

: 대학살에서 절멸로, 1518~1977년까지

서론

대부분의 전염병 학자들과 역사가들은 신세계에 천연두 병원균이 없었기 때문에 콜럼버스 이전 시대의 사람들은 천연두에 대한 면역을 기를 기회가 전혀 없었다는 데 의견을 같이한다. 그렇지만 그 이상을 말하는 것은 논쟁의 여지가 있을 것 같다.[1] 여기서 나는 온건한 입장을 취하고자 한다. 천연두가 처음으로 발생했을 때 (면역이 없는) 처녀지의 지역 주민들 80~90퍼센트가 사망했다는 사실을 받아들이면서, 나는 '왜 살아남은 인구가 이전의 인구를 회복하는 데 실패했는가?' 라는 의문을 제기한다.[2]

이 질문은 두 가지 측면이 있다. 르네상스 기간에 문화의 역사로 침투해 들어온 것을 논의의 시발점으로 삼아 나는 신세계 사람들은 합리적인 유럽식 성인으로 발전할 정신적 잠재력을 갖고 있지 못하다는 휴머니즘 사상을 형성하는 과정에 있어서 고대인들(특히 아리스토텔레스와 예수)의 역할을 검토하고자 한다. 사회의 상류층에서 형성된 이러한 지적 관념은—그곳에 이미 누가 살고 있던지 간에—백인 정착민들이 아메리카 대륙을 완전히 지배해야 한다는 대중적인 관념과 훌륭하게 부합했다. 그 다음에 나는 신세계 사람들이 유럽인들의 육체적 현존에, 다시 말해서 유럽인들이 지니고 온 질병에 대처하고자 했던 그들 자신의 태도와 행동을 검토하고자 한다. 그리고 '토착 아메리카인'들은 부를 획득하는 데 있어서 인간 이하의 장애물이었다는 허구를 검토할 것이다.

이 장에서 나는 "미국의 예외적 현상"이라는 명제를 솔직하게 받아들인다. 역사적 시기에 그 어떤 다른 대륙에서도 질병과 관념이 결합된 어떤 현상이 토착 원주민 전체를 붕괴시킨 곳은 없었다. 시기적으로 백인 침략의 보폭은 달랐지만—태평양 북서부는 늦게, 히스파니올라와 메조 아메리카에서는 일찍—천연두가 최초로 강력한 타격을 주기 전에는 아메리카 인들은 아마도 지구 인구의 1/6~1/5을 차지하고 있었다. 그 후 1518년 천연두가 메조 아메리카를 강타하자마자 이베리아 정복자들은 새로 발견한 금광과 은광에서 노예 노동을 이용하기 시작했다. 정복자들에 의해 강제로 시행된 최초 노예 노동의 열악한 환경 속에서 원주민 광부들은 천연두와 다른 치명적인 질병으로 수없이 죽어 나갔다.[3] 그 결과로 빚어진 노동력 부족을 메우기 위해 정복자들은 아프리카 인들을 수입했다. 이렇게 수입된 아프리카 인들의 대다수는 어린 시절 가벼운 병원균에 접촉한 경험이 있는, 이미 천연두에 대한 면역을 지닌 사람들이었다. 이것은 토착 원주민의 인구를 크게 감소시킨 천연두 전염병이 유행하는 가운데에서도 아프리카 인들은 사실상 전염되지 않는다는 것을 의미했다. 그리하여 천연두와 기업은 가차 없이 신세계의 아프리카 흑인 노예 제도로 연결되었다.[4]

이 모든 것은 (세계 인구의 1/5에 가까웠던)식민지 인도나 서구의 위협을 받던 (세계 인구의 1/4을 차지하고 있었던)중국의 경우와 극명하게 대조된다. 두 동양 사회에서는 18~19세기 백인들의 극심한 침탈에도 불구하고 토착민들의 인구는 언제나 침략하는 유럽인들의 인구보다 많았다. 그리고 오랜 세월 동안 그들은 그들 사회를 스스로 재건설하고 갱신하는 방법을 갖고 있었다. 천연두, 인플루엔자, 홍역, 발진티푸스, 말라리아, 나병, 콜레라, 페스트 전염병, 그리고 보수적인 현대의 학자들조차도 콜럼버스 이전의 신세계에는 없었던 것으로 인정하는 여타의 치명적인 질병이 있었음에도 불구하고 인도와 중국은 신세계와는 달랐다.[5]

1490년대에 콜럼버스가 대서양을 횡단하고 다시 돌아온 이후의 유럽으로 눈을 돌릴 때, 우리는 비인간적 힘의 엄청난 역동성과 직면한다. 17세기 중반에서 후반으로 넘어가는 어느 시기에 천연두는 대부분의 유럽인들이 겪는 경미한 아이들의 질병에서—그러므로 아메리카로 간 유럽인들은 애초부터 면역성을 갖고 있었다—치명적인 질병으로 탈바꿈했다. 한 권력자는 18세기 초 천연두는 "전염병보다 더 규칙적으로 발생하여 인구 증가를 억제한다."고 주장했다.[6]

(유럽의 측면에서는) 다행히 이것은 일시적인 현상일 뿐이었다. 18세기 어느 시점엔가 유럽 전역에 인구 혁명이 발생했다. 사망률이 지속적으로 출생률 이하로 떨어졌기 때문이다. 이러한 혁명적인 변화에는—여러 가지 측면에서 학자들 사이의 동의는 아직 이루어지지 않고 있다—종두, 우두, 백신 주사로 천연두 면역성을 키우자는 운동이 결부되어 있다. 19세기에는 이러한 운동과 천연두 그 자체의 양상과 결부되어 나타난 엄청난 인구 과잉 현상이 발생했다. 그래서 유럽인들은 아메리카라는 광대한 땅에서 삶의 공간을 찾았고, 그곳은 원주민 후손들이 거의 없는 곳이었다. 이 장의 마지막에서 나는 최근 서구적 훈련을 받은 의료인들이, 1518~1519년 이후 히스파니올라의 타이노 인들이 마주쳤던 것과 동일한 운명을, 즉 지구상에서 절멸되는 현상을 초래한 천연두 바이러스에 어떻게 대처했는지를 고찰하면서 낙관적인 결론을 내린다.

질병, 신세계에 가한 최초의 충격

1720년 악성 천연두가 스코틀랜드 북쪽 조그만 포울라 섬에 사는 200여 주민들에게서 발생했다. 유전학적으로 이 고대의 픽트Picts 인과 노르Norsemen 인의 후손들은 북부 유럽인들과 전혀 다른 점이 없는 사람들이었다. 하지만 물고기를 잡거나 자급 농업으로 살아가던 이 섬 사람들은 모든 형태의 천연두에 시달리면서 그 인구가 수 년 사이에 급격히 줄어들었다. 그 결과(유럽에서는 예외적으로) 포울라 주민의 90퍼센트가 죽었다. 이는 전염병이 도는 동안 아메리카 원주민의 사망률과 비슷한 수치였다.[7]

포울라의 높은 사망률은 감염 바이러스가 100퍼센트 사망률의 치명적인 천연두이거나 75퍼센트의 사망률을 가진 악성 융합성 발진 천연두였다는 점을 암시한다. 치명적인 천연두의 경우, "많은 피를 토하거나, 장이나 자궁의 출혈로 인해 죽어나, 또는 패혈증으로 좀 더 평화롭게 삶을 마감하기도 한다. 종종 흑색 천연두로 알려져 있는 악성 융합성 발진 천연두의 경우는

> 몸 상태가 극도로 악화된다. …… 피부 조직이 벗겨지는 현상이 몸 전체에 퍼지면서 많은 환자들이 패혈증이나 극심한 출혈로 삶을 마감할 때까지 14~15일 정도 걸린다.[8]

천연두는 환자가 내쉰 감염된 공기를 들이마시게 될 경우에도 걸릴 수 있다. 감염 후 천연두 바이러스는 8~12일간 잠복기를 거친다. 그다음에 감염된 환자는 두통과 구역질, 피부 발진, 그리고 여러 무서운 증상을 보이며 드러눕게 된다. 천연두에 걸리게 되는 다른 방식은 천연두의 고유한 현상인 농포나 부스럼에 접촉하게 될 때이다. 부스럼의 경우 바이러스의 감염력은 2주 이상 지속된다.[9] 부스럼 균은 춥고 습한 곳보다는 (태

평양 연안의 안데스 고원 같은) 따뜻하고 건조한 기후에서 더 오래 살아남는다. 실제로 사망한 자와 정신적으로 사망한 자를 합쳐서, 많은 희생을 치른 아마존의 야노마모Yanomamo 족은 20세기 초 "백인들이 옷을 벗으면, 그들은 옷에 병균을 남긴다."고 말했다.[10]

1996년 무렵, 약 450 종류의 천연두 바이러스가 미국 조지아 주 애틀랜타에 있는 질병 관리 센터의 차가운 저장고에 보관되어 있었다. 이 중 8~10개는 대두창Variola major의 변종이고, 그 나머지는 소두창Variola minor이나 중두창Variola intermedius의 변종들이었다. 이와 같은 넓은 스펙트럼에서 대부분은 유전적으로 적합한 환경을 만나면 다른 형태로 변형될 수 있는 바이러스였다.

기원 910년경 이슬람 학자 알 라지Al Razi가 경미한 천연두 증상을 기록했지만(그는 이 질병이 아이들의 피가 두껍게 굳어지면서 자연스럽게 나타난 하나의 현상이라고 생각했다), 천연두는 그리스 로마 의사들에게는 알려져 있지 않았다. 근대 초기의 의사들은 합법화를 위해 권력에 의존했기 때문에 표준적인 서구의 의학 문헌에서 사실상 천연두는 찾아볼 수 없다. 이것은 초기 유럽의 모험가들이 신세계에서 유행성 천연두를 앓는 원주민들을 보았을 때, 그것을 묘사할 수 있는 정보가 거의 없었다는 것을 의미했다. 하지만 1521년 멕시코와 1527년의 잉카 제국의 대참사 기간과 같은 몇몇 시기에 서구 모험가들이 묘사한 것은 분명 천연두였다. 또 다른 시기에 서구 모험가들은 일종의 천연두의 형태, 아니면 홍역이나 발진티푸스, 또는 그 외의 다른 질병으로 야기된 것처럼 보이는 증상들을 기록했다. 1585~1591년 잉카제국의 잔존한 주민들을 강타한 것과 같은 동시 다발적 전염병들에 마주쳤을 때, 의학적으로 정통한 유럽인들조차도 무엇이 일어나고 있는지 거의 알지 못했다.[11]

스페인 사람들이 말과 돼지와 함께 돼지독감, 발진티푸스, 홍역, 그리고 천연두를 가지고 중앙아메리카에 들어오기 전, 중앙아메리카와 남아메리카의 사람들은 정교한 사회적 경제적 조직체를 구성하며 살고 있었다. 안데스의 상황을 기록하면서 수잔느 알콘Suzanne Alchon은 발굴된 콜럼버스 이전 시기의 유골의 27퍼센트가 40세 이상의 사람들이었다고 보고했다. 스페인 사람들이 등장한 이후(1520년대 초 프란시스코 피사로가 잉카 제국을 정복한 이후) 그때까지 살아남은 토착민들의 수는 12퍼센트가 채 못 되었다.[12]

훨씬 북쪽에 위치한 콜럼버스 이전 시대의 중앙아메리카에는 네 개의 주요 사회가—마야, 믹스텍, 자포텍, 그리고 아즈텍—문자 체계를 발전시켰다. 그중 아즈텍은 유행성 천연두의 외상을 겪은 최초의 문자 사회였다. 그리고 그 최초의 군사화된 국가는 스페인 사람들에게 패배했다.

1519년 아즈텍 국가는 테노치티틀란이라는 수도를 중심으로 형성되어 있었다. 이 수도는 페스트 전염병이 처음으로 유럽과 중동의 맘루크 제국을 휩쓸기 약 20년 전인 1320년대에 소택지들을 개간한 땅에 세워졌다. 이 아즈텍 수도의 인구는 20만에서 25만 명이었다. 이는 전염병 이전 카이로 인구의 절반에 해당하는 수였지만, 크리스토퍼 콜럼버스에게는 세빌리아나 제노바의 4배나 되는 수였다. 테노치티틀란은 관개 수로에 의한 농업과 지역 및 원거리 무역을 기반으로 하는 복합적인 식량 공급 체계를 갖추고 있었다. 수많은 이층 돌집들, 돌탑들, 신전들, 커다란 대중 광장과 시장, 무수한 군중들, 개천과 다리, 식수와 목욕을 위해 깨끗한 물을 끌어오는 고도의 기술로 만들어진 수로들. 이 모든 것들이 도시를 구성하고 있었고, 이것은 유럽에서는 아우구스투스가 로마를 재건한 후인 1,500년 전 로마에서 시도되었을 뿐이었다. 물론 1519년경 낡은 제국의 수도 로마는 폐허가 되어 돼지나 양, 돼지를 치는 목동과 양치기들이 주로 살고 있었다.[13]

무테주마Mutezuma 황제의 손님으로 테노치티틀란을 처음 방문하고 나서 에르난 코르테스Hernan Cortes는 자신의 왕에게 다음과 같이 말했다.

그림 7_ 병을 싣고 온 스페인 사람들의 상륙과 그들의 동물 농장, 1894년 파소 트론코소에 의해 복원된 그림.

전하께 이 위대한 도시의 훌륭함과 그 이상하면서도 놀라운 것들을 보고하기 위해서는 그리고 통치자 무테주마의 부와 영토, 그곳 사람들의 예식과 풍습, 수도와 다른 여러 도시들의 통치 질서에 대해 보고하기 위해서는 많은 전문가들이 필요하다고 생각됩니다.[14]

히스파니올라 섬을 발판으로 삼은 스페인 정복자들에게로 논의를 되돌리면, 그곳에 있던 한 독신 성직자가 고국에서 천연두와 비슷한 것으로 알려진 병이라고 인정했던 고도의 전염성을 지닌, 하지만 생각했던 것보다 훨씬 더 치명적인 질병이 1518년 말미에 토착 타이노 사람들에게 발발했다. 그 성직자가 가톨릭 왕들에게 이 사건을 보고한 1519년 1

월 10일경에는 이미 크게 감소한 인구가 천연두로 인해 1/3이 또다시 줄어들었다.[15]

지금 알려진 바로는, 1492년 콜럼부스가 그들 세계의 종국을 알리는 전령사로 도착했을 때, 타이노의 인구는 최소 백만에서 심지어는 5백만~6백만 명에 달했다. 이는 영국의 아일랜드와 스칸디나비아의 인구를 합친 수와 비슷한 규모였다. 콜럼부스 일행이 상륙한지 얼마 지나지 않아 스페인 사람들은 금을 찾기 시작했고 필요한 노동력과 공물을 갈취하기 시작했다. 이 목적을 달성하기 위해 그들은 임신한 타이노 여성들의 배에 칼을 들이대고 개를 풀어 살아있는 남성들을 물어뜯게 했다. 이처럼 잔인한 일이 벌어지는 동안 타이노 인들은 스페인 남서부에서 들어온 돼지독감에 의해서도 커다란 타격을 입었다. 돼지독감과 대량 학살에 의해 이미 급격하게 인구가 줄어든 상태에서 1518년 천연두의 발생은 타이노 인들에게 최후통첩과 같은 것이었다. 아이들을 낳지 못하거나 낳지 않으려는 상황으로 몰고 간 최종 국면이 지난 후인, 1550년경 타이노 인들은 정말로 절멸되었다.[16]

익명의 수도사가 타이노 인들에게 치명적인 천연두가 발생했다는 소식을 보낸 동일한 편지에서 그는 또한 그 질병이 이미 히스파니올라에서 푸에르토리코로 건너갔고, 그리하여 그곳 주민들의 1/3의 목숨을 앗아갔다고 언급했다. 이러한 일은 곧 쿠바에서도 반복되었다. 1519년 봄에 르난 코르테스(1504년부터 스페인 총독의 서기였던 인물)는 정복자 군대를 쿠바에서 중앙아메리카 내륙과 아즈텍 땅으로 돌렸다.[17]

코르테스가 처음 아즈텍 땅에 발을 내딛은 시점부터 그가 테노치티틀란을 습격해서 승리한 후 귀환한 시기(1521년 8월 13일) 사이에 천연두는 아즈텍을 황폐화시켰다. 전해 오는 이야기에 의하면, 천연두는 코르테스를 송환시키기 위해 파견된 판필로 드 나르바에즈Panfilo de Narvaez의 반反탐험대에 의해 유카탄 반도 내륙으로 옮겨졌다. 1520년 멕시코 계곡 중앙을 통과해 북쪽으로 이동했을 때 인구의 반 이상이 죽었다. 이 잔혹한 사태는 16세기 초 스페인 역사가 프레이 베르날디노 드 사아군Fray Bernardino de Sahagun에 의해 나우아틀Nahuatl 어에서 음역된 언어로 기록되었다. 프레이 베르날디노에게 이 사건을 음역해 준 자는 다음과 같이 말했다.

스페인 사람들이 우리에게 다가오기 전에 전염병이 돌았습니다. 그것은 천연두였습니다. 테페일휘틀Tepeilhuitl(의 달)에 그것은 시작됐고, 사람들에게 퍼져서 엄청난 결과를 초래했습니다. 어떤 사람들은—얼굴, 머리, 가슴 등—온몸에 (농포)가 뒤덮였습니다. 참혹했습니다. 너무나 많은 사람들이 죽었습니다. 병에 걸린 사람들은 걷지 못해 방이나 침대에 누워 있기만 했습니다. 그들은 움직일 수도 없었고, 일어날 수도 없었습니다. 자세를 바꾸지도 못했습니다. 한쪽으로 몸을 누일 수도, 얼굴을 돌릴 수도, 똑바로 누울 수도 없었습니다. 조금이라도 움직이려고 하면, 그들은 커다란 비명을 질렀습니다. 너무도 끔찍한 일이었습니다.[18]

코르테스와 그의 틀락스칼라Tlaxcallan 지원군이 그 도시에 이르렀을 때, 테노치티틀란은 마지막 형국에 이르렀다. 곤궁에 처한 상태에서도 아즈텍 전사들은 쉽게 물러서지 않는다는 것을 보여주었다. 사생결단의 저항에 부딪친 코르테스는 위협 전술을 구사했다. 그는 "우리는 이 도시의 구석구석을 다니며 수많은 사람들을 죽였다. 사상자와 포로가 된 사람은 8백 명이 넘는다."고 직접 말했다.[19] 그 후 24시간 동안 스페인 군대는 4만 명의 남자, 여자, 아이들을 살상했다. 후에 코르테스는 의기양양하게 "그들이 있었던 거리에 우리는 그들의 시체를 밟지 않고서는 지나갈 수 없을 정도로 많은 시체 더미를 통과해야 했다."고 자랑했다.[20] 실낱같은 저항이 계속되었지만, 결국 1521년 8월 13일에 모든 것은 끝났다. 그날 아즈텍 인들의 생명의 신에 대한 희생 제의는 그 땅에서 사라졌다.[21]

1531~1532년 천연두는 인구가 크게 줄어든 멕시코 계곡 주민들을 다

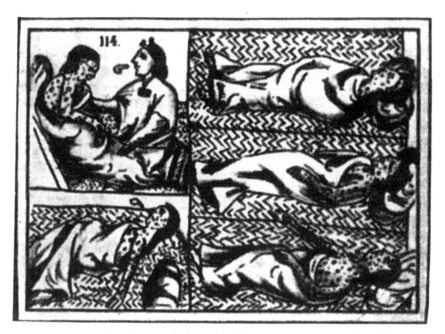

시 강타했고, 그 후에도 간헐적으로 발발했다. 1605년경—나우아틀 연구자들의 주장에 의하면—2천 5백만 명이던 인구는 1518년에는 단 백십만 명으로 줄어들었다.[22]

아즈텍 왕국이 1521년에 멸망한 뒤, 천연두는 무역로를 따라 테노치티틀란에서 수백 마일 떨어진 토착민이 사는 아메리카 땅으로 파고들었다. 아마도 해안에서 남쪽으로 이동하면서 천연두는 현재 부에노스아이레스(좋은 공기)가 위치한 아르헨티나 리오 플라테Rio Platte에 상륙한 다음, 아메리카 원주민이 돌로 만든 길을 따라 잉카 제국의 심장부인 북쪽 안데스 고지대로 흘러들어갔다. 당시 잉카 제국은 세계에서 가장 광대한 제국이었다.

1524~1525년 잉카 제국에 상륙한 천연두로 인해 제국의 지도자인 후아이나 카팍Huayna Capac을 포함하여 그의 후계자와 수천 명의 전사들과

평민들이 사망했다. 이 천연두 대재앙과 왕조의 위기에 이어 내전이 뒤따랐고, 그것은 1519~1521년에 있었던 멕시코 대재앙이 다시 발발한 가운데 정복자 프란시스코 피사로Frncisco Pizarro에게 길을 열어 주었다. 평상시였다면 스페인 정복자들보다 더 우세했을 수도 있었던 잉카 군대는 천연두의 일격을 받은 후 더 이상 전투를 지탱할 수 없었다.[23]

천연두가 신세계로 들어와 아즈텍 인들의 목숨을 앗아가기 위해 이동하고 있던 1518년, 아이러니하게도 유럽에서 발견된 천연두 바이러스는 아직 그렇게 위협적인 정도는 아니었다. 그것은 통과 의례처럼 아이들이 겪는 작은 어려움 정도였다. 생존율은 90~95퍼센트였다. 하지만 이러한 상황은 급변했다. 1544년 치명적인 새로운 천연두가 스페인이 지배하던 나폴리에서 보고되었다. 몇 년 후(1570~1571년) 천연두는 베네치아와 근방의 지중해 연안 도시들에서 1만 명의 목숨을 앗아갔다. 하지만 이 위험을 과장해서는 안 된다. 당시 유럽 사람들은 사망률 30퍼센트에 달하는 치명적인 전염병과 늘 공존하고 있었고, 훨씬 적은 사상자를 발생시키는 좀 더 경미한 전염병은 광범위하게 퍼져 있었다. 경미한 전염병을 겪고 살아남은 아이들은 평생 동안 면역을 지니게 되었다. 후에 신세계로 간 사람들은 치명적인 천연두와 함께 그들의 면역성도 함께 가지고 갔다. 그러므로 17~18세기 동안 유럽인들은 일반적으로 어린 시절 유행성 천연두에 대한 면역성을 길렀고, 그래서 그들은 아메리카 원주민과 비교해서 특권을 부여받은 것처럼 보였다.[24]

우리의 관점에서 볼 때, 신세계에 나가 있던 백인들은 아메리카 토착 치료사들에게서 그들이 처한 낯설고 새로운 질병적 상황에 대해 뭔가를 배우고 싶어했을 것이라고 추측된다. 예를 들어 신세계의 장내 기생충은 유럽의 장내 기생충과 반드시 같지는 않았을 것이다. 하지만 그러한 경우에도 실제로 정복 초기에 대서양을 횡단을 감행한 소수의 정식 교육을 받은 유럽 의사들은 신세계의 치료사들과 논의를 하려는 노력은 거의 하지 않았던 것으로 보인다. 한 가지 이유는 본토에 있는 스페인 인문주의자들이나 신세계의 스페인 정복자에 의해 형성된 아메리카 원주민에 대한 부정적인 태도에 있었다. 또 다른 이유는 의사들의 전염병에 대한 두려움 때문이었다. 신세계의 모든 의사들은 나후아틀Nahuatle어 통역자의 안내를 받으며 새로운 약과 치료법을 가지고 실험을 하려면 고국에 있는 동료 의사들로부터 경험주의자로 간주될 위험을 무릅써야 했다.[25] 어쨌든 신세계에서는 힘들게 의료 경력을 쌓지 않고서도 존경스러운 사회적 지위를 획득하는 훨씬 쉬운 방법이 존재했다.

아메리카 내륙에서 정복자들은 이내 은광을 소유하게 되었다. 1545년 정복자들은 당시 세상에서 가장 부유한 것을 발견했다. 그것은 포토시 Potosi라는 볼리비아 고지대에 있는 설탕 스푼 모양의 은으로 된 산이었다. 곧바로 이 광산에서는 노예 노동이 시작되었다. 노예 노동을 시키는 데 있어서 스페인 정복자들은 비용의 효율성이라는 간단한 규칙에 따랐다. 노예를 대체하는 비용이 사실상 거의 들지 않았기 때문에 스페인 정복자들은 노예들의 생명 유지에 필요한 기본적인 것들을 신경 쓸 필요가 없었다. 이러한 정책에 대해 한 동시대인은 다음과 같이 말했다. "월요일에 20명의 건강한 노예가 들어온다면, 토요일에는 절반이 불구가 된 모습으로 나타날 것이다. 나머지 절반은 죽어서 뒤에 남겨 놓은 채."[26]

그러한 상황에서 천연두에 걸려 죽을 겨를도 없을 정도로 노예들의 생존 기간은 짧았다. 하지만 땅 위에 창궐하고 있는 천연두 바이러스는 노예 노동 모집자들의 행로를 따라 수백 마일 떨어진 곳으로 쉽게 이동했다. 스페인에서의 노동 공급이 끝나고, 원거리 노예 징발대가 가동되면서 그들이 퍼트린 전염병들은 안데스 인구의 기하급수적인 붕괴를 초래했다. 1630년경 안데스 지역 인구는 1524년 인구의 7퍼센트에 불과했다.[27]

그 밖의 지역에서도 약간의 편차는 있지만 상황은 동일했다. 2,000마일이나 길게 뻗은 태평양 연안의 페루는 1524~1525년 천연두가 덮치기 전까지 대략 6백 5십만의 인구가 살고 있었다. 페루 사람들은 작물을 기르기에 최적인 비옥한 땅을 경작하면서 세빌리아나 제노바보다 훨씬 큰 쿠스코Cuzco같은 안데스의 주요 도시들에 식량을 공급하고 있었다. 불행하게도 사막과 풍요로운 경작지가 교차되는 지리적 특성은 천연두가 확산되기에는 이상적인 생물학적 환경을 제공했다. 몇 차례의 전염병이 휩쓸고 간 뒤, 1590년경 이 태평양 연안의 선반 모양의 지역은 황폐화되었다. 르네상스 시대의 화가들이 그렸던 토스카나의 풍경과 유사한, 비옥하고 아름다운 들판과 전원 풍경을 만들었던 당시 페루 인들은 이제 말없는 유골로서 고고학자들의 발굴 대상이 되었다.[28]

1520년대 천연두는 멀리 북쪽으로 이동했다. 하지만 정확하게 얼마나 멀리 나아갔는지는 논쟁의 대상이다. 안 라메노프스키Ann Ramenofsky와 여러 학자들은 무역 통신로를 이용하는 아메리카 원주민 통행자들이 천연두를 서부 텍사스 지역 끝까지 옮겼을 것이라고 추측한다. 천연두 바이러스가 감염된 사람의 호흡기에서 8~12일간의 잠복기를 거친다는 사실을 주목한다면, 각각의 통행자들은 300~400킬로미터 이상 천연두 바이러스를 이동시킬 수 있는 시간이 있었다. 때때로 (1720년 포올라 섬의 경우처럼) 85퍼센트가 넘는 사망률을 가져온 천연두는 실제로 백인들이 들이닥치기 오래전에 북부 아메리카의 많은 부족들을 절멸시켰을 것이다.[29]

하지만 기록을 보존하고 있는 백인들에 의해 직접 야기되었을 가능성이 높은 몇몇 인구절멸의 실례가 더 알려져 있다. 1539년 에르난도 데 소토Hernando De Soto는 금을 찾아 미시시피 계곡 저지대를 통과하면서, 오늘날 미시시피 문화라 불리는 거대한 정착지에 도착했다. 데 소토가 보았다고 주장한 풍요로운 도시들과 마을들과 신전들은 1700년대 초 백인 정착자들이 도착했을 때는 아무것도 남아 있지 않았다. 훨씬 더 북쪽에서, 자크 카르티에Jacques Cartier는 세인트로렌스 강둑을 따라 이어져 있는 스타다코나Stadacona와 그 밖의 지역에서 나무로 지어진 기다란 집들이 있는 인구가 밀집한 도시의 모습을 보았다. 1534년 겨울 그는 그 아메리카 원주민 정착지에 도착한 직후, 어떤 낯선 질병으로 원주민들이 죽기 시작했지만 그와 함께 간 사람들은 병에 걸리지 않았다는 것을 기록했다. 후에 역사가들은 그것이 천연두라고 추측했다. 그것이 어떤 병인지 알지 못했음에도 불구하고, 카르티에는 의학적으로 무지한 사람이 아니었다. 그는 자신의 프랑스 인 동료들이 그가 괴혈병으로 알고 있는 병으로 죽었다고 보고했으며, 아메리카 원주민들이 이 병을 효과적으로 치료하는 방법을 알고 있었다고 보고했다. 그들의 치료법은 소나무 껍질과 송진을 끓인 혼합물을 마시는 것이었다. 70년 후, 사무엘 드 샹플랭Samuel de Champlain이 똑같은 카누 길을 따라 여행했지만, 그는 사람이 전혀 살고 있지 않은 스타다코나를 발견했을 뿐이었다. 전해지는 바에 의하면, 사람이 살지 않는 이유가 원주민들이 괴혈병으로 죽었기 때문이 아니라는 사실은 분명하다.[30]

뉴 암스테르담—나중에 뉴욕이 됨—의 네덜란드 식민지에서 1650년 아메리카 원주민들은 "기독교도들이 도착하기 이전에는 그리고 천연두가 발생하기 이전에는" 열 배의 인구가 있었다고 주장했다.[31] 해안가 메사추세츠에서는 몇몇 학자들이 천연두라고 단정한 유행성 질병이, 1620년 플리머스Plymouth에 청교도 순례단이 도착하기 직전 퍼탁세트Patuxet 인디언들을 절멸시켰다. 그것은 너무나 수월한 상황을 마련해 주었다. 적의에 찬 전사들이 그들을 바다로 다시 내쫓는 대신 군관 스탠디쉬Miles Standish, 존 올던John Alden, 프리스킬라 뮬런즈 Priscilla Mullens와 다른 여러 백인들은 곡식의 생산을 기다리고 있는 텅 빈 경작지를 볼 수 있었기 때문이다.

그 순례단의 한 사람은 "하나님의 권능이 …… 엄청난 수의 원주민들을 천연두로 제거함으로써 우리의 도착을 축복해 주었다."고 말했다.[32] 또 다른 최초의 백인 정착자는 천연두가 그들에게는 전혀 해를 끼치지 않으면서 파리처럼 원주민들을 쓰러뜨린 모습에 경탄했다. 플리머스의 플랜테이션 농장에서 윌리엄 브래드포드William Bradford는 1634년 다음과 같이 기록했다.

올봄, 무역을 하는 가옥 근처에 살던 인디언들은 천연두에 걸려 쓰러진 뒤 대부분 비참하게 죽었다. …… (하지만) 영국인들 중에는 아무도 병에 걸리지 않았고, 조그만 증상도 없었다.[33]

이러한 정황으로부터 총독 존 윈스럽John Winthrop은 다음과 같이 결론을 내렸다. "원주민들은 천연두로 모두 사망했다. 그것은 하나님께서 우리가 소유하는 모든 것에 대한 우리의 권한을 천명한 것이다."[34]

가톨릭 성직자들도 거의 같은 시각으로 이러한 현상을 보았다. 1562~1563년의 몇 달 동안 브라질의 포르투갈 식민지에서는 3,000명의 아메리카 원주민들이 선교 장소 주변과 해안가의 포르투갈 개인 농장 소유자들의 노예 수용소에서 천연두로 죽어갔다. 그렇지만 포르투갈 인들은 병에 걸리지 않고 살아남았다. N. D. 쿡Cook은 이를 "하나님의 은밀한 심판"이라고 일컬었다.[35] 프랑스 가톨릭 성직자들도 이와 비슷했다. 한때 강력했지만 1530~1540년대에 인구가 1/3로 줄어든 나체즈 지역을 관찰한 한 성직자는 다음과 같이 기록했다 "이 야만인들과 관련해서, 내가 여러분에게 상기시킬 점이 있다. 그것은, 그들이 새로운 사람들에게 그들의 땅을 양도한 것이 분명 하나님의 의도처럼 보인다는 점이다."[36]

하지만 주지하다시피 유럽인과 아메리카 원주민의 천연두로 인한 사망률의 차이가, 유럽인들은 보편적이고 신세계의 거주민들은 인간의 흔적만을 지닌 난쟁이로 간주하는 원인으로 작용하지는 않았다.[37] 오히려 난쟁이 이미지는 1492년 이전에 유럽의 지식 담론에서는 종교적, 철학적 가르침의 풍부한 유산에서 피어난 하나의 꽃으로 보아야만 한다.

앞서 우리는, 처음으로 제기된 경험적 관찰이 고대 철학자들이 설명하는 것보다 실재 세계의 본질을 훨씬 더 잘 파악할 수 있다는 사실을 받아들이는 것이 르네상스기의 학자들에게는 얼마나 어려운 것인가를 살펴보았다. 이러한 상황에서 1492년 이전에 기록된 권력자들의 그 어떤 글에서도 (아직 발견되지 않은) 아메리카 원주민의 존재를 언급하지 않았음에도 1492년 이후 매우 쉽게 형성된 가정은 이 두 다리를 가진 피조물은 열등한 존재라는 것이었다. 그 결과 신세계 사람들은 기독교 개종자이건 우상을 숭배하는 자이건, 유럽의 최하위 계층 사람들보다 더 비천한 존재로 생각되었다. 이러한 태도의 전형적인 예로, 스페인이 지배하고 나서 거의 백년이 지난 후에 인도 제국의 도덕 사가인 호세 데 아코스타Jose de Acosta는 다음과 같이 주장했다. "거의 인간이 아닌, 또는 반만 인간인 이 사람들을 인간이 되도록 가르쳐야 하며, 마치 아이들처럼 교육해야 한다." 심지어 스페인의 인종 학살에 반대하여 인도인들의 편을 든 도미니크회의 바르톨로메 데 라스 카스Bartholome de Las Casas도 인도인들을 10~12살 어린이들의 정신 연령을 지닌 존재로 생각했다.[38]

이 문제에 있어서 스페인 사람들의 경험은 결정적인 것이었다. 그들은 신세계 사람들과 영구적으로 접촉하게 된 최초의 유럽인들이었을 뿐만 아니라, 또한 그들은 당시 세계의 최강대국이었다. 권력을 쥔 유럽인들과 교조적으로 계몽주의의 진리를 따르는 지난 세기 유럽계 미국인들처럼, 15세기 후반에서 16, 17세기를 거치는 동안 스페인의 인문주의자들은 그들만이 충분히 "문명화된 존재"의 속성을 소유하고 있다고 믿었다. 스토아주의 황제이자 수많은 인문주의자들이 존경했던 로마의 무종교 철학자인 마르쿠스 아우렐리우스(서기 173년으로 추정됨)가 말한 '덕'과 같은 개념도 이러한 맥락에 포함된다. 그의 『명상록』에서 마르쿠스 아우렐리우스는 "검약, 연민, 성실, 배려, 질서, 열정, 주의 깊음, 힘든 노동, 순종, 겸손, 호의, 사리 분별, 좋은 기억, 소박, 용기, 결단"과 같은 특성을 찬미했다. 아이러니하게도 이러한 덕성이 스페인 인들의 대학살과 1519~1521년의 천연두 전염병으로부터 살아남은 고귀한 태생의 한 아즈텍 인의 말을 빌리면, 아즈텍 인들이 가장 존중했던 그러한 덕성들이었다.[39] 하지만 이러한 목록을 기록한 그 스페인 성직자가 잘 인지하고 있었던 것처럼, 아즈텍 인들도 마르쿠스 아우렐리우스도 기독교의 신을 알지 못했다. 스페인 사람들에게는 그러한 지식을 소유하는 것만이 충분히 문명화된 사람들을 다른 사람들과 구별 짓는 기준이었다.

콜럼부스가 대서양을 횡단하여 서쪽으로 항해할 준비를 하던 몇 달 동안 그들의 초월적 신으로부터 유일하게 은총을 받은 스페인 기독교인들은 옛 이슬람 왕국 그라나다의 잔여 세력을 정복했다(1492년 1월 2일에 그라나다는 함락되었다). 같은 해 그들의 신앙을 두 번째로 증명하며, 스페인 인들은 유대인들을 추방했다. 이러한 인종 청소의 준비 작업은 중앙 집권화하는 가톨릭 군주들, 카스티야Castile의 이사벨라 여왕(1474~1504년까지 통치)과 그녀의 남편인 아라곤의 페르디난드Ferdinand 왕이 마침내 약화된 군주와 당파적인 귀족들 사이의 수 세기에 걸친 다툼을 종결시키기 몇 해 전에 완성되었다. 1480년 이후, 스페인 종교재판소가 이데올로기의 순수성을 추구하는 위원회의 기능을 하기 시작하면서 가톨릭 왕들의 힘이 증대되었고, 그 힘의 가장 공공연한 천명은 이단자들에 대한 화형이었다.[40]

주목할 만한 사실은, 신세계로 향한 제1세대 스페인 인들의 상당수가 에스트레마두라Extremadura와 안달루시아 출신의 돈 없는 모험가들이었다는 점이다. 출생 시 이슬람의 그라나다 왕국과 대치하고 있는 접경 지역에서 태어난 이들은 어릴 때부터 종교적 신념과 게릴라적 테러리스트의 심성을 갖도록 길러졌다. 그들이 숭배하는 영웅들은 주로 밤에 기습을 하여 모든 도서관과 적의 상점과 곡식을 불태우고, 신체 강건한 냉혹한 성격의 죄수들을 죽이고, 나이 들어 귀와 눈이 먼 불구의 시민들과 어린아이들을 살해하는 데 익숙했다.

이러한 테러리스트의 이미지를 떠올리면서 헤르만다데스hermandades로 불리는 그 지역의 경찰 연합대는 가톨릭 왕을 대신하여 질서를 유지하기 위해 거의 약탈과 다름없는 방법을 사용했다. 여왕의 주치의였던 한 의사의 말에 의하면, 일반적인 경찰 연합대의 행동은,

잔인할 정도로 심했다. 하지만 모든 왕국들이 불안한 상태였기 때문에 그 것은 필수적인 것이었다. …… 팔과 다리와 머리를 자르는 모습은 도살장과 다름없었다.[41]

1492년 1월 2일에 그라나다 왕국을 군사적으로 정복하고 함락시키면 서(이 과정에서 이슬람 인구의 1/3이 사망했다), 그리고 카스티야와 지브롤 터Gibraltar 사이의 모든 곳에서 왕의 평화를 유지하려는 목적하에 극렬한 경찰 연합대가 확대되면서 약탈을 통해 손쉬운 부를 찾았던 무기를 지닌 기독교 남성들은 더 이상 자신들이 할 수 있는 일이 많지 않다는 것을 깨 달았다.

빈곤해진 젊은 하급 귀족들(하급 귀족 계급의 자손들)은 성공의 기회를 생각하면서 이러한 여건을 고려하지 않을 수 없었다. 에스트레마두라의 두 도시, 카사레스Caceres와 트루히요Trujillo의 젊은이들은 특히 신세계에 서 들어오는 약탈품들에 매혹되었다. 트루히요는 미혼모의 불운한 아들 로 태어나 후에 잉카의 정복자가 된 피사로의 고향이었다. 이다 알트만 Ida Altman에 의하면, 16세기에 트루히요의 56가구 921명의 사람들이 신세 계로 이주했고, 에스트레마두라로부터는 전체 이주민의 27퍼센트가 이 주했다. 나머지 14퍼센트는 히스파니올라의 두 번째 총독의 고향인 인근 카사레스 사람들이었다.[42]

성공의 기회를 노리면서 라스 카스에 의해 탐욕과 야망이라고 명명된 충동에 이끌린 에스트레마두라와 안달루시아의 일부 하급 귀족들은 가 톨릭 교회가 소수의 유대인들을 점차 강하게 탄압하고 있음을 잘 알고 있었다. 유대인들은 안달루시아와 남부의 도시들에서 대추방 10년 전인 1482~1483년에 추방되었다. 따라서 스페인에서 자신의 미래를 생각하 는 유대 남성은 기독교로 개종하는 결단을 내리지 않을 수 없었을 것이 다. 하지만 개종한 새로운 기독교인이 기독교 귀족 가문의 사람과 결혼 을 하게 된다고 할지라도, 모든 것이 순탄하지는 않았던 것으로 보인다.

가톨릭 교회의 사법권을 가진 종교재판소가 새로운 개종자들에게 계속 극심한 의심의 눈초리를 보내고 있었고, 그리하여 1490년 이전 몇 해 동안 2,000명의 개종자들이 화형에 처해졌다. 상황의 중요성을 인식한 종교재판소는 아메리카로 가는 관문인 세빌리아에서 700명의 개종자들을 화형에 처했다.[43]

아빌라Avila의 성 테레사 같은 일부 새로운 기독교인들은 기독교 신앙의 진리에 대한 헌신적인 모습 때문에 많은 사람들의 찬사를 받았다. 성 테레사의 7명의 기독교 형제들과 같은 사람들은 그들이 스페인에서 높은 지위를 차지하기 위해 필요한 순수성의 기준에 결코 이를 수 없다는 것을 알고 신세계를 향해 떠났다. 적어도 이들 중 한 명은 부자가 되어 스페인에 돌아와 아빌라 근교에 거대한 땅을 샀고, 귀족에 어울리는 돈don 이라는 칭호를 사용했다. 종교재판소에 기록된 새로 개종한 또 다른 기독교인들은 1519년 천연두를 쿠바에서 유카탄 반도로 가져온 것으로 일컬어지는 사람들의 무리에 있었다. 여기에는 히스파니올라에 있었던 전 궁정 회계 담당자의 아들 혹은 사촌인 베르나르디오 드 산타 클라라 Bernardio de Santa Clara와 병참관인 페드로 드 말루엔다Pedro de Maluenda, 그리고 유명한 부르고Burgo 신기독교 가문의 한 상인이 포함되어 있었다.[44]

구舊기독교인이건 새로 개종한 기독교인이건, 1492년 콜럼부스와 함께 히스파니올라로 간 모험가들의 공통적인 목표는 금을 발견한 다음, 바로 스페인으로 되돌아가 존경받는 신사로 살아가는 것이었다. 이러한 목표에 이르는 데 방법은 그들에게 중요치 않았다. 한편으로 이것은 상륙 직후 히스파니올라의 타이노 인들을 향한 스페인 사람들의 행동이 어떠했는지를 설명해 준다. 그들은 타이노 인들이 엄청난 양의 금을 숨겨 놓고 있다고 생각했다. 잘 알려진 다음의 설명에서 바르톨로메 데 라스 카스는 그다음에 무슨 일이 일어났는지 우리에게 말해 준다. 그것은 콜럼부스 장군의 지휘하에 벌어진 체계적인 인종 말살이었다.

인디언들이 숲속에 있다는 것을 알게 되면, 그다음 단계는 부대를 편성해서 그들을 추적하는 것이었다. 스페인 인들이 그들을 발견하면, 그들은 무자비하게 모조리 살해되었다. 잔인함이란 스페인 인들에게는 보편적인 규칙이었다. 그들은 잔인한 정도가 아니라, 너무도 극악무도해서 인디언들이 스스로를 인간이라고 생각하지 못할 정도로, 또는 그렇게 생각할 겨를도 없이 무자비한 살육을 저질렀다. 어느 정도였냐 하면, 그들은 인디언들의 손을 자르고, 피부를 벗긴 다음, 그 피부가 덜렁거리는 채로 그를 놓아주며, 이렇게 말하곤 했다. "이제 가거라, 너희 대장에게 가서 이 사실을 알려라."[45]

천연두로 인해 테노치티틀란이 몰락한 이후 코르테스에 의해 똑같은 일이 수행되었다. 하지만 여기서는 인종말살과 함께 아즈텍의 도서관들, 신전들, 그리고 아즈텍 족과 나우아틀인들 모두에게 신성하게 여겨졌던 건물들이 계획적으로 파괴되었다. 정복자들이 떠나고 나서 긴 의복을 걸친 성직자들과 특권을 부여받은 자들에 의해 문화적 말살이 계속되었다. 그들은 식민지의 통치자로서 정복자들을 계승했다.[46]

신세계에 온 모든 스페인 사람들은 스스로를 "살인을 하지 말라."는 유대인의 오랜 계율을 받아들이는 예수와 바울의 종교를 따르는 자로 천명했기 때문에, 때때로 그들은 왜 그들이 아메리카 원주민들을 죽이고, 고문하고, 강간하는지 그리고 왜 그들을 병에 걸려 죽게 되는 환경에 몰아넣는지를 설명해야만 했다. 고대 로마 학자들이 잘 파악하고 있었던 로마의 호전적인 이교도 선조의 경우를 제외한다면, 하나의 이유는 세계의 종말이 다가오고 있기 때문에 마지막 날을 준비하기 위해 이교도들을 죽이는 것은 모든 기독교인들의 의무라는 것이었다.

이것은 프란체스코 파 선교자들과 또 이들과 밀접한 관계를 맺고 있는 지적인 모험자 페르난데스 드 오비에도Fernandez de Oviedo의 입장이었다. 1520대에 기록된 글에서 오비에도는 히스파니올라 섬에서 대부분의 타이노 인들이 죽은 일을 사탄의 영향에서 섬을 정죄하는 의미 있는 사건으로 환영했다. 인도 제국의 역사에 관해 기록한 그의 저술 『인도 제국의 일반적 역사와 박물학 Historia General y Natural de las Indias』에서 그는 다음과 같이 설명한다.

악마는 고대의 천문학자들처럼 때를 알고 …… 그들에게(인디언들에게) 마치 그가 존재하고, 존재해야 할 모든 것의 주인이자 창조자인 것처럼 자신의 율법을 받아들일 때가 되었다는 것을 믿게 했다. …… 그 결과 인디언들은 …… 도처에서 피와 생명을 지닌 사람을 제물로 바쳐 악마를 숭배했다.[47]

오비에도의 『박물학 Natural History』은 곧 신세계에 대한 유럽인들의 상황 인식의 핵심적 토대가 되었다. 오비에도의 저술은 천천히 출간의 물결을 탔다. 1526년에는 톨레도 Toledo에서 요약본으로 출간되었는데 1534년에는 이탈리아 판으로, 프랑스에서는 1545년에, 그리고 영국에서는 편집판으로 1555년에 출간되었다. 자신의 재능을 숨기지 않았던 기업가인 오비에도는 그의 책이 중요하고 선구적인 작업이라는 것을 정확하게 인식하고 있었다. "나는 내 저술이 헛되지 않으리라는 것을 알고 있다. 왜냐하면 나의 글은 진리의 문을 통과했기 때문이다. 그것은 불면의 나날들이 지속될 정도로 너무나 어렵고 힘든 작업이었다."[48] 오비에도의 입장과 반대되는 여타의 수고手稿들은 도서관에 처박힌 상태로 19세기까지 잊혀진 채 보관되어 있었다. 우리는 국왕의 비호하에 매독을 이용하는 오비에도를 4장에서 다시 만나게 될 것이다.

아메리카 원주민을 지역의 생물 체계의 구성 요소보다는—오비에도의 편협한 관점인—좀 더 나은 존재로 바라보는 스페인 인들은 거울 이미지에 의해 자신들을 이타주의자로 생각했다. 16세기 초 도미니크회 한 수도사에 의하면,

내륙에서 그들은 사람 고기를 먹는다. 그들은 그 어떤 민족보다 남색을 선호한다. 그들에게는 정의 같은 것이 없다. 그들은 벌거벗고 다닌다. …… 그들에게는 복종도 없고, 나이 많은 사람들에 대한 젊은이들의 존경심도 없다. …… 그들은 기술도 산업도 없다. 우리가 우리 종교의 신비함을 가르칠 때, 그들은 그것이 카스티야 인에게나 어울리는 것이지 자신들에게는 맞지 않는 것이라고 말하면서, 자신들의 습관을 바꾸려 하지 않는다.[49]

이러한 낯선 종교적 관념에 더하여, 스페인 인들과 후에 미국인들이 야만적이라고 했던 아메리카 원주민들의 또 다른 특성은 서구적인 사적 소유의 부재였다. 대부분의 원주민 사회에서는 공동체가 각 가정의 생활 정도에 따라 필요한 만큼 경작지에 대한 사용권을 할당했다. 하지만 후안 히네스 데 세풀베다(Juan Gines de Sepulveda, fl. 1547년), 프란시스코 드 비토리아(Francisco de Vitoria, b. 1486년) 같은 인문주의자들, 그리고 나중에 등장한 토마스 홉스(1588년 출생)와 존 로크(1632년 출생) 같은 사회학자들에 의하면, 철학자 아리스토텔레스는 사적 소유란 문명을 규정하는 특징이라고 주장한 것을 옹호했다. 또 다른 독창적인 고대인인 예수는 소유의 의미에 대해 다소 모호한 입장을 취했다. 예수의 이러한 모호한 태도 때문에 후세의 편찬자들은 쉽게 아리스토텔레스의 주장을 옹호할 수 있었다. 이와 같은 진리 개념을 요약하면서, 그리고 아즈텍 인들을 그 실례로 들면서 세풀베다는 다음과 같이 주장했다.

그들은 공동의 재산이라는 제도를 갖고 있다. 아무도 개인적으로 어떤 것을 소유하지 않으며, 자기 의지에 따라 처분하거나 상속자에게 물려줄 수 있는 집이나 토지를 소유하고 있지 않다. 모든 것은 그들의 …… 왕이 관리하고 있기 때문이다. 그들은 자신의 의지보다는 왕의 의지에 따라 살았다. 그들은 왕의 의지와 자의로 노예가 된 사람들로 자기 운명의 주인이 아니다. …… 수많은 중요한 이유들로, 이 야만인들은 스페인 인들의 규칙을 자연법

으로 받아들여야만 한다.[50]

이러한 '자연법'의 시각에서는, 사적 소유에 기반을 두지 않은 모든 토지 경영 시스템은 야만적이고 노예적이고 비정상적이며 질서를 유지하기 위해 항상 외부인을 끌어들이는 결과를 초래했다.[51]

스페인과 그 십자군 형제국인 포르투갈의 일반 대중들의 입장도 이와 유사했다. 방파제를 따라 접하고 있는 모든 도시의 거리와 상점에서 이베리아 인들은 사적 소유가 "인간의 자유"와 같은 말이라고 생각했다. 이 자유를 얻기 위하여 수만 명이 선교사, 수도사, 특권을 부여받은 자, 농장 경영자, 광산업자, 사탕수수 플랜테이션 농장 소유자, 토지 측량 기사, 농부, 상인, 그리고 개인 재산을 획득할 수 있는 유형의 직업으로 해외로 떠났다.[52]

원주민들이 받아들일 수 없는 소유에 관한 관념 이외에도 그들이 타락한 종족이라는 증거는 족장이 여러 명의 부인을 거느리는 풍습이었다. 이러한 풍습은 특히 카리브 해 섬사람들과 동쪽 삼림 지대의 부족들에게서 발견되었다. 불행한 일치의 예로서 원주민들의 일부다처제는 그라나다의 무슬림들에게서 일찍이 행해지던 다중 결혼 형태와 유사했다. 더 나쁜 점은, 아메리카 원주민들의 일부다처제는 1492년 정복으로 인해 진기한 역사적 유물로 사라진 반면, 다중 결혼 제도는 발칸반도와 동부 지중해 연안에서 기독교 세력과 경쟁하고 있는 공격적인 신흥 무슬림 세력인 오스만투르크에서 여전히 행해지고 있었다는 사실이다. 이 불행한 일치를 벗어나는 것은 불가능했다. 성 아우구스티누스에게서 물려받은 이원론의 영향을 받은 신 스콜라주의자들은 그들이 자연스럽게 제거됨으로써만 그들이 사탄의 대행자들이라는 결론을 어려움 없이 내리기가 용이했다.[53] 이러한 생각을 갖고 신세계에 온 한 수도사는 다음과 같이 주장했다.

인디언들이 겪는 저 전염병을 보며, 나는 신이 우리에게 다음과 같이 말씀하시는 걸 느낍니다. "너희는 이 종족을 어서 절멸시켜라. 나는 좀 더 빨리 그들을 절멸시키도록 너희를 도울 것이다."[54]

신을 경외하는 뉴잉글랜드 인들 사이에서 아메리카 원주민들이 절멸되어야 마땅한 사탄의 도구들이라는 관념은 코네티컷 계곡의 피쿼트 족과의 문화적 충돌 속에서 입증되었다. 1634년 피쿼트 족은 천연두의 전염으로 무참하게 죽었다. 하지만 영국인들은 아무도 죽지 않았다. 피쿼트 족이 멸절될 것이라고 확신한 식민지 영국 군대는 1637년 피쿼트 족을 기습하여 전염병에서 살아남은 사람들 대부분을 학살했다. 당시 그곳에 있었던 한 사람은 나중에 다음과 같이 회상했다.

불에 타 죽는 그들을 보는 것은 끔찍한 일이었다. 분출되는 피를 막는 것도, 거기서 나는 악취도 참을 수 없었다. 하지만 승리는 (전능하신 신)을 위한 달콤한 성찬으로 여겨졌다.[55]

이러한 기억을 없애기 위해 코네티컷 식민주의자들은 피쿼트 마을을 뉴런던이라고 이름 붙이고, 살아남은 소수의 사람들이 과거 그들의 이름을 사용하는 것을 금지했다.

하지만 시간이 흐르고 17세기 초 영국인 정착자들이 유럽에서 가져온 종교적, 문화적 열정의 불길이 약해지면서 숲의 사람들에 대한 다른 태도가 생겨나기 시작했다. 17세기 말과 18세기 초 뉴잉글랜드와 북쪽의 뉴욕 식민지와 펜실베니아에서 원주민을 '타자'로 간주하는 관념이 일부 사람들에게는 더 이상 경멸적이지 않았다.

이 일부 사람들 가운데는 원주민에게 사로잡혀 강제로 그들과 살 수밖에 없었던 수백 명의 백인들이 있었다. 경험적 관찰의 타당성을 받아들인다면(이들 가운데 고대의 권위서들로부터 영향을 받은 학자들은 아무도 없었다.) 그들은 모든 점을 고려해서 아메리카 원주민들의 생활 방식을 따르는 것이 낫다는 결론을 내렸다. 싸움이 중단된 기간 백인 거주지로 돌아갈 기회가 주어졌을 때, 사로잡혔던 수백 명의 백인들은 돌아가지 않겠다는 의사를 표하고, 잠시 동안 백인 거주지의 집을 방문한 후에 인디언들과 영원히 같이 살기 위해 되돌아왔다.

유니스 윌리엄(Eunice Williams, 그녀의 교구 목사에 의해서 반역자로 간주된 인물)의 경우처럼 백인들의 이러한 거부는, 이제 더 이상 새롭지 않은 영국 식민지의 형태와 구조, 이데올로기들이 무질서와 알 수 없는 잔인성을 반복하기 시작했다는 희미한 예감을 반영했다. 이 무질서와 잔인성은 정착자의 선조들이 의도적으로 남겨 놓았던 것이다.[56] 하지만 아메리카에서 태어난 백인의 대다수는 온건한 태도를 취했는데, 이러한 온건한 태도는 종종 때가 되면 공격적인 애국주의로 무르익었다. 하지만 1780년대 미국 최초의 지식인인 톰 페인Tom Paine은 백인 찬양주의와 확실히 거리를 두었다.

북부 아메리카 인디언들에게는 유럽의 모든 도시와 거리에서 현재 볼 수 있는 가난과 궁핍이라는 비참한 광경을 찾아볼 수 없다. 가난은 소위 문명화된 생활의 결과물이다.[57]

아메리카 원주민 사회에서 살기 위해 되돌아온 백인들이 직접 기록한 증거가 없는 가운데 조나단 카버Jonathan Carver같은 여행자들에 의해 인디언 사회의 모습들이 공개되었다. 1766~1768년 슈피리어 호 지역의 원주민 사회에서 머물다 온 후에(그때 그는 50대의 나이로, 단순한 인상에 매몰될 젊은이는 아니었다), 카버는 다음과 같이 보고했다.

우리는 …… 그들이 친구라고 생각하는 사람들에게나 심지어 적이라고 생각하는 사람들에게도 우애가 있고 인정이 많은 것을 보았다. 그들은 마지막 한 순간까지도 친구들과 함께하려 했고, 위험을 무릅쓰고 그들을 보호했다. …… (모든 상황에서) 그들은 인간 본성을 존경하는 덕성을 지니고 있었다.[58]

북부 아메리카 토착 원주민들의 이러한 대안적인 삶은 1763년 추장 폰티악Pontiac의 저항 운동이 붕괴되면서 거의 끝나게 되었다. 당시 북 아메리카 영국군 사령관인 지페리 에머스트Sir Jiffery Amherst 장군은 천연두 바이러스가 묻은 담요를 원주민 사회에 보내 그들의 죽음을 재촉한 바 있다.[59] 백인들의 이러한 행동은 예상된 것이었다. 오타와의 한 추장은 1757년 전염병이 자신의 마을 사람들을 휩쓸어 가기 전 다음과 같이 보고했다.

프랑스와 영국의 전쟁 기간에 몬트리올에서 들어온 천연두는 …… 밀봉된 양철 박스에 담겨진 채 그들에게(인디언들에게 - 역자) 판매되었다. …… 그들은 집에 돌아와 박스를 열어 보았다. 하지만 그 안에는 다른 양철박스가 들어 있었다. …… 그들이 다시 그 박스를 열자 작은 곰팡이들만을 발견할 수 있었을 뿐이다. …… 많은 사람들이 그것이 무엇인지를 알아내려고 자세히 들여다보았고, …… 곧바로 무시무시한 전염병이 발생했다.[60]

퀘벡과 여타 신프랑스 지역이 영국에 의해 정복된(1763년) 후 몇 년 간, 유럽 출신의 아메리카 인들은 영국의 세습 군주를 거부하고(1776년), 정치적 독립을 쟁취했다(1783년). 이제 아메리카 땅의 새로운 통치자들은 (이제는 존재하지 않는) 백인의 적에 맞서 군사적 우위를 점하기 위해 본국과 연대할 필요가 없다는 것을 깨닫게 되었다. 따라서 새로운 통치자들은 발전을 목적으로 오하이오 골짜기와 남부 깊숙한 곳에서 살고 있던 토착 원주민들을 서부의 변두리 지역으로 몰아넣었다. 이러한 문제에 있어서, 유럽 미국인 영웅은 1830년 인디언 소개 법령을 공포했던 대통령

앤드류 잭슨이었다. 이 법령에 뒤를 이어 1837~1838년에는 '눈물의 길'과 천연두의 빈번한 공격을 포함한 여타의 재앙에 의해 인디언의 말살이 계속 이어졌다.[61]

오지브웨 족이 살던 대 호수the Great Lakes 북쪽도 같은 상황이 전개되었다. 1781~1782년 천연두로 인해 오지브웨 족은 거의 황폐화되었다. 하지만 그 종국은 좀 달랐다. 1781년까지 유럽인들과 유럽 미국인 동물 모피 무역상들은(예를 들어, 비버 모피 모자는 런던과 유럽 내륙의 멋쟁이 신사들이 쓰고 다녔다.) 그들의 먹을거리와 자작나무 껍질로 만든 카누, 덫, 연장과 기술, 그리고 (몬트리올, 올버니, 뉴욕에서 팔) 모피를 오지브웨 족에게 의존하고 있었다. 오지브웨 족은 백인 무역상에게 제공하는 물건들이 그들의 우두머리들에게 빠져나가지 않게 하면서 다양한 경제를 계속 유지해나가고 있었다. 오지브웨 족의 경제는 정착 농경, 사냥, 그리고 단풍나무 시럽이나 자작나무 시럽, 딸기 같은 야생 채집물 등을 생산하면서 지역과 원거리 무역을 병행하고 있었다. 수십 명의 대가족으로 이루어진 공동체들은 무거운 통나무로 지은 오두막집에서 겨울을 보냈다.

이 모든 것들은 1781년 천연두의 유염으로 위험에 직면하게 되었다. 천연두는 미주리 강 동북쪽으로 이동한 다음, 오늘날의 다코타, 미네소타, 위스콘신, 온타리오, 매니토바, 서스캐처원을 통과해 북극권 근처의 애서배스카 호수까지 이르렀다. 십 년 후, 북쪽의 미네소타를 여행한 데이비드 톰슨은 다음과 같이 보고했다.

과거에 많은 사람이 살던 이 광활한 지역은 이제 300명도 채 되지 않는 전사들이 살고 있다. 내가 보았던 사람들 가운데는 남자보다 남편을 잃은 여자들이 더 많았다.[62]

천연두가 오지브웨 족을 강타하고, 그 후로 인구가 회복되지 않자 결국 오지브웨 족은 와해되었다. 이제 처음으로 백인들의 보상금에 의존하면서(이들은 다른 방식보다는 낫다고 생각해서 이를 받아들였다.) 오지브웨 족은 알코올과 철 기구 및 장신구 등을 애호하는 소비자가 되었다. 과거의 제작 기술은 잊혀졌고, 그들은 백인들이 늘 말하는 힘없고 게으른 인디언들이란 칭호에 걸맞는 사람들이 되었다. 하지만 부족이 와해되고 그들이 지녔던 정신이 단절되었음에도 불구하고, 오지브웨 족은 굳건히 조상들의 땅을 고수할 수 있었다. 이 글을 쓰는 지금도 그들은 지금의 캐나다와 미국의 경계에 있는 슈피리어 호 해안의 그랜드포티지의 무역소 부근에 있는 옛 조상들의 땅에 여전히 살고 있다.

더 서쪽에 있는 부족들의 운명도 마찬가지였다. 천연두의 공격을 받은 후, 그들의 공통된 운명은 백인 군대에 의해 삶의 터를 뿌리 뽑힌 채, 불모지로 쫓겨 가는 것이었다. 그곳에서 그들은 신속히 몰락해 갔다. 이러한 상황을 예비한 것은 1837~1840년에 발생한 유행성 천연두였다. 이 유행성 천연두는 캔자스에서 태평양 연안의 프린스루퍼트에 이르는 대평원 지대를 휩쓸면서 4만 명의 블랙푸트 족의 목숨을 앗아가고 맨던 족을 거의 절멸시켰다. 20년 후, 샌프란시스코에서 배를 타고 온 한 여행객에 의해 밴쿠버 섬 빅토리아 시로 도입된 천연두는 앞서 서술한 것과 비슷한 결과로 이어졌다. 빅토리아 시에서 야영을 하던 인디언 무역상들 사이에서 천연두 바이러스가 잦아들 즈음 지배자들은 이들을 추방했다. 그러므로 분명 자신도 모르는 사이에 무역상들은 각자의 집으로 천연두 바이러스를 지니고 돌아갔을 것이다. 이렇게 전염된 천연두는 북쪽 알래스카 해안까지 휩쓸면서, 아메리카 원주민의 60퍼센트(20,000명)를 죽게 했다. 추측컨대, 백인 정부가 감염된 무역상들을 검역소에 격리시켰다면, 천연두가 유행되지 않았을지도 모른다. 물론 이것은 그 지역을 비워서 발전의 수단으로 삼으려는 백인들의 목적에는 부합하는 것이 아닐 것이다.[63]

1890~1910년 사이에 보호 거주지에 갇힌 채, 천연두와 발진티푸스의 먹이가 된 아메리카 원주민들은 최저 인구에 달했다. 워싱턴의 인디언

사무국에 있는 그들의 보호자들은 신사처럼 인디언들을 위해 그들의 봉급을 모으는 일을 할 뿐, 아무런 역할을 하지 못했다. 사회 진화론이 유행하는 시기에 유럽 미국인들은 아메리카 원주민들이 곧 사라질 것이라고 확신했다.

사고방식과 관습

앞서 서술한 것처럼 1720년 포올라를 휩쓴 유행성 천연두가 퍼진 기간에 섬사람들 20명당 19명이 사망했다. 카프카스 인들의 이 같은 높은 사망률은, 아메리카 원주민들이 천연두에 의해 50퍼센트 이상의 사망률을 보인 것이 인종적 특성 때문이라는 설명을 무색케 만드는 역사적 사실이다. 그렇지만 어떤 문화적 특성이 그러한 커다란 희생의 요인이 되었을 것이라는 점을 인정해야 할 것 같다.

천연두와 접촉한 첫 세기 동안 신세계 사람들은, 천연두가 그 지역의 풍토병으로 보던 인도의 일부 지역 거주민들보다도 이 질병에 대처하는 경험이 부족했다. 이를 테면 인도의 벵골 지역에서 18세기 초 경험 많은 성인들은 한 어린아이가—아마도 우두 접종에 의해 생겼을—경미한 천연두를 앓게 되면, 병이 다른 사람에게 옮겨가서 전염병으로 커지지 않도록 그를 격리시켜 놓고 이미 그 병을 겪은 사람의 보살핌을 받게 했다.[64] 하지만 백인 이방인들이 들어오기 전에는 천연두나 다른 전염병을 몰랐던 신세계에서는 병자를 격리시킨다는 생각은 관습에 맞지 않는 것이었다. 1630년대 천연두가 처음 알곤퀸 야영지에서 발생했을 때 어른들은 환자를 보러 가야 한다는 의무감을 갖고 있었다. 이러한 도덕적 의무감으로 그들은 떼를 지어 환자의 숙소로 갔고, 그곳의 공기를 마셨다. 이와 비슷한 도덕적 지원의 관습은 1898년 뉴멕시코 푸에블로Pueblo 사람들에게도 여전히 행해지고 있었다. 사방에서 다가오는 백인들과 싸우

던 푸에볼로 인들은 환자를 방문하는 관습을 계속 유지하기로 결정했다.[65]

치명적인 천연두에 걸리면 환자들은 병으로 검어진 살점을 떼어 내지 않고서는 돌아다닐 수 없는 상태에서 10~12일 동안은 반쯤 정신이 나간 상태로 계속 물과 음식을 섭취해야만 했다. 그러다가 도움의 손길이 끊기면 기아로 사망해야만 했다. 1518년 이후 백인 관찰자들은 종종 전염병이 휩쓴 원주민 거주지에서 가족과 공동체의 간호의 손길이 멈추었다고 기록했다. 천연두 바이러스가 아메리카에는 전적으로 새로운 것이었고, 나이 든 경험 많은 치료사들도 어린 시절 경미한 천연두를 겪어야만 생길 수 있는 면역성을 지니지 못했다는 점을 고려한다면, 이처럼 간호의 손길이 중단되는 상황은 충분히 이해가 된다. 또한, 돌봄의 문화가 깊숙이 뿌리내리고 있다 할지라도 병의 국면이 위험 수위를 넘어서면 치료사들도 살기 위해 환자를 썩은 고기를 먹는 새나 개들에게 내버려 두고 도망을 쳤을 것이다.

이러한 끔찍한 상황은 1589년 아레키파Arequipa의 안디언Andean 시에서도 일어났다. 한 보고서에 의하면, 아레키파의 대전염병 기간 동안 고통을 참지 못한 환자들이 치료사들이 도망쳤던 그 거리를 비명을 지르며 달려 나갔다고 한다. 당시 백만 이상의 토착민이 사망했다고 한다.[66] 한 보고자의 관찰에 의하면, 1521년 테노치티틀란에서는 수많은 아즈텍 인들이 "아무도 (환자들을) 돌볼 수 없었고, 아무런 도움의 손길도 받지 못했기 때문에 굶어 죽었다."[67] 모든 상황에 대한 좀 더 상세한 묘사는 1634년 플리머스Plymouth 식민지의 예로 짐작해 볼 수 있다. 플리머스에서 알로퀸 족은,

대부분 이 질병으로 쓰러졌다. 마지막에 그들은 서로를 도울 수도, 불을 지피거나 마실 물을 가지러 갈 수도 없었고, 죽은 자를 묻을 힘도 없었다. 하지만 (그들은) 할 수 있는 최선을 다했을 것이다. 그리고 더 이상 불을 지필

것을 마련할 수 없었을 때, 그들은 그들이 사용하던 나무로 된 접시와 용기들을 태우고 활과 화살도 불에 넣었다. 그리고 어떤 사람들은 네 발로 기어 물을 찾다가 도중에 죽어서, 다시는 물을 가지러 갈 수 없었다.[68]

이와 대조적으로, 19세기 유럽 미국인들은 그들의 정착지에 사는 동안 천연두에 걸리게 되면, "잘 데워지고 통풍이 잘되는 집에 누워서 …… 의사와 간호사, 가족들의 간호를 받았으리라." 예상할 수 있다. 가족들은 환자에게 음식과 약을 주고 침대의 위치를 바꿔 주기도 하면서, 심한 경우에 생기는 고통과 열, 정신착란, 절망, 고름, 악취, 외관의 손상에 대한 두려움 등에 대해 환자에게 용기를 주었다.[69] 이러한 백인들의 치료 체계를 가장 잘 보여 주는 예는 1790년 12월 버지니아 주 리치몬드 시의회의 대응이었다. 아이작 레인Isaac Lane의 소유였지만, 다른 백인들을 위해 일하던 한 흑인 노예가 천연두에 걸렸다. 이 사실을 알게 된 즉시 리치몬드 시의회는 환자를 격리된 방으로 옮기고, 그에게 간호사와 회복에 필요한 모든 것을 제공하였으며, 그가 미쳐서 밖으로 달려 나가 전염병을 확산시키지 못하도록 호위병까지 두게 했다. 이 모든 것은 시의 기금으로 충당되었다.[70]

라스 카스를 시작으로 어릴 때 천연두 면역을 기른 스페인 인들은 아메리카 원주민들의 이상한 위생 습관이 천연두로 인한 죽음에 영향을 미친다고 확신했다. 이슬람 그라나다의 사람들에게서 겪은 역사적 경험을 바탕으로 스페인 인들은 모든 목욕 행위를 무슬림의 숭배 행위를 수행하는 예식으로 생각했다. 따라서 목욕 행위가 발각된 사람들은 종교재판소에 보고되었다. 이베리아 반도의 독특한 상황이었던 목욕 행위의 금지뿐만 아니라, 일반적으로 유럽인들은 몸을 물속에 담그는 행위는 악마에게 숨구멍을 열어 주어, 악마가 몸속으로 들어와 네 가지 체액의 균형을 무너뜨려서 병과 죽음을 일으킨다고 생각했다.[71]

백인에게는 전혀 피해를 주지 않고 원주민들만을 대량으로 죽인 천연두가 신세계에서 유행하는 동안 백인들은 어디에서나 원주민들이 썩어가는 몸을 뜨겁거나 차가운 물에 담그는 것은 이교도 신의 치유력에 호소하는 것이라고 간주했다. 목욕을 하는 자들은 당연히 기독교 신의 처벌을 받게 되었고, 그 결과 수많은 사람들이 죽은 것으로 추측된다. 이러한 악마적 관습의 단적인 예로서, 오코페트라유카Ocopetlayuca에 있는 멕시코 골짜기의 토착민들은 관습적으로 한밤중에 목욕을 했다. 이와 유사하게 악마에 대한 숭배 의식으로 보였던 것은 하루에 두 번 목욕을 하는 떼뽀스뜰란Tepoztlan의 관습이었다. 목욕이 사악한 것이라고 확신한 스페인 인들은 무자비하게 목욕 행위를 금지했다. 편견에서 비롯된 이러한 강한 억압 조치에 직면한 토착민들은 심한 절망감에 빠졌다. 몸을 깨끗하게 하는 습관을 가졌던 토착민들은 몸에 악취가 나기 시작하면 몸이 좋지 않다고 느꼈다. 그러한 상태에서 남편과 아내들은 당연히 성 관계도 잘 하지 않으려 했을 것이다.[72]

또한 심리적 요인들도 아메리카 토착민들이 천연두로 인해 크게 감소된 인구를 회복하지 못하는 한 요인으로 작용했다. 이러한 심리적 요인들 중 하나는 천연두 바이러스의 심한 공격에도 면역이 된 생존자들이 지니게 된 흉터에 관한 것이다. 평등주의적인 북부 아메리카의 동부 삼림 지대의 남성들은 외모에서 자부심을 느끼던 사람들로, 얼굴과 몸에 무수히 난 털을 잡아당기면서 시간을 보내는 것이 관습이었다. 그런데 천연두에 의해 얽은 자국이 남은 생존자들은 흉터를 가릴 수 있는 턱수염을 기를 수가 없었다. 1738년의 전염병 기간을 관찰하고 기록하면서, 제임스 아데르James Adair는 수십 명의 체로키 족 생존자들이 교역된 물품인 거울 속에 비친 그들의 얽은 얼굴을 보고 "자존심 때문에" 자살했다고 기록했다. 아마도 더 일반적인 현상으로 생각되는 것은, 천연두로 인해 눈이 멀거나 흉한 몰골을 하게 된 남자들은 결혼 연령기의 여자들에게 거부되었을 것이라는 점이다.[73]

생리학적인 차원에서, 천연두는 살의 부드러운 부분을 공격했다. 그 결과 생존 남성의 일부는 정자를 생산하지 못해 생식 능력을 잃었다. 이러한 사실은 계몽주의 거장 중 한 사람인 조지 콩트 드 뷔퐁George Comte de Buffon의 주장과 어떤 연관성이 있는 것 같다. 신세계의 동식물상에 관한 최종적인 연구서에서 뷔퐁은 모든 자연물은 아메리카보다 유럽의 것이 더 크고 낫다고 주장했다. 그 하위 범주로서 그는 아메리카 원주민 남성의 생식기는 재생산 기능을 하기에는 너무 작다고 주장했다. 조금 편견이 덜한 주석가들은 인디언 중 상당수의 부부가 아이가 없다는 점을 지적했다. 최근 조사 결과를 보면, 17세기 안데스 지역의 사람들 중 모든 부부의 1/4~1/2이 아이가 없었다. 같은 시기 영국의 노섬벌랜드Northumberland 귀족 사회에서는 결혼한 쌍 중 아이가 없는 경우는 6퍼센트 이하였다. 또한 아메리카의 치명적인 천연두는 종종 성과 연령에 따른 특수성을 보였다. 성인들 중 임신한 여성은 매우 심한 타격을 입었는데, 20대 이상 남성의 30퍼센트보다 더 높은 50퍼센트의 사망률을 보였다. 이러한 사실은 적지 않은 아메리카 원주민 커플들이 아이가 없는 이유가 우연이 아니라는 점을 암시한다.[74]

아메리카의 스페인 점령 지역에서 지방 정부들은 정복자 통치 비용을 공물을 거두어 상쇄했다. 이들은 너무나도 당연한 상식적인 측면을 무시했는데, 그것은 천연두와 기근, 발진티푸스로 격감된 인구가 조공을 바칠 능력이 없다는 점이었다. 이러한 점에서 스페인 인들의 무지를 보여주는 단적인 예는 유카탄 반도의 경우였다. 여기서는 1648~1656년 사이에 황열병이 천연두와 겹쳤다. 수천 명의 마야 인들이 사망했다는 소식을 접하고서도 정부는 요구 사항을 줄이지 않았다. 더 극단적인 경우는 1664~1665년과 1667~1669년 총독이었던 로드리고 플로레드 알다나Rodrigo Flores de Aldana가 통치하던 기간이다. 스페인 인들의 탐욕을 가장 극명하게 보여준 인물인 플로레드 알다나는, 자신은 원주민을 착취해서 스페인으로 돌아가 부자로 살기 위해 유카탄 반도에 왔다고 천명했다. 그 결과 공물을 바칠 능력이 되는 마야 족의 젊은 여자와 남자 수백 명이 그의 손길을 피해 멀리 떨어진 곳으로 도망쳤다. 도망과 분열, 천연두, 황열병으로 인한 인구의 감소 그 자체가 바로 마야 주민들의 생존을 위협하는 상황으로 이어졌다.[75]

공물 징수 대상 원주민들이 부족하다는 것을 알게 된 스페인 인들은 공물 징수를 용이하게 하기 위해 주민들을 강제로 한 곳에 모으는 방법을 택했다. 이것은 스페인의 푸에블로 부락을 모델로 한 "집합 마을"이었다. 이전 정복민들이 이미 도시를 이룬 멕시코 고원 같은 지역에서는 단지 이곳저곳에 흩어져 있는 소수의 사람들을 포함시키는 데 불과했다. 그 밖의 완전히 새롭게 형성된 "집합 마을"에서 주민들은 주로 전염병의 폭발을 위해 준비된 재봉사들이었다. 이전에는 띄엄띄엄 고립된 지역에 살았던 사람들은 경미한 풍토성 천연두에는 거의 노출되지 않았을 것이다. 페루, 볼리비아 그리고 멕시코의 은광 지역의 대부분의 "집합 마을"은 사실상 노예 노동자 거주지였다. 이곳에서 천연두로 사망한 사람의 수는 광산에서 사망한 사람의 수와 거의 비슷했을 것이다. 이러한 "집합 마을"을 유지하기 위해 스페인 인들은 스페인 선원들이 먼 곳에서 데리고 온 노예들로 마을을 가득 채웠다. 선원들은 가는 곳마다 천연두를 퍼뜨렸다.[76]

스페인 인들이 에콰도르에 세운 몇몇 마을들은 죽음의 장소를 만들 목적으로 세워진 것처럼 보였다. 예를 들어, 1559년 아나퀴토Anaquito 근처에서 강제 이주된 한 마을 사람들은 식수를 마련하기도 힘든 바람 부는 산비탈 지역으로 또다시 강제 이주되었다. 이러한 강제 이주는 천연두 전염병이 끝날 무렵, 생존자들의 건강이 약해져 있을 때 실시되었다. 이주 후 곧바로 많은 사람들이 죽었다. 이 강제 이주와 그 후의 비슷한 조치들은 1560년대까지 살아남은 에콰도르 인 인구가 처음 스페인들과 접촉했을 때의 1/3에 불과했다는 사실을 더욱 확실하게 한다.[77]

북쪽으로 5,000킬로미터 떨어진, 옛 캘리포니아 지역에서 1590년대 초 스페인 성직자들은 선교 주거지를 설립하고 자칭 개종자들을 그들의 영혼을 살찌운다는 목적으로 강제 이주시켰다. 천연두와 여타 질병들이 신의 의지와는 다른 요인에 의해 확산된다는 사실을 깨닫지 못한 선교사들은 잘 모이는 원주민의 관습을 그들의 대규모 죽음과 연결 짓지 못했다. 1678년에 기록된 한 예수회 선교사의 보고에 의하면, 개종 활동이 시작된 뒤 50만 명의 개종자들이 생겼지만 9명 중 한 명만이 살아남았다고 보고했다.[78] 페스트 전염병으로 죽게 된 무슬림들이 곧바로 천국으로 들어간다고 확신했던 중동 지역의 상황과는 극명한 대조를 보이며, 아메리카 원주민들은 천연두에 걸려 죽을 때 그것은 그들이 과거 자신의 신을 버렸기 때문이라고 이해했다.

유럽의 가톨릭 왕들과 그 계승자들이 타타르 족의 칭기즈칸(수백만 명을 죽인 자)과 구별되는 문화적 속성 중에는 구별 짓고 규정하는 성향이 있었다. 그래서 필립 2세(이사벨라 여왕의 장손)는 뉴 스페인의 상황이 생각했던 것과 다르다는 것을 깨닫고서 통치 기간 중반에 성직자들에게 나이가 많은 나우아틀 족 생존자들과 면담할 것을 명했다. 1577~1586년에 이루어진 이 대조사의 5번 질문은 다음과 같다.

'마을에 거주한 인디언들이 많았는가, 적었는가? 과거에는 인구가 지금보다 훨씬 많았는가, 적었는가? 인구 증가와 감소의 이유는? 거주자들은 일정한 도시에서 영원히 함께 살았는가, 그렇지 않았는가? 또한 인디언들의 정신과 성향, 생활 방식의 조건과 특성은 무엇인가?'

질문 15번은 "그들이 지금보다 과거에는 더 건강했는지 그렇지 않았는지, 그리고 어떤 이유로 그러했는지"를 묻는 것이었다.[79] 서지 그루진스키Serge Gruzinski는 최근 이 조사 결과를 분석한 후 예기치 않은 발견을 했다.[80]

나우아틀 족 연장자들은 스페인 인들이 오기 전에는 사람들이 지금보다 더 오래 살았고, 병을 앓는 일도 적었다고 말했다. 이러한 대답은 언뜻

보기에 고래 적의 좋았던 시절을 회상하는 희미한 눈빛을 지닌 노인들의 말로 들릴 수도 있지만, 생생한 경험에서 나온 사실 그대로의 대답이었다. 이들은 과거 아즈텍 왕국이 정신적으로나 육체적으로 지금 스페인 통치보다 더 힘든 시절이었다고 말했다. 과거에는 힘의 위계가 빠르게 변했다. 귀족은 세습되는 지위가 아니라 전투에서 용감함을 발휘하여 얻게 되는 지위였다. 그것은 그들이 용감함을 증명하지 못하면, 일반 주민으로 강등된다는 것을 뜻했다. 중간 계급의 경우도 이와 유사하게 지위는 능력을 발휘함으로써 획득되었다. 그러므로 지위를 얻기 위해 노력하는 것이 몸에 밴 아즈텍 인들에게는 개인의 훈련이 요구되었다. 그들에게는 "엄격, 검약, 부단한 작업"이 전부였다. 이러한 상황은 인구의 측면에 있어서 중요한 결과를 낳았다. 기술과 능력을 증명하는 것은 오랜 시간의 노력을 필요로 했기 때문에, 남자들과 여자들은 늦게—남자들은 대략 30세에, 여자들은 20대 중반에—결혼을 했다.

스페인이 통치하는 현재의 상황은 아주 달랐다. 과거의 사회적 위계는 사라지고, 모든 사람은 노예라는 캄캄하고 평등한 지위로 내려앉았다. 이 낯선 "쉽고 편리한 생활"에서는 아무런 목적이 없는 것처럼 보였다. 지루함에 빠진 젊은이들은 이제 일찍 결혼을 했고, 조사에 응한 연장자들의 말에 의하면 그 젊은이들은 너무 게을러져서 낳은 아이들의 목숨을 제대로 부지시키지도 못했다. 연장자들은 이러한 점이 인구 감소의 중요한 원인이라고 보았다.

성직자들의 인터뷰에 응한 나우아틀 족 연장자들은 반세기 동안의 선교 활동에 영향을 받은 상태에서, 인구의 감소는 한편으로 그들의 신을 부정한 결과임을, 즉 신이 기독교로 변절한 자를 천연두를 보내 처벌했다는 말을 감히 하지 못했다. 자포텍 같은 문화적인 종족의 적절한 대응은 이러한 논점을 강화한다. 한때 오셀로테펙(Ocelotepec, 멕시코시티에서 남동쪽으로 400킬로미터 떨어짐)의 인구 밀집 지역에 살았던 이들은 아즈텍 인들로부터 계속 독립을 유지해 오다가, 스페인의 지배를 받게 되었다. 스페인 인들이 이들을 관찰하던 처음 몇 해 동안 이들은 천연두에 걸리게 되어, 이내 1,200명이 사망했다. 이러한 위기에 충격을 받은 자포텍 인들은 자구책을 강구했다. 예수와 성모 마리아에 대한 숭배를 포기하고, 그들은 옛 신들의 제단을 다시 세우고 전해 내려오던 희생 제의로써 신들을 숭배했다. 스페인 인들의 금지에 대해 이처럼 완강하게 저항함으로써 크게 북돋아진 사기로 인해 그들은—일부 의학자들에 의하면 질병률과 사망률을 높이는 원인인—우울증과 두려움에서 벗어났다.[81]

대 조사는 1519~1521년 중앙아메리카를 휩쓴 가장 치명적인 전염병 기간 동안 이루어졌다. 의학적 견해는 다양하지만, 주된 살인자는 아마도 천연두였고 발진티푸스와 기근이 뒤이어 발생한 것으로 보인다. 특히 심각한 타격을 입은 곳은 인구의 절반이 죽은 멕시코의 대주교 관구였다. 스페인에서 필립 2세는 천연두와 스페인 무적함대의 패배를 스페인 인들에 대한 신의 분노로 생각했다. 그리하여 신의 분노를 가라앉히기 위해 종교재판소는 더 이상 나우아틀 어 사용을 금지하는 칙령을 공포했다.[82] 중앙아메리카 어 사용 금지로 인해 토착 문화에는 커다란 대못이 박히게 되었다. 또한 다른 억압적 조치들도 시행되었다.

아메리카 원주민들이 천연두를 피해 도망을 친 얼마 동안의 공백 상태에서 공동으로 소유되던 땅들은 이주해 들어오는 스페인 농장주들에게는 공짜로 차지할 수 있는 땅으로 보였다. 이러한 탈취로 인해 원주민들은 기초적인 식량 공급에 필요한 경작지를 잃었다. 소유권을 빼앗긴 채 곤궁에 처한 원주민들은 종종 선교사나 농장주의 합법적인 보호를 받는 처지로 전락해서, 1840년대 헨리 다나 Henry Dana 가 멕시코와 캘리포니아 해안을 여행하며 보았던 게으르고 무기력한 원주민들의 선조가 되었다.[83]

중앙아메리카의 심장부에서 일어난 일은 아니지만, 천연두와 접촉이 있은 한 세기만에 모든 부족이 절멸한 것은 북부 아메리카, 카리브 해 섬들, 그리고 브라질에서는 공통적인 현상이었다. 남부 캘리포니아에서 천연두는 1699년 해안가 인디언 족 전부를 휩쓸었다. 그 결과 6명만이 살아남아 널려 있는 시체들을 흑가마우지와 까마귀 떼에게 남겨 두고 도망쳤다. 버지니아에서는 선장 존 스미스가 기록한 60개 부족 중 28개 부족이 1680년까지 사라졌다. 포르투갈 점령의 브라질의 해안 지역에서는 1798년까지 단 25만 명의 인디언들이 공식적으로 존재한 것으로 알려져 있다. 그들 중 대부분은 절망에 빠진 폐인이었다. 당시 그들은 흑인 아프리카 노예보다 1~6배 정도 많았다. 거대한 아마존 강 유역을 조사한 후 끌로드 레비 스트로스는 첫 감염이 있기 전에는 약 7~8백만 인구의 복잡한 문명사회들이 있던 곳이라고 주장했다. 20세기 초 진지한 인류학적 연구가 내리막길을 걸을 때 이 문명사회들도 산산이 와해되었고, 남아 있는 각 부족의 인구는 몇 백 명에 불과했다. 그 주된 원인은 포르투갈의 노예사냥 탐험대(bandeirantes, 브라질 내륙 탐험에 중요한 역할을 했던 오지 탐험 대원)와 천연두였다.[84]

문화 보존주의자들에게는 다행스럽게도, 스페인 통치가 점차 자리를 잡게 된 후 몇 세기 동안 멕시코 고원의 인구는 절멸의 위기를 벗어났다. 하지만 몇몇 위기들이 있었다. 1797~1798년 천연두가 다시 유행했다. 그것이 마지막으로 모습을 보인 것은 18년 전이었다. 이것은 18세 이하의 모든 사람들에게는—전체 인구의 절반 이상에게는—면역이 없다는 것을 의미했다. 중심 도시에서 천연두는 7,000명의 젊은이들의 목숨을 앗아갔다. 그 지역 스페인 정부는 이 전염병 위기 동안 인구의 80퍼센트가 스스로를 돌보지 못할 정도로 곤궁해졌다는 것을 알게 되었다. 이러한 사태를 270년간의 문명 지배에 대한 경종으로서 받아들이지 않기 위해 스페인 인들은 토착민들이 선천적으로 게을러서 가난하다는 관념으로 도피했다.[85]

1797~1798년의 위기 동안 오지로 도망친 토착민들은 스페인 인들과 그들의 신 때문에 천연두가 발생했다고 믿고 있었다. 이러한 확신을 가지고 그들은 스페인의 질병 관리 정책—강제 접종과 감염된 어린아이들

의 격리—에 반대했다. 이를 이해하지 못한 스페인 인들은 어떠한 동정심도 없었다. 한 성직자는 다음과 같이 말했다. "이 사람들은 세상에서 가장 고집불통인 사람들이다. …… 어떤 사람들은 신이 천연두를 이곳에 보냈지만, 그들 아이들에게 더 이상 천연두가 옮지 않도록 하기 위해 스페인 인들을 받아들일 수 없다고 말한다."[86] 천연두의 광풍이 몰아치기 전날 테오티틀란 델 벨러Teutitlan del Valle에서 스페인 통치자들은 16명의 어린 환자를 사로잡아 격리소에 그들을 집어넣었다. 하지만 화가 난 군중들에 의해 아이들은 구출되었다. 이들은 그들의 아이들이 감금되면 굶어 죽을 것이라고 생각했다. 이와 비슷한 구출 시도는 어디서나 벌어졌다.

남쪽으로 1만 킬로미터 떨어진 칠레의 비오-비오 강 너머에 살고 있는 20만 명의 사람들에게 1791년 유행성 천연두가 발생했다. 그때까지만 해도 이들은 정복에 저항하고 있었다. 비록 마드리드의 벽 지도에는 이들의 영토가 스페인 왕의 영토로 표시되어 있긴 했지만 그러했다. "이성이 아닌 채찍으로 다스려야 하는, 무지하고 미신을 믿는 야만인들"을 압박하면 이득을 취할 수 있다고 생각하면서, 스페인 인들은 천연두가 발생하자 그곳으로 선교사와 의료 지원단을 보냈다. 스페인 인들은 속마음을 숨긴 채 '갈색 옷을 입은 성직자들(프란체스코 파 수도사들)이 그들의 땅과 재산과 그들의 여자들을 원하지 않는다'는 점을 전달했다. 이들의 속셈을 잘 알고 있었던 비오-비오 사람들은 "다른 스페인 인들에게 그랬던 것처럼 그들을 끓는 물에 넣어 죽이겠다."고 말하면서 성직자들을 계속 받아들이지 않겠다고 대응했다.[87]

그들 자신의 방책에 따라 비오-비오 인들은 스페인 인들, 스페인의 신, 갈색 의복을 입은 사람들이 강을 거슬러 그들에게 올라오는 접근로를 차단했다. 천연두의 발생 원인에 대해 그들은 천연두로 사망한 카율랑카Cayullanca라는 이름의 젊은이가 4년 전 성직자가 이끄는 콘셉시온 여행단을 급습했는데, 그 성직자가 싸움을 선언하고 복수하기 위해 천연두를 보내서 이제는 전체 주민이 천연두의 위협을 받고 있다고 주장했다. 이 사건에서 남부 비오-비오 인들은 이곳저곳에 흩어져 살았기 때문에 천연두의 피해를 크게 입지는 않았다. 하지만 2년 후 영리한 스페인 통치자인 암브로시오 오히긴스Ambrosio O'Higgins는 천연두 위기 시에 전개된 분산 거주를 이용할 줄 알았다. 1793년에 체결된 한 조약에서 이 스페인 통치자는 다시는 마법을 써서 천연두를 보내지는 않을 것이라는 암묵적인 약조하에 그들이 원할 때는 언제나 비오-비오 마을에 선교 건물과 요새와 연결도로를 건설할 수 있다는 허가를 받아냈다.[88] 하지만 신세계 질서에서 이러한 종류의 협약은 언제나 백인들의 약속 파기로 이어졌다.[89]

아프리카와의 연관성

1492년 이후 신세계에 들어온 유럽인들은 광산, 평야, 목초지, 숲 등을 점령하면서 이 모든 잠재적인 부를 부가가치가 높은 상품으로 만들기 위해서는 많은 노동력이 필요하다는 점을 깨닫게 되었다. 육체노동은 노예들에게만 적합하다고 한 아리스토텔레스의 주장을 따르면서, 백인들은 새로운 땅에 있는 수많은 난쟁이들을 노예로 만들어 유럽인들을 위해 상품을 생산하게 하는 것이 신의 섭리라고 생각했다. 시간이 지나면서, 아메리카 원주민들이 천연두와 여러 질병으로 죽고, 살아남은 원주민들조차도 제대로 일을 하지 못한다는 것을 알게 되자, 유럽 정복자들은 노예를 새로 보충하는 일이 시급했다. 이 역시 신의 섭리에 의한 것이었다.[90]

17세기 중반 포르투갈 무역상들은 그들이 지닌 특권을 이용하여 분명 무한정의 자원으로 보이는 앙골라의 튼튼한 노예 노동자들을 끌어들이기 시작했다. 너무나 수월하게, 이 노예 자원은 불과 몇 주 만에 바다를 건너 스페인령 아메리카와, 알바레즈 카브랄Alvarez Cabral이 1501년 브라질에 상륙하여 세운 포르투갈 식민지로 옮겨졌다. 사실 서아프리카의 노예 수집소들은 좀 더 커다란 포르투갈 무역 제국의 일부분일 뿐이었다. 몇 해 전 소규모로 출발한 그 포르투갈의 노예무역 선원들은 희망봉을 돌아서 아라비아 해를 거쳐 인도 서쪽 해안에 있는 고아Goa에 도착하여 요새화된 무역 기지를 건설했다. 그들은 다시 고아를 출발해 벵골 만을 거쳐, (오늘날의 말레이시아에 있는) 말라카, 중국의 마카오, 일본의 나가사키, 필리핀의 마닐라에 노예 거래망을 세웠다. 그들의 광란에 찬 활동의 결과, 1550년 무렵 포르투갈 인들은 유럽에서는 유일하게 전 세계를 망라하는 상업 지역을 관리했다. 유럽에 있는 왕들과 교황의 정책적 결과로 오랫동안 그들은 스페인령 아메리카의 주된 노예 공급자 역할을 했다.[91]

노예무역을 시작할 때에 맞춰 포르투갈 무역 제국은 아프리카 서쪽 해안에 위치한 왕국의 통치자들의 지원을 얻어냈다. 그들은 섬에서 붙잡은 노예들을 바다를 건너온 백인 상인들에게 팔 준비가 되어 있었다. 서부 아프리카에 노예 네트워크를 건설한 포르투갈 인들은 1490년대에는 일 년에 1,200∼2,500명의 노예를 리스본, 세비야, 그리고 이탈리아 도시들에 보냈다. 그리고 브라질에서 시작된 사탕수수 농업 기술이 유럽에서 신세계로 전파되면서 아프리카에서 붙잡힌 대부분의 노예들도 유럽으로보다는 아메리카로 보내졌다.[92] 1670년대와 19세기 후반 사이에 약 3천만 명의 포획된 노예가 아프리카 서해안의 수집 거점에서 "노예 수송로를 따라 이동했다." 그들 중 약 절반이 대서양을(중앙 항해로) 건너는 시련의 이동에서 살아남았다. 생존 노예 20명 중 19명이 브라질과 (이제는 사실상 최초의 노예 혈통의 거주민이 없는) 서인도의 노예상에게 건네졌다.[93]

일찍이 1519년에 스페인의 성직자들은 중앙아메리카의 정복과 천연두에 의한 그 황폐화를 논의하면서 천연두를 최초로 지니고 온 사람들은 아프리카 노예라고 주장했다. 비록 스페인 인들은 전염에 대하여 매우 혼란스러운 생각을 갖고 있었지만, 이상하게도 쿠바에서 유카탄 반도로 천연두를 옮긴 사람은 드 나르바에즈라는 사람의 한 아프리카 노예라는 데에는 의견이 일치하는 것처럼 보인다. 드 나르바에즈는 쳄포알라 Cempoala에서 가족과 함께 살았는데, 그곳에서 그는 천연두에 걸렸었다. 천연두는 그 가족으로부터 쳄포알라 마을 전체에 퍼졌고, 그다음에는 다른 마을로, 그리고 지역 전체로 퍼져 나갔으며, 멕시코 고원의 테노치티틀란에까지 퍼져 나갔다. 테노치티틀란에는 뒤늦게 1520년 10월에 천연두가 발생했다.[94] 하지만 이 지점에서 신중함이 필요하다. 뒤늦은 1894년에 왜 하나의 특수한 질병의 발생이 한 사람에 의해 발생하게 되었는지에 관한 유사한 설명들의 진위를 평가하면서, 인도에 있는 군 위생 위원회는 그 증거가 확실치 않은 소문에 의한 것이고, 기본적인 진실성이 결여되어 있다고 밝혔다.[95] 드 나르바에즈의 노예 이야기를 숙고해 보면, 아마도 군 위생 위원회의 견해가 타당한 것 같다.

아프리카로부터 신세계로의 천연두 확산을 흑인 노예와 연관 짓는 것보다는, 그 원인이 노예선에서 일하는 백인들이었다고 보는 것이 훨씬 더 일리가 있다. 허버트 클라인Herbert Klein과 여러 학자들이 지적하듯 중앙 항로를 왕복하던 백인 소유의 배에서 일하던 선원들의 천연두와 여타 전염병으로 인한 사망률은 종종 짐칸에 실린 노예들의 사망률보다 훨씬 더 높았다.[96]

부분적으로 이러한 사망률의 차이는 천연두 환자들이 받았을 대처 방식의 차이를 반영했다. 일반적으로 백인들은 특별한 간호를 받았던 것으로 보인다. 병든 흑인들은 산 채로 묶여서 갑판 끝으로 끌려가 바다 위로 던져지는 것이 보통이었지만, 백인 환자들은 동료들로부터 음식과 물을 제공받는 것이 일반적이었다. 간호하는 사람의 면역 상태에 의존한 이러한 친밀한 접촉은 백인들 사이에서 천연두 바이러스를 광범위하게 퍼뜨렸다.

또한 상륙 이후 행동의 차이는 흑인 노예들이 백인 선원들과 비교해서 특별히 능력 있는 운반꾼 역할을 하지 못했음을 암시한다. 한 타락한 노예 상인의 배에 탄 백인 선원들은 4~6주 후 신세계 항구에 상륙한 후 여성들을 찾아 나섰다. 매춘굴로 찾아 들어간 그들은 시골에 있는 가족의 생계를 위해 도시에 나온 원주민 여성들과 잠자리를 가졌다. 성교 행위를 통해 천연두 바이러스는 원주민 여성에게 옮겨져서, 그녀들이 고향에 돌아가게 되면 그 지역 주민들이 감염되었다.

새롭게 부려진, 족쇄에 묶인 지친 흑인 노예들은 해안가 매춘굴에 남거나 돈 있는 한 선원의 노예가 되어 다시 배를 타고 여행하지는 않았던 것으로 보인다. 게다가 해안 부족 침입자들에 의해 사로잡혀 온 아프리카 내륙 출신의 많은 노예들은 우두 접종이나 어린 시절에 병을 겪어서 이미 천연두에 대한 면역이 있었다. 이러한 노예들은 짐꾼이 되고 싶지 않았을 것이다.[97]

전염병 연구에서는 비교적 나중에 신세계로 팔려온 노예들의 주요 집수지에서 발견된 천연두의 형태는 중두창Variola intermedius이었음을 시사한다. 2.8~10.9퍼센트의 평균 치사율을 보이는 중두창은 30퍼센트 이상의 치사율을 갖는 대두창Variola major보다는 덜 치명적이고, 소두창Variola minor보다는 좀 더 치명적이다. 중두창은 교구의 적은 주민들 사이에서 또는 유목민들 사이에서 몇 년 간 잠복기를 가졌다. 때로는 이곳저곳에서 환자가 생겼지만, 대부분은 그들의 일상생활을 자유롭게 유지해 나갈수 있었다. 중두창은 일반적으로 주인과 손님이 밤새 함께하면서 밀접한 접촉을 할 경우에는 먼 지역까지 전파될 수 있지만, 한 환자의 병균이 단순히 바람을 타고 전염되는 일은 좀처럼 없었다.

하지만 해안에서 노예를 강탈하려는 패거리들이 들어옴으로 이를 피해 지역 주민이 도망치는 사회적 혼란의 시기에는 중두창은 갑자기 전염병으로 돌변할 수도 있었다. 유행성 중두창에 대한 감염은 15~25세 정도의 젊은이들이 중년의 나이나 5~14세까지의 사람들보다 더 잘 감염된 것으로 보인다. 그리고 유행성 중두창은 바이러스 발생 후 훨씬 더 치명적인 소두창과 결합한 것으로 여겨진다.[98]

대략 1650년까지 (노예화가 여전히 낮은 정도를 유지하고 있던) 아프리카에서 인구가 과거 지역적 농경 형태를 띠던 때보다 이미 훨씬 줄어든 유일한 지역은 서아프리카였다.[99] 이 낮은 인구 밀도의 원인은 아마도 주기적으로 출현하는 유행성 천연두 때문이었을 것이다. 노예 강탈이 실제로 1690년대에 사라지기 전, 전염병의 원인이 되었다고 생각할 수 있는 것은 대규모 인구가 내륙의 바다인 사하라 사막을 가로질러 남쪽으로 이동하는 일이었다. 아라비아와 그들의 유행성 천연두를 정기적으로 사하라 사막 남부 해안과 연결시킨 사람들은 평생에 한 번인 메카 순례를 마치고 돌아오는 하우사 족Hausa 무슬림이었다.[100] 대규모 인구 이동은 또한 불규칙한 기후에 의한 것이기도 했다. 예외적으로 짧거나 긴 우기를 만나게 되면, 북쪽으로 또는 남쪽으로 전 인구가 이주를 했고, 그것은 사막과 사바나 지대 경계선 상에서의 이동이었다. 이러한 이주 과정에서 천연두가 확산되었을 가능성이 높다.

좀 더 확실한 것은, 해안에서 멀리 떨어진 내륙에서의 대규모 노예 포획이 여전히 진행 중이던 17세기 말, 특별한 천연두 신이 존재한 아프리카의 유일한 지역이 요루바란드Yorubaland였다는 사실이다. 이것은 천연두가 일정 기간 동안 이 지역에 정착해 있었다는 것을 의미한다. 지금의 나이지리아 남서부와 다호메이(지금의 베냉)와 토고에 존재하는 이 신을 달래는 의식의 역사에 관해 서술하면서, 도널드 홉킨스는 몇 년 전 오쇼그보Oshogbo 근처의 한 묘지에서 쇼포나Shopona에 대한 의식을 거행하던 그 지역의 여승女僧이 나에게 준 정보를 더 확실하게 알려 주었다. 평상시에는 대지를 다스리는 군주로 알려져 있는 쇼포나 신은 철과 운석의 신인 샹고Shango의 형으로서 곡식을 재배하도록 땅을 기름지게 해주거나, 화가 나면 사람들의 피부에 곡식 알갱이 같은 농포가 생기게 하여 사람을 죽게 만드는 신이었다. 제사를 올리는 것은 쇼포나의 마음을 달래어 천연두를 거두게 하기 위한 것이었다.[101]

천연두에 대한 특별한 신이 없었던 아프리카의 그 외 지역에서는 (이것은 전체적으로 천연두가 발생하지 않았다는 것을 암시한다.) 천연두가 마침내 들어온 후에야 그에 대처하기 위한 새로운 의식이 생겨났다. 그러한 의식 중 일부는 19세기에 처음 보고되었으므로 천연두는 그보다 몇 십년 앞서서 발생했을 것이다. 예를 들어 (지금의 케냐에 있는) 키쿠유란드Kikuyuland에서는 한쪽 산등성이에 있는 여성들이 크게 소리를 지르며 천연두 귀신을 다음 산등성이로 쫓아내면, 그곳에 있는 또 다른 여성들이 계속해서 큰 소리를 지르며 마을 바깥으로 몰아내었다.[102]

동아프리카 해안을 따라 왕래하던 아랍 무역상들에 의해 기록된 관습은 좀 다르다. 이곳의 관습은 천연두를 "매수하는" 것이었다. 제임스 브루스는 1770년대에 이 관습을 다음과 같이 묘사했다.

그 여성들은 …… 태곳적부터 …… 그해의 가장 좋은 계절에 그러한 기능을 하는 행위자들이었다. …… 천연두가 어디선가 발생했다는 소식을 접하면, 이들은 감염된 장소로 가서, 감염자의 팔 둘레에 면으로 된 끈을 감싸고, 환자의 엄마가 그들에게 얼마에 팔 것인지 흥정이 끝날 때까지는 묶인 끈을 그대로 두었다. …… 은 한 냥 또는 그보다 많은 금액이 그 엄마에게 지불되어야 했다. 이 거래가 끝나면, 그들은 집으로 가서 자기 아이의 팔 주위를 사온 감염자의 끈으로 묶었다. 그들은 오랜 경험으로 볼 때 그 감염된 아이가 잘 나아서, 거래에서 지불된 농포 이상은 지니지 않을 것이라고 확신했다.[103]

전염병학적으로 이러한 "천연두를 사는" 행위는 **효력**이 있었던 것 같다. 옷과 침대에 붙은 천연두 딱지에 있는 바이러스는 하룻밤 이상 살아 있었다. 이와 연관된 또 하나의 관습은 천연두 상처 부위에서 고름을 빼내어 다른 사람의 피부에 집어넣어, 이 사람이 경미한 천연두를 앓도록 하는 것이었다. 이러한 관습은 접종이나 종두로 알려진 방법이었다. 한 하우사 족 여성은 1892년 무렵 자신이 아이였을 때 어떻게 종두를 받았는지 다음과 같이 말했다.

그들은 피가 나올 때까지 팔을 긁어댔어요. 그다음에 그들은 천연두에 걸린 사람의 액체를 가지고와서 그것을 문질러 넣었어요. 상처가 부풀어 올라, 치료가 될 때까지는 가려야 했고, 어떤 아이들은 죽었어요.[104]

알다시피, 아프리카와 중동의 접종 방식은 천연두 확산을 막기에는 문제가 있었다. 그것의 성공 여부는 살을 너무 깊이 자르지 않고, 2차 감염이 일어나지 않게 하는 데 있었다. 더 중요한 것은 접종을 받는 사람이 천연두를 겪는 동안 격리된 장소에 있게 하는 것이었다. 너무 빨리 격리를 풀면, 환자는 전염을 확산시킬 것이기 때문이다. 만일 이런 사태가 일어나 전염병이 돌게 되면, 식민지 지배 이전의 아프리카에서 보인 일반적인 대응은 소그룹으로 쪼개져서 전염병이 지나갈 때까지 은신하는 것이었다. 그 후 몇 달이 지나면, 지역의 보건 담당자들은 아마도 아이들에게 다시 접종을 시작했을 것이다. 이러한 방법은 1670~1680년대에 지금의 부르키나파소에 사는 내륙 인들이 겪었던 방식으로 보인다.[105]

15년 후, 대서양의 다른 쪽인 메사추세츠의 식민지에서는 천연두와 같은 구세계의 병들이 뒤늦게 아메리카에서 태어난 백인들에게 돌기 시작했다. 우리가 이제 알게 되었듯이, 이러한 질병 확산은 과거 비정상적인 인구 정책이 정상 상태로 되돌아온 것이다. 성직자들과 청교도들이 특별한 신의 섭리로 받아들이며 이주한 초기 식민지 상황은 치명적인 전염병이 거의 없었다. 이러한 허점이 커다란 결과를 낳았다. 1620~1642년 사이에 뉴잉글랜드와 여러 북부 지역에 온 식민지 정복자들은 비록 카리브 해의 섬과 아메리카 북부에 도착했던 모든 영국인의 6퍼센트도 되지 않는 수였지만, 그들은 많은 아이들을 낳아 길렀고, 살아남은 아이들은 다시 훨씬 더 많은 다음 세대를 생산했다. 신세계의 그 어느 곳에서도 없었던 이러한 인구 증가로 1700년까지 잘 길러진 최초 정착민들의 후손들은 영국령 북부 아메리카 백인 인구의 절반 이상을 차지했다.[106]

멀리 남부의 식민지의 그것과 매우 유사한 뉴잉글랜드의 질병 발생 구조는 왜 신은 선택된 자들을 버렸는가에 대해 많은 생각을 하게 했다. 적절한 대답을 찾은 사람들 중의 한 사람은 마녀들을 공격하는 소책자로 유명한, 보스턴 올드 노스 교회의 성직자 코튼 매더Cotton Mather였다. 백인들이 전염병에 걸리지 않았던 선조들의 행복했던 때를 회상하면서, 매더는 알로퀸 인디언들 100명당 95명을 죽게 한 대전염병에 관해 다음과 같이 유창하게 포장했다. "그 결과 알로퀸의 숲에는 저 치명적인 인디언 족이 사라지게 되어, 더 나은 발전을 위한 공간이 마련되었다." 이 "더 나은 발전"의 대표자인 매더는 그의 교구민들로부터 존경을 받았다.[107] 그 존경의 증표로서 교구민들은 1706년 그에게 한 명의 흑인 노예를 선사했다. 이 선물과 함께 지식적으로 중요한 하나의 돌파구가 열렸다.

매더는 그 노예에게 오네시모Onesimus라는 이름을 붙여 줬다. 그다음에, 그는 이 아프리카 노예가 집에 천연두를 옮기지 않을까 걱정이 되어, 이전에 천연두를 앓았는지 물었다. 오네시모는 '예 그리고 아니오'라고 대답했다. 그 나이의 모든 노예들처럼 그는 어린 시절에 지금의 부르키나파소에서 접종을 받았고, 그에게 평생 면역을 주는 가벼운 증상을 앓았다. 이러한 정보는 매더를 고민하게 했다. 그래서 그는 보스턴에 사는 다른 노예 주인들에게 문의를 한 후, 서아프리카에서 온 많은 흑인들이 아이 때에 천연두 접종을 한다는 사실을 알게 되었다.[108] 이러한 지식과 더불어, 비서양 사람들에게 공통적으로 오랫동안 내려온 행동적 관습은 식민지 엘리트들의 지식과 담론 속으로 들어가게 되었다.

근절을 향하여

매더에게서 용기를 얻어 우쭐해진 유럽계 아메리카 인들은 천연두 관리가 접종으로 가능하다는 생각을 하게 되었다. 하지만 여전히 제국주의적 태도를 지닌 채, 영국의 상류층은 식민지로부터는 아무것도 배우려 하지 않았다. 따라서 영국에서는 1714년까지 비서구인들이 일종의 접종 방식을 사용하고 있다는 것을 몰랐으며, 이스탄불의 관습에 관한 에마뉴엘 티모니Emanuel Timoni의 논문이 출간되기까지는 온전히 인식하지 못했다.[109]

유럽에서 마침내 이러한 편견을 뒤집고 천연두에 대한 인간의 개입을 옹호하게 된 것은, 다소 새로운 형태의 천연두가 계급과 지위의 구별을 올바로 반영하는 않는다는, 즉 천연두는 광활한 토지를 소유한 귀족이나 거리 청소부의 아들이나 똑같이 목숨을 앗아간다는 충격적인 사실 인식 때문이었다. 영국에서 천연두는 스튜어트 여왕 메리 2세(왕족 부부인 윌리엄과 메리의)를 죽게 만들었고, 1700년에는 그녀의 아들의 생명을 앗아갔다. 이 사건은 의회로 하여금 왕위 계승권을 하노버의 프로테스탄트 통치자에게 넘기는 법률을 제정케 했고, 얼마 지나지 않아(1707년) 영국과 스코틀랜드의 의회 결합으로 이어졌다. 동시에 이 마지막 사태와 함께 에딘버그 대학 의학부 졸업생들은 영국에서 개업하는 일이 좀 더 쉬워졌다.[110]

양 의회의 통합 후 얼마 지나지 않아 1721년의 천연두 대소동은 한 열성적인 출세주의자에게 유럽에 천연두 접종 방식의 도입을 주장할 기회를 제공했다. 얼마 전 이스탄불에서 돌아온 마리 워틀리 몬태규Mary Wortley Montagu 여사는—그녀의 남편은 서브라임 포르테Sublime Porte에서 영국의 이익을 대변했다—자신의 딸에게 터키 방식으로 접종을 시켰다는 사실을 널리 알렸다. 메리 여사의 영향으로 케롤라인Caroline 여왕은 자신의 아이들에게 천연두 접종을 시켰다. 궁정의 귀족들은 이 과정을 훌륭한 행위로 돋보이게 했다. 그 후 프랑스, 스웨덴, 스페인, 프로이센과 이탈리아의 통치자들도 모든 사람들에게 본보기를 보이려는 듯 그들의 가족에게 접종을 하게 해서, 백성들에게 용기를 주어 자신을 따르게 했다. 철학자 볼테르는 이를 "의학의 발전"이라 명명하고 극구 칭찬했다.

계몽주의의 활기찬 정신에 충실하면서, 그는 의학 전문가들이 곧 모든 질병을 정복할 것이라는 점을 시사했다.[111] 늘 그렇듯이 뒤죽박죽인 채로 이런 점에서 볼테르는 의학적 사고의 주된 흐름은 알지 못했다.

18세기의 상당 기간 동안 대학에서 훈련받은 의사들은 확고하게 접종을 반대했다. 불안정한 사회적 위상 속에서 단지 고급 무역상 바로 위에 위치해 있는 의사들은 계속해서 고대의 이론에 매달리면서 자신의 의료 행위를 정당화했다. 1765년 스코틀랜드의 의사들—당시 세계에서 가장 뛰어나고 가장 혁신적인 의사들이었다—이 시행한 한 조사는, 조사 대상자들 중 1/3이 천연두 접종을 하고 있다는 사실을 보여 주었다. 반면 대륙에서는 심지어 30년 후까지도 대부분의 의사들은 여전히 예방 의학의 새로운 기술들을 배제하는 것으로 보이는 그리스 헬레니즘의 체액 이론을 고수하고 있었다. 하지만 근대 이전의 의학 세계에서 궁극적으로 칼자루를 쥔 쪽은 돈을 지불하는 환자들이었다.

확고한 주관을 가진 사람들이—이들의 지속적인 후원이 없으면 의사라는 직업의 위상은 수축될 것이다—개인적으로 자신의 아이들을 접종시켰다고 주장하는 일들이 벌어졌다. 그러므로 세기 말경 의사들은 약간의 속임수를 써서 접종이라는 방식은 결국 고대의 이론과 모순되는 것이 아니라는 생각을 하게 되었다. 1790년 무렵 이후 의사들에 의해 실행된 접종을 할 경우, 환자들은 2~3주간 집 안에 머물면서, 처음에는 특수한 식사와 식이요법(이 말은 중세의 유산이다.)을 하고, 나중에는 평상시와 비슷한 환경에서 회복기를 갖도록 되어 있었다.[112]

분명 이러한 접종 치료를 할 여력이 없었던 보통 사람들의 경우, 상황은 매우 달랐다. 이 모든 절차를 다 하기 위해서는 자격증이 없는 의사나 경험적 치료사들의 치료를 받지 않으면 안 되었다. 처음 생각과는 반대로, 경험적 치료사들에게 이러한 치료 영역이 열린 것은 전문 의사들의 저항을 크게 받지 않았다. 어머니들, 산파들, 마을의 지혜로운 여성들, 정통 교육을 받지 않은 치료사들이 아이들의 건강을 돌보는 것은 오래전부터 내려온 관습이었기 때문에 의사들은 특별히 이러한 일반 환자들이 자신에게 오지 않는 것에 대해 괘의치 않았다.

영국의 남동부에서는 의학 교육을 받지 않은 유명한 종두 의사들이 있었다. 토마스 딤즈데일Thomas Dimsdale, 서튼즈Suttons, 로버트Robert와 그의 아들 다니엘Daniel 등이 그러했다. 셰틀랜드 군도에서는 수천 번의 종두에 성공했다고 인정받는 존 윌리암슨John Williamson이 있었다. 윌리암슨은 자신의 기술이, 다름 아닌 천연두 딱지에 있는 물질을 열을 가하여 말린 다음 7~8년 동안 땅속에 묻었다가 접종할 때 다시 꺼내어 사용하는 것이라고 주장했다. 1720년 천연두에 의해 열 명을 제외하고 전체 주민이 죽었던 포울라를 포함한 이와 같은 섬들에서 섬 주민들은 열성적으로 종두를 받아들였다. 하지만 유럽의 많은 다른 지역에서는 주민들이 그렇게 열성적이지는 않았다. 오랜 세월 외부에서 오는 돌팔이 의사들을 경험했던 주민들은 그냥 피하는 것이 상책이라는 생각을 갖고 있었다. 단지 전염병이 소멸되었을 때에만 그들은 마을을 방문한 경험적 치료사들에게 접종을 받으려고 앞 다투어 갔다. 그들은 더 커다란 위험(치명적인 천연두에 의한 죽음)보다는 덜 위험한 길(접종에 의한 죽음)을 택했다. 자연히 무면허 경험적 치료사들의 접종 운동은 빈번이 관청의 주목을 피해야 했다. 그러므로 그들은 후세의 역사 인구 통계학자들이 과거 현실의 변화상을 재구성하기 위해 필요한 확실한 통계 자료를 제공하지 못했다.[113]

1750~1800년 사이에 유럽 인구는 1억 4천만 명에서 1억 8천만 명으로 증가했고, 1900년경에는 3억 9천만 명에 이르렀다. 이러한 전대미문의 인구 증가를 설명하기 위하여 에릭 머서Eric Mercer는 케임브리지 인구 연구 그룹의 연구를 참조했다. 이 연구를 바탕으로 그는 다시 감소하는 사망률과 변화하는 결혼과 인구 생산 구조 사이의 관계를 파헤치고자 시도했다.[114] 하지만 머서는 몇몇 지역에서 천연두에 대한 인간의 개입이 특정 나이 군의 생존에 중요한 영향을 끼친 것으로 보인다는 점을 지적할 수 있었다. 예를 들어 18세기 후반 권위적 체제였던 스웨덴에서는 때

때로 천연두에 의한 사망이 전체 사망의 거의 1/5에 달했고, 1779~1782년 사이에는 전체 천연두 희생자의 94퍼센트가 9살 이하의 어린아이들이었다. 분명 스웨덴 인종의 존속까지도 위협하는 이러한 상황에 대한 대응책으로, 정부는 부모들에게 아이들의 접종을 권유하였다. 하지만 사실상 강제적인 조치였다. 거부감을 지니고서도 부모들은 대부분 정부의 명령에 복종했다. 그 결과 비면역자의 수가 눈에 띄게 감소하였다. 그리고 몇 년이 지나서 치명적인 천연두의 유행도 상당히 줄어들었다.[115]

체계적이지 못한 접종 캠페인에 의해서 서서히 진행되던 인구 증가는 새로운 천연두 예방 기술의 발견으로 더 높아지게 되었다. 1796년 글로스터Gloucester의 개업의였던 에드워드 제너는 벤자민 제스티Benjamin Jesty란 이름의 농부, 도셋 요먼Dorset yeoman이 몇 년 전에 사용했던 한 방법을 알게 되었다. 제스티는 소 천연두를 앓고 있는 소의 유방에서 감염 물질을 빼내어서 그의 아내와 가족에게 접종했다는 것을 시인했다. 제스티의 가족 모두가 여전히 살아 있음을 확인한 제너 박사는 그 방법을 자신의 것으로 만들어, 그것을 "예방 접종vaccination"이라 이름 붙였다. 새로운 기술은 순조롭게 널리 퍼졌고, 이미 존경받는 인물이 된 제너 박사는 부자가 되었다. 이뿐만 아니라 1803년 동인도 회사는 그에게 7,000리라의 기부금을 선사했다. 그 당시 정규직 기능공의 한 해 수입이 대략 100리라 정도였다.[116]

피터 라젤Peter Razzell을 따르는 의학 사가들은 이제 제너가 사용한 임파액이 이상한 혼합물을 내포하고 있다는 사실을 받아들인다. 그것이 갖는 하나의 단점은 감염원이 안전을 위하여 물에 씻어지기 때문에 아이 때 접종한 사람은 다시 청소년이나 성인이 되어 다시 접종을 받아야 한다는 것이었다.[117] 하지만 사회를 위에서 아래로 내려다보는 역사가들은 제너의 발견을 서양 의학의 전환점이라고 여겼다. 예를 들어, 프랑스의 이브-마리 베르세Yves-Marie Berce는 제너의 작업을 계몽주의 거장의 "담대함"의 경이로운 실례로 간주했다. 마르퀴스 드 콘도르세Marquis de Condorcet의 뛰어난 선언인 <인간 정신의 발전에 관하여> 라는 글을 세상에 발표한 지 몇 달 후 제너의 작업은 모든 세상 사람들tout le monde에게 유럽이 자신의 가장 위험한 천벌을 제거할 수 있을 것이라는 점을 예상케 했다.[118]

제너의 혁신적인 발견은 유럽 대부분이 프랑스 군대의 점령하에 있을 때 이루어졌다. 유럽 최초의 근대적 독재자(나폴레옹 보나파르트)가 대표하는 계몽주의 낙관론의 분위기에서 성직자, 장관, 제독 등 다른 사람들을 지배하는 권력을 지닌 자들은 백성들에게 무료로 그들의 아이들에게 접종을 시키도록 권유했다. 이러한 권유의 숨겨진 의미는 이렇게 해서 살아남은 아이들은 다음 전쟁에서 총알받이로 사용될 수 있다는 것이었다. 1806년 예나 전투에서 왕의 군대가 나폴레옹에게 패한 뒤, 프로이센에서는 가장 규모가 큰 거주지들에 접종 센터가 세워졌다. 프랑스 대도시에서는 국가의 녹을 받는 가톨릭교회의 성직자들이 세례 의식에 모인 가족들에게 세례가 끝난 후 그들의 다른 아이들을 접종시키라고 권유했다.[119] 나폴리의 경우 접종을 하는 전형적인 모습이 작위를 받고 곧 제너와 함께 일하기 위해 글로스터Gloucester로 되돌아갈 예정인 한 영국인 접종 의사에 의해 묘사되었다.

병원에서 공공 접종이 시작되는 아침에는 십자가를 지닌 한 성직자의 뒤를 따라 접종을 하기 위해 거리를 통과하고 있는 남자, 여자, 아이들의 행렬을 보는 것이 일상적인 일이다. …… 그 일반 서민들은 확신에 찬 표정으로 그것이, 비록 이교도들이 발견하고 행한 것이긴 해도 하늘에서 내린 축복이라고 외쳤다.[120]

이렇게 좀 더 정교해진 천연두 예방은 사망률의 감소로 이어졌다. 어쨌든 특히 아이들의 사망률 감소의 직접적인 결과로 영국과 독일, 합스부르크 제국, 이탈리아, 스칸디나비아에서는 엄청난 인구 증가 현상이 나타나게 되었다. 이러한 나라들에서는 1840년 이후 집에 자기 공간이

그림 9_ 반대자들을 무찌르는 영웅 제너. I. 크뤽샹크의 채색 에칭.

없는 들뜬 젊은이들이 출현하기 시작했다. 이때부터 1913년까지 3천 5 백만 명의 유럽인들이 북아메리카로 이주했고, 또 다른 3백만~4백만 명의 사람들은 리오그란데 강 남쪽으로 이주했다.

한때 신세계에서는 이러한 유럽의 인구 과잉의 결과로 이주한 유럽인들이 인디언들에겐 "영원히" 내버려진 땅들을 점점 더 많이 차지했다. 미국의 경우 수우 족(Sioux, 1876년 다코타 지역에서 자신의 "마지막 지위"에서 Lt.-Col. 조지 커스터를 패배시킨 사람들)에 의해 굴욕감을 느낀 미국 정부는 할당법으로 보복했다. 이것은 원주민들이 관리하던 1,700만 에이커의 땅을 빼앗는 법률이었다. 이에 더하여 1887~1934년 사이에 6천 9백 에이커의 토지가 몰수되었다. 이러한 약탈의 주 수혜자는 유럽에서 건너온 이주민들이었고, 이들은 유럽을 떠나기 전에 대부분 천연두 예방 접종을 받은 사람들이었다.

1890년대에 들어서서 미국은 세계 강대국이 되었음을 스스로 인식하기 시작했다. 이러한 자신감의 표출로서 미국은 스페인이 점령한 신세계와 아시아 제국의 잔여 부분을 먹어 치우기 시작했다. 1898년 스페인-미국 전쟁이 끝날 때, 미국은 카리브 해 섬들 중 (히스파니올라 다음으로) 두번째로 큰 푸에르토리코를 손에 넣었다. 이 섬의 원주민들은 이미 1518~1519년에 스페인 인들이 가져온 천연두에 의해 절멸되어 있었다. 민족주의와 사회 진화론이라는 두 개의 힘을 지니고 의기양양해진 미국은 푸에르토리코가 계속 천연두로 어려움을 겪는 상황을, 다음 행동을 위한 경쾌한 나팔소리로 들었다. 미국의 사령관 거이 V. 헨리 대장의 말을 들어보자.

스페인 실정의 마지막 대표자들이 미국 군사 정부가 들어오기 전에 이 섬을 떠나는 즉시, 새롭게 복속된 주민들을 위한 자비로운 선물로서 전 주민들에게 천연두 접종을 실시할 것이다.[121]

사실은, 일찍이 1803년에 스페인 왕이 카리브 해에 있는 자신의 백성들에게 제너의 백신을 보낸 일이 있었다. 22명의 고아들이 조그만 범선에 실려 푸에르토리코를 향했는데, 그중 두 명씩 6~8일 간격으로 대서양 횡단 기간 동안 백신의 신선함을 유지하기 위해서 팔에서 팔로 옮기는 방식으로 백신이 접종되었다. 푸에르토리코에 처음으로 백신 접종이 시작된 이후 1880년대에는 접종 기관이 설립되었고, 강제적인 접종 프로그램이 실시되었다. 하지만 푸에르토리코 사람들은 의사들을 중앙 정부의 앞잡이로 보았기 때문에 읍내에 있는 접종소에 가는 것을 극도로 꺼렸다. 접종 정책에 따르도록 하기 위해 스페인 정부는 접종 반대자들을 감금했다. 그 후 이 강제적인 국가 의료 정책은 북아메리카에서 온 새로운 사람들이 스페인 인들을 비난하는 도구로 사용되었다.[122]

"(자신들에게) 부과된 스페인 인들의 짐"을 지고 전염병의 발생을 근절하기 위해, 미국 군대는 푸에르토리코의 접종 기관을 폐쇄하고 "포괄적인 의무 접종"이라는 엄격한 프로그램을 실시하기 시작했다. 미국 군대는 "이 프로그램이 제대로 시행되면 모든 지역과 사람들에게서 천연두를 확실히 근절할 것"이라고 확신했다.[123] 하지만 3년이 지난 후 미국의 열정은 주춤거리고 천연두 근절 운동은 점차 소멸되었다. 미국 본토 항구의 선원들 사이에서는 천연두에 걸린 환자를 "푸에르토리코 놈"이나 "푸에르토리코 닭-천연두"라고 농담조로 불렀다. 천연두는 식민지 사람들의, 절망에 빠진 자들의, '타자'들의 병이 되었다.[124]

워싱턴 D. C 에 있는 인디언 사무국이 원주민들을 소모품 정도로 보았기 때문에, 관청의 방해로 인해 유능한 보건 요원들이 배치되지 못했다. 이러한 보조 역할은 지역에 있는 백인 자원봉사자들이 담당했다. 이들 중 한 사람은 다음과 같이 보고했다.

인디언들은 인사를 할 때 매우 기쁜 표정을 짓습니다. 하지만 그들은 너무 울어 눈물이 마른 사람처럼 쳐다보고 행동합니다. 나무를 베러 가는 한 남자에게 "당신 집에는 몇 명의 아이가 병에 걸렸습니까?" 하고 물었습니다. "아무도 없어요." 하고 그가 대답했습니다. "나는 아이들 모두를 묻었습니다. 세 명의 아이가 있었지만 모두 죽었습니다."[125]

전염병이 지나간 후, 살아남은 푸에르토리코 지도자들은(이들은 천연두가 마법에 의해 일어난 것으로 알고 있었다.) 선의의 자원 봉사자들에게 집으로 돌아가게 해 주고 평화롭게 내버려 둘 것을 부탁했다.[126]

1950년대 후반 세계 보건 기구WHO의 관리들은 전 세계에서 매년 1300만 명이 천연두를 앓는다고 발표했다. 그 당시 천연두는 유럽과 북아메리카에서는 거의 사라진 상태였지만, 브라질, 콜롬비아, 에콰도르, 볼리비아와 대부분의 아시아, 아프리카에선 여전히 유행하고 있었다. 그

후, 세계 최초로 인공위성을 쏘아 올리고 나서(1957년) 1년 뒤에 소비에
트 연방 공화국은 전 세계에서 천연두를 근절하려는 세계 보건 기구의
결정을 지원하였다. 냉전 시대의 순위에 따라 8년 후 미국도 인공위성을
쏘아 올렸고, 이 두 초강대국은 천연두의 고통에서 인류를 함께 해방시
킬 것을 서약했다.

　그 당시 선진국의 공공 보건 정책은 고도로 훈련된 의료 엘리트들의
손에 달려 있었다. 이들에게는 질병 관리에 대한 비서구적 접근 방식은
무지하고 미신적인 것이었다. 이러한 패러다임 속에서 1967년 세계 보
건 기구의 천연두 담당자들은 침투 접종 운동을 통해서 천연두를 근절할
것이라는 선언을 발표했다. 공개적으로 언급되지는 않았지만, 이 운동은
1898년 푸에르토리코에서 있었던 거이 V. 헨리 장군에 의해 실시된 운동
과 비슷한 것이었다. 이 운동이 실시되었을 때 그것은 어깨에 새겨진 접
종 자국이, 즉 "서양의 마크"가 저개발 국가 주민의 80퍼센트에게 찍히
는 것을 의미했다.[127]

　신기하게도 세계 보건 기구의 접종에서 사용한 냉동 건조된 혈청은 과
학적 신뢰성이 떨어졌다. 1978년 미국 의학 역사 협회의 회장은 취임 얼
마 후 다음과 같이 말했다.

　　우리는 현재 접종에 사용되는, 실험실에서 송아지와 양의 피부를 절개해
　서 생산된 백시니아 바이러스vaccinia virus의 근원을 알지 못한다. 어떤 사람들
　은 인간의 피부에서 계속 이동하면서 약화된 바리올라 바이러스variola virus에
　서 온 것이라고 하고, 또 어떤 사람들은 천연두와 소 천연두에 동시에 감염
　된 사람에게 나온 잡종 바이러스라고도 하고, 또 다른 사람들은 계속되는
　인공 번식에 의해 자연적인 소 천연두에서 나온 실험실의 바이러스라고도
　한다.[128]

　사용된 물질의 기원이 수수께끼라고 하더라도, 세계 보건 기구의 운동

이 적어도 서구의 과학적 사고의 일단을 증명한다는 것은 사실이다. 다시 말해서 그것은 프란시스 베이컨의 경험적 방법이다. 17세기 초, 챈슬러Chancellor 경은 실제 경험에서 증명되지 않는 모든 최초의 가설은 폐기되어야 한다고 충고했다. 그리고 실제로 그러했다. 나이지리아 동부 지역에서 일하는 동안 W. H. 포이Foege 박사는 백신이 부족한 것을 발견하고, 접종을 단지 천연두 환자로 알려진 사람과 접촉한 사람에게로만 제한하고, 환자를 격리된 장소에 두도록 하는 중대한 결정을 내렸다. 그다음에 포이 박사는 조사팀을 보내 어느 지역이 천연두가 없고 접종이 필요치 않은지 알아 오도록 했다. 그 후로 감시, 환자의 격리, 직접 접촉자에 국한된 접종은 세계 보건 기구 운동의 지침이 되었다.

비록 기술 수준이나 적용의 철저함은 달랐지만, 그리고 그 범위도 훨씬 광대했지만—지역, 국가, 대륙, 전 세계—이 같은 점은 본질적으로 서아프리카, 벵골, 아랍어를 사용하는 사람들이 수백 년 동안 천연두에 대처해 오던 방법이었다. 비서구의 전통적 가치를 암암리에 인정하는 또 다른 것으로서 진일보된 세계 보건 기구의 정책이 전통적인 치료사들을 천연두 근절 운동의 보조 요원으로 받아들이게 되었다는 점이다. 푸에르토리코에서 행해졌던 미국의 천연두 근절 운동에서는 전통적 치료사들이 도움이 되는 사람들이 아니라 문제가 되는 사람들로 여겨졌다.

통지, 감염자의 격리, 감염자와 접촉한 사람들에 제한된 접종. 이 세 가지를 결합하여 시행함으로써 천연두는 마침내 중앙아메리카와 북부 및 남부 아메리카에서 사라졌다. 이 지역들은 인종 말살 정책의 지원을 받은 천연두, 홍역, 발진티푸스, 기근 등으로 16~17세기에 인구의 1/6이 사망했던 곳이었다. 1976년 세계에서 마지막으로 남아 있는 감염성 천연두가 소말리아의 유목민들 사이에서 발견되었다. 1977년 10월 메르카Merka의 병원 요리사인 알리 말린Ali Mallin은 이 질병에 감염된 마지막 지구인이 되었다.[129]

애틀랜타 질병 관리 센터와 우랄 산맥 노보시비르스크Novosibirsk의 콜트소보Koltsovo에 있는 러시아 바이러스 조제 연구소—안전 문제로 모스크바에서 옮겨졌다—의 저장소에 보관된 백신은 1996년 현재 존재하는 것으로 알려져 있는 유일한 천연두 바이러스이다. 1996년 여름 애틀랜타 올림픽이 열릴 당시 테러에 대한 방비의 측면에서 지적되는 사항이 있었지만, 관계자들은 애틀랜타의 질병 관리 센터에 보관된 바이러스는 대량 살상을 꾀하는 그 어떤 사람에게도 유출되지 않도록 안전장치를 마련할 수 있다고 주장했다. 1996년 1월 세계 보건 기구 집행부의 회의는 애틀랜타와 콜트소보에 보관되어 있는 바이러스를 3년 반 후인 1999년 6월 30일에 완전히 없애도록 결정했다.[130]

은밀한 전염병

: 1492~1965년까지 서유럽과 동아시아에서의 매독

서론

1662년에 사망률에 대한 런던 보고서를 편찬하면서, 선구적인 인구 통계학자인 존 그랜트John Graunt는 매독 연구의 핵심 문제를 짚어 냈다. 그것은 500년 이상 유럽에서 유행하면서도 그 대부분의 기간 동안 매독은 거의 눈에 띄지 않은 질병이었다는 점이다. 그는 다음과 같이 설명했다.

세상 사람들이 일반적으로 얘기하는 것을 들어 보면, 대부분의 사람들이 일종의 매독과 같은 병에 걸린 적이 있는 것으로 보인다. 그런 점에서 볼 때, '왜 매독으로 사망한 사람들의 수가 그토록 적은가?' 하는 의문을 품지 않을 수 없다. 왜냐하면 그토록 많은 사람들이 매우 강렬하게 고통을 호소하는 질병을 가벼운 병으로는 볼 수 없기 때문이다. 조사를 해 본 결과, 나는 병원에서 매독으로 죽은 사람들이 이미 궤양과 종기 때문에 병원을 찾았다는 사실을 알게 되었다. 이러한 사실로부터 나는, 사람들로부터 혐오를 받던 사람들, 즉 코의 일부분이 없어진 그런 사람들이 너무나 빈번한 이 만성병으로 죽었다는 사실을 조사 담당자들이 보고하고 있다는 결론을 내렸다.[1]

매독이 모든 질병 중에서 (나병보다도) 가장 부끄러운 병이 된, 그랜트가 살던 시대에는 생존한 친구와 가족들이 공식적으로 기록된 사망 원인이 자신들의 "체면"을 구기지 못하도록 조사관들에게 뇌물을 주거나 협박하는 일이 일반적인 현상이었던 것으로 보인다.

매독이 눈에 띄지 않는 질병이 된 또 다른 이유는 객관적인 의학적 "진리"와 주관적이고 문화적인 이해 사이에 놓인 질퍽질퍽한 경계선에서 발견할 수 있다. 이러한 이유 중 하나는 "의학적" 초기 단계에서 매독은 당사자의 페니스나 질의 통증으로 나타난다는 사실에 있다. 그다음 두 번째 단계에서 (통증이 치료된 후) 매독은 잠복 상태로 몸의 쇠약을 가져오는데, 이 단계를 겪는 동안 매독은 종종 "의학적으로" 통풍이나 결핵, 그 밖에 사람들이 일반적으로 겪는 고통스러운 증상과 혼동된다. 아마도 많은 경우, 이러한 혼동은 단순히 의학적인 오해에서 비롯되었을 것이다.

실제 세계의 "객관적인" 지각과 명백히 주관적인 지각 사이의 경계선상에서 눈에 보이는 죽음을 초래하는 "작은 천연두(천연두 – 역자)"와는 달리 "큰 천연두(매독 – 역자)"는 어느 곳에서나 3년~30년간의 잠복기를 갖는다고 알려져 있다. 19세기까지 유럽에서는 평균 수명이 35~40세 정도였다는 점과, 성적인 성숙(13~14세) 이후에 얻게 되는 매독이 오랜 기간 잠복기를 갖는다는 점을 생각한다면, 매독이 좀 더 빠르게 사람을 사망케 하는 다른 질병으로 둔갑될 가능성은 충분했다. 기록을 살펴보면, 이러한 유형학(눈에 보이는 증상에 따른 질병의 분류 – 역자)은 (이것은 엄격한 의미에서 완전히 옳은 것이라고 할 수 있다.) 매독 환자의 매독 감염 사실을 은폐시키는 역할을 했다.[2]

또한 매독이 가한 충격은 또한 남아 있는 원 자료의 성격에 의해 그리고 그 자료가 지닌 목적에 의해 은폐되어 왔다. 예를 들어 교구의 기록자들은 일반적으로 주민으로 인정되는 사람의 출생—세례식을 거행할 때 기록됨—과 사망—장례식에서 기록됨—만을 목록에 기록했다. 임신 도중 낙태된 태아는 교구의 기록 목록에서 빠졌고, 또한 여성을 불임에 이르게 하는 질병도 기록되지 않았다.[3]

이러한 누락이 매독과 어떻게 연관되어 있는지를 밝히기 위해서 일련의 사건들을 살펴보자. 한 여성이 한 남성의 아이를 밴 후(이 남성이 반드시 그녀의 남편일 필요는 없다.) 몇 달이 지난 시점에서 그녀가 남자의 성기에 있는 조그만 매독성 종기에서 얻게 된 트레포네마 팔리둠Treponema pallidum이란 병원균이 그녀의 자궁벽을 뚫고 뱃속의 태아를 죽이거나 불구로 만들었다. 여성들의 약 절반이 그러한 고통 속에 낙태를 했고, 나머지 여성들은 선천적으로 매독을 지닌 아이들을 출산했다. 이러한 경험을 한 대부분의 여성들은 평생 동안 임신을 하지 못했다.

바로 최근까지 유럽인들에게 결혼에 대한 중심적인 관념으로 받아들여진 것은—비록 남편의 성기에 종기가 있더라도—아내는 성행위를 통해 남편과 결합해야 한다고 주장하는 남편의 권위였다. 이러한 관념을 떠받치고 있는 것은, 제대로 된 남자라면 결혼 전에 이미 여자와 잠자리를 경험해 봤어야 한다는 "이중 잣대"였다. 또 다른 이중 잣대는 성적인 만족을 주지 못하는 아내와 사는 남편은 매춘부나 그의 욕구를 만족시켜 주는 다른 여성의 서비스를 받을 수 있다는 것이었다. 물론 남편은 이런 일로 사람들의 비난을 받지는 않았다. 다른 한편으로 이러한 이중 잣대의 관습은, 명예를 중시하는 사람은 혼전 경험이 있는 여성과 결혼할 수 없다는 점도 내포하고 있었다. 이러한 점에 의거하여 예전에 결혼 경력이 있는 아내는 그녀의 남편에게 평생토록 충성해야 한다는 규칙이 있었다.[4]

성에 관한 그의 저술에서, 역사학자이자 철학자인 미셸 푸코는 프란시스 베이컨에게서 가져온 "권력-지식"이라는 용어를 빈번하게 사용했다.[5]

푸코의 말에 따르면,

> 어떤 권력도 지식의 추출, 전유, 분배, 보유 없이는 실행될 수 없다. 이 단계에서 우리는 한 손에 지식을 다른 손에 사회를, 또는 학문과 국가, 두 가지 모두를 갖지 못한다. 그러므로 우리는 "권력-지식"이라는 기본적 형태를 지닌다.[6]

이 장에서 나는 매독이 처음 출현한(1493년) 이후 5세기의 기간을 다루면서 '지식은 권력이다'라는 관념을 받아들이며, 다른 민족의 성에 대한 지배를 유럽을 형성하는 과정의 결정적인 힘으로 본다. 하지만 푸코와는 달리 내가 사용하는 "지식"이라는 말은 일반적으로 "지구는 평평하다"라는 그릇된 지식과 유사한 말이다. 때때로 고대의 현자들(플라톤, 아리스토텔레스, 갈레노스)의 원전에서, 평평한 지구 같은 그릇된 지식은 선의의 무지였다.[7] 하지만 또 다른 때에는 그것은 권력을 강화하기 위해 의도적으로 사용된 사기 행위였다.

이 장에서 나는 젠더에 관한 관습적인 해석을 넘어서 매독과 자위의 억압 사이의 관련성에 대해 논의할 것이다. 나의 논점은, 젊은 남성의 의식 속으로 '고독한 자기 위안보다는 창녀의 서비스를 받는 것이 훨씬 더 낫다'라는 생각이 파고드는 환경에서 트레포네마 팔리둠이라는 종의 생존 기회가 크게 증가되었다는 점이다. 따라서 나는 반反자위 캠페인이 가정의 부모와 교사, 학교의 선생님, 군대의 장교와 하사관, 성의 "사악한" 세계로 뛰어든 선구적 의사들의 훈육 기술을 더욱 날카롭게 벼린 방식을 탐구할 것이다.

객관적 사실의 실제 세계에서 18세기 중엽에 꽃을 피우기 시작한 성에 대한 권위주의는(반反자위 운동에 의해 크게 도움을 받았다.) 19세기에는 실제 인간의 성행위 과정에 대한 글들을 거의 소멸시켰다. 비록 고대의 저자들로부터 인용한 평평한 지구와 같은 상투적인 말들로 가득 찼다고 하더라도, 인간의 성행위에 관한 글들은 일반인들을 매독에 걸리지 않게 할 수도 있었을 것이다. 불행하게도 "인간의 진보"를 숭배하는 계몽주의의 영향하에서 어두운 그림자는 더욱 어두워졌다.[8] 19세기 "대중 사회"의 발전과 더불어, 그리고 매독을 경멸하면서 두려워한 권력자들의 의도적인 조작으로 인해 억압의 축축한 덮개는 유럽인들의 마음을 거의 질식시킬 정도였다.

1493년부터 대략 1935년 사이의 기간에 억압과 은폐, 부끄러움, 그리고 평평한 지구 같은 유사 과학의 비옥한 토양 위에서 번성한 것은 다른 사람의 불행을 삶의 방편으로 삼는 기업가들이었다. 오늘날 포스트모던 시대의 관점에서 볼 때, 그리고 권위를 의문시했던 지난 시대의 많은 유명한 학자들(지그문트 프로이트, 칼 융)의 관점에서 볼 때, 스스로를 의사로 칭하는 기업가적 치료자들의 상당수가 사기꾼이었다는 것은 전혀 놀라운 사실이 아니다.

이 장의 마지막 부분에서 나는 19세기 중반이 시작될 무렵 유럽의 의사들과 선교사들이 서구적 도덕에 바탕을 둔 기업가 정신을 어떻게 중국에 도입했는지 검토한다. 중국 공포증과 권력 그리고 그릇된 지식에서 비롯된 정당성을 가지고 그들은 매독을 거의 모든 영역에서 발견했다. 사실 그들이 맞닥뜨린 것은 구성된(상상의) 매독이었다. 이 상상의 매독은 두 가지 요소로 구성되어 있었다. 첫째는 중국 공포증이란 환영이고, 둘째는 성교를 통해 감염되는 진짜 매독과 (성행위로 감염되지 않는) 딸기종과 유행성 매독에 대한 순수한 의학적 혼동이었다. 앞으로 살펴보겠지만, 최초 국면에서는 약간의 주저함을 보인 이후, 이미 서구적 시각에서 인민을 야만인으로 보게 된 중국의 엘리트들은 서구적 질병으로 생각한 매독에 대해 적절한 대응책을 강구하기 시작했다. 그것은 매독에서 탄생한 기업가 정신이었다.

최초의 반응

1490년대가 시작되면서 매우 전염력이 강한 성병(매독 자체가 아니면, 매독의 선조가 되는)이 스페인의 항구와 도시들, 남부 프랑스와 이탈리아를 휩쓴 다음, 넓은 대지로 나와 동쪽으로는 빈을 넘어서, 그리고 북쪽으로는 라이프치히 베르겐, 애버딘을 넘어 퍼져 나갔다. 1497년의 한 보고서에서 교황 알렉산더 6세의 의사인 베니스의 알렉산더 베네디토 Benedetto는 눈과 코와 손과 발이 없는 환자들을 보았다고 보고했다. 베네디토에 따르면, "온몸이 쳐다볼 수 없을 정도로 혐오감을 일으켰고, 고통이 너무 심해서(특히 밤에) 이 병은 불치병인 나병이나 상피병보다 더 무서운 병이었고, 그래서 죽을 수도 있는 병이었다."[9] 몇 십 년 후(1539년), 리스본의 올 세인트All Saints 병원의 스페인 의사인 루이 디아즈 데 이슬라 Ruy Diaz de Isla는 이 새로운 질병으로 인해 "너무 피해가 커서 100명 중 10명이 죽지 않은 마을이 없다."고 주장했다.[10] 이러한 주장은 분명 매우 과장된 것으로서, 분명하게 시인하지는 못했으나 적어도 자신의 치료 능력을 넘어서는 이 병에 대한 한 의사의 관심을 반영했다.

이 전염병에 대처하려는 최초의 시도로써 의사들은 고대의 권위 있는 학자들이 쓴 문헌을 뒤적였지만 아무것도 발견하지 못했다. 그래서 페라라Ferrara의 지도적인 의학 교수이자 그리스 연구 권위자였던 니콜로 레오니세노Niccolo Leoniceno는 다음과 같이 단언하기에 이르렀다.

인류가 같은 본성을 갖고 같은 하늘 아래서 태어나 같은 별 아래서 자랐다는 점을 생각할 때, 나는 우리가 항상 똑같은 질병에 걸릴 수 있는 존재라고 생각할 수밖에 없다. 그래서 나는 이 질병이 지금 갑자기 생겨나서, 예전에는 없던 것이 우리 시대에만 유행한다고는 절대 믿을 수 없다.[11]

자신도 의식하지 못한 채 레오니세노는 핵심적이고 충격적인 진리, 즉 성병이 실은 새로운 질병이 아니라는 사실을 드러냈다. 이것은 이 질병의 유형과 기원에 관한 논쟁적인 영역으로 우리를 안내한다.

　최근 1992년에 마드라스에서 모든 백신에 저항하는 전적으로 새로운 종류의 콜레라Vibrio cholerae 0139의 발견은 질병의 바이러스가 스스로를 변화시키는 놀라운 속도를 새삼 떠오르게 했다. 그것은 1859년 찰스 다윈이 발표한 이론과 맞아떨어지는 것이었다.[12] 이와 유사한 돌연변이가 분명 1493~1494년 서유럽에 새롭게 발생한 질병에도 일어났을 것이다. 동시대인들은 달갑지 않은 마음으로 인정했던 그 질병의 복합성을 우리 시대의 과학자들은 마침내 밝혀냈다.

　1905년 베를린의 프리츠 스카우딘과 동료 학자들은 현대의 매독의 원인자가 트레포네마 팔리둠이라는 것을 발견했다. 이러한 발견은 알도 카스텔라니Aldo Castellani의 딸기종을 일으키는 매독 균Treponema Y의 발견과, 후에 F. 레옹 블랑코Leon Blanco의 열대 백반성 피부 매독 균Treponema C의 발견으로 이어졌다. 또한 전문가들은 성교에 의해 일어나지 않는 매독(베젤 또는 유행성 매독)은 트레포네마 M MTreponema M에 의해 발생한다는 사실을 알아냈다. 그러므로 1910년경까지는 총 네 개의 상이한 질병이 하나의 매독 균에 의해 발생되는 것으로 인식되었다. 이 네 가지 중 단 하나, 성 매독(매독 - 역자)만이 성교에 의해 전염되었다. 다른 세 가지, 딸기종, 유행성 매독, 그리고 열대 백반성 피부 매독인 핀타pinta는 비성교적 방식에 의해 전염되었다. 그렇지만 이 글을 쓰는 현재(1996년) 전문가들은 여전히 얼마나 더 많은 매독 균들이 있을지 의심하고 있다. 왜냐하면 고성능 현미경 속에서 모든 매독 균들은 같은 형태로 보이기 때문이다. 매독 균이 차이를 드러내는 것은 오직 인간 숙주에서 특정한 질병을 일으킬 때이다.[13] 따라서 전문가들을 혼란스럽게 하는 것은 "같은" 병원균이 온대 기후와 반대되는 열대 기후에서 상이한 질병을 일으킨다는 점이다.[14]

　유럽에서는 500년이 넘는 그 시작 시점부터 매독은 나쁜 "타자들"에게 잠복해 있는 질병으로서 무고한 사람들에게 고통을 주는 병으로 인식

되었다. 이러한 인식과 거의 유사하게, 1526년이 시작되던 시기에 매독
은 히스파니올라 토착민들에게서 발견되어, 그곳에서부터 크리스토퍼
콜럼부스를 수행한 선원들에 의해 처음으로 유럽으로 옮겨졌다는 주장
이 있었다. 18세기경 매독의 아메리카 원본은 유럽의 합성 사진의 일부
분이 되었다. 그리하여 계몽주의의 거장인 몽테스키외는 『법의 정신』
(1748년)에서 신세계에 들어온 매독이 남부 유럽에 있는 대부분의 대가
문들을 휩쓸어 버렸다고 기록하고 있다. 이와 유사한 증거로서 1777년
미국 독립 선언문의 잉크가 채 마르기도 전에 존경받는 스코틀랜드의 역
사가이자 영국 애국자인 윌리엄 로버트슨William Robertson은 매독으로 유
럽을 오염시킴으로써 아메리카는 유럽에 의해 "발견"됨으로써 얻을 수
있는 모든 이익을 잃었다고 주장했다.[15]

비록 매독에 관한 편견이 담긴 자료들이 우리 시대에도 여전히 남아
있지만, 적어도 과거의 유물과 같은 자료들은 박물관의 선반으로 밀려나
있다.[16] 낡은 관념 중의 하나는 1492년 히스파니올라 섬의 토착 주민들
이, 즉 타이노 인들이 유럽에서 온 깨끗한 침입자들을 모조리 매독으로
감염시켰다는 것이다. 또한 그러한 사태를 일으킨 것으로 생각될 수 있
는 것은 그 이전에 타이노의 소년 소녀들이 어울려 놀 때 성교에 의해 감
염되지 않는 딸기종이 그들 사이에서 만연했다는 사실이다. 몇 년 후 성
숙한 여성이 된 이 어린 소녀들은 여전히 딸기종을 지니고 있었고, 스페
인 남성들은 그들을 강간했다. 강간이 진행되는 동안 오래 씻지 않은 스
페인 인들의 서혜부와 배, 가슴, 성기의 부드러운 피부에는 딸기종 병원
균인 트레포네마 페르테누에Treponema pertenue가 침투되었을 것이다. 트레
포네마 페르테누에가 새로운 인간 숙주에 그리고 새로운 풍토—이방인
인 스페인 인들이 1493년 되돌아간 온화한 기후의 유럽—에 적응하게
되었을 때, 그것은 새로운 형태인 트레포네마 팔리둠(Treponema pal-
lidum, 이하 매독 균으로 칭함-역자)으로 돌이변이 되어 매독이 된 것으로
여겨진다.[17]

매독이 전적으로 새로운 질병이자 동시에 유럽인들에게 새로운 질병이었다는 것은 그 최초의 증상 때문이다. 즉 온몸의 피부에 나타나는 매독의 분출은 너무나 전염성이 강했고 치명적이었다. 몇몇 의학적 지식이 있는 저술가들은 이 최초의 전염병은 딸기종과 매독, 임질(이것은 남성의 발기되지 않은 성기에서 정액이 흘러나오게 하는 전혀 다른 질병이다.)이 결합된 복합적인 질병의 증상이라고 주장했다. 그 후 시간이 흐르면서, "각질 증식, 출혈, 골다공증 및 강고사gangosa나 (딸기종이 일으키는) 여러 증상"들로 규정되었던 것은 유럽인들이 매독의 생태적 환경을 완전하게 관리하면서부터 점차 사라지게 되었다.[18]

앞서 살펴본 바와 같이 현대 이전의(로버트 코흐가 1882년 의학을 획기적으로 발전시키기 이전의) 유럽 의학자들은 때때로 한 질병의 원인을 우리가 이해하기 어려운 방식으로 설명했다. 천문학이 중요한 학문적 영역이었던 15세기 이탈리아의 대학에서는 매독은 1484년 11월에 목성과 토성이 부딪친 결과로 생긴 것이라는 가설이 있었다. 또 다른 학문적 가설은 매독은 고대 유대인들 사이에서 유행하던 "나병"의 어떤 형태라는 것이었다. 또한 그 이후에 많은 논자들은 매독을 "음란하고 불순한 성행위"와 분명한 연관성이 있다고 생각했다. 이러한 편견은 남편들이 아내와의 성행위에서 아내를 감염시킬 수 있다는 것을 완전히 인식할 때까지 오랫동안 지속되었을 것이다. 일반 서민들 사이에서는 때때로 돼지고기를 먹어서 매독이 생겼다고도 하고(이것은 유대인 나환자들에게 적용되던 함의가 내포되어 있다), 여성의 월경에서 나온 피를 마셔서 생기는 것으로 여겨지기도 했다.[19]

매독에 대한 공포가 만들어 낸 많은 "타자들" 중 그 첫 번째는 1490년대에 시작되었다. 1460년대, 혹은 그 이전부터 유럽의 농촌 지역은 페스트 전염병의 피해로부터 회복되기 시작했고, 그 결과 많은 마을에서는 필요 노동력을 넘어서는 젊은이들이 존재하게 되었다. 예기치 않은 이러한 상황(과잉 인구)에 직면한 지역의 원로들은 비합법적으로 태어난 어린 소년들을 회의적인 눈으로 바라보았다. 이 원치 않는 아이들은 성장하더라도, 그들이 영원히 사라지기를 원하는 사람들에 의해 보수를 받는 용병 부대에 들어가도록 종용되었다. 산이 많은 스위스에서는(1690년 이후 스위스는 혼외 성행위에 대한 히스테리를 일으키는 데 매우 커다란 역할을 수행했다.) 이러한 책략으로 전 국토의 인구를 적정 수준으로 유지할 수 있었다.

이러한 설명을 비웃는 논자들에 따르면, 이 새로운 성병은 1494년 프랑스의 발로아Valois 왕조의 왕 찰스 8세가 그의 기념비적인 이탈리아 침공을 위해 이끌고 간 3만 명의 용병들 사이에서 최초로 발생했다. 발로아 왕조 군대의 진격은 매독 균이 확산되는 데 더할 나위 없는 호기였다. 이 훈련되지 않는 군대는 남쪽 밀라노에서 이동하여 창녀가 성직자보다 많다고 하는 교황의 도시 로마에서 몇 주간 머물렀다. 그다음에는 유럽 최대 도시의 하나인 나폴리로 이동했다. 나폴리에 무혈 입성한 정복자들은 그곳 여성들과 적지 않은 성 관계를 가졌을 것이다. 그다음에 발로아 군대는 북쪽 포르노보(Fornovo, 밀라노에서 멀지 않음)로 이동했고, 거기서 그들은 합스부르크와 베네치아 군대와 끝없는 전투를 벌였다. 그 후 발로아 군대는 해체되었다. 그중 일부는 새로운 용병으로 일자리를 얻었고, 일부는 알프스 북쪽의 도시들에 정착해서 살아 갔다.

1490년대에 계속 확대되고 있던 매독 피해 지역은 파리, 에딘버그, 라이프치히에서 발표된 각국 정부의 법령과 학자들의 선언에 의해 공시되었다. 또한 세계의 여타 지역도 위험에 직면해 있었다. 선원, 상인, 선교사, 그리고 유럽 탐험 세대의 대표자들과 함께 항해하면서 매독은 아프리카의 지중해 연안에 뿌리내렸고, 그다음에는 인도, 세일론, 말레이 반도로 이동했다. 1504년경 매독은 대무역 중심지인 중국 광저우에서 발견되었고, 거기서 그것은 "서양 자두나무 궤양plum—tree ulcer"으로 알려지게 되었다.[20]

최초의 질병이 돌연변이를 일으켜 매독 균이 되었을 때, 매독은 유럽

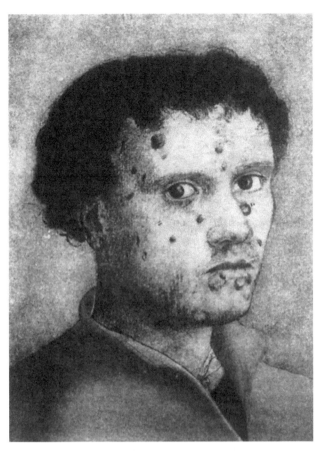

그림 10_ 매독에 걸린 젊은 남자. 한스 홀베인이 그린 채색화, 1523년.

에서 시작되었을 것이다. 통상적인 의학사를 보면, 1519년 마인쯔에서 출간된 한 책에서 당시 매독 환자였던 올리히 폰 후텐이 "처음에 그것은 매독이 아니라 마치 전혀 다른 질병인 것처럼 지금보다 훨씬 더 견디기 힘든 악취를 일으켰다."고 말한 사실이 주목된다.[21] 하지만 코에 분명히 감지된 이러한 증상이 인구 감소를 초래하지는 않았다. 반대로 인구는 가파르게 증가했다.

　17세기 동안, 농촌 인구의 증가와 불안한 일반적 사회 상황은 직접적으로 부모의 땅을 상속받을 수 없는 젊은이들을 도시로 떠나게 했다. 하지만 도시로 가는 것은 매독에 걸릴 수 있는 위험을 뜻하는 것이기도 했다. 1585년 런던의 세인트 바르톨로뮤St. Bartholomew 병원의 윌리엄 클로우즈William Clowes는 자신의 10년간의 의사 생활에 대한 글을 쓰면서 환자 두 명 중 한 명이 매독이었고, 5년이 지난 후에는 천 명 이상의 환자를 치료했다고 말했다. 병원과 의사들에 대한 일반 서민들의 극단적인 반감은 클로우즈가 말한 천 명의 환자들이 매독으로 고통받는 런던 사람들의 실제 숫자의 일부분일 뿐이라는 것을 암시한다.[22]

시골에 정착한 주민들이(전체 인구의 80퍼센트 이상이었다.) 도시와 떨어져 있는 한, 이들이 매독으로 많은 고통을 받지는 않았을 것으로 보인다. 도시 주민들이나 용병들과는 달리 시골 사람들은 그들의 출생지에서 걸어서 하루나 이틀 정도 걸리는 반경에서 살았기 때문에, 일반적으로 조심성 없는 성행위로 인해 매독에 걸릴 위험에서 배제된 생활 패턴을 따르고 있었다.

시골 마을의 어른들은 과잉 인구로 인해 마을이 혼란스러워지는 것을 좋아하지 않았고, 이들의 교육을 받은 농촌의 젊은 남성과 여성들은 일반적으로 타인에 대한 육욕적 지식을 지니기 전에 결혼할 짝을 만나기만을 기다렸다. 인구 통계학자들에 의하면, 이들의 결혼 연령은 20대 중반에서 후반이었다고 한다. 농촌의 사생아 출산율이 일반적으로 4퍼센트 이하로, 때로는 1.5퍼센트 이하로 측정되는 것은, 시골 사람들에게 있어서 성은 하나의 거대한 빙산이었다는 주장을 뒷받침한다.[23] 1550년경 인구의 10~15퍼센트에 달하는 40살 이상의 사람들이 여전히 결혼을 하지 않은, 소위 처녀 총각이었다는 사실은 농촌 사람들의 성이 큰 문제로 대두될 가능성을 짐작케 했다.

매독의 상업화

매독에 걸린 아메리카와 아메리카가 유럽에 준 선물에 관한 짧은 글에서 몽테스키외는 다음과 같이 말했다. "매독을 계속 퍼트린 것은 금을 향한 갈망이었다. 사람들은 계속 아메리카로 갔고, 매번 새로운 씨앗을 지니고 돌아왔다."[24] 이 말은 유럽에서 자본주의가 발전하기 시작한 시기에 일부 남성과 여성들이 매독으로 돈을 벌고 있었다는 의미로 해석될 수 있다. 최초의 이러한 사업가들 중에는 인종 말살 테러리스트인 곤잘로 페르난데스 드 오비에도(Gonzalo Fernandez de Oviedo, 1478~1577년)와 그의 동업자들인 아우크스부르크의 푸거 가문, 합스부르크 황제인 찰스 5세의 재정 담당자들이 있었다.[25] 이러한 사실은 거대한 허구가 형성되는 과정으로 우리를 안내한다.

여기서 콜럼부스와 1492~1493년 그를 수행한 의사들에 의해 작성된 보고서에서 히스파니올라 섬의 질병 환경 가운데 특히 치명적인 부분이 언급되지 않은 점을 상기하는 것이 중요하다. 또한 고향으로 돌아오는 배에 가득 탄 선원들이 급속도로 퍼지는 일종의 매독에 의해 고통을 겪은 것에 대해서도 전혀 언급이 없다. 하지만 1526년에 출간된 유명한 『인도의 자연사에 관한 요약』에서 오비에도는 대담하게 "너희들의 전하께서는 이 병이 인도(아메리카 – 역자)에서 온 것이라는 점에 안심하실 것이다."라고 말한 바 있다.[26] 이것은 매독의 출처가 아메리카라는 점을 글로 발표한 최초의 것이다. 그 후 이 진술은 지적 담론의 상용어가 되었다.

오비에도는 힘 있는 스페인 귀족 가문 출신으로 1513~1514년 아메리카의 금광과 은광에 대한 황제의 감독관이었다. 히스파니올라에 머무는 동안 그는 산토도밍고 성주로 있으면서 아마도 서쪽으로 190킬로미터까지 미치는 자신의 영지에 있는 모든 것을 소유했을 것이다. 1516년 이후 어느 시기에 오비에도는 잘 알려진 매독 치료제를 알게 되었다. 그것은 히스파니올라에서 자라는 유창목이었다. 고대의 동종 치료법을 염두에 둔 그는 이곳 사람들이 '신은 모든 독에 대해 그 치료제를 우리 곁에 주었다'라는 믿음을 갖고 있다는 것을 알게 되었다. 그래서 유능한 사업가인 오비에도는 히스파니올라 사람들은 오랫동안 매독으로 고통을 겪어 왔으며, 그들은 이 병을 언제나 쉽게 구할 수 있는 유창목으로 치료해 왔다고 주장했다.

오비에도의 대중 캠페인의 핵심은 「인도의 유창목으로 불리는 팔로 산타Palo Santa에 관하여」라는 논문에 기록되어 있다. 수많은 매독 환자들이 이 점을 놓치지 않도록 유창목은 "신성한 나무"로 명명되었고, 이것은 성의 죄악에 대한 신의 용서라는 의미를 암시했다. 그의 논문이 점점 널리 유포되는 동안 오비에도는 자신의 푸거(Fugger, 유럽의 유명한 은행가 가문 – 역자) 동업자들로 하여금 찰스 5세로부터 그 신비로운 치료제를 수입하고 전 제국에 판매하는 독점권을 받아내게 하였다. 이를 통해 오비에도와 그의 동료들은 상당한 수익을 올렸다. 하지만 오랜 시간이 지난 후, 이 사악한 스페인 문사가 히스파니올라의 명성에 입힌 얼룩은 훨씬 더 중차대한 것이었다.[27]

매독으로 수익을 얻은 또 다른 사업가들은 유럽의 서적상과 출판업자들이었다. 16세기의 매체 담당자들이 잘 아는 것처럼, 어떤 발언이 문서화되면, 그것은 단지 입으로 전해진 발언보다 훨씬 높은 신뢰성을 획득했다(이것은 오비에도가 아메리카에서 한 주장의 영향력을 입증한다). 그때까지 유럽의 인쇄 기술은—1450년대까지는 발명되지 않았던—삶을 영위하는 수단으로서는 다소 불확실했다. 필요한 인쇄공들의 수가 필사본을 생산하는 필경사 집단에 비해 적었음에도 비용은 더 높았고, 투자한 금액이 회수되기까지는 원본 텍스트의 인쇄와 그것이 소비자에게 판매되는 사이의 시간이 불가피하게 너무 오래 걸렸다.

1490년대 초 이러한 답답한 환경에 숨통을 트게 한 것은 매독의 첫 유행이었다. 즉시 새로 인쇄된 책의 수요가 급증했다. 이 새로운 질병이 이미 발간된 고대와 아라비아의 의학서에는 나오지 않는다는 사실과 서적

그림 11_ 유창목의 준비와 관리, 1600년 필립 갈.

상인들의 창고 선반에 쌓인 먼지로 인해 책은 계속 팔려 나갔다. 이 질병의 치료 방법을 알려는 (또는 임의의 섹스 파트너를 구할 수 있는 은밀한 장소를 알고 싶어하는) 요구에 직면해서, 혁신적인 인쇄업자들은 새로운 생산 방식을 고안해 냈다. 중간 매개자를 통하지 않고 저자는 이제 자신의 원고를 직접 인쇄업자나 식자공에게 넘겼다.[28]

상업적인 성공을 거둔 매독에 관한 최초의 서적들 중 하나는 요제프 그룬페크의 책이었다. 야망을 지녔고, 인간관계를 잘 맺는 아우크스부르크 대학 출신의 젊은이인 그룬페크는 음란한 도시 로마를 여행하다가, 거기서 독일 황제 막스밀리안의 개인 비서가 되었다. 길을 가던 중 그룬페크는 한 매춘굴에 들어갔고, 거기서 치명적인 매독을 얻게 되었다. 1503년에 인쇄된 그의 고백록에서 그는 병사들의 상태를 다음과 같이 묘사했다.

어떤 이들은 머리부터 무릎까지 온통 검고 섬뜩한 딱지로 뒤덮여 있었고, 어떤 사람들은 …… 신음을 하고 울면서 가슴이 찢어지는 소리를 토해 냈다. 왜냐하면 그들의 성기가 썩어 들어갔기 때문이다.[29]

선정주의이든 정확한 보고문이든 그러한 책들은 글을 읽을 수 있는 대중의 환영을 받았다. 비록 독자의 수는 적었지만, 출간된 지 몇 해가 지나지 않아 『리벨루스 조세피 그룬페키 드 멘탈라그라 알리아스 모르보 갈리코 *Libellus Josephi Grunpeckii de Mentalagra, Alias Morbo Gallico*』 같은 책은 다섯 번째 라틴어 판을 찍었으며, 그다음에는 독일어로 번역되어 다시 제2판을 더 찍었다. 하지만 독일의 책 외판원들이 더 좋아한 것은 아마도 1533년 마이츠에서 출판된 요하네스 할스베르크의 시 「남유럽의 홍진에 대하여」였다. 음란한 여성과 매독의 위험을 도덕적으로 가리면서 이 시는 독일의 매춘굴의 상세한 목록을 보여 주었다. 이 안내서를 손에 든 모든 남성 여행자들은 밤의 쾌락을 보장받았다.[30]

책의 저자에게 더 큰 보상을 안겨다준 책은 1530년에 출간된 베로나의 지롤라모 프라카스토로(Girolamo Fracastoro, 1478~1553년)가 쓴 『시필리스(매독) 또는 프랑스병 *Syphilis sive morbus gallicus*』이라는 책이었다. 철학과 의학을 공부하는 학생이었던(당시 대학 커리큘럼에서 의학은 자연철학의 한 부분이었다.) 프라카스토로는 대부분의 시간을 고위직에 있는 사람들에게 매춘을 중개하는 일로 보냈다. 그는 미개한 아메리카의 자만에 찬 플리니우스(로마의 작가이자 행정관으로 로마 제국 전성기의 공적·사적 생활을 친밀하게 그려 문학적인 흥미를 크게 끄는 개인 서한집을 남긴 인물-역자)였던 페르난데스 드 오비에도와 정기적으로 서신 왕래를 하던 인물이었다. 하지만 프라카스토로가 자신의 책 『매독 *Syphilis*』을 헌사한 대상은 더 큰 권력을 가진 사람들이었다. 그러한 사람들 중에는 존경을 받는 로마의 교황 레오 10세(조반니 메디치, Giovanni Medici)와 추기경 피에트로 벰보 Pietro Bembo가 있었다. 베네치아의 뛰어난 인문 학자이자 로마 원로원의 떠오르는 권력자였던 벰보는 프라카스토로에게 편집 지침을 주었고 자신의 개인적인 갈망을 반영했을 교정 안을 내놓았다. 말하자면, 이 추기경은 교황 알렉산더 6세의 딸인 루크레지아 보르지아Lucrezia Borgia와 친밀한 관계에 있는 잘 알려진 오입쟁이였다.[31] 의심할 바 없이 벰보의 색욕과 또한 아마도 로마 교회의 도덕적 타락에 대한 마르틴 루터의 강력한 고발을 잘 알고 있었을 프라카스토로는 그의 책 『매독』에서 매독이 성기 접촉에서 비롯한다는 사실을 숨길 수 있었다. 그러므로 그의 책은 신중하게 고려된 의학적 수수께끼나 도덕적 타락과 음란한 육욕에 대한 연구서라기보다는 문학적 도피주의의 한 표본이었다. 가톨릭의 인도적 행위에 대한 이런저런 직무를 위해 1545년 이후 프라카스토로는 트렌트 공의회의 교회 원로들에게 주재하는 관직 의사로 임명되었다. 그의 『매독』은 16세기 남은 기간 동안 계속해서 인쇄되었다. 반면 1546년에 발표된 그의 전염에 관한 에세이 『접촉 전염과 전염성 질병에 관하여De Contagione et Contagiosis Morbis et Curatione』는 빠르게 잊혀졌다. 19세기 후반 휘그주의 작가들이 갑자기 이 에세이를 병원체로서 병균에 관한 그들의 근대적 관념의 선구자로 볼 때까지 그의 에세이는 잊혀진 채로 있었다.[32]

책 판매상, 영감을 받은 저자들, 유창목 독점 상인들을 제외하더라도 매독은 몇몇 직종에 있는 하층 건강 담당자들에게도 돈을 만들어 주는 기계였다. 아마도 그들의 치료가 효과가 없고 때로는 치명적인 결과를 낳는다는 것을 아는 정식 의사들은 찾아오는 환자들을 이발사 겸 외과 의사들에게 보내곤 했다. 런던에서 이발사 겸 외과 의사 조합이 설립된 것은 1540년이었다.

영국의 대도시와 대부분의 규모가 큰 대륙의 도시들에서 이발사 겸 외과 의사 가게는 남성들의 사교 중심지였다. 얼굴에 더덕더덕 옴이 붙은 사람은 반드시 피해야 할 깡패와 같은 사람이었고, 반대로 좋은 외관에 옷을 잘 차려입고, 피부를 말끔히 하고 턱수염도 가지런히 빗은 사람은 신뢰할 만한 사람으로 여겨졌다. 도시 근처에 사는 난처한 상황에 처한 젊은이는 이발사 겸 외과 의사에게 가곤 했다. 거기서 그는 자신의 이상한 증상을 넌지시 알리고 치료법을 물어보았을 것이다. 병을 이기고 살아남은 영국인 증인들은 대부분의 이발사 겸 외과 의사들이 수은이 내포된 약을 주었던 것으로 추측한다.[33]

여성들의 상황은 별로 알려진 것이 없지만, 아마도 그녀의 남편(또는 시중드는 하인)으로부터 매독에 접촉된 여성들은 처음에는 믿을 수 있는 이웃인 지역의 산파 중의 한 사람에게 찾아갔을 것이다. 조심성 많은 산파는 매독이 임신 전에 너무 빨리 퍼졌으면 아이를 낳을 수 없다는 것을 알기 때문에 아마도 가능한 빨리 아이를 지우라고 충고했을 것이다. 하지만 신뢰할 수 있는 산파의 이용은 정책이 바뀔 때마다 매우 많은 편차가 있었다. 독일의 많은 지역에서는 남성 권력층이 그들의 역할을 장려한 반면, 영국과 프랑스에서는 산파들의 독립적 역할을 파괴했다. 그 한 가지 이유는 마을의 원로들이 산파의 역할을 남성에 적합한 직업으로 전환시키길 원했기 때문이다.[34] 그러므로 프랑스의 모든 남성 산파들이 1874년 돌고뉴Dorgogne에서 한 여성 산파의 직업적 경력을 무산시켰던 그러한 어려움에 봉착할 가망성은 거의 없었다. 감염된 사실을 알면서도 그녀의 여성 환자 열 명에게 자신의 매독을 옮긴 죄로, 그리고 이 여성들이 다시 9명의 남편과 10명의 자식에게 매독을 옮기게 한 죄로, 이 여성은 브리브Brive의 법정에서 징역 2년의 유죄 판결을 받았다.[35]

1909년 파울 에를리히Paul Ehrlich가 살바르산(Salvarsan, 아주 효과적이지는 않은 비 수은 치료)를 고안해 낼 때까지 돈을 아낌없이 지불할 능력이 있는 매독에 걸린 신사들은 종종 이발사 겸 외과 의사에게 받았던 치료가 쓸모없는 것이라는 것을 알아차렸다. 마지막 기대를 걸고 그들은 매독을 치료할 수 있다고 주장하는 비합법적 치료사들에게 갔을 것이다. 이 비합법적 치료사들은 또한 환자가 수은 치료를 받고 있다는 사실을 환자의 배우자나 사장, 친구, 연인들이 알 수 있는 어떤 표시도 나타나지 않게 할 수 있다고 주장했다.

불안감을 지닌 이러한 치료 장사꾼들 중에 낭트에 사는 라 담 르카드 르La Dame Lecadre라는 여성이 있었다. 19세기 초에는 그녀와 같은 수천 명의 사람들이 있었다. 그녀는 "성병 치료에 있어서 최고의 명성을 얻었기 때문에 만약 지역 주민들에게 그녀의 의학적 성취를 알리지 않는다면, 그것은 인간성의 상실을 의미한다."는 광고를 내붙일 정도였다. 르카드 르는 자신의 치료법은 과다하게 타액이 분비되고 이빨이 흔들리고 머리카락이 빠지는 등의 증상을 보이는 수은을 사용하지 않으며, 유모나 임신부 또는 어떤 환자이든지 아무 때 아무 장소에서도 치료할 수 있는 방법이라고 주장했다. 그녀는 잠재적인 고객들에게 "가장 큰 비밀이 지켜질 수 있다."고 확언하면서 블랑제의 오솔길Allee du Boulanger에 있는 비송 Bisson의 집 계단 반대편 1층에서 자신을 볼 수 있다고 광고했다.[36] 같은 시기 런던에서는 스스로를 리버스 박사라고 칭하는 한 돌팔이 의사가 매독을 확실하게 치료할 수 있다고 주장했다. 리버스는 "루드게이트Ludgate 언덕에 있는 특정한 장소Three King's Court의 Golden Ball에서" 영업을 하며, "자신이 저녁에 문 앞에서 등을 들고 서 있을 것"이라는 점을 널리 알렸다.[37]

행복한 우연의 일치겠지만, 수은은 로마의 상업 신의 이름을 따온 것이다. 매독 치료제로서 수은은 연고처럼 바르거나 섭취되었다. 수은을 바르거나 섭취한 후 환자는 한증막에 들어가 두꺼운 이불을 뒤집어썼다. 이러한 방법은 병의 독기가 몸에서 발산될 수 있다는 체액 이론에 근거한 것이다. 이러한 방법은 그리스-아라비아 이론에 바탕을 두고, 치료에 따르는 괴로운 육체적 고통은 그 높은 치료 비용과 함께 죄에 대한 부분적인 위안이라는 기독교적 관념이 덧붙여졌다. 수은 치료의 과정은 환자의 잇몸이 상하고, 이빨이 빠지는 과정으로 간주되었다. 따라서 눈썹과 머리카락, 수염이 빠지는 것은 흔히 얘기되는 것이었고, 그래서 17세기의 건장한 남성들은 분칠한 가발(가면 무도회의 그것처럼)이 필요할 정도로 병의 증상이 심해지기 전까지는 수염과 머리를 길게 기르고 다녔는

데, 그것은 아마도 매독에 걸리지 않았다는 것을 보여 주기 위한 것으로 추측된다. 18세기에 가발을 쓴 신사들이 수은으로 겉칠을 한 거울 앞에서 머리를 다듬었다는 사실은 이러한 정황에 잘 부합한다.[38]

사교의 변화 양상들, 1480~1750년

우연의 일치로 유럽에서 매독 균이 발견된 것은 비정상적인 사회적 조건—과거 대부분의 세기의 특징인 거대한 성직자 집단의 억압이 일시적으로 부재한 상황—이 밀어닥친 것과 동시에 일어났다. 이 짧은 해방의 기간에(1450~1490년대) 디종Dijon, 아우크스부르크 및 다른 수백 개 도시의 시장들은 그들이 관리하는 작은 사회를 유기적 전체로서 생각할 수 있었다. 인간의 몸과 유사한 측면에서 그들은 각각의 개인들이 그들의 가계, 사회적 지위, 나이, 여러 가지 능력에 적합한 역할을 지녔다고 생각했다. 잘 정돈된 삶을 위한 계획의 일환으로서 시장들은 감각적 쾌락을 위한 특별한 장소를 마련했다.[39]

1490년경의 사회의 여러 모습들 중에서 우리는 우선 공중목욕탕을 들수 있다. 이 황금 시절 동안 시의 규정에 따르는 목욕탕들은 대학 교수들, 학생들, 존중받는 장인들과 그 부인과 아이들로 붐볐다. 제네바, 앤트워프, 리옹에서는 오후가 되면 결혼을 했거나 하지 않았거나 친구들과 연인들이 그곳에 모여 벌거벗은 채, 몸을 씻고 대화를 나누며 떠들고 놀았다. 욕탕은 울타리로 완전히 가려지지 않았기 때문에 안에서 일어나고 있는 일들을 사람들은 밖에서 볼 수 있었다. 1493년 이후, 교제하는 커플들에게 이 목욕탕이 주는 이득은 분명했다. 신체의 일부분에 감염된 모습이 보이는 남자는 명백히 부적격한 결혼 상대자였다. 또한 그는 매춘굴에도 갈 수 없는 사람이 되었다.

매독의 재앙이 밀어닥치기 직전 인구 4천~5천 명 이상의 도시들에서 매춘부들은 시의 매춘굴 안에서 소중하게 돌보아지는 양과 같은 존재들이었다. 15세기 사회 이론에 따르면 이러한 여성들은 남성 도제들, 새로 도시에 들어온 사람들, 막 훈련 과정을 끝낸 직공들의 성 에너지의 합법적인 배출구였다. 디종과 옛 부르고뉴의 다른 도시들에서 흘러온 가난한 가정 출신의 소녀들은—때로는 집에서 윤간을 당한 채 끌려온—모든 사람들에게 알려져 있지만, 아무에게도 위험이 되지 않는 존재였다. 아우크스부르크와 세빌리아 같은 그 밖의 도시들에서 매춘부들은 대개 도시의 어떤 가정에도 불화를 일으키지 않는 시골 소녀들이었다. 원하기만 하면 누구나 그녀를 소유할 수 있다는, 모든 남성들이 다 알고 있는 사실을 확실히 하기 위해 이들은 도시를 배회할 때면 머리에 노란 리본이나 붉은 모자, 또는 다른 눈에 띄는 표시를 하고 다녔다. 이 사람 저 사람에게 분명한 애정을 나타내는 소녀들에게는 포주들이 벌금을 부과했다. 시간이 흐르면서, 이러한 벌금은 소녀들이 매일 4~5명의 남성들에게 서비스를 한 대가로 벌어들이는 금액을 초과했을 것이다.[40]

그렇다 하더라도 매춘부들은 도시의 공적 자원의 일부분으로 간주되었다. 독일에 관한 글에서 린달 로퍼Lyndal Roper는 막시밀리안 황제 같은 대군주와 그의 수행원들이 그 지역을 통과할 때면, 일반적으로 시 의원들이 이들을 매춘굴로 초대해서 저녁 시간을 즐기도록 했다. 1495년 8월 보름스Worms에 머무는 동안 막시밀리안 황제는 독일 제국민들에게 이 새로운 피부 발진은 신성모독에 대해 신이 벌을 내린 것이라고 말했다. 말하자면 그는 매독과 매춘부 사이의 관련성에 대해서는 아무런 말을 하지 않은 것이다. 이와 유사하게 런던에서는 비교적 질이 좋은 매춘굴들이 윈체스터의 주교가 관할하는 서더크Southwark 지역에 많이 있었다. 이 즐거운 장소에서 해외 영사관들과 중요한 방문객들이 알랑거리면서 쾌락을 즐길 준비를 하고 있었다.[41]

한 지역 공동체 안에서 시의 지원을 받는 매춘부들은 수공업 길드 회원의 결혼식과 같은 공동체의 일이 있을 때에는 어떤 분명한 역할을 수행했다. 결혼식에서 매춘부들은 신랑을 붙잡고는 신부에게 신랑의 몸값을 치르도록 했는데, 이것은—밤마다 매춘굴을 찾는—방종한 청년에서 점잖은 기혼자가 되는 통과 의례를 의미했다.[42]

아마도 완전히 의식한 것은 아니지만, 평균 결혼 생활 지속 기간이 부부 중의 한 사람이 사망하기까지 채 10년도 안 되던 시대에 젊은 남성들이 매춘굴을 드나드는 것은 남성 우위의 불평등 사회에 대한 용인을 보여 주는 것이다. 재산이 많은 장년층 가부장들은 (돈을 주고) 아내와 헤어지는 것이 가능했기 때문에, 출산 시에 아내가 죽은 후 재혼을 선택한 장년층 남성들은 사실상 젊은 여자에 대한 선택권이 있었다. 그렇지만 지역의 결혼 가능한 여성들을 두세 번 겪어 본 45~50세의 장년들은 힘이 넘치는 젊은이들을 성교의 중심가로 보내 이들의 정열을 중화시키는 것이 필요하다는 것을 깨달았다. 이러한 신중한 계산에 따라, 결혼한 남성 또는 성직자들이 일 년에 한두 번 이상 매춘굴에 가는 것이 발견되는 것은 적절치 않은 것으로 간주되었다. 도시의 장년층들은 관행을 확실하게 깨뜨리는 것을 분명히 하기 위해 매춘부들 사이에 밀고자를 두고 정도에서 벗어난 남성들을 시 위원회에 고발케 했다.

1493년경에 새로운 성병이 출현하기 직전 10년 동안 커다란 물결이 시의 후원을 받는 매춘굴과 한증 목욕탕으로 밀려오기 시작했다. 성병과 직접적인 관련이 없는 새로운 물결 중에는 페스트 전염병의 피해에서 회복되고 있는 농촌 지역의 급속한 인구 증가가 있었다. 가족 농장을 온전히 장남에게 물려주려는 부모의 결정에 따라 고향 마을을 떠나게 된 젊은이들은 일을 찾기 위해 도시로 가는 큰길에 올랐다. 도시에 도착한 젊은이들은 처음에는 저임금 노동도 마다하지 않았지만 점차 자신의 목적을 달성하기 어렵다는 것을 깨닫고서 그 좌절감을 도시의 유곽에서 해소했다. 농촌에서 새로 온 저임금 이주 청년들과 도시의 젊은이들 사이에 벌어지는 칼부림은 유곽의 저녁을 어둡게 했다.

또한 통제되지 않는 이주의 물결은 점차 신체 건강한 빈곤자들의 구걸

행위에 대한 냉담한 분위기를 낳았다. 다른 여러 요인들과 복합적으로 작용하는 이러한 분위기는 개혁적인 수도사와 성직자들로 하여금 일반 서민들이 과거에 그들에게 부과했던 자선 행위에 의한 자기 구제라는 자연적인 세계관에서 벗어나는 것을 가능케 했다. 자신의 권위를 내세우기로 결심하고 성직자들은 육욕과 탐욕, 악을 탄핵하는 일에 점점 목소리를 높였다.[43]

이러한 성직자들의 태도와는 아주 작은 차이를 보이면서 세속적 르네상스의 목소리를 대변하는 인문주의자들은 고대 로마 제국에서는 표준적인 유형이었던―학식이 있고, 역사에 밝으며, 경건하고, 고상하고, 덕이 있고, 세련된―새로운 유형의 통치자를 교육하는 데 힘을 모았다. 분명치는 않았지만 인문주의자들은 그들이 교육하는 몇몇 조신들이 소위 성교에 의해 전염된 병으로 죽어 가고 있다는 것을 눈치 챘다. 그렇게 죽은 사람 가운데 우르비노에 있는 메디치 가문의 공작the Medici Duke of Urbino, 로렌조Lorenzo라는 젊은이가 있었다. 전해 오는 이야기에 의하면, 로렌조가 친구가 보는 앞에서 결혼 침대 위로 기어 올라갔을 때, 그의 다리에 이상한 종기와 수포가 있는 것이 친구에게 목격되었다. 그의 부인 막달레나는 후에 출산 도중 로렌조가 가진 프랑스 질병에 무고하게 감염되어 사망했다고 전해진다. 로렌조 자신도 1519년 27세의 나이로 사망했다.[44]

그리하여 1495년 7월 이후, 찰스 8세의 용병 부대가 해체된 후 감염된 부대원들이 유럽 각지로 흩어졌을 때, 한증 목욕탕과 매춘굴 관리인들은 육체적 정신적 모든 면에서 새로운 질병에 대한 점증하는 대중적 자각에 직면했다. 육체적인 면에서 그것은 로테르담의 데시데리우스 에라스무스Desiderius Erasmus of Rotterdam와 그의 인문주의자 동료들이 "새로운 전염병"으로 일컬었던 것이었다. 1526년 자기 지역의 한증 목욕탕들이 급격하게 줄어드는 현상에 관해 서술하면서 (당시 60대 초반이었던) 에라스무스는 "25년 전에는 브라반트Brabant만큼 매혹적인 곳이 없었는데, 오늘날에는 아무것도 남아 있지 않다. 새로운 전염병이 목욕탕을 가지 못하게 만들었다."고 적었다.[45] 정신적인 면에서 한증 목욕탕 경영자들은 당시 패권국인 스페인의 담론의 영향을 받은 의사들이 유포한 관념에 직면했다. 그것은 물에서 목욕하는 것은 땀구멍을 공기 중의 위험한 물질에 노출시켜 질병과 죽음을 초래할 수 있다는 것이었다. 도시 바깥 시골 지역에 사는 결코 씻지 않는 농부들은 오래전부터 이러한 점을 잘 알고 있었다.

위생을 이유로 (하지만 실제와는 다른 관념에 의해) 1520~1530년대에 공중 한증 목욕탕을 폐쇄한 것은 시의 규제를 받던 매춘굴의 폐쇄와 동시에 진행되었다. 하지만 이 문제에 있어서 육체적 건강에 대한 고려는 시민들의 정신적 건강에 대한 고려보다 부차적이었던 것으로 보인다. 1520년대 독일에서 마르틴 루터에 의해 시작되어, 그다음에는 프랑스와 스위스에서 존 칼뱅John Calvin과 함께 시작된 프로테스탄트와 가톨릭의 종교 개혁 운동이 해일처럼 밀려들었다.

대학 교육을 받은 프로테스탄트 개혁주의자들은 자신들이 떠맡으려 했던 한 지역 정책에 대하여 낡은 교회 세력을 비판하며 종종 직설적인 성 담론을 펼쳤다. 이들은 (독일어 성경에 마르틴 루터가 표현했듯이) 공개적으로 로마 교황을 매독에 걸린 바빌론의 거대한 매춘부라고 비유하고, 과거의 종교는 부패하고 비도덕적인 것으로 표현했다. 이러한 점을 지역의 실례를 들어 설명한다면, 프로테스탄트 설교자들은 자선 행위에 대한 서약에도 불구하고 도시의 매춘굴을 공공의 자산으로 소유했던 성직자들을 비난했다. 또한 이들은 옛 중세 교회의 가장 위대한 신학자였던 토마스 아퀴나스(1274년 사망)가 공창 제도를 승인했다는 점을 폭로했다. 성 토마스 아퀴나스는 매춘굴을 삶의 필수적인 부분이라 하면서 궁전에 있는 화장실 같은 것으로 비유했다.[46]

그렇게 해서 매춘굴은 폐쇄되었다. 그것은 한편으로 매춘굴이 개혁적인 사고로 판단할 때 올바른 사회에서 용인되기에는 부적합한 것이었기 때문이고, 다른 한편으로는 1526년 3월 츠비카우Zwickau에서의 경우처럼, "많은 젊은 직공들이 매춘부들에 의해 프랑스 질병(매독 – 역자)에 감염되었기" 때문이다.[47] 한 매춘굴이 문을 닫았을 경우, 도시 시 의원들은 자신들의 정당성을 옹호하기 위하여 그 매춘굴을 계속 폐쇄시키기로 결의했다. 1541년 츠비카우에서 시의원들은 가난한 자들의 도덕적 위반에 대해서는 처벌을 하는 반면, 같은 도덕적 위반을 저지른 부자들에게는 가벼운 벌금을 부과하는 것에 대해 개혁주의자들이 자신들을 비난하고 있다는 것을 알게 되었다. 한 부유한 귀족이 장사가 잘되는 매춘굴을 몰래 경영하고 있다는 정보를 입수한 시 의원들은 이 귀족을 본보기로 처벌하기로 결정했다. 조지 웨레만George Wereman 씨는 고문을 받고 매춘굴을 지키는 하층 계급에 속한 자신의 동업자들을 자백했다. 이 공범자들은 그들의 낮은 신분으로 인해 도시에서 추방되었다.[48]

존 칼뱅이 재해석한 신의 말씀에 완전히 노출되어 있는 바닷가 첫 도시인 런던에서 개혁주의자들은 1550년대 초 관청의 인가를 받은 매춘굴들이 윈체스터의 가톨릭 주교인 스티븐 가드너Stephen Gardiner의 토지 관리소에 의해 운영되고 있다는 것을 알게 되었다. 1555~1558년 사이에 윈체스터의 주교는 가톨릭 여왕 메리 튜더Mary Tudor를 도와 300명 이상의 프로테스탄트 순교자들을 재로 만들었다. 메리가 죽고 그녀의 정치적 자매인 엘리자베스가 계승한 후에 원한에 찬 칼뱅교 개혁주의자들은 인간을 개혁하기 위한 노력을 배가했다. 그들은 우선 매춘굴 경영자와 매춘부들부터 개혁을 시작했다. 매춘굴을 즐겨 찾는 높은 지위의 귀족들의 위협에도 아랑곳하지 않고, 1564년 런던의 권력자들은 윈체스터 주교의 사우스 뱅크 땅에 있는 매춘굴들을 폐쇄시키고, 몇 년 후에는 특별 도덕 재판인 브라이드웰Bridewell에게 고속 기어를 달아 주었다.[49]

그 자신의 본래적 경향이었던 도덕적 물결에 순응하면서 가톨릭교회는 1563년 이후 혼외 성교에 대해서 엄격한 조치를 취했다. 스페인에서는 주민들이 도덕적 물결에 고취되어 종교재판소 위원들에게 정보를 제공해 주어, 위반자들을 붙잡을 수 있도록 했다. 톨레도에서는 특히 격렬한 반매춘 운동이 1566~1570년, 1581~1585년, 1601~1605년에 일어났고, 같은 시기 동안 비슷한 운동이 아메리카로 가는 관문인 세빌리아에서도 있었다.[50]

매독 균의 영역과 성의 차이를 언급하는 새로운 도덕적 가치를 살펴봄에 있어서 개혁주의자들의 남성관으로 시작해 보고자 한다. 처음에 대학 교육을 받은 성직자들은, 일반인들이 깊은 사고를 통해 성경을 이해할 수 있고, 기도자들이 여성에게 결여된(여성은 선천적으로 지혜가 없는 존재로 여겨졌다.) 모든 덕성을 스스로 소유할 수 있다면 그들은 분명 매춘 행위나 다른 성적 해소책을 필요로 하지 않을 것이라고 생각했다. 이러한 사고에서 자연스럽게 귀결되는 것은, 사춘기 이후 한 남성이 결혼을 할 수 있는 경제적인 위치에 있기 전 10~15년간 그는 (추측건대) 예수가 그랬듯이 독신으로 남아 있어야 한다는 것이었다. 따라서 개혁주의 첫 세대는 성경을 재해석하여, 모든 남성은 결혼을 규범으로서 받아들이는 것이 신의 섭리라는 것을 증명하고자 했다. 시나이에서 행해진 것으로 전해지는 십계명, "네 아버지를 공경하라."에 기대어, 자식들은 스스로 또는 배우자를 선택함에 있어서 도덕적으로 깨끗해야 한다는 부모의 충고에 따르도록 훈계를 받았다.[51]

프로테스탄트 이단자들로부터 전 유럽을 되찾으려는 가톨릭교회는 이들의 도덕적 경향에 맞서기 위해 자신들의 도덕을 가다듬었다. 트렌트 시 의회에서 가톨릭교회는 결혼에 대해 부모들의 더욱 커다란 관심과 통제가 필요하다고 역설했다. 부모들에 대한 자신들의 권위를 강화하기 위해서 가톨릭교회는 새로운 방법을 고안했다. 그것은 회개자와 성직자 둘만이 마주 앉는 고해실이었다.[52]

자신의 독자적인 영역을 갖고자 하는 여성들에게 개혁 종교는 아무런 도움이 되지 않았다. 프로테스탄트 국가에서 독신 수녀라는 명예로운 직업은 폐지되었고 그와 함께 여성이 남성의 짝이 되지 않고 또는 그 어떤 독립적인 영역에서 일을 함으로써 예수에게 봉사할 수 있다는 관념도 폐기되었다. 가톨릭 국가에서는 밀라노의 성 찰스 보로메오의 가르침에 따라 개혁주의자들이 여성의 종교적 직위를 주교가 관할하게 했다. 따라서 주교들은 산파의 행위도 관리할 수 있게 되었다.

여성은 도덕적으로, 정신적으로, 육체적으로 남성보다 열등하다는 아리스토텔레스와 플라톤적 사상에 의지하여, 프로테스탄트와 가톨릭교회의 이론가들은 (그들의 19세기의 세속적 계승자들을 예상하면서) 사과를 먹은 이브의 모든 딸들은 잠재적으로 매춘부이며, 이 잠재성을 실현한 여성들은 매독을 퍼트리는 주범이라고 주장했다.[53] 마르틴 루터 역시 "열 살, 스무 살, 서른 살, 그리고 더 나이 든 선량한 사람들에게 질병을 옮길 수 있는 무섭고, 천하고, 구역질 나고, 혐오스럽고, 매독에 걸린 (매춘부)"를 비난할 때 같은 어조를 던졌다.[54] 남성이 동일하게 매독을 옮기는 숙주라는 생각은 이 개혁주의자들의 머릿속에 떠오르지 않은 것으로 보인다.

젠더에 대한 새로운 관념에 따라서 매춘부들은 더 이상 1490년대 초의 상황처럼 적절하게 관리되는 도시의 왕관에 꽂힌 꽃처럼 여겨지지 않았고, 오히려 잡범으로 간주되었다. 여전히 매춘은 계속되고 있었지만, 가난한 소녀들이 돈을 벌기 위한 것 이외에 다른 이유는 없었다. 대도시에서는 포주 없이 일하는 일반 매춘부들이 하룻밤에 버는 수익이 상류층 가정에서 과도한 노동을 하는 하인이 일주일 동안 일한 대가와 비슷했다.[55] 더 중요한 점으로, 도시에서 매춘이 계속 유지된 것은 남성 고객이 항상 준비되어 있었다는 점이다. 시와 군대의 권력자들은 오래전부터 군대가 주둔하는 곳에서는 어디에서나 매춘굴은 가령, 오후의 재미를 위해 농가에 불을 지르는 것과 같은 더 나쁜 악행을 막는 손쉬운 방책이라는 점을 잘 알고 있었다. 또한 매춘굴은 새로 도시에 온 시골 청년들의 욕구를 충족시키는 기능을 했다. 이 시골 청년들은 새로 획득한 자신의 독립을 확인하기 위해서 고향에 있는 그들의 부모나 성직자들이 음란하고 나쁘다고 생각하는 짓을 직접 해 보는 경향이 있었다.

그리하여 종교 개혁의 폭발적인 불길이 1648년 30년 전쟁의 바람으로 꺼진 후에도 도덕적 개혁에 관한 관념과 "육욕"에 대한 끊임없는 경계심에 대한 요청은 특히 도시에서 계속되었다. 도시 바깥의 시골의 나이 든 농부들에게는 도시에서 흘러들어 오는 가르침들 중에 무엇을 받아들이고 무엇을 무시할지에 대한 선택이 주어져 있었다. 그들은 자녀들이 언제, 누구와 결혼해야 하는가를 부모가 결정해야 한다는 새로운 도시의 풍조를 받아들였던 것으로 보인다. 왜냐하면 특히 이러한 관념은 시골 사람들이 오랫동안 실제로 실천해왔던 생각과 사실상 같은 것이기 때문이었다.[56] 이렇게 도시의 개혁적인 새로운 관념과 나이 든 농부들의 옛 관념의 결합으로 성적 권위주의라는 새로운 형태가 출현하게 되었다.

통제를 위한 경쟁

대략 1690~1700년 사이 스위스에서는 계몽주의가 조그맣게 시작되었다. 그다음 1750년대에 계몽주의의 위대한 한 사람으로 여겨지는 스위스의 한 의사의 저술에서 만개한 소수의 지식인들이 지닌 '지구가 평평하다는 것은 그릇된 지식이다'라는 계몽주의적 사고는 혼자 자위행위로 만족하는 것보다는 매춘부에게 가는 것이 낫다는 관념을 전달했다. 이처럼 매독에 대한 노출이 가져온 결과에 대한 자세한 정보는 거의 남아 있지 않지만, 아마도 그 이유는 상당히 일반적인 질병이지만 잘 파악할 수가 없다고 한 존 그랜트John Graunt의 발언에 기대어 볼 수 있다. 그렇지만 매년 필사적으로 성적 욕구의 해소를 갈구하는 수천 명의 젊은이들은 자위 반대자들이 말하는 고독한 행위의 무서운 결과가 두려워 매춘부들의 품속으로 달려가는 것이 관례였다. 이 질병의 박테리아는 체외에서—여성 매춘부든 남성 고객이든—단 몇 분밖에 생존하지 못했지만,

반자위 운동은 그 숙주를 계속 제공함으로써 사람들을 계속해서 매독에 걸리게 하는데 주요한 역할을 했다. 상황이 어떻게 진행되었는지 살펴보기로 하자.

1690년대의 경건주의 전통을 물려받은 장 프레드릭 오스터왈드Jean Frederic Osterwald라는 이름의 한 스위스 종교 장관은 그의 책 『불결함의 본성에 대하여』에서 성에 있어서 자기 규제가 없으면 젊은이들은 신에게나 사람에게 아무 쓸모가 없는 건달이 될 가능성이 높다고 주장했다. 1710년 익명의 반자위주의자가 그의 책 제목에 "불결함"을 실제로 넣지 않았다는 이유로 그를 혹평했을 때, 오스터왈드는 당시 독일 제국과의 유대 관계를 단절한 스위스의 미래와 관련되는 여러 훌륭한 사람들 중 한 명이었다. 이러한 정치적 변화와 함께 용병들(마을에서 원치 않는 아이들)의 고용 기회는 급격하게 줄어들었다. 따라서 성직자 오스터왈드에게 열려 있는 미래를 향한 유일한 길은 엄격한 자기 규제와 통제에 있었다. 성적 행위와 관련해서 이것은 성숙한 남성이 늦게 결혼할 때까지 그는 자위행위나 그 외 다른 종류의 성행위도 해서는 안 된다는 것을 뜻했다.[57]

위대한 전통를 지지하는 지식인들 사이에서 오스터왈드의 말은 전적으로 새로운 것이었다. 고대 그리스의 갈레노스의 고전 텍스트에 의하면, 헤르메스 신(로마의 신 머큐리에 해당하는 그리스 신)이 평범하고 순진한 젊은이들에게 자위하는 법을 가르쳤다고 한다. 한편으로 이러한 선례의 영향을 받아, 중세 기독교 교회는 자위행위를 한갓 사소한 위반 정도로 간주했다. 16세기경에는 많은 부모들이 자위행위를 위반으로 생각하지도 않았다. 해부학과 성 전문가인 가브리엘 팔로피오(그의 이름을 따서 나팔관이란 명칭이 붙었다.)는 부모들에게 자식이 아이 아버지가 될 성인으로서의 책임감을 느끼도록 자식의 성기를 발기되어 딱딱해질 때까지 손으로 끌어당기라고 충고했다. 프랑스의 헨리 4세의 궁궐에서는 왕의 친구들이 황태자의 성기를 이런 방식으로 만지며 즐거워했다. 1696년

대중적인 성 지침서 『방에서 부부가 나누는 사랑Tableau de l'amour conjugal』
의 저자인 라롯셸의 니콜라스 베테트Nicolas Venette 박사는 성 차이를 다음
과 같은 주장으로 설명했다. 남성은 원할 때는 언제나 정액 주머니를 비
울 수 있지만, 여성은 혼자서는 배출할 수 없는 피곤하고 오래된 성적인
액체를 짊어지고 있다는 것이다.[58]

　반자위 운동이 매독 균을 더 확산시킨 과정을 입증하는 데 있어서 마
을 단위에서 생겨난 압력을 간과해서는 안 된다. 특히 칼뱅주의의 영향
을 받은 지역에서 그 지역 방언으로 지역 주민들에게 말을 할 수 있는 불
법 의사들은 마을의 어른들이 젊은이들의 성적인 "결점들"을 문제 삼아
서 자신들의 도덕적 가치를 증명하려고 한다는 것을 재빨리 감지했다.
당시 불법 의사들은 일반적으로 빠른 효과를 보이는 병에 담긴 치료제의
남용을 경고하는 조야한 소책자들을 판매하면서 이곳저곳을 돌아다니
는 상황이었는데, 그 불법 의사들은 자리를 잡고 일하는 보건 담당자들
과 비교해서 불리했다. 불법 의사들이 한 마을로 들어오기 전 어떤 글을
쓰든지 그것은 지역에 자리 잡은 의사들이 환자를 치료하는 유용한 정보
로 쉽게 받아들여지지 않는 일회용 문건에 불과했다. 하지만 한 반자위
주의 저자가 자신이 좋은 명성을 지닌 의학적 수준이 높은 사람이라는
것을 합법적으로 증명할 수 있다면, 상황은 완전히 달랐을 것이다.[59]

　1710년 스위스와 독일, 또는 독일과 네덜란드 지방의 한 외과 의사로
여겨지는 "베커 박사"라는 사람이 익명으로 소책자를 발간했다. 그 책자
의 제목은 다음과 같다. 오나니, 또는 스스로 더럽히기self-pollution라는 가
증스러운 죄 그리고 남녀 모두에게 관계되는 그것의 무시무시한 모든 결
과, 이미 그 혐오스러운 행위를 한 이들에게 주는 정신적 육체적 충고 그
리고 그 민족의 젊은이들(남녀 모두)과 교육자들—부모, 보호자, 주인—
에게 보내는 적절한 권고.[60] 저자는 오스터왈드의 『불결함의 본성에 대
하여』를 인용하면서 자위라는 명칭을 언급하지 않은 점을 비판했다.

　'오나니'라는 제목은 구약 성서 창세기 38장 9절에서 '오난'이 자위 혹

은 사정을 철회한 이야기에서 연유한다. 신의 선택을 받은 소수의 사람들이 빠르게 성장하는 이교도 부족들에게 사방에서 공격받고 있던 옛날 중동 지역의 상황에서 한 남성이 자신의 정액을 유대인 아이를 낳게 하는 데 사용하지 않고 땅에 뿌리는 행위는 신에 대한 거역으로 생각될 수 있었다.

베커 박사가 비록 자신의 이름을 드러내길 꺼렸지만(아마도 그것은 그의 고객들이 그들 방탕한 자로 간주하고 다른 의사에게 갈 것을 걱정했기 때문일 것이다), 영어판에서 그는 크리우치 씨의 런던 책방에서 자신을 만날 수 있다는 점을 알렸다. 그는 후회하는 자위행위자들에게서 1기니 금화를 받고 치료제를 보내 주었다. 자신의 문제에 대해 개인적인 대화를 원하는 사람들에게 그는 가장 가까이 있는 의사에게 가서 문제를 털어놓으라고 충고했다. "문제를 솔직하게 말하십시오. 만약 그가 현명한 사람(제대로 된 훌륭한 의사)라면 아마도 몇 가지 해결책을 줄 것입니다."[61] 『오나니』는 대중적인 성공을 거두었고 제19판을 찍을 정도까지 되었다. 각 판마다 '후회하는 자위 행위자로부터'라고 되어 있는 많은 편지들이 계속 첨부되었다.

베커 박사가 자위라는 주제를 의학 담론으로 도입한 지 40년 후인 1756년에 바젤Basle에 있는 의학-신체 협회의 회원이자 숙련의인 S. A. A. D. 티쏘Tissot는 『오나니즘』이라고 불리는 논문에서 의사들이 이제는 남성의 성 문제에 관해 얘기할 수 있는 충분한 능력을 갖추었다고 발표했다. 학문적 관례를 의식해서 티쏘는 처음에는 자신의 책을 라틴어로 발간했다. 이 책은 1760년에 프랑스어로 번역되었고(이것은 프랑스 궁정 검열관과 갈등을 빚었다), 계속해서 독일어와 이탈리아어로 번역되었다. 그 후 『오나니즘:또는 자위행위로 인한 혼란에 관한 논문:또는 은밀하고 과도한 색정의 위험한 결과』라는 영어 제목이 붙은 새로운 영어판은 출간되자마자 커다란 성공을 거두었다. 거의 우리 시대까지 그 책은 의학계의 반자위 운동의 핵심적인 책으로 남아 있다. 최근에 나온 부모들을 위

한 프랑스판은 1991년에 발간되었다.[62]

티쏘 박사가 자위를 "비자연적인" 행위로 비난한 것이 타자에 대한 지배를 추구하는 성인 식자층에게 매우 설득력을 가진 이유에 대해 역사가들은 우선 그 역사적 배경에 눈을 돌린다. 프랑스에서는 이러한 배경의 한 요소로서 인구 감소에 대한 중상주의자들의 우려가 있었다. 백성들의 수가 다른 경쟁 국가보다 매우 더디게 증가하고 있는 프랑스에서는 인구 증가의 결과로 이어지지 않는 혼자 하는 성행위는 반사회적인 것으로 여겨졌다. 의심할 바 없이 책의 대중화에 기여한 것은 당연하게도 부르주아 가족 구조의 새로운 변화였다. 사적 공간과 내면성의 증가와 함께 핵가족이라는 불가피한 구조는 어떤 버팀목을 필요로 했다. 자식의 자위행위를 비난하는 새로운 스타일의 부르주아 아버지들은 빛나는 새로운 훈육 도구를 사용하고 있었다.[63] 이 도구가 충분히 숫돌에 갈려서 날이 세워지면(빅토리아 시대에) 거의 의사가 된 아버지들은 자위를 하는 아들에게 날카로운 칼을 보여 주며, 죄를 범한 성기의 끝이 언제 잘릴지 모른다는 위협을 가했다.[64]

자위의 영역에 있어서 만개한 의학적 권위주의의 창시자인 티쏘는 아직 죽지 않은 신학과 여전히 편향적인 형태를 취하고 있는 세속의 십자군 의학이라는 두 세계를 연결했다. 1728년 프랑스어를 사용하는 페이드 보오Pays de Vaud에서 태어난 그는 칼뱅주의를 신봉하는 장관인 아버지와 제노바 태생의 어머니 사이에서 태어났다. 제노바에서 철학을 공부한 후, 젊은 티쏘는 의사라는 직업이 가난한 사람들에게 더 나은 삶을 살도록 도울 수 있는 길이라고 주장하며 성직자가 아닌 의사의 직업을—몽펠리에Montpellier에서 의사 훈련을 받았다—스스로 택했다. 그는 의사로서 첫 활동을 로잔Lausanne의 수많은 가난한 사람들 곁에서 시작했다. 후에 그는 파비아 대학에서 가르쳤고, 거기서 그는 미셸 푸코가 근대 의학의 탄생지로 지목한 병원 중의 한 곳을 설립하는 데 협력했다.[65]

최근에 나온 티쏘에 대한 전기를 보면, 그는 계몽주의의 적자로서 자애로운 온정주의자로 그려지고 있다.[66] 티소는 "의사의 지도하에 위생을 더 잘 이해함으로써 건강을 증진시키도록" 사람들을 북돋는 것을 기꺼이 자신의 사명으로 받아들였다.[67] 이러한 목적을 위하여 그는 『건강에 대해 일반들에게 주는 조언Avis au peuple sur sa sante』이라는 책을 발간했다. 이 책은 곧 열두 개의 다른 유럽 언어로 번역되었고, 책 속에서 티소는 병에 걸렸을 때 돌팔이 의사로부터 낡은 처방을 얻기보다는 전문가의 충고를 원하는 시골의 치료사들과 교육받은 일반인들을 위해 글을 쓰는 진보적인 의사로 표현되었다.[68] 티소의 조언을 신뢰하고 그 조언을 실제적인 최신 치료법으로 받아들인 의사들은 티소가 자위행위의 무서운 결과에 대해 말한 것을 진실되고 지혜로운 것으로 받아들였을 가능성이 매우 높다.

1760년에 로잔에서 발간된, 한 종교적 인물이 쓴 반자위행위에 관한 한 논문을 보면, 티소의 『오나니즘』이 그의 조국인 스위스에서 직면한 어떤 경쟁적인 사고를 볼 수 있다. 그는 성서의 소돔과 고모라를 인용하면서 젊은이들에게 다음과 같이 경고했다. "보이지 않는 지도자를 포기하지 말고, 구세주 예수께 귀를 기울여야 한다. 예수님의 이름으로 유혹에 저항하라." 성서의 유사한 부분을 인용하면서 그는 부모들에게 아이들이 자위행위를 하지 못하도록 잘 교육할 것을 부탁했다. 그는 자위행위를 "음탕함에 있어서 단순하고 자연스러운 간음보다 더 심한 악마적 전염병"이라고 표현했다.[69]

티소의 입장에서 보자면, 『오나니즘』에서 그는 학식 있는 의사의 입장에서 자위행위의 종교적 함의를 간과했다. 대신에 그는 혼자서 하는 섹스의 결과를 언급할 때, 40년 전 베커 박사가 서술했던 글을 중요하게 생각하고 그 요지를 끌어들인다. 베커의 논문에 따르면, 자위는 젊은이의 성장을 방해하고 임질을 발생시키며 기절, 간질로 이어지고 생식을 위해 필요한 남성의 정액을 묽게 한다고 되어 있다. 젊은 시절 자위행위를 한 한 결혼한 남성이 발기를 해서 아이를 생산할 수 있다 하더라도, 그렇게 태어난 아이들은 너무나 허약해서 "스스로 비참한 자가 되거나 인류에게나 부모에게 불명예스러운 자"가 될지 모른다고 말한다.[70]

대학에서 교육을 받은 의사로서의 한계 안에서 티쏘가 자위에 관한 담론에 기여한 유일하게 새로운 점은 히포크라테스에서 유래하는 오래된 관념에 대한 지지였다. 이 오래된 사상에서는 "피와 정액 사이에 직접적인 연관이 있기 때문에 자위행위는 피의 양을 감소시켜서 힘과 기억력, 그리고 심지어 이해력을 감퇴시키고 …… 그와 함께 생식기도 약해지고, 혈루 현상, 식욕의 감퇴, 두통 등 여러 증상을 일으킬 수 있"으며, 이로부터 여러 위험한 결과가 초래될 수 있다고 보았다.[71]

티쏘의 『오나니즘』의 라틴어 초판이 발간된 직후, 또 다른 스위스의 저자가 반자위 운동에 힘을 더했다. 그는 바로 가장 영향력 있는 철학자로 일컬어지는 장 자크 루소였다. 그의 여러 가지 행위들 중에서(아이의 아버지가 되려면 아이들을 고아원에 집어넣고 잊어라), 루소는 "비자연적" 섹스를 규정하는 데 관심을 두었다. 상류 사회의 모든 이들이 읽는 아이 교육에 관한 책인 『에밀』(1762년)에서 루소는 욕구가 팽배한 청소년을 책임지는 교사들에게 다음과 같이 경고했다.

젊은이를 주의 깊게 지켜보아라. 그는 다른 모든 적들로부터 스스로를 지킬 수 있지만, 그를 그 자신으로부터 보호하는 것은 바로 당신이다. 밤이나 낮이나 그를 내버려 두지 마라. 최소한 그의 방을 함께 사용하고, 잠이 오기 전에는 침대로 가게 하지 말고, 눈을 뜨자마자 그를 일어나게 하라. …… 본능이 그에게 관능을 남용하도록 가르친다면, 그가 이 위험한 습관을 일단 갖게 된다면, 그는 황폐하게 된다. 그때부터는 육체와 영혼은 쇠하게 될 것이다. 그는 그 습관의 슬픈 결과를 무덤까지 가져가게 될 것이다. 그것은 한 젊은이가 얻을 수 있는 가장 치명적인 습관이다.[72]

『오나니즘』의 한 초기 영어판에서 티쏘는 루소의 이 훈계를 글자 그대로 인용했다. 하지만 의사라는 직업적 자질이 고려되기 시작한 사회 분위기 속에서 한 유명한 문사가 자위에 관해 한 번 내던진 말과 당대의 가장 "계몽된" 의사의 신중한 판단 사이에는 커다란 차이가 존재했다.[73]

그가 활동한 의사 과학적 패러다임을 자연스럽게 받아들이는 사람들에게 티쏘는 혼자만의 섹스와 이성과의 성교 사이에는 결정적인 차이가 있다는 것을 증명했다. 상호 기쁨을 주는 성교 행위에 있어서 이 최고의 사교 행위는 두 파트너에게 혈액 체계에 가해질 수 있었던 어떤 손상을 복구해 준다고 한다. 그는 이를 "한쪽이 내뿜는 것을 다른 한쪽이 흡입한다"고 재치 있게 표현했다. 다른 한편, 혼자만의 손에 의한 섹스는 체액을 감소시키고 아무것도 보충하지 못한다. 이러한 논리—그 어떤 현대의 전문가들도 따르지 않을 모호한 논리—에 따라 티쏘는 "자위행위는 여성과의 성교에서 일어날 수 있는 어떤 과도함보다 더 해로운 것"이라고 충고했다.[74] 요약하자면, 성서에 매몰된 로잔의 동시대인(앞서 언급한 1760년 반자위행위에 관한 논문을 쓴 익명의 종교적 인물을 가리킴)에게뿐만 아니라 계몽주의 정신을 갖고 있는 티쏘에게는 자위행위를 하는 것보다는 뜨거운 오줌(매독)을 각오하는 것이 훨씬 더 나았다.[75]

1797년 티쏘가 죽은 후 한 세기도 더 지나서 혼자만의 기쁨보다는 매춘부와 섹스를 하는 것이 더 낫다는 생각이 보건 담당자들에게서 의학적으로 건전한 것으로서 받아들여졌다. 1860년대 후반 매독에 걸린 한 남성은 자신이 받았던 충고를 다음과 같이 회상했다.

그 의사는 …… 자위행위를 그만두라고 강하게 충고했습니다. 심지어 괜찮은 여성들을 만날 수 있는 어떤 집을 소개하면서 그는 이것이 자위행위를 해서 병에 걸리는 것보다는 낫다고 했습니다.[76]

거의 알려지지 않은 빅토리아 시대의 영국의 상황을 요약하면서 마이클 메이슨Michael Mason은 대다수 사람들이 자위행위가 사악할 뿐만 아니라 건강에도 나쁜 것이라고 생각했다면, "아마도 많은 진찰실에서 매춘부나 접대부에 대한 얘기가 기꺼이 오고갔을 것이다."라는 결론을 내렸다. 그리고 일찍이 1920년에 의사인 J. 찰스리 맥우드Charsley Mackwood는 (혼전 섹스에 반대하는) 도덕적 순수 운동이 젊은이들에게 매독의 위험에 관하여 너무 겁을 먹게 해서, 그들이 자위행위라는 훨씬 더 치명적인 행위를 하게 만들었다는 이유로 "인류에 대한 범죄"를 저지른 것이라 주장했다.[77]

빅토리아적 가치가 최초의 높은 파고를 일으키는 동안, 권위적 경향을 지닌 또 다른 직업군인 영국의 학교장들은 학교에서 반자위 운동을 시작했다. 20년 후—1879년 프랑스 인들에 의해 최초로 피부병학과 매독학 강의가 시작됨과 때를 같이하여—학교에서 자위행위자들을 색출하는 일이 훨씬 더 많아졌다. 그 이후 제국의 통치 공간이 변화하는 기간에 자위행위자들을 거세 또는 할례를 시키거나 또는 정신병원에 감금시킨다는 소문이 나돌았다. 1870년 이후 모든 영국의 아이들을 위한 기본적인 수준의 의무교육이 뒤늦게 시행되면서 거세의 소문은 노동자 계급의 소년들 사이에서도 퍼지기 시작했다. 그다음에는 1899~1902년 보어 전쟁(아래에서 논의할 것임)에서 영국 남성의 용기가 거의 추락하게 되자, 정부 관리들은 반자위 운동을 확대했다. 20세기 초 사반세기 동안에 사용된 보이 스카우트 교본에서 로버트 베이든 포엘Robert Baden-Powell은 자위행위가 "머리와 심장을 약화시키고, 그것이 지속되면 바보나 정신병자가 된다."고 주장했다. 한 소년이 왕립 의과 대학의 학장인 조나단 허치슨의 가르침에 따라서 "의사의 칼에 대한 경고"를 떠올리는 것은 그리 어려운 일이 아니었다.[78]

1882년 제국주의의 식민지가 된 이집트에서 영국 점령군에 소속된 의사들은 자위행위가 눈을 멀게 할 수도 있는 심각한 안질환인 트라코마를 일으킨다고 주장했다. 1883년 콜레라 전염병을 연구하기 위해 알렉산드리아에 머물던 로베르트 코흐는 곧 이러한 주장이 틀렸음을 증명했다.

트라코마 환자의 눈의 고름을 현미경으로 관찰한 뒤 그는 코흐 위크스 간균Koch-Weeks bacillus이 트라코마의 병원균이라는 것을 밝혀냈다. 하지만 이 현대 의학의 창시자는 계몽주의로부터 물려받은, 자위행위에 대한 이상한 관념을 뒤집으려는 시도는 결코 하지 않았던 것으로 보인다. 뒤늦게 1899년 독일의 의사인 헤르만 로레들러가 자위행위가 사람의 중추신경에 좋지 않은 영향을 미친다는 것을 과학적으로 증명하려는 시도를 했다.[79]

이러한 문제에 대해서 미셸 푸코는 특수화된 지식이 권력의 메커니즘의 부분으로 사용된다는 것, "권력이 개인의 기질 속으로 파고들어 와서 신체, 행동과 태도, 말, 학습 과정, 그리고 일상생활에까지 영향을 미친다는 것"에 대해 서술했다.[80] 이와 같이 권력이 개인의 기질 속으로 파고들어 오는 것은 당장에 일어나진 않았지만, 명백히 그것은 1850~1860대 무렵 잘 진행되고 있었다.

"신이 금지했지만 인간이 무시한 자위행위, 의학적 경고, 도덕적 공황과 영국의 남성성, 1850~1950"이라는 최근의 논문에서 레슬리 홀은 이 기업주의적 운동이 보통 사람들에게 영향을 미친 방식에 대해 검토한다. 그 검토 자료로서 홀은 1918년에서 1958년까지 심하게 자신을 책망하는 자위행위자들과 성에 관한 베스트셀러 저자인 마리 스톱스Marie Stopes 사이에 오간 편지들을 사용했다. 비록 이 서신들이 자의적으로 선택되었고 반드시 영국 중간 계급과 노동자 계급 남성의 전형적인 단면을 보여 준다고 할 수 없을지라도, 일반적인 태도를 반영하고 있는 것으로는 생각할 수 있다. 한 편지는 매독 균에 감염되어 있는 많은 남자들이 직면하고 있는 딜레마를 담고 있다. "결혼하기 전 나는 하루에 서너 번, 일주일에 두세 번을 나 자신(자위행위)을 치료하기 위해 다른 여성들과 잠자리를 갖곤 했다. 하지만 그것은 아무런 소용이 없었다."[81] 이 몇 십 년 동안 매독 균은 특히 자신을 책망하는 자위행위자들에 의해 전례가 없을 정도로 퍼져 나갔다.

제1차 세계 대전 이전, 영국의 한 직업 의사의 의료적 사고가 이완 블로흐Iwan Bloch의 「근대 문명과의 관계에서 본 우리 시대의 성생활」이라는 한 리뷰에 요약되어 있다. 이 글은 최근 독일어로도 번역되었다. 여기서 블로흐는 젊은이들이 무지로 인해 병에 걸리지 않도록 인간의 성에 대한 새로운 개방적 태도를 요구했다. 영국의 의사들은 이러한 생각을 결코 갖지는 않았을 것이다. 1908년 유명한 잡지인 『열대 의학 저널』에서 한 기고자는 익명으로 다음과 같은 결론을 내렸다.

이러한 종류의 책들이 대중의 손에 놓일 때 좋은 영향을 미칠 지는 사실 의문이다. 여기서 다루는 문제들은 바로 사춘기 이후의 몇 년 동안 자위행위를 어떻게 막느냐 하는 문제들이고, 젊은이들이 매춘부에게 가는 것을 막는 방법들이다. 이 문제들은 진정 국가적으로나 민족적으로나 중요한 위생 문제이다. 영국에서 (독일 제국과 비교하여) 우리는 학교와 대학에서 체육 교육을 강화함으로써 첫 번째 문제를 다루고자 한다. 한 젊은이가 자신의 체격과 육체적인 성취를 자랑스럽게 여기도록 하기 위해서는 그의 관심을 성적인 기능에서 벗어나게 해야 하며, 성적인 관점에 반대되는 어떤 육체적 상태를 좋아하도록 만들어야 한다. …… 성 문제와 관련된 책들은 물론 잘 팔리겠지만, 우리는 최근 공중화장실에서도 이러한 책들을 들여놓지 않았다.

결론적으로 이 평자는 블로흐가 쓴 "『…… 우리 시대의 성생활』은 유해한 책이다."라고 결론을 내렸다.[82] 매독의 확산에 기여한 또 다른 것은 1906년 봄 런던 열대 의학 대학에서 열린 다음과 같은 강연들이었다.

젊은이들에게 무분별한 성교의 위험과 그로부터 얻게 되는 매독의 무서운 결과를 알려야 한다는 목적은 비현실적이고 완전히 아무런 효과가 없고 설득력이 없는 것으로서, 포기했다.[83]

이와 함께 의사들에 의해 무시된 매독 균과 일반 대중은 더 많은 세월 동안 공조자로 낙인찍혔다.

매독과 대중 사회의 탄생

유럽의 반자위 운동이 매독 균 제분소의 곡물이었던 것과 마찬가지로 그것은 또한 19세기 인구 폭발의 원인이 되었다. 아직 인구 폭발을 경험하지 못한 한 세계에 강력한 경보음처럼 여겨지는 폭발적 인구 증가가 영국과 스코틀랜드 저지대에서 발생했다. 이 지역에서는 1800년에서 1850년 사이에 인구가 두 배로 증가했다. 1910년경 인구는 다시 1850년의 두 배, 1800년 인구의 네 배가 되어 4천 8십만 명에 이르렀다. 서유럽의 전형적인 모습을 보여주는 것은 독일의 상황이었다. 독일에서는 1800년에서 제1차 세계 대전 사이에 인구가 240퍼센트 증가해서 5천 8백 50만에 이르렀다. 스웨덴은 1910년에 5백 50만의 인구가 되었는데, 이는 그 이전 90년 동안 남쪽의 독일과 비슷한 증가율을 보인 결과였다.[84]

유럽 내부의 전쟁이 매우 짧게 진행되었고, 그 규모도 비교적 적었던 1815~1914년의 기간에 매독 균이 활개를 펴게 된 데에는 농촌 마을의 어른들과 젊은이들 간의 견고한 연결을 끊고서 도시 거주민이 되는 인구의 비율과 밀접한 연관이 있다. 독일 제국에서는 1890년대까지는 아직 도시 인구가 농촌 인구를 넘어서지 못하고 있었다. 하지만 이 균형이 깨어지자 변화는 빠르게 진행되었다. 1914년 무렵 베를린의 인구는 2백 10만 명, 함부르크는 110만 명, 루르 지방의 여러 도시들을 합친 인구도 또 다른 백만을 형성하고 있었다. 1910년경 유럽 전체의 2/3가 도시 지역이었고 각 도시의 인구는 50만 명을 넘었다. 어림짐작으로 이 도시 인구의 10퍼센트 가량이 매독 균을 지니고 있었을 것이다. (매독이 지닌 오명 때문에 그 숫자가 매우 낮게 발표되고 있었다.) 이들은 총 130만 명에 달했고, 이는 실로 엄청난 규모의 질병 저장소였다고 할 수 있다.[85]

독일의 도시화 현상을 반세기 가량 선취한 영국에서는(일찍이 1851년에 영국 인구의 절반 이상이 도시에 살고 있었다.) 도시화 경향에 따른 사회적 비용이 특히 높았다. 상수 시설과 오폐수 처리 및 이와 유사한 도시 시설에 대한 (기업의 자유와 같은) 자유로운 생각들 때문에 도시로 온 비숙련 농촌 젊은이들의 삶은 시골에 남아 있는 것보다 훨씬 열악했다. 최고로 "푸르고 쾌적한 땅"인 남서부 그리고 남부와 중부의 농촌 지역에서 세기 중반에 실시한 통계를 보면 평균 수명이 55세였다. 반면 가장 도시화된 맨체스터, 뉴캐슬 어폰 타인, 버밍햄, 리버풀, 브리스틀, 그리고 내륙의 런던에서는 평균 생존 연령이 35세를 넘지 못했다. 성병의 위협에 대한 지각과 반응의 측면에서 이는 노동자 계급의 젊은이들이 결핵이나 여타 다른 질병으로 일찍 죽을 수 있다고 생각하고, 혼전 또는 혼외 섹스에 대한 여러 가지 경고들에 대해 별다른 주의를 기울이지 않았음을 의미할 수 있을 것이다.[86]

허버트 스펜서와 사회 진화론자들의 이론을 받아들인 영국의 상류 계급은 불결한 도시 대중들의 평균 수명에 관해서는 군대 용병들에 대한 정기적인 보고서들보다도 훨씬 관심이 적었다. 1854~1856년 크리미아 전쟁 기간에 의료 검시관들은 도시 출신 용병의 42퍼센트에 대해 신체 불합격 판정을 내렸고, 농촌 출신 용병에 대해서는 단 17퍼센트만 불합격 판정을 내렸다. 다음 반세기 동안 도시화와 (빠르게 발전하는) 자본주의의 영향으로 영국 남성들의 건강 상태는 더욱 악화되었다.

1893~1902년 사이에 군대의 통계 자료를 보면, 전체 자원병 중 34.6퍼센트가 의학적으로 부적격 판정을 받았다. 많은 사람들이 두려워한 예감이 장차 현실화될 것이라고 생각되었다. 농촌보다도 주요 산업 중심 도시에서 부적격 판정자의 비율은 훨씬 높았다. (대표적인 산업 도시인) 맨체스터에서는 1899년 보어 전쟁이 시작될 때, 지원병의 66퍼센트(1만

2,000명 중 8,000명)가 완전히 군사 임무를 수행할 수 없는 것으로 판정되었다. 높은 지위에 있는 감독관들이 더 큰 문제로 생각한 것은 건강한 영국인의 모습을 지녔으리라 기대되는 지원병들이 의사들에 의해 나중에 "걸어다니는 환자"로 거부된 맨체스터 젊은이들을 남성의 표본으로 받아들이고 있었다는 점이다. 또 다른 통계는 한 민족이 쇠퇴하고 있다는 것을 암시했다. 1845년에는 1,000명당 105명이 군대에 갈 수 있는 키의 최저 기준인 5피트 6인치에 못 미쳤다. 이것은 매우 좋지 않은 현상이었다. 하지만 1900년경에는 이 기준에 못 미치는 지원자가 5배나 증가했다. 1,000명당 565명이 군대 지원에 실패했다. 정치가들과 런던 자본가들의 대리자들이 해가 지지 않는 백인 통치의 제국을 만들어 가는 시기에 조국의 인구가 일종의 '민족적' 쇠락을 겪고 있음이 분명한 것으로 여겨졌다.

더 좋지 않은 것은 이러한 쇠락의 경향이 민족의 위생을 연구하기 위해 세워진 추밀원 같은 특수한 위원회의 구성원들에게만 비밀리에 알려져 있는 것이 아니었다는 점이다. 이 쇠퇴화 경향은 전 세계 모든 이들이 알 수 있는 명백한 현실이었다. 세계의 대표적 언론들이 전장에 직접 참여하고 있던 보어 전쟁 당시, 키가 크고 힘이 센 보어 농부들은 5피트가 안 되는 키와 100파운드도 나가지 않는 영국 지원병들에게 맞섰다. 왜소한 자국 군인들의 당황스러운 모습을 본 사회 진화론자들, 우생학자들과 언론인들은 점점 더 공개적으로 민족의 능력, 남성성과 영국 청소년들이 민족의 도구를 깨끗하게 유지해야 한다는 필요성에 대해 말했다.[87]

지식인들과 교사, 황색 언론들이 과거의 지역주의를 대체하기 위해 민족주의의 신화를 일으킨 1850년 이후의 60년 동안 각 민족 국가의 정치가들은 매독의 위협에 대해 각자 나름의 방식으로 대처할 수밖에 없었다. 하지만 의사들도 여전히 곤혹스러워 하는 질병에 직면해서 대처 방법을 찾기가 쉽지 않다는 생각에 각 나라들은 이웃 나라가 채택하고 있는 성병 관리 방법에 대해 세심한 주의를 기울였다. 이러한 상호 교류에서 핵심적인 역할을 한 것은 루이 14세 이래로 유럽 문화를 이끈 프랑스의 여러 가지 발전된 방식들이었다.

그렇지만 여기에는 하나의 모순이 있었다. 1789년 전 세계에 앙시앙 레짐을 무너뜨리는 모습을 보여 준 프랑스는 1870년까지는 전체적으로 농경 사회의 모습을 유지하고 있었다. 궁정과 수도 곳곳에 화려함이 넘쳐나고 있긴 했지만, 그렇게 대단한 근대산업 사회의 모습은 아니었다. 몇몇 대도시가 있었지만—파리의 인구는 거의 3백만에 달했고, 리옹과 마르세유는 각각 50만의 인구였다—1931년까지는 전체 인구의 절반 이상은 대도시에 살지 않았다.

게다가 국가적 차원에서 프랑스는 일반 국민들이 이웃 경쟁 국가들과 비교해서 출산에 대한 소극적인 태도와 그 무능력의 문제로 어려움을 겪고 있었다. 1898년 한 전문가는 다음과 같이 불평을 털어놓았다.

다른 나라들은 인구를 배가시키는 데 적정한 비율을 유지하고 있다. 독일은 98년, 스웨덴은 82년, 영국은 63년, 오스트리아는 62년, 노르웨이는 51년 안에 인구가 두 배가 된다. 그런데 프랑스는 현재 인구의 두 배가 되려면, 334년을 기다려야 한다.[88]

또 다른 자료를 보면, (대다수 농민들이 지방 거주자에서 민족주의적 프랑스 국민으로 바뀐) 1881~1911년 사이에 평균 인구 성장률은 독일의 1.2퍼센트, 영국과 웨일스의 1.1퍼센트와 비교해서 연간 0.1퍼센트에 불과했다. 다시 말하면, 프랑스는 경쟁 국가들의 1/10에 못 미치는 인구 성장이었다. 비록 매독이 (낙태, 유산, 또는 성병에 의한 불임 때문에) 낮은 인구 성장률에 영향을 끼치긴 했지만, 인간의 측면에서 프랑스 성인들은 아이를 많이 낳아 국가에 기여하지 않으려 했다고 할 수 있다. 말하자면 섬유 공업의 값싼 노동력으로, 또는 1830년 이후 알제리 정착자로, 프랑스·러시아 전쟁 같은 완패한 전쟁의 총알받이로 그들의 자식들을 내보내려하지 않으려는 심리가 작용했다고 볼 수도 있다.

어쨌든 1850~1860년 이후 매독에 대한 과학적 또는 의사 과학적 열풍이 최초로 표출된 곳은 고高성장률을 보이는 경쟁 국가들과 보조를 맞추지 못하는 저低성장률의 프랑스에서였다. 1889년에는 파리에서, 1899년과 1902년에는 브뤼셀에서, 1919년에는 다시 프랑스에서 개최된 국제 회의를 통해 프랑스에서 시작된 매독에 관한 담론은 서구 의학 사상에 스며들었다.[89]

역사가 알레인 코빈이 상기시키는 것처럼 1850년대 중반까지 파리의 존경받는 부르주아들은 매춘(그리고 매독)이 그들 자신과는 상관없는 다른 사회 구성원들에게만 피해를 끼치는 것이라고 생각했다.[90] 이러한 관점에서 매춘부를 필요로 하는 성적 욕구를 지닌 남성들의 종류가 변화했다. 7년간의 의무 복무를 해야 하는 도시에 주둔한 군인들, 그리고 계절마다 일자리를 찾아 파리로 왔다가 다시 고향으로 돌아가는 지방에서 오는 청년 노동자들이 바로 그들이었다.

국가 방위병들의 필요에 응답하여(부르주아들은 도시로 온 농민들의 필요를 무시하는 데에는 악명이 높았다.) 등록소로 알려진 기관이 1802년에 설립되었다. 병영에 거주하는 군사들이 있는 도시에 세워진 이 기관에서는 (대부분 남성인) 경찰 의사들이 (국가의 페니스로 널리 알려진) 반사경을 가지고 매춘부들의 몸에 매독이 있는지 없는지를 검사했다. 이러한 검사는 19세기 전반부 동안 정치 지도자들에게 만족감을 가져다주었다.

제국의 두 번째 번영기의 결과로서 점점 더 많은 농부들이 파리 시민이 되기 위해 이주했고, 그와 함께 그들의 연인과 아내들도 함께 이주했다. 이들은 직공들이나 소시민 계층의 규칙적인 생활 방식에 따르면서 중절, 낙태, 또는 임신을 막기 위해 산파가 제공하는 즙 등을 이용하여 그들의 성생활을 결혼으로만 제한했다. 이러한 보수적인 행동 양식은 매독에 대한 히스테리적 반응에는 아무런 원인도 제공하지 않았다.

파리와 1860년대의 다른 중심 도시들의 이와 같은 '가정화 현상'의 결과, 등록소에 등록된 매춘부들은 하층 계급의 상당수 고객을 잃었다. 공공건물과 장소들이 과거 이주민들과 노동자들이 살았던 값싼 하숙집, 아파트, 거미줄처럼 얽힌 미로와 빈민가 뒷골목을 대체했다. 이러한 슬럼 청결화에 대한 반응으로 매춘부들은 부르주아 계급의 남성들을 끌어들이는 장사 기술을 발휘했고, 부르주아 남성들은 이에 기꺼이 응했다. 성생활을 위한 두 명의 여성, 아이의 양육을 위한 한 명의 아내와 한 명의 정부만을 유지했던 관습을 깨고 점점 더 많은 부르주아들이 젊은 노동자 계급의 들떠 있는 어린 매춘부들과 일시적인 쾌락을 즐기게 되었다.

매춘굴에 대한 불시 점검의 결과, 이 새로운 고객들은 1840년대에 발명되었고 영국에서 디자인된 콘돔을 거의 사용하지 않았으며, 노동자 계급의 남성들 역시도 콘돔을 거의 사용하지 않았다. 대신 고객들은 성교 후 바로 물로 씻어 내리는 것이 매독을 방비할 수 있을 것이라고 믿었다.[91] 1905년 베를린 학술원의 독일 과학자들이 매독의 박테리아 병원균을 발견할 때까지 성교 후의 씻는 행위의 무용함은 전문가들에 의해서도 인식되지 않았다. 하지만 혐오스러운 성병에 대한 의학계의 암묵적인 공조하에 이러한 지식은 오랫동안 일반 대중들에게는 알려지지 않았다.

독일 군대가 프랑스의 제2제국을 붕괴시킨 이후인 1870년대 중반에, (에밀 졸라가 사실적으로 묘사한 것처럼) 베르사유의 부르주아들이 파리의 노동자 계급을 분리시키는 동안 옆에서 이를 지켜만 보던 부르주아 도덕적 장사꾼들은 매춘과 매독을 현재의 고통에 대한 하나의 결합된 이데올로기로 만들기 시작했다. 이러한 관점의 대표적 인물은 곧 세인트 루이스 병원의 매독학 초대 의장으로 임명될 예정이던 알프레드 프루니에 Alfred Fournier였다. 의사들의 전문가적 용어를 사용하여—19세기 애국자들은 (그리고 우리 시대의 푸코는) 이 병원이 프랑스를 세계 의학 중심지로 만들었다고 주장했다—프루니에는 매독의 세 번째 국면이 신경 체계를 치명적으로 붕괴시키고, 그와 더불어 정신착란을 일으킨다고 주장했다. 이러한 근대 과학의 자신감으로 충만한 그는 다음과 같이 단언했다.

최근의 연구에서 매독은 그 유전성으로 인해 열등하고, 퇴폐적이며, 결핍된 존재를 생산함으로써 종을 타락시킬 수 있다는 결과가 나왔다. 그렇다. 결핍된 존재인 그들은 육체적으로 결핍된 존재이기도 하고, 그들의 지적인 미숙함의 정도에 따라서 지능이 낮거나 사고가 단순하거나 정신 이상이거나 바보인, 정신적으로 결핍된 존재일 수도 있다.[92]

변호사이자 의사였던 S. A. K. 스트라한Strahan 같은 전문가들에 의해 세계 최고의 매독 전문가의 한 사람으로 여겨졌던 알프레드 프루니에는 다음과 같은 사실을 증명하는 데 몰두했던 인물이었다.

알코올 중독과 가난, 불결함에 의해 뒷받침된 매독은 대체로 대도시의 슬럼 지역에서 볼 수 있는 최하층민들에게 커다란 영향을 미친다. 이들로부터 폐병 환자, 연주창 환자, 간질병자, 매춘부, 저능아, 알코올 중독자, 본능적인 범죄자, 정신병자가 나온다.[93]

1905년경 프루니에의 계승자들이자 그릇된 지식의 전달자인 사람들은 아이와 성인들이 걸릴 수 있는 모든 치명적인 질병은—습관적인 자위 행위, 섬망, 결핵—수 세대 이전에 매독에 걸린 한 조상으로부터 유전되었을 가능성이 있다고 주장했다. 매독이 남성 정자 속에서 옮겨진다는 프루니에의 이데올로기 때문에 한 여성이 결혼하기 전 반드시 배우자 가정의 가계를 살펴보고 생존해 있는 가족 구성원들을 만나 보는 것이 의학적 관례로 추천되었다. 이 의학적 관례의 목적은 배우자의 친족 중 위 앞니가 빠져 있는지를 살피는 데 있었다. 그것은 귀머거리, 신체적 불구 또는 정신적 장애와 함께 조나단 허친슨이 규정한 매독의 특징이었다. 살아 있거나 죽은 가족 구성원들이 이러한 특징을 갖고 있다면 그것은 유전적인 매독에 의해 야기된 것으로 여겨졌다. 이러한 특징을 지니고 있는 가족은 매독에 오염된 가정으로, 결혼이 허용될 시에는 프랑스 민족을 타락시키는 것으로 여겨졌다.[94]

무정부주의자들과 무역 조합주의자들이 의원들의 침실에 폭탄을 투하하고(1893년) 대통령을 암살하면서—1894년 사디 카르노를 암살—총파업을 일으키던(1891년) 때에 의학계의 이데올로그들은 모든 매춘부들은 복수심에 불타는 과거 농노와 노예의 후손들이며, 이들은 부르주아와 귀족 남성들을 의도적으로 감염시킴으로써 오랜 옛날부터 그들에게 가해진 부당함에 대해 복수를 하고 있다고 주장했다. 1880년대 투린 대학의 법의학 학과장으로 재직하던 케사레 롬브로소Cesare Lombroso 교수에 의해 알프스 다른 한쪽에서 나온 이러한 관념을 내세우면서 의학계의 도덕적 장사꾼들은 매춘부들이 사실상 (옛날 원시 시대 인간 유형으로 거슬러 올라가는) 한 타락한 종족의 후손이라고 주장했다. 매춘부가 되려는 더러운 유전 형질과 정직한 일을 하지 않으려는 기질을 지닌 채, 그녀의 팔과 어깨는 보통의 여성들보다 강하고, 그녀의 목소리는 그윽하고, 다리는 휘감기 쉽게 되어 있다고 일컬어졌다. 부르주아 남성과 타락한 매춘부들을 무방비 섹스라는 행위로 한데 엮는 것은 문명의 종말을 예고하는 타락한 자위 행위자들, 매독 환자들, 알코올 중독자들이라는 인종을 탄생시킬지 모른다고 생각되었다.[95]

바로 환자들의 이러한 불안을 증가시키고, 의사라는 자신들의 위치를 강화하기 위해 프랑스 의사들은 환자와 나눈 대화의 비밀을 고집스럽게 지키고자 했다. 장차 남편이 될 환자를 담당하는 의사들은 장인이나, 처형, 또는 부인의 보호자에게 신랑이 매독 환자라는 것을 결코 밝히지 않는 것이 관례였다. 비록 의사들이 신부를 위해 수은 치료법이 완전한 효과를 보기까지의 약 4년 동안 결혼을 연기할 것을 신랑에게 경고할 수는 있었지만, 매독이 젊은 신부에게 감염되는 것을 막는 합법적인 수단을 찾지는 않았다.

문제를 더욱 악화시킨 것은 여성 앞에서는 성 문제에 대해 결코 입을

그림 12_ 죄, 매독, 해골. 19세기 수채화. R. 쿠퍼.

열어서는 안 된다는 부르주아의 관습이었다. 1873~1920년 사이에 부알로Boileau 가문의 사람들 사이에서 오고간 1만 1,000통의 편지를 연구한 결과, 성 문제는 한 번도 공개적으로 언급되어 있지 않았다. 이러한 사실은, 만약 매독이 1493~1920년까지 비밀스러운 전염병이었다면 상류 사회에서 성 문제를 언급해서는 안 된다는 관습이 거대한 음모였다는 결론에 이르게 한다. 이러한 음모의 유일한 수혜자는 매독이었다.[96]

부르주아들의 고결한 태도에 반감을 품은 몇몇 프랑스 지식인들은 의도적으로 자신들의 질병을 해외로 퍼트렸다. 1877년—매독의 세 번째 단계인 광증은 창조적 작가에게 그의 천재성을 만개하게 할 것이라는 푸르니에의 언명을 받아들이면서—노르망디의 단편 소설 작가인 기 드 모파상Guy de Maupassant은 자신이 마침내 임질이 아닌 매독에 걸렸다고 자랑했다. 그 후 그는 새로운 활력을 가지고 매춘을 탐닉했다. 그는 성교 후 자신이 지금 막 그들에게 매독의 재앙을 넘겨줬다고 웃으면서 매춘부의 면전에 대고 말했다. 모파상은 1893년 정신 병원에서 죽었다. 또 다른 매독 작가는 『마담 보바리, 성 앙트완느의 유혹』을 쓴 귀스타브 플로베르(1821년 출생)였다. 노르망디 풍의 늠름하고도 잘생긴 남자인 플로베르는 그의 성적의 모험을 시작했는데, 1849년 11월 『전염병과 역사』가 기록된 장소에서 약 1마일 떨어진 곳에 있는 카이로의 오리엔트 호텔 바로 뒤편의 뒷골목에서 시작했다. 서구적 금욕주의 경향을 지닌 아버지(성 앙트완느)에 대한 저항을 실천하면서 플로베르는 뻔뻔스럽게도 이름을 알 수 없는 많은 중동의 어린 여성들에게 매독을 감염시켰다. 그와 같은 지식인들은 파리 세인트 루이스 병원의 권력과 그릇된 지식을 지닌 의사들과는 서로 다른 방식으로 매독 균을 전례 없이 번성하게 했다.[97]

1928년 카이로 열대 의학 회의의 시각에서 이 무서운 상황을 바라보면서 루앙(플로베르와 모파상을 배출한 지방의 중심 도시)의 페이앙느빌Payenneville 박사는 푸르니에 박사의 <아버지와 아들>이란 연극이 역효과를 냈다는 점을 시사했다. 페이앙느빌에 따르면 자기만족적인 운동의 결과로서 프랑스 정부는 매독 관리를 담당하는 책임 있는 중심 기관을 창설하는 쪽으로 생각이 기울었다. 거기에 의사들은 일반 국민들이 의사들을 권력/그릇된 지식을 지닌 존재로 여기는 태도가 인간의 비참함을 증가시키고 있다고 덧붙였다. 하지만 매독을 앓는 모든 계층의 사람들은 모든 것을 안다고 생각하는 직업 의사에게 가기보다는 일반적으로 돌팔이 의사들을 찾아갔다.[98] 마침내 이 모든 사회학적 진실을 드러냄으로써 페이앙느빌 박사는 매독 관리에 대한 실제적인 정책을 발전시키는 초석을 제공했다.

또 다른 길은 입법을 통해 열렸다. 주요 강대국들은 시행할 수 없을 것처럼 보이는 법률 제정이 때때로 주변국에서 시행되었다. 예를 들어, 스웨덴의 지배하에서 고통을 당하며 애국자들을 양성하고 있던 노르웨이에서는 1860년대에 입법부가 행정부에게 권한을 주어 만약 한쪽이 알면서도 상대방에게 매독을 옮겼다면 그를 3년간 구속할 수 있게 하였다. 또한 1880~1890년대에 특히 노르웨이 이주민들의 수가 많았던 대서양 반대편에 있는 미국에서는 알고서도 매독을 옮긴 남성과 여성은 2,000달러의 벌금과 1년의 징역에 처해졌다. 미네소타의 이러한 벌금형은 미 연방 전체가 다 아는 사실이었다. 그리고 벌금이 걷힌다면 그것은 먼 옛날 미네소타로 이주해 온 노르웨이 출신의 나의 할아버지(1855~1920) 같은 일반 목수의 일 년 소득보다 더 많았을 것이다. 또 다른 주변부 지역인 스위스의 테신Tessin과 샤프하우스Schaffhaus 주에서는 알면서도 상대방에게 매독을 전염시키는 사람을 3개월 동안 감옥에 넣을 수 있는 권한이 행정가들에게 부여되었다.[99] 노르웨이와 미네소타의 경우와 마찬가지로, 이 두 스위스 주에서 주 정부는 법률을 제정함으로써 혼전 및 혼외 성교를 억제할 수 있을 것이며, 그리하여 파리의 푸르니에가 "매독의 날은 얼마 남지 않았다."고 말한 것처럼 "순결한 황금시대"가 도래할 것이라는 기대를 갖고 있었다. 이러한 유토피아적 전망에도 불구하고 입법화는 죄를 범한 남성과 여성을 동등하게 처벌함으로써 적어도 과거의 이중 잣대의 지배력을 약화시켰다.[100]

18세기와 19세기 초의 영국을 찬양하면서 린다 콜리Linda Colley는 영국의 여성에 대한 제한들은 세계 대부분의 나라들보다 훨씬 강도가 높다는 점을 털어놓았다. "결혼에 의해 정체성과 소유권을 박탈당한 채 여성은 법적으로 시민이 될 수 없고 결코 정치적 권리를 가질 기대를 할 수도 없다."[101] 하지만 이러한 상황은 오래 지속되지 않을 것 같았다. 1860년대에 매춘부들에 대한 성병 관리 조처에 대해 뭔가를 해야 한다고 결심한 빅토리아 여왕 시대의 많은 중산층 국민들은 과감하게 정치 무대에 뛰어들었다.

영국의 공식적인 관점(남성들의 관점)에서는 분명히 유행성 매독의 주요 원인은 여성 매춘부들에게 있었다. 얼마나 많은 매독 환자가 있는지는 아무도 몰랐다. 런던이라는 한 도시만을 조사한 결과, 매독 환자의 수는 5,500명에서 8만 명 사이를 오갔다. 낮은 수치로 파악된 조사들은 경찰이 파악하기에 풀타임으로 일하는 매춘부만을 헤아린 숫자이고 높은 수치들은 파트타임 매춘부들을 포함한 수치였다. 하지만 이와 같은 매춘부 수의 불확실성이 밤마다 웨스트민스터의 모든 주요 도로 위를 걸어가는, 그리고 성 바울 성당 주변을 걷는 신사들이 매춘부들과 몸실랑이를 벌이는 것을 막을 수는 없었다. 1864년 영국 군대에 배치된 매춘부들이 일으킬 수 있는 위험에 대해 우려하면서(1,000명의 군인당 약 369명이 성병에 감염되어 있었다.) 정부는 두 개의 전염병 법안 중 그 첫 번째 법안을 마련했다.[102]

프랑스와 벨기에의 선례를 따라서 만든 이 법안에 의하면, 영국 수비대가 주둔하고 있는 도시의 매춘부들은 경찰에 등록을 해야만 했다. 법안에 명기된 도시들은 포트머스(해군), 울위치, 알더슈(육군), 그리고 1869년에 두 번째 법안이 통과된 후에는 캔터베리와 윈체스터의 성당 도시들이 포함됐다. 생기 없이 빈둥거리는 귀족과 정치가들이 병영과 궁전 주변을 어슬렁거리고 있던 도시인 런던이 법안 명기에 빠져 있다는 점이 특히 이채롭다. 명시된 도시들의 중심에서 반경 10마일 안에서는 수상하게 누군가를 기다리는 여성을 체포해서 반사경으로 매독 여부를 검사할 수 있는 권한이 경찰에게 부여되었다. 계급 사회나 다름없는 영국에서 이렇게 어슬렁거리는 매춘부들은 거의 하층 계급 출신이었다. 아무도 매독 균이 어떻게 생겼는지 알지 못함에도 불구하고 거칠고 비위생적인 검사가 실시되었는데, 이 치욕스러운 검사를 거부하는 여성들은 감염자로 추정되어 난폭하게 끌려가 병원(특수 목적의 격리소)에 수감되었다. 그곳에서 그들은 다른 사람들의 침대 커버를 세탁했다. 감금 체계가 없는 런던에서는 미모의 매춘부들이 윌리엄 유어트 글래드스턴William Ewart Gladstone 같은 사회 개량주의자에 의해 강제로 숙박업소에 일하도록 보내질 위험이 있었다. 글래드스턴은 1882년 이집트 침공을 통솔한 자유주의 경향의 영국 수상이었다.[103]

동기를 찾고 있던 중상층 여성들은 1864~1869년에 시행된 등록제의 성 차별적이고 계급 차별적인 점을 곧 간파했다. 1780년대와 1833년 사이에 있었던 노예 반대 운동, 그리고 1838~1846년의 곡물법 반대 연맹Anti-Corn Law League에 대한 자기 어머니들의 경험을 끌어들이면서 이들은 조직적인 운동으로 의회를 압박해서 등록제를 폐지하고자 했다. 1869년 시작된 운동의 리더는 1828년 노섬벌랜드 딜스톤Dilston에서 태어난 부유한 여성인 조세핀 버틀러였다. 버틀러와 그의 동료들에게 있어서 자기 의지대로 사는 여성은 섹스를 필요로 하지 않고 매춘은 순전히 남성의 색욕에 의해 야기된 것이었다. 그러므로 섹스를 갈망하는 남성들이 항상 존재하는 한, 다른 생활 방편이 없는 여성들은 매춘에 빠져든다는 것이다. 버틀러와 그 동료들의 단순한 해결책은 다음과 같다. 노동자 계급의 여성들이 정당한 대가를 받을 수 있는 정당한 일자리를 가질 수 있도록 세상을 바꾸자. 더 나아가 버틀러식의 주장에 따르면 결혼을 해서 엄마가 되려는 정숙한 여성은 남편과의 성교를 향유해야 할 (경험이 아닌, 견뎌야 할) 의무로 생각해야 했다. 그녀가 강연을 마칠 때는 언제나 강연장은 꽉 차 있었고 그녀는 세상 사람들에게 매춘이 계속되는 단 하나의 이유는 국회의원들과 판사들, 경찰들, 의사들이 노동자 계급과 서민 계층의 여성들에 대해 거대한 음모를 꾸몄기 때문이라고 역설했다. 이 공모의 증거는 바로 전염병 법안에 있었다.

계몽주의의 보편적 진리의 적자인 버틀러는 "합법적 매춘의 상처로부터 세상을 해방시켜라."라는 구호를 외치면서 자신의 양성兩性 지원군을 규합했다.[104] 마침내 1885년 합법적 매춘을 폐지시키기에는 이른 지난한 싸움의 여정 속에서 영국의 페미니스트 운동이 탄생했다. 1913년 이 운동의 주장은 크리스타벨 팽크허스트Christabel Pankhurst에 의해 "여성에게 투표권을, 남성에게 금욕을"이란 구호로 요약되었다. 팽크허스트의 또

다른 언명은 "(매독)은 자연법을 무시한 남성에게 직접적인 책임이 있다."라는 것이었다.[105]

1885년 등록제를 폐지시킨 법안은 또한 포르노와 동성애에 대한 법적 허용을 끝내는 세칙이 포함되어 있었다. 이 법안이 입법화되자마자 그 직접적인 영향으로 사회의 순수주의 운동이 고무되었다. 공개적으로 향유되던 모든 성적 형식의 폐지를 주장하는 가운데, 이 순수주의 운동에 참여한 단체들은 백白십자 협회the White Cross Societies, 국립 공공 도덕 협회the National Council of Public Morals, 도덕 개혁 연합회the Moral Reform Union, 영예의 소년 연맹the Boys' League of Honour과 그 외 지방 각성 단체local vigilance societies 등이 있었다. 1901년 이후 이 운동은 자유 교회 평의회Free Church Council가 이끌게 되었다. FCC가 주도하는 이 사회적 순수 운동은 (앞서 언급된 1760년대 반자위 운동에 관한 논문을 쓴 인물의 가르침을 상기시키는 방식으로) 예수의 부흥 운동과 청소년의 금욕주의를 결합했다.[106]

또한 이 사회적 순수 운동의 이데올로기를 뒷받침한 것은 몇몇 주관적이고 세속적인 의학적 사고였다. 공공 보건 분야에서 1888~1908년 사이에 브라이턴Brighton의 보건 의료관이었던 아더 뉴스홈Arthur Newsholme 같은 자유주의자들은 매독이 거의 절대적으로 "성적으로 비도덕적인 사람들 …… 용서받을 수 없는 사회의 적들"에 의해 퍼트려졌다고 주장했다. 글래드스턴Gladstone의 영향을 받은 여러 사람들처럼 뉴스홈(나중에 기사 작위를 받고 보건부의 지도적 구성원이 되었다.)은 매독을 극복할 수 있는 유일한 길은 "야만주의"에서 벗어나 "문명화"를 향한 "도덕적"이고 "윤리적인 발전"을 진작시키는 것이라고 믿었다.[107] 이러한 생각은 1928년 카이로 회의에 참가했던 페이앙느빌 박사와 같은 의사들의 과학적이고 객관적인 관찰과는 너무나 거리가 멀었다.

찰스 다윈이 인간을 포함한 모든 생명체를 유지시키는 진화론적 과정에 관하여 설명한 바와 같이 이성 간의 성교는 본질적이다.[108] 매독의 확산에 대해 오늘날의 관점에서 볼 때 우리는 이제 남성 성기가 삽입될 동안 매독 균의 이동을 막을 수 있는 유일한 방비책이 콘돔이라는 것을 알고 있다. 매독을 효과적으로 관리하기 위해서 콘돔은 널리 이용되어야 했다. 사실상 그것은 저렴한 가격으로 살 수 있어야 하고 사회적으로 용인되어야 한다는 것을 의미한다. 더불어 의사들과 정부는 콘돔 사용을 적극적으로 권장해야 했다. 불행하게도 제1차 세계 대전 이전에는 어떠한 규정도 마련되지 않았다.

콘돔의 문제에 있어서는 콘돔의 모든 사항에 관련되는 제3자(매독 균과 성행위자 외의 - 역자)—생산자/공급자—의 문제를 언급하지 않을 수 없다. 이 문제는 상세하게 조사되어야 할 부분이지만 콘돔 생산자인 고무 회사들은 소극적인 태도로 다시금 손쉬운 이득만을 추구한 것으로 보인다. 현대적 비유를 사용하자면, 모든 생산품을 판매하는 데 있어서 B. F. 굿리치Goodrich, 던롭Dunlop, 그리고 여타의 고무 회사들은 한 쌍의 고무 자전거 타이어 또는 두 쌍의 자동차 타이어에서 나오는 이득이 여러 묶음의 콘돔을 파는 것보다 훨씬 더 크다는 것을 알았다. 지금처럼 과거에도 최소 비용의 원리가 중요했기 때문에(아프리카 심장부에서 절멸의 위기에 직면한 콩고의 고무 수확 업자들이 마땅히 알아야 했듯이) 고무 회사들은 질병을 예방하는 콘돔의 역할에 대해 대중과 의료 기관을 교육할 필요가 없다고 결정한 듯이 보인다. 그래서 가장 손쉬운 방법으로 최대의 이익을 창출하기 위하여 고무 회사들은 시민운동 차원의 마케팅을 벌였다.[109]

유명 브랜드인 비이클 타이어는 매독 균이 번성할 것처럼 여겨지던 독특한 근대적 상황의 한 부분이었다. 자전거(1890년대), 또는 자동차(20세기 초)를 즐기는 젊은이들은 성행위를 할 때 삶을 보존하는 유용한 방법에 대해서는 모르는 게 약이라는 듯이 서로 조용하고 고립된 장소를 찾곤 했다. 이러한 문제에 있어서 의사들은 여전히 아무런 도움이 되지 못했다.

1918년 널리 갈채를 받은 책, 『결혼의 사랑:성 차이 해소에 대한 새로운 기고문」을 쓴 처녀 작가인 마리 스톱스는 콘돔을 사실상 무시했다. 스톱스의 '기쁨'의 이데올로기에 따르면 온전한 사람들은 자신의 성생활을 결혼에 제한하고 싶어한다. 따라서 그녀는 사랑하는 남편은 아내의 질 속으로 자신의 정액을 배출하는 데에 어떤 방해도 받고 싶지 않을 것이라고 말한다. 스톱스가 콘돔 사용을 억제하기 위해 실제로 명명한 출산 통제 행위는 성교 중절이었다. 이러한 기술은 높은 매독 감염률에 어떤 영향도 끼치지 못한다고 한다. 왜냐하면 감염을 일으키는 것은 남성 성기의 귀두에 있는 틈새에서 사출되는 정액이라기보다는 성기 표면에 있는 종기에서 흘러나오는 오염된 고름이기 때문이다. 스톱스의 또 다른 설명에 의하면,

　　명심해야 할 것은 에로틱한 감정을 지속시키는 기쁨을 위해서는 조절하는 훈련이 필요하다는 점이다. 완전한 기쁨은 (심지어 순수한 육체적 감각에 있어서) 그들의 자연적 충돌을 억제하고 발산하는 훈련에 의해서만 획득될 수 있다. …… 오직 그러한 행위만이 종족을 좀 더 높은 차원으로 좀 더 완전하게 나아가게 하고, 종족의 힘을 완성시킬 수 있을 것이다.[110]

10만 명의 유럽 남성들이 총알받이가 되어 사망한 1차 대전의 대학살 직후인 1920년대에 마리 스톱스의 책은 점잖은 사람들에게 알맞은, 관능적인 유일한 성 교과서로 받아들여졌다. 그녀의 책이 일반 독자에게 끼친 영향을 생각하면, 스톱스가 콘돔과 매독 전염에 대한 방비책을 언급하지 않은 것은 비극이었다. (그 시대의 시각에서 볼 때) 스톱스보다 덜 계몽적인 다른 도덕적 운동가들은 명백히 콘돔에 적대적이었다. 왜냐하면 그들은 콘돔이 불필요하게 악을 부추기는 것으로 보았기 때문이다. 참정권을 가지게 된 대중들은 이러한 관점에 동의한 것처럼 보인다. 1923년 영국 정부는 외설적이라는 이유로 여성 운동가들이 콘돔을 포함한 피임 기구를 소개하는 내용이 담긴 팜플렛을 배포하는 것을 막았다.

하지만 이러한 기구들은 매독의 확산을 막는 데 기여할 수 있었을 것이다.

돌이켜 보건대, 훨씬 앞질러 간 현실에 대해 당시 정부는 사실상 역행하고 있었다는 것을 이제는 알 수 있다. 제1차 세계 대전 동안 영국의 운명은 군대의 사기를 유지하는 데 달려 있었다. 군대는 모든 병사들의 기본 물품에 콘돔을 포함시켰다. 하지만 평화의 시기가 도래하고 5년마다 투표가 실시되게 되자, 정부는 다시 정치적으로 사회의 순수주의라는 안전한 입장을 취했다. 이러한 운동은 이미 두 세대 이전에 시작된 것이었다.

영국에서는 (로널드 히암Ronald Hyam에 의해 명명된) "청교도주의 노이로제"의 확산이 1890년대 노동자 계급의 의식이 완전히 무르익는 현상과 동시에 나타났다.[111] 여기서 '남성성'은 가정에서 엄마이자 주부로서의 '분리된 영역'에 고용되어 있는 아내를 잘 간수할 수 있을 정도로 충분히 돈을 버는 직업을 가지고 있음을 의미했다. 중간 계급의 반자위 운동에 위협을 느낀 노동자 계급은 1870년 이후 그들의 이른 사춘기 동안 변화하는 공간과 활동 영역을 학교 안으로 끌어들였다. 하지만 가족의 크기를 제한하고자 하는 중간 계급의 사고를 받아들이는 것은 더뎠다. 대부분의 영국 노동자 계급의 남성들은 술집에서 짝을 찾아 교제를 했다. 그곳에서 흥청망청 벌어지던 술자리는 그들 아내의 빈번한 임신 또는 낙태에 의한 회복 기간 동안 밤의 정사로 이어지는 경향이 많았다. 주 5일 반을 일한 후 토요일 오후에는 휴식을 취하면서 한 집의 가장과 그의 정부는 축구 경기장이나 다른 화려한 스포츠를 관람하곤 했고, 그다음에는 진탕 술을 마시고 매춘굴에서 하루를 마치곤 했다. 매독 균 제분소의 곡식이 된 것이다.[112]

노동자 계급의 아내가 한 가정을 이끄는 경우에는 언제나 혈기가 넘치는 자식들이 좀처럼 집에 붙어 있지 않았다. 학교에서 그들은 매독에 대해서 자신을 방비할 수 있는 아무것도 배우지 않았고, 졸업한 이후에도 여전히 삶의 기본적인 지식을 무시한 채, 언제든 매독에 걸릴 준비가 되어 있었다. 초기 증상이 나타나면 그들은 그들 아버지들과 마찬가지로 약하고 잘 속고 무지한 사람들을 갈취하는 야비한 인간으로, 말하자면 약장수나 협잡꾼이나 돌팔이 의사로 변할 가능성이 많았다.[113]

독일에서는 여성들의 여성성에 대한 의식이 영국과는 매우 달랐다. 독일에서는 부부가 모두 일을 하는 가정이 일반적이었다. 독일 페미니스트들은 특히 일하는 엄마들을 위한 탁아소 설치에 관심을 가졌다. 대표적인 예로 19세기 말 퇴폐적인 분위기가 만연한 빈에서는 40퍼센트의 (접대부) 여성들이 풀타임 일을 했고, 또 다른 40퍼센트의 여성들은 파트타임 일을 했다. 비록 증명하기는 어렵지만—매독은 어디에서나 쉽게 고백할 수 없는 부끄러운 병이었다—독일의 남편들, 십대 청소년들이 성가신 잔소리를 하는 아내나 어머니를 피해 집을 나와 매독 균을 퍼트리는 일시적 섹스 행위를 위해 매춘부의 품속으로 파고드는 경우는 영국의 남편들이나 청소년들과 비교해서 적었다. 이러한 가정은 독일의 선구적 사회학자인 막스 베버가 의미 있는 일자리와 자존심 사이를 연결한 것과 맥락을 같이한다.[114]

마침내 통일을 이룬 독일은 1870년 전쟁에서 패한 프랑스의 비참한 노력을 어깨너머로 쳐다보면서, 매독의 재앙이야말로 스스로를 근대적으로 생각하는 모든 문명국가가 진상을 외면하는 낡은 접근 방식을 버리고 정면으로 맞부딪쳐야 하는 문제라는 것을 인식한 것처럼 보였다. 어쨌든 1905년 최초로 매독 병원균을 발견한 사람은 독일의 전문가인 프리츠 샤우딘과 에리히 호프만이었다. 그다음 해에 또 다른 독일인인 아우구스트 파울 폰 바서만은 보이지 않는 매독에 대한 검사 방법을 고안해 냄으로써 실제적인 과학을 절박한 사회적 요구에 적용했다. 바서만의 검사 방법은 1909년 파울 에어리히(또 다른 독일인)의 살바르산(매독 약 606호)의 발견으로 이어졌다. 살바르산은 이따금씩 효과를 보는 아르스페나민으로 돌팔이 의사나 의사들이 1493년부터 사용했던 수은 치료의

무서운 결과가 없는 약이었다.[115]

제1차 대전 과정 중에 그리고 그 직후에 유럽의 정부들은 프랑스의 전문가들이 경고했듯이 유전적인 매독에 의해 백인종이 퇴화될 것이라는 우려를 가지고 살바르산과 바서만의 검사를 사용하기로 했다. 1918년 평화의 시기가 도래한 가운데 정부 차원에서 무엇을 할 것인가에 대한 토의가 진행되었다. 그 해결책으로 제시된 것은 1) 콘돔에 대한 대대적인 교육을 실시하는 것(이것은 분명 사회 순수주의 운동 세력들을 격노케 했을 것이다). 2) 매독에 대한 치료 프로그램을 마련하는 것이었다. 계몽된 소수만이 이러한 점들을 깨달았지만 이들은 첫 번째 방법은 불필요하다고 생각했고, 실제로 성공을 거둔 것도 두 번째 방법이었다.

이론상으로 이 새로운 임상 치료는 모든 환자들을 구속력 없이 비밀을 지켜 주면서 치료를 제공하도록 되어 있었다. 실제 검사는 병원을 찾은 "모든 환자들이" 실제로 받아들인 일종의 치료이자 의학적 대응이었다. 이러한 방식에서 적극적으로 모범을 보인 것은 벨기에 왕국이었다(당시 도시의 절반이 독일의 포격으로 파괴되어 있었다). 8백만에 못 미치는 인구를 관할하고 있던 벨기에 정부는 1923년경 약 400개의 병원을 세웠다. 대략 2만 명당 1개꼴로 병원이 세워진 셈이다. 벨기에 병원들은 의사들의 편리에 의해서가 아니라 환자들의 필요에 따르는 방식으로 항시 운영되었다. 의사들의 근무 시간은 아침 9시부터 저녁 5시까지였다. 1930년경 벨기에의 이 같은 정책은 매독 발병률을 눈에 띄게 줄이는 데 중요한 역할을 했다.[116]

영국은 이러한 방향에서 거의 발전이 없었다. 영국에서는 1917년 이전에 성병 치료를 위한 어떠한 공식적인 의료 시설도 없었기 때문에 대부분의 시민들은 지역의 보건소나 빈민법에 의존했다. 그렇지만 영국을 "영웅들이 살기에 적합한 곳"으로 만들기 위해 정부의 정책이 변화하면서 성병 치료를 위한 병원들이 설립되었다. 1920년경 190개의 국가 치료 기관이 운영되고 있었다. 이것은 대략 인구 20만 명당 하나인 셈이다. 그렇다 하더라도 어려움은 남아 있었다. 데이빗 에반스David Evans가 최근에 제시했듯이 여성들에 대한 시설이 부족했을 뿐만 아니라(남자 환자는 여성 환자의 3.5배에 달했다), 영국의 성병 의사, 간호사, 보조 요원들은 일반적으로 환자를 타락한 성 범죄자로 간주했다. 이러한 태도와 더불어 대부분 지저분하고 형편없는 병원 시설 때문에 환자들은 병원 출입을 꺼리는 경향이 있었다. 살바르산으로 치료하는 과정은 여덟 차례의 방문이 필요했지만, 처음 치료를 받은 환자 중 8퍼센트에도 못 미치는 사람만이 다시 병원을 찾았다. 병원에 오지 않은 92퍼센트의 환자들 중 소수의 사람들은 알 수 없는 이유로 증세가 나아졌을 수도 있지만, 대부분은 병이 지속되고 있는 상태였다. 그러므로 영국에서는 (도시 당) 벨기에의 1/10도 안 되는 병원과 실제로 존재하는 소수의 사회 순수주의파들의 지배하에 매독은 여전히 폭발적인 상황에 있었다.[117]

국경 북쪽에 있는 스코틀랜드에는 몇 개의 병원들이 설립되었다. 하지만 전쟁 직후의 상황은 영국과 매우 달랐다. 여기서는 의사와 간호사들이 현대적 치료법으로 열심히 환자들을 돌보고 있었고, (웨스트민스터에 있는) UK 의회의 구성원들을 설득해서 성병을 강제적으로 공개하도록 하는 법안을 도입했다. 이 법안에 반대하는 사람들은 사회 순수주의파들과 개인 의사들이었다. 전자는 도덕적 개혁에 대한 내용이 없다는 점에서, 후자는 국가주의의 준동에 대한 우려 때문이었다. 결국 이 법안은 한 남성이 선창을 하고 서민 계층의 참여자들이 따라서 법안을 외칠 때 소멸되고 말았다. 그 남성은 전면에서 수상인 네빌 체임벌린Neville Chamberlain이 그를 노려보고 있다는 것을 눈치 채지 못했다.[118]

영국과 스코틀랜드 왕국에서 의료화가 더디게 진행되었다면, 프랑스 공화국의 경우는 훨씬 더 느렸다. 출생률이 바닥을 기고 있는 시기에 매독에 대한 관리를 방해한 것은 도시의 노동자 계급 젊은이들과 국가를 이끌고 있는 노년층 사이의 상호 신뢰의 부족이었다. 사실 제1차 대전 기간 내내 시민의 교육을 주장하며 프랑스를 패배케 한 것은 바로 이 노년층이었다. 비록 제3공화국이 들어서면서 매독을 치료하는 병원들이 설립되었지만 20만 명당 1개의 비율은 매독 치료에 있어서 모범적인 벨기에 수준으로 나아가기에는 턱없이 부족한 숫자였다.[119] 하지만 예상할 수 있듯이, 매독 문제에 있어서는 특수한 프랑스만의 길이 있었다.

대중들에 대한 전면적인 의료 체제가 부재한 상황에서 프랑스 내전 정부는 고자세의 위협적 캠페인에 의존했다. 이러한 운동은 콘돔을 사용할 경우 성행위가 얼마나 많은 쾌락을 주는가에 대한 강조보다는 성행위에 대한 절제의 미덕을 강조했다. 이 고양된 사회적 순수주의 운동은 엄청난 예산을 소비했지만, 매독을 억제하는 데는 별다른 효과가 없었다. 쾨텔Quetel은 1925년 보건청이 발표한 놀라운 수치를 인용했다. 그의 인용에 의하면, 10명에 1명이 매독에 걸려 있었고, 매년 8만 명이 매독으로 죽고, 그중 2만 명은 죄 없는 아이들이었다. 반反성교 자각의 메시지를 각 가정으로 전달하기 위해 정부는 대중적인 신문, 라디오 아나운서, 스타 영화배우들, 연극배우, 벽보 회사를 지원했다.

이 모든 재정적 지원이 미디어와 오락 프로그램에는 가치가 있었겠지만, 이러한 지원은 보통의 젊은이들에게 애무, 키스, 사랑, 결혼, 출산을 독려하는 목적은 없었다. 그것은 정부를 신뢰하도록 젊은이들을 설득하지 못했다. 그 대신, 파리에 어스름이 깔리면 집에서의 자위행위에 만족하지 못하고 지루해진 젊은 남성들은(최소한 이들은 자위에 미친 이들이라고 할 수 있다.) 종종 불로뉴 숲Bois de Boulogne의 어두운 뒷골목으로 가서 다시는 만날 일이 없는 여성들과 섹스를 했다. 대부분의 지방 도시들에서도 이와 비슷한 상황들이 벌어졌다. 이 모든 이들은 매독 균이라는 제분소에 계속 옮겨지는 곡식들이었다.[120]

완전히 권위주의적인 체제에 열려 있는 단 하나의 정책이 1935년 이후 아돌프 히틀러의 독일에서 시행되었다. 나치 정권하에서 결혼을 앞둔 커플은 바서만의 검사를 받아야 했다. 어느 한쪽이 매독이 있는 것으로 판명되면 그는 아마도 격리되었을 것이다. 유전적 매독의 특징을 지닌 사람들은 (일찍이 푸르니에의 <아버지와 아들>이란 제목의 연극에서 규정된) 안락사 수용소로 보내졌다. 고의적으로 다른 사람에게 매독을 감염시킨 모든 사람도 동일한 운명에 처해졌다. 강도 높은 도덕적 개혁의 흐름 속에서 바이마르 공화국에 화려함을 부여했던 베를린과 함부르크의 매춘굴들은 가차 없이 폐쇄되었다. 좀 더 삶을 향상시키려는 움직임 속에서 아내들은 직업을 포기하고 가정에서 아리안 족의 아이들을 조국을 위해 양육하도록 독려되었다. 장 프레드릭 오스터발드의 자기 규율의 이데올로기를 한층 더 끌어올려서 새로운 청년들에게는 이마누엘 칸트와 스토아 철학자들의 가르침에 의해 동물적 열정이 제어되지 않을 때에는 긴 산책을 하고 차가운 물로 샤워를 하도록 명령되었다. 그러는 동안 점점 허치슨이 언급한 특징이었던 앞니 빠진 사람들의 수는 거의 사라졌지만 문드러진 코와 감추려 해도 드러나는 매독의 특징들이 유행하는 것처럼 보였다.[121]

제2차 세계 대전의 발발로 황폐해진 서유럽에서는 매독 균으로부터 생존할 가망성이 1940년대 이래로 거의 변화가 없었다. 그런데 갑자기 매독을 단 한 번에 치료할 수 있는 페니실린이 널리 보급되었다. 또한 2차 대전 중에 군인들이 사용하면서 널리 퍼지게 된 콘돔도 마찬가지로 많이 보급되었다. 1950년경 매독을 막는 쌍두마차—예방 기구인 콘돔과 치료제인 페니실린—는 이제 완전히 과학적 사고를 가지게 된 의사들에게 매독이 소멸될 수 있다는 사고를 갖게 했다. (인류에게는) 불행하게도 유럽인들의 몸속에서 최초로 돌연변이를 했던 매독은 쉽게 정복되지 않았다. 1958년 무렵 이후 감소하던 경향이 멈추고, 발병률이 다시 상승하기 시작했다. 이 글을 쓰는 지금도 유럽에서는 매독이 여전히 살아 있다.[122]

매독 그리고 중국에서의 매독, 1860~1965년

1965년까지 중국에서의 매독과 상상의 매독에 대한 역사적 평가는 다음 두 가지 변수를 고려하지 않을 수 없다. 첫 번째는 (한편으로) 매독의 발병률과 (다른 한편으로) 딸기종과 유행성 매독의 발병률에 관한 문제이다. 물론 이러한 질병들의 실제 발병률은 알려져 있지 않고, 또한 알 수도 없다. 그렇지만 두 번째 변수에 관해서는 훨씬 더 정확한 정보를 얻을 수 있다. 내가 중국에 대한 서구인들의 부정적 태도의 정점이라고 생각하는 이 두 번째 변수는 한마디로 중국 공포증이다.[123]

서양 언어로 된 보고서들에서—어떤 보고서도 기록된 내용과 실제가 같은 것이 없다—중국의 매독에 대한 관심은 2천만 명의 사망자를 남긴 1850~1864년 태평천국의 난 직후에 시작되었다. 서양의 무기가 중국의 무기보다 압도적으로 우월하다는 것을 증명한 군대를 뒤따라서 이데올로기를 지닌 선교사들과 의사들이 해안과 내력의 강에 접해 있는 개항 항구들에 자신들의 영역을 마련했다. 이러한 영토들 중 많은 곳이 1949년 공산당이 들어설 때까지 서구인들의 지배하에 있었다.[124]

1860년 이후 중국에서 존경받는 유럽인들에게(그러므로 그들의 배를 버리고 중국인들과 동화된 선원들은 포함되지 않는다.) 도처에 편재하는 매독은 중국인이라는 '타자'를 특징짓는 표지와 같았다. 중국 구舊체제의 명백한 취약성—지방 토호 세력의 우세와 하늘이 부여한 권력을 누리고 있는 중앙 권력의 부재—을 생각한다면, 유럽인들의 태도는 미래 지향적인 중국의 의료인들이 그들 자신의 사회와 전통을 생각하는 방식에 영향을 끼치지 않을 수 없었다.

아이러니하게도 1850년 무렵까지도 매독 균은 유럽에서 그랬던 것보다도 중국에서 더 큰 불안을 야기하지는 않았다. 1504년 바다를 통해 광저우 항에 입항한 유럽인들의 몸속에 있던 매독 균은 인류의 1/4에 해당하는 거의 2,000년의 오랜 전통의 체제 속에 들어오게 된 것이었다. 매독 균이 모습을 드러낸 지 한 세기가 지나도록 이 천년 왕국은 강건함을 유지했다. 중앙과 지방 차원에서 정부는 유교의 윤리적 전통 속에서 훈련된 비세습 남성 관료인 만다린이 지배하고 있었다. 이러한 윤리는 사회의 안정성과 질서, 단결, 조상과 가부장에 대한 존경에 높은 가치를 두었다. 하지만 이것은 세 가지 윤리적 체계 중 하나일 뿐이었다. 두 번째 윤리 체계는 불교로서 여기서는 언급하지 않겠다. 세 번째는 도교로서 이것은 대부분의 중국 의료인들이 전적으로 또는 부분적으로 신봉하는 윤리 의식이기 때문에 매우 중요하다.[125]

도교는 많은 측면에서 발전하는 인간의 자연에 대한 지배와 관련되어 있었다. 다리 건설인, 공예가, 기능공, 창조적 직업인들, 그리고 의사들이 주로 도교를 믿는 사람들이었다. 도교를 믿는 사람들은 손을 써서 일하는 자신의 능력에 자부심을 가졌고, 사회적으로 중간 계급에 속했다. 그들보다 상위에 있는 사람들은 만다린(엄격한 시험을 통과해서 고위직에 입성한 문사들)과 식량 생산자인 농부들이었다. 그들 밑으로는 계급이 낮은 병사들이 있었다. 중국의 상인들은(주로 남부 지방의 도시에 많았다.) 공공의 이익을 위해서는 아무것도 하지 않고 오직 자신들의 이익을 위해 더 나은 물건을 파는 천한 존재로 여겨졌다. 1860년 이후 개항 항구에 들어온 대부분의 유럽인들은 군인 아니면 물건을 파는 장사꾼이었기 때문에 "존 차이나 맨"이라는 칭호에 이미 들어 있는 유럽인들에 대한 강한 혐오감은 그들의 파트너인 중국 장사꾼들의 천한 지위 때문에 더 악화되었다.

도교적 보건 담당자가 되려는 젊은 중국 남성들은 한 지긋한 나이의 치료사에게서 주로 그의 집에서 숙식을 하며 훈련을 받았다. 도제들은 만약 다른 치료 방법이 같은 결과를 낳았을 경우, 지역 환경에 가장 적합한 방법을 사용해야 한다는 것을 배웠다. 신체의 건강과 성 기관에 대한 도교의 관점을 특징적으로 보여 주는 것은 14세 이상의 소년들은 매일 두 번씩 정액을 사출해야 한다는 권고였다(자위행위에 대한 어떤 콤플렉스도 없었다).[126] 매독 균이 광저우에 도착해서 사람들에게 퍼지기 시작한 이후 도교주의자들은 신체의 방위, 요새, 총알과 같은 군사 용어를 쓰기 시작했다. 어떤 마법의 총알도 지니고 있지 않았기 때문에 도교주의자들의 치료법은 수은과 아마도 아르페나민을 사용했을 것이다. 그리고 그것은 유럽의 선교 의사들이 했던 그 어떤 치료만큼이나 효과적이었을 것이다.

실용적 경험주의라는 내재화된 습성을 지닌 도교주의 치료사들은 궁극적이고 유일한 진리라는 관념에서 자유로웠다.[127] 지구와는 다른 더 많은 세계 속에서 다원주의적이고 실용적인 도교주의자들은, 당시 자신의 위대한 경험주의 체계인 위대한 회복Instauratio Magna을 창조하고 있던 프란시스 베이컨과 직접적인 소통을 했을 것이다. 17세기의 챈슬러 경은 도교에 대해 전혀 몰랐고, 베이컨에 대해서도 전혀 아는 바가 없었다.

1700년 이후 몇 십 년이 지나서 의학적인 이유라기보다는 도덕 정책과 관련된 이유 때문에 지도적 위치에 있는 도교주의 치료사들은 유교 사상의 무익한 음양론에 의해 활기를 잃게 되었다. 파울 운슐트는 뿌리 뽑힌 거대한 나무라는 날카로운 비유를 했다. 하지만 새로운 생명의 힘은 사라졌지만, 도교주의라는 나무는 그 줄기와 가지를 가지고 계속 유용한 기능을 유지하고 있었다.[128]

프랑크 디쾨토는 중국의 의료화 문제에 있어서 인종 담론에 의한 특별한 기여에 주의를 환기시켰다. 이 담론의 대표적인 것은 패트릭 맨슨Patrick Manson이 1887년에 홍콩에서 행한 연설이었다. 패트릭 맨슨은 영국 제국의 수도에서 열대 의학 학교의 핵심적인 설립자가 되었다. 그에 의하면,

단지 짧은 기간일지라도 중국에 있어 본 사람은 이 나라의 토착 의료 행위가 얼마나 보잘 것 없는 것인지를 알 것이다. 그것은 전혀 이상한 일이 아니다. 교육 시스템이 없기 때문이다. 의료는 장사보다 조금 더 나은 것 정도

로 여겨졌다. 두세 권의 책을 사고 실행에 옮기기 시작하는 것이다. 뭔가를 알고 때때로 좋은 일을 하는 위대한 자연적 재능을 가진 사람이 이곳저곳에 있을 수 있다. 하지만 우리가 의사라는 호칭에 존중을 표하긴 해도, 대다수 의사들은 불성실할 뿐만 아니라 무지하다.[129]

맨슨이 중국 의학에 대해 이와 같은 통렬한 비판을 글로 남긴 지 40년 후, 영국의 의학 교육 총의회의 의장인 도널드 마칼리스터Donald MacAlister 는 다음과 같이 다시 단언했다.

백 년 전에는 인간의 어떤 모습도 중국의 육체적 정신적 변화보다 비관적 으로 여겨지지는 않았을 것이다. 수백만의 사람들이 죽을 때까지 육체적 정 신적으로 병을 앓았다. 하지만 치료 방법은 없었다. 전통적인 치료 방법은 신뢰를 받지 못했고 실제로 믿을 수 없는 것이었다.[130]

하지만 1921년 마칼리스터는 자신의 글에서 중국의 학생들이 과거 패 트릭 맨슨이 홍콩에 설립했던 종류의 서구적 의학 학교에 점차 입학하고 있으므로 상황이 희망적이라고 표현했다.

그렇지만 매독이 발생했을 때, 이러한 의학 학교에서 교육을 받은 중 국의 의료진들은 그들이 받은 교육을 당황스럽게 생각했다. (18세기 후반 에 태동한) 문화적 다원주의 사상에 무지한 채 중국으로 온 자발적인 서 구의 의료 요원들은 그들이 유럽에서 떠나기 전에 매독이 중국인들의 살 과 피를 갉아먹고 있다고 알고 있었다. 사실상 그들이 서구의 문화적 여 과 장치를 거쳐 받아들인 것은 상상의 매독이었다.[131]

1921년 천년 왕국을 계승한 혁명적인 중국 체제하에서 서양 의사인 W. W. 피터스Peters는 통계 자료를 볼 때, 매독이 중국인들의 가장 큰 사 망 요인이라고 한 주요 잡지의 독자들에게 충고했다. 1930년대에 나온 또 다른 논문에서는 중국의 농촌과 도시 지역에서 3천만 명에서 3천 5백만 명의 매독 환자가 있으며, 이는 중국 인구의 10퍼센트에 해당한다고 주장했다. 이러한 수치를 액면 그대로 받아들인 한 현대 작가는 "중국의 성병은 같은 시기 서양에서보다 훨씬 더 심각한 문제를 나타낸다."고 주장할 수 있었다.[132] 하지만 모든 통계 자료 뒤에는 이데올로기적 강박 충동이 실질적인 중요성을 갖는다는 것을 우리는 안다.

조셉 니덤Joseph Needham이 오래전에 지적한 것처럼, 서구적인 죄의식은 중국의 위대한 윤리 체계에서는 특히 부재했다. 이러한 체계가 부여한 규범 안에서 10퍼센트의 가정은 여러 부인을 거느리는 가부장에 의해 유지되었다.[133] 죄의식 없는 이러한 일부다처제의 함의를 문제가 있다고 생각하는 서구의 선교사들은 현재 중국인들의 생명력(성교)이 미래의 중국인들을 생산해 낸 지점을 직접적으로 공격했다. 조국인 유럽과 북아메리카의 순수주의 운동이 일부일처제를 벗어나는 모든 형태의 성행위를 금지시키는 데 성공했다는 소식을 등에 업고 서양의 선교사들은 자신들이 중국의 핵심적 문제라고 인식한 것, 즉 여성의 매춘과 대결하기로 결심했다.[134]

15세기 중반의 유럽처럼 중국에서 매춘은 생존을 위해 가난한 소녀가 택할 수 있는 길로 여겨졌다. 그녀가 보낸 돈으로 가족이 먹고 살 수 있으리라는 기대에 농촌의 가정에서 도시로 보내진 이 어린 여성들은 노래와 춤, 그리고 성적 기술을 익힌 고급 매춘부가 되어 국가의 고관대작들의 행사에 모습을 드러내기도 했고, 재능을 갖추지 못한 소녀들은 포주의 통제를 받는 평범한 매춘부가 되기도 했다. 하지만 이 비천한 매춘부들도 그들이 어떤 명예스러운 은퇴를 할 것이라고 생각했다. 중국에서는 매춘과 관련된 오명은 없었다.

서양의 시각에서 보는 "매춘이라는 노예 제도"에 관한 서구적 반응의 대표적인 예는, 홍콩에 주둔하고 있던 영국 해군 장교의 아내인 C. B. L. 헤슬우드Haslewood가 1919년 식민성에 보낸 한 탄원서였다. 그녀의 통렬한 비판은 중국 북쪽 지방에서 가뭄과 계속되는 근방의 약탈 행위로 인해 2천만 명의 농민들이 기아로 죽어 가던 시기에 기록된 것이었다. 이러한 상황에서는 조금이라도 지각이 있는 중국인이라면 다음과 같이 말할 수 있었을 것이다. "자기 딸들을 남부의 도시에 매춘부로 보낼 수 있는 행운이 있는 농부는 집으로 보내오는 송금액으로 생존할 수 있을 것이라고, 그렇지 않은 사람들은 굶어 죽을 것이라고." 런던에 있는 식민성 관리들은 헤슬우드 여사에게 위안의 답장을 했지만, 그것은 아무 효과도 없는 것이었다. 식민성 관리들은 아마도 중국 중앙 정부가 독일 황제에 대항하는 연합 전선에 협력했다는 점과 공식적으로 동맹국이라는 점을 고려했을 것이다.[135]

제1차 세계 대전 직후의 상하이에서는 영국과 미국, 프랑스의 용인하에 선의의 서양 의사들이 새로운 바서만 검사 방법을 이용해서 중국 각 계층들의 매독 감염률을 측정하는 과제를 스스로 떠맡았다. 당시에는 심지어 발전된 유럽 나라들에서도 바서만 검사 방법이 효과적인지에 대해 의문이 많았다. 1927년 스코틀랜드에 관한 글을 쓰면서 한 관리는 매독 (테스트)과 관련하여 대부분의 의사들이 갖는 "기술적 비효율성, 정밀하지 못한 방법, 낡은 관념, 무지의 정도"에 대해 불평을 늘어놓았다.[136] 사실 최근 1993년에 세계 보건 기구의 전문가들도 딸기종과 유행성 매독, 열대 백반성 피부염이 양성 혈청 검사를 통해 서로 구분될 수 있지만, 매독이 일으키는 양성 검사와는 구별될 수 없다는 데에 동의했다.[137] 물론 1920년대 초에 트레포네마 질병들 사이의 구별이 이처럼 불가능하다는 것은 보편적으로 그리고 공식적으로 인정되지 않았다. 왜냐하면 그것은 바로 서양 의학의 가장 현저한 특질이자 사실상 서양 자신의 상징이라 할 수 있는 과학주의의 권위에 의문을 제기하는 것이기 때문이다. 내전이 진행 중인 상하이에서 시행된 바서만 검사 프로그램이 직면했던 또 다른 어려움은 실제 검사의 대부분이 문화적으로 민감한 중국인 수련의들에 의해 행해졌다는 점이다. '과학적 의료'와 거의 관계가 없는 이유 때문에, 하지만 질병의 여러 상황을 고려하는 것이 얼마나 중요한 것인지를 훌륭하게 증명하기 때문에 상하이의 매독 검사 결과는 흥미로웠다. 상하이 검사에서 매독에 대한 가장 높은 감염률을 보인 것은 군인들과 상인들이었고, 중간 정도의 감염률을 보인 것은 기능공들, 행상인들, 직공들이었고, 선생, 사무원, 전문직, 학생들이 가장 낮은 감염률을 나타냈다. 이러한 순위가 중국 계급 사회의 사회적 서열과 일치한다는 것은 결코 우연이 아니었다. 가장 존중받는 분야에서 일하는 사람들—전문직 종사자들과 학생들—은 필연적으로(중국 수련의들에 의해 관리되었기 때문에) 가장 낮은 서열의 사람들인 상인과 군인들보다 훨씬 낮은 발병률을 나타냈다. 그들이 살고 있는 나라의 사회적 관습을 알지 못하는 상하이 선교 의사들은 결코 상황을 제대로 이해하지 못했다.[138]

중국이라는 정치적 국가가 붕괴되고, 그 문화적 뿌리가 잘려질 위기에 직면한 시기에 선 얏-센(Sun Yat-Sen, 왕조를 무너뜨리고 공화국을 세우는 데 일조를 했다.) 같은 젊은 중국 의사들은 중국이 유럽, 미국, 일본에 의해 완전히 지배되는 것을 막기 위해서는 뿌리와 가지의 현대화가 긴급하다는 것을 인식했다. 지식인들이 긴급하게 필요한 사항이라고 여긴 정신적 영역에는 병에 대한 태도가 포함되어 있었다. 그래서 1930년대 공산주의자들(그다음에는 미래의 물결)은 매독을 중국의 타락, 도덕적 열등함, 서구에 대한 비굴함을 가장 잘 상징하는 병으로 인식하고 받아들였다.[139]

공산주의자들은 1949년에 권력을 잡자마자 이러한 입장의 논리적 귀결로서 매독 소멸 운동을 시작했다. 우선 도시의 매춘굴 포주들이 척결되었고, "불량배, 마약 밀매자, 깡패로 낙인찍힌 사람들은 분노한 인민 대중들에 의해 직접 처리되었다."[140] 이러한 숙청이 진행된 후, 정부의 조사관들은 내륙의 시골 구석구석을 돌아다니며 질문이 적힌 종이를 들고 최근에 피부병이나 성병, 종기 같은 것을 앓는 사람이 있는지 종이에 답변할 것을 점잖게 요구했다. 이런 병을 앓고 있을 수도 있는 문맹들은 글을 아는 이웃에게 대신 문서에 답변을 적는 일을 거들게 했다.

그래서 매독 환자를 가려낸다는 가면을 쓰고, 수세대 동안 곪아왔던 이웃 종족들 간의 불화는 결정적으로 글을 읽을 줄 아는 종족 쪽으로 기울었다. 몽골과 내륙 지역에서 아마도 (성교에 의해 감염되지 않는) 유행성 매독으로 여겨지는 병과 해안 지역에서 딸기종(성행위와 무관한)으로 생각되는 병이 매독으로 오인되었다. 사실상 대부분 상상의(허구적인) 매독이었던 것에 대한 대척결이 진행되었다. 그러는 동안 공산당은 환자의 치료를 위해서 막대한 양의 페니실린을 사용했다. 더 나아가 공산당은 페니실린 생산이 매우 성공적이어서 페니실린이 부족한 아시아 국가들에 남는 것을 수출할 수 있을 것이라고 공언했다. 1964년경, 엄청난 양의 페니실린 잉여 생산물을 손에 들고 공산당 정권은 의기양양하게 "성병의 대부분이 지역에서 완전히 사라졌으며 중국 전역에서 완전하게 관리되고 있다."고 호언할 수 있었다.[141]

단번에 거대한 숙청으로 과거의 퇴폐를 일소하려는 인민 공화국의 상황에서 숙청 기간 동안 매독으로 죽기 위해서는 매독 균에 감염될 필요가 전혀 없었다. 그 대신 조사관들에게 반사회적 불순분자라는 이름을 얻는 것으로 충분했다. 말하자면, 상상의 매독에 걸리기만 하면 되었다. 학살 또는 치료 운동이 끝나고 25년이 지난 후 외국의 방문객들은 베이징과 공항 사이의 길을 따라 있는 수많은 묘지들을 알아채기 시작했다.

1964년에 일어났던 일(매독이 완전히 사라진 것)에 대한 공식적인 중국인들의 해석에서 중요한 것은 처음 서양에서 도입되어 서구인들에 의해 중국인들의 동물적인 성생활의 상징으로 사용된 서양 자두나무의 독(매독 균)이 중국 땅에서 중국인들 자신에 의해 소멸되었다는 점이다. 그것이 무엇을 의미하든지 간에 이러한 소멸 후 매독에 대한 모든 언급은 의대생들의 교과서에서 사라졌다. 인민 공화국 안에서 매독 연구는 무의미한 것이 되었다.[142] 1965년 현재, 오명의 매독은 타자들이 거주하는 문명의 경계 너머에서만—유럽, 아메리카, 아프리카—그 파괴적인 영향을 계속 끼치고 있었다.[143]

콜레라와 문명

: 대영 제국과 인도, 1817~1920년

> 정확히 말해서, 세계 대부분의 지역에는 어떠한 역사도 존재하지 않는다.
> 왜냐하면 관습이라는 압제가 만연해 있기 때문이다.
> 이는 모든 동양 지역에 해당된다.
> 존 스튜어트 밀, 『자유론On Liberty』, 1859년

서론

콜레라는 1817년에 인도에서 전염병 형태로 등장했고, 초기에는 의사
擬似 콜레라 형태를 띠었다가 1831년에 영국에 상륙했다. 이 사태와 때를
같이하여 (1757년에 벵골 지방을 정복한 바 있는) 동인도 회사로 알려진 사
영私營 무역 회사는, 인도 대륙의 나머지 지역을 통치하에 두기 위해 한층
더 외교적 · 군사적 공작에 착수했다. 동인도 회사는 이 공작에서 보기
드물 정도로 성공을 거두었다. 이를 통해 통치 엘리트에 기반을 둔 '단 하
나의' 런던과 런던 주변의 여러 주들이 콜레라에 시달리는, 두 개의 매우
다른 사회를 통치하는 상황이 도래했다.

19세기에 영국은 다섯 차례의 유행성 콜레라로 인해 거주 백성 약 13
만 명을 잃었지만, 1848년 이후엔 각 전염병으로 사망하는 사람이 점점
줄어들었다. 한편 19세기와 20세기의 첫 4반세기 동안 인도는 이 똑같은
질병으로 인해 최대 2,500만 명의 국민을 잃었다. 훨씬 더 주목을 끄는
점은, 영국의 콜레라 사망자 비율이 지속적으로 줄었던 반면에, 19세기

인도의 사망자 비율은 극적으로 증대되었다는 사실이다. 통계 수치가 유지되어 왔던 해들 가운데 막심한 재난의 해였던 1900년 들어 콜레라로 인해 80만 명 이상이 사망했고, 봄베이라는 단일한 지역에서만 16만 3,889명이 사망했다.[1] 영국에선 비교적 적고 인도에선 절대적으로 많은 콜레라 사망자의 대단히 상이한 총계는, 부분적으로는 우연의 탓으로 돌릴 수 있다. 그러나 인간의 작용을 통한 역할이 무시될 수는 없다. 필자가 인식하기로 인간의 작용이 진정 모든 문제에서 핵심적이다.[2]

학업을 마치고 취직하려는 거의 모든 영국 학생들이 알아야만 하듯이, 프러시아의 미생물 학자 로버트 코흐는 1884년에 캘커타 소재 물탱크들에 함유된 콜레라 박테리아 인자(콤마 모양의 세균; comma bacillus)의 속성을 조사했다. 콜레라 균Vibrio cholerae의 생명 주기에서 인간의 장기臟器가 수행하는 역할이 발견되고, 감염성 있는 인간의 쓰레기를 통해 콜레라가 전파되는 데에 물의 결정적 중요성이 확인되면서, 질병을 억제하고 통제하는 방식이 이론적으로나마 명확해졌다. 그리하여 질병 억제에 필요한 것은 감염된 환자들과 그들이 배출한 모든 배설물, 구토물, 소변, 땀을 미세한 부분에 이르기까지 남김없이 격리시키는 일이었다. 당연히 상호 신뢰가 전제된다면, 능숙한 의료 권위자들의 전체적인 감독 아래 해당 지역에서 태어난, 설사 문맹인 보건 담당자들이라도 이런 과제를 쉽게 이행할 수 있을 터였다. 하지만 우리가 앞으로 보게 되겠지만, 불행히도 영국령 인도에서는 20세기의 30년대가 훨씬 넘어서까지도, 콜레라 억제에 필요한 필수 조건 가운데 인력의 측면에서나 관점의 측면에서 제대로 마련된 게 하나도 없었다.

인도의 주권 확립에 이념이 수행하는 역할에 관한 1914년의 글에서, 토마스 메트카프Thomas Metcalf는 이렇게 단언했다. "한 국민으로서……영국인들은 항상 경험적 관찰로부터, 그리고 존 로크John Locke로부터 추출되었다고 여겨지는 이론을 선호하여, 매우 야심적인 이론을 언제나 삼갔던 편이었으므로 실험적 양식을 통한 가치를 고집했다." 이런 영국인의 특성은 새삼스러운 게 아니었다. 인도에 최악의 콜레라 위기가 닥치기 10년 전인 1889년, 영어로 교육받은 대영 제국의 한 통찰력 있는 외국 거주민 한 사람은 "사실에 대한 영국인들의 터무니없는 숭배"를 놓고 비통해했다.[3]

콜레라가 창궐하던 시기 내내, 인도 개발에 직접적으로 관심을 가진 런던의 자본가들을 대변하는 정치가와 꼭두각시들에 의해 사실에 대한 우상 숭배가 집요하게 유지되었다. 이 글의 목적상, 사실의 숭배자들에는 '인도 의료 서비스IMS'에 근무하는 많은 (아마 대부분의) 상층 관리들도 역시 포함되었다는 사실이 지적되어야만 한다. 콜레라에 걸릴 우려가 있거나 실제로 콜레라를 수반했던 위기 동안, 언제나 그들의 변함없는 응답은 '사실'과 '과학적 진리'에 토대했다. 그런데 그러한 것들은 필자가 보기에 질병 상황을 통제하는 데 적합하기보다는 '개발'의 필요조건들로 더 알맞았다.[4]

공공연하게 인정되든 아니든, '개발' 그 자체는 런던이 아무런 방해를 받지 않고 자본 투자에 대한 배당금 수입을 보장받는 수단으로서만 계획되었다. 콜레라로 인한 수백만 명의 사망에 가장 중대하게 영향을 미치는 것은, 관개 시설 및 철도와 항만 시설에 투입되는 자본가들의 엄청난 투자와, 공중 보건 분야에 대한 사실상의 투자 부재不在였다.[5]

한 세대 전의 어느 글에서 찰스 로젠버그Charles Rosenberg는 콜레라가 19세기 유럽의 "사회적·경제적 분석의 도구"였다고 말했다. 최근 들어, 빌 러킨Bill Luckin은 초창기 질병으로 인해 위기에 처했던 "전염병학적 과거"를 확증하고자할 때 요구되는, 엄격한 상황 설명의 필요성에 관해 글을 쓴 바 있다. 이와 똑같이 밀접한 관계가 있는 소설이 아시아에서 전직 영국 식민지 장교였던 조지 오웰Geroge Orwell에 의해 기록되었다. 소설 『1984년』에서 오웰은 현재를 지배하는 이가 누구이든, 그 사람이 이전에 벌어졌던 사건의 역사 서술을 제어하며, 이렇게 재구축된 '역사적' 과거가 현재 권력을 지닌 통치자들을 합법화시킨다는 대단히 소중한 지적을

한다.[6]

이 장에서 나는 콜레라를 그 자체로 하나의 현상으로 취급해, 1817년 이래로 세월을 거듭하며 부가되었던 문화적 첨가물을 일소하고자 한다. 간략하게 이 질병의 특성을 살펴본 뒤, 인도에서의 초창기 콜레라를 점검하고, 이어 영국으로 건너간 콜레라를 다루게 될 것이다. 저 섬나라 사회의 급속하게 변화하는 맥락의 범위 내에서, 나는 콜레라가 명백한 현재적 위협으로 전혀 여겨지지 않았던(대략 1855년경 끝난) 시기에 콜레라로 인해 생겨났던 세속적 대응 가운데 일부를 논의하고자 한다. 이런 대응 중 하나는 보드 스트리트 펌프에서 실시된 유명한 시연(스노가 런던 소호 지역 보드 스트리트에 있는 펌프가 콜레라의 온상임을 어느 정도 입증해보인 실험 – 역자)을 통해 존 스노John Snow가 도달했던 수인성水因性 전염병 이론이었다.

1849년에 대영 제국 최초의 전염병 기간(1831~1832)에 뉴캐슬 어펀 타인 외곽의 석탄 광산에서 콜레라 환자들과 씨름했던 요크 태생의 마취사 스노는, 콜레라가 오염된 물을 통해 퍼진다는 결론에 도달하게 만든 경험적 연구를 실시했다. 1854년의 한 글에서, 스노는 콜레라가 일반적으로 콜레라에 걸리기 쉬운 사람들만을 목표로 한다는 인도 의료 서비스의 주장을 힘주어 조롱했다. 그가 표현한 대로, "병에 걸리기 쉬운 성향이라 말하는 것은 전혀 눈에 띄거나 뚜렷하지 않았다. 힌두 신화에 따를 경우 세계를 지탱한다는 코끼리처럼, 이런 질병소인疾病素因: predisposition이란 어려움을 모면하기 위해 고안되었을 뿐이었다."[7] 하지만 영국에서조차 모든 의사가 스노의 입장에 동조할 태세가 되어 있던 건 아니었다. 스노의 입장을 수용하는 데 의사들이 주저했던 것은, 스노가 속했던 사회적 신분과 관련된 듯했다. 더 나은 출신의 신사들과는 달리, 스노는 공립학교 출신이 아니었기 때문이다. 게다가 그의 의학 학위 역시 '적절한' 대학으로부터 취득했다기보다, (제레미 벤담Jeremy Benthan이 설립한 무신론적 기관인) 런던 유니버시티 칼리지로부터 받은 것이었기 때문이다. 그럼에도 불구하고, 1850년대 중반 이후부터 대부분의 영국 의사는 스노의 이론을 콜레라 억제에 유용성이 입증될 수 있을, '여러 이론 중 하나'로 간주할 태세가 되어 있었다.

최종적으로 인도 내 자본가와 그네들의 의학적 지원층은 스노의 해명을 그들 자신의 필요에 특별히 잘 들어맞는다고 여기지는 않았다. 나는 이에 대한 몇 가지 이유를 이 장의 마지막에서 분석한다. 그 대목에서 우리는 영국이 1857~1858년 반란(Rebellion:이전에는 '폭동Mutiny'이란 용어를 씀)을 진압하는 궤적 속에서 다시 인도를 살필 것이다. 이 사건 직후 자본가들은 과거에 전례가 없을 규모로 인프라 시설에 투자함과 아울러, 빠르고 효율적으로 대처하고자 결심했다. 그런데 이에 뒤이어, 콜레라로 인한 사망자 수가 급격히 치솟았다.

질병으로서의 콜레라

콜레라가 서유럽에는 거의 알려지지 않은 오늘날, 경제적으로 발전된 나라의 보건 담당자들은 비서부 유럽 국가 내의 콜레라 발병이 적절한 도덕적 교화를 통해 바로잡힐 불필요한 가난의 조짐이라 생각한다. 그러나 이보다 훨씬 더 도움이 되었던 견해는 로버트 코흐에 의해 (그가 알렉산드리아에서 콜레라를 연구했던) 1883년과 (캘커타에서 연구를 끝마쳤던) 1884년에 기본적 윤곽이 확립된, 도덕적으로 중립적인 1990년대의 입장이다. 이런 현대적 이해에 따르면, 콜레라가 비브리오 속genus vibrio이라는 수인성水因性 박테리아에 의해 야기되는데, 이 박테리아는 콜레라에 감염된 인간의 배설물을 함유한 물의 흡수를 통해 인간의 장기臟器 속으로 섭취된다고 한다. 일정량의 배설물에 오염된 물을 함유한 조개, 가재, 굴, 딸기, 채소와 기타 식품 등을 먹는다거나 혹은 파리가 인간의 배설물이 든 감염된 음식을 섭취함으로써 잠재적인 환자의 신체 기관으로 비브리오 균이 흡수될 수도 있다. 또한 불완전하게 세탁된 환자의 옷을 입고 소매 끝을 입에다 대 환자의 땀을 섭취함으로써도 감염될 수 있다. 이외에도, 콜레라 균이 뿌려진 침대보 세탁에 사용된 치명적인 물방울을 부주의하게 흡수함으로 감염될 수도 있다.[8]

병의 원인을 밝히는 현대의 병인학적病因學的 이해를 통해 수많은 변수들이 정확히 밝혀진다. 하나의 변수는 콜레라가 연령 선택적이라는 점으로, 많은 환자가 대개는 인생의 절정기에 있는 성인 남녀들이었다. 또한 그들 중 다수는 생산직 노동자들이었으며, 어린 자녀를 둔 부모들이었다. 흥미로웠던 점은 다양한 사회 경제적 그룹 간의 사망률 차이였다. 천연두와 같이 가벼운 증세를 통해 주어지는(평생 동안 재감염을 막아 줄) 면역성과 유사한 장기간의 면역성이 전혀 주어지지 않는다는 점을 감안하면, 콜레라의 경우 드러나는 병세의 차이는 당사자의 전반적인 건강 상태에 달려 있었다. (예를 들어 신병으로 입대하는 병사들처럼) 튼튼하고 건강한 사람들의 위장과 내장에서는 콜레라 균을 퇴치하는 산과 알칼리가 분비되며, 이로 인해서 균에 노출되어도 숙주인 사람이 병에 걸리지는 않는 듯하다. 반면에, 균에 노출된 숙주가 기아 때처럼 굶주림으로 고통받고 내장에 많은 기생충을 갖게 되면, 그럴 경우엔 몸이 쇠약해지거나 심한 정신적 우울로 고통받게 되는데, 이는 보호 물질 분비 능력이 현저히 줄어들었기 때문이다.[9]

이러한 '마음의 상태'와 육체적 조건이란 문제에 대한 내 접근 방식을 명확히 해 두는 것이 중요하다. 현대의 콜레라의 패러다임은 정상적인 신체 반응을 촉발시키는 '세균학상의' 요인을 긍정적으로 가정한다. 나의 이해 방식의 근본은 이런 패러다임이 전체론(기관 전체가 부분의 동작을 결정한다는 생각 – 역자)적 통일성을 지닌 것이라는 간단한 원리에 입각해 있다. 일관된 전체로서의 패러다임이라 할 이런 기본적 진리를 감안하면, 코흐 이전의 잡동사니 지식을 끄집어내는 유서 깊은 휘그 당(17~18세기에 일어난 민권 당으로 토리Tory 당과 대립하여 19세기에 지금의 자유

Liberals 당이 된 정당 – 역자)식 관습을 따르는 것은 더 이상 정당하지 않게 여겨진다. 나아가 그런 잡동사니 지식의 일부가 새로운 코흐적 모델의 기본 요소들과 닮은 듯이 보인다는 점을 발견하면서, "아! 이러한 의학적 기수들이 드디어 제 궤도로 들어섰구나!" 하고 말하게 된다. 전반적인 휘그적 구도에 따르면, 각 세대가 이전 선배들의 기여를 토대로 해서 새로운 기여를 덧붙이는 식으로 의학 지식이 더욱 증대되는 것을 당연하게 여겼다는 점을 상기할 필요가 있다. 그러나 마이클 네베Michael Neve, 비비안 너튼Vivian Nutton 및 그 밖의 인물들이 최근에 보여 주었듯이, 이런 낡은 방법론은 실제 있는 그대로의 의학적 과거를 재창조하며 전진하는 데 더 이상 유용한 도구로 여겨지지 않는다.[10]

보다 유익한 접근 방식은, 내과 의사와 여타 보건 전문가들이 반드시 10년이나 15년 지나서 발견되는 정보를 기초로 하기보다는 정식 교육을 통해 배웠던 것에 일치해 행동해야 한다는 명확한 점을 인정하는 것이다. 실제적 견지에서 이 말은, 콜레라와 관련된 대부분의 19세기 발상들이 19세기의 뒤죽박죽된 갈렌적 지식에 토대를 두었음을 의미했다. 이런 지식은 두 가지 기본 요소로 이루어졌으니, 갈렌에게서 나온 발상과 이에 덧붙인 거창한 도덕적 교화의 이런저런 내용이 그것이다. 특정 저자의 태도에 따라 (영국 의회에 제출된 "인도의 '도덕적'이고 물질적인 '진보'"에 관한 연례 보고서에서 발견되는 종류의) 도덕적 의미가 직접적으로 갈렌적 요소들보다 더 중요한지가 쟁점으로 되는 경우가 많았다.

우리가 앞서 접했던 한 가지 핵심적인 갈렌의 개념은 우울증이나 의기소침으로 알려진 부자연스런 정신 상태였다. 우울과 그에 수반되는 행동 양식들은 당사자를 치명적인 질병에 걸리기 쉽게 만들거나, 그런 질병의 유력한 요인으로 간주되었다.[11] 그리하여 1887년에 전염병 콜레라가 번지는 동안 사망으로 이끌었던 요인들을 보고하면서, 인도 정부와 더불어 식민지 보건 위생 판무관의 특별 과학 고문은 '일상적 경험'은 두려움과 비통에 사로잡힌 '파멸적 행동'을 드러냈다고 증언했다. 마찬가지로

1898년 보고서를 작성하면서, 봄베이 보건 관리 와이어Weir 박사가 '희망적 기질'이 질병에는 '가장 비우호적'이라고 주장함으로써 과거의 관념에 대한 지속적 믿음을 드러냈다.[12]

또 다른 부자연스런 관념은 '환경'에 대해서였다. 물리적인 견지에서 무한정으로 유연한 '환경'이란, 공기 상태, 공기가 머금은 먼지의 양, 해당 지역 토양의 질, 해당 지역 수질, 그리고 물 표면 아래 수위뿐만 아니라 강수량을 조절하는 기상학적 현상, 바람의 방향 등으로 이루어졌다. 뉴턴의 가르침을 따라, 그리고 이에서 약간 떨어져 있는 (아리스토텔레스라는) 한 철학자의 가르침을 따라 이런 모든 비천연적 '환경' 요인들은 일련의 세세한 통계 수치 기록을 수고롭게 분석함으로써만 마침내 모습을 드러낼 순환적 양식에 적합하리라 생각되었다. 이러한 '과학적' 분석과 양식 결정의 최종적 결과를 통해, 질병의 위험이 실제로 전염병으로 구체화되기 이전에 조치를 취할 수 있으리라 생각되기도 했다. 인도에서 이러한 추리는 (1877년에도 여전히 대중 강연을 했던 에드윈 채드윅Edwin Chadwick이라는) 한때 영국 일반 보건 위원회의 영향력에 편승해 효과가 있었으니, 다년간 IMS(인도 의학 서비스)의 신념에 이론적 지주 역할을 했다. IMS의 신념을 단 한마디로 표현하면, 인도 각 지역에는 자체의 특징적인 질병 환경이 존재한다는 것이었다. 대륙에 버금가는 인도라는 곳이 그렇게나 맥을 못 추는 무서운 치명적 전염병의 원흉은, 오직 '지역적 요인'이었다.[13]

콜레라 균은 배나 철도 화차에 실린 채 운반되는 물탱크에서 여러 날 생존할 수 있다. 예를 들어, 아프가니스탄을 넘어 북쪽 러시아나 서쪽 페르시아와 이라크로 나아가는 수송을 담당한 낙타의 혹 안에 든 지방 속에서 콜레라 균이 2주까지 살 수 있다고 현재 알려져 있다. 앞서의 경로는 콜레라가 1820년대에 인도를 떠나 북쪽 지역으로 향했을 때의 이동 경로다. 가변적인 다양한 기간 동안 콜레라 균은 '전혀' 뚜렷한 증세를 보이지 않으면서, 콜레라에 감염된 배설물을 내놓는 인간 보균자의 장기 속에서 살 수 있다. 풍토성 콜레라가 발생하는 지역에 관한 현대적 연구를 통해 완벽한 건강 상태의 온갖 겉모습을 하고 있는 작은 수의 장기 보균자들만으로도 콜레라 존속에 충분하다는 사실이 밝혀진 바 있다.

현대적 지식에 의하면 콜레라의 움직임은 (도로와 보도 같은) 땅에 기반을 둔 인간의 동선을 따른다. 또한 콜레라는 인간의 배설물을 함유한 채 식수의 원천으로 활용될 수도 있는 물길을 따르기도 한다. 이런 수상한 수원水源에는 운하, 배수구, 강과 항구, 수관, 공중 펌프, 연못과 우물 등이 포함된다. 오늘날에는 비브리오 균이 비행기로 이송될 수 있음은 물론인데, 예를 들어 아르헨티나 정기 여객기에 의해 페루 근거지에서 미국으로 균이 옮겨갔던 1991년의 경우가 그랬다.[14] 존 스노에 의해 콜레라와 물의 관계에 대한 가설이 세워지고, 이어 1884년에 코흐의 현미경 테스트를 통해 효과적으로 확증되기 전에, 전염병이 충격적인 영향을 끼쳤던 것의 일부는 합리적으로 예측할 수 없는 전염 방식이었다. 1831년 말엽의 영국 북부 지역에서, 1832년 봄에 일드프랑스 주('프랑스의 섬'이란 뜻 – 역자)에서, 1834년에 카스티야에서, 조각보 이불 식의 패턴을 나타내며 거리를 따라 서너 집에 한 집꼴로 급습하고, 반 마일(0.8km)쯤 건너 뛰어 또 다른 거리를 타격한 뒤, 이어 대체로 인적이 드문 외딴곳으로 옛날 페스트의 창궐 시대에도 안전했던 마을에 전염병이 상륙했다고, 관찰자들은 말했다.[15]

그간 지역적 전염 패턴을 재구축하려는 몇 가지 연구가 이루어졌다. 프랑스의 경우, 1832년과 1848~1849년 동안 파리에서 태어난 유아를 돌보는 유모들이 수도에서 20~30킬로미터 반경 내의 마을로 콜레라를 옮겼음이 밝혀졌다. 반세기 지나 나폴리로 저 고통스런 질병을 옮겼던 것은 다름 아닌 콜레라가 발생한 프로방스 지방에서 온 도망자들이었다. 그 밖의 재구축된 감염 경로를 통해 1830년대 초엽의 제국주의화 과정이 진행되는 동안 프랑스 병사들이 알제리로 콜레라를 옮겼다는 사실이 밝혀졌다. 비슷하게 1853~1854년 러시아 짜르에 맞선 크리미아 전쟁에 참전하기 위해 프랑스 북부에서 모집된 병사들이 마르세이유와 흑해와 면한 곳까지 콜레라를 옮겼다. 얄궂게도 서양으로부터 전해진 이 치명적인 선물은 1347년에 페스트가 제노바 상선들에 실렸던 곳에서 멀지 않은 곳에 사는 민간인 사망으로 그 본색을 드러냈다. 한편 이 상선들은 나중에 콜레라를 현재의 이집트에 해당하는 맘루크 왕국으로 퍼뜨리기도 했다.[16]

후기 나폴레옹 시대의 교양 있는 유럽인들은 통계 수치의 중요성을 첨예하게 인식하고 있었지만, 콜레라 사망자가 드러내는 통계 수치의 세부 유형은 여전히 모호한 상태로 남아 있다. 사회적 오점을 초래하므로 질병으로 고통받는 사람들 수가 과소 보고되거나 과장되게 보고되었다.[17] 정확한 질병 규명이 여전히 미숙한 단계에 있었고, 콜레라가 보다 하류 사회 계층 출신의 세련되지 못하고 무모한 사람들을 특별히 과녁으로 삼는다고 여겨졌던 시대에, 전염병이 돌면서 그다지 뚜렷한 이유 없이 사망한 하류 계층 사람들은 누구나 콜레라로 사망했던 것으로 신빙성 있게 기록될 수 있었을 것이다. 좀 미심쩍은 사망의 경우, 콜레라 비브리오 균을 함유하고 있는지 확인하기 위해 사망자의 배설물을 현미경으로 검사(1884년 코흐 이전에는 이 기술이 실제로 알려져 있지 않았다.)하는 것 말고는 그 실질적 원인이 무엇인지 파악할 확실한 방법이 없었다.

만일 환자가 콜레라, 폐렴, 발진티푸스, 기아 중 어떤 요인으로 죽었는지가 거의 확실히 밝혀지던 콜레라 특별 병원으로 이송되지 않고 집에서 사망할 경우, 사망자들의 명예를 지키기 위해 수치의 왜곡은 비교적 쉬웠다. 가정에서 돌보는 경우, 이마에 차가운 압박붕대를 감고 전신에 기름과 분유를 문지르는 방법으로 정성어린 간호로 사망률이 떨어질 수도 있다. "열을 발생시키는 요인들"로 지목된 것을 제거하기 위해(표준으로 승인된 기법인) 콜레라 환자들에게서 출혈을 시켜야 한다고 목소리를 높이는 의사라 하더라도 환자에게서 충분히 떨어져 있어야만 한다는 점을 환자를 돌보는 사람들은 잘 알고 있었다. 왜냐하면 '그러한' 치료가 유발할 수 있는 위험성이 콜레라보다 훨씬 더 치명적일 수 있었기 때문이다. 가정에서 간호하는 또 다른 이점은 깊은 혼수상태를 죽음과 혼동할 가능성을 크게 줄여 주고 그와 더불어, 사랑하는 사람의 조기 매장의 가능성이나 고위층 자제인 의료 견습생들에게 경력을 시작하도록 설립된 영국의 새로운 해부 학교 중 한군데에서 조기에 해부될 가능성을 줄여 주었다는 점이다.[18]

1832년에 콜레라 환자의 죽음에 직면해 환자를 시체 수습 일꾼들의 처분에 맡겨둔 채 도망가 버린 가족 사례가 울버햄프턴 근처 빌스턴 지역과 덤프리스라는 스코틀랜드 경계에 소재한 마을에 기록되었다. 1인당 발병률을 기준으로 했을 때, 이 두 마을은 영국에서 최악으로 감염된 마을에 속했다. 유럽 대륙의 경우 1866년에 벨기에 주 룩셈부르크 지역에 산재한 마을과 도시에서 콜레라로 사망한 사람의 시체가 돌보는 사람 없이 개인적으로 고용된 시체 수습 일꾼들이나 굶주린 개들을 기다리며 널브러져 있었다.[19] 10년 뒤, 1877~1878년의 유행성 콜레라와 기근이 창궐하는 동안, 마드라스 통치 상황을 기술하던 한 위생 공무원은 "지역 공무원들이 아침에 말을 타고 지방을 순시하다 수많은 시체와 유골을 접하는 경우가 드물지 않았다."고 보고했다. 그리하여 개들을 비롯한 그 밖의 동물들이 배를 채웠음이 분명했다.[20]

콜레라로 인해 비참하게 죽거나 끔찍하게 시달리는 일은 질병으로 인해 인간이 겪을 수 있을 가장 소름 끼치는 경험 중 하나였다. 일상적인 일을 처리하던 다소 건강한 사람들이 머리에 쇠망치를 한 대 맞은 듯이 갑자기 충격을 받았다. 최초의 충격에 이어 구토 증세가 나타났고, 쌀뜨물 같은 대변을 한정 없이 배설했다. 탈수 현상이 위험한 지경에 이르렀을 때, 경련과 고통으로 몸부림치며 비명을 질러 댔다. 어쩌면 아침엔 젊고 매력적이었을지 몰라도 밤이 되자 환자들의 피부는 검푸르게 변하고, 두 눈은 퀭 했으며, 뼈드렁니에 몸이 완전히 오그라들어 버렸다. 더욱 최악이었던 것은, 환자들이 거의 마지막 순간까지 배설물로 더러워지고 탈수가 되어 버린 신체에서 벌어지는 끔찍한 일들을 감지할 수 있었으리라는 사실이다. 하지만 신체적 퇴화는 죽음으로 끝나지 않았다. 생명의 원기가 꺼져 버린 한 시간 정도가 지난 뒤에도 신체 중 다리와 팔이 계속해서 엎치락뒤치락 하는 통에 근처에서 배회하는 사람들은 환자가 아직 완전히 죽지 않았다는 희망을 지녔다. 이런 의혹이 정당화되는 경우도 간혹 있었다. 영국의 보통 사람들 사이에서 여전히 살아 있는데도 시체 수습 반원들이 사람을 끌어다 내놓을지 모른다는 두려움은 다음번에 누가 콜레라에 걸릴지에 대한 공포 말고는 아무것도 없을 정도였다. 환자들 사이에서 사망률은 평균 약 50퍼센트에 달했다. 살아남은 환자에게는 영구적 흉터 자국과 심각한 부상, 언어 장애 등이 흔했다.[21]

1857년까지 인도에서 발생한 콜레라

1891년 8월, 벵골 의료 서비스 외과 책임자인 톰슨, B. 레이크, G. 버크매스터 및 그 밖의 정부 위원회 위원들은 인도 사람들의 건강 상태를 측정할 때 지역별 콜레라 발병 수치에 주목하는 게 편리하다는 점을 발견했다고 보고했다. 그들은 다음과 같이 주장했다.

콜레라가 최악인 곳에서는 사람들의 위생 상태와 체력이 낮은 것으로 추정될 수 있을 것이다…… 콜레라는 10년 주기 사망률보다 한 지역의 건강과 부에 대한 더 나은 시금석으로 여겨질 수 있을지 모른다. 10년 주기 사망률이란 게 인도와 같은 거대한 나라에서는 언제나 잘 해야 불확실한 수치일 수밖에 없으며, 따라서 건강 상태의 기준으로는 아주 부적합하기 때문이다.[22]

공중 보건의 척도로서 콜레라 통계 수치를 이렇게 활용하는 것은, 교양 있는 영국인들이 인도를 서양의 주민을 직접적으로 위협하는 질병의 본고장으로 오랫동안 인식해 왔음을 반영했다. 1872년에 이런 점을 토로하면서, W. W. 헌터라는 정력적인 한 통계학자는 독자들에게 다음과 같은 점을 상기시켰다.

인간의 가장 치명적인 적수들 가운데 하나인 급성 위장염은 전 세계로 급속하게 퍼져나갈 태세가 되어 있으므로 많은 가정을 파괴하고 도시를 앗아가며 3개 대륙을 가로지르는 널따란 검은 길로 행진 대열을 이끌 것이다. …… 그리하여 비엔나, 런던 혹은 워싱턴에 사는 우리 시대의 가장 재능 있고 가장 잘 생긴 사람들 수천 명을 때려눕힐 것이다.[23]

그런데 헌터가 깨달았어야 했는데도 그러지 못했던 점은, 이런 종류의 주장이 심각한 정치적 함축을 지녔다는 사실이었다. 그리하여 1887년에 비엔나에서 열린 '국제 위생 회의'에서 영국 이외 대부분의 나라 대표단들은 인도에 토대를 둔 콜레라가 서방에 대한 지속적인 위협이라고 전적으로 확신했다. 그러나 영국이 세계 제일의 해군력을 지닌 나라라는 점을 감안해 위생 회의는 봄베이와 캘커타 및 악명 높은 인도의 콜레라에 감염된 여타 지역을 출발하는 모든 배들에 대해 엄격한 검역을 채택하도록 영국에게 강요할 입장에 있지는 못했다.[24]

부분적으로는 캘커타의 급등하는 인구 성장(1820년 무렵, 35만 명으로 대영 제국 내에서 두 번째로 가장 커다란 도시 지역임)에 가려, 제1차 세계 대전 후까지 인도는 '거의 인구 정체에 가까운 상태'로 특징지어졌다. 1891～1901년 동안과 1911～1921년 동안의 각 10년 기간에 (봄베이를 포함해) 중서부 지역에서 인구가 실제로 감소했다. 영국이 1857년의 '세포이의 항쟁' 뒤에 세포이 병사들 대부분을 충원하곤 했던 펀잡을 포함한 북부 지역에서 1891～1901년의 10년 동안 신생아 중 남아의 평균 수명 기대치는 17.5세였고 여아의 경우는 23.1세였다. 1911～1921년의 10년 동안, 여아의 기대 수명은 20.3세로 떨어졌다. 1891년에 인도에는 대략 1

억 5,000만 명의 인구가 있었다. 최근 추정에 따르면, 제1대 콘윌리스 후작이 총독의 자리에 오르기 위해 1786년에 도착했을 때, 당시 인도 인구는 100년 뒤의 인구보다 수백만 명이 '더 많았다.'[25]

어떻게 이런 일이 벌어졌는지를 인식하기 위해, 우리는 관점의 혁신으로부터 시작할 수 있을 텐데, 특히 제레미 벤담의 책략적인 젊은 추종자로 입이 사나운 제임스 밀(James Mill: 1773~1836)이 도입했던 관점으로부터 시작할 수 있다. 스코틀랜드의 한 마을에서 태어나 에딘버러 대학교에서 교육받았던 제임스 밀한테 인도에 관한 철학적 역사서의 결정판을 써야겠다는 발상이 떠올랐다. 일단 집필이 끝난 『인도사*History of India*』를 계기로 그는 동인도 회사의 비서로서 평생의 직함을 얻었는데, 그의 유명한 아들 존 스튜어트 밀이 이 자리를 승계했다. 『인도사』의 주된 테마는 인도 사회가 과거 먼 고대 이래로 변화되지 않은 채 존속되었다는 점이다. 모든 동인도 회사 직원들과 인도로 출국하는 나중의 영국 정부 고용인들의 필독서로 이바지하면서, 바로 이 책이야말로 인도에서 기록된 공식 보고서들에 "태곳적부터 유래하는 관습"이라는 구절이 그렇게나 자주 사용되었던 의심할 바 없는 진원지였다. 일반 정책으로 전환되면서 이러한 표현 방식은, 인도인들 스스로가 지적으로 최면 상태에 빠져 있고 제멋대로라서, 정복자 영국만이 제공할 수 있을 도덕적 자양분을 공급받을 긴급한 필요성에 처해 있음을 의미했다.[26]

콜레라가 창궐했을 때 필요로 될 수도 있을 영국이 취한 조치의 유형과 관련해, 밀에 입각한 개념은 어떠한 조치도 취하지 않는 것을 정당화시키는 데 이바지했다. 이와 관련된 전제는, 인도 마을에서 사람들은 더러우며 더러운 것을 선호하고 아득한 옛날부터 쭉 더러운 상태였다는 것이다. 벵골 보건 공무원 J. M. 코에츠 박사가 1877년에 표현한 대로, "(인도 국민들 전체는) 깨끗한 공기와 물의 가치를 믿지 않고…… 조상적 습관으로 사는 데 만족하며, 만일 고통받다 죽게 되면 그런 우발적 상황을 운명 탓으로 돌린다."[27]

인도로부터 (제임스 밀과 J. S. 밀을 따라) 자체의 역사를 앗아 가는 데서 영국이 수행한 역할과, 단순히 지역적 질병으로 벵골 특유의 질병에 불과했던 것을 인도 전역에 걸친 만성적인 질병으로 변화시킨 과정을 객관적으로 이해하기 위해 영국이 정복하기 이전 인도와 정복 이후 인도에 관한 실제 역사의 개요를 파악하는 것이 유용하다. 지난 15년에 걸쳐 인도와 영국의 수정주의적 역사가들에 의해 재구축되었듯이, 영국 지배 이전의 17세기와 18세기 인도는 당시 유럽에서 진행되고 있는 개발 과정과 상관없이 온전하게 상업화된 사회를 향해 잘 나아가고 있었다.[28] 동쪽으로 북부 인도로부터, 서쪽으로 홍해와 이집트에 이르는 거대한 무역망의 지렛목에 위치해 인도의 해외 무역 회사들은 자기들만의 목적에 알맞은 대양으로 나아갈 선박을 건조하거나 소유했고, 약속어음과 같은 복잡한 재정적 수단을 활용했다. 서방에 알려진 온갖 종류의 제품에 수백 가지 기본 상품과 사치품을 거대한 소 떼 호송을 통해 대륙 구석구석까지 수송하는 훌륭한 국내 제품 교역망이 존재했다. 서쪽 해안에는 이 지역을 세계 최대 작업장들 중 하나로 만들었던 다목적용의 섬세하게 짜여진 천을 생산하는 공방이 수천 개 있었다.[29]

인도의 사회적 서열의 중심이면서 1740년경 여전히 급속한 상업화에 의해 야기된 변화들에 영향 받지 않은 인도의 지주나 상인들은 재산을 모으는 궁극적 이유가 그 재산을 사회적으로 가치 있는 대의를 위해 재순환시키는 것이라는 관념이었다. 이런 이타적 충동에 자극받아 상인과 은행가, 정부관리 및 우리가 '현대적'이라 여기곤 하는 그 밖의 사람들 모두가 사회적 서비스 설비 유지에 기여했다. 여기엔 사원 단지temple complexes도 포함되었는데 사원 단지는 훈련 대학, 도서관, 대로변의 샘물, 여행자를 위한 숙박소, 그리고 마드라스 근방의 남부 지방에 건기 동안 관개를 위한 수백 개의 물탱크 우물에 투자했다. 더욱이 기근이 들었을 때 대지주들이 기본 식량 교역상들의 탐욕스런 충동을 억제하고, 식량이 기근 이전 가격으로 가난한 사람들에게 분배되도록 하기 위한 확실한 조치가 취해져야 한다는 관습이 효력을 발휘했다. 이런 관습의 효과는 가난한 이들로 하여금 헛되이 식량을 찾아 대도시로 뛰어들게 하기보다는 태어난 마을이나 그 근처에 머물도록 격려하는 것으로 나타났다. 우리는 영국인들에 의한 정책의 폐기가 공중 보건에 끼친 영향을 평가할 기회를 나중에 갖게 될 것이다.[30]

영국이 지배하기 이전 시기, 다시 말해 카스트 관념이 고착화되기 전 사회의 계층화는 다양성을 크게 드러냈다. 지리적·사회적 유동성은 세습적 신분에 내포된 경직되고 고착된 관념과 대립했으며, 직업이 아버지로부터 아들에게로 세습되는 경향성과도 대립했다. 벵골과 남부 인도에서 스스로를 힌두교도로 인식하는 사람들 사이에는 젊은 시절의 정열에 싫증을 내며 고대 산스크리트 경전을 다시 베껴 쓰고 공부하느라 시간을 보내는 수천 명의 나이든 학자들(브라만들)이 있었다. 이슬람 세계에서 그들에 필적하는 사람들은 성스러운 아랍 저술들을 공부하느라 나날을 보내는 늙어 가는 학자들이었다. 이 두 지성적 엘리트 계급은 순수와 오염에 관련된 어떤 개념이 행동의 적합성을 확립하는지에 대한 확고한 사상을 지니고 있었다. 불행히도 영국의 동양학자들(동양 문화를 공부하는 학생들)은 이처럼 조리가 제대로 서지 않고 난해한 이상이 사회에 전체적 규범으로 작용했다고 아주 그릇되게 생각했다.[31]

영국 지배 이전 시절, 얼마간 정착 생활을 하는 보통 시골 사람들과 서부 지역 및 북쪽 먼 곳에서 얼마간 유목 생활을 하는 부족들에게는 실제 이런 엘리트 계급의 사상이 알려져 있지 않았다. 이들의 일상생활을 규제했던 것은 이런 사상이 아니라 각 집단의 지역적 관습이었다. 위기의 시절에 명문화되지 않은 관습을 통해 특별한 형태의 행동과 희생 제물로 해당 지역 신격神格의 비위를 맞춤으로써, 공동체가 하나의 도덕적 통합체로서 결속되어야 할 필요성이 있었다. 그러나 (수백 개를 헤아릴 수도 있을) 인도의 사회적 집단화의 엄청난 다양성 때문에 한두 가지 지역적 사례들로부터 일반화하려는 인류학과 유사한 식의 접근 방식은 인도의 현실을 희화화할 위험이 있다. 식민 권력 지배하에 콜레라가 창궐하던 시절, 모든 인도인들이 신분이 낮은 '타자'라고 가정하는 관습으로 인해 막심한 피해가 초래되었다.

(1530년에 사망한 바부르Babur의 후손들인) 무갈 황제들이 영국 지배 이전의 인도를 통치했다. 무갈 통치자들은 서양 무역상을 다량의 유용한 은 이외에는 인도인이 원할 만한 것을 하나도 갖추지 못한 성가시기만 한, 특허권을 침해하는 무면허 상인으로 간주했다. 그러나 17세기 말엽에 무갈 권력이 쇠퇴하기 시작했고, 작으면서 **효율적으로** 조직된 (하이다르 알리와 티푸 술탄이 지배하는 마라다스 연방과 미소어 따위의) 지역화된 나라들을 건설하기 위해 서로 싸우는 왕자들이 출현했다. 이로 인해 (상당량이 원래 아메리카로부터 온) 서양의 은이 지역의 권력 균형을 결정짓는 데 더욱 더 중요한 역할을 하게 되었다. 대포류와 그 밖의 현대전에 필수적인 것들을 제조하는 인도와 페르시아 혹은 터키 장인뿐만 아니라 용병에게 지불하기 위해 은이 필요했기 때문이다. 현대의 탱크에 상응하는 것으로 전투에서 활용되는 수만 마리 코끼리들을 다루는 사육사들과 대륙 전체에 걸친 식량 공급 체계에 활용되는 화물 운반 소 떼의 소유주에게 돈을 지불하는 데도 은이 필요했다.

1765년 전까지 영국은 돈을 써서 인도로 들어가기 위해 신세계의 순금에 거의 전적으로 의존했다(바로 이 금을 얻기 위해 천연두가 창궐하는 멕시코와 페루에서 토착 광부들이 일하다 병들어 죽었다). 수입되는 은은 영국 무역상들이 바다를 통해 중국이나 남동 아시아나 이집트로 항해하는 무역상들과의 상품 교역에서, 인도 수라트와 같은 거대 항구의 인도나 중동 경쟁자들이 부과하는 가격보다 더 낮출 수 있도록 무역상들에게 보조금을 지급하는 데 사용되었다. 이런 과정은 일단 진행되면 빠르게 진척되었는데 1750년 무렵, 수라트에서 토착 무역업은 심각한 퇴조로 곤두박질치고 있었다. 1820년 무렵, 수라트의 토착 무역은 해안 바로 아래쪽 봄베이의 영국 통제하의 시장으로 완전히 대체되었다.

신세계의 금은 또한 1798년 무렵에 세계에서 가장 대규모 육군 가운데 하나였던 영국 장교의 지휘하의 세포이 군대를 조직하기 위해 쓰이기도 했다. 병사들은 비하르와 그 밖의 북부 인도 각지에서 충원되었다. 영국은 그들에게 인도의 왕자급 고용주보다는 조금 더 많은 봉급을 정기적으로 지불하기 위해 특별한 주의를 기울였다.[32]

서부 중앙 인도 출신의 마라타 기병대는 중앙 집권화 된 무갈 세력을 붕괴시키는 데 기여하면서 1742년과 1751년 사이, 무갈 벵골의 심장부로 깊숙이 진격하여 마을에서 농사짓는 주민들을 내쫓았고 벵골의 곡물과 쌀을 남쪽 타밀 지역으로 운송하는 통로를 완전히 궤멸시켰다. 1757년, 이런 총체적 혼란을 더욱 부채질한 것은 동인도 회사 군대 사령관 로버트 클라이브의 벵골 정복이었다. 옛날 제국주의 로마의 정복자처럼 클라이브는 플라시에서 승리를 거둔 후에 지역 세금 징수원들에게 총 세입수를 제출하도록 압력을 가했다. 1765년 동인도 회사는 정식으로 벵골, 비하르, 오리사 지역의 징세권diwani을 차지했다.[33]

가뭄이 들면서 1769~1770년 대기근이 초래돼 대략 벵골 인구 4분의 1인 1천만 명이 사망했던 1769년의 일반적 상황은 해당 지역에 근무했던 한 네덜란드 해군 제독에 의하면 다음과 같다.

이 기근은 부분적으로 전년도의 악화된 쌀 작황 때문이었다. 하지만 이 기근은 주로 영국인들이 마지막 쌀 한 톨에까지 지녔던 독점권에 기인했으니, 영국인들은 너무도 높은 가격을 책정해 대부분의 불행한 주민들은……목숨 연명을 위해 필요로 하는 것의 10분의 1도 사기 힘겨운 상태에 처했다.…… 이런 고난에다 천연두까지 가세했다. 이 천연두는 모든 세대의 사람들 사이로 확산되어 엄청나게 많은 이들이 사망했다.[34]

그리하여 영국인들은 인도에서 보낸 190년 세월의 처음부터 마지막 체류 때까지 추구하게 될 폭력과 위협 및 강압을 통해 통치 양식을 확립

했다.[35]

인도 대륙 전체를 뒤덮은 전염성 콜레라는 맨 먼저 1817년에 등장한 듯한데, 벵골의 제쇼르에서 시작되어 나중에 해가 바뀔 무렵 (헤이스팅스의 후작 모이라 경이 이끌었고, 실직 상태의 돌아다니는 용병 떼거리로 이루어진 동맹한 마라타스 세력과 핀다리스 세력에 맞섰던) 중부 인도의 동인도 회사 군대 내로 퍼졌다.[36] 11월 13일 헤이스팅스는 일기에다 다음과 같이 기록했다.

캠프 탈공Talgong. 캘커타와 남부 지방에서 그렇게나 참혹한 피해를 야기해 왔던 저 무시무시한 전염병이 캠프 내에 출현했다. 이는 급성 위장염으로, 병에 걸렸다는 사전 자각 증세를 전혀 느끼지 못하게 만들면서 개인을 덮치는 듯하다. 만일 즉각적인 구제가 이루어지지 않는다면, 감염자는 4~5시간 내에 확실히 사망한다.

이틀 뒤 헤이스팅스 일기에는 다음과 같이 쓰여 있다. "(포후지 강을 건너는) 행군은 이 끔찍한 질병의 갑작스런 침습으로 인해 쓰러진 불쌍한 피조물들로 인해 참담했다.…… 어제 일몰 이후 500명이 사망했다."[37] 전 인도로 퍼진 이 전염병에 관해 쓰면서 세계 보건 기구의 한 역사학자는 전염병에 앞서 기근이 휩쓸었음에 주목했다. "1815년 그리고 더더구나 1817년은 재난을 초래한 홍수와 흉작이 뒤따른 엄청난 폭우가 두드러졌던 해였다."[38]

(콜레라가 대영 제국과 프랑스로 옮겨 가기 전에 인도에서 벗어나 짜르 통치하의 러시아와 합스부르크 지역을 강타하기 4년 전인) 1825년, 인도에서 25년간 봉직했던 영국 의사 앤슬리Annesley 박사는 런던의 친구들한테 "힌두인의 저술을 잘 알고 있는 사람들"을 통해 콜레라 역사에 관해 자신이 알아냈던 사실을 편지로 전달했다. 편지에서 앤슬리가 내린 결론은 이러했다. "과거에 널리 확산된 전염병으로서 콜레라가 인도에 만연되었다

는 '어떠한 증거도 없다." 그는 1817년 이전의 다양한 해들에 인도 항구의 포르투갈과 프랑스 및 영국 무역상들이 콜레라와 같은 질병의 발생을 알렸음을 알았지만, 앤슬리는 사실상 당시 아시아 거의 대부분을 휩쓸며 미쳐 날뛰고 있는 콜레라가 새로운 현상이라고 말했다.[39]

그러나 영국으로 돌아가 헤일리 베리에 새로이 설립된 동인도 회사 칼리지에서 제임스 밀이 1817년에 출간한 『인도사』를 통해 훈련받는 젊은 세대의 동인도 회사 사무원들은 인도가 태곳적부터 육체적으로나 도덕적으로 타락했었다고 배웠다. 이렇게 강력하게 고착된 관점에 직면하면서 "널리 확산되고 있는 전염성" 콜레라가 새로운 현상이라는 앤슬리의 지각 있는 제안은 무시되었다. 그런 제안을 대신한 것은 전염성 콜레라가 '언제나' 인도 전역을 통해 흔했으리라는 가정이었다. 1817년 이전에는 백인들이 인도에 거주하지 않아 그런 사실을 기록할 수 없었음에도 불구하고 그러했다.[40]

우리가 살펴봤듯이 코흐적 이해의 견지에서 보면, 실질적 질병으로서 콜레라는 정신적으로 우울한 사람들 사이에 가장 기승을 부린다. 왜냐하면 그들의 생활 세계가 파괴되었거나, 그들이 육체적으로 영양실조이거나, 기근으로 고통받고 있었기 때문이다. 이런 필요조건들은 1817년의 주요 전염병의 전前 단계에 완전하게 충족되었다. 정신적 우울증을 일으켰던 사람 중 지도적 인사로는 초대 총독 콘월리스 후작과 그의 동료 및 그들의 차기 후임자들이 포함되었다. 이런 "소위 진정한 영국인들은" 고향 땅에서 농민들을 내몬 엔클로저와 엄청나게 비싼 지대 부과 및 대량 축출과 같은 방법으로 낮은 사회 계층에 속하는 시골 사람들의 관습적 권리를 파괴함으로써, 이들을 비참한 처지에 빠트리는 '농업 애국주의'를 활용하던 영국, 아일랜드 또는 스코틀랜드 가문에서 성장했다. 인도라는 기묘한 외국 땅과 맞닥뜨리자 이들 소위 진정한 영국인들은 인도에서도 역시 공동체적 양식을 파괴하는 데 전혀 양심의 가책을 느끼지 않았다.[41]

『국가 전기 사전』(*Dictionary of National Biography*)에 기술된 것처럼 "놀라운 천재성을 지닌 사람"은 아니었던, 옛 이튼 학교 출신 찰스 콘월리스 인도 총독은 1786년 이후 인도 사회의 파괴를 촉진시켰다. 인도에 부임한 직후, 그는 로버트 클라이브 동료들의 무절제한 성생활의 결과인 영국인과 인도인 사이에 난 혼혈아들의 동인도 회사 고용을 금지함으로써 서구적 도덕관념을 강요했다. 그리하여 장교 계층 출신 동인도 회사 사무원 아내들이 1820년대 들어 신분을 밝히고 자기 남편과 결합되기 이전, 영국인과 백성들 사이의 관계는 영국인들 편에서 신중하게 꾸민 인종적 분리주의가 특징을 이루었다. 영국 정복자들과 협력하고 영국인 방식을 배울 태세가 되었던 자질을 갖춘 인도인들에게 이런 정책은 의지를 꺾는 처사였다.[42]

영국인 장교들은 평범한 영국 회사의 병사들을 감옥의 쓰레기에 불과한 것(1817년에 헤이스팅스는 그들을 '피조물'로 명명했다.)으로 여겼기 때문에 그들은 그런 부류들더러 여전히 인도의 매춘부들을 통해 성적 욕망을 충족시키도록 허락했다. 영국 군대가 자리를 옮길 때마다 콜레라로 죽지 않으려고 다시 자기네 마을로 돌아가면서 몸에 콜레라균을 지니고 들어갈, 엄청난 집단의 비전투 종군인들이 뒤를 따랐다. 1817~1823년 사이 인도 전역에 전염병이 퍼진 기간 동안 이 상황에 대해 다음과 같은 견해가 제시되었다.

이곳에서 저곳으로 떠도는 핀다로스 같은 음유 시인들과 영국 군대, 그리고 그들을 뒤따르는 엄청난 무리를 이룬 비전투 종군인들이야말로, 물질적으로 전염병을 확산시키고 온존시키는 데 일조하였으니, 이런 이동이 계속되는 한 전염병은 지속되었다.[43]

특별히 인도 사회 구조의 결에 깊숙이 생채기를 냈던 것은 콘월리스의 '영구 토지 정착령'과 그와 관련된 1793년의 개혁 입법이었다. 이로부터 생겨난 계층이 새로운 종류의 자민다르(zamindar:토지 소유자)였다. 이들은 토지를 몰수당하지 않기 위해 '자기들의' 토지에 대해 세금을 내야 했다. 콘월리스 이전의 자민다르는 아무런 소유권도 지니지 않았고, 그저 명문화된 토지에 대한 세금 징수원으로서 무갈 제국에 복무했을 뿐이다. 그런데 새로운 종류의 자민다르를 창출함으로써 콘월리스는 관습적 사용권 파괴와 임금 노동을 통상적인 시골 양식으로 확립하는 정책을 강행하면서, 영국의 서포크나 켄트 지역 신사 계급(귀족 계급 다음가는 영국의 계급 - 역자)이 지닌 능력과 똑같은 능력으로 이바지하게 될 부류의 사람들을 창출해 냈다. 최종적으로 이전에는 아무도 권리를 지니지 않았던 토지에 대한 법적으로 강제력을 지닌 권리를 창출해 내는 이런 정책을 통해, 힌두 거물들이 상당히 무너졌고 토지를 팔지 않을 수 없었던 이들은 새로운 힌두 협력자 바드라록(새로이 형성된 중산층 - 역자)으로 대체되었다. 1820년대 무렵, 이로부터 소유적 개인주의라는 갑작스럽게 유행한 영국적 이데올로기에 추동된 '바드라록' 부재지주 '불로 소득 생활자'들이 생겨났다. 이들 '새로운 계층들'은 부가 지닌 합당한 목적이 사회적 개선책들(병원, 학교, 노변의 샘물)의 촉진이라는 점을 망각했다. 기근이 닥쳤을 때 이런 부류의 사람들은 (생명 자체를 좌우하는 상품인) 곡물이 '부족한 지역으로부터' 보다 높은 가격을 지불할 '다른 지역 쪽으로' 곡물을 판매해도 영국인들이 통제하지 않음으로써 불편을 당하지 않을 터였다.[44]

콘월리스의 토지세와 자민다르 정책은 인도의 사회적 구성과 생태의 대규모 변화를 초래한 유일한 원인이었다. 콘월리스가 1793년에 도입한 법 조항의 관점에 따라 천을 짜는 모든 이와 장인들은 동인도 회사와 계약관계를 맺었으며, 독립적인 상인 공급이 금지되었다. 영국인 세금 징수원들에 의해 세금을 완납하도록 괴롭힘을 당하고, 독점적인 동인도 회사에 의해 기아 임금 이하의 임금을 지불받게 되면서 수백 명의 실 잣는 사람과 천 짜는 사람들은 일을 그만두고 고향 마을로 도망가 찢어지게 가난한 최하층민으로 전락했다. 역사가 J. E. 윌스에 따르면 1790년대 후반 무렵에 섬세한 인도 무명천의 품질과 수량은 눈에 띌 정도로 악화되었다.[45]

4반세기 뒤의 상황에 대해 쓴 글에서, 프랑스 동양학자 아베 뒤부아 Abbé Dubois는 유럽이 '태곳적부터' 섬세한 천을 인도에 의존해 왔지만, 현재는 인도인들이 영국의 선진적 방적 기술의 희생자인 잉여 노동자로 전락해 버렸다는 견해를 피력했다. 그는 계속해서 다음과 같이 말했다.

> 면직업 붕괴로 말미암아 간접적으로…… 자금 회전이 중단되었고, 경작자들은 더 이상 제조업자들이 자기네 잉여 곡물을 사주리라 기대할 수 없다. …… 이로 인해 경작자들은 곡물을 제조업자들에게 양도해 버려야 할 절박한 필요에 직면했고, 이어 무자비한 고리대금업자들의 먹잇감이 되었다.[46]

콘월리스를 계승한 이는 옛 이튼 학교 출신 웨슬리 후작 리처드였다. 후작과 그의 형제들인 헨리와 (나중에 웰링턴 공작이 된) 아서는 윌리엄 존스, H. T. 콜브룩의 설득으로 지나치게 넓은 무갈 제국을 대체할 소규모 계승 국가를 건설하려는 인도 왕자들의 다툼으로 인해 인도 '고대 헌법'이 악용되고 있다고 확신하게 되었다. 이런 '고대 헌법'이 브라만들이 급조한 신화적 작품이었다 해서 서양의 동양학자들에게 이 헌법이 지니는 영국 정복의 합리적 근거로서의 효율성은 전혀 감소되지 않았다.[47] 인도의 '고대 헌법'에 의존하고 제국주의 로마의 "유익한 테러"의 선례들에 관한 공립학교 가르침에 의거해 웨슬리 형제들은 분리주의적 인도 왕자들과 전쟁을 치러 승리한 뒤, 냉혹하게 왕자들의 지휘관들을 살해했다.[48]

1789년 프랑스 혁명 주역들이 인도로 침투해 (겉으론 범죄 집단처럼 보임으로써) 반란군과 동맹하여 영국의 재정적·군사적 정권을 전복시킬지 모른다는 두려움 때문에 웨슬리 형제의 절박감은 더욱 강화되었다. 마이소르의 티푸 술탄이 자유의 나무(Liberty Tree:독립 전 미국이 영국에 대항하여 싸우기 위해 병사들이 집결하던 장소에 심은 느릅나무에서 유래 – 역자)를 심고 자기 친구들을 시민 X나 시민 Y로 부름으로써 이런 두려움에 일조했던 것은 현명치 못한 처사였다. 이런 처신으로 인해 술탄은 웨슬리 군대의 전면적 무력을 불러들였고, 결국 전투에서 패배해 (1799년에) 불명예스럽게 사망했다. 이렇게 대단원의 막이 내리기 전에 마이소르의 통치자들은 (자기들의 지역 국가를 위해) 정책 선례들을 확립했으니, 영국인들이 대체로 인도에서 곧 시행하게 될 많은 정책을 예감케 하는 것이었다. 요컨대, 왕자가 다스리는 마이소르의 정책은 경작자들이 관료제적 감독하에서 세금을 내고, 재판을 받고, 그 밖의 방식으로 관리될 수 있도록 그들을 강제로 정착시킴으로써 지역 국가의 모든 하중을 경작자들한테 지우는 것이었다.[49] 영국의 정복으로 강요된 시간적 제약 때문에 하이더 알리와 티푸 술탄이 대체로 실현하지 못했던 현대화 계획은 영국인들에게 이익을 창출해 낼 확실한 지침을 제공했다. 그런데 이는 잔인한 우연의 일치를 통해 콜레라 균이 더욱 기승을 부리게 하는 역할로 작용했다.

클라이브와 하이다르 알리가 무대에 등장했을 때 존재했던, 대체로 콜레라로부터 자유로운 오래된 각각의 정착지는 우두머리이자 분쟁의 심판자이며 공동체의 토지에 대한 사용권의 분배자인 (그러나 그는 전혀 소유권을 요구하지 못함) 전사戰士의 지휘 아래 지리적으로 유동적인 공동체였다. 실로 대부분의 인도에서, 마을 생활이란 정해진 장소와 몇 동의 건물로 이루어졌다기보다는 사람들과 관습을 토대로 이루어졌다.

시골 현실을 더욱더 복잡하게 뒤얽히게 했던 것은 1817년 무렵 잠재적 자원의 기반과 비교해 인도에 여전히 인구가 희소했고 상당한 땅이 숲으로 덮여 있었다는 점이었다. 특히 중부 지역 데칸 고원에는 사람들이 마음대로 움직여 다닐 수 있는, 주민이 드문드문 분포한 거대한 지역이 있었다. 이런 식으로 토지가 이용되는 상황에서 비옥한 토지는 지력地力을 잃어버릴 때까지 경작될 터였고 이어 마을 사람들은 다른 어딘가로 이주하곤 했으며, 나중에 두서넛 세대가 지나 다시 그 땅을 개척하러 되돌아갔다. 땅에 대한 이런 태도를 지녔으므로 만일 비가 오지 않거나 질병이 위협할 경우, 마을 사람들은 보다 살기 좋은 곳으로 옮겨가곤 했다.[50] 이런 유연성은 의심할 바 없이 영국이 지배하기 이전 시절에 전염성 콜레라와 천연두가 인도 대륙 전역으로까지 퍼지지 않았던 이유를 대체로 해명해 준다.

다소 유동적인 농업 인구에 더해, 인도에는 대규모 방랑하는 목축민과 부족들이 있었다. 부족의 한 개인은 살아가면서 여러 직업에 종사할 수 있었던 듯한데 용병, 구두 수선공, 장사꾼, 치료사, 혹은 기회가 주어지는 그 밖의 모든 영역에서 일했다. 부족들은 가장 더운 여러 달 동안 서부 인도(가트Ghats)의 언덕이나 아프가니스탄과 히말라야 산맥을 향한 북부의 고원과 산들에 근거지를 두었다가, 서늘해지면 저지대로 이주했다. 저지대에서는 온갖 종류의 물건이 (얼마간은 화폐가 주조되어 통용되는) 보통의 부족들 사이에서(일부는 정직하게 구입되고 일부는 훔치는 식으로) 유통되었다. 부족들은 또한 목초지와 말과 소들의 사육에도 신경을 썼다. 이를 통해, 인도 대륙 전체에 걸쳐 정착한 마을 사람들에게 출산, 결혼 등 통과의례에 필요한 주된 부의 형태인 가축 떼가 제공되었다.[51]

정착 부족, 준準 정착 부족, 떠도는 부족들 모두가 어떻게든 이겨 내야 하는 거센 자연적 환경 속에서 익숙해진 역할을 수행했던 생활 세계의 복합체 속으로 영국의 군수 물자와 재정 상황이 급작스럽게 도입되었다. 하이다르 알리와 티푸 술탄이 남긴 선례를 토대로 영국은 인도인들을 정해진 마을 부지에 영구 정착하도록 강제하였으니, 이를 통해 그들이 정기적으로 세금을 내고 통치를 받게 만들려는 심산이었다. 영국이 편 강제 정착과 화폐 경제 정책의 직접적 결과로 수십만 명이 삶의 의욕을 잃고 배고픔에 쇠약해져 몸을 망가뜨렸다. 그리하여 이들의 내장은 비상시에 콜레라 균과 맞서 싸우기 위해 필요한 산과 알칼리를 생산해 낼 수 없는 듯이 보였다.

일찍부터 제국주의화하고 있던 19세기 영국인들이 남부 인도에서 료트와리ryotwari 제도(수입에 기초해 각각의 농민을 개별적으로 평가하는 제도-역자)로 견지되는 소작지를 창출할 때 고려하지 못했던 점은, 그런 정책을 통해 급속하게 경작되는 '기준 이하의' 토지 규모가 엄청나게 증대되는 결과였다. 정부 통계학자 W. W. 헌터Hunter와 비슷한 부류의 사람들은 이런 결과를 우려하기보다는 경작지의 증대(1853년 이후 24년 동안 66퍼센트가 증대됨)가 문명화를 이룩하는 영국이 지닌 힘의 증거라며 찬양했다.[52] 그러나 현실은 판이하게 달랐다. 료트(ryot: 농민)들이 변두리 토지에 보다 크게 의존함에 따라 그들 또한 납세 만기가 되었을 때 어려움을 피하려고 고리대금업자들에게 더욱 의존하게 되었다. 비가 오지 않거나 반대로 엄청나게 비가 와서 농작물이 피해를 입을 경우, 고리대금업자와의 약정은 채무 불이행과 몰수로 이어졌고, 그로 인해 예상할 수 있는 결과는 기근과 (만일 비브리오가 어쩌다 근처에 있었다면) 유행성 콜레라의 창궐이었다.

콜레라의 기원에 대한 나름의 인식 속에서 인도의 마을 사람들 가운데는 (어떤 한 마을에 전형적으로 나타난 경우는 없었어도) 영국인의 도래와 재난을 초래하는 살인적 질병을 연관 지을 수 있던 이들이 존재했다. 봄베이 주변 지역에 관해 쓰면서 퇴역한 공무원 E. E. 엔토벤Enthoven은 다음과 같이 전했다.

고대에는 콜레라가 비크라마Vikrama 왕에 의해 정복되어 땅속에 매장되었다는 널리 퍼진 구전 설화가 있다. 옛날, 보물이 숨겨져 있으리라는 믿음에서 영국인들이 그 매장지를 발굴하는 바람에 콜레라가 풀려나 버렸다. 많은 병사들이 희생된 끝에, 마침내 질병의 신을 달래려고 방기(Bhangi:불가촉천민)들을 제물로 바쳤다.[53]

엔토벤의 말은 네 가지 생각의 발단이 된다. 첫째로, 대중들 마음속에서 금에 대한 영국의 탐욕과 콜레라의 출현간의 연관성이다. 둘째로, 병사들이 특히 콜레라에 걸리기 쉽다는 점이다. (구전 전통에서 반드시 기억되어야 할 우주적 중요성을 지닌 사건인) 1857~1858년의 대반란의 해에 반란이 일어난 지역들에서 세포이 병사나 영국 병사 10명 중 1명이 사망했다. 이 사망자 가운데 단지 1,000명당 4.3명만이 군사 작전에 의한 것이라 할 수 있고, 나머지 거의 전부는 콜레라를 필두로 한 질병 때문이었다.[54]

세 번째로 엔토벤에게 떠올랐던 생각은, 통제력을 지닌 질병의 여신이 이 질병을 퍼뜨리며, 이 여신은 기꺼이 인간과의 협상에 참여하여 인간이 바치는 공물에 만족할 때는 실제로 질병을 거두어 간다는 (자주 보고되는) 인도 마을 사람들의 생각과 연관된다. 영국인들은 이런 생각을 비웃었고 무지한 유색인들의 미신 가운데 또 다른 하나로 여겼다.[55] 그러나 현대적 지식의 견지에서, 완고한 사람들은 '미신'이라 칭하고 진보적인 사람들은 건강한 형태의 긴장 해소책으로 인식하는 경우란 인도에만 국한되지 않았다. 유럽 콜레라 전염병이 최악에 달했던 기간인 1866년 7월, (현재 유럽의 수도인) 브뤼셀 대중들은 성 처녀 마리아Holy Virgin Mary와 협상에 돌입했으니, 인도 마을에서 또 다른 여신과 맺어졌던 협약과 도무지 구별되지 않았다.[56]

인도에서 엔토벤의 민중적 관습에 대한 관찰은 네 번째 사항을 제기한다. 즉 질병이 최하층 카스트 불가촉천민 '방기'들에게로 전해진다는 점이다. 봄베이에서 불가촉천민들은 원래 직업적인 평범한 보건 일꾼들이 대처하기에는 무력한, 재난을 가져다주는 질병을 처리할 수 있는 마법을 좀 부릴 수 있다고 여겨졌던 것 같다.

이제 인도의 콜레라에 대한 의학적 대응으로 옮겨가 보자. 1817년, 인도 전체에 만연된 콜레라 전염병의 시작부터 영국의 보건 일꾼들은 인도인 상대역들과 대화를 나누지 '않는' 것을 규칙으로 삼았다. 이것은 새로운 출발이었다. 몇 십 년 전 1660년대와 1670년대에는 인도를 돌아다니는 (프랑수아 베니어와 같은 의사와 존 프라이어 같은 외과 의사들로 이루어진) 간헐적으로 찾아드는 유럽 의료인들은 인도의 의료 전문가들이 그들 자신과 의기투합하리라는 점을 받아들였다. 설사 인도인들이 열병에 대한 강력한 서양식 처방인 출혈 시술을 마뜩찮아 하더라도 그러했다.

베니어와 프라이어는 인도에 두 가지 주요한 '학문적' 의료 체계가 존재한다는 사실을 발견했다. 가장 오래된 『아유르베다Ayurvéda』는 1세기와 1000년 사이에 산스크리트어로 기록된 텍스트에 기반을 두었고, 그 시술자들은 베이드Vaid로 알려졌다. 두 번째 체계인 (헬레니즘적 그리스 의학인) 우나니 팁Unani Tibb은 이슬람교 무역상과 더불어 8세기 이후 서서히 들어왔고, 1400년대의 터키 아랍계 정복과 더불어 대규모로 유입되었다. 우나니 팁은 18세기에 클리닉이 설립될 때까지 서부 유럽에서 활용된 기질 의학과 사촌 간이었다. 우나니 팁 시술자들은 하킴hakim으로 알려졌다.

산스크리트 전통에서 베이드가 되려고 할 때 견습생들은 일반적으로 스승의 집에서 살았다. 스승은 종종 그들의 아버지이거나 삼촌일 경우가 많았다. 비록 많은 하킴이 견습생 훈련을 돕는 대규모 학교와 사원, 도서관 복합체와 관련되었긴 하지만 우라니 팁 체제에도 역시 동거 형태의 견습 생활 체제가 사용될 경우가 간혹 있었다. 사이비 법적 선례를 활용하여 재산권 증서에 결함이 있다며 이슬람교 기관들을 존속시키는 데 필요한 증여된 토지들을 몰수한다고 영국 정부가 선언했을 때, 우라니 팁 훈련 프로그램은 그 기반을 상실했다.[57]

그러나 우라니 팁과 아유르베다 전통에 입각한 학문적 의료 시술자들이 동인도 회사 지배 아래 직면한 어려움은 일반 마을 사람들에게 제공되는 의료 서비스에 '주변적' 영향을 끼쳤을 뿐이다. 식민지 이전 시절에 베이드와 하킴들은 대체로 자기들의 시술을 왕자들의 궁전에 있는 잘사는 고객들로 한정지었다. 반체제 왕자들이 학살되거나 강제로 퇴위당하면서 (영국 의사들을 이용하던) 영국 협력자들이 부유층을 대체하게 되어 후원이 고갈되기 시작했을 때에야 비로소 베이드와 하킴들은 담당 구역을 확대해 완전히 영국 영역 안에 들어온 캘커타와 봄베이 같은 도시의 인도 신중산층을 포함시켰다. 이런 진전을 통해서도 여전히 (전 인도인의 95퍼센트가 거주하는) 시골 지역은 실제로 어떠한 공식적인 의료 체계의 혜택도 받지 못했다.[58]

한 잎의 낙엽으로 가을이 왔음을 알듯이, 처음 나타난 조짐을 통해 학구적인 토착 의학의 향배가 분명해졌다. 1814년에 동인도 회사 이사들은 영국에서 건너온 의사들에게 해당 지역의 특별한 질병을 다스리는 그들이 사용하는 치료책의 종류에 관해 인도 시술자들에게 상담해 주도록 제안했다. 그러나 그 무렵 이미 열병 치료책으로 감홍(甘汞:염화 제1수은 - 역자) 사용법을 알았으므로, 의사들은 인도인들이 더 이상 배울 게 없다고 생각했다. 그러나 1814년 이후부터 영국 의사들은 인도 의학 체계와 시술자들을 업신여기기 시작했다.[59]

이런 태도는 신사들을 위해 고안된 '독립성'으로 알려진 철학적 행동 수칙이 식민지 풍 관점에 끼친 영향을 반영했다. 한편, 독립성이란 개념은 존 로크의 『교육론Thought on Education』과 마르쿠스 아우렐리우스 및 에픽테투스의 금욕주의적 저술에 입각한 자신의 저서 『도덕 감정론Theory of Moral Sentiments』에서 아담 스미스에 의해 재가공되었다. 이런 독립성은 물질에 비해 정신을, 정열에 비해 이성을 우위에 두었다. 독립성의 목표는 "자제심과 운명의 여신으로부터 해방됨, 그리고 고통, 가난, 추방, 죽음과 같은 모든 외적인 우발적 상황에 대한 경멸"의 감정이었다. 로크와 에픽테투스를 인용하면서, 스미스는 "우리가 흔히 말하듯, 죽음이란 가장 두려움을 야기하는 대상"이지만, 그러나 "죽음에 대한 두려움을 정복한 사람"은 정열에 대한 자신의 완전한 통제력을 드러내며, 그리하여 "자유롭고 독립적인 공기를 호흡"할 수 있다고 설교했다.[60]

이런 도덕적 앙양은 콜레라가 최초로 발병했을 때 의학적 대응의 모습으로 나타났다. 1817년에 콜레라가 제쇼르 근방까지 진출했음이 캘커타에 알려졌다. 권고 사항을 말하도록 요청받자, 캘커타 의료 위원회는 죽음에 대한 두려움을 정복하는 걸 망각한 채 법정을 폐쇄하고 사람들을 집으로 돌려보냈던 제쇼르의 영국인 치안 판사를 질책했다. 뒤이어 의료 위원회는 콜레라가 "1년 중 이 시기의 통례적인 전염병"이라 주장했다. 또한 위원회는 영국 국교회 성직자 토마스 멜더스에게 인사를 보내며, "필시 전염병의 결과가 현재의 경우 이득이 되었을 수 있으니, '과밀한 인구'의 영향력을 바로잡을 것"이라고 지적했다. 우리가 일찍이 살폈듯이 인도에서 인구는 실제로 줄어들고 있었다.[61]

인도 전역에 걸친 두 번째 전염병이 유럽 곳곳으로 확산될 것을 예비하며 더욱 기승을 부리고 있었던 1827년, 영국계 아일랜드인 R. H. 케네디는 봄베이의 상황을 겪으며 쓴 자신의 글을 통해 심경을 밝혔다. 이 전염병으로 인해 "철학적 차분함을 지닌 채 바라보며 인도인 사상자 축에 끼곤 하는 우리 모습보다 더 우리를 괴롭게 만드는 참담한 이미지는 없었다."[62] 인도 말라바르 해안에는 아담 스미스의 『도덕 감정론』에 나오는 에픽테투스와 그의 로마식 금욕주의 경구 "철학자의 강연장은 병원이다."라는 구절을 마음에 떠올리던 케네디와 같은 의료인이 있었던 것이다.[63] 이런 케네디가 코로만델 해안의 반도 다른 편 끝에서 지내던 최고위직 영국 공무원의 마지막 고뇌를 헤아렸을까 궁금해하는 사람이 있다. 1827년에 콜레라로 사망하면서, 료트와리 제도의 창시자 토마스 먼로 경은 아마도 사망으로 이끄는 표준적 단계를 경험했을 터였다. 그 단계란, 통제할 수 없을 정도로 구토하기, 미음 같은 대변, 탈수, 고통 속에 비명지르기, 사후 강직의 경련이 뒤따르는 죽음과 다름없는 상태로 이어졌다

서양 의사들이 아유르베다와 우나니 팁 의료 체계에 마음의 문을 닫아 버리자 1835년의 또 다른 의료상의 퇴보가 뒤따랐다. 그해, 총독 윌리엄 벤팅크 경의 요청에 응하여 토마스 바빙턴 매콜리는 자신의 결정판인 『교육에 관한 초고草稿』를 출간했다. 이 글은 인도인들로부터 강제로 받

는 징수금(세금)을 통해 재원을 마련하는 어떠한 교육 시설이든지 영어
만을 사용해 가르쳐야 한다는 견해를 표명했다. 인도 수정주의 역사가들
은 최근에 『교육에 관한 초고』를 항상 모욕적이라 여겼던, "시간에 구애
받지 않고 영원한 인도" 학파의 낭만주의자들로부터 주도권을 잡았다.
그들은 람모훈 로이(Rammohun Roy:1772~1833)와 그 밖의 벵골 브라만
들의 공헌을 강조했다. 판에 박힌 영원한 인도라는 생각과 반대로 나아
가면서, 람모훈은 인도인들이 "최근 몇 년 사이에 유럽에서 웅장한 거보
를 내딛었던 독창적 발명품과 유익한 발견"을 개념화하고 생산해 내는
데 뒤쳐졌다는 사실을 온전하게 받아들였다. 사태를 정상화시키기 위해
그는 (1823년에) 인도인이 서양을 따라잡을 수 있게 해 줄 '영어'를 가르
치는 시설을 지원하기 위해 기금을 사용할 수 있게 해달라고 영국에 요
청했다. 람모훈 로이의 열의 덕택에 1851년에 캘커타 의학 칼리지가 설
립되었다.[64]

　　이처럼 전도유망하게 시작했어도, 이 칼리지는 의학 교육에 커다란 진
전을 이루어 내지는 못했다. 이는 "인도인들의 특성"과 관련된 기존 입장
과 새로운 입장 탓일 수 있다. (스스로를 "식민지적으로 분할된" 존재로 단정
했던) 한 현대 역사가가 해석한 대로, "이런 입장에서 볼 때 인도인들은
단일하게 구체화된 '타자'였다."[65]

　　이런 사고방식이 1857~1858년의 반란에 대한 영국인 대응의 일부를
이루었다. 그리하여 당시 얼마간은 영국이 인도를 포기해야만 할 수도
있는 듯이 보였다. 그러나 좀 더 깊은 차원에서 인도 공중 보건 분야의 진
전이 제대로 이루어지지 못한 점은 영국이 드러낸 태도와 정치적으로 전
개된 상황과 관련되었다. 우리가 이제 살펴볼 것은 바로 이런 대목이다.

영국에서의 콜레라

영국을 강타한 첫 번째 콜레라가 번지는 동안 이 전염병에 대한 인상을 쓰면서, 의사 제임스 케이(James Kay, 나중에 케이 셔틀워스Kay Shuttleworth로 알려짐)는 이렇게 단언했다.

전염병의 쇄도는…… 공동체의 에너지를 좀먹어 왔던 추한 악의 가면을 벗겨 낸다. 이런 죽음의 사자를 뒤쫓는 것이 임무인 이는, 가난이 머무는 곳으로 내려가야만 한다…… 우리의 거대 도시들 중심부에 사회적 불만족과 정치적 무질서라는 원천을 둘러싸고 빈곤과 질병이 운집해 있다. 그리하여 임무를 띤 이는 전염병 소굴로 들어가, 경각심을 지닌 채 사회의 바로 중심부에서 은밀하게 곪아 터지고 있는 질병을 예의주시해야 한다.[66]

사회적 불만족과 사회적 붕괴에 대한 편집증적 두려움의 부담을 진 채, 케이 셔틀워스의 콜레라에 관한 진술은 영국이 1830년대 초엽에 처했던 특별한 상황의 맥락 내에서만 이해될 수 있는 전염병학적 과거의 일부다.

정책 결정자들에게 가장 직접적으로 영향을 미치는 전후 관계부터 시작해, 우리는 1830~1831년 동안에 대영 제국 통치 엘리트들이 재구축된 지 얼마 되지 않았다는 사실을 상기할 필요가 있다. 1781년에 요크타운에서 미국 식민지인들한테 패배한 치욕으로부터 벗어나 런던에 생활 기반을 둔 천여 세대 정도 되는 가족들은 엘리트 충원의 토대를 확대시키기로 결심하여, 스코틀랜드, 아일랜드, 웨일즈 및 북부 잉글랜드의 지주 계급들을 포함시켰다. 다양한 당근이 제공되었다. 이런 당근에는, 젊은 아들들을 인도와 왕립 해군에서 영예로운 자리로 승진시켜 준다는 약속이 포함되었다. 또한 농업적 애국주의로 알려진 정부 지원도 포함되었다. 이런 정책을 통해 보통 시골 거주민의 관습적 권리의 폐절, 일반 토지의 사유화, 농민 계급의 홍포화, 가진 것 없는 시골 사람들의 도시로의 이주 등이 촉진되었다.[67] 몇몇 지역에서 이런 정책의 영향은 특별히 극적이었다. 글래스고와 애버딘 북부와 서부 지역에서, '하일랜드 추방Highland Clearances'으로 알려진 인종 청소 와중에, 에든버러의 스코틀랜드 계몽 운동으로부터 실마리를 얻어 현대화되고 있던 지주들은, 소작인들을 대체할 양을 들여옴으로써 자기들의 이익을 엄청나게 증대시켰다.[68]

대토지 소유자들보다 사회적 위계에서 여러 단계 아래쪽에 위치했던 이들은 여전히 중간 부류나 중산층으로 알려진 광범위한 사람들의 집단이었다. 설사 대부분의 제조업자들이 여전히 느긋해 했다 해도, 이런 계층들 안에는 상층부 장인들과 함께 있을 경우에 마음이 편치는 않았던, 아직은 일반화되지 않은 기업가적 제조업자들이 존재했다. 중간 부류에는 또한 일반 변호사와 법정 변호사(상급 법원에서 변호할 자격이 있는 변호사-역자), 적당한 수입이 있는 상인과 은행가, 읍사무소 서기와 그 밖의 관료, 엔지니어, 건축가, 읍에 기반을 둔 (토지를 소유한 진짜 신사 계급의 과부와 연금을 받는 가족 성원들로 이루어진) 가짜 신사 계급, 의료 전문직의 세 기둥인 약사와 외과 의사 및 이류 내과 의사가 포함되었다. 광범위한 사회 중류층 범위 내에 드는 사람들의 공통점은, 그들이 여성을 가정에 묶어 두었다는 사실이다. 가사 영역을 넘어서서 중류층 여성의 경험의 공통점은, 그들이 공립학교에 다닌 적이 '없으며', 영국을 운영하고 영국의 보병과 해군에 명령을 내리며 외교 정책을 결정하는 토지 소유 신사 계급과 귀족(소위 진정한 영국인들) 중 누구와도 평등한 관계를 맺지 않았다는 것이다. 한편, 소위 진정한 영국인들이 지닌 '불로 소득 생활자'로서의 수입과 상속받은 광범위한 토지가 없었던 중산층 젊은 남성들은 생계를 꾸리기 위해 존중받을 만하고 급료가 좋은 직업을 찾아다녀야 했다.[69]

야심에 찬 이런 중간 부류에서 등장한 이들이 이데올로기 창도자나 공상적 이론가들이었다. 그들 중 많은 이가 공리주의로 알려진 도덕적 엄정함이라는 제레미 벤담의 이데올로기를 채택하며 미래를 기약했다. 이 공리주의는 사람들의 마음을 끌긴 하지만 사람들을 오도시키는 "최대 다수의 최대 행복"을 구호로 채택했다. 루소의 유명한 개념인 '일반 이념'

식으로, 공리주의적 신조는 그 신봉자들만이 계몽주의가 기약한 '진보'의 진정한 길을 인식한다는 점을 당연하게 여겼다. 자기 목소리가 당시의 일반적인 왁자지껄한 소리 가운데서도 들릴 수 있도록 하기 위해, 공리주의자들은 오만하고 신랄하게 말을 하고 글을 쓰는 편이었다. 자기들 주장을 격렬하게 고집하면서, 그들은 자기들이야말로 새로운 사회적 범주인 '중산층'의 대변자이며 바로 이 중산층이야말로 전체 사회적 구조의 안정을 좌우하는 아치의 초석이라는 사실을 세상 사람들에게 알렸다. 이런 주장을 펴는 데 그들이 성공적이었으므로, 아주 최근 들어서야 비로소 (스스로가 대체로 중산층인) 역사가들은 실제적인 그 아치의 초석이 (일찍이 1914년에) 신사 자본가, 즉 현대화된 귀족 계급, 상류 계급 은행가, 상인과 환전상들의 혼합으로 이루어졌다는 점을 발견했다.[70]

제레미 벤담 이외에, 우리의 목적을 위해 중간 부류 이데올로기 창도자들 가운데 특히 중요한 인물은 한때 벤담의 비서였던 에드윈 채드윅과 그의 특별한 의학적 친구 토마스 사우스우드 스미스Thomas Southwood Smith, 그리고 벤담이 후견하던 악명 높은 『인도사』의 저자 제임스 밀이었다. 그다음 세대 공리주의자들 가운데는 (그가 이 책으로 인한 신경 쇠약으로 고통받을 때까지) 인도 내무성에 근무하던 제임스 밀의 아들이자 계승자인 존 스튜어트 밀이었다. 되돌아보면 영국 자유주의 이념의 주창자로 여겨지는 J. S. 밀은, 자신의 기념비적 저작인 『자유론』을 집필할 때, 자유로운 개인이 되는 특권은 인도 거류민 누구에게도 적용되지 않는다는 점을 분명히 했다.[71]

지주 계급에 대한 이데올로기 창도자들의 비난으로 인해 현대 역사가들에게 가려진 것은, 그들이 채택한 농업적 애국의 신조에 들어있는 주요 요소들 가운데 하나였다. 그것은 아담 스미스가 스토아학파의 개념을 개조한 '독립성'이란 요소였다. 이를 자기네 개념적 핵심으로 활용해 프랑스 전쟁과 영국-스코틀랜드 반동 기간 동안인 1793년으로부터 제1차 콜레라 전염병 시기(1831~1832)와 1832년의 선거법 개정 법안 시기에 이르기까지, 영국의 이론가들은 그다지 특징적이지 않은 자기들만의 도덕률을 고안해 냈다. 이는 엄격한 개인주의, 성실한 노동, 도덕적 엄격성, '남성다움', 가족생활과 가족 휴양에 대한 헌신, 거짓 없는 말, 감정의 외면적 표출과 공공연한 주정이나 그 밖의 온당치 못해 보이는 행동거지의 금지를 강조했다. 영국과 스코틀랜드가 신교 국가로 되면서, 이는 또한 교회에 대한 봉사로 말뿐인 신앙을 표현하기도 했다. 이런 세속적 이데올로기와 밀접하게 동맹을 맺고 있었던 것은 다양한 형태의 복음주의적 그리스도교였다.[72]

R. J. 모리스Morris가 영국과 스코틀랜드 이데올로기 창도자들에 의한 "세계의 문화적 주도권을 잡으려는 자신에 찬 오만한 돌진"으로 언급한 내용과 대조를 이루는 것이 있었다. 그것은 사회 내 장인匠人 신분들에서 벌어진 집단화였다. 바로 이런 부류의 (꾸밈없고, 자연스러우며, 진실한) 사람들을 위해 토마스 페인은 인류의 권리에 관한 소책자를 집필했다. 성인 인구의 거의 3분의 2를 이루고 있는 이 광범위한 층위의 사회적 집단은, 가공된 식료품부터 세계 시장에 판매하기 위한 고품질의 가정용 비품에 이르는 제품을 생산하기 위해 자신의 손과 기술을 사용했던 남녀로 이루어졌다. 일찍이 17세기 말엽과 18세기 초엽, 이런 부류의 사람들은 현대 세계 경제가 기반을 두고 있는 소비 관행에 혁명을 일으켰다. 그들은 자신들을 도와준 상업주의라는 괴물이 후손들의 생활을 파괴하리라는 점을 인식하지는 못했다.[73]

19세기 초엽에 이 최후의 대단원이 (콜레라의 도움을 받아) 연출되기 이전에, 영국과 스코틀랜드 장인들은 기술, 명예, 성실성, 나이 등에 기반을 둔 위계질서의 관점에서 사고했다. 비록 그 무렵 옛날식 신분의 구별(도제, 도제 수습을 마친 기능공, 마스터)이 더 이상 당시 독일 지역에서처럼 확고하게 정착되지는 않았지만, 영국의 마스터들은 납기일을 맞추기 위해 자기 부富의 잉여를 제공했던 다른 마스터 누구든지 자기들과 같은 또 다른 장인으로 간주했다. 눈앞 현실에 대한 맹목성에 갇혀 완고했으므로 장인들은 자기의 기술을 자기가 선택한 시점에 자기가 선택한 사람 누구에게나 판매하는, 개인적 독립성과 능력을 가장 중시했다. 그들이 흘겨보는 장인은 다음과 같은 이였다. 즉 무자비한 사업가로부터 원료를 사느라 돈을 빌렸다가 상환하지 못함으로써, 채권자의 감독 아래 종일 임금 노예로 일하는 부주의한 장인들이었다.

독립적으로 일하는 사람들은 또한 작업장, 선술집, 맥주집이나 대폿집 같은 서로 넘나드는 세계에서, 그리고 거리와 골목길에서 마구잡이로 벌어지는 여가 시간의 스포츠와 축제에서 확립된 상호 관계를 아주 중시했다. 그들은 격렬한 레슬링 시합, 소 꿇리기(개를 부추겨 황소를 성나게 한 영국의 옛 놀이 – 자), 개들을 부추겨 곰 습격하기, 싸움닭에 내기 걸기, 남녀 사이에 이웃 간 행위 규범을 강제하기 위해 '거친 음악' 활용하기 등을 즐겼다. 그러나 사망한 동료 일꾼과 가족 성원이나 이웃과 작별할 때가 되면, 그들은 제대로 된 장례식과 봉헌된 장소에다 매장하는 예의 바름을 고수했다. 비록 좀처럼 교회 예배에 참석하지 않을 가능성이 높았지만, 그들은 최후 심판의 날에 고인이 무덤에서 일어나 승천한 가족 성원 및 동료 일꾼들과 더불어 기뻐하리라 기대했던 것이다.[74]

(토마스 페인이 사망했던 해인) 1809년의 관점에서 볼 때, 일부 사람들에게 이런 장인이 지닌 삶의 양식은 토대가 튼튼하고 특정 시기에 한정되지 않는 듯이 보였지만, 그러나 그것도 운이 다하고 말았다. 고인과 이별하고 오락을 발굴하며 일하는 방식을 보호하기 위해 법에 의거할 준비가 부실했던 관계로, 보통 사람들은 그들의 세계를 파괴하고자 했던 공상적 이론가들의 격렬하고 날카로운 비판에 속수무책이었다. 돌이켜 보건대, (1831~1832년 동안의 콜레라가 기승을 부린 달들에 많이 드러난) 이데올로기 창도자들의 약탈적 행위는 (도덕적 소수인) 그들 자신을 '다수의' 조직화되지 않은 하층 계급과 구별 지을 그들만의 내적 필요성에 대한 응답이었다. 또한 이데올로기 창도자들은 이를 통해 실질적 영국 통치자인 대토지 소유자들의 지지를 얻으려 했다.

1831년에 콜레라가 급습하기 전부터 토마스 페인의 급진적 공화주의 속으로 유입된 종류의, 나중에 꽃피는 프랑스 자코뱅적 급진주의로 인해 이데올로기 창도자들은 폭도로 변할 수 있는 군중(mob:보통 사람들을 가리키는 이데올로기 창도자들의 일반적 용어)에 잘 대처해야 한다는 절박감을 느꼈다. 이런 정치적 위협에 덧붙여 똑같이 우려스러웠던 점은 영국 인구의 급격한 증가였다. 1700년에 대략 500만으로 출발한 영국 인구는 1800년 무렵에 거의 1,000만으로 증가했다. 그리고 1780년 이후 더욱 가속화되어, 1850년 무렵엔 인구가 다시 2배로 늘어났다. 일찍이 1798년 영국 국교회의 겁 많은 교구 목사 토마스 멜더스(Thomas Malthus:1834년에 사망)는 이 모든 잉여 인간에게는 존재할 어떠한 권리도 없다고 경고했다. 멜더스는 또한 자연이란 자체의 지혜로 기근과 전쟁 및 전염병을 통해 인구를 줄일 것이라 생각했다. 1798년에 발표한 『인구론*Essay on Population*』 제1판에서 아직 멜더스는 콜레라가 자신이 필요로 하는 '바로 그 정화의 매체'가 되리라는 사실은 인식하지 못했다.[75]

멜더스적 유령을 더욱 부채질한 것은 노동 계급의 임신 가능한 여성의 평균 연령의 저하였다. 이 연령이 농촌의 공동체 사회하에서 알려졌던 생체 항상성(원래 신체 내부의 체온·화학적 성분 등이 평형을 유지 조절하는 일 – 역자)과 유사한 통제력이 (농업적 애국주의의 희생양이 되어) 붕괴되기 전의 26세나 27세로부터, 현재의 20세나 21세를 향하여 지속적으로 떨어지고 있었다. 피임약과 적절한 사고방식이 부재한 가운데, 보다 낮은 연령에서 이루어지는 결혼은 더 높은 출산율과 식량을 공급해야 할 더 많은 개월 수를 의미했다. 1831년에 콜레라가 창궐하기 직전, 노동 계급의 절반을 조금 밑도는 이들이 20세 이하였고, 거의 넷 중 셋은 (충분한 분별력을 지닌 나이인) 30세 이하였다. 이데올로기 창도자들이 도시 폭동의 위협으로 감지했던 것을 더욱 부채질한 이들은 영국 도시에서 일자리를 찾으려고 아일랜드로부터 건너온 상당수의 궁핍한 가톨릭교도였다.[76]

사회적 견해를 달리함에 직면해, 전형적인 영국 중산층 남성의 대응은 사회적 · 도덕적 향상을 촉진시키기 위해 새롭게 설립된 사회 활동 조직 가운데 하나에 가담하는 것이었다. 그런 그룹 중 하나가 '선언 협회 Proclamation Society'였다. 이 협회는 헐에서 태어난 윌리엄 윌버포스William Wilberforce의 감독 아래 토마스 페인이 쓴 소책자를 출간한 업자에 맞서 소송을 제기했다. 인쇄업자가 투옥되고 그의 아내와 자식들이 런던 아파트로부터 추방됐을 때, 윌버포스는 도덕적 영웅으로 보도되었다. 1802년 이후부터 런던을 기반으로 활동했던 여타의 단체는, '악덕 방지 협회 Society for the Suppression of Vice'와 전 세계적으로 '노예제 방지 협회Society for the Suppression of Slavery'로 알려진 서구적 가치의 확산을 위한 포괄적 조직체였다. 영국 북부에서 설교 운동을 추진했던 글래스고의 설교자 토마스 차머스Thomas Chalmers에게 (에딘버러 대학교 졸업생인) 제임스 필립스 케이 박사가 자신의 1832년 맨체스터 콜레라 연구를 헌정한 바 있었다. 또 한 사람의 스코틀랜드인은 금주禁酒 순회 설교자인 존 던롭John Dunlop이었다. 던롭 설교의 특별한 비책은 '노동하는' 사람들에게 술을 완전히 끊도록 설득하는 것이었다. 비록 엘리트층이 좋은 포도주를 마시는 걸 허용하곤 했지만 말이다.[77]

콜레라가 인도에서 발생한데 이어, (콜레라가 잉여 인구 제거용으로, 의학에 토대한 귀족 정치의 음모라 인식했던 민족들 사이에서 폭동을 야기하면서) 로마노프 왕조와 합스부르크 왕조의 영토를 가로질러 창궐하고 있다는 사실이 알려졌을 때, 영국의 사회적 긴장을 자극했던 사건은 공리주의적 파벌이 선호했던 법안의 의회 통과였다. 이 법안은 1828년에 도입된 '해부 법안Anatomy Bill'이었다. 이 법안은 인간 해부학에 관한 자세한 이해를 통해서만 의학 발전이 가능하리라 생각했던, 유명한 프랑스 계몽주의적 "클리닉 탄생"에 대한 영국의 계몽주의적 대응이라 볼 수 있다.

영국에서 설립되어 1780년대에 운영된 최초의 클리닉이 에딘버러에 있었다. 세기가 바뀐 19세기 초엽, 좋은 돈벌이감이 걸려들었다고 생각한 의료 기업들은 수십 군데 지방 도시에 해부 학교를 설립했다. 시장의 요구에 따라 클리닉 의학이 전도유망한 직업적 선택이라 인식한 야심만만한 중산층 학생들이 입학을 바랐다. 이는 인간 시체에 대한 요구가 새로이 늘어날 수밖에 없음을 의미했다.[78]

해부 학자에게 새로운 시체를 공급하기 위해 1820년대 들어 (조지 4세 주치의인 내과 의사를 포함해) 야심 찬 학교 이사들은 묘지 도굴범을 채용하는 데 골몰했다. 에딘버러에서처럼 버크와 헤어 같은 사악한 앞잡이들은 간혹 따뜻한 온기가 남아 있는 시체를 차지하기 위해 점찍어 둔 환자를 살해함으로써 시간을 절약하는 경우도 있었다. 위법 행위에 관한 소문에도 불구하고 1828~1829년 동안 공리주의적 이데올로기 창도자들은 노동 계급이 순전히 무지와 미신 때문에 자기들의 시체를 지역 중산층 해부 학자한테 기꺼이 제공하지 못한다는 공공연한 주장을 했다.[79]

(그 이후 56년이 지나도록 참정권이 주어지지 않았던) 노동자들의 강력한 적대감에 직면했음에도, 1828년에 해부 법안이 의회에 제출되었다. 1831년에 황실의 동의를 얻자, 시체 소유권을 주장할 사람이 없는, 구빈원에서 사망한 가난한 사람들의 시체는 합법적으로 지역 해부 학교로 넘어가게 되었다. 자신이 후견하는 (훗날 『인도 교육에 관한 초고』로 유명하게 된) 토마스 바빙턴 맥콜리가 큰 역할을 맡았던 각성된 이성의 승리에 기뻐하면서 80세의 제레미 벤담은 자신이 죽을 경우 친애하는 친구 토마스 사우스우드 스미스 박사가 과학을 위해 자신의 시체를 해부하도록 허락했다. 그리하여 1832년 그가 사망한 그때, 위대한 공리주의자의 유해는 나무로 된 캐비넷인 '자기 아이콘Auto-Icon' 속에 생전 모습대로 안치된 채 런던 고워 스트리트 유니버시티 칼리지 대학 교육 벤담 재단에 진열되었다.[80]

해부 법안의 승리로 말미암아 자신도 "해부 수프anatomy soup"의 일부가 될지 모른다는 두려움으로 인해 보통 사람들의 (이미 1831년 여름 무렵 독일의 발틱 항구들에 실재했던) 콜레라에 대한 공포는 극에 달했다. 1831년 10월, 콜레라가 영국 더럼 카운티의 선더랜드라는 항구 도시에 상륙해서

THE APPEARANCE AFTER DEATH OF A VICTIM TO THE INDIAN CHOLERA
WHO DIED AT SUNDERLAND

그림13_ 선더랜드의 콜레라로 희생당한 시체. 컬러 석판화, 1832년, I. W. G.의 작품.

여러 사람이 콜레라에 걸려 사망했다. 이들 중에는 60세 노인 스프로우트와 "부모 시중을 들면서 짐배에서 일하던 건강하고 튼튼한" 윌리엄 스프로우트 2세가 포함되었다. 젊은 스프로우트와 같은 콜레라로 사망한 시체를 해부해 보는 데 안달이 나 있던 의사들은 에딘버러와 런던으로부터 선더랜드로 몰려왔다.[81]

계속되는 을씨년스런 몇 주 동안, (토마스 페인이 정의 내린 부류의) 보통 영국인들은 의사와 영리를 추구하는 해부 학교 운영자들에 저항하며 이를 갈았다. 콜레라 폭동 가운데 가장 유명한 것들 중 하나가 맨체스터 스원 스트리트 병원에서 발생했다. 3월 24일, 당시 노동 일을 했던 존 하세는 병원 당국자에게서 이미 콜레라로 두 부모를 여윈 채 스스로도 콜레라로 고통받고 있는 세 살 난 손자가 회복 중이라는 말을 들었다. 다음 날 하세가 손자를 집으로 데려가려고 병원에 들렀을 때, 그는 병원 측의 발뺨만 듣다가 마침내 손자가 죽었다는 소식에 접했다. 위법 행위가 있었으리라는 의심이 들어 아이의 할아버지인 하세는 친구들을 끌어 모았고, 일단의 일하는 여성들까지 합세해 병원 매장지로 쳐들어가 소년의 관을 파냈다. 관 뚜껑을 열자마자 사람들은 벽돌 하나가 소년의 머리 대신 놓인 것을 발견했다. 격노한 하세와 친구들은 병원으로 몰려 들어가 (의사들에게 살해당할 위험이 있다고 여겨지는) 다른 콜레라 환자들을 자유롭게 풀어 주었다. 이어 이들은 관을 높이 치켜들고 의기양양하게 맨체스터 시 한복판으로 행진해 들어갔다가, 결국 기마병으로 이루어진 부대에 가로막혀 흩어지고 말았다. 런던의 『더 타임스』지는 이 사건을 크게 다루어, 하세와 그의 동료들을 "수천 명에 달하는 '폭도'이자 무식한 오합지졸"로 기술했다. 이렇듯 제임스 밀이 유행시킨 신랄한 언어는 고통스런 콜레라가 유행하는 동안 중산층 사이에서 담화의 수단으로 활용되었다.[82]

자신들의 본국에서 콜레라에 직면했을 때, 영국의 (그리고 유럽 대륙의) 의료 사회는 당혹스러운 처지였다. 그들 중 일부가 인도에서 콜레라 전염병을 목격했음에도, 이 특별한 열병 같은 질병이 (사람에서 사람으로 직접 퍼진다는 의미에서) 전염성이 있는지, 아니면 전염성은 없고 규명될 수 있는 다른 요인에 의해 야기되는지에 관해 의견이 분분했다. 만일 새로운 콜레라가 전염성이 있다면, 의료상으로나 행정상의 논리는 (17세기에 페스트를 억제했던 방식에서 유추한) 격리 조치와 방역선을 요구할 터였다.[83] 그러나 나폴레옹의 대륙 봉쇄령 시대 이후로 영국의 번영은 무역선단과 범세계적 무역 활동의 자유에 좌우되었다. 그런데 대안과 함께 전염성이 없다는 설명이 제시되었으니 영국의 상업적 번영을 위해서는 다행스런 일이었다.

콜레라가 영국을 강타하기 불과 10년 전인, 1817~1819년에 질병을 유발하는 요인에 관한 갈렌의 주장과 '난 내츄럴'(Non−Natural: 남용할 경우 질병의 요인이 되는 고기, 술, 잠, 휴식 등을 가리킴 – 역자)이, 당시 영국의 가장 오래된 식민지를 휩쓸고 있는 '아일랜드 질병Irish disease'에 대처하기 위해 다시 활용되었다. 이 병은 필시 오물로 인한 질병인 발진티푸스였다. 당시 수만 명의 가톨릭을 믿는 가난한 아일랜드 인들은 죽었지만, 영국계 아일랜드인 신교 세력권의 부유한 사람들은 도망쳐서 대체로 피해를 입지 않았다. '미신적인' 가톨릭주의와 가난 및 죽음을 질병과 연관 짓고, 이어 그런 가톨릭주의를 '계몽된' 신교 사상과 재산 및 건강과 대조시킴으로써, '질병에 걸리기 쉽게 만드는 요인'의 신빙성이 크게 강화되었다.[84] 그러나 우리가 보게 되듯이 인도 외부에서 개인에 초점을 둔 질병에 걸리기 쉽게 만드는 요인을 통한 해명은, 정치적 적합성을 위해 '장소'의 중요성을 강조하는 해명이 선호되면서 파기될 터였다.

1831년에 선더랜드에 이어 뉴번과 뉴캐슬에 콜레라가 도래하면서, 이 질병의 실제 본모습에 관해 상충되는 인식, 해석, 개념이 상당수 드러났다. 논쟁의 한 흐름은 데이비드 크레이지David Craigie 박사가 제출한 보고서에서 발견되었다. 그는 노섬버랜드 뉴번 시내의 콜레라 상황을 조사하기 위해 특별히 에딘버러에서 도착했다. 크레이지에 따르면, (발병한 43명 중) 23명이 사망한 최초의 발병기 희생자 중 한 사람이, 다름 아닌 뉴번에서 대단히 존경받고 덕망 높은 교구 목사였다. 365명을 병상에 눕게 만들었던 2차 전염병 발병 시기에도 다양한 사회 계층이 환자들 속에 뒤섞여 있었다. 그의 평가에 따르면 대부분의 뉴번 사람들은 "몸집, 외모, 정력의 측면에서 인류의 좋은 표본"이었다. 그들의 직업에는 유리 일, 석탄업, 농업 등이 포함되었다. 크레이지는 "나는 튼튼한 남녀 젊은이들 모두가 콜레라에 걸린 모습을 보았고, 꽤 많은 이들이 죽어 가는 모습을 보았다."고 증언했다. 이어 그는 정력적으로 특별히 "허약한 사람, 건강이 안 좋은 사람, 방탕한 사람만" 콜레라에 걸린다거나 그 희생자들이 질병에 대한 특별한 "습성이나 걸리기 쉬운 성향"을 지녔다는 점을 부인했다.[85]

그러나 크레이지가 자신의 보고서를 게재했던 똑같은 의학 저널에 들어 있는 또 다른 글은 관점을 달리했다. 이 글을 쓴 통신원은 더럼, 노섬 버랜드, 뉴캐슬 지역의 "석탄 광부, 석탄 상인과 그 밖의 무역상들"이 의학 기자들에게 콜레라가 인도로부터 오는 배에서 옮겨지는 새로운 질병으로 필시 전염병이라는 기자들 주장이, "무분별하고 무식하며 잘못된 판단"이라고 지적했다. 18명의 의사들로 된 위원회는 이런 영향력 있는 지역 일꾼들의 호된 꾸짖음을 받아들이면서, 콜레라가 사실상 인도의 전염병이 '아니라', 교역과 선적을 중단시킬 행정적 조치를 전혀 필요로 하지 않는 표준적인 영국형 열병이라는 "만장일치의 의견을 공식 회의에서 발표했다고 한다." 지역 자본가들에 대한 이런 굴종에 질린 의학 기자로선, "이 문제에 감정이나 사적 이해관계가 관련되어 있지 않은" 다른 곳의 의사들한테 실제 벌어졌던 일에 유의하여 그에 따라 행동하도록 충고할 수밖에 없었다.[86]

의사들은 그렇게 했다. 한편, 무역상과 은행가들로부터 지도를 받은 의사들에 뒤이어 정부는, 1831년 11월 이후 콜레라를 "비전염성"으로 인식했다. 콜레라는 비도덕적 생활, 가난, 가족적 가치의 무시, 정치 문제에 대한 입장 견지, 지나친 음주로 인해 병에 걸리기 쉬운 상태의 사람들을 겨냥할 가능성이 높은 영국식 열병의 변종이 되었다.

지역 보건 위원회가 콜레라가 창궐하던 동안 노동 계급 사이에서 예방적이며 질병 소탕을 위한 운동을 전개할 때 주목했던 점은, 질병 그 자체라기보다는 이런 질병에 걸리기 쉬운 요인들이었다. 존 던롭 및 그와 같은 사람들이 벌이는 절주節酒 운동에 착수하면서 지역 보건 위원회의 중산층들은 노동하는 이들에게 콜레라의 첫 번째 희생자가 '언제나' 독한 술을 마셨던 사람이었음을 경고하는 게시물을 부착했다.[87] 콜레라가 도래하기 며칠 전, 보건 위원회가 옥스포드에 다음과 같은 게시물을 부착했다.

모든 술고래와 술 마시고 흥청대는 사람…… 그대는 이제 세 번째로 죽음과 만취상태란 서로 손을 맞잡고 가는 법이라는 말을 듣는다.…… 죽음은 방탕하고 무절제한 자에게 가장 확실하고 재빠른 화살을 쏘며 엄습해 온다.[88]

동부 런던에 관한 글에서, 대단히 영향력 있는 의료인으로 벤담의 친구인 토마스 사우스우드 스미스 박사는 열병(그에게 콜레라는 단순히 열병의 변형체였다.)은 (섹스와 음주 같은) 비도덕적 행위와 희생자의 자립성 및 합당한 습관의 총체적 결여로 야기된다고 주장했다.

이렇듯 두 왕국에 콜레라가 창궐했다. 콜레라가 제공한 기회를 거머잡은 이데올로기 창도자와 초기 자유주의자들은 의식적으로 장인 계급의 도덕적 세계를 파괴하려고 애썼다. 중류 계급적으로 정의된 '신분 높은 분'의 이익을 위해 스포츠 행사가 취소되었고 노동하는 이들에게 술을 제공하는 시설은 폐쇄되었다.[89]

나는 이 장의 도입부에서 의료 역사상 휘그당적인 접근 방식의 중요성을 강조한 바 있다. 문제가 되고 있는 사례로서 하층 계급 음주에 맞선 중류 계급의 항쟁이 존재한다. 현대적 의료 지식에 따르면, 어떤 형태의 '과도한' 음주나 식사 역시 콜레라 비브리오 균에 맞선 적절한 해독제를 분비할 수 없게 만들 가능성은 있다. 그러나 1831~1832년 동안 도덕적 엄격성을 주장하는 (물론 생물학적 위협에 대한 생물학적 대응에 관해 아는 게 전혀 없었던) 이들은, 험한 일을 하는 사람들의 약간의 '음주조차' 반드시 병에 걸리게 만들고 콜레라로 사망하기 쉽게 만드는 비도덕적 행위로 단죄했다.

이데올로기 창도자들이 음주를 트집 잡은 일은 노동하는 이들의 장례 풍습과 망자에 대한 애도 관습과 관련되었다. 평판이 좋은 공동체적 문화에서 죽음에 직면해 가장 중요하게 여겨진 것은 시체 수습, 시체 씻기기, 뜬 눈으로 밤새기, 장례식 참가하기, 망자와 살아 있는 사람들이 지닌 공통의 인간성을 인식하며 무덤까지 행진하여 걷는 일이었다. 노동 일정을 감안하고 먼 곳에서 가까운 친척을 데려오려는 소망 때문에, 절차는 1주일 이상 걸릴 수도 있었다. 그러나 (중세 암흑시대로부터의 유산으로 여겨지는) 장인들의 생활 세계를 파괴하려는 의도를 가진 도덕적으로 정당하다고 자처하는 소수 인사들이 마련한 행정상의 규제에 따르면, 콜레라 사망자들의 시체는 합당한 처리를 위해 넘겨주어야만 했다. 1832년에 목격했던 끔찍한 일들에 관한 글에서 콜먼 스트리트의 성 스티븐 교구 목사가 쓴 런던의 회고에 따르면, 여러 시체가 관에 나란히 누워 있는 가운데 술을 마신 매장 일꾼들이 더러운 시체를 대기하던 수레로 옮겨갈 때면, 단지 몇 분만에 그 관들에서 끔찍한 액체들이 줄줄 흘러나왔다 한다. 길거리에서 시체는 살아남은 가족과 친구들이 모르는 땅에 매장되기 위해 수레에 실려 떠나갈 터였다[90]

역사가가 활용할 수 있는 수치에 따르면 ('일반 등록청'은 1837년까지 설립되지 않았다), 1831~1832년 동안 3만 1,474명이 잉글랜드, 웨일즈, 스코틀랜드에서 사망했다. 그러나 우리가 인간의 시체에 대한 태도와 공무원에 대한 태도에 대해 간접적으로 아는 바에 따르면, 콜레라로 죽은 많은 사망자가 법령을 벗어나 영예롭게 처리되었던 듯하다. 1835년에 셰필드에서 이데올로기 창도자들이 콜레라가 휩쓸고 지나갔다는 걸 망각해 버린 몇 달 뒤, 노동하는 사람들은 콜레라로 죽은 이들의 시체가 마음 속에서 결코 잊혀지지 않도록 했다. 자발적인 조직체를 통해 일하면서, 그들은 339명의 콜레라 희생자를 위한 특별한 기념비를 세웠던 것이다. 이 시체들은 1831~1832년 동안 "성막 바깥에서"(성경의 구절로 성스럽지 못해 동물의 시체처럼 처리됨을 비유 – 역자) 신성하지 않은 땅에 냉담하게 묻혔던 "우리의 친척, 우리의 이웃…… 우리의 친구들"이었다.[91]

최초의 유행성 콜레라가 퍼진 기간 동안 평범한 영국인들에게 음울한 그림자를 드리웠던 것은, 차차 '빈민법 개정 조례Poor Law Amendment Act'로 이끌었던 저명인사들 간에 벌어진 토론이었다. 일찍이 통용되었던 종류의 법 조항에 대한 이데올로기 창도자들의 해석을 요약해, 제레미 벤담은 다음과 같이 주장했다.

이 나라의 현존하는 빈민법 아래 극빈자라는 자격을 얻은 사람은 공적 비용으로 부양받을 권리를 지닌다. 극빈자는 이러한 권리를 누리며 매우 드문 예외를 제외하고 놀면서, 사실상 아무 일도 않고 놀면서 부양받는다.[92]

쟁점이 되었던 것은 실업자들의 생계비용을 누가 지불해야 하느냐는 난처한 문제였다. 재산을 소유한 지방세 납부자인지, 실업자가 있는 가족 성원인지가 쟁점이었다. 1601년의 엘리자베스 빈민법 수정안에 기초한 옛날 해결책은 각 교구가 필요한 이들을 위해 '원외 구제'(사회사업 시설에 수용되지 않은 사람을 위한 구제 활동 - 역자)나 보호 시설 제공에 책임을 지는 제도였다. 출생 시 수명 기대치가 40세(17세기 이후 35세로 다시 떨어짐)가 넘을 경우가 좀처럼 드물었던 때에 노인, 장애자, 불구자, 고아 및 다른 식으로 무능력한 사람들이 교구 구제 활동의 혜택을 보리라는 엘리자베스 여왕 시대의 기대는 합당해 보였다. 그러나 1780년 이후의 대규모 인구 증가와 정부 후원을 받은 '농업적 애국주의'로 인해 나타난 결과—토지 및 가옥을 빼앗긴 유랑하는 사람들의 증대—라는 이중적 압력하에서 대처 능력은 현저히 약화되었다.[93]

결국 영국이 크리스천 국가라는 허구를 유지하는 동시에 유산자 계급의 이데올로기적 요구를 충족시켜 줄 새로운 빈민 구제 제도를 창안하는 업무를 맡았던 사람은, 다름 아닌 제레미 벤담이 신뢰했던 비서 에드윈 채드윅(중앙 정부에서 경력을 쌓게 되었던 맨체스터 출신 변호사)이었다. (전염병이 창궐하는 동안 감염되기 쉬운 이들 사이에 격심한 우려를 야기한) 예비적 공청회가 콜레라 발병 이전에 열렸지만, 유복한 도시 중산층 부류 일부에게 (1832년의 선거법 개정 법안에 의해) 공민권을 줌으로써 영국의 정치적 국가 규모가 확대되고서야 비로소 전체 의회 차원의 공청회가 시작되었다.

1834년 빈민법 수정 조례라는 최종 결과를 통해, 각 교구로 이루어진 빈민법 조합 그룹에 기반을 둔 전국적 체계(스코틀랜드의 체계는 1845년에 마련될 터였다.)가 마련되었다. 경영은 해당 지역 지방세 납부자들의 비례 대표 선거권 행사로 선출된 빈민법 후견인들(철학자 플라톤의 권위 있는 '후견인 계급'guardian class으로부터 유래한 말)이 맡았다. 많은 지방세를 부담하는 대토지 소유자는 여섯 표까지 행사할 수 있었고, 소출이 적은 토지 소유자는 단지 한 표를 행사할 터였다. 정책이 실행되면서 이 빈민법 후견인들은 중앙 정부가 각 현장으로 확대시키기로 선택한 모든 새로운 직무를 떠맡을 터였다. 하지만 지방세 인하를 조건으로 선출되었기 때문에, 지역 후견인들은 돈이 들어가는 어떤 사업이든 떠맡기를 꺼렸다. 1833년 8월, 중앙 정부는 "콜레라가 어떤 식으로 그 모습을 드러내더라도 해당 지역 공동체들이 신중함과 선의를 통해 대처해야 한다."고 이미 선언한 바 있었다.[94]

미래의 고객들을 위해 새로운 빈민법을 통해 연합 구빈원 설립이 의무화되었는데, 이곳은 생활 조건이 너무 열악해서 사람들은 입주를 꺼렸다. 채드윅의 '열등 처우 원칙'(被 구제 빈민에 대한 보호의 정도를 최하급 노동자 이하로 하는 원칙 – 역자)에 따라, 구빈원에 감금되길 자원한 사람들은 표준적인 기본 제복을 입었고, 최소한의 음식을 먹었으며, 술이나 담배는 금지되었고, 성서 이외에는 어떤 읽을거리도 금지되었으며, 종교적 망상에 사로잡힌 평신도 설교자들한테 괴롭힘을 당했다. (중류층이 잘 꾸며진 가정에서 가족 간의 연대감을 새롭게 중요시하던 때에) 더욱 최악인 점은, 더 이상의 인구 증가를 막기 위해 입소자들이 성별로 격리되었던 사실이다. 실제 이런 조치로 인해, 결혼한 노인들도 떨어져 지내야 했고, 구빈원 하급 직원들의 변덕에 다시는 서로 만나지 못할 수도 있었다.

이에 보통의 남녀들은 연합 구빈원을 '감옥'이라 새 이름을 붙이고, 근처에 얼씬하지 않는 식으로 대응했다. 한 세대도 지나지 않아 스스로 구빈원에 들어갈 정도로 방치하는 것은 자신의 품위나 명예가 실추되며 타락한 것이라는 생각이 사람들의 가치 체계로 자리 잡았다. 구빈원보다는 집에서 굶어 죽거나 자살하는 게 더 선호할 만하다고 여겨졌다. 1848~1849년 사이 콜레라 전염병이 창궐하는 동안 구빈원의 실정에 관한 글에서, (스스로가 시골 노동자 가문의 아들이며, 1837년 이후 런던의 호적 본서 장관을 역임한) 윌리엄 파William Farr는 구빈원의 콜레라 사망률이 전체 주민들 사이에서보다 대체로 2~3배 높다고 단언했다. 의회를 통한 개혁에 애썼던 노동하는 사람들의 노력이 의회에서 일소—笑에 부쳐진 후, 가난한 사람들을 위한 사회적 정의가 회복될 수 있으리라는 모든 희망이 상실되었다. 쓰디쓴 실망을 안은 채 수천 명의 영국인들은 북아메리카로 대규모 이주를 시작했다.[95]

웨스트민스터에서 차티스트 운동이 와해되기 바로 직전에, 에드윈 채드윅의 신랄한 비판은 마침내 그의 귀족 후원자들로선 도저히 감당할 수 없을 정도가 되었다. 그러나 그는 무명의 신분으로 내쫓기기보다는 공중보건 분야에서 최고위직을 약속받았다. 새로운 일자리를 준비하기 위해 자신의 지위를 활용하여 채드윅은 영국 도시의 보건을 연구하는 황실 위원회 설립을 감독했다. 채드윅은 자신이 입증하고 싶어한 방식을 말하기 전에, 빈민법을 통해 게으른 이들이 이제 자기 생계를 위해 일하지 않을 수 없게 됨으로써 효과적으로 가난의 문제가 해결되었던 현실을 목도했다. 이에 그는 자신의 잘 연마된 조작 기술로 논점을 증언해 줄 목격자들을 규합했다. 공청회 뒤에 보존된 증거에 따르면, 어떠한 증인도 실제 가난이 여전히 존재한다거나 보통의 필수품이 결핍된 수만 명이 영양실조와 관련된 질병으로 사망하고 있다고는 감히 주장하지 않았다. 채드윅은 (검시관의 보고서가 여전히 보관되어 있었으므로) 대중에게 질병의 실재를 숨길 수는 없지만, 자신이 이 문제 해결에 최적임자임을 입증하기 위해 모든 질병이 독기毒氣에 의해 야기된다고 주장했다. 이런 주장과 함께 그는 정부의 공식적 인가를 받게 될, '위생관Sanitarian'이 되었다.[96]

(1842년에 출간되었을 때 만만찮은 중산층 베스트셀러가 되었던) 도시 위생

상태에 관한 보고서를 정리할 때, 채드윅은 에딘버러에서 훈련받은 두 의사의 충고를 받아들이는 게 적절하다고 생각했다. 한 의사는 제임스 필립스 케이James Phillips Kay로, 필자가 이 섹션 머리글에서 ("추한 악의 모습을 한") 1832년 맨체스터 콜레라에 쓰러졌던 사람들에 대한 그의 편집광적 두려움을 인용한 바 있다. 채드윅의 또 다른 믿을 만한 의사는 토마스 사우스우드 스미스로서, 그는 벤담의 해부자이면서 한편 '콜레라'를 포함한 모든 열병이 같은 독기에서 야기된 질병이 상이하게 드러난 것일 뿐이라 주장했던, 그릇된 지식을 가진 전문가였다. 후에 마거릿 펠링Margaret Pelling은 위생적 이상으로 알려진 일관된 잡동사니 생각들로 된 꾸러미를 갖추는 책임을 주로 떠맡았던 이가 바로 이 사우스우드 스미스라고 주장한다.[97]

1842년, 도시 보건에 관한 보고서(대영 제국 노동자들의 위생조건에 관한 보고서)를 출간한 직후, 채드윅은 의사들과의 협력 관계를 내던지곤, 그 대신에 홀본과 핀스베리에서 자문역을 맡았던 위생기사 한 사람과 친해졌다. 그 이후 기사 존 로Jone Roe의 의견은 영국 도시 보건을 계속해서 향상시키는 최상의 방식이자, (당연히 채드윅의 견해에서 볼 때) '유일하게 가능한' 방식으로서, 독특하게 채드윅의 주목을 받았다.[98]

이어 등장한 로-채드윅 구상 속에서 성공을 보장하는 공중 보건 방식은 하수 처리망과 대로 아래 매설된 물 공급 파이프 설비에 좌우되었다. 이를 위해 채드윅에겐 천명된 두 가지 이론적 근거가 있었다. 그 첫 번째 근거는 모든 질병이 종국적으로 부패하는 동물과 식물로부터 생겨나는 독기에 의해 야기되므로, 악취의 원인을 제거함으로써 (의학적 천재보다는 오히려) '엔지니어링'의 천재가 질병의 주된 원인을 제거하리라는 점이었다. 더욱이 질병의 원인인 독기를 제거함으로써 엔지니어링 천재는 가난의 주된 원인들 가운데 하나를 제거할 테고, 그와 더불어 가족의 해체, 알코올 중독 부모, 지역 소매치기 및 절도 조직 휘하에서 범죄 생활에 골몰하게 된 영양실조 상태의 청소년들을 일소할 터였다. 채드윅의 두 번째 이론적 근거는 그의 토목 공학적 만병통치약이 단지 도랑을 파고 대로에다 파이프를 매설하는 데만 집중되었으므로, 빈민가 지주 및 런던 서부 웨스트 엔드 지역의 반을 소유한 (러셀가와 같은) 대귀족층과의 법적 권리 분쟁이 최소화되리라는 점이었다.[99]

장기적으로 보아 건물이 빽빽이 들어찬 지역과 마실 물의 원천으로부터 멀리 떨어진 곳으로 관을 통해 하수를 나르려는 채드윅의 구상은 상당한 영향을 미쳤으니, 적어도 하수관이 실제로 매설된 소수의 도시들에서만큼은 그랬다고 가정할 수 있다. 그러나 채드윅은 자신이 선전하는 주의 주장의 소재로서 이외에는 콜레라에 대해 전혀 특별한 관심을 보이지 않았으므로(결국 그가 의사는 '아니었으니까'), 전반적인 영국의 보건 영역에서 이루어졌을 수 있는 어떠한 개선과 관련해 그에게 단지 최소한의 명예가 주어질 수 있을 뿐이다. 1891년 (톰슨, 레이크, 벅마스터로 구성된) 인도 질병 위원회의 경우와 꼭 마찬가지로, 그에게 콜레라는 그 자체로 과학적 관심을 불러일으키는 하나의 질병 현상이라기보다는 단순한 사회적 지표였을 테니 말이다.

1854년, 공직에서 강제로 물러나지 않을 수 없었던 성격 외에도 채드윅은 자신과 귀족 후원자나 중산층 전문가 친구들 그 누구도 혁신적인 의학적 사고를 진흥시키거나, (물과 하수를 다루는) 토목 공학 방면의 혁신을 진흥시키는 데 필요한 여론 조성에 그다지 관심을 갖지 않았다는 점이다. 최첨단을 달린다는 인사들이 과학적으로 믿을만한 지식과 실천이라 여기는 것의 공유된 패러다임(이론적 틀)이 결여되었음에도 불구하고, 영국 의사와 엔지니어들은 이에 대해 용케 둘러대며 곤란에서 벗어났다. 그러는 사이 콜레라는 계속 죽음의 길을 재촉했다.[100]

런던에서 요크 출신 존 스노John Snow는 1849년과 1854년에 콜레라 인자因子로서 마시는 물과 배설물에 관한 유용한 연구서들을 출간했는데, 그는 성가시게 현미경 분석을 통해 자기 가설을 뒷받침하지는 않았다. 하지만 그 당시 현미경은 이미 괴팅겐 대학교에서 발견'되었던' 터였다.

그리하여 최초의 육감을 뒷받침하는 데 필요한 실험실에 기반을 둔 과학적 실험은, 괴팅겐 방식의 전문성을 지닌 프러시아의 로버트 코흐Robert Koch의 몫이 되었다.[101]

만일 스노의 비과학적 접근이 '이상한 나라의 엘리스'와 같은 호기심 어린 것으로 여겨질 수 있다면, 버밍햄의 조셉 체임벌린Joseph Chamberlain의 행동 역시 마찬가지다. 도시 갱생에 관해 선도적이라고 알려졌던 체임벌린은, 도시 평의회가 수세식 변소 설치를 금지하도록 허용했다. 수세식 변소가 길거리 아래 하수 시스템과 연결될 수밖에 없으므로, 당시 표준적인 휴대용 요강식 변기보다 무한정으로 비용이 더 많이 들 것이라는 것이다. 이런 오래된 용기에 담긴 내용물은 분뇨 처리 수레에 의해 정기적으로 수거되길 기다리며 큰 통에 담겨 있어야 했다.[102]

1848~1849년 동안 콜레라가 영국에서 다시 재발했다. 당시 콜레라에 대처하기 위해 유일하게 급료를 지불받는 실행 위원인 독설가 에드윈 채드윅이 효과적으로 지도하는 일반 보건 위원회가 정부 중심부에 있었다. 한편, 현장의 위기에 대처하기 위해 지역적으로 선출된 빈민법 후견인들도 대기하고 있었다. 그들은 여전히 지출을 줄임으로써 지방세를 낮추려는 자기들의 임무에 충실했다. 이렇게 방어선이 전혀 존재하지 않는 가운데 콜레라는 영국 전역으로 퍼져가, 특히 연합 구빈원의 노인들에게 극심한 타격을 가했다. 공식 통계 수치에 따르면, 이 전염병으로 인해 6만 2,000명이 사망했으니, 1831~1832년 동안 사망 수치의 거의 2배에 달했다.[103] 콜레라가 자신과 같은 신분과 계급을 지닌 사람들의 감수성에 끼친 영향에 대한 글에서, 토마스 프로스트Thomas Frost는 다음과 같은 의견을 개진했다.

그러나 우리는 플랜타지네트 왕조 이래로 이런 사악한 일에 익숙해져 왔고, 비록 이런 일이 인구 증가와 대도시 증가로 더욱 빈번하긴 하지만, 멜더스가 우리에게 가르치지 않았던가? 전염병은 생존 수단을 능가하는 인류의

수를 저지하기 위해 신의 섭리로 활용되는 수단 가운데 하나라는 사실을.[104]

독설가 제임스 밀조차 이보다 더 잘 표현할 수는 없었을 터였다.

1853~1854년 동안 콜레라는 대대적으로 또다시 재발해 32년 전의 원조격인 콜레라로 인해 대혼란이 벌어졌던 곳에서 그다지 멀지 않은 뉴캐슬을 강타했다. 9만 명의 뉴캐슬 주민과 인근 지역 수십만 명을 보호하는 역할을 하던 이들은 지역 빈민법 후견인들이었다. 하지만 그들의 태도에는 변함이 없었다. 1853년 8월, 콜레라가 뉴캐슬을 급습했을 때의 상황은 다음과 같다.

도심에 끼친 영향은 파멸적이었다. 사업은 "완전한 정체 상태"에 빠졌다. 인근 시골 출신 사람들은 도심을 빠져나갔고, 주요 시장에서 장을 보는 사람들은 매우 드물었다. 콜레라로부터 대피하기 위해 생활에 여유가 있던 사람 중 일부는 집을 폐쇄시키고 다른 곳으로 달아났다. 의사들은 밤이고 낮이고 일하다 보니 피로뿐만 아니라 구토로 인해 맥을 못 추는 경우가 많았다. 특히 밤에 사람들이 오물을 길거리 하수구에다 버린 뒤 더욱 심했다.…… 더 가난한 구역에 사는 사람들은 당연히 경악했다. …… (시체가 1,527구에 이르렀으니) 공동묘지는 늘어나는 사망자를 감당할 수 없었다.[105]

1866년, 콜레라가 또다시 찾아왔다. 이번에는 대부분의 영국 카운티 주민을 상대했다. 1853~1854년 동안의 경우처럼, 이 질병에 대처하기 위해 당장 준비된 것은 전혀 없었다. 그러나 예상되었던 재앙의 도래로 야기된 비상사태로 말미암아, 의회는 지역 당국자들이 이윤 획득을 위한 물 공급 회사를 인수하고, 보건 의료 공무원을 임명하도록 (요구하는 게 아니라) '허락하는' 법안을 통과시키기까지 했다. 그러나 (1872년의 공중보건법이라는) 강제 법안이 마침내 통과된 이후, 그리고 벤자민 디즈레일리의 1875년 공중 보건법에 의해 몇 가지 조치가 더 실행된 이후 지역 시의회 의원들은 자신의 보건 정책과 상반되는 재산권을 지닌 원고에게 법원이 부과하는 배상액을 갚기 위해 개인 자금을 몰수당할 수도 있다는 점을 깨달았다.[106]

이런 가운데 콜레라에 맞선 투쟁에 가담한 (의사와 기사들 다음의) 세 번째 전문 집단인 법률을 다루는 당국자들이 제 목소리를 내고 있었다. 법정 변호사와 판사들은 모두 재정적으로 유복하고 이 질병으로부터 개인적 위험을 피할 수 있을 구역에서 생활하며 일했다. 그들은 콜레라 문제의 해결이 의료 및 토목 공학 전문가들에게 달려 있다는 점을 당연시했다. 법조인들이 인식하고 있었듯이, 그들 자신의 책임은 부동산에 대한 관습법적 권리의 보호였다. 이런 12세기적 원칙을 엄격하게 준수함으로써 변호사, 법정 변호사, 판사들은 시 의회가 평범한 도시 거주민에게 깨끗한 음료수와 제 기능을 발휘하는 하수 처리 시스템을 공급하는 데서 실질적인 개선이 이루어지는 것을 극도로 어렵게 만들었다. 그러는 와중에 1861년 윈저 외곽에서 독일 태생 여왕의 부군 알버트Albert가 수인성(장티푸스는) '불결한 질병'으로 사망한 것으로 알려졌다.[107]

그러므로 영국이란 나라가 사실상 1만 4,000명을 사망케 했던 1866~1867년 동안의 마지막 대규모 콜레라 침습에 뒤이어 수십 년 동안 유행성 콜레라가 계속되었음에도 불구하고, 정기적으로 인구가 감소하지 않았다는 사실은 놀라운 일이다.[108] 우연의 일치를 별도로 치면(콜레라는 대단한 도박꾼이다), 필시 영국을 구했던 요인은 인도와 서쪽 지점들 간에 부과되었던 아주 엄격한 검역 통제 탓이었다.[109] 1866년에 이스탄불에서 열린 '콜레라 통제 위원회' 국제회의와, 1869년에 개통된 뒤 수에즈 운하의 정거장에 직원을 배치하고 있는 이집트가 취한 엄격한 검역 조치 확립 이후, 선원이나 승객 중 누구라도 콜레라로 죽어 가고 있는 동안 영국 배들은 바다에 계속 머물도록 강제되었다. 그러나 그랜빌 경 같은 야비한 영국 국무 장관들은 검역 규정에 순응하는 것이 1846년에 의회의 입법화로 성문화되어 제정된 '자유 무역' 원칙의 중대한 위반이라는 점을 분명히 했다.[110] 다른 나라들이 문명화된 행동 규범으로 간주하는 규정을 영국이 거만하게 거부했다는 점을 염두에 두면서 우리는 반란의 궤적을 좇아 영국령 인도로 되돌아간다.

1857년 이후 인도의 콜레라

콜레라가 최초로 영국 곳곳으로 확산되었던 해(1831~1832년)에 쓴 글에서, 인도 지성인 잠베카Jambhekar는 서구 과학의 성과물에 대해 논평했다. T. 레이차우두리Raychaudhuri가 알기 쉽게 바꾸어 말한 대로, 잠베카의 주장은 이랬다.

> 유럽 거주민들은 "나머지 세계 전체에 걸쳐, 거의 모든 과학 방면에서…… 탁월한 우위를" 확보했다. 지식 그 자체를 위해 지식을 추구하는 용맹한 개인들의 사심 없는 헌신 덕택이었다. 그들의 사심 없는 수고를 통해, 인류 지식의 재고가 늘었고 "인간의 힘을 강화시키거나 동료 인간에게 유용성을 높여 주는 수단의 발견과 발명품들을 통해 인간의 이익"이 증대되었다.[111]

불행히도 1920년 전에 인도 통치에 관여했던 영국인들 대부분은 현실을 제각각으로 인식했다. 본질적으로 그들의 실패는 지나치게 경직된 지식 범주의 구획 탓이었다. 세포이 항쟁 이후의 개혁(1859)을 통해 동인도 회사의 아마추어적 활동에 종지부를 찍으면서 영국 정부가 인도 사업에 직접적 통제력을 행사하게 된 이후, 한 가지 특정한 과제를 수행하기 위해 등장한 봉급 받는 전문가들은 다른 이들이 무슨 일을 하고 있는지 망각한 채 변함없이 아마추어적 모습을 드러냈다. 이런 협소한 관점으로 인해 그들은 (2,500만 명씩이나 콜레라 사망자가 발생한) 인도의 문제를 전체적으로 전혀 이해할 수 없었다. (본국으로 돌아간 소위 진정한 영국인인) 자본가의 역할을 잠시 제쳐 둔다면, 무엇보다 인간의 목숨을 앗아가는 데 콜레라 비브리오 균이 거둔 혁혁한 성공에 기여한 전문직 그룹 둘을 지적할 수 있다. 이들은 황실 육군 기사와 민간 토목 기사 및 의료 전문가들이었다.[112]

갠지스 강 하류에서처럼 콜레라가 전염된 곳마다, 기사들이 수행한 일과 콜레라 비브리오 균이 수행한 일 사이에 상호 작용이 이루어지면서, 소수의 사람들이 사망하는 결과를 낳았다. 그런데 인도 최대의 주기적인 기근이 휩쓴 지역 어디서나 콜레라 사망률이 높았을 가능성이 있었다. 데이비드 아널드David Arnold는 다음 사실을 지적하면서 기근과 콜레라 간 상호 관련성을 부분적으로나마 설명했다.

> 콜레라와 기근 사이의 관련성에 대한 최상의 기록된 실례 중 하나는 1870년대의 마드라스 프레지던시 지역에서 나온 것이다. 1873년에 보고된 사망자 수 840명을 최저로……이 지역 사망자 총계는 1875년에 새로운 전염병이 돌기 시작하면서 9만 4,546명으로 급증했다.……이 전염병은 1877년에 정점에 달해 35만 7,430명의 사망자를 내다가, 1878년에 4만 7,167명으로 후퇴했다.…… 1877년에 10개 주요 기근 지역의 콜레라 사망률은 1,000명당 18명이었다. 한편, 나중에 기근이 번졌던 5개 지역 평균 사망률은 1,000명당 11.1명이었다.[113]

그러나 아널드가 말하지 않았던 사실은, 기근이 닥쳤을 때에는 대체로 '공공 작업부PWD'으로 알려진 엔지니어링 부서가 구제 활동을 감독할 책임을 떠맡았다는 점이었다. 정부가 설정한 원칙에 따르면, 굶주리는 남녀노소는 마을을 떠나 중앙 캠프로 가서 육체노동을 포함한 과제를 할당받도록 조치되어야 했다. 실제로 이런 조치는 기근 위기 동안 수만 명이

단 한 곳에 집결할 수 있게 하려는 의도였다. 십중팔구, 이런 노동 캠프에는 안전한 음료수가 적절하게 공급되지 않았다. 이런 상황은 콜레라에 날개를 달아 주는 격이었다. 1897년의 끔찍한 기근에 북서 지방과 오드에서 150만 명이 공공 작업 구제 프로젝트에 따라 작업에 투입되었다. 3년 동안 계속해 엄청난 인원이 공공 작업 프로젝트에 고용되었던 1900년 기근 재난에 대한 글에서, 한 중앙 지역 보건 판무관은 일반적 진실 하나를 언급했다. 즉 콜레라는 "기근 속에서 주요 동맹자를 발견하는 질병"이었다.[114]

채드윅적인 '열등 처우 원칙'의 명령을 따랐던 공공 작업부가 운영하는 한 기근 캠프에서 식량 배급 자격을 얻기 위해서는, 아무리 영양실조 상태라 하더라도 모든 사람은 도로 작업이나 관개용 수로를 위해 흙을 파내어야만 했다. 만일 그들이 거부할 경우, '노동 테스트'에 불합격한 것으로 낙인찍혀 식량을 받을 자격을 박탈당했다. 1870년대 중반 마드라스 기근 기간에 지역 보건 공무원인 군의관 코니시 소령은 일꾼들에게 나눠주었던 음식의 양이 "격심한 육체노동을 견뎌야 하는" 이들에게 적합지 않다고 시사했다. 이에 정부의 특별 기근 조사자인 리처드 템플 경은 보통 유럽인들에게 필요한 음식량에 관한 "관념적 과학 이론"을 인용한 코니시의 공로를 인정했지만, 인도인들은 '태곳적부터' 보다 적은 음식으로 때워 왔다는 점을 지적했다. 템플의 인색한 정책은 성공을 거둬, 그는 벵골의 부총독이 되었다.[115] 그러나 공평히 말하자면, 사람들의 건강 유지에 필요한 식량 요구량을 탐구하는 것은, 1880년대까지 어떠한 유럽 과학자들에게도—이 경우에는 독일에서—관심거리가 되지 못했다. 영국에서는 인간의 영양학적 필요조건에 관한 최초의 연구서가 1933년이 되어서야 비로소 출판되었다.[116]

영 연방 인도 제국의 통치가 여전히 12년쯤 남았던 1935년에 황제가 임명한 영양 문제 관리 위원회는 다음과 같은 사실을 발견했다.

상당수의 주민들이 영양 결핍 상태에 있다는 많은 증거가 존재하며, 이는…… 개인의 정신적·육체적 에너지에 영향을 미칠 뿐 아니라, 해당 개인이 겪기 십상인 가지각색의 감염으로 인해 발병률과 사망률을 증대시킨다. 더욱이, 이 문제를 깊이 탐구하면 할수록 우리는 특정 음식의 결핍으로 인한 질병으로 고통받는 더욱 많은 사람들을 인지하게 된다. 다른 한편으로…… 예외적 중요성을 지닌 요소인…… 매우 낮은 경제적 처지에 처한 주민들도 존재한다.[117]

1980년대 중반 이래로 옥스팸(Oxfam: 옥스포드를 본부로 하여 1942년에 발족한 극빈자 구제 기관 – 역자)과 그 밖의 재난 구제 조직들은, (콜레라에 걸리기 쉽게 만드는) 영양실조와 (굶어 죽게 만드는) 기근이 자연적 결과라기보다는 '인재人災'라는 점을 받아들였다.[118]

1881년에 북서 지역과 오드에서 퇴직을 앞둔 황실 기사 알렉산더 프레이저Alexander Fraser라는 한 인물이 기근시의 공공 작업 구제 활동에 대한 평가서를 작성했다. 프레이저는 굶주리는 사람들이 힘겨운 육체노동을 해내리라 예상하고, 그들을 치명적 질병에 노출될 작업 현장으로 내모는 일은 바보 같은 짓이며 범죄적 행위라고 말했다. 그는 사람들의 고향 마을에서 구제 활동을 제공하는 것이 훨씬 나으리라 권고했다. 더 나아가 그는 노동의 필요조건을 남성 가장에게 한정지었으며, 모든 남녀노소를 도랑을 파게 하거나 굶어 죽게 만들기보다는 전문성 있는 장인들은 익숙한 종류의 일을(직조공은 직조 일을, 목수에겐 목수 일을, 벽돌 제조공은 벽돌 만들기를) 하도록 허용하는 것이 인도적이며 전문적 차원에서도 합당하다고 주장했다. 퇴직하는 프레이저가 좀 어색하게 표현했듯이, "모든 기근 구제 조직에서 내가 생각한 요점은 사람들의 가정생활을 해체하는 경향이 있는 조치를 취하지 말아야 한다는 점이며, 만일 이것이 올바르다면 대규모 중앙 구빈원 시스템과 대규모 노동 센터는 그 가치가 저하될 것이다."[119]

채드윅의 독단에 대한 이런 냉혹한 비판에 대해, 고위직 황실 기사 콜린 스콧 몬크리프Colin Scott Moncrieff 소령은, 나일 강을 따라 여러 민족에게 물대기에 대한 열광을 자극하기 위해 잠시 이집트로 전출을 가게 될 즈음, "부질없는 소리! 쓸데없는 소리!"라며 볼멘소리를 했다. 스콧 몬크리프는 신분이 낮은 이들의 목숨이라는 값비싼 대가를 치르더라도, 공공 작업의 규모와 경쟁력을 증대시키기 위해 기근으로 주어지는 기회를 활용할 경우에만 전문가적 관심이 충족되리라 생각하는 듯했다.[120] 같은 해, 의회에 대해 인도 재정 감독의 책임을 진 영국인의 한 사람인 에블린 배링(Evelyn Baring: 훗날 이집트의 크로머 경)은, "기근과 불완전한 위생 상태로 인한 영향력을 최소화시키기 위해 (우리가 기울인) 모든 자비로운 시도는 도움이 되긴 하지만, 그러나 (멜더스적인) 과잉 인구를 낳는 악을 고양시킨다."는 점에 주목했다.[121]

「영국 채권자들에 대한 의무 이행하기: 인도, 1858~1914년」이라는 제목의 장에서, 카인과 홉킨스는 채무 상환, 이자, 연금 등을 통해 필연적으로 인도의 세금 납부자들로부터 영국으로 매년 수백만 파운드가 양도된다는 사실을 발견했다. 이 점을 잘 알았지만, 그러나 자신이 연루되지 않기 위해, 1881년에 인도에서 50년간의 경험을 지닌 은퇴한 재정 공무원 토마스 시큼Thomas Seccombe은 하원 위원회에서 이렇게 말했다. "인도 사람들이 매년 '1,500만 파운드나 1,600만 파운드의 세금을' 영국에 지불한다는 아주 잘못된 생각은…… 내 견해로는 용어를 잘못 적용한 것입니다." 그러나 사실대로 말하는 편이 더 나을 수 있다. 그 밖의 사실 역시 분명하게 밝힐 필요가 있다. 대영 제국이 중국에게 사도록 요청한 엄청난 양의 인도산 '아편'에서 생기는 이윤으로 수지를 맞춤으로써, 인도 전역을 통한 무역 적자가 메워졌다. 에블린 배링의 추산에 따르면, 아편에서 벌어들이는 이윤이 인도 총 세입의 10분의 1을 차지했다.[122]

인도의 채무 불이행이 대영 제국의 재정에 위기를 야기할까 봐 두려워했으므로, 세포이 항쟁 이후 지도적 입장에 있는 이들은 유별나게 예민

한 편이었다. 1869~1872년 동안에 쓴 글에서, 총독인 메이오Mayo 경은
다음과 같이 경고했다.

  인도는 매우 위태로운 상태에 있다. 언제라도 심각한 위험이 생길 수 있
  다. 우리에겐 현재 1억 8,000만 파운드의 빚이 있는데, 그 빚의 85퍼센트 이
  상은 영국에 물려 있다. 여기에다 1억 파운드를 더할 경우, 인도의 재정난은
  영국 국가 채무 절반의 상각에 맞먹는 결과를 초래할 것이다. 인도나 인도
  일부의 상실은 본국에서 일어날 파산과 비교할 때 아무것도 아닐 것이다.[123]

  "영국에 물려 있는" 1억 5,000만 파운드의 채무액 중 상당액이 매년 자
본가들에게 계속해서 5~7퍼센트 정도 상환되었다는 점을 감안하면, 우
리는 왜 인도가 가장 소중한 나라로 간주되었는지 쉽게 납득할 수 있다.
갚지 않은 채무인 이런 금전의 상당액은 사회 기반 시설 건설을 위한 대
부 형태를 띠었다.
  인도 엔지니어들에게 일자리를 제공하는 좀 더 중요한 사회 기반 시설
건설 작업 가운데 하나가 철도 부설이었다. 이로 인해 숲이 대대적으로
파괴되었다. 1857~1858년 동안 세포이 항쟁 시에 불과 몇 마일에 걸친
기지로부터 시작해, 1887~1888년 동안 14,383마일(23,000km)의 철로
가 부설되었다. 1893~1894년 무렵엔, 철로 총연장 길이가 18,500마일
(29,600km)로 놀라울 정도로 증대되었다. 그러나 데이비드 하디먼David
Hardiman이 최근에 지적했듯이, 기근 시 지역 철도 역에 접근할 수 있다고
해서 반드시 정부가 굶주리는 이들을 먹이기 위해 식량을 공급하리란 보
장은 없었다. 그와 반대로 잘 견지된 자유 무역과 불간섭 원칙을 언급하
면서, 정부는 대체로 소유의 개인주의라는 유럽적 과실을 속속들이 맛보
기 시작한 지역 사업가들을 방치했다. 그리하여 정부는 철도를 활용해
식량 부족에 시달리는 곳들에 저장된 식량 비축분이 더 높은 가격에 팔
릴 또 다른 지역으로 수송하는 것을 막기 위한 어떤 조치도 취하지 않았

다.[124]

이런 정책과 더불어, 정부 공무원들은 아주 소수의 인도 사람만 실제 기아로 사망했다고 주장하는 경우가 많았다. 기아보다는 그들 사망의 원인은 기아에 뒤이은 콜레라와 같은 오염 물질에 의한 질병이었다. 당국자들은 또한 (그것이 무엇이든) 콜레라 인자들이 철도로 옮겨진다는 어떠한 '경험적 증거'도 존재하지 않는다고 거듭 주장했다. 그들의 인식에 따르면, 증기 기관의 시대라 해도 전염병은 이전 시대와 똑같은 속도로 전파된다는 것이 '진실'이었다. 이런 허구 속에서 영국계 인도인 당국자들은 남부 독일 콜레라 토양 오염 전문가 막스 폰 페텐코퍼Max von Pettenkofer의 저술들에 의거해, 1892년 당시로선 최신의 입장을 지지했다. 그러나 그해에 철로로 인해 엄청난 함부르크 유행성 콜레라가 생겨남으로써, 페텐코퍼의 입장이 크게 잘못되었음이 입증되었다.[125]

황실과 민간 토목 기사들은 인도의 철도 건설 이외에 대규모 관개 수로망 건설 역시 감독했다. 1830년대에 북부와 동부 해안 지역에서 시작해 인도에 물길을 대는 프로젝트는 리처드 스트래치 경이 (1854년에 설립된) '공공 작업부' 수장으로 임명되었던 1862년 이후 봇물 터지듯 확산되었다. 스트레치는, 자기 재주를 감추는 것과는 거리가 먼 사람으로서 투자된 돈이 조기에 만족스럽게 상환되지 않는 한 어떠한 수로도 건설되지 않으리라는 점을 대놓고 말했다. 대부액과 증가된 토지 세수에 대한 이자 지불의 직접적 형태로, 그리고 특별히 맨체스터 공장으로 수출하기 위해 재배되는 면화처럼 관개 농작물을 통한 이윤이라는 간접적 형태로, 수익이 창출될 터였다.[126]

1888년에 쓴 글에서 리처드 스트래치의 동생 존은 대략 인도의 1만 평방마일이 2만 8,000마일(44,800km)의 수로에 의해 물길이 열리고 있다고 보고했다. 7년 뒤, "인도의 물질적 · 도덕적 진보"에 관한 연례 보고서에서, 당시 대략 14,114마일(22,582km)에 이르는 주요 수로가 건설되었고, 26,119마일(41,790km)에 이르는 소형 수로가 이를 보완하고 있는데,

모두가 영국의 자본가들로부터 차용한 돈으로 공공 작업부 감독하에 건설되었다고 되어 있었다. 1904년, 펀잡 지방의 수백 마일에 이르는 수로를 다루면서, 보고서에는 한 가지 예외 말고는 모든 주요한 수로들이 경비와 비교해 7.15퍼센트의 순수 이윤을 창출했다고 기록되었다. 이런 이윤의 상당 부분은 해당 지역 생태계를 전면적으로 파괴함으로 달성되었다.[127]

동생의 저술을 내세우면서 존 스트레치 경은 "이보다 더 고상한 유용성을 지닌 공공사업을 벌인 적은 한 번도 없었다."고 주장했다. 당연히 맞는 말이지만, 인도는 지구상에서 대영 제국 지배하에 있는 모든 곳들 가운데 관개 수로가 가장 집중적으로 발달된 지역으로서 순조로운 길을 걸었다. 그리하여 1901년 무렵, 경작 토지의 20퍼센트가 관개 수로를 통해 물 공급을 받았다.[128] 인도는 또한 콜레라로 인해 최대의 피해를 입었던 세계의 변두리이기도 했다. 이런 관련성은 더욱 깊이 탐구되어야 할 필요가 있다.

1854년의 '런던 브로드스트리트의 펌프'(특정 전염병과 하수로 인한 마시는 물의 오염 관계를 밝힘 – 역자)라는 연구로 명성을 날린 존 스노의 궤적을 따라, 대략 1899년 이전에 수로로 물을 끌어들이기와 콜레라 확산과의 연관성을 의심했던 지방 보건 공무원들이라면 누구나 공적公的으로 발언하는 내용이 무엇이든, 그것이 자기 경력에 불리하게 작용하리란 점을 충분히 잘 알았다. 인도 정부와 더불어 육군 보건 위원회 최고위직에 있는 거물들은 콜레라가 나쁜 공기, 나쁜 물, 형편없는 자연환경 및 그 밖에 지역민의 온갖 '불결한 습관'이 중심이 된, '오직 해당 지역의' 위생상의 미비점으로 인해 야기되었다고 주장했다.

1877년, 이런 발상의 정당함은 '사회 과학 의회Soical Science Congress'의 보건 분야에서 몸소 행한 신랄한 개막 연설을 통해 에드윈 채드윅에 의해 확인되었다. 이렇게 확고한 입장을 견지하며 당국자들은 (그것이 무엇이든) 콜레라 인자가 실제로 수입되었을 수 있다거나, 실로 유럽에서 발견되는 특별한 종류의 콜레라는 인도에서 발견되는 콜레라와 똑같다는 주장은 이단적 논리라고 거듭 반박했다. 1881년, 과거부터 (에딘버러 출신) 최고위급 보건 판무관 J. M. 커닝햄Cunningham 박사는 다음과 같이 명료하게 설명했다. "자기 식의 '전염' 순서를 체계화할 양심상의 필요에 직면해 있다고 느끼는 어떤 공무원이든지, 위생 업무는 회피해야만 한다고 말해야 좋을 듯합니다." 그 당시에 이해된 바로, '전염병'은 당연히 격리 정책의 완곡한 표현이었고, 인도 무역을 차단하고 영국이 인도로 간 이유인 (돈 벌어 주는 경제의 확립이라는) 진정한 목적을 상실하게 만들, 토지에 근거한 격리선의 완곡한 표현이었음은 물론이다.[129]

그렇다면 인도 사람들의 특별히 '불결한 습관'이란 무엇이었으며, 그런 습관은 수로와 어떻게 연관되었을까? 필연적으로 당시 대부분의 사람들은 지금처럼 삶의 이런 측면을 엄격하게 사적私的 문제로 간주하는 편이었다. 따라서 사람들이 어디에다 대변을 보려 했는지, 자기 몸에서 나오는 쓰레기를 어떻게 처리했는지, 은밀한 신체 부위, 이빨, 요리 기구와 식기 등을 어떻게 청결하게 했는지에 대해 우리가 실제로 아는 건 거의 없다. 역사가들처럼 개인적 관찰을 통해서는 이제는 죽고 없는 사람들의 습성을 탐구할 수 없으므로, 우리는 유추에 의존해야만 한다.[130]

그런데 특별히 유용한 연구가 하나 있다. 크와자 아리프 핫산Khwaja Arif Hasan이 1967년에 수행한 연구인데, 그가 '치나우라'라 불리는 북부의 한 인도 마을에서 행한 연구였다. 이 마을에서 연구자는 이슬람교도 남녀와 힌두교도 남녀가 대체로 이른 아침에 자기 집 근처 들판으로 나간다는 사실을 발견했다. 수로나 물웅덩이 혹은 여타 이용할 수 있는 수원이 있는 곳에서 그들은 근처에 쪼그려 앉아 몸을 씻기 위해 가져간 작은 사발로 맨 처음 물을 모았다. 물을 긷고 몸을 씻은 다음, 이어 그들은 그 물을 때로는 수로나 물웅덩이에다 부었고 거기서 다시 마실 물이나 양치하고 씻을 물을 길었다. 사발 자체는 진흙으로 깨끗하게 씻겨져 나중에 다른 목적으로 사용될 수 있을 터였다. 그런 용도 중에는 마실 물을 담는 것도 포함되었다. 로버트 코흐가 지적했을지도 모르는 바, 이런 행동 양식은 콜레라 비브리오 균을 확산시키기에 딱 안성맞춤이었다.[131]

마을 사람들의 습성에 관한 핫산의 언급을 보완해 주는 것은, 캘커타에서 서양 의학적 교육을 받은 벵골의 한 의사 스리나스 고세(Sreenath Ghose)가 1880~1881년 동안 쓴 힌두 '도시의' 관습에 관한 보고서다. 고세 박사에 따르면, 대부분의 가족에겐 폭우가 내리는 동안 길거리 도랑에다 비우는, 실내에다 둔 '요강'이 있었다. 고세는 이런 관습을 "각성된 자연보호에 대한 관념"에 상반되는 것으로 간주했다. 그러나 도시 학교에 다니는 인도인 협력자의 자녀가 셰익스피어와 밀턴을 암송하도록 배우고 벤담과 존 스튜어트 밀을 인용하도록 배웠지만, 결코 개인 위생의 초보적 원리는 배우지 못했다고 그는 연이어 설명했다. 이런 상황은 지역 교육에 대한 책임을 확고하게 인도인의 손에 맡겼던, 1920년의 몬태규 쳄스퍼드 개혁(Montagu-Chelmsford Reform) 때까지 변화되지 않은 채 그대로였다.[132]

교육에 대한 언급을 통해, 혹은 개인 위생 및 수로에 대처하는 방법의 경우에는 교육의 부재에 관한 언급을 통해, 우리는 여왕이 인도를 관개하기로 결정한 후에 설립된 두 곳의 특별한 엔지니어링 학교에서 잠재적 영국 엔지니어들에게 제공된 훈련의 질이란 주제에 접하게 된다. 이런 학교 중 하나는 1856년에 설립된 루르키(현재의 히말첼 프라데쉬) 근처의 토마슨 칼리지였다. 나머지 하나는 중산층이 존경받을 만한 전문 직업으로 간주하는 엔지니어링에 공립학교 아이들이 매력을 느끼도록 만들기 위해, 1871년에 설립된 영국의 쿠퍼힐 칼리지였다. 영국이나 유럽 본토에서 수로를 건설하려고 의도했던 사람들에게 제시할 만한 강좌의 적합성을 언급하지 않아도, 우리는 쿠퍼힐 칼리지 프로그램에 인도가 지닌 특별한 지질학적 · 지리학적 · 기상학적 조건에 대한 주목이 결여되었음을 볼 수 있다.[133]

인도의 여러 민족과 지역에 가해진 엄청난 피해의 관점에서 볼 때, 특별히 비극적이었던 건 모든 수로망과 더불어 배수로망이 갖춰져야만 한다는 점을 강조하는 데 실패했다는 사실이었다. 수로에서 들판으로 유입되는 물 전부가 한꺼번에 흙 속으로 스며들지는 않기 때문에, 근처 하수구를 통해 농작물을 망치지 않도록 항상 남는 물을 유출시켜야 할 필요가 있었다. 또한 괴어 있는 물로 인해 토양에 소금 퇴적물이 남게 되면서, 지력이 좋은 들판이 조만간 황량한 불모지로 바뀌었다. (스콧 몬크리에프의 사업에 관해 자세히 설명하면서) 문헌의 논평에 따르면, 인도에서 1930년은 족히 지나서야 비로소, 그리고 영국이 관개 수로를 설치한 이집트에서는 1965년이 지나서야 비로소, 엔지니어들은 마침내 관개 수로를 통해 유입되는 물의 단위에 상응하게 하수 시스템을 통해 물을 배출할수 있는 설비를 마련할 필요가 있다는 점을 인식했다.[134]

콜레라와 직접적으로 관련되었던 점은, 배출 하수구망의 부재로 말미암아 수로 물이 거대한 주변 토지를 침수시킨다는 엄연한 현실이었다. 만일 이런 지역들 가운데 한 군데에서 이런 잉여의 물이 콜레라 보균자 배설물로 감염될 경우, 바람과 물결의 작용을 통해 이내 넓은 지역으로 감염이 확대될 터였다. 이런 물이 모기를 위한 이상적 번식처를 제공했다는 점 역시 주목되어야만 한다. 다양한 형태로 말라리아는 사실상 19세기와 20세기 인도의 주요한 살인적 질병이었다.[135]

배수구는 이윤 획득에 골몰하는 영국인들이 무시해 버린 전문적 지식의 한 부분으로, 간단한 공학적 문제였다고 여기는 사람이 있다. 그런데여기엔 이런 정도를 훨씬 넘어서서, 전체론적 접근의 부재로 야기되는보다 더 큰 문제가 도사리고 있었다. 이런 맥락에서 볼 때, 지역 경작자들에게는 농작물을 재배하고 물을 주며 수확하고 판매하거나 소비하는, 문화적으로 결정되는 방식에 관한 엔지니어링 지식이 위태로울 정도로 결여되어 있었다. 연거푸 기근으로 고통받는 지역에서 훨씬 더 비극적인점은, 지역 농작물, 토양, 물 수요, 음식과 식사의 선호를 연구하는 데 열중하는 적절한 농업 훈련 대학의 부재였다. 어떤 논평자가 1904년에 지적했듯이, 지역적 기반의 실험적 연구가 부재한 상태에서 관개 엔지니어들은 이용할 수 있는 대부분의 정보를 워싱턴 소재 미국 농업부가 출간하는 저널에서 얻었다. 그러나 아무리 합당할 정도로 이 자료를 인정한다고 해도, 이런 정보가 (몬순이라는) 인도의 특별한 기후 조건에 적절하리라 믿을 사람은 없다.[136]

1902년, 인도가 여전히 대영 제국 지배하에 있을 동안, 존 홉슨John Hobson은 인도의 상황을 요약했다. 홉슨의 주장은 존 스튜어트 밀이 1859년에 그랬던 "관습의 전제 정치"라는 관습 우위적 관점과는 달랐다.

우리 자신의 문명이나 그들 문명의 노선을 따라, 그들을 산업적 · 정치적 · 도덕적 진보를 이루게 도와준다는 의미에서 우리가 인도를 문명화하고 있다는 생각은 완전한 망상이다. 그런데 이런 시혜적 관점은 정부와 작은 외국인 그룹의 활동으로 이루어지는 피상적 변화의 영향력에 대한 그릇된 평가에 토대한다. 이런 망상은 제국주의의 결핍을 가리고 특정 이해 집단이 제국으로부터 뽑아내는 이득을 감추기 위해 그릇된 신념을 날조해 내는, 제국주의의 억지 이론에 의해 지탱될 뿐이다.[137]

억지 이론, 망상, 결핍, 이득, 특정 이해집단 등 이런 말은 거칠다. 그럼에도 이런 거친 어휘의 수를 늘리도록 한 게 '콜레라'이며, 제국주의적 정책을 통해 콜레라는 인도인 약 2,500만 명의 목숨을 앗아 가면서 130년 동안 존속했다.

홉슨이 글을 쓰고 있었을 때조차도, 고위직 의료 권위자들은 캘커타의 콜레라균이 섞인 물에 관한 로버트 코흐가 밝혀낸 질병의 인과 관계에 관한 새로운 패러다임을 적용함으로써 콜레라로 발생한 황폐화가 중단될 수 있으리란 점을 단호히 부인했다. (코흐 등장 15년 뒤인) 1899년, 직전 1년 동안 6만 5,444명이라는 콜레라 사망자를 기록한 마드라스령領의

사례를 보고 쓴 글에서 한 보건 공무원은, 콜레라균이 "사람들의 비위생적 습관으로 인해 오염되기 쉬운 기다란 수로를 통해" 이 마을에서 저 마을로 번질 수 있다는 견해를 과감하게 제시했다. 이에 관해 논평하면서 육군 위생 위원회는 마드라스 보고서가 "만일 이런 수로의 개폐가 콜레라의 출현 및 퇴각과 일치한다는 사실을 보여 주는 (반박할 수 없는 '사실'이라 할) 통계 수치로 뒷받침 되었더라면…… 훨씬 더 중요성을 지녔을 것이다."라며 퉁명스럽게 언급했다. 고용 보장에 신경을 썼던 모든 이들이 알고 있었듯이, 콜레라는 지역 공중위생 결여로 생겨났지 수입된 게 아니었다.[138]

이런 부정적인 논평은 J. M. 커닝햄의 오랜 재임 기간 내내(1868~1884) 인도 위생 판무관이 근무하는 정부 관청에서 정기적으로 발표되었던 논평의 복제판이었다. 1829년에 (다소 긴장된 인종 관계의 온상인) 남아프리카 희망봉에서 태어나 에딘버러 대학교에서 교육받은 스코틀랜드인 커닝햄은, 영국 정부 당국자가 인도 의료 사업을 책임져 주길 바랐던 시대에 뒤떨어진 인물이었다.[139] 그의 채찍 아래로 들어왔던 이들은 펀잡 지방 위생 공무원으로 잇달아 근무했던 두 사람으로, 1876년에 해고된 A. C. C. 드렌지DeRenzy와 1885년에 해고된 H. W. 벨로우Bellow였다. 요컨대, 두 사람 모두 인도의 전반적 건강을 개선시킬 예방적 프로그램을 고안할 수 있다는, 당시로선 혁명적이었던 생각을 받아들였다. 그들의 평가에 따르면, 콜레라가 나라를 휩쓰는 경로에 관한 존 스노의 이론은 타당했다. 그의 이론에 입각하면, 마을 사람들에게 안전한 음료수 원천을 제공하고 마을에 기반을 둔 폐수 처리 장치를 제공하며 초등학교 개인위생 교육을 실시할 경우, 농촌에 긴요한 일들이 가장 잘 충족될 수 있을 것이었다. 이슬람교도가 지배적인 펀잡의 경우, 마을의 하킴이 위생 교육을 실시할 수 있을 것이었다. 만일 마을의 각 가족에게 상당 수준의 양식을 제공하기 위해 그들이 경작하는 논밭의 작물 중 충분한 정도를 보유하도록 허락한다면, 그들의 육체적 조건이 아주 개선되리라는 기대 또한 벨로우의 발상이었다. 그러나 콜레라 이론 및 경제학에 관한 벨로우의 이론 및 경제학이 '불건전하다'고 확신하고서, 커닝햄은 정부 측에 다음과 같이 응답하게 했다.

"그렇게 주민들의 안락함"을 증대시키는 과제는 정부의 능력 밖이다. "…… 그렇게 하려는 시도는 문제를 해결해 주어야 할 (사람) 수를 엄청나게 증대시키게 될 것이 분명하다." (그리고 또한) 가난이 존재하는 한, "아무리 그 부산물을 심사숙고하기에 고통스러울지라도", 우리는 가난에 따른 부산물을 불가피하게 받아들여야만 한다.[140]

1885년에 승진에서 제외된 후, 벨로우가 영국으로 떠나자 예방적 건강관리를 변호할 사람은 인도에 한 사람도 없었다.

1889년, 『인도 육군 의료 장교들의 과학적 회상Scientific Memoirs by Medical Officers of the Army of India』이란 책에 흥미로운 글이 하나 실렸다. 이 글은 캘커타 위생 위원회에 자문하기 위해 새롭게 설립된 연구 실험실의 소장인 D. C. 커닝햄 박사가 썼다. 글에 따르면, 자세하고 장기간에 걸친 현미경을 통한 연구로 "비슷한 세균 가운데도 다양한 종이 존재하며, 그리하여 단 하나의 콤마 모양을 한 특정 콜레라균이 존재한다는 코흐의 이론은 결국 폐기되어야 한다."는 사실이 밝혀졌다. 커닝햄은 코흐가 말하는 콤마 모양의 균이 몇 가지 경우에 콜레라의 결과일 수 있음은 기꺼이 받아들였지만, 그러나 그런 균이 실제 전염병 인자라는 주장은 거부했다. 그 대신에 그와 그의 상급자들은 옛날 설명에 의지했다. 즉 콜레라는 지역 위생 결함으로 야기되었으며, 이 질병은 개인을 조건으로 하기보다 장소를 조건으로 하는 질병이라는 설명이었다.[141]

(코흐가 등장하고서 10년 뒤인) 1894년에 커닝햄의 보고서를 다루는 메모에서, 육군 위원회는 "환자를 피해야 안전할 수 있다고 사람들에게 가르치는 것은"(즉 콜레라 환자의 쌀뜨물 같은 대변과 구토물을 피하는 것은)

"피해가 더 큰 것으로 여겨졌으니, 그로 인해 (표준적 위생 개선)에 대한 주된 관심이 분산되기 때문"이라고 경고했다. 이런 대목에서 육군 수뇌들은 자기들만의 이해관계 (혹은 차라리 본국에 있는 자본가들의 이해관계)와 두 가지 아주 상이한 유형의 행동을 혼동하고 있었다. 만일 그들이 이 문제를 합리적으로 고찰했더라면, (코흐가 강력하게 찬동했던 행동인) 개인적 환자 회피가 검역과 (코흐조차 좀 의구심을 지녔던) 검역선과 같은 범주의 행동에 반드시 속하지는 않음을 깨달았을 터였다. 육군 수뇌부의 반항적인 사고방식을 더욱 깊이 있게 반영하여, 육군 위원회는 계속해서 주장했다. 즉 "이 질병의 원인을 확정 짓지 못하는 학문적 현실 속에서" 유행성 콜레라의 갑작스런 출현과 뒤이은 갑작스런 사라짐은 여전히 알려지지 않은 (아마도 아리스토텔레스적인) "몇 가지 대단한 자연법칙에" 좌우됨이 틀림없다는 주장이다.[142]

한 해나 두 해 더 일찍(1894년에), 인도 총독의 비서 C. J. 리알Lyall은 전국을 순회하며 정부 관리한테 콜레라가 한곳에서 또 다른 곳으로 유입될 수 있다는 소문을 퍼뜨리지 말라는 서한을 보냈다. 그럼에도 본국에 있는 누군가가 편지를 통해 영국 군대야말로 콜레라를 인도 병영과 각 지역으로 유입시켰다고 주장한 소동으로 인해 총독은 분노했다. 이런 주장에 이어 의회에서 여러 의문이 제기되었고, 리알에 따르면 "사건의 진실에 대해 아무런 근거도 지니지 않은" 비판적인 글들이 출판되었다. 공무원들은 당시 "증거에 의해 확립된 사실로 보증되지 않은 견해를 표명하지" 말도록 지시를 받았다. 그들은 또한 "이론적 토론은 가능한 한 회피해야 한다."는 경고도 받았다. 총독의 권고 메시지는 엄격한 충고로 끝을 맺었다. "마을 사람과 하급 공무원들이 표출하는 평범한 진술은…… 주의 깊게 정밀 조사를 벌인 후에만 받아들여져야 함은 새삼 말할 필요조차 없다."[143]

몇 년 뒤, 『열대 의학 저널』의 독자들은 다음과 같이 주장하는 익명의 글을 마음껏 즐겼다.

예리하고 과학적인 공무원들이 전염성을 입증하는 경향을 띤 사실을 기록할 때, 그들은 '탁상공론을 일삼고' 있다는 비난을 받고서 공식 보고서에서 그 사실을 삭제하도록 명령을 받았으니, 연구에 취약하다는 평판은 의료 분야에서 성공하기를 열망하는 이가 얻을 수 있을 최악의 것이었다.[144]

1828년 직후에 글을 쓰면서, 윌리엄 벤팅크 총독은 다음과 같이 고백했다.

유럽인은 대체로 힌두인의 관습과 예절에 대해 거의 모르거나 전혀 모른다. …… 그들의 언어에 대한 우리의 이해는 아주 불완전하다. …… 우리는 원주민과 교제하지 않으며 교제할 수도 없다. 우리는 종종 집에서 가족과 함께 있는 그들을 볼 수 없다. 우리는 인도의 더위로 인해 필연적으로 각자 집에 갇혀 지내다시피 하고, (원주민과의 보다 많은 교류를 가져올) 우리의 모든 필수품과 사업 모두가 우리를 위해 생산되고 행해지므로, 우리는 사실상 인도라는 땅에서 이방인이다.[145]

반세기 뒤, 마드라스령領에서 나온 연례 위생 보고서에 대한 육군 의료 논평자도 똑같은 지적을 했다.

인도의 유럽 출신 공무원이 가난한 원주민의 사회적 관습과 생활양식에 관해 정확히 아는 경우는 매우 드물다. 그들이 먹는 음식, 음식의 양과 다양성, 매일 먹는 끼니 수 등 사실상 사람들의 가정생활과 관련된 모든 문제는, 그에 대한 정확한 아무런 정보도 얻지 못한 채 시골에서 평생을 보낼…… 유럽 공무원의 시야로부터 숨겨져 있다.[146]

1901년에 출간된 루디야드 키플링Rudyard Kipling의 『킴Kim』이 중산층 영국 독자 사이에서 인기를 누린 이유 중 하나는, 이 소설이 완전히 원주민 인도 사람으로 통할 수 있는 듯 보이는, 인도에서 이방인이 '아니었던' 한 영국 소년에 관한 이야기를 자세히 다루었기 때문이었다. 그런데 (1865년에 인도에서 태어나 사춘기 무렵까지 그곳에 머물렀던) 키플링 자신이 체험한 경험에서 나온 평가는 인도 사람들에 대한 성숙한 평가였다. 1899년에 글을 쓰면서 그는 인도 사람들을 "안절부절 못하는 사람들이고, 거칠고…… 새롭게 포착된 무뚝뚝한 민족으로, 반쯤은 악마이고 반쯤은 어린애"로 묘사되었다.[147]

19세기 말엽, 젊은 인도 사람들이 특별히 설립된 하급 의료 대학에서 병원 조수로 훈련받을 수 있도록 허용하는 정책이 가까스로 승인되었다. 1906년, "반쯤 문명화된 나라에 대한 의료 구호의 문제점"에 관한 한 논문은 새롭게 설립된 펀잡 대학에서 학생 250명이 인도 사람이 된 교수진을 고소했다는 점을 지적했다. 불만의 원인 중 하나는 강사들이 영어로 가르치길 거절하는 노인이라는 점이었다. 1906년의 논평자는 다음과 같이 지적하지 않을 수 없다고 느꼈다.

교육받은 젊은 인도 사람은 아주 자연스럽게 통치자를 침략자와 압제자라며 욕설을 퍼붓는 편이지만, 그러나 자기 개인적 이해관계가 관련될 경우엔 대체로 자기 동족보다는 영국인 교수와 판사를 선호하는 경향이 확인될 것이다.[148]

실제로 일찍이 1823년 12월에 벵골의 개혁가 람모훈 로이는 영국의 기준과 일치하는 영어로 진행되는 학교 교육을 간청했다. 또한 교재의 경우 1906년 보고자에 따르면, "활용할 수 있는 책들은 실제로 진부한 영국 교과서의 재판으로 과거 세대 유럽 학생의 필요조건을 충족시키기 위해 고안된 것이다." 이러한 교과서에는 1884년 캘커타의 물탱크에서 이루어진 콜레라 해명에서 로버트 코흐가 이룩한 새로운 발견이 전혀 다루어지지 않았던 듯하다. 이 평론이 출간된 해(1906년)에, (1000명당 3명이라는) 인도 전역에서 콜레라 사망률은 20세기 어느 때에 비해서도 가장 높았다.[149]

제1차 세계 대전 기간에 영국 사회의 영원한 국외자로서 희생자들을 연민했던 유대계 인도 국무부 장관 에드윈 몬태규Edwin Montagu는 법안 하나를 의회에서 통과시켰는데, 이것이 몬태규-첼스퍼드 개혁으로 되었다. 법안 조항에 따라 기근이나 개인적 재난 시에 세금 면제가 포함될 수 있는 결정 이외의 공중 보건 정책 결정은 인도인이 선출한 지역 당국자에게로 이전되었다. 이 개혁안은 1920년에 효력이 발생되었는데 다이어 장군이 암리차르에서 인도인 평화 시위대 379명을 학살하는 바람에 영국 통치가 그나마 기대고 있었던 조금 남은 신비감마저 말끔히 사라진 몇 달 뒤였다.[150]

우연의 일치로 공중 보건에 대한 인도인의 통제와 유사한 이런 저런 권한 장악이 뒤따랐던 20년 세월이 지나자, 기근이 만들어낸 현상은 그 효력을 상실했다. 또한 그때까지 비록 소수의 인도 마을만이 위험이 없는 물을 안전하게 공급받을 수 있긴 했어도, 콜레라 사상자 수 역시 줄어들기 시작했다. 세계 보건 기구 수치는 콜레라로 인한 총 사망자 수가 1910~1919년의 10년 동안 380만 명에서 1930~1939년의 10년 동안 170만 명으로, 1950~1954년의 5년 동안 38만 100명으로 줄었음을 보여 준다.[151] 그러나 인도에서 금지되었던 1940년에 출간된 한 책에서 민족주의 지도자 R. 팔메 더트R. Palme Dutt는 다음과 같이 주장했다.

도시나 마을의 노동하는 대중들의 관점에서 볼 때, 공중 위생과 하수도 설비나 공중 보건에 가장 기본적으로 필요한 것이 실제 존재하지 않을 정도로 더디게 제공된다.[152]

입을 통해 섭취될 경우에 콜레라 사망률을 1퍼센트 이하로 줄일 수 있는, 신체에서 상실된 필수 체액을 보충할 액체 포도당 전해질 용액을 만들어 내는 과제는, 결국 제2차 세계 대전 이후 미국 연구 팀의 몫으로 남았다. 문제는 사람들이 치료받으러 와야만 한다는 점이었다. 현대적 시설이나 입을 통한 재수화再水和 작용(신체나 탈수된 물체의 수분, 액체의 함량을 회복 보존시키는 – 역자) 키트가 설비된 현대적 보건 시설을 이용할 수 없는 외딴 지역들에서는, 이런 치료가 항상 가능하지는 않았다.[153]

콜레라는 계속해서 이동할 수 있고 엘 토르 콜레라 균과 비브리오 콜레라 0139균을 뛰어넘어, 서양 전문가들이 치유할 수 없는 새로운 형태로 돌연 변이할 수 있을 것이다. 이 글을 쓰는 현재, 콜레라는 하나의 교훈으로…… 겸손에 대한 교훈으로 남아 있다.

황열병과 말라리아의 발병

: 1647~1928년 대서양 연안 아프리카와 신세계

아프리카 대륙. 그곳의 비밀, 신비, 보물을 수호하는 케르베로스(원래는 머리가 셋에 꼬리는 뱀 모양을 한 지옥을 지키는 개: 역자)는 질병이다…… (나는 질병을 한 마리 곤충에 비유하고 싶다). 만일 이런…… 기묘하고 위험한 여러 질병이 없었더라면…… 아프리카는 문명이라는 경주에서 남의 뒤를 쫓아야 하는 신세가 아니라, 필시 선두로 나설 수 있었을 터였다. 우리 모두 이집트의 현재와 과거를 알지 않는가. 그런데 왜…… 아프리카가 "수준 미달의 꼴찌" 일까?

패트릭 맨슨Patrick Manson 경, 1907년[1]

서문

"그 원인이 애매하고 헤아릴 길이 없는…… 인간 골격에 가해지는 허리케인"이라 불릴만한 황열병은, 노예선을 통해서 신세계로 전달되었던 것으로 여겨진다. 기록된 최초의 발병지는 1647년에 바베이도스였다.[2] 이 병은 더러운 공기와 특별한 지역의 토양에서 균이 번식하는 끔찍한 열병 중 하나로 여겨져 오다가, 초창기에는 북부 유럽 출신의 '미숙한' 신참자들이 쉽게 과녁이 되는 것으로 알려졌다. 사망률이 20퍼센트에서 55퍼센트까지 치솟으면서, 정착민을 끌어들이는 데 관여하는 지역 업자들은 이 질병이 실재한다고 주장하는 의사를 탄압했다.[3]

1806년, 서인도 제도에 처음 발을 내딛은 영국인 조지 핀카르드George Pinckard 박사가 내놓은 설명에는 황열병에 대한 자신의 경험이 들어 있다. 그는 갑자기 이 병에 걸리면서 다음과 같은 사실을 알게 되었다.

햇빛은 견딜 수 없었고, 머리와 눈의 진동은 아주 고통스러웠는데…… 갈

고리 서너 개가 안구 각각에 단단히 고정되어 있으면서, 내 뒤에 서 있는 누군가가 그 안구를 원래 활동 범위에서 벗어나 강제로 머리 뒤쪽으로 끌어당기는 듯한 느낌이 들었다.······ 양쪽 장딴지는 마치 개가 뼈를 갉아먹는 듯한 느낌이 들었다.······ 어떤 장소에 가도, 어떤 자세를 취해도, 한 순간이나마 제대로 편안히 쉴 수가 없었다.[4]

핀카르드는 운 좋게도 살아남았다.

이 장에서 토론된 두 번째 질병인 열대열 말라리아 역시 아프리카를 출발한 노예선에 의해 아메리카 대륙으로 전해진 듯한데, 그러나 우리는 정확히 그 시기가 언제쯤인지 알지 못한다. 일찍이 1639년에 아마존 강 유역의 유럽인 여행객들이 치명적인 병 여러 가지를 언급하지만, 열대열 말라리아에 관해서는 언급하지 않았다. 그러나 이 병은 1650년 직후에 포르투갈과 스페인 영토 북동부와 동쪽 해안을 따라 발병했던 것으로 기록되었다. 1680년대 무렵, 이 병은 북아메리카 애팔래치아 산맥 동쪽의 영국인 거주민 사이에서와 멀리 북쪽에 이르기까지 발견되었다.[5] 열대열 원충에 감염된 모기에 물려 감염된 후, 감염자 안에서 원충의 부화 기간은 10일에서 14일이었다. 어른들 사이에서 사망률은 네 명에 한 명 꼴로 높은 편이었다.[6]

이 장의 기초를 이루는 주제는, 엄청난 수의 사람과 배의 이동을 포함한 '개발Development'로 알려진 복잡한 과정 속에서, 열대열 말라리아와 황열병 말라리아 인자가 대서양의 아프리카 쪽과 아메리카 쪽 양쪽에서 대재앙적 질병이 창궐하는 데 큰 몫을 했다는 사실이다. '서문'에서 제시한 대로 개발은 다층적이고 피라미드 모양을 띤 것으로, 이 개발 과정 속에서 유럽의 소수 최고위층 개발 추진 세력은 아프리카와 두 아메리카 대륙에서, 그리고 네 개의 대륙과 연결된 대양을 항해하는 선박 위에서 벌어지고 있던 일과는 몇 단계나 떨어져 있었다. 몇 가지 예외를 제쳐두면, 집에만 틀어박혀 있는 투자자들이란 '개발'로 인한 인간적 비용에는 관

심이 없었다.[7]

노예제가 폐지될 때까지(미국에서 1865년, 쿠바에서 1886년, 브라질에서 1888년에), '개발' 과정을 통해 아메리카 두 대륙의 비옥한 토지에 아프리카에서 데려온 노예 노동자들이 투입되었다. 노예 노동자들이 그곳에 머물면서, 유럽에서 수요가 높은 설탕, 담배, 인디고 염료, 면화 및 그 밖의 농작물을 생산했다. 아메리카 대륙에서 이 과정은 런던, 암스테르담, 리스본의 상인은행가 (환어음의 인수와 증권 발행 업무 등을 하는 금융 기관 운영자 – 역자)를 대리한 중개인이 확대시킨 신용 판매를 통해 원활하게 진행되었다.

신용 판매 및 신용 판매 관계는 (북쪽으로 앙골라로부터 세네갈에 이르는) 아프리카 중서부 해안을 따라, 그리고 좀 정교하지 않은 형태이긴 해도 이들 해안 내륙 쪽의 노예를 약탈하는 국경 지방을 따라서도 진척되었다. 여기서 채무 불이행자에 대한 법 집행은 선매권(다른 사람보다 먼저 물건이나 권리를 살 수 있는 권리 – 역자)을 행사하는 몰수를 통해 행해지거나, 채무자가 재산 몰수를 당하지 않기 위해 필요로 하는 대부를 받을 수 없도록 평판을 훼손시키는 식으로 행해졌다. 이를 통해 지급 불능 상태에 빠진 이는 자살하거나, 노예 약탈 팀과 함께 내륙으로 들어가 흑인을 사냥하는 것 이외엔 선택의 여지가 없었다. 만일 악한이 이런 공적을 세워 살아남는다면, 그렇게 올린 수입으로 신용을 다시 회복해 대부를 받기에 충분할 정도로 빚을 갚았다. 폭력배를 대신해 악한에 의해 자행된 이런 활동 과정에서, 노예 취득 경계선이 더욱더 내륙 쪽으로 밀려들어 가게 되었고, 이 악한과 더불어 해안의 치명적 질병 환경이 내륙 쪽으로 옮아갔다.[8]

18세기와 19세기 후반을 통해 '개발'의 종국적인 목표는 한결같았으니, 투기적인 대부를 통해 벌어들이는 이윤을 고향 유럽으로 송금하는 것이었다. 그러나 몇 년에 걸쳐 이윤을 낳는 수단의 일부가 변모되거나 자취를 감추었다. 이로써 우리는 1492년 이후 남대서양 역사에서 '가장'

최대의 단절을 목도하게 되는데, 바로 노예제 폐지다. 노예제 폐지는 1789년에 혁명적인 프랑스 인들에 의해 최초로 감행되었고(1806년에 무효화됨), 이어 훨씬 지속적인 영향을 끼치며 영국인들에 의해 단행되었다.

영국에서 노예제 폐지는 신중산층으로 변모하고 있던 중간층이 그 주역을 맡았다.[9] 낡은 토지에 기반을 둔 귀족 정치에 대한 이데올로기적 의존을 혁파하려 몹시 애씀과 동시에, 자신과 혁명적인 "자유, 평등, 박애"를 주창했던 프랑스 부르주아 간의 선을 분명하게 그으면서 여전히 자리를 잡지 못한 중산층을 대변했던 영국 이론가들은 노예제 폐지를 하나로 뭉치게 해주는 유용한 대의명분으로 인식했다. 결투 대신 24명의 기사 배심원으로 판결하게 하는 영국 의회의 그랜드 어사이즈Grand Assize 법령을 통해 활동하면서, 폐지론자들은 1807년에 대영 제국 내에서 노예무역을 폐지하는 데 성공했다. 물론 영국 내에 국한되었긴 해도 1833년에 노예제 자체도 폐지되었다.

그러나 이런 문제의 경우 확고한 폐지론자들의 주장에 따라 '도덕적으로' 정당했던 것과 개발 대행자들이 '경제적으로' 건전하다고 인식했던 것 간의 균형은 언제나 막후에서 해군 본부와 외무성, 그리고 런던의 더 시티(the City: 시장 및 시 의회가 지배하는 약 1평방마일의 옛 시내로 영국의 금융·상업의 중심지 – 역자)에서 활약하는 실무자들에 의해 마련되었다.[10] 그리하여 아프리카로부터 들어오는 노예를 처리할 때, 영국의 반反노예제 순찰병은 진정한 영국의 범지구적 이해관계를 손상시키지 않게 고려된 지침을 따랐다. 우연히 이런 사실에 마주치게 된 영국 해군 사령관이 있었는데, 그는 1849년에 다음과 같이 보고했다. "26년 동안, 10만 3,000명의 노예가 (반노예제 순찰병 덕분에) 해방되었던 반면에, 같은 시기에 179만 5,000명의 노예가 실제로 아메리카 대륙으로 이송되었다." 이는 95퍼센트의 차이다.[11] 계속 고위층의 논리를 따르며 1890년대에 영국이 서아프리카에 출현시킨 새로운 제국의 영토 내에서 표면상으론 노예제

가 근절되었지만, 실제로는 1930년대까지 묵인된 셈이었다.[12]

새로이 독립한 중앙아메리카와 남아메리카 식민지에서, 그리고 포르투갈령 브라질과 영국령 북아메리카에서 1830년대부터 시작해서 서서히 약화되던 노예무역이 엄청나게 유입된 백인 유럽 이민으로 벌충되었다. 신구新舊 노동력 공급 간의 관련성은 각각의 문화 지역마다 차이가 났던 듯한데, 리오그란데 강 남쪽 지역은 비교적 거의 연구되지 않았다. 그러나 북아메리카의 경우 문서에 의해 충분히 입증된 수많은 연구를 통해 백인은 노예와 노예의 자유민 후손이 조상 땅인 아프리카로 돌아가거나 미국에서 하찮은 일자리를 얻을 수밖에 없다고 생각했음이 밝혀졌다. 이런 통념으로 인해 급료가 더 나은 일자리는 유입되는 유럽인이나 유럽계 미국인에게 할애될 터였다. 1868년까지 연방법과 그 이후에 각 주가 시행하던 '짐크로 법'으로 인해, 아프리카계 미국인은 투표를 하거나 공직에 취임할 자격이 부여된 완전히 해방된 미국 시민이라 볼 수 없었다.

흑인이 백인보다 열등하다는 대중 영합적 주장을 마무리한 것은 과학적 인종주의로 알려진 주지주의적인 일단의 사상이었다.[13] 의학계에서는 과학적 인종주의가 필자가 부여한 명칭으로 황열병 '구성개념' 및 말라리아 '구성개념'과 융합되었다. 다른 무엇보다도 이런 구성개념은 흑인이 황열병에 면역성이 있을 뿐만 아니라 말라리아에도 면역성이 있다는 주장을 폈다. 다른 식으로 아주 찬탄할 만한 의사들을 통해 이런 전염병 구성개념이 보급되면서 백인의 흑인에 대한 경제적·사회적 예속을 정당화하는 데 활용되었다. 이런 전염병 구성개념은 20세기까지도 '의학적' 인식의 밑바탕에 흐르고 있었다. 그러나 전염병 구성개념은 1928년에 카이로에서 주요한 후퇴를 겪었는데, 당시 열대 지방 의학에 관한 국제회의에서 쿠바 아바나 핀레이 연구소의 W.H. 호프만Hoffmann이 황열병과 관련해서 세계에는 "어떠한 면역성도 존재하지 않는다"고 조언했기 때문이었다.[14]

이 장에서 나는 황열병과 말라리아에 대한 태도 변화를 개략적으로 살필 테고, 그것이 의학적·사회적 조치에 어떻게 영향을 미쳤는지를 제시할 것이다. 나는 카이로 회의 때 제기되었던 질병의 실상에 관한 호프만의 이해로부터 시작해, 서부 아프리카로부터 황열병과 말라리아와 관련된 쟁점을 다루고자 한다. 이어 나는 대양을 건너 아메리카 대륙으로 가서 카리브 제도(바베이도스와 아이티), 미국, 브라질, 쿠바의 상황을 점검할 것이다. 미국 지배하의 아바나를 떠나 다시 대서양을 건너 표면상 노예가 아닌 이들이 재배한 주요 농작물 대상의 "합법적 무역"이 행해지던 서아프리카를 다루는 것으로 끝맺고자 한다.

여러 가지 질병

1928년에 열대 의학에 관한 카이로 회의가 열렸을 때, 여러 해 동안 황열병과 열대열 말라리아(사실상 모든 말라리아 유형)가 살아 있는 특정한 병원체로 인해 야기된다고 알려졌다. 일찍이 1880년, 이슬람교가 지배적인 북부 아프리카로 정착민을 진출시키려는 파스퇴르 연구소Pasteur Institute가 전력을 다한 프로그램의 일환으로, 알퐁스 라베랑Alphonse Laveran이 말라리아 원충plasmodia이라는 감염 인자를 발견했다. 이런 의학 지식을 통해 각성된 사람들 사이에서 낡은 생각이 뿌리 뽑혔다. 즉 말라리아(malaria:이탈리아 단어인 mal'aria(나쁜 공기)로부터 온 말)가 늪지대와 특별한 악취가 풍기는 곳에 고인 물 때문에 야기되고, 토착적이고 특정 장소에 국한되므로 다른 곳으로 전달될 수 없다는 기존의 이론이 폐기되었던 것이다.[15] 황열병의 경우 원인이 되는 바이러스 병원체가 의심되었지만, (서아프리카의 아드리언 스트로크와 그 밖의 의사들에 의해) 1928년이 되어서야 실질적으로 이 병원체가 분리되었다.[16]

그 무렵까지 대략 30년 동안 말라리아 원충과 황열병 바이러스는 둘다 사람이 특정한 종류의 모기에 물릴 경우에 감염된다고 알려졌다. 황열병의 경우 이집트숲모기Aedes aegypti가 곤충으로서 '유일하게' 병을 옮긴다고 여겨졌다. 그런데 현재 알려진 바에 따르면, 황열병을 옮길 수 있는 모기가 약 13종이나 되며, 열대 지방의 특정 진드기 역시 황열병 균을 지닐 가능성이 있다.[17]

1928년 카이로 회의에서 전문가들은 이집트숲모기가 해당 지역에서 무성하게 번창한다고 해서 반드시 황열병이 존재했다는 의미는 아니라는 사실을 인식했다. 문제가 되는 사례는 아시아였으니, 아시아에는 이집트숲모기가 많았지만 황열병은 전혀 없었다. 본국에 머물렀던 수억 중국인에게 이런 사정이 수명을 늘리는 요인으로 작용했지만, 계약 노동자로 19세기 중엽에 브라질로 이주했던 수천 명의 중국인에겐 이 질병의 부재가 오히려 나쁜 영향을 미쳤다. 일찌감치 어렸을 때 모기에 노출됨으로 면역력을 얻을 기회를 갖지 못했으므로, 일단 브라질에서 지내게 되자 중국인 노동자들은 해당 지역 유전자 풀pool을 증가시키기 이전에 황열병으로 목숨을 잃는 경우가 많았다. 그러나 이는 개발업자에게 이로운 일이었다. 중국인은 일반적으로 부지런했지만 높은 수치의 황열병 사망률로 인해, 고향 땅으로 갈 뱃삯을 요구할 계약 만료일까지 살아남았던 이가 소수였기 때문이다.[18]

말라리아와 아메리카 대륙의 관련성을 살펴보면, 콜럼부스가 1492년에 바이러스를 실은 배를 타고 도착하기 직전에 이미 말라리아가 존재했을 만큼, 아메리카 대륙에는 이런저런 말라리아 형태의 중간 숙주로 기능할 수 있는 모기 유형이 충분히 집결해 있었다는 사실이 오늘날 밝혀졌다. 그러나 외견상으로는 말라리아 원충은 부재했다. 이는 황열병처럼 말라리아가 유럽인들이 도래하기 전까지 아메리카 대륙에 알려져 있지 않았음을 의미한다.[19]

1928년 카이로 회의에 제출한 보고서에서 아바나의 호프만은 황열병이 남아메리카의 광대한 내륙 공간에 보유 숙주를 심는 데 성공하지 못했다고 주장했다. 이러한 점에 비추어, 20세기 초엽 미국의 감독하에 쿠바에서 이루어진 박멸 운동을 통해, 섬으로부터 가옥에 출몰하는 이집트 숲모기들을 박멸시켰다는 가정과 더불어, 호프만은 유일하게 남아 있는 황열병의 지역적 기반이 서아프리카라는 결론을 내리게 되었다. 그러나 불행히도 그의 두 가지 셈법은 이미 모두 冒頭에서 틀렸다. 1935년에 고민하던 탐구자들은 인간과 마찬가지로 아마존 유역에 살고 있는 특정한 원숭이 종이 황열병 바이러스 숙주로 기능할 수 있고, 많은 수가 실제 그렇게 하고 있음을 발견했기 때문이다.[20]

이런 발견을 통해 (모기를 매개로 인간에게서 인간으로 전염되는) '도시형' 황열병이라 불리는 것과 (모기를 매개로 원숭이로부터 인간에게로 전염되는) '삼림형' 황열병이라 불리는 것 사이의 차이가 드러났다. 최근에 이런 용어는 '세 가지' 감염 경로를 기술하는 용어로 대체되었다. 즉 (모기를 통해 감염되는) 인간 상호형, (모기를 통해 원숭이로부터 인간으로 감염되는) 삼림형, (인간과 원숭이 감염이 혼합되는) 중간형, 이렇게 셋이다. 서아프리카에서는 이 가운데 바로 중간형 황열병이 1958년과 1982년 사이에 농촌에 거주하는 아프리카 인 사이에서 황열병 전염을 야기했다. 그때 이래로 더욱 끔찍한 황열병 전염 사태가 벌어졌는데, 가장 두드러졌던 경우가 1987년 나이지리아 오쇼그보 내부와 그 주위에서 발병한 것으로, 12만 명이 발병해 2만 4,000명이 사망했다.[21]

호프만이 1928년에 언급한 용어들이 지나치게 낙관적이었긴 해도, 서아프리카의 유아와 어린이는 종종 너무도 미약하게 황열병 증세를 나타냈으므로, 부모와 돌보는 이들이 아이가 병에 걸렸는지 알아채지 못했다고 주장한 것은 올바른 것이다. 이런 미약한 발병을 통해 병에 걸린 사람은 평생 혹은 장기간 면역성을 지녔다. 호프만은 이런 종류의 질병을 '풍토성' 황열병이라 이름 붙여, 면역성이 없는 사람이 병에 걸려 사망하는 '전염성' 황열병과 구분했다.[22]

실재하는 '풍토적' 황열병이 감염의 연결 고리를 형성했다고 가정했다는 점에서도 역시 호프만의 입장은 어느 정도까지는 정당했다. 유아와 어린이의 경우, 심하지 않은 발작으로 고생하는 첫 삼사 일 동안 피가 감염되었다. 만일 이런 피에 감염되지 않은 관련 있는 종의 모기가 살짝이라도 이런 아이의 피를 빨고 며칠을 쉬었다가 (그 사이에 바이러스가 모기 안에서 재생산됨) 면역력이 없는 사람을 물었다면, 이 바이러스 병원체는 감염의 또 하나의 연결 고리로 작용할 수 있다. 한편, 황열병에 대한 면역력이 있는 사람들의 피는 감염되지 않았다.[23]

1928년의 지식보다 우리는 많은 사실을 통해 황열병의 자기 영속화 방식이 앞의 서술만 있는 것이 아님을 안다. 모기 수가 현재 예외적이라 할 만큼 엄청난 서아프리카와 더 동쪽의 남부 수단과 에티오피아 및 케냐의 축축한 사바나 지역에서, 황열병 바이러스는 '최고의' 감염력을 지닐 수 있다. 이는 바이러스가 그다음 세대 모기를 감염시키기 위해 암놈의 알을 통해 작용한다는 의미다. 불행히도 이는 또한 인간이나 원숭이보다는 오히려 물어뜯는 (그 수가 수십억 마리에 달하는) 암놈 모기야말로 실질적인 바이러스 저장소라는 의미이기도 하다. 이런 새로운 지식을 통해, '개발'의 요구에 부응해 계속되는 삼림 파괴로 모기 산란처가 될 물이 고일 새로운 틈새 공간이 만들어진다는 것은 그 엄중함이 더욱 가중된다. 이런 상황에서 인류에 대한 황열병의 위협은 무한히 지속될 것이기 때문이다.[24]

두 가지 다른 논점이 황열병과 관련해 지적될 수 있다. 하나는 질병으로서, 또 하나는 전염병 구성개념으로서이다. 이 질병의 가장 두드러진 특징인 피가 섞인 거무칙칙한 구토물은 환자 가운데 비교적 낮은 비율에서만 드러난다는 사실이 오늘날 알려졌다. 이로부터 전문가라면 제대로 설비된 실험실에서 황열병을 인식할 수 있지만, 훈련받지 못한 보건 일꾼이 시술하는 변방의 농촌 지역에서 발생하는 많은 병세가 그릇되게 바이러스성 간염이나 말라리아로 여겨질 수밖에 없다는 결론이 나온다. 최악의 병세를 보인 1960~1962년 동안 에티오피아의 경우, 당국자가 사태의 진상을 알아차리기도 전에 이미 황열병 전염이 진행되고 있었다.

위험에 처한 100만 명의 에티오피아 주민 가운데 10만 명이 앓아누웠고 3만 명이 사망했다. 만일 발병 초기에 1930년대에 개발된 백신이 서둘러 공급되었다면, 거의 모든 환자의 사망을 예방할 수 있었을 것이다.[25]

두 번째 논점은 전염병 구성개념으로서의 황열병과 관련된다. 황열병은 자주 다른 질병과 혼동되었기 때문에, 그리고 루버트 보이스Rubert Boyce 박사가 (1911년에) "정식 통보의 두려움"이라 이름 붙인 이유 때문에, 황열병 사망자의 공식 집계는 실제 사망한 수보다 적게 보고되는 편이었다. 현재의 세계 보건 기구 지침에 따르면, 서아프리카에서 공식적 발병률과 사망률은 실제 수의 10분의 1에서 1,000분의 1 어디쯤을 드러낸다고 한다. 이로 인해 심각한 결과가 초래되었다. 수십억 달러를 들여 북 베트남을 폭격하던 닉슨 대통령 재임 기간 동안 미국은 남아메리카에서 엄청나게 축소되어 보고된 황열병 척결에 드는 수백만 달러를 절약하기 위해, 모기 퇴치 운동이 소모적이라며 재정 지원을 철회했다. 그러자 조기 박멸운동에 사용되었던 화학물질에 면역성을 길렀던 모기 황열병 숙주가 경쟁 모기를 대체했다.[26]

1800년대 초기 이후 황열병 존속에 중요했던 또 다른 요인은 특별한 식으로 수를 적게 추산하는, 황열병 구성개념과 관련된 보고였다. 백인 의사, 노예 플랜테이션 소유주, 자유노동 고용자, 일반 백인은 흑인이 황열병에 면역성이 있다고 확신했으므로, 그들은 아프리카계 미국인이나 아프리카 인이 고통을 겪는 종류의 어떠한 질병에 대해서도 의도적으로 애써 모른 척했다는 결론이 나온다.[27]

이제 우리는 모기 속에 깃든 다른 주요 살인자로, 서아프리카로부터 신세계로 옮겨 간 열대열 말라리아를 살펴볼 것이다. 대양의 양안兩岸에서 이런 유형의 말라리아에 걸린 환자는 사망하지는 않고 (신체에서 독성을 거르는 기관인 간과 비장이 커짐으로) 쇠약해졌으며, 생기 없고 나른한 기색을 보였다. 북아메리카에서 남북 전쟁 이전 해안 지역에 발생한 질병을 평가하면서, J. 두비시Dubisch는 다음과 같이 말했다.

말라리아로 인한 가장 심각한 문제는 일반적인 쇠약 증세로, 종종 환자로 하여금 보다 심각한 여타 질병에 걸리기 쉽게 만든다. 이 말은 믿을 만한 '사망률' 통계 수치가 이용될 수 있을 때조차 그런 수치는 잘해야 실제적인 말라리아 '발병률' 패턴을 대략적으로 보여 주는 데 활용될 수 있을 뿐이라는 의미다.[28]

또한 유럽에서 시작되어 17세기에 아메리카 대륙으로 유입된 삼일 열 vivax 말라리아처럼, 열대열 말라리아는 종종 전혀 기록조차 되지 않는 짧은 생존 기간을 지닌 다섯 살 이하 유아와 어린이 사이에서 특히 높은 사망률을 야기하는 것으로 알려졌다.[29]

시간의 측면에서, 마크 리들리Mark Ridely는 다수 인류를 살해하는 가장 성공적인 살인자로서 말라리아의 역할은 비교적 최근이라고 우리를 확신시킨다. 그가 다음과 같이 말하고 있다.

인간 사회에 말라리아가 유입되는 것은, 숲을 파괴한 다음 거기에 사람들이 꽤 높은 밀도로 거주하게 만드는 것이다. 이를 통해 전에는 없었거나 드물었거나 숲이 뒤덮인 곳 주위를 날아다니던 모기가 지표면에 살 수 있게 된다. 특히 바닥에 물이 괴어 있을 경우엔 더욱 그렇다.[30]

말라리아는 최초로 신세계에 출현했을 당시, 움직이는 국경을 따라 마치 지체된 시한신관(時限信管:시간이 지난 뒤 폭발하도록 조절할 수 있는 기폭 장치 – 역자)처럼 작용하는 듯했다. 정착민이 숲을 제거하고 헛간과 가옥을 건설한 지 10년이나 20년이 지나자, 전염병 말라리아가 습격했다. 1690년대 식민지 메릴랜드로 들어오는 방문객은 "마치 똑같은 수의 서 있는 유령과도 같은…… 문가에 서 있는 사람들의 창백해진 얼굴을 보았고…… 모든 집은 진료소나 마찬가지였다."[31] 18세기 말엽, 국경이 애팔래치아 산맥을 건너 오하이오와 인디애나로 확대되자 똑같은 일이 발생

그림 14_ 말라리아를 빗댄 장면: "늪의 유령." M. 상드(1823~1889)의 작품을 본뜬 판화.

했다.[32]

　얼마 전 나이지리아 지역과 감비아 및 세네갈 서쪽 지방에서 돌로 만들어진 농업 도구가 BC 1000년경에 쇠로 만들어진 날이 달린 도구로 대체되었음이 밝혀졌다. 이렇게 가정된 '사실'에 기초를 두고서, 늘 존재했으리라 가정되는 말라리아를 설명하기 위해 하나의 가설이 수립되었다. 이 가설에 따르면, BC 1000년 이후에 새로이 발명된 도구를 사용함으로써 광범위한 원시림이 제거되었다고 한다. 이와 같이 경작자들은 교대로 땅을 개간했다가 다시 관목 숲을 조성해 땅의 비옥도를 회복시키고, 그 대신 또 다른 새로이 개간한 좁고 긴 땅을 활용해 농사를 지었다. 그런데 이런 철기를 사용하는 경작자들로 인해, 거의 언제나 수많은 구멍이 생겨날 수 있는 고르지 않게 부서진 토양이 조성되었다. 바로 이 구멍은 아노펠레스 감비아에Anopheles gambiae 모기에게 최적의 산란을 위해 필요한 물웅덩이가 되었다. 최근 들어 아노펠레스 감비아에는 열대열 말라리아의 주요한 중간 숙주 가운데 하나로, 우기 동안 그 개체 수가 최대로 증가

한다.

정교하게 세워진 이론에 따르면, 이런 우기 동안의 독충을 보완해 주는 것이 아노펠레스 푸네스투스Anopheles funestus의 행동이었다. 이 숙주 모기는 인간의 거주지 근처에서 발견되는 (물이 고인 질그릇 조각과 같은) 버려진 물건 속에다 알을 낳는 건기 동안 활동이 가장 왕성했다. 이를 참작할 때, 새롭게 개간된 땅에 형성된 (A. 감비아에를 위한) 웅덩이와 인간이 만든 용기에 의해 제공되는 (A. 푸네스투스를 위한) 웅덩이로 인해 지난 3,000년 동안 두 모기 숙주 가운데 한쪽이나 다른 쪽의 상당수에게 거의 언제나 인간이 접할 수 있을 정도가 될 만큼 충분한 산란 장소가 제공되었던 셈이다.[33]

이런 가정의 배후에는 BC 1000년 이후에 서아프리카는 언제나 현재와 같은 모습, 즉 전염병 말라리아의 온상이었다는 확인되지 않은 가정이 존재한다. 그러나 이미 인도의 질병 환경이 지닌 무無시간성과 관련된 유럽적 사고에 대해 살펴보았듯이, 아프리카적 환경에다 이런 무시간성을 적용할 경우에 우리는 조심해야만 한다. A. 감비아에와 A. 푸네스투스 모기들이 그리 오래되지 않은 과거에 서아프리카에 존재했음이 알려졌다는 점을 감안한다 해도, 3,000년 전 철기 사용으로 광범위하게 1년 내내 존재하는 말라리아를 위한 필요조건 모두가 생성되었다는 결론이 도출되지는 않기 때문이다.

숲을 제거하는 어떤 기법이 실제로 먼 과거에 사용되었든 아니든, 필자가 1970년대와 1980년대 나이지리아를 두루 여행하는 과정에서 실제 발견한 것은, 경작자들이 숲과 나무를 '불에 태워' 제거한다는 사실이었다. 이런 노동과 에너지를 절약하는 기법은 지표면과 토양을 교란시키지도 않을 뿐더러 A. 감비아에를 위한 특별한 번식처를 제공하지 않는다.[34] 이런 경험을 통해, 아프리카가 아득한 옛날부터 말라리아로 고통 받았다는 오래된 가설은 재고되어야 할지 모른다는 사실이 밝혀진다.

1940년대 중반에 시작해, 자신의 연구가 사회적 다윈주의라는 관점보다는 객관적 과학의 기준에 의해 정당화된다고 주장했던 다양한 연구자들은, 말라리아로 심하게 오염된 지역에 살아왔던 조상을 둔 서아프리카 민족이 유사 이래로 질병에 대한 유전적 반응을 물려받았다고 말했다. 그리하여 그런 민족은 이런 반응 덕택에 영구적 간 손상이나 사망을 예방할 수 있었다고 한다. 이런 연구를 열심히 진행시킨 끝에, 생화학자들은 서아프리카와 서부 중앙아프리카에서 지난 1500년 동안 발생했던 것으로 여겨지는 말라리아의 지역적 변형체가 네 군데 상이한 지역에 중심을 둔, 인간 생물학적 특징을 지닌 유형이 발현되는 데 이바지했다는 점을 밝혔다. 이런 유형은 겸상 적혈구 체질(이런 체질을 지니면 말라리아에 내성이 강함 - 역자)로 알려져 있다. 넷 중 하나는 세네갈에 중심을 두었고, 또 하나는 베닌에, 다른 하나는 카메룬에, 마지막 것은 서부 중앙아프리카의 반투에 중심을 두었다. 이런 분리된 특징은 유전적으로 한 세대에서 다음 세대로 전이될 듯하다. 그러나 이런 과정이 아프리카 인에게 특유하지 않다는 점을 기억하는 게 중요하다. 19세기에 로마 남부의 말라리아 지역이었던 곳에 사는 이탈리아인(세계를 정복한 로마인의 후손과 그들의 게르만 족 계승자) 사이에서도 역시 이런 과정이 진행되었기 때문이다.[35]

앤더슨Anderson과 메이May가 겸상 적혈구를 언급할 때 지적하듯이, 그런 특성이 실제로 지역적 형태의 말라리아에 대항해 보호책을 제공하는지가 아직 분명하게 해명되지는 않았다.[36] 더욱이 만일 그 특징이 지역적으로 실재하는 '호모 사피엔스'의 대표자를 죽음으로부터 보호하기 위해 자연선택에 의해 활용되는 적응 기법이라면, 그런 특징에는 미진한 점이 있었음이 분명하다. 겸상 적혈구 유전자를 양쪽 부모로부터 물려받은 어떤 아이든지 재생산 연령에 도달하기 전에 (겸상 적혈구 빈혈증으로) 사망할 것이기 때문에, 그런 특성이 종의 영속화에 어떻게 기여하는지를 파악하기는 어렵다.

해안 지역 근처에 오래 거주한 (유럽인 침투 이전에 단지 낮은 비율에 불과했을) 일부 아프리카 인 사이에서 또 다른 지역적 특징이 존재했으니, 유전적으로 전이된 피 속의 더피 네거티브Duffy negative 인자였다. 생물학자 프랑크 리빙스턴Frank Livingstone의 1990년도 글에 따르면, 더피 네거티브 인자로 인해 보유자는 삼일열 말라리아에 면역성을 지녔다.[37] 그러나 앤더슨과 메이가 지적하듯이, 단지 아프리카의 지역적으로 고립된 작은 지역만이 현재 삼일열 말라리아에 노출되어 있을 뿐, 다른 지역에서는 멸종되었을 수 있다. 또 다른 기묘한 점은 최근 에티오피아에서 이루어진 연구를 통해, 서로 인접해 사는 민족학적으로 유사하지만 서로 다른 두 집단이 삼일열 말라리아에 대한 감염 가능성이 아주 다르게 나타난 점이 밝혀졌다.

아프리카 자체의 치명적인 열대열 말라리아와 그 모기 숙주와 관련한 최근 연구에 따르면, 똑같은 장소에 사는 민족적으로 동일한 주민의 신체가 말라리아에 아주 다르게 반응한다고 한다. 감염된 모기에 물린 사람 가운데 감염되지 않은 채 병에 걸리지 않는 사람이 있는 반면에, 그렇지 않은 이도 있다.[38] 이런 경우에 명백히 차이를 가져온 것은 민족적 특징 그 자체라기보다는 그 집단과 개별 성원 간의 특이점 탓이다. 여기서 제시된 대로 "말라리아에 대한 저항력을 유전적으로 물려받음"이라고 한 발병 경로는 왜 100만 명 이상의 아프리카 어린이가 1980년대와 1990년대에 매년 사망했는지를 설명하지 못했음을 인식하면서, 많은 과학자들은 '후천적' 면역성이라는, 이견異見이 덜 분분한 수수께끼에 주목을 돌려 왔다.

서아프리카에서 이런 의문은 식민지 이전과 식민지 시대 그리고 식민지 이후의 상황 속에서 어떠한 아프리카 인이든 살기에 가장 건강한 장소가, 남녀를 불문하고 아프리카 인이 태어났던 질병 환경이었다는 이해와 더불어 시작된다. 어디에 거주하든 유아는 처음 몇 달 동안 어머니로부터 질병에 대한 면역적 특성 중 일부를 공유한다. 이어서 유전적이지 않지만 내재적인 이 저항력이 점점 사라져 없어지고 모유가 걸쭉한 음식으로 대체되면서, 스스로의 면역성을 획득하는 것이다. 열대열 말라리아의 경우, 아이는 최초의 병세에서 살아남음으로써 이런 면역성을 강화시키기 시작한다. 그러나 이런 과정 속에서 그간 수백만 명의 유아가 사망했다.

모기와 원충 개체군이 돌연변이를 일으키고 그 돌연변이의 차이 및 (자체의 면역성을 요구하는) 유형의 풍부함이 더욱 미묘해짐에 따라, 일반화가 점점 더 위험해지고 있긴 하지만, 일단 면역성이 확립된다 해도 원충 말라리아에 대한 면역성은 단지 6개월에서 1년밖에 지속되지 않는다는 점이 발견되었다. 이는 그보다 더 오래 고향을 떠나 있던 면역성을 갖춘 누구이든 훨씬 고갈된 기반에서 새로이 면역성을 기르지 않을 수 없다는 의미다.[39] 이를 통해, 고향 땅에서 1690~1750년 동안 노예화된 수십만 아프리카 인의 장기간에 걸친 강제 이동으로 인해 말라리아 발병률과 사망률에서 거의 재난에 가까운 증가가 초래됐을 수 있다는 결론이 나온다. 이것이 내포한 의미는 아래에서 논의될 것이다.

1890년대에 리버풀과 서아프리카 의료계에서 출현하게 된 말라리아라는 구성개념에 따르면, 아프리카 어린이가 주된 말라리아 보균자였다. 이는 이중적 오해에서 비롯되었다. 첫 번째 오해는, 색맹인 모기들이 어느 숙주를 물어야 할지 판단할 경우에 똑같은 피부색을 지닌 두 사람에게 서로 다른 식으로 반응할 수 있다는 점을 인식하지 못한 것이다. 이와 연관된 점은, 피부색이 어떻든지 간에 가시적인 악영향이 전혀 없이 말라리아를 떨쳐버릴 수 있게 하는, 특정 말라리아에 대한 효과적 면역성을 지닌 인간도 전염되는 경우가 아주 많았다는 사실이다. 이는 감염된 인간이 어쩌다 감염되지 않은 모기한테 물리게 되면, 이어 그 모기가 감염됨으로써 다른 사람을 감염시킬 수 있다는 의미였다. 초창기의 편견에 사로잡힌 저서들을 반박하기 위해, 여기서 강조될 필요가 있는 요점은 (백인, 아시아 인, 아프리카 인 할 것 없이) '어떠한' 인간 숙주도 상관이 없을 터이므로, 원충은 종의 갱신을 이루는 연쇄를 지속시키기 위해 배타적으

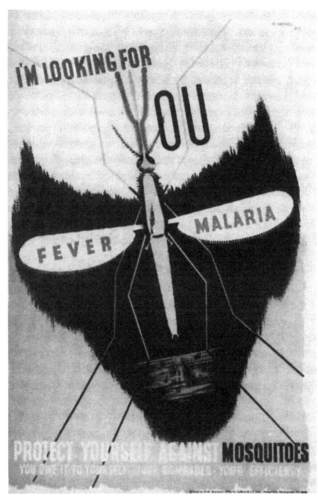

그림 15_ 20세기의 한 포스터가 말라리아의 위험성을 경고한다.

로나 심지어 흑인 아이한테 주되게 의존하지 않았다는 점이다.

　두 번째 식민주의자의 오해는 인간 행동에 관한 잘못된 가정 때문이었다. 모기에 물려 감염된 아이는 개인적 면역성을 축적할 시간을 아직 갖지 못했기에, (민족적 특징과는 상관없이) 무기력하고 병약했을 것임이 분명하다. 반면에 개인적으로는 면역성이 있어도 타인을 감염시킬 수 있는, 모기한테 잘 물린 경험이 있는 어른들은 여느 때처럼 일을 계속할 수 있을 터였다. 자녀가 있는 대부분의 결혼한 부부가 학교를 위해 자식을 영국으로 되돌려 보냈던 식민지화된 서아프리카의 상황을 감안한다면, 남아 있는 대다수 어린이는 아프리카 출신일 수밖에 없었다. 이런 현실로 인해 식민주의자의 관념 속에는 (무기력하든 그렇지 않든) 흑인 아이가 말라리아의 주된 보균자라는 확신이 자리 잡았다. 이로부터 사회적 다윈주의의 논리에 따라 개인적으로나 경멸받는 민족 그룹의 성원으로서의 양 측면으로, 아프리카 아이는 지속되는 치명적 말라리아의 실재에 책임 있는 존재로 간주되었다.[40] 백인이 견지한 이런 확신이야말로 위험하게 오도된 말라리아 이해의 기반이었다.

1840년까지 대서양 연안 아프리카에서 노예제와 열병

1840년대보다 앞선 아랍과 유럽의 언어로 된 기록은 서아프리카의 질병 환경에 관한 단편적 정보밖에는 제공하지 못한다. 그런데 1820년에 조셉 듀피스Joseph Dupuis라는 영국의 한 장교가 (현재의 가나에 해당하는) 황금 해안의 상황에 관해 글을 썼다. 아샨티랜드의 쿠마시 쪽 내륙을 근래에 방문한 사실을 회고하며, 그리고 분명히 (장소에 특유하고 불건전한 분위기에서 생겨난) 당시 유행하는 열병에 관한 용어로 사고하면서 듀피스는 말했다.

기후나 대기와 관련해, 황금 해안과 정착촌에 인접한 곳은 다소 비위생적으로 알려져 있다. 그러나 내륙 지방이 해안의 어떤 곳보다 훨씬 건강에 좋으며, 공기가 보다 맑고, 토양의 습기가 덜하며, 안개가 덜 낀다는 의견을 나는 주저 없이 제시하고자 한다.[41]

3년 전에 가나의 쿠마시Kumasi에 관해 글을 쓰면서 아샨테를 방문한 최초의 서양 의사 H. 테들리Tedlie는 다음과 같이 주장했다.

아샨테 지방에서 가장 흔한 질병은 매독, 인도 마마, 옴, 궤양, 기계충(두부 백선), 머리와 내장을 쥐어뜯는 통증 등이다. 다른 질병에 이따금 걸리기도 하는데, (다른) 지방에서 발생하는 것과 똑같은 비율이라 생각된다.[42]

테들리와 듀피스가 황열병, 열대열 말라리아 혹은 그 밖의 어떤 전염병에 관해서도 아무 말도 하지 않았음에 주목해야 할 것이다. 만일 열병이 실재했더라면 그들의 기록은 정말이지 희한하게도 이를 간과했던 셈이다. 논의를 위해 열병에서 자유로운 환경을 가정해 보자.

이런 종류의 환경은 공동체 성원들이 지리학적으로 안정되게 자리 잡은 생명 환경과 관련되는 경우가 많다. 이런 장소는 여전히 상업적 노예무역이 행해지지 않은 서아프리카 지역에서 발견되는 곳과 매우 흡사하다. 이곳에서는 대부분의 주민들이 태어난 마을이나 커다란 도시 거주지에서 좀처럼 멀리 나가지 않았다. 이 지역 내에서 그리고 근처 지역에서 반려자를 찾았고, 농사를 짓고 거래를 했으며, 죽은 이를 매장하는 모든 일을 했다. 생물학적으로 말해서 이 비교적 제한된 지역은 공통된 질병 환경의 역할을 했다.

그렇다고 해서 서아프리카 사회가 먼 곳과 교역에 참여하지 않았다는 말은 아니며, 사실 그들이 상당량의 교역에 참여했음은 잘 알려져 있다. 그러나 랠프 오스틴이 밝혔듯이, 이 교역 과정에서 먼 거리를 이동했던 것은 무역상이라기보다는 '상품'이었다. 의심할 바 없이 이웃한 그룹과의 경쟁과 관련된 이유 때문에, 연장자들이 출입 금지 정책을 통해 조용하게 유지하는 게 합당하다고 인식한 교역 상품 이동은 릴레이 방식을 통해 이루어졌다. 이런 방식에서는 제품이 한 종족 그룹 성원들에 의해 그 그룹의 영토를 건너가게 되고, 이어 변방에서 그 상품은 이웃한 종족 그룹 출신의 교역상에게로 양도되는 식으로 전달이 이루어졌다.[43]

해안에 걸친 질병 환경을 훨씬 내륙의 질병 환경과 분리되도록 유지시키는 또 다른 중요한 요인은, 서아프리카 인이 정말로 흥미롭게 여겼던 교역이 거대한 내륙의 모래 바다인 사하라 사막을 가로질러 행해졌다는 사실이다. 기원 8세기 이래로 낙타 대상大商들은 정기적으로 이 모래 바다를 횡단하곤 했다. (세네갈과 감비아 같은) 서쪽 지역과 연결시켜 주는 대상이 있었고, (수단과 에티오피아와 같은) 동쪽 지역과 연결시켜 주는 대상도 있었으며, (모로코, 튀니지와 같은) 베르베르 해안의 항구 도시와 연결시켜 주는 대상 또한 있었다. 이 마지막에 언급된 대상 연결로에는 이슬람교도 순례자가 카이로의 알 아즈할 대학으로 가는 것도 포함되었다. 많은 순례자들이 당시 홍해를 건너 오늘날 사우디아라비아 메카와 메디나 성지로 계속 나아갔다. 순례자들 이외에도, 남부에서 북부를 잇는 연결로에 존재하는 그 밖의 중요 요소는 값비싼 상품이었다.[44]

15세기 초엽에 아프리카가 오늘날 계속해서 피를 흘리게 된 장기간의 결과를 낳은, 북쪽으로 운반된 값비싼 상품 가운데 하나가 말리산産 '금'이었다. 그런데 이 금은 베르베르 항구에서 교역하는 포르투갈 상인의 탐욕을 부추겼다. 만일 금을 비그리스도교도와 이슬람교도 중간 매개자의 기다란 연쇄를 통해서 접근하는 방식이 아닌, 채굴되는 장소에서 바로 차지할 수 있다면 금을 획득하는 비용이 훨씬 줄어들 것이라 생각하고서, 포르투갈 인들이 행동에 나섰다. 1440년대를 시작으로 그들은 항해 기술을 고안했고, (실질적으로 중요한 항해상의 진전을 이룩하며) 서아프리카 해안을 따라 남쪽으로 항해한데 이어, 빙 돌아 북쪽으로 항해하여 본국으로 '돌아갈 수 있을' 배를 고안했다. (이런 항해 기술이 확립되기 전에는 포르투갈에서 남쪽으로 항해하는 일은 일방통행식 여행이었다가 기억 속에서 잊혀졌다.)

천연두에 관해 다룬 앞장에서 살폈듯이, 16세기 중엽 리스본에 거주하는 '개발' 인사들의 후원을 받는 포르투갈 항해자들은 희망봉을 돌아 인도의 고아와 중국의 마카오에 무역 시장을 설립했다. 전 세계적 교역망을 건설하는 데서 두 개의 서로 다른 도시가 대단히 중요했다. 그곳은 앙골라의 루안다와 남대서양을 바로 건너 있는 브라질의 상륙 장소였다. 교황 정치로 인해 벌어진 우연한 사건을 통해, 두 곳 모두 스페인이 아닌 포르투갈 손아귀에 들어갔다. 같은 종류의 우연한 유사 사건을 통해, 즉 스페인의 신대륙 발견과 나머지 신대륙에 대한 권한 행사를 통해 바로 스페인은 미국 금광과 은광에서 일할 엄청난 수의 노동자가 긴급히 필요하게 되었다. 포르투갈은 이런 부족한 노동력을 떠맡아 루안다의 강화된 기지와, 세네갈에서 나이지리아 지역으로 뻗은 '노예 해안'을 따라 있는 그 밖의 기지를 잘 활용했다.[45]

이 글에서 해안 지역 추장이 어쩌다 내륙에 살게 되었던 다른 아프리카 인을 노예화하는 데서 수행했던 역할과 관련해서 자세히 언급하기는 적절하지 않다. 그럼에도 한두 가지 논점은 언급할 필요가 있다. 천, 철제품, 야자 주酒 등의 제조에서 아프리카 인 추장은 포르투갈 인이 고아Goa로부터 들여와 외상으로 받도록 요구했던 인도의 제품을 받아들일 필요까지는 없었다. 그러나 처음에 좀 주저한 뒤론 많은 아프리카 추장들은 포르투갈 인의 책략에 동조했다. 그들이 왜 그랬던지는 역사를 통해 해답을 구할 수 없는 질문 가운데 하나다.[46]

두 번째 사항은, 일단 포르투갈 인 및 포르투갈 중개상과 아프리카 추장 및 전사이자 모험가간의 '외상 거래' 관계가 확립되자(이런 종류의 거래 관계는 루안다의 경우에 가장 광범위하게 연구되어 왔음), 채무를 통해 길들이는 야수적 논리, 위험 떠안기, 빚에 시달리는 해안 지역 아프리카 인의 내륙 아프리카 희생자에 대한 착취가 자체 추진력을 갖고 실행되었다. 또한 해안 지역 아프리카 인들의 선생 격인 앙골라와 보다 북쪽 지역의 추장이 다스리는 곳에는, 서로 이념적으로 다투었던 포르투갈의 신구新舊 그리스도교도들이 있었다. 베스파시안 황제와 티투스 황제의 통치 기간에(AD 69~81) 물이 잘 주어졌던 역사적 뿌리를 참고할 때, 포르투갈 인은 불필요한 잔혹함에서 자기 고대 스승을 능가했을 것이다. 통치 엘리트들이 젊었을 때 암기했던 고전의 저자인 고대 로마인들처럼 포르투갈 인들은 극적으로 잘못된 국가 정책을 폈다. 그러나 게르만 족 야만인을 병사로 '끌어들이는' 책략을 모방하기보다는(게르만 족이 결국 서로마 제국을 차지했다), 포르투갈 인들은 사람들을 강제로 내쫓았다. 이웃한 스페인 왕국의 이사벨라와 페르디난드의 지도력을 따라, 1497년에 포르투갈 왕실은 나라를 떠나기로 결정한 야곱과 이삭의 후손에 대한 엄격한 통제를 포고했다. 다양한 영고성쇠의 과정을 겪은 뒤 독립적인 연합 주州가 되었던 곳에 많은 사람들이 주거를 정했다. 여기서 신구新舊 네덜란드 인이 포르투갈의 세계 무역망을 착취하는 데 골몰했으니, '개발'의 목적보다 위대한 영광을 위해서였다.[47]

아프리카에 노예를 습격하는 포르투갈 인이 도래하기 오래전, 제도화된 형태의 노예 제도가 존속해 있었다. 그러나 이런 제도에는 플랜테이션 노예제와 구별되는 뚜렷한 차이가 있었다. 플랜테이션 노예제는 그때까지도 아프리카 서부의 공화국인 상투메 프린시페의 포르투갈 식량 공급 기지에서 고안되고 있었고, 거기로부터 브라질과 캐리비안 지역으로 전해질 터였다. 유럽인이 경영하는 노예제는 (미국 남북전쟁 직전 몇 년 간을 제외하고) 흑인 아프리카 인이 희생될 수 있다는 원칙 아래 운영되었다. 하지만 구舊아프리카 자체 내에서는 다른 원칙이 통용되었다. 이런 원칙에 따르면 인간은 인간이었고, 공급 물자가 좀 축이 나더라도 인간을 소중히 대접해야 했다. 첫 번째 제도, 즉 유럽인의 제도는 황열병과 말라리아라는 재앙적 전염병의 광범위한 확산에 안성맞춤이었다. 두 번째 제도, 즉 아프리카 인의 제도는 판단할 수 있는 한 질병에 대해 중립적이었다.

(1500년 무렵에 존재했지만, 1690년대~1750년대까지 광범위하지는 않았던) 대서양 무역을 위한 상업적 노예제가 부상하기 전, 아프리카에 토착적인 노예제는 대체로 전쟁에서 사로잡혔거나 행동 규범을 받아들이려 하지 않는 말썽쟁이 젊은이와 관련되었다. 일단 어른이 마을에서 달가워

하지 않는 젊은이나 처녀를 내보내기로 결정하면, 흔히 관습에 따라 조상의 무덤 앞에서 반성하며 결코 돌아올 수 없게 하기 위해, 며칠이고 걸어야 할 정도로 멀리까지 그들을 내보냈다. 친족으로부터 영구히 격리될 경우, 외지에서 한 집안의 하인이 되었다. 그러나 살다 보면, 남자 노예는 권위 있는 지위에 오를 수 있었고, 자신만의 노예를 소유할 수도 있었다. 처녀의 경우 그녀가 주인과 아마도 둘째나 셋째 부인으로 결혼할 가능성이 없지 않았으며, 만일 아이를 많이 낳고 주인의 눈에 들면 중년과 노년에 대접을 잘 받았다. 이런 어머니의 자식들은 마을의 일반 주민으로 간주되어 신분에 걸맞은 특권과 의무를 공유할 터였다.[48] 너무나도 잘 알려져 있듯이, 1500년 이후 아메리카 대륙에서 이런 일은 일어난 적이 없었다. 1776년에 울려 퍼지는 선언 속에서 "모든 인간은 평등하게 창조되었다."고 단언했던 버지니아 인이 소유한 몬티첼로의 토지에서조차 이런 일은 유례가 없었다.

유럽인에 의해 뒷받침되었던 노예 빼돌리기 시대 동안, 백인이든 흑인이든 노예무역을 하는 백인을 도운 사람은 누구나 "가슴이 막혀버렸다."고 말하는 아프리카 인이 있었다.[49] 사실 이런 심판 이외에 다른 어떤 것도 가능하지 않을 것 같다. 15세기 후반의 노예무역 시작과 1690~1750년 시기 이후의 대규모 도약, 19세기 중엽의 효과적인 억압의 기간 사이에서 대략 1,200만~2,000만 명의 아프리카 인이 노예가 되어 대서양 너머로 송출되었다고 말할 수 있다. 여기에다 생포된 전체 노예의 40퍼센트 가량 되는 수백만 명의 인력 손실을 보태야만 하는데, 이들은 유괴되었던 곳에서 중간 항로(Middle Passage:아프리카 서해안과 서인도 제도 사이의 항로 – 역자)를 이용하는 백인 배에 실려 해안 쪽으로 가다 질병과 기아 혹은 고문으로 사망했다. 여기에 추가되는 이들은 카이로, 다마스쿠스, 이스탄불의 노예 농장에 판매되기 위해 사하라 사막을 가로질러 가야만 했던 400만 명의 영혼이었다. 서아프리카와 중서아프리카를 감안하면, 상실된 총인원은 대략 2,400만 명과 3,700만 명 사이 어느 지점이다.[50]

유럽이 1890년대에 서아프리카 영토를 침공하기 직전과 직후, 흑인과 흑인의 질병에 대한 지각에 영향을 끼칠 관념의 영역에서 우리는 서로 상반되는 내용을 제시하지 않을 수 없다. 백인은 식인종이며 노예화는 아메리카에다 신선한 고기를 제공하려는 의도라고 생각하는 아프리카 인이 있었다. 1895년에 H. G. 웰스가 과학 소설의 원형이 되는 소설을 썼을 때, 이런 환상이 사람들에게 피부에 와 닿았다. 1895년과 1896년에, 잉글랜드와 스코틀랜드 교회 예배당의 젊은이는 악마의 부하인 흑인 아프리카 인이 쇠솥에서 요리하고 있는 선교사에 관한 소름 끼치는 이야기에 깜짝 놀랐다. 이런 공포를 더욱 부추겼던 것은 의사들의 확신이었는데, 그들은 아프리카 사탄 숭배자가 '먼 옛날부터' 서아프리카 해안을 '백인의 무덤'으로 만들었던 황열병과 열대열 말라리아에 대해 특별한 면역성을 지녔다고 확신했다.[51]

노예제 그리고 신세계의 황열병과 말라리아

바베이도스

아프리카 해안의 전염병인 황열병은 처음으로 신세계에 등장하면서, 1647년에 바베이도스를 강타했다. 당시 전개되었던 과정은 여러 가지 이유에서 중요하다. 우선적이고 가장 두드러진 것은, 신세계 개발의 선구자 영국인의 사례와 (사탕수수를 경작하기 위한 땅을 확보하기 위해 원시림을 무자비하게 제거함으로써) 정착민이 조성했던 질병 환경 사이에 확립된 특별한 관련성이었다. 여기서 분명히 드러나듯이, 개발을 위해 영국은 경작할 수 있는 땅을 긁어모았고 영국에서 판매되는 설탕을 생산하기 위해 노동력을 수입했다. 이런 생산물로 인해 (연관 산업에 끼친 보다 다중적인 영향력을 통해) 현대 세계의 기반이 되는 더욱 광범위한 소비자 혁명이 엄청나게 촉진되었다.

의료 역사학자에게 마찬가지로 특별한 관심을 끄는 것은, 한 역사가가 바베이도스와 연관지었던 질병 결정론이다. 이 이론에 따르면, 아프리카 흑인 노예는 대부분의 바베이도스 백인을 대량으로 사망케 만들었던 황열병에 다소 면역성을 지녔기 때문에, 섬의 플랜테이션 농업은 필연적으로 흑인들이 담당해야만 한다고 했다. 최근까지도 질병 결정론으로 인해, 황열병과 캐리비안 지역, 아메리카 남부 지역, 아프리카 지역 주민간의 상호 관련성에 대한 객관적 연구가 방해를 받아 왔다.[52]

오리노코 강 어귀에서 북쪽에 자리 잡은 단지 500평방킬로미터 토지에 1646년경 인구 4만 명이었던 바베이도스는 해외 대영 제국의 영토 가운데 가장 인구가 밀집된 곳이었다. 따라서 이곳은 전염병 재난이 닥칠 최우선 후보지였다.[53] 1647년의 황열병 재앙(1650년까지 남아 있었음)이 닥친 동안 6,000명의 바베이도스 인이 병으로 사망했는데, 대략 주민의 15퍼센트였다. 1673년에 기록된 글에서 연대기 작가 리처드 리곤은 전염병이 처음으로 번진 기간 동안 충격을 받은 상태에서 새로 온 이들은 '지역 풍토병'을 두려워하며 지냈고, 너무도 많은 사망자로 인해 '검은 리본'을 자주 착용해야만 했다고 증언했다.[54]

1691년에 황열병이 다시 발생하여 몇 년 동안 주위를 맴돌았다. 자신의 바베이도스 역사책에서 존 올드믹슨에 따르면, 황열병은 수많은 "주인, 하인, 그리고 노예 "를 앗아 갔다.[55] 계속되는 전염병 때문에 많은 백인이 바베이도스를 떠나 도망쳤다. 아메리카가 제공하리라 기대했던 많은 재산을 아직 얻지 못한 이들은 사우스캐롤라이나 처녀지로 이주했다. 재앙이 끝나갈 무렵, 도망과 열병으로 인한 주민 감소로 주민 수가 4분 1로 줄어 2만 5,000명의 백인 일꾼과 지주, 6만 명의 흑인 노예로 주민이 격감했다.[56]

일반적으로 질병으로 인한 재난이 지나간 뒤 오랜 기간 쇠퇴의 시기가 도래하는 여타 열대의 섬과는 사뭇 다르게, 바로 각종 전염병의 종결로 마침표가 찍어지는 시기야말로, 바베이도스는 소비자 취향의 패러다임을 마련하는 혁명의 진원지가 되었다. 바베이도스 섬과 관련된 사탕수수라는 원료는 필수적인 식료품도 아니었고, 특별히 건강식품도 아니었다. 사탕수수가 바베이도스 덕분에 흔하게 구입될 수 있게 되기까지 평범한 유럽인은 꿀로 단맛을 냈다.[57]

설탕 혁명이 초기에 바베이도스 섬에 기반을 두었다는 사실은 요행수였다. 분명 토착 민족이 없었으므로 바베이도스에는 1627년에 영국인이 처음으로 정착했다. 얼마 지나지 않아 이 선구자들은 네덜란드인의 기술과 신용 관계를 활용할 수 있었다. 네덜란드 민족(진짜 네덜란드인과 세파르디(스페인 또는 포르투갈계의 유대인 – 역자))은 브라질 북동부에 일찍부터 정복한 땅을 소유했고 1637년 직후에 사탕수수를 재배하기 시작했는데, 8년 지나 포르투갈 인에게 축출당하고 말았다. 네덜란드와 영국 간의 암거래가 뒤따랐고, 바베이도스에 사탕수수가 심어지고 설탕 빻는 공장이 건설되었다.[58]

그러다 의회를 통해 애쓴 결과, 식민지 생산자로 하여금 반드시 상품을 영국에 판매하도록 강제했던 중상주의 프로그램이 자리 잡았다. 설탕은 1663년에 이른바 열거 상품(enumerated articles:식민지에서의 제조를 금지함과 동시에 그 상품이 영국 이외 지역으로 수출되는 것을 금함 – 역자)에 포함되었다. (경작자와 치과 의사에게는 뜻밖인) 이런 조치에, 유럽의 '예절 개혁'이 추가되었다. 이는 문명화 과정으로, 장인과 중류 사회 계층에 속한 이들에게 당시에야 비로소 아시아로부터 다량으로 수입되었던 두 가지 품목인 차와 커피를 마시도록 장려하였다. 유행에 따라 제대로 격식을 차려서 마시려면, 찻숟갈 한 스푼 정도의 설탕이 보태져야 했다. 이 새로운 음료는 가난한 이들에 의해 한 갤런씩 축낸다고 소문이 나 있는 불순한 진(gin:노간주나무 열매를 향료로 넣은 독한 술 – 역자)과 대조되었을 뿐만 아니라, 귀족 계급이 선호하는 증류주와도 좋은 대비를 이루었다.

일찍이 1655년에 런던 상인은 바베이도스 설탕 5,236톤을 수입했다. 수입되자마자 이 설탕의 값어치가 18만 파운드로 변했는데, 가격이 27

퍼센트 상승한 셈이었다. 그 뒤로 가격은 천정부지로 치솟았다. 오스틴과 스미스는 영국 설탕 소비의 급격한 증가를 보여 주는 수치를 인용한다. (영국 인구가 610만에 달했던) 1698~1700년 동안 1인당 4.6파운드(2.07kg)로부터, 1726~1730년 동안 11.1파운드(5kg), (영국 인구가 2,960만 명이었던) 1766~1770년 동안 16.2파운드(7.3kg)로 증가했다. 영국의 엄청난 설탕 량 수요 증대에 덧붙여야 할 것은, 영국에 의해 프랑스로 재再수출된 바베이도스 설탕이었다. 프랑스에서 설탕 제품으로 인해 소비자 혁명의 불꽃이 점화되자, 중상주의적 원리에 따라 프랑스의 개발 전략에 발맞춘 사업이 카리브 연안의 산토도밍고에서 벌어졌다.[59]

다른 어떤 농작물보다 사탕수수는 훨씬 더 자본 집약적이었다. 일 년 내내 계속되는 일정을 통해 경작되고 수확되어 수숫대가 잘려진 뒤, 수숫대는 즉시 풍차가 돌아가거나 수차가 돌아가는 제분소로 운반되었다. 거기서 삶겼다가 냉각되고 다시 삶겼다가 가공 처리되어, 마침내 설탕이 특별한 용기 속으로 쏟아 부어질 채비가 갖춰지면서 영국으로 선적할 준비가 완료되었다. 줄기가 잘려진 뒤 줄기의 설탕 내용물이 급격히 줄어들기 때문에, 각 플랜테이션 농장에 최신식으로 건설된 상당한 크기의 제분소가 꼭 필요했다. 그 제분소가 고장 났을 경우를 대비해 비상 제분소 역시 근처에 있어야만 했으니, 전체 소출이 망실되지 않게 하기 위해서였다. 영국에서 감지될 수 있는 범위 내에서 설탕 정련 제분소보다 더 복잡한 기계류는 존재하지 않는 듯했고, 바베이도스는 알려진 세계의 변방에 있었다는 사실을 감안할 때, 이런 새롭고 위험이 따르는 산업에 투자할 자본이 있었다는 건 경이로운 일이다. 그러나 이 산업이 런던에 기반을 둔, 신용을 확대시켰던 이들에게 이익을 제공했음은 물론이다. 이들의 기본적인 판단 기준은 이랬다. "위험이 클수록 부과되는 이익도 더욱 커진다."[60]

바베이도스의 초창기 재원 마련 과정이 여전히 알려져 있지 않지만, 1690년대 이후로 두 번째, 세 번째 세대의 경작자가 영국의 값싸고 허울 좋은 물건의 유혹에 굴복했다고 알려져 있다. 이런 물건으로는 세련된 벽지, 가구와 의상, 경작자가 '외상으로' 다량 수입했던 말이 끄는 세련된 마차가 포함되었다. 자신의 신분을 고양시키기 위해 재정적 위험을 감수하려는 그들의 마음은 찰스 1세와 국회가 싸웠던 시기 및 왕정복고 시대로 거슬러 올라간다. 그 세월 동안 런던이나 브리스톨 거리를 걷고 있는 딕 휘팅턴(영국의 중세 상인이자 정치가이며 자선 사업가-역자) 유형의 사람에게, 바베이도스는 돈을 벌게 해 주는 장소라는 소문이 돌았다. 그리하여 바베이도스에서 실패한 사람은 어디서고 쓸모없는 존재였다. 바베이도스 판촉 전문가들은 이 섬이 제공해 주는 이점에 대해 알리면서 영국의 술집과 헌책방 등지를 돌아다녔다.[61]

이제 우리는 말썽 많은 문제에 바로 직면하게 된다. 즉 바베이도스에서의 노동의 종류와, 종국적으로 만연되었던 황열병 바이러스의 치사률이 선호도에 의해 결정되었는가 하는 문제다. 증거에 따르면, 1640년대와 1650년대에 거주한 플랜테이션 농장 소유주는 그들이 영국 고향에서 익히 알았던 것과 같은 종류의 비가족적 노동력, 즉 백인 연한 계약 노동자를 사용하길 훨씬 선호했다. 전형적인 사례가 경작자 윌리엄 헤이가 1645년 9월에 스코틀랜드의 한 친구에게 답했던 편지 속 요청에 드러난다.

계약 노동자가 부족한 게 나의 최대 약점이고, 이로 인해 내 구도가 어려움에 처할 걸세…… 만일 하나님께서 허락하신다면 다음 해 1월에 설탕을 만들게 될 테지. 그래서 말인데, 만일 자네가 선박이 이리로 오는 어떤 항구 근처에라도 가까이 갈 기회가 있거든, 연한 계약 노동자를 구해서 내게 보내주길 바란다네…… 아무 남자나 여자, 소년이어도 괜찮다네…… 내가 활용할 수 없거나 내게 별 도움이 되지 않는 사람일지라도 다른 이들, 특히 아무 상인하고나 교환할 수 있으니까 말일세.[62]

이런 글이 보여 주듯이, 대부분의 견습생은 자기 힘으론 대서양을 건너는 데 필요한 통행료가 없었던 잉글랜드와 스코틀랜드의 궁핍한 젊은 이였다. 낙원의 섬 바베이도스에 관한 홍보에 고무된 그들은 3년이나 7년 기한으로 배의 선장한테 자신의 노동을 제공하기로 계약했고, 선장은 이어 그들을 바베이도스에서 가장 높은 가격으로 입찰한 이에게 팔았다. 이런 식으로 수만 명의 앵글로 색슨 켈틱 반노예 노동자들이 한밑천 잡아 보려고 배를 타고 서쪽으로 갔다.

일단 바베이도스에 있게 되면, 연한 계약 노동자들은 사람들 사이에서 마구 뒤섞여 일하는 경우도 드물지 않았다. 땀에 전 이들과 어깨를 나란히 한 채, 자유가 없는 백인과 흑인이 날이 밝기 전부터 땅거미가 진 뒤까지 사탕수수를 심기 위해 땅을 갈아엎었다. 그들이 축축한 땅 위를 걸어갈 때마다 모기가 산란할 웅덩이가 생겼다. (현대의 미국 워싱턴 크기밖에 안 되는) 바베이도스에는 경작지가 그리 넓지 않았으므로, 백인과 흑인 일꾼들이 부두와 그리 멀지 않은 곳에서 일하는 경우가 많았다. 들판에서 낮 동안의 일이 끝나면, 계약직 백인과 흑인 노예는 이어 대부분의 밤 시간을 농장 제분소에서 보냈을지 모른다.[63]

밤이고 낮이고, 무리를 이룬 아프리카와 앵글로 – 색슨 – 켈틱 노동자들은 똑같이 가혹한 규율에 시달렸고, 똑같이 질 떨어지는 음식을 먹고 싸구려 의복을 입으며 다 허물어진 거처에서 지냈다. 더욱 열악한 생활환경에서 지내는 이들도 있었다. 1650년대 들어, 박식한 두 명의 영국인이 정치적 이유로 유죄 판결을 받은 뒤 바베이도스로 이송되어 가장 입찰가를 높게 부른 사람에게 팔리게 되었다고 기록에 나온다. 기록에 따르면 그들의 처지는 다음과 같았다.

우리는 "가장 비인간적이고 야만적인 사람" 손아귀에 떨어졌다. 그들은 일꾼을 혹사시켰고, 조금밖에 먹이지 않았으며, 대체로 (영국 현지인들과 비교할 때) "비참하기 짝이 없고 …… 비할 바 없이 열악한 생활 조건" 속으로 내몰았다. 그런 처지에서 일꾼들은 "이런 저런 경작자에게로 …… 되팔리거나, 혹은 주인의 빚을 갚는 말이나 동물처럼 거래되었으며,…… 주인의 즐거움을 위해 (악당처럼) 회초리 대에서 매를 맞았고, 영국의 돼지우리보다 더 열악한 곳에서 잘 수밖에 없었다. 그 밖의 각양각색으로 표현할 수 없을 만큼 혹은 크리스천의 상상력이 미치지 않을 정도로 비참하기 이를 데 없이 지냈다."[64]

그러나 일을 하는 경우, 백인 연한 계약 노동자와 흑인 노예의 생산성은 같은 것으로 여겨졌다. 원가 계산 담당자는 백인 일꾼이든 흑인 일꾼이든 20개월에서 24개월 정도면 구입 가격에 상응하는 사탕수수를 가공 처리하리라 추산했다. 그 기간이 지난 뒤부터 그들이 기여한 모든 설탕은 본국에 기반을 둔 소유주의 영국 채권자에게 순이익으로 돌아갔다.

그런데 왜 바베이도스 백인 노동자 비율이 1690년 이후 흑인 수와 비교해 그렇게나 극적일 정도로 줄었을까? 그 해답은 거의 전적으로 변화하는 유럽의 경제적·사회적 상황 때문이었다. 바베이도스로 가는 모험을 감수할지를 고려하는, 좋은 대접을 받고자 하는 영국이나 스코틀랜드 혹은 대륙의 어떤 젊은이에게나 결정적 요인은 지리학자가 '인지적 환경'이라 부르는 것이었다.[65]

런던과 암스테르담 및 콜로뉴와 같이 돈을 벌 수 있다고 잘 알려진 유럽의 대도시로 갈 경우에 수명을 단축시킬 위험성에 관해 들은 내용과, 바베이도스와 체사피크 만 남쪽에 있는 그 밖의 신세계 식민지에 실재하는 상황을 대비시켜 볼 경우, 바베이도스에 유별나게 특별한 것이 전혀 없었다. 그럼에도 19살일 경우 잘해야 단지 10년이나 15년밖에 더 살 수 없는 유럽 도시 생활의 엄혹한 현실과 비교했을 때, 바베이도스에서는 일단 해방되어 빚을 청산한 농노가 부유한 경작자의 미망인과 결혼해 자산가로 위치를 확고히 할 수 있는, 도저히 불가능해 보이던 기회를 잡을 수도 있었다. 대부분 남성의 인지적 환경에서 이와 같은 기회는 런던보다는 바베이도스에서 더욱 가능했을 것이다.

최종적으로 1660년대 후반 바베이도스에서, 그리고 30년 후에 메릴랜드와 버지니아에서 백인 연한 계약 노동자로부터 흑인 아프리카 노예 쪽으로 균형추가 쏠리게 되었다. 그런데 이는 (질병 결정론자들이 주장하듯) 황열병에 대한 두려움이 '아니라', 불완전 고용과 실업 상태에 있는 영국 젊은이의 배출이 점차 고갈되었기 때문이었다. 1600년에 지나치게 많은 사람으로 들끓는다고 여겨졌던 식민 모국이 그 무렵에는 노동력 부족으로 고통을 겪는 나라로 인식되고 있었다.[66]

자기네 땅이 제공해야만 하는 것과 관련된 영국인의 인식에서 주요한 변화 요인은, 해외 시장 판매를 위해 광범위하게 제조된 수제품 생산(원시산업)이 괄목할 정도로 늘어난 점이다.[67] 젊은이들로선 자신의 생존에 필요한 것을 충족시키는 이외에, 소비자로서 처분 가능한 잉여를 벌어들일 수 있게 해 줄 방법을 찾은 셈이었다. 그러므로 젊은이들은 캐리비안 지역에 연한 계약 일꾼으로 나가기보다 차라리 조국에 머무는 길을 택했다. 1690년대 후반에 본국 바깥으로 '자기 뜻과 달리' 나갔던 소수의 젊은이들은, 우연히 방문했던 프랑스 선교사 라바 신부가 증언했듯이 고통을 겪었다. 납치되거나 '바베이도스 선전에 속았던' 경우가 빈번했던 것이다. 그러나 일단 그곳에서 지내게 되면, '바베이도스 사람이 된' 이는 음주, 도박, 주먹 다툼, 남색, 그리고 그 밖의 다양한 형태의 폭력 속에서 쾌락을 누렸다.[68]

영국과 본토 유럽 다른 지역의 초창기 산업의 부상 이외에, 1670년 이후 바베이도스에서 연한 계약 노동자로 취업하는 것이 사람들의 매력을 끌지 못했던 또다른 이유는 유럽 인구가 정체 상태였기 때문이었다. 또한 '진정으로' 문제가 되었던 것은, 풍토병인 캐리비안 주변 지역의 황열병이라기보다 전 세계적인 핵심부의 개발 여부였다. 만일 유럽이 (본국 인구가 2배로 되고 5,000만 명의 유럽인이 거의 아메리카 대륙으로 이민을 갔던) 1840년과 1914년 사이에 겪게 될 것과 비슷하게 선명한 인구의 증가를 경험했더라면, (아메리카 남부 지역과) 캐리비안 제도로 아프리카에서 납치한 노예 노동력이 쇄도하도록 만들 필요까지는 없었을 터였다.

1670년대 이후에 네덜란드에서도 인구 정체가 뚜렷했다. 네덜란드 출신으로 돈을 벌기 위해 세계의 끝자락까지 가고 싶어했던 젊은이는 향신료가 풍부한 인도네시아의 네덜란드 동인도 회사 업무에 가담했다. 또한 전쟁 전 인구의 5분의 1이 줄어든 상태로 1648년에 끝난 30년 전쟁 이후 독일 땅에서, 이어지는 두 세대 젊은이들에게는 오랜 전쟁으로 야기된 고용 공백을 메우기에 충분하고도 남을 정도로 일자리가 많았다. 1690년대와 1700년대에 독일인이 (J. F. 오스터발트 부류의 마을 연장자들 사이에 많은 우려를 야기하면서) 인구를 회복하기 시작하자, 모험적인 젊은이들은 대개 가장 가난한 사람이 사는 퀘이커가 운영하는 펜실베이니아를 선택했다.[69] 백인 연한 계약 노동자가 "주인의 즐거움을 위해 회초리 대에서 (악당으로 낙인찍혀) 매를 맞았던" 바베이도스라는 버림받은 섬으로 갈 뜻이 있는 사람은 거의 찾아볼 수 없었다.[70]

바베이도스의 조건이 백인 농노에게도 가혹했겠지만, 포르투갈과 네덜란드 무역상이 데려온 '피눈물 흘리는' 노예에게는 최악이었음은 의심의 여지가 없었다. 1700년경, 라바 신부는 다음과 같이 기록했다.

(소유주와 감독자들은) "흑인의 생명을 말의 생명보다 더 무심하게 대했고"…… 노예를 "지나칠 정도로 혹사시켰으며…… 아주 사소한 잘못만으로도 무자비하게 때렸다. (탈주한 노예는) 산 채로 태워지거나 나뭇가지에 묶여 쇠로 된 우리(울타리) 속에서 햇빛과 비바람에 노출되어…… 배고픔과 갈증으로 죽도록 방치되었다."[71]

라바 신부가 섬에 머물던 시기 이전에 바베이도스로 유입된 노예 통계 수치가 불확실하지만, 1708년 이후의 정보는 좀 더 견실하다. 1708년에 5만 2,000명에 달했던 바베이도스 노예에다 그다음 25년이 지나면서 아프리카로부터 8만 명이 새로 유입되었다. 1735년에 생존한 노예 수가 6

만 8,000명이었으니, 이 수치는 그 사이 총 6만 4,000명의 아프리카 흑인이 사망함으로써 산출된 것이다. 황열병으로 인한 계산되지 않은 수천명의 사망자 수와 심장 마비, 탈장, 고문 및 그 밖의 요인으로 죽은 사망자 수가 추가된 것이다.[72]

18세기 초기 방문자에 따르면, 플랜테이션 농장 소유주는 보통 젊은 남성 노예가 쾌락을 위해 원하는 모든 흑인 여성을 취하도록 허용했으며, "흑인 여성이 많은 아이를 낳고 일을 잘하면서 병들지 않으면, 남성 노예는 원할 경우 그 여성 곁을 떠나는 것이" 허용되었다.[73] 노예제 시절로 거슬러 올라가는 바베이도스 묘지를 발굴하는 고고학자들은 젖을 뗀 뒤 영양실조로 사망한 수많은 유아의 뼈를 발견했다. 의심할 바 없이 그곳의 상황은 자메이카 사탕수수 농장과 아주 흡사했다. 한 자메이카 백인 작업 감독의 기록에 따르면, 그는 들판에서 일하는 여성들을 계속 임신시켜 아이를 낳게 했고, 그 뒤 단지 3주에서 4주를 지나면 다시 여성들을 일터로 불러냈다. 그런 체제하에서는 높은 유아 사망률이 예상될 수 있을 것이다. 이는 효과적인 설탕 생산에 필요한 노예 수를 유지하기 위해 아프리카로부터 끊임없이 노예가 유입되어야만 했다는 의미였다.[74]

라바 신부가 1700년에 여행한 뒤 100년이 지나, 또 다른 전문 직업인이 바베이도스를 방문했다. 이 사람은 우리가 6장의 서문 초두에서 언급한, 황열병과 싸웠던 군대 내과 의사 조지 핀카르드였다. 핀카르드는 (의사에게 지적 장사 밑천을 제공했던) 그리스와 로마의 문학적 고전에 조예가 있음에 스스로 자부심을 느끼는 사람이었다. 그는 대부분의 백인 바베이도스 보건 요원이 말할 수 없을 정도로 무식함을 발견했고, 그래서 "농장의 '흑인 의사들'이 의학 지식에서 그들과 우열을 다투는 것"은 당연하다고 생각했다.[75] 황열병을 치료할 때, 아프리카 치료사는 신체의 고통을 덜어 주는 온수 목욕과 약초를 활용했다. 그런 시술은 백인 의료진이 빈번하게 사용하던 것과는 사뭇 대조적이었다. 백인의 표준 시술은 다음과 같았다.

치료책:이 질병의 염증을 일으키는 특징이 바로 발병 초기 단계부터 지속적으로 주시되어야 한다. 팔에서 피를 빼내는 것으로 치료를 시작하라. 염분을 함유한 하제(설사 나게 하는 약)의 사용. 둘째 날, 다시 출혈시키라. 복부에 여과기를 대고, 24차례의 따뜻한 습포제, 너무 강하지 않은 배설 촉진제. 3일째 되는 날, 여과기를 대고…… 3일 밤, 커다란 수포가……[76]

그러나 자신을 치료할 때, 핀카르드 박사는 대안 요법을 선호해 동료 선원에게 얼음처럼 차가운 물을 많이 마실 수 있게 해 달라고 요청했다.[77]

19세기 후반 방문한 또 다른 의학 관계자는, 바베이도스 노예가 농장의 백인 의사를 전혀 신뢰하지 않기에 (백인) 의사에게 자기네 질병을 감춘다는 핀카르드의 발견을 확인했다. (20세기 후반 남부 역사가와) 19세기 백인 보건 요원이 흑인이 고통당하거나 고통당하지 않는 질병에 대해 지녔던 생각을 설명할 때, 이러한 흑인의 비밀 엄수가 크게 영향을 미쳤다고 생각하는 사람이 있다. 만일 보건 요원이 (모든 건물이 있는 장소에서 멀리 떨어져 마련된 황열병 환자에 알맞은 특별한 구덩이보다 자신의 거처 가까이 묻히고자 했던) 흑인의 매장 선호도를 조사하고자 했다면, 어렸을 적에 (호프만의 용어로) '풍토적' 황열병을 겪음으로써 면역성을 획득하지 못했던 아프리카 인은 면역성이 없는 백인만큼이나 빈번하게 황열병으로 사망했음을 인식했을 터였다.[78]

'개발'에 관심을 지녔던 사람들이 영국 인, 네덜란드 인, 스페인 인이나 포르투갈의 유대 인, 프랑스 인, 남미의 스페인 후손 그 누구이든, 그들로서는 발전을 위해 사탕수수 재배에 최적지인 캐리비안 지역과 대륙의 퇴적 분지에서 생산이 가능해야만 했다. 이런 논리에 따라 아주 작은 바베이도스에서 선구적으로 사용된 생산 방법은 영연방 내 훨씬 커다란 자메이카 섬까지, 그리고 프랑스령 산토도밍고까지 이전되었다. 그러다 (프랑스 혁명과 그로 인한 전쟁으로 야기된) 이념적으로 거북한 한두 차례 상황이 지난 뒤, 브라질과 쿠바가 주요 생산지로 나서게 되었다. 이제 우리는 바로 이런 곳들을 살펴볼 텐데, 우선 그 모든 곳 가운데 가장 비난받았던 산토도밍고, 즉 1804년 이후로 아메리카 원주민 이름인 아이티로 알려 졌던 지역으로부터 시작해 보자.

아이티

일찍이 행복했던 이 섬이 크리스토퍼 콜럼버스의 격렬한 통치하에 들어가기 직전의 상황은 어땠을까? 우리가 살폈듯이, (천연두라는) 연관된 질병 인자와 '스페인 대학살'을 통해 히스파니올라에 살던 토착 타이노 족이 급속하게 사라져 버렸다. 그리하여 금 채취 인력으로서 그들을 대체하기 위해 스페인 인들은 포르투갈 인들에게 아프리카에서 노예를 데려오게 했다. 이어 멕시코와 페루 정복, 그리고 그곳에서 엄청난 은광과 금광의 발견으로, 스페인 사람들은 아이티에 대한 관심을 상실해 히스파니올라의 바다에 익숙한 아프리카 인과 크레올 및 혼혈아들이 자급자족 경작자로 살게 허용했다.

하지만 두 세기 반쯤 지나 변화무쌍한 역사의 흐름을 거치며, (스페인 왕의 부르봉 사촌이 통치하는) 프랑스 사업가들이 아이티 서쪽 세 번째 섬에 플랜테이션 농장을 마련할 수 있게 되었다. 이러한 플랜테이션 농장과 고지대의 황무지 및 (포르토프랭스와 캡 프랑수아 같은) 도시 지역을 합친 지역이 산토도밍고로 알려지게 되었다. 개발 과정은 놀라울 정도로 빨라, 1775년 무렵 산토도밍고는 세계에서 가장 돈이 잘 벌리는 식민지가 되었다. 대략 미국 메릴랜드 주와 같은 크기인데도, 산토도밍고는 세계 설탕 생산의 반 이상을 생산했다. 면화, 인디고 염료, 커피 수출과 더불어 설탕 수출로 산토도밍고는 영국 식민지 13개 모두를 합한 곳에서 나오는 생산물보다 더 많은 생산물을 제공했다.[79]

(유럽에서 번창하는 초기 산업과 정체 상태의 인구 규모로 말미암아) 1690년

이후 바베이도스에서 확립된 패턴을 따라, 아프리카 노예가 산토도밍고에서 거의 모든 사탕수수 밭의 현장 작업과 가공 처리 및 최종 설탕 조제를 도맡았다. 프랑스에서 혁명이 일어났던 해에 식민지에는 48만 명의 노예가 있었는데, 이 가운데 상당수는 새로이 수입된 노예였다. 구체제의 평범한 마지막 해(1791년)에 2만 5,000명의 '바다를 건너온' 노예가 보충되었다.

괴로움을 겪고 조직화되어 있지 않으며 제멋대로였으므로, 산토도밍고 노예는 당시 표준적 형태의 규율로 알려졌던 것에 복종해야 했다. 노예 가운데 한 사람은 다음과 같이 기록했다.

그들은 머리를 아래로 늘어뜨린 채 사람을 매달지 않았던가? 사람을 자루에 넣어 물에 빠뜨리지 않았던가? 두꺼운 판자로 된 십자가에 사람을 못 박지 않았던가? 사람을 산채로 매장하지 않았던가? 절구통 속에서 사람을 짓부수지 않았던가? 그들은 사람한테 분뇨를 먹도록 강요하지 않았던가? 게다가 채찍으로 사람의 가죽을 벗기다시피 하다가…… 늪의 말뚝에다 몰아넣어 모기가 물어뜯도록 만들지 않았던가?[80]

여타의 위험 요인 이외에, 모기가 지닌 황열병과 여러 유형의 말라리아 역시 산타도밍고에 고유한 것이었다. 그런데 이런 살인적 질병으로 사망한 흑인의 통계 수치나 추정치가 하나도 남아 있지 않다. 그러나 기록자가 중요하다고 생각한 부류의 사람인 백인 병사의 경우에는 상당한 정보가 남아 있다. 일례로, 한 작은 정보를 통해 포르토프랭스 시내에 주둔했던 100명 병사들의 운명을 파악할 수 있다. 시내의 특별한 질병 환경에 순응하게 된 뒤, 1777년에 운 나쁜 100명의 병사는 50마일 떨어진 주둔지로 전속되었다. 그러자 6주가 채 지나지 않아 그들 중 25명이 사망했고, 단지 19명만이 건강을 유지했다. 2년 지난 뒤, 원래 100명 가운데 17명만 살아남았다.[81]

신용과 혈연관계의 유대로 본국 프랑스와 이어져 있었으므로, 1791년 이후 산타도밍고의 백인 엘리트층은 혁명의 대혼란 속에 말려들었다. 그들의 곤경을 더욱 부채질한 것은 사회적으로 괴리감이 컸던 상황이었다. (은퇴해서 프랑스 보르도나 라로셸에서 안락하게 살고자 기대했던) 백인 대규모 경작자에 맞서 백인 소규모 경작자와 토지가 없는 장인으로 된 집단이 분규를 일으켰다. 게다가 스스로가 노예를 소유한 흑인 자유 경작자와 혼혈 경작자도 있었다. 바로 이런 집단으로부터 아이티의 혁명적 지도력이 출현했으니, 투생 루베르튀르와 장-자크 데살린과 같은 이가 대표적 인물이었다.

1804년에 노예 해방과 흑인이 통치하는 독립 공화국으로서 아이티의 성립으로 이끌었던 복잡다단한 사건이 벌어지기 시작하자, 백인 대규모 경작자들은 줄행랑을 쳤다. 1793년부터 시작해 일부는 프랑스로 돌아갔고, 당시 미국의 주요 도시인 필라델피아로 배를 타고 갔던 이들도 있었다. 그곳에서 이들과 이들이 동반한 모기로 인해 황열병이 퍼졌다. 이 고위급 피난민 대부분이 (호프만의 풍토적 황열병 사업 계획에 따라) 어릴 적에 이 병에 대한 면역성을 길렀던 터라 5,000명에 이르는 필라델피아 황열병 사망자의 거의 모두는 새로운 미합중국 시민이거나 수입된 노예였다.[82]

1791년 이후 질서가 어느 정도 잡히긴 했으나 여전히 무질서가 남아 있는 아이티의 상황에서, 효율적 지도력은 (유럽 소비재의 매력에 오래전부터 매혹돼 있던) 혼혈 태생과 흑인 민병대 지휘관들의 연합 세력 수중에 들어갔다. 간섭받지 않기를 바랐던, 아이티 태생의 흑인 자급자족형 농부와 (바다를 건너온) 이민자들을 더 이상 동정하지 않은 채, 투생과 같은 혁명적 지휘관들은 유럽과 북아메리카의 소비품이 계속 유입되는 게 필수적이라 생각했다. 흑인 지도자들은 소비재 유입으로 인해 상주하는 백인 중개상에게 자기들이 의존하게 되리라는 점을 인식함과 동시에, 자기들 혁명의 주 세력이 노예였거나 좀 덜한 속박을 받았던 주민들의 90퍼

센트에게 있음에 유의했다.[83]

혁명 평의회에서 제시한 것은 주민 다수에게 약간의 개량을 제공하면서 서방의 겉만 번지르르한 물건의 생산지와 연결을 유지하는, 장기간에 걸친 두 개의 프로그램이었다. (1500년 이후) 농노제가 재판再版된 시기에 동유럽과 러시아가 보여 주었던 모델을 따르고 있음을 깨닫지 못한 채, 아이티 혁명가들은 전면적인 노예를 일상생활에 대한 일정한 지배력을 지닌 농노 같은 신분으로 바꾸자고 제안했다. 강력한 육군과 해군을 지배하는 (아무도 농노에게 의견을 묻지 않는) 유럽인들의 경우, 이 프로그램의 문제점은 농노인 '흑인'이 바로 이 계획을 실행하고 있었다는 점이었다.

런던과 파리의 관점에서 볼 때, 설탕이 풍부한 캐리비안 제도에서 (도미노 이론대로) 더 이상 노예 반란이 일어나지 않게 할 유일한 길은 산토도밍고 침공이었다. 유럽 구체제 지도자들 가운데 가장 능수능란한 지도자인 윌리엄 피트 수상은 영국과 프랑스 간에 전쟁이 벌어졌다는 구실을 들이대며, 반란을 일으킨 프랑스 식민지를 정복하러 군대를 파견했다. 1793년과 1798년 사이에 2만 명의 영국 병사가 산토도밍고 항구에 상륙했다. 이에 뒤이어 또 다른 3만 5,000명의 병사를 앞세운 프랑스 침공이 이어졌다.[84]

"가장 우둔하고 융통성 없는 기질을 지닌" 경험 없는 유럽인들이 황열병과 말라리아가 창궐하는 캐리비안 섬으로 온 경우는 최근 역사에서 좀처럼 찾아보기 어려운 일이었다. 항구 도시 수비대에 이렇듯 잠재적 희생자들이 집결되자, 황열병과 말라리아는 기회가 마련되었다. 영국 의사들이 시술한 "영웅적 출혈"과 황열병에서 살아남았던 일부 영국 병사들은, 나중에 열대열 말라리아로 인해 무덤으로 직행했다. 종합적으로 보아, 더욱 기세등등한 아프리카의 총탄과 "서쪽 섬들을 통해 엄청나게 만연한 황열병"에 직면한 2만 명의 영국 병사 가운데 1만 2,700명이 사망했고 1,500명이 병약자로 취급되어 본국으로 송환될 필요가 있었으며,

대략 6,000명만이 별 육체적 손상이 없었다. 프랑스 병사들 가운데서는, 총알과 열병으로 인해 2만 9,000명이 아무도 기억하지 않는 죽음의 길을 떠났다. 불과 6,000명만이 살아남아 프랑스가 통치하는 유럽으로 돌아 갔다.[85]

그러나 프랑스에게 있어 아이티에서의 경험은 훗날 알제리 전투를 위한 훈련을 제공한 셈이었다. 특별히 유용했던 점은 지역 주민을 다루는데 사용한 방법이었다. 이와 관련해 나폴레옹의 처남 르클레르 장군이 행동 계획을 수립했다. 황열병으로 쓰러지기 직전 아이티에서 보낸 마지막 편지에서 르클레르는 다음과 같은 청사진을 그렸다.

귀하는 12살 이하의 어린이들을 제외하고 산에 있는 흑인 남자와 흑인 여자들을 몰살시켜야만 할 것이오. 저지대 주민의 반을 쓸어버리고 식민지에 (반란군) 장교 견장을 찬 단 한 명의 흑인도 남겨 두지 말아야 하오.[86]

이 작전에서 징벌적 조치를 취한 프랑스 군대는 약 15만 명을 살해했고, 엄청난 양의 식량과 농업 장비를 파괴했다. 프랑스가 물러갔을 때 계속 살아 있던 34만 2,000명의 아이티 인들 중 단지 17만 명만이 들판에서 쟁기질을 하고 생존을 위해 필요한 농작물을 경작할 정도의 체력을 유지했다.[87]

세계사적 관점에서 유럽이 독립적인 흑인 공화국 정복에 실패함으로 생겨난 결과는 다면적이었다. 특별히 중요한 점은 심리적 장벽이었다. 이로 인해 유럽인과 유럽계 미국인들은 부상하는 아프리카 흑인들이 수립한 공화국을 합당한 주권 국가로 받아들일 수 없었다. 이런 태도를 전형적으로 보여 주면서, 미국 육군 소령 W. C. 고르가스Gorgas는 '열대 의학에 관한 국제 회의'에 프랑스의 아이티 원정 역사를 거론했다. 고르가스는 다음과 같이 주장했다. "한철에 병사 2만 5,000명 중 거의 2만 2,000명이 황열병으로 사망했고, 남은 병사들은 완전히 적군의 처분에 달려 있었지만, 적들은 총 한 방 쏠 필요가 없었습니다."[88]

고르가스는 흑인들이 결코 자기들의 힘만으로 백인 군대를 패배시킬 수는 없었노라고 세상 사람들이 믿길 바랬지만, 그러나 사실상 프랑스와 영국 사망자의 상당수가 아이티 인들의 총탄에 희생되었다. 고르가스가 고안한 역사는 1896년 아도와에서 에티오피아 인들 손에 당한 아탈리아의 최근 군사적 패배의 기억을 상쇄시키려고, 시기에 맞춰 반증을 제공하려는 시도였음에 우리는 유념해야 할 것이다.[89]

1804년, 그렇게나 많은 희생을 치르고 어렵사리 아이티 인들이 승리를 거둔 직후, 유럽과 미국의 제국주의 세력은 외교적 · 경제적 보이콧을 강요했다. 영국인들 사이에서는 흑인이 이끄는 공화국이 외교적 동반자로 인정되어야 한다는 약간의 암시라도 비치면, 날선 신경전이 벌어졌다. 프랑스는 자기들 입장에서, 아이티 정부가 플랜테이션 농장을 몰수당했던 대규모 경작자들에게 충분한 보상을 해야 한다고 주장했다.[90]

그러나 아이티에는 피부색 차이보다 더욱 커다란 문제가 있었다. 영국인의 태도에 더할 나위 없이 크게 영향을 미쳤던 것은 평범한 아이티 인의 행동상의 선호도였다. 세계 최대의 신용 거래 확대자의 경제적 지배를 받아들여 유럽 상품을 구입할 수 있도록 할 필요성을 받아들이기보다는, 대부분의 아이티 인들은 자급자족적 경작자로 남기를 선호했다. 아프리카 식 모델에 따라 일하면서, 아이티 여성들은 소금과 해당 지역 식료품 및 아프리카 식 의복과 같은 품목을 교환할 필요성을 충족시키는 데 완벽할 정도로 알맞은, 순환하는 4일 장을 확립했다.[91] 자신들이 가진 것에 만족해하면서, 아이티 인들은 해외 교역의 필요성을 전혀 느끼지 못했다.

그러나 서방의 '개발'이라는 선물을 거부함으로써, 평범한 아이티 인들은 계몽만이 보편적으로 합당한 도덕규범을 지닌다고 확신하는 유럽에 배제당하는 처지에 빠졌다. (행복한 결말을 바라는 이들에게) 불행히도 아이티 사람들 모두가 소비주의를 거부한 것은 아니었다. 특별히 중요했던 건 국가 지도자들의 태도였다. 1804년 이후 지도자들 대부분은 수입된 제품에 매혹되었다. 점점 서방에 채무 관계로 얽매이고, 평범한 자급형 경작자들과 그들의 종교적 신앙을 경멸하면서, 대통령들은 필사적으로 재앙을 향해 급속히 몰락의 길을 행진해 갔다. 19세기가 경과하면서 아이티 공화국은 종속국이 되었다. 처음엔 (독일 상업 도시들 가운데 '가장 영국적인') 함부르크 상인들에 종속되었고, 이어 (오늘날까지도 여전히 그렇지만) 독립한 미국에 종속되었다.[92] 이를 통해 우리는 저 거대한 대륙 국가 미국에서 벌어진 질병과 관련된 사건과 그 의미를 살피게 된다.

미국

1804년 이후 이전처럼 아프리카 흑인 노예 제도는 미국 남부의 모든 주에서 번창했다. 그런데 노예제의 존속으로 인해 과거의 조국인 영국과의 사이에 생기는 어려움이 예상보다는 훨씬 덜했다. 비록 1807년과 1833년에 유럽 전역에 걸친 노예제 폐지를 달성함으로써 노예무역에 종지부를 찍었던 영국의 도덕 개혁가들이 흑인 노예제를 원칙적으로 비난했지만, 현실적으로 노예제를 통해 성과를 달성하자 영국의 자본가와 외교관들은 결코 미국 제품을 보이콧한다든가 외교 관계 단절을 진지하게 고려한 적이 없었다. (맨체스터와 올드햄 공장에 원료를 공급하는 면화의 원산지인) 미국에 대한 영국의 태도와 (노예제를 '전복시켰던' 신세계의 한 공화국인) 아이티에 대한 영국의 태도 간의 대조는 교훈적이다. 하지만 '믿음직하지 않은 앨비언'(영국의 옛 이름)을 장황하게 논하기보다는 다른 것을 살펴보도록 하자. 황열병의 구성개념이 형성되기까지 미국의 흑인 노예 제도와 남북전쟁 이후의 통제 조치들(짐크로 법, 큐클럭스클랜, 대법원의 결정)이 수행한 역할을 살펴보자는 것이다. 분명하게 드러나겠지만 이 구성개념은 미국에서, 그리고 어느 정도는 영어를 사용하는 세계에서 백인과 흑인간의 관계를 틀 잡았던 지역에 고유한 가치관의 일부가 되었다.

그림 16_ 캐리비안 섬 : 황열병의 지옥, 식각 요판, 1800년, A. J. 작품.

　미국은 1803년에 (베어링스 은행의 도움으로) 프랑스로부터 거대한 루이지애나 영토를 구입했고, 이를 통해 아이티에 맞서 전투를 벌이려는 프랑스 군대에 재원을 제공했다. 이어 1812~1815년의 영미 전쟁 기간에 미국은 스페인으로부터 서부 플로리다를 강탈했다. 앤드류 잭슨이 군인이자 미국 대통령으로서의 능력을 발휘해 크리크 족, 체로키 족, 칙소족, 촉토 족, 나체즈 족 원주민들을 몰아냄으로써 남쪽으로 멕시코 만을 바라보고 서쪽으로 미시시피 강에 접하고 있는 새로운 영토는 노예들이 재배하는 면화가 최고의 상품인 새로운 문화의 지역적 배경이 되었다.

　전체적 시야로 사태를 파악하기 위해, 핵심 주변 관계에서 새롭게 개발된 미국 남부는 영국 북부에서 필요로 하는 원료 제공을 위한 주변부였음을 반드시 염두에 둘 필요가 있다. 유럽 핵심 지역의 영향력의 중심에 자리 잡은 영국은, 미국 남부가 경작 가능한 변경 지역 확대에 필요한 대부분의 투자 자본과 단기 신용 및 대서양 횡단 선박 시설을 제공했

다.[93]

그러나 핵심 주변 관계에 대한 평가는 풍요로운 미시시피나 루이지애나 노예 소유주들의 새롭게 지어진, '그리스풍을 부활시킨' 플랜테이션 가옥 앞 베란다에서 볼 때 사뭇 다르게 보였다. 수천 에이커에 달하는 플랜테이션 농장을 소유한, 모든 것들의 주인으로서, '더 아래쪽 남부'(Lower South: 면화 재배의 중심지를 이룬 미국 남부의 여러 주 – 역자)의 지배층 가족들은 스스로를 고등한 존재로 간주했다. 그들 중 많은 이들은 1690년대 황열병으로 인한 재난을 피해 바베이도스로부터 사우스캐롤라이나로 이주했다가, 이어 새로운 토지가 개척되자 '더 아래쪽 남부'의 처녀지로 이주했던 경작자들의 후손이었다.

1820년대와 1830년대에 1세대 경작자들은 자신의 생활 방식에 대해 두드러지게 방어적이지는 않았다. 그들은 스스로 만족할 만한 여유를 누릴 수 있었다. 그들의 총결산에 따르면, 흑인 아프리카 노예가 (인디애나, 일리노이, 오하이오 같은) 북서부 지역의 농장에 고용했던 백인 자유노동자보다 훨씬 비용이 적게 들었다. 게다가 노예들을 부리며 시간을 조율해 활용함으로써, 그들은 발전된 노동-경영 관계의 선두에 서게 되었다.[94]

그러나 1840년대가 지나면서 남부 사람들의 태도가 공격적으로 바뀌었다. 미국 전체에서 자기 지역의 지위를 살피면서, 그들은 북부 정치가들이 미국의 대통령직과 상원의 통제권을 고정적으로 획득하고 있음을 발견했다. 비관론자들은 이런 상황이 영구적이 될까 봐 두려워했다. 남부의 이해관계를 훨씬 더 위협하는 것은, 많은 북부 정치가들이 노예제의 뿌리를 근절시키길 원했던 뉴잉글랜드 노예제 폐지론자들의 말을 경청한다는 기사였다. '신에 의해 미국에 정해진 숙명'을 통해 아직은 정복하지 못한 멕시코, 남미, 쿠바, 캐나다의 광대한 새로운 지역들에 대한 지배적 통제권을 (남부의 노예 소유주들이든 북부 인들이든) 어느 집단이 획득할 수 있을까 하는 질문은 당시로선 미래의 일이었다.[95]

성가신 폐지론자들(보스턴에 기초를 둔 『해방자(Liberator)』의 편집자는 심지어 흑인들은 백인들과 완전한 평등을 누릴 자격이 있다는 주장도 서슴지 않았다!)에 직면해, 상당수 남부 경작자들과 지적 작업에 종사하는 그들의 단골손님들은 방어적 입장을 취했다. 자기들은 북부 사람과는 완전히 다르다는 점을 분명히 하기 위해 스스로를 '남부 인들Southrons'이라 부르면서, 자신들의 문명이 노예를 소유했던 고대 아테네와 스파르타로까지 거슬러 올라가는 뿌리를 둔 문명이라 주장했다.[96] 남부 인들이 이런 인위적 정체성을 구축하는 데 도움을 준 사람들은 황열병 전문가로 해당 지역에서 교육받은 의사들이었다.

때마침 1850년의 유행성 황열병이 남부의 수백 개의 작은 지역 중심지들뿐만 아니라, 뉴올리언스, 멤피스, 찰스턴 같은 대도시까지 더욱더 확산되었다. 황열병이 북부의 주들에서 거의 사라졌던 시기에도, 역사가들이 '남부의 재앙'이라 이름 붙인 이 유행성 황열병은 남부 지역의 평판을 악화시켰다.

흑인 노예들이 생물학적으로 백인 주인의 '종족'과는 상이하게 구별되는 노예 '종족'의 일부라는 점을 입증하고자 혈안이 된 남부의 의료 전문인들에게 황열병은 신이 내린 선물이었다.[97] 보통 쿠바에서 미국 본토로 오는 배로 들어왔다고 생각되었으므로, 황열병은 처음에 찰스턴이나 뉴올리언스 최전선의 항구를 따라 발생하여 경우에 따라 대서양 연안이나 미시시피 계곡으로 북상한다고 생각했다.[98] 그러나 풍토병의 형태를 띤 황열병은 겨울 온도가 영상인 인구 밀집 지역에서 거의 눈에 띄지 않으리라는 오늘날 지식의 관점에서 볼 때, 황열병이 남부 몇몇 변방 지역에서 실제로 몇 년이고 계속 뿌리내렸다는 건 논란의 여지가 있다.

이처럼 황열병이 생기기 알맞은 환경 가운데는, 대규모 플랜테이션 농장에 빽빽하게 밀집된 노예 거주지를 들 수 있다. 인간의 체온과 아프리카계 미국인 정착민들한테서 특유의 냄새를 풍기게 했던 히코리나무 불의 열기로, 노예들의 집은 이집트숲모기가 살아남는 데 필요한 적정한 온도를 제공할 수 있었다. 또한 따뜻하게 유지되고 나중에 부화하기 적합한 상태에 있었던 것은 모기 알들(그들 중 일부는 아마 황열병 바이러스에 감염되었을 것이었다.)이었다. 힉코리나무 불 덕분에 실내 이곳저곳에서 놀기 좋아하는 아이들에게 편안한 온기가 제공되어, 아이들은 (낮 동안에 물어뜯는) 모기들에 물려서 조금은 불편한 느낌을 받게 되다가 (자기도 모르게) 황열병의 면역성을 지닐 수 있기도 했다.[99]

끊임없이 염두에 두어야 할 또 다른 점은 속박 상태에서 아프리카계 미국인들이 백인 플랜테이션 농장 의사들과 그들의 제공하는 출혈 및 열을 제거하는 기이한 치료 방식을 불신했다는 사실이다. 서양 의학에 대한 이런 반감 때문에, 노예들은 가능하면 목욕과 진정시켜 주는 음료를 활용해 자기 열병을 치료했다. 또한 미국 흑인들은 그들만의 의복을 만들고 그들만의 방식으로 옷을 입길 좋아했던 것과 마찬가지로, 그들은 또한 동족의 시체를 수습해 자기들만의 장소에 매장했다. 여전히 오늘날에도 황열병에 걸린 소수의 사람들만이 제대로 진단을 받는다(WHO에 따르면 1000명에 1명 정도라 한다.)는 점을 감안할 때, 이 병으로 사망했던 많은 19세기 흑인들이 당국자들에게 보고되지 않았으리라는 가정은 합당할 듯하다. 남북전쟁 이후 세월이 꽤 흐를 때까지, '보다 남쪽의 주'에 속하는 모든 주는 '어떠한' 종족 그룹에 관한 실질적 통계 수치도 기록할 필요를 느끼지 않았다.[100]

플랜테이션 소유주들의 필요에 의해 자기들의 이념을 순응시켜 (주에 합당한 의약 투여를 하는) 남부식 의료 시술을 했던 남부 지방 시술자들 사이에서, 흑인이 백인보다 황열병으로 덜 고통받는 것은 당연했다. 필자가 황열병 구성개념이라 부른 담론 내에서 의료 이데올로기를 주창하는 자들 가운데는, 흑인은 완전한 면역성을 지녔다고 주장하는 이들까지 있었다. 이런 생각을 공표한 최초의 남부 의사들 가운데 한 사람이 알라바마 모빌의 J. C. 노트Nott 박사였다. 노트는 『인류학 대중 잡지Popular Megazine of Anthropology』에 자주 기고했으며, 일반적으로 정직하고 존경받을 만한 인사로 대접받았다.[101] 노트는 갑자기 황열병에 걸린 사람들에게 (수분을 많이 섭취하고 출혈보다는 안정을 취하도록 권고한) 지각 있는 처방으로 1840년대에 유명했는데, 다음과 같이 선언했다. "백신이 천연두를 막아 주는 만큼이나 흑인 피의 4분의 1이 황열병에 대한 보다 완벽한 보호 장치라는 주장이 나는 전혀 무리라고 생각지 않는다."[102] 이 담론에 기여한 또 한 명의 주요 인사는 의학 박사인 사뮤엘 A. 카트라이트Samuel A. Cartwright였다. 현실은 지역에서 유명했던 이 뉴올리언스 의사가 말한 대로였다.

비록 그들이(흑인들이) 충혈성 및 담즙성 열병(말라리아)에 걸리기는 쉬워도…… 끔찍한 구토나 황열병에는 걸리지 않는다. 적어도 흑인들이 가볍게 여겼던 만큼이나, 나는 결코 풍토병으로 사망한 흑인을 본 적이 없었다. 비록 수많은 황열병 사례들은 목격했지만.[103]

카트라이트는 다음과 같이 주장하며 남부 경작자들의 의견에 동조했다. "자연은 백인 피부를 가진 일류의 사람들이…… 고역 같은 일을 하는 처지로 몰락하는 모습을 보는 걸 수치스럽게 여긴다." 그에 따르면, "남부의 태양 아래 고된 사역에" 종사했다가 황열병에 쓰러진, 새로 도착한 유럽 이민자들은 "자연의 법칙"을 훼손했기 때문에 사망한 것이었다.[104]

1853년 5월의 어느 날 발행된 뉴올리언스 신문 『더비The Bee』에서 자연의 법칙 가운데 또 다른 조항을 어겼던 사람들에 대한 글이 발견되었다. 이전 주에 법정에서 진행된 소송 절차에 관한 보도에서, 독자들은 다음과 같은 구절을 볼 수 있었다.

판에 박힌 일들로…… 예를 들어 카바레 주인 R. 존스는 노예들에게 술을 팔아 10달러 벌금을 받았다. 또 다른 건으로, 자기 카바레에 흑인들이 불법적으로 모임을 갖도록 허용했다는 이유로 자유민 흑인인 데이비드 킹에게 벌금이 부과되었고, 불법 모임을 조직한 '두 명의' 노예들에겐 각각 25대의 채찍 형벌이 부과되었다.[105]

연방 연합에 맞선 반란에서 남부 동맹주들이 1865년에 북부 군대에 패배한 뒤, 남부의 노예 400만 명이 해방되어 궁핍한 농촌 물납物納 소작인과 도시 빈민가 거주민 신분을 얻게 되었다. 이제 영국으로부터 수입된 인종주의뿐 아니라 국내에서 자라난 인종주의로부터 자양분을 얻으며, 카트라이트의 생물학적 결정론은 계속해서 견고해졌다. 이런 결정론에 대한 그 밖의 보루에 속하는 것으로, 남북전쟁 후 남부 백인 지상주의자들의 무력이었던 큐클럭스클랜(KKK단)의 맹세가 있었다. 그들은 다음과 같이 주장했다.

역사와 생리학을 통해 우리는 천성적으로 다른 종족들에 비해 명백한 우월성을 부여받은 종족에 속한다고 배워 왔다. 우리 백인은 어떠한 인간의 법률로도 영원히 훼손할 수 없는 열등한 종족에 대한 지배권을 지닌다.[106]

바로 이런 정신에서 의학 박사 헨리 로즈 카터(Henry Rose Carter: 1852 ~1925)는 1931년 사후에 출간된 저서에서, 황열병에 관한 '과학적' 인식의 내용을 자세히 밝혔다. 남북전쟁 9년 전에 노예를 소유한 부모에게서 태어나(그리하여 전쟁 그 자체에 심한 정신적 충격을 받았던) 카터는 버지니아라는 싸움이 많았던 주의 캐롤라인 카운티 클리프턴 플랜테이션 농장에서 자랐다. 황열병을 이런 감각의 렌즈를 통해 살피면서, 황열병을 다룬 저서에서 카터는 "흑인은…… 이전에 감염되었거나 노출되었느냐에 상관없이 진정한 인종적 저항력을 지니고 있다."고 결론지었다.[107] 그러나 카트라이트-로즈 카터의 생물학적 결정론이 모든 곳에서 수용되지는 않았다.

영국 북부의 저명한 문인이자 서아프리카의 집념 어린 여행자 매리 킹슬리Mary Kingsley는 1901년의 한 글에서, 시에라리온 프리타운에서 미국과 캐나다 및 영국에서 2, 3세대 동안 살았던 조상과 부모를 둔 흑인들의 경우, 황열병과 말라리아에 대한 모든 면역성을 상실해 버렸다는 게 통론이었다고 말했다. 그녀에 따르면, 돌아온 이들 가운데 열병 사망자 비율은 막 유럽에서 건너온 감염되기 쉬운 백인들 비율만큼 높았다.[108] 그러나 영국에 있는 매리 킹슬리의 상류 사회 서클 내에서 통용되던 지식은 미국 남부에 알려지지 않았음이 분명했다.

최근 마가렛 험프리 부부가 조사한 1865년 이후 출간된 미국 남부 의학 문헌에는, 미국에서 태어난 흑인들이 걸렸던 황열병에 대해서는 실제 아무런 언급도 없었다.[109] 그럼에도 '남부인들'의 관심을 끌었던 것은 황열병이 유럽에서 건너온 이민자들에게 끼친 부정적 영향 때문이었다. 황열병은 또한 당시 뉴욕 시 월스트리트 자체 소유로 되었던, 새로운 원천으로부터 나온 재정 자산의 흐름에 부정적 영향을 끼쳤다. 이런 어려움에 대응해, 남부의 상공 회의소들에는 세 가지 선택 사항이 놓여 있었다. (1) 황열병으로부터 생기는 어떠한 위협이 존재했음도 부인하기, (2) 감염된 항구로부터 들어오는 배들에 검역을 부과함으로써 위협을 인정하기, (3) 거리에 타르tar 통을 불태우고 대포를 쏘아 널리 알려진 황열병 원인인 독기의 척결이라는 통상적 방어 조치로 황열병 발생 즉시 그 전염 위기에 대응하기, 이렇게 세 가지였다.[110]

첫 번째 접근 방식의 대표적인 것이 1853년 5월 초순에 발간된 뉴올리언스 『데일리 피카윤Daily Picayune』 지의 사설이었다. 사설에는 다음과 같은 호언장담이 실렸다. "자연은 (우리 도시의) 위대함에 아무런 제한을 두지 않았으니, 뉴올리언스는…… 아마 언젠가 지구상 최대의 상업 중심지가 되고야 말 것이다."[111] 그해 가을 첫 서리가 잦아든 이후, 뉴올리언스 신문들은 다시금 열렬한 격찬에 몰두했다. 사전 정보가 없는 독자들이었다면 지역 신문을 읽고서도, 지난 5월에 황열병으로 소수 시민들이 죽었다는 보도로 야기된 심리적 공황 상태로 말미암아 5만 명의 뉴올리언스 백인들이 목숨을 건지려 줄행랑을 놓았다는 사실을 전혀 몰랐을 터였다. 5월의 대이동과 서리 내리는 추위의 시작 사이에 황열병으로 인해 9,000명이 사망했는데, 이는 시내 거주 주민 10명 중 1명 꼴이었다.[112]

황색 잭병(Yellow Jack: 황열병Yellow Fever의 다른 이름))이 1853년에 뉴올리언스에 만연하는 동안, 로얄 스트리트와 상류 사회의 새로운 미국인 거주 구역에는 야밤의 강도들을 제외하고 인적이 끊겼다. 강도 문제 말고도 그 밖의 문제들이 있었다. 뉴올리언스는 비교적 낮은 지대에 건설되었으므로, 이곳에는 시체가 손상되지 않은 채 보존될 수 있을 만한 합당한 매장지가 부족했던 것이다. 이로 인해 장례식이 많이 열리는 전염병 창궐 시기에, 1년이 지난 시체는 새로운 시체가 들어갈 수 있도록 다른 부지로 이장되어야만 했다. 당시 아무도 (1793년에 필라델피아의 루쉬Rush 박사가 주장했듯이) 황열병에 전염성이 없는지, 그 병으로 사망한 사람한테서 묘지 일꾼들에게로 전염될 수 있는지 몰랐으므로, 매장 일꾼들은 만성적으로 부족한 상태였다.

하루에 200명이 사망하고 있었던 8월에 험프리 부부가 보고했던 대로, "수레꾼들은 관을 땅에다 두고는 이내 자리를 떴다." 최악의 두려움이 뒤따랐던 때는, "루이지애나 뙤약볕에 이틀을 지낸 부풀어 오른 시체들이 관 속에서 터져 나왔을" 때였다.[113] 위기가 휩쓸던 무렵, 대략 9,000구의 황열병 시체들이 어떻게든 처리되어야만 했다. 시체를 묻기에 충분할 정도로 건조한 땅이 있었던 미시시피 강 상류 지역 도시들에서는 황열병으로 1만 1,000명이 사망했다. 이로써 1853년에 '알려진' 희생자 수 총계는 2만 명에 달했다.[114]

남북전쟁(1861~1865년) 기간 동안, 남부 백인 총 800만 명 가운데 25만 8,000명의 남부 동맹 병사들이 부상이나 질병으로 사망했는데, 당시 남부 지역 흑인은 400만 명이었다. 1713년과 1865년 사이에 (20년 마다 배로 증대되어 남아프리카 태생의 백인 세력 핵심을 이룬) 2,000명에서 25만 명으로 증대되었던 남아프리카의 네덜란드 보어 인들의 증가 비율 정도로 백인들이 살아남아 죽지 않았더라면, 1905년 무렵 옛 남부 지역의 백인화는 잘 진행되었을 터였다.

1840년과 1914년 사이에 미국으로 왔던 3,500만 명의 유럽 이민자들이 남부에서 살기로 선택했더라도 백인화는 잘 진전되었을 것이다. 그들 대부분이 남부 대신에 북부, 중서부 혹은 캘리포니아에 정착하기로 한 이유를 설명할 때, 1878년, 1879년, 1897년, 그리고 1905년의 황열병 전염을 언급해야만 할 것이다.

1878년, 황열병은 미시시피 강을 따라 뉴올리언스로부터 멤피스로, 그리고 이를 넘어 8개 주의 200개 도시를 휩쓸었고, 총 2만 명의 목숨을 앗아 갔다. 멤피스에 황열병이 다가온다는 소문이 처음 돌았을 때, 재력가들은 쉘비 카운티의 오지나 상류 쪽 일리노이 주로 도망쳤고, 지방자치 정부의 일부만이 잔류했다. 지방 의회 성원들은 필수적인 서비스, 즉 충격을 받은 고아들을 먹이고, 황열병 시체를 매장하는 등의 활동을 지속하고자 애를 썼지만 결국 파산했다. 가을 서리로 (5,150명의 멤피스 사람들이 황열병으로 사망했다고 '알려진') 대학살에 종지부가 찍힌 뒤, 생존자들은 다시 만나 파산한 도시가 자치를 펼칠 새로운 방법을 찾아 달라고 주 정부에 청원했다. 주 정부는 도시 헌장을 무효화시킴으로써 호의를 베풀었다. 사태가 이렇게 진행되고 있는 동안, 멤피스 부지를 버리고 건물들을 무너뜨려 폐기시켜 버리자는 제안이 진지하게 고려되었다. 이런 생각에 반대했던 여러 사람들은 1879년의 황열병을 피해, 재산을 최저 가격에 팔아 치우곤 이주했다.[115]

한 보고서에 따르면 이 두 번째 전염병이 유행하는 동안 2,000명의 멤피스인들이 병에 걸렸고 그중 583명이 사망했다고 한다. 그러나 험프리 부부는 그 당시가 워낙 혼란스러워 사망자 등록부도 구비되지 못했다는 점을 지적한다. 어쨌든 (아마 겨울을 지나며 국부적으로 살아남았던 듯한) 황열병의 재출현으로 인해, 멤피스 시의 명성은 추락했다. 전년도 전염병이 돌기 직전에 인구 4만 명의 급속히 발전하는 (상업적 견지에서 미시시피의 수도로) 중심지였던 곳이 1878년과 1879년에 한꺼번에 몰아닥친 재난을 당한 뒤, 17퍼센트라는 순수 주민 손실로 3만 3,000명의 쇠락한 지역이 되어 버렸다. 그다음 수십 년 동안, 멤피스는 이민을 온 수많은 금발 아리안 독일인이나 아일랜드 인들을 끌어들이기보다는 쇠약해진 흑인 물납 소작인과 아칸소 농촌 사람, 그리고 테네시의 가난한 백인들만을 끌어들였다. 통계적 관점에서 볼 때, 이 도시에서 이민자 비율은 1870년 17퍼센트에서 1900년 3퍼센트로 줄었다. 1870년까지만 해도 5명에 2명 비율로 백인보다 수가 더 적었던 멤피스 흑인 인구는 1900년 무렵엔 백인과 똑같았다.[116] 거의 제2차 세계 대전이 발발하기까지 질병의 수렁으로서 멤피스의 평판은 흔들리지 않은 채 유지되었다.

1897년, 목화다래바구미가 주요 농작물을 갉아먹으며 휩쓸고 지나가기 시작한 지 4년이 지나자, '더 아래쪽 남부'는 또 다른 황열병 재앙에 직면했다. 목화다래바구미 이외에, 이 새로운 재난이 시작된 배경의 일부를 이룬 것은 새로운 짐크로 법안이었는데, 이 법안은 공공연하게 흑인들에게 폭력적인 사적 제재를 가한다는 평판과 흑인 차별주의적인 경향이 있었다. 재정 중심지인 북부에서는 이로 말미암아 말이 많았다. 여기에 황열병 구성개념에 대한 대중적 해석에 새로운 왜곡이 보태졌다. 즉 황열병이 흑인들과 모든 현지인이 아닌 사람들로 인해 '만연되었다'는 주장이었다. 지역적 법 집행과 보건 공무원들의 묵인 아래 황열병 자체보다는 이 전염병에 대한 새로운 구성개념으로 야기된 남부 지역 폭력의 파고로 말미암아, 이민자 및 재정 자본 유입이 차단되었음이 거의 틀림없었다.

1897년에 뉴올리언스와 미시시피 강 상류 쪽 도시에서 도망쳐 온 피난민들로 인해 황열병이 확산되고 있다는 경고가 지역 소식망과 KKK 소식망으로부터 전해지자, 캔자스 주 경계와 오하이오 강 및 멕시코 만으로 경계가 지어진 지역에 사는 농촌 지역 백인들은 자신들의 지역 내로 들어오는 모든 이들에 맞서서 지역 '고용'을 지켜 냈다. 대로변의 교차

점과 카운티 경계선 및 숲이 길게 뻗은 곳에 복면을 한 불침번들이 덤불 숲에서 갑자기 튀어나와 산탄총을 휘둘러대면서 낯선 이들을 꼼짝 못하게 했는데, 운이 좋아 흰색 피부의 사람이었다면 날림으로 지어진 격리 캠프로 이송되었다. 그렇지만 흑인 여행객들에게는 무슨 일이 벌어졌는지 아무런 기록도 없다.[117]

위태로울 정도로 자본이 부족하고 이미 폭력 행사로 최악으로 훼손된 평판을 지닌 지역에서, 훨씬 더 해로웠던 것은 한밤중에 사회 간접 자본에 가해진 손실이었다. 활활 타오르는 횃불 아래서 남부 지역 보호자를 자처하는 이들은 다이너마이트로 다리를 폭파했고, 철로를 끊어 놓았으며, 철도 침목을 불태우고, 이어 철길을 비틀고 마구 변형시켜 다시 놓일 수 없게 만들어 놓았다. 심지어 남부의 신문 편집자가 "오하이오 강 남쪽의 전 지역은…… 미친 사람들이 지배하고 있다."고 고백했을 무렵, 메이슨닉슨 철로의 북쪽 종점은 대량 파괴에 몰두해 있는 남부로부터 물동량을 딴 데로 돌리기 위해 시간 외 작업을 했다.[118] 이런 사태 어느 하나도 월스트리트 자본가나 엘리스 섬(미국으로 이민 오는 사람들이 맨 먼저 수속을 받던 섬 – 역자)의 이민자들, 혹은 남부 자체의 사려 깊은 이들의 눈길을 피할 수 없었다. 미시시피에서 열린 의료 회의에 앞서 한 지역 내과의사는 황열병에 대해 다음과 같이 경고했다.

> 황열병으로 인해 자본이 들어오지 않고 우리 문전에서 상업이 쇠퇴하고 계속 이민자 유입이 차단됨으로써, 경작만 된다면 미합중국에서 가장 번창하는 지역 중 한 곳이 될 수 있을 수백만 에이커의 비옥한 토지를 할 일 없이 놀려 두는 상태가 되었다.[119]

폭력으로 찌든 1897년에 흑인이 관련된 어떤 사건도 기록된 바가 없었지만 한밤중의 사적 제제에 대한 침묵의 음모를 감안할 때, 이런 폭력 행위가 벌어지지 않았다는 말은 아니었다. 그러다 1905년 미시시피 계곡을 따라 두루 만연된 황열병 전염 시기에 관례적인 침묵의 베일이 살짝 들어 올려졌다. 그 무렵 KKK단과 그 밖의 백인 지상주의자들은 황열병이 사람으로부터 사람으로 퍼질 수 있음에 놀라기 시작했다. 이런 생각의 그럴 듯한 출처는 1898년에 출간된 한 보고서였다. 이 보고서는 "테일러 (미시시피) 역을 따라 대피선 쪽으로 들어가 있는 일련의 오두막 화차들에 숙박하는 흑인 철도 강도" 무리들이 전염병이 창궐하고 있었던 (미시시피 주) 잭슨에서 왔다는 취지의 글이었다. 보고서에서는 이 잭슨 지역 '흑인들이' 시내 철도역으로 왔던 테일러 지역 사람들에게 황열병을 전염시켰다는 주장이 제시되었다.[120]

황열병에 전염성이 있다는 생각을 널리 알린 그 밖의 사람들 중에는 미시시피 주 보건 담당관 C. B. 영Young이 있었다.[121] 그는 다음과 같이 말했다.

남부 지역 시골 마을들에서 검역 제한 규정에도 불구하고 흑인들이 습관적으로 곳곳으로 돌아다닌다는 건 악명 높은 사실이며, 흑인들에겐 열병이 없다는 게 믿음으로 되어 버려 어떤 사소한 질병도 주목받지 못한 채 지나쳐가 버렸지만······ 지난 시절의 많은 열병은······ 흑인들에 의해 유입된 열병에 그 기원을 두고 있었다.[122]

또 다른 보건 공무원 루이지애나의 C. M. 브래디Brady 박사는 조금 더 복잡한 연관 관계의 개략을 밝혔다. 이탈리아에서 온 새로운 이민자들은 스스럼없이 흑인들과 밤에 어울렸다. 브래디는 바로 이런 교제 과정에서 흑인들이 이민자들에게 황열병을 유포시켰다고 주장했다. 모든 칼뱅주의자와 침례교인이 인식하는 바로, 유럽계 라틴 아메리카 인들은 가톨릭교인으로 "밤이면 몰래" 돌아다니는 상궤를 벗어난 무책임한 사람들이었다.[123] 루이지애나 탈룰라에서 흑인들과 친하게 사귀다 붙잡힌 다섯 명의 이탈리아 출신 이민자들이 KKK단에 의해 폭행을 당했다. 이 희생자들이 백인들이었으므로, 그들의 사망은 신문에 보도되었다. 그러나 KKK단에게 린치를 당한 아프리카계 미국인들에 대해선 일반적으로 신문이 전혀 다루지 않았다.[124]

이 모든 점에서 (질병으로서나 구성개념으로서) 황열병이 남북전쟁 이후 남부의 회복을 더디게 하는 원인이었음이 분명하다. 월 스트리트와 런던 중앙부 금융 중심지 및 브뤼셀의 재정가들에게 '개발'을 위해 특히 바람직하지 않은 인물로 비쳤던 것은, 남부 지역의 평범한 백인 대중들이었다. 제대로 할 줄 아는 게 없고, 육체적으로 말라리아나 십이지장충으로 쇠약해져 있으며, 너무 오만해서 공장 작업장의 규율에 한 번도 복종해 본 적이 없는 시골뜨기 습성으로 인해 남부 사람들은 영원히 주변부를 맴돌 운명인 듯이 보였다.[125]

그러나 대부분의 미국적인 것들과 마찬가지로, '영원하다'는 것도 한시적으로만 지속되었다. 이 경우 상황의 역전을 도왔던 것은, 1905년 이후 '남부의 재앙'이 사라졌다는 점이다.[126] 황열병 바이러스가 스스로 물러나기로 한 건지, 아니면 쿠바에서 원기를 회복할 기지를 거부당해서 떠난 것인지는 여전히 불확실하다. 어느 경우든 황열병이 미국 남부에서 사라졌지만, 한 가지 사실은 그대로 남았다. 황열병으로 인해 고무된 '백인 인종주의'가 바로 그것이었다.

브라질

남동부로 4,000킬로미터에 이르는 브라질에서도 역시 구성개념과 황열병 및 '개발' 사이의 연결 고리를 찾아볼 수 있다. 그러나 우리가 자세히 살펴보기 전에, 나폴레옹 전쟁 이후에 브라질을 효과적으로 통제했던 재정가들, 즉 런던의 자본가들과 관련해 브라질이 어떤 위치에 있었는지를 먼저 확실히 해 두자.[127]

남아메리카 땅 덩어리의 45퍼센트 이상을 차지하는 브라질 지역은 1501년 포르투갈 인 알바레즈 카브랄을 통해 서양과 접촉하기 시작했다.

(알려진) 인구가 300만 명이 채 안 되었던 1800년 무렵, 유럽계 브라질 정착민들이 바이아, 헤시피, 살바도르, 상파울루 같은 해안 도시들과 수도인 리오데자네이로로 몰려들었다. 이런 지역들을 제외하고도 북동부의 옛 페르남부쿠 지역에 소재한 집단화된 사탕수수 농장들에도 백인 거주자들이 있었다. 또 다른 보다 최근에 설립된 플랜테이션 농장들이 미나스 제라이스와 상파울루 중앙 해안 지역들에 소재했다. 이런 농장들은 수출 무역을 위해 사탕수수와 커피를 재배했다.[128]

1500년 이래로 (1580년부터 1640년까지 스페인 국왕이 대행했던) 포르투갈 국왕의 통치를 받다가, 1808년에 프랑스가 포르투갈을 침공한 뒤, 브라질은 포르투갈 왕 존 6세의 체류지가 되었다. 왕이 대서양을 편안하게 가로질러 가도록 해 준 것은 막후의 숨은 실력자들인 런던의 자본가들이었다. 세기의 나머지 기간 동안 브라질은 재정적 견지에서 볼 때 영국의 위성 국가였다.[129]

1888년까지 흑인 아프리카 노예들이 브라질에서 대부분의 들판 일을 도맡았다. (자세히 알려져 있진 않았어도 대체로 높았던) 사망률은 과거와 똑같았지만, 새로운 노예들이 앙골라와 하우사랜드 및 다른 곳에서 수입되어 적정수를 유지했다. 1840년대와 같이 성장 일로에 있던 시기에는 대략 1만 9,000명의 아프리카 인들이 매년 유입되었다.[130] 이런 상황이 영국인들에게 극복할 수 없을 어떤 문제를 제기했던 것 같지는 않다. 알다시피 영국인들은 1807년까지는 제국 내에서 무역을 금지한 바 있었고, (1815년의) 비엔나 회의에서 다른 유럽 열강들도 이를 따르도록 설득했다.

이런 맥락에서 영국인들은 여러 부류가 있는 것으로 간주될 수 있다. 하나는 중류층으로 자리 잡아가고 있던, 존 스튜어트 밀과 같은 사람들은 본국에서 정치적·사회적 문제에 몰두하는 편이었다. 암묵적 동의에 의해 (1832년 개혁의 수혜자들인) 그들의 의회 대리인들은 대체로 외부 세계를 다루는 문제는 거대 귀족과 도시의 자기네 신사 사촌들에게 맡겼다. 수상인 웰링턴 공작은 이런 정책이 초래했던 이중성을 잘 포착했다. 1828년에 외무부 장관에게 웰링턴은 다음과 같이 충고했다.

우리는 결코 외국의 노예무역을 폐지하는 데 성공하지 못할 것입니다. 하지만 우리는 영국 사람들이(즉 영국 중산층 계급이) 우리 힘으로 노예무역을 가능한 한 빨리 폐지시키고자 최선을 다하지 않는다고 여길 만한 어떤 조치도 피하도록 주의해야만 합니다.[131]

엘리트 브라질 인들로서는 (자기 빵의 어느 쪽에 버터가 발렸는지를 알고 있는 영리한 이들인) 배당금과 부채 상환금이 제때에 영국으로 전달되게 하느라 신경을 썼다. 영국인들은 이러한 호의에 화답했다. 비엔나의 은행 파산으로 인해 자본주의 세계가 모두 어려움을 겪던 1873년에(1855년 이후 런던의 금융 중심가와 브라질 사이의 특별한 관계에 책임을 지고 있던) 로스차일드 경은 매우 호의적인 조건으로 판매를 위해 브라질의 채권을 유럽 시장에 내놓았으니, 이를 통해 브라질의 유동성이 확보되었다.[132]

영국의 재정 지도자들은 영국 국내 사업 운영의 일환으로 포르투갈-크리올 어를 쓰면서 이윤을 창출해 내는 이들에게 자유를 허용할 필요성을 인정했다. 그리하여 1822년에 브라질 황제가 (포르투갈 왕인) 자기 아버지와의 유대를 단절하곤 브라질을 독립 왕국으로 선언했을 때, 영국인들은 아무런 소동도 피우지 않았다. 그 무렵 브라질의 부와 (400만 명에 이르는) 인구는 (350만 명인) 포르투갈 인구를 능가했다. 빈틈없는 영국 재정가들은 또한 보수적인 군사적·재정적 이해관계로 인해 왕정이 무너지고 공화정이 수립되었던 1888년의 브라질 광풍을 뚫고 나아갔다. 이어지는 반동적인 구 공화국 시대에 영국 재정가들은 그들이 벌어들였던 최상의 이윤들 얼마를 획득했다. 그런 성공에 크게 기여했던 것은 질병으로서 그리고 동시에 구성개념으로서의 황열병이었다.

보다 오래된 역사 기술적 전통 속에서 역사가들은, 1685~1696년 동안의 극성스러웠던 황열병 전염의 시대가 끝난 뒤 150년이 지난 1849년에 이르러, 브라질이 전염병으로부터 자유롭게 되었다는 공식적인 브라질 측 주장을 수용한다.[133] 이를 입증하는 데 가장 많이 인용되는 자료 하나가 1830년에 브라질 해안 저 너머로 항해하고 있었던 한 영국인 내과 의사가 쓴 편지다. 그 편지에서 그는 다음과 같이 주장했다.

영구적이든 일시적이든 이 거대한 대륙 해안에 거주하는 (남아메리카) 사람들은 기묘할 정도로 일관된 수준의 건강을 향유한다…… 전염병은 이곳에서 거의 알려진 게 없으니, 광범위하게 퍼지고 파괴적인 영향력을 지녔다는 그 전염병은 이곳에서 금시초문이었다. 서인도 제도에서 그렇게나 빈번하게 대혼란을 야기하는 황열병이 여기선 한 번도 모습을 드러낸 적이 없었다.[134]

포르투갈 황제 존 6세의 사례는 브라질을 건강의 의지처로 바라보는, 볼테르가 지은 『깡디드』에 나오는 낙천적인 교사 팡글로스 같은 의사들이 낙천적 견해를 뒷받침해 주었다. 1808년에 존 6세는 황열병에 면역성이 없었던 8,000명의 판사와 목사 및 그 밖의 요원들을 대동하고 리스본을 떠나 브라질로 항해해 갔다. 리오에 자리 잡은 뒤에 이 고관들은 어떤 살인적인 열병과도 만나지 않았던 듯하다. 이런 고관들이 원숭이들이 노는 아마존의 삼림까지 뻗어 있는, (호프만 식의) '풍토성' 황열병의 연쇄망 속으로 들어가지는 않았을 것으로 보인다. 다시 말해, 그들이 (실질적으로 질병의 증세는 없지만 균을 지닌) 궁핍한 브라질 아이가 뛰노는 모기가 날아다니는 곳으로 들어간 적이 있었을 것 같진 않았다는 말이다.[135]

이런 점을 염두에 두면서 19세기 브라질 인구 정책을 공식화하게 된다. 1872년에 실시된 인구 통계에 따르면, 주민의 38.1퍼센트가 유럽계였으며, 38.3퍼센트는 혼혈계(뮬레토), 19.7퍼센트는 아프리카계, 3.9퍼센트는 아메리카 인디언들이었다. 북아메리카와 영국이 지닌 흑인에 대한 생물학적 열등 이론은 브라질에는 적용될 수 없음을 현실적으로 인정함으로써(브라질에서 58퍼센트를 차지하는 대규모 흑인이나 물레토 인구는, 14퍼센트에 불과한 미국 흑인과 크게 구별된다), 1850년경 브라질 정책 입안자들은 '백인화' 정책을 고안해 냈다.[136]

이 정책에 따르면, 혼혈인들은 설사 4분의 1만 백인 피를 받았어도 '모든' 유럽인들이 지녔다고 간주되는 결정적인 진보의 씨앗을 보유하게 된다고 주장했다.[137] 당연한 결론으로 백인 피가 섞이지 않은 흑인들은 성 관계를 비롯해 매사에 열의가 없어져, 흑인들의 대를 잇기가 힘겹게 여겨졌다는 주장이 제기되었다. 이런 주장으로부터 주민 속에서 도덕적으로 무능력한 유전자 수를 감소시키기 위해 정부가 더욱더 아프리카 인의 이민을 막아야만 한다는 결론이 뒤따랐다. 이런 취지의 법령이 정식으로 발표되었고, 그리하여 아시아인의 이민 역시 금지되었다. 이를 보완하기 위해 정부는 총력을 다해 유럽 이민자들을 끌어들였다. 이를 위해 다양한 장치들이 활용되었는데 보조금으로 지급되는 운임과 새로 이민 온 이들이 질병 환경에 순응하는 걸 돕기 위한 특별한 산속 캠프 제공 따위가 유인책으로 활용되었다.

백인화 정책으로 초래된 결과들 가운데는 (마침내 1888년에 성취된) 오래토록 지체된 흑인 아프리카 노예제 폐지가 포함되었다. 50년 동안 계속되어 왔던 비효율적인 폐지론자들의 운동과는 달리, 마침내 어쩔 수 없이 조치를 취하게 만들었던 주장이 있었다. 즉 만일 유럽의 자유 이민자들이 일자리를 놓고 흑인 아프리카 노예들과 직접적으로 경쟁하는 상태에 놓일 경우, 그들은 일자리 얻기를 달가워하지 않으리라는 것이었다. 노예제가 마침내 폐지되었다. 1888년에 속박에서 해방되자 해방된 노예들 가운데 일부는 아프리카로 돌아갔다. 또한 리오 데 자네이로의 환락가로 모여든 흑인들도 있었다.[138]

백인화로 인해 어려워진 사태는 황열병의 재출현으로 이어졌다. 1849년 12월, 황열병이 처음으로 발병했을 때 이 전염병은 리오 데 자네이로와 살바도르 및 그 밖의 도시 중심지를 향해 파죽지세로 몰아닥쳤다. 정부가 어떠한 공식 수치도 공표하지 않으려 주의했음에도, 의학적 정보에 정통한 외부인들은 이 열병으로 인해 리오에서만 1만 4,000명이 사망한 것으로 추산했다. 모두가 1690년대 이래 브라질에서 황열병이 완전히 자취를 감추었다는 주장을 했던 사실에 비추어볼 때, 이 전염병이 특별히 새로 도착한 외국인들을 과녁으로 삼았다는 건 이상해 보인다. 브라질 현지 태생의 백인과 혼혈인, 흑인들에게는 단지 살짝 지나쳤을 뿐이었다. 나중에 알려진 바로는 황열병은 풍토병적 형태로 내내 브라질에 머물러 있었다고 말할 수 있다.[139]

(1853년에 두 번째 발병이 있었고 그 밖의 많은 발병이 뒤따랐던) 브라질 전염병 소식으로 인해, 이민을 고려하고 있던 남부 유럽의 많은 이들은 상당한 경각심을 갖게 되었다.[140] 1856년 무렵, 이민자 유입이 거의 끊긴 상태에서 도망가는 이들까지 생기면서 리오 인구는 반 이상이나 줄어들었다. 그런데 정작 헌신적인 백인화 추구자들을 도왔던 것은, 남부 지역 유럽인들 자신의 '지각 환경'(신체 적응, 학습, 경험에서 발생하는 민감성에 의해 인간이 의식하고 있는 환경 – 역자)이었다. 롬바르디 혹은 베네치아에서 외국 오스트리아 정권 아래 권위주의적 부르봉 통치를 받는 두 개의 시칠리 왕국에 살면서, 많은 이들은 모든 점을 감안할 때 멀리 브라질에서 황열병에 걸릴 위험을 기꺼이 감수하는 게 차라리 더 나으리라 생각했다. 그렇지 않을 경우 발포하는 군인들과 교수형 때문에, 혹은 군인들의 우발적 폭행 때문에 자기들 본국에서 사망할 위험성이 훨씬 더 컸던 것이다. 이러한 지각 환경을 통한 선택이 이루어지면서, 수만 명의 이민자들이 남대서양을 건너갔다. 많은 이들은 처음에 리오 데 자네이로에 정착했다. 1890년 경, 리오 인구의 29퍼센트가 갓 유입된 이민자들이었다. 이 가운데는 리오의 황열병으로 사망한 6만 명 대다수가 들어 있었다.[141]

이런 손실에도 불구하고, 물밀듯이 유입되어 들어오는 로만스 어 사용 이민자들로 인해 브라질 정부는 자국의 백인화 정책이 성공적으로 목표를 향해 나아가고 있다고 생각할 수 있게 되었다. 1890년, (물론 중립적인 정보원은 아니어도) 한 통계 조사에 따르면 브라질의 백인 수가 엄청나게 증대되어 (1872년에 38퍼센트에서) 인구의 44퍼센트를 차지하게 되었다. 이를 멋지게 보완했던 것은, 1872년 19.7퍼센트에서 14.6퍼센트로 격감한 순수 아프리카 혈통 사람들의 비율이었다. 더욱 만족스러웠던 사실은, 혼혈의 비율이 38.3퍼센트에서 32.4퍼센트로 떨어진 점이었다. 아마도 개발론자들이 아마존 강 유역으로 좀 더 깊숙이 파고든 시도가 반영되었음인지, 아메리카 인디언들의 비율은 인구의 9퍼센트로 늘었는데, 1872년에 그들은 단지 3.9퍼센트에 불과했던 것으로 기록된 바 있었다. 바로 이 무렵 천연두에 의해 멸종되었던 전체 아마존 부족들에 관해 우리가 알고 있는 사실을 감안할 경우 이런 인구 구성의 변화와 관련해 특이한 점은, 전체 인디언들의 수가 전체 백인들 수에 보태져 만족스러운 수치인 인구의 53퍼센트가 되어 혼혈인과 흑인들을 소수자로 만들어 놓았다는 사실이었다. 통계학적으로 말해서, 즉 감지되는 대로 말할 때 백인화가 본격적인 궤도에 들어선 셈이었다.[142]

(바베이도스 모델에 따라 작업하는 결정론자들의 확신과는 달리) 분명 백인화를 실패하게 만들지는 않았어도, 황열병이 질병으로서나 구성개념으로서 브라질 발전에 장기간에 걸쳐 영향을 끼친 건 엄연한 사실이었다. 특히 중요하게 끼쳤던 영향은 어떤 종류의 '개발'이 수행되어야 하며, 어떤 종류의 '개발'이 부차적으로 돌려져야 할지에 관한 고급 수준의 결정에 끼쳤던 영향이었다. 1867년 파리 만국 박람회 기간에 하우스만 남작의 새로운 도시 구상으로 제시된 사례에 흥분하여, 1880년대 브라질의 정책 입안자들은 끊임없는 황열병 위협을 돈이 많이 드는 그들 스스로의 수도 재건설 사업의 논리적 근거로 삼았다.

다행스럽게도 옛 공화국 브라질이 런던 금융계의 은행가들과 관계를 맺어 온 바 있었고, 그 당시 의사들은 계속해서 황열병이 비위생적 토양과 물에서 생겨나는 독기로 인해 야기된다는 주장을 펴고 있었다. 리오에서 가장 두드러진 비위생적 토양과 물은 하수 처리 시스템이 없어 엄청난 도시의 인간 분뇨가 그대로 버려지는 항구로부터 생겨났다.[143] 마침 가까이 소재해 당국자들이 (독기 이론에 따라) 사태를 수습하도록 도와준 것은 영국 소유 토목 건설 업체 '도시 개발 회사City Improvements Company'였다.

이 도시 개발 회사가 뒤이어 건설해 낸 많은 리오의 경이적인 토목 공학적 성과들은, 남회귀선상에 있는 도시에 전혀 적합지 않고 유럽 기후 조건에 알맞은 세부 사항에 따라 건축되었다. 런던의 은행가들이 아마도 현지에 맞지 않는 도시 조성의 결과를 예상했음인지, 브라질 당국자들은 건설이 완료된 후에 필요한 어떠한 재건축, 개수 작업이나 수리에 재정적으로 책임을 진다는 약정을 (서면으로) 하도록 신경을 썼다. 영국 투자자들에게 이 모든 것은 끈기를 필요로 하는 일이었다.[144]

이런저런 식으로 리오의 하우스만식 개조 작업을 통해 런던의 자본가들에 진 브라질 구공화국의 빚 부담은 엄청나게 증대되었다. 이어 벌어진 사태를 설명하면서 카인과 홉킨스는 다음과 같이 말한다.

1898년 기금에 사용된 대부는 1891년 아르헨티나를 위해 마련된 대부와 아주 유사했는데, 역시 로스차일드 경이 제공했다. 브라질 정부에게 채무 원리금 상환을 하도록 3년에 걸쳐 1,000만 파운드가 대출되었다…… 로스차일드 경이…… 주의 깊게 지적한 것처럼…… 채무 불이행은 "국가 신용도의 완전한 상실"뿐만 아니라 "브라질 주권에 엄청난 영향을 미쳐 극단적인 외국의 간섭을 끌어들일 수도 있을 불만을 야기할 수 있다. 브라질 대통령은…… 합당하게 처방을 내려야 하는데, 필요한 것은 강도 높은 통화 수축 정책의 적용이다."[145]

그러나 대부분의 리오 주민들에게 세련된 보자르식(프랑스 예술 학교 Ecole des Beaus Arts에서 유래가 된 스타일 – 역자) 건축물, 널따란 대로, 값비싼

게 건축된 유리 진열장 센터와 같은 건축 공학적 작품들은 결코 본 적이 없었던 엉뚱한 것들이었다. 지방 자치 당국자들은 황열병이 "비위생적 생활 조건"에 의해 야기되며, 가난을 드러내는 것은 유럽의 문명화된 가치와 양립할 수 없다는 이해에 기초한 사업을 추진하면서, 가난한 보통 브라질 인들이 부유한 브라질 인이나 외국 방문객들의 눈에 뜨일 수 있는 곳에 살거나 모습을 드러내지 못하게 만들었다. 이로써 실직한 흑인, 혼혈인 뮬레토, 새로운 이민자들은 중심부에서 멀리 떨어져 살아야만 했다. 황무지의 빈민가에서 그들은 음용수, 하수 및 쓰레기 처리 시설, 클리닉, 병원, 학교, 현대적 분야의 일자리, 실로 그 어느 하나도 제대로 이용할 수 없었다.[146]

그럼에도 브라질 정부는 국민 90퍼센트의 비주류화를 부분적으로 상쇄시켜 주는 성과를 거두었다. 리오와 주요한 지방 도시들에서 황열병을 통제 아래 두는 데 성공했기 때문이었다. 1900년 미 육군에서 시험한 이론에 따르면, 더러운 공기보다는 모기가 황열병을 옮기는 장본인이었다. 이런 새로운 가설에 따라 작업했던 이가 브라질 세균 학자 오스왈도 크루즈Oswaldo Cruz였다. 1903년 이후 그는 일찍이 1907년에 도시 황열병을 정복했다는 인상을 주었던 통제 프로그램을 고안해 냈다.[147] 그러나 공중 보건의 황제로서 크루즈가 활약했던 시기에, 황열병 바이러스는 원숭이들이 뛰놀던 아마존 강 유역 숲속의 모기들에 이미 뿌리를 내렸을 수 있다. 그런 모기의 실재는 1910년에 처음 의심되었다가, 마침내 1935년에 확인되었다.

쿠바

브라질 도시들이 황열병에 거듭 급습을 당했던 1849년 이후, 만일 브라질이 반세기 동안 미래가 없는 나라인 듯 보였다면, 쿠바에 대해서 똑같은 말을 할 수 '없다.' 스페인과 크리올의 (쿠바에서 태어난) 경작자 계급이 루이지애나 주보다 조금 더 작은 영토밖에 안 되는 캐리비언 섬을 통치했는데, 그들은 일꾼들의 복지를 위한 완곡하게 '경험적 접근'이라 이름 붙일 수 있는 접근 방식과 사업적 유연성으로 유명했다. 그런 통치 계급하에서 자메이카 설탕 산업이 (후기 노예제 견습 제도가 종말을 고했던) 1838년에 붕괴된 이후, 쿠바는 세계에서 단일 최대 설탕 공급 기지로 약진했다.

설탕 산업이 대단한 이윤을 제공했으므로 플랜테이션 농장 소유주들은 고도한 위험을 무릅쓰고자 했다. 영국이 1817년과 다시 1835년에 쿠바 섬의 마드리드에 기반을 둔 세력가들에게 강요했던 아프리카 노예 수입 금지령을 무시하고서, 경작자들은 (브리스톨(로드 아일랜드)과 포르투갈의) 사략선(전시에 적선을 나포하는 면허를 가진 민간 무장선 — 역자)과 공모해 살아 있는 위탁 화물인 흑인 노예를 운반해 들어왔다. 만일 아바나(쿠바 수도) 경매 시장에서 노예 판매에 대해 영국 중개상이 문제 삼을 경우, 위조 서류를 꾸며서 해당 아프리카 인이 쿠바에서 태어났고 쿠바 내 거래에서 합법적 저당물임을 사실화했다. 이런 거래는 1886년까지 합법적으로 유지되었다.[148]

쿠바의 사탕수수 플랜테이션 농장 자체의 경우, (외견상 외국 대부금의 함정에 빠질 위험을 인식했던) 소유주들은 노예를 통해 생산된 이윤의 상당 부분을 사업에 투자했다. 최신식 증기로 추동되는 세련된 공장과 시간에 따른 최신 규율 부과 기법을 활용해, 1800년대와 1860년대 사이에 노예 1인당 설탕 생산량이 3배로 증가했다. 철로를 놓기 위해 쿠바 자체에서 취득된 이윤이 해외에서 차입된 돈을 보완하기 위해 사용되었는데, 세기말에는 북아메리카 본토의 철로 다음으로 총 연장이 두 번째로 길었다. 새로운 철로를 통해 항구의 시설과 내륙 지방이 연결되어, 과거 도망간 노예와 산적들이 출몰했던 내륙 지방이 당시엔 설탕과 커피를 재배하고 소를 사육하는 데 활용되었다.[149]

균형이 이처럼 잘 갖춰진 경제를 통제했던 것은 수도 아바나였다. 아프리카와 남유럽 출신의 인종적으로 다양한 주민들, 18세기와 19세기

건축 양식의 혼재, 광장, 각양각색의 상점, 연주 홀, 화랑, 저택, 매음굴, 빈민가 그리고 무엇보다도 장대한 말레콘의 해안 거리 산책로 등을 갖춘 아바나는 신세계 세계주의Cosmopolitanism라는 측면에서 뉴욕에 버금갔다.[150]

1890년대 후반까지 쿠바를 통치하는 크리올들(서인도 제도, 마우리티우스 섬, 남아메리카 등에 이주한 백인, 특히 스페인의 자손 – 역자)은 황열병에 그다지 관심을 두지 않았다. 1761년 이후 황열병이 풍토병으로 가끔 등장했던 듯하고, 아프리카에서 건너온 노예선에 묻어 온 감염된 모기와 유충들에 의해 가끔 발병했기 때문인 듯했다. 대부분의 크리올들은 스스로 어릴 적에 미약한 발병으로 고통 없이 면역성을 갖추었다. 어쩌다 공중 보건에 관심을 갖게 되었던 이들은 전문가 중 한 사람이 꾸준히 연구를 수행하고 있었음을 알게 되었다. 1881년에 (1833년에 태어난 스코틀랜드 이민자이자 의사인 에드워드 핀레이와 그의 프랑스 아내 사이에서 태어난 아들인) 카를로스 핀레이Carlos Finlay는 모기가 황열병 독성의 전달자임을 시사하는 논문을 출간했다. 그러나 핀레이는 (쿠바의 정복자들이 나중에 그랬듯이) 인간 자원자를 실험 재료로 활용할 생각은 없었으므로, 그의 가설은 1901년까지 입증되지 않은 채 있었다.[151]

1850년대 이후 지각 환경상 위험을 감수하는 이들이 적절한 보상을 받으면서 쿠바는 황열병이 그다지 심각하지 않은 풍요로운 백인의 땅으로 간주되었다. 유괴된 노예들의 경우, 들어와 2, 3년 일한 뒤 사망하는 바람에 지역 유전자 풀pool에 그다지 기여하는 바가 없었으므로, 쿠바 섬은 흑인들이 압도적으로 많은 곳으로 여겨지지도 않았다. 이런 온갖 우호적인 지각 환경으로 인해 쿠바는 스페인과 포르투갈 및 카나리아 제도 출신의 백인 남녀 수만 명을 끌어들였다.[152]

마드리드 제국의 요구에서 벗어나기 위한 소농들의 시도가 큰 전쟁으로 비화되었던 1868년 이후의 불안정한 정치적 상황에도 불구하고, 1898년에 거의 독립적인 상태의 쿠바에는 설탕과 재능 있는 사람들이 풍부했다. 그러나 쿠바 섬의 미래가 보장되었다고 생각한 이들은 누구도 북쪽으로 250킬로미터 떨어진 "수십억 달러의 나라" 미합중국 지도자들을 고려하지는 못했다.[153]

1840년대 중반에 멕시코 북부 3분의 1을 정복하고 병합한 뒤, 미국인들은 스페인령 쿠바의 흡수 역시 자기들의 "명백한 운명"이라고 거창하게 생각했다. 미국인들의 생각에, 이 과제는 황열병이 뉴올리언스와 멤피스 및 미시시피 강 상류 쪽 도시들을 급습했던 1878년 이후 더욱 긴급한 것으로 여겨졌다. 게다가 모든 남부인들은 황열병이 쿠바에서 직접 건너온 것으로 인식했다. 전염병이 지나간 뒤, 미국은 쿠바로 조사위원회를 파견했다. 위원들 가운데는 라틴 아메리카계 미국인 병리학자 후안 기테라스Juan Guiteras가 있었다.

나중에(1902년) 기테라스는 적도 지방 원주민들에게 황열병에 대한 자연적이거나 인종적인 면역성이 있다는 낡은 관념을 비난한, 열대 지역 의학 선구자들 가운데 한 명이 되었다. 옛 통념이 "아주 오류투성이"임을 발견하자, 기테라스는 그 대신에 적도 지방의 많은 사람들이 어릴 적에 증상이 없는 황열병에 걸리면서 평생에 걸친 면역성을 지니게 된다는 점을 긍정적으로 가정했다.[154] 런던에서 열린 열대 의학회가 카를로스 핀레이의 연구를 쓰레기 취급했을 때 기테라스는 재빠르게 그를 옹호하고 나서면서, 미국에서 그는 우리가 전에 살펴본 적이 있는 남북전쟁 이후 버지니아의 산물인 헨리 로즈 카터가 '과학적 진리'로 제시한 황열병 구성개념과 논쟁을 벌여야 했다.

그 무렵 카터는 미 육군의 의료 관리가 되었다. 1879년에 그는 농촌 미시시피의 큐클럭스클랜(KKK단) 중심지들에서 황열병 연구를 수행해 자신만의 지각 환경을 예민하게 해 두었다. 1897년에 그는 쿠바에서 황열병 문제를 연구하기 위해 임명된 미 육군 황열병 위원회에서 일했다.[155] 1897년이 소름끼치는 전염병인 황열병이 남부를 휩쓸었던 해임을 감안한다 해도, 폭력이 몇 회에 걸친 합리적 토론과 타협보다 논쟁을 가라앉힐 더 나은 방법이라 믿지 않는 사람 누구에게도 지각 환경이 썩 유리하지는 않았다.

미국은 황열병과 구세계 스페인 식민주의라는 양대 죄악에 맞서 전투를 벌여야만 한다는 구실 아래 1898년 쿠바를 침공했다. 승리를 거둔 소규모 전시 중에 미국인들은 희한하게도 쿠바처럼 사탕수수를 생산하고 있던 스페인 식민지인 두 나라, 즉 필리핀과 푸에르토리코 역시 정복했다.[156] 그러나 헨리 로즈 카터에게 쿠바에서 벌어진 전쟁은 설탕보다 훨씬 더 큰 의미가 있으며, 그것은 문명 그 자체와 관련되었다. 그는 다음과 같이 말했다.

미 육군이 자리를 잡았을 때, 노련한 정보 장교들은 미국 시민군에게 합당한 개별적 의무감과 헌신성을 발휘해 '백인의 책무'에 착수했다.[157]

쿠바가 미국의 위성국이 된 지 한 세대가 지난 후, 미 쿠바 업무 위원회는 황열병과 관련해 쿠바에서 행해질 적절한 역사적 전개를 제시했다. 거기엔 다음과 같은 언급도 있었다.

황열병은 한때 쿠바의 저주였다. 이 전염병으로 인해 상업이 마비되었고, 단 한 해 동안 한창때의 젊은 백인 이민자 수천 명이 목숨을 잃었으며, 3세기에 걸친 쿠바 섬 자연 자원 개발이 지체되었다.[158]

이 보고서가 등한시했던 점은 미국의 설탕 소비가 1인당 60파운드라는 엄청난 수준에 이른 사실이었다. 이 소비량은 미국 인구가 단지 10분의 1 크기였던 1835년의 경우보다 4배나 되었다. 1935년 보고서는 또한 1870년대 이후 쿠바 섬으로 가는 미국 사업가들이 쿠바에 있는 보다 선량한 사람들에게서 거친 야만인으로 여겨진 경험을 지적해내지는 못했다. 1898년에 미국은 쿠바를 차지함으로써 이런 사회적 혹평에 복수했고, 그와 동시에 설탕에서 나오는 이윤이 적절하게 미국인 손아귀로 들어가도록 해 두었다.

처음 쿠바에 상륙했던 1898년과 1901년 사이에, 윌리엄 크로포드 고르가스 대장 지휘하의 미 육군은 월터 리드Walter Reed가 이끄는 의료 사절단의 충고에 따라 활동함으로써 황열병으로 인한 위협을 불식시켰다. 방문 초기에 리드는 60세가 좀 넘은 카를로스 핀레이가 자신을 보러 오는 것을 허용했고, 핀레이가 1881년에 출간된 자신의 논문에서 모기가 황열병을 옮긴다고 기술했던 사실을 자신에게 상기시키도록 내버려 두었다. 리드는 "그래요, 그래요, 제가 익히 아는 사실들이죠."라고 말하면서, 핀레이에게 개인적 신뢰를 표시하고자 하는 의도를 역력히 드러냈다. 리드는 '가설'이란 엄격한 시험을 거쳐 도달되는 발견된 '사실'로 전환되어야만 할 텐데, 자신만이 바로 그 일을 해낼 능력을 지녔다고 인식했다. 이어지는 몇 주에 걸쳐 리드는 살아있는 인간 자원자들을 활용했고, 그리하여 자신의 발견이 정당했음을 입증했다.[159]

이렇게 획득된 과학적 지식을 적용해, 미 육군은 아바나 각 가정 소유의 물을 담는 항아리에다 조직적으로 기름을 들이부어, 이를 통해 황열병 숙주 역할을 하는 모든 모기를 소탕하겠노라 떠벌여댔다. 점령군에 비해 화력이 열세인 쿠바 지역민들은 떠들썩하게 드러내 놓고 이를 조롱함으로써 앙갚음을 했다. 이런 반응은 미국인들을 아주 거슬리게 했다. 미국인들은 다음과 같이 말했다.

대체로 면역성을 지닌 아바나 사람들은 황열병 소탕에 그다지 큰 관심을 두지 않았다…… 당시 우리가 채택한 방법에는 웃기는 측면이 많았지만, 그러나 다행스럽게도 위생 체계에 대한 적극적인 반대와 소극적인 반대를 고무시킨, 이런 놀리는 듯한 태도와 그로 인한 유해한 영향력이 오늘날 줄어들고 있다.[160]

점령한 쿠바 섬에서 미국인들이 철수할 준비를 하고 있었을 때, 보건의 측면을 다룬 협정 일부는 '플레트 수정안Platt Amendment'으로 알려진 협정서였다. 강요에 의해 쿠바인들에게 받아들여진 플레트 수정안을 통해, 미국 군대는 질병이나 정치 상황으로 인해 보장될 때마다 개입할 수 있게 되었다. 1905년 뉴올리언스에 전염성 황열병이 발병하자 미국 군 부대가 다시 쿠바로 진입해 들어왔다.[161]

1903년 쿠바 전쟁의 형세를 일변시켰던 (1898년 6월의) 산후안힐 전투의 영웅이자 당시 미합중국의 대통령이었던 씨어도어 루스벨트는 파나마 지협의 북부 콜롬비아에서 열심히 애쓰고 있던 혁명가들을 배후에서 고무시켰다. 파나마 지협이 미국 및 반란을 일으킨 친구들에게 떨어진 뒤, 루스벨트는 자신이 일찍이 아바나에서 그랬던 것과 마찬가지로 W. C. 고르가스 대장을 파나마 지협으로 파견하여 황열병과 말라리아를 소탕하게 했다. 그가 별로 애쓰지 않고서도 (초창기에 유명한 프랑스 출신 엔지니어들을 좌절시켰고, 5만 명의 라틴 일꾼들의 목숨을 앗아갔던) 자기 목표를 달성하자, 미국인들은 대서양과 태평양을 연결하는 운하를 완성할 수 있었다.

1906년, "세계 평화를 진작시킨" 노력을 높이 평가하여 스톡홀름은 루스벨트에게 노벨평화상을 수여했다. 당시의 시대정신을 감안한다면, 이런 칭송은 아마 "열대 지역을 보통 유럽인들에게까지 안전한 곳으로 만들어 준 그의 노력을 높이 사라."는 문구로 바뀌어야 하리라.[162] 이런 생각을 하다보면 우리는 다시 대서양을 가로질러 서아프리카로 향하게 된다. 그곳에서 우리는 저 광대한 지역을 백인 거주자의 '개발 범위 내에다 들어오게 만들려는 대영 제국의 (프랑스 등에서 문예 방면에 퇴폐적 경향이 강하게 나타난) 19세기 말적인 결정이 전염병학에 어떤 영향을 미쳤는지를 평가하게 될 것이다.

서아프리카와 열대 의학, 1895~1928년

"서아프리카 프로젝트 개발"의 합법화는 상당한 정도로 열대 의학 분야에서 이루어진 돌파구에 좌우되었다. 말라리아의 경우, 인도에서 일하던 성미 급한 영국인 의료 공무원 로널드 로스Ronald Ross가 인도인 현장 조수 무하마드 벅스Muhammad Bux의 직관적 통찰력을 자신의 공로로 내세웠던 1897년 없어서는 안 될 돌파구가 마련되었다. 여기서 규명된 것은 열대열 말라리아의 전염병 매개 숙주가 학질모기라는 사실이었다. 3년 뒤 아바나에서 황열병 문제로 씨름하다, 리드와 고르가스 및 그 밖의 생체 실험 자원자들은 이곳에서 전염병 매개체가 이집트숲모기임을 입증했다. 이런 새로운 지식을 통해, 지역적으로 두 질병 모두를 근절시킬 수 있을 것으로 여겨지는 일련의 조치가 마련되었다. 하나의 전략은 모든 숙주 모기를 근절하는 조치였고, 다른 하나는 모든 잠재적 인간 숙주를 이 바이러스에 감염되지 않게 만드는 조치였다.[163]

1898년에 로버트 코흐Robert Koch는 잠시 동아프리카에 있는 동안, 모기의 헤아릴 수 없는 산란처를 제공할 아프리카 사하라 사막 이남의 광대한 지역과 격심한 계절적 강우를 감안한 뒤, 인간의 연결 고리에서 전염의 연쇄를 끊는 것이 더 용이하리라는 생각이 떠올랐다. 말라리아가 더욱 대단한 살인적 질병인 듯했으므로, 그의 구도는 황열병보다는 말라리아를 목표로 했다. 코흐가 알고 있었듯이, 부유한 유럽 여행객들은 염산키니네를 적절히 활용하는 게 말라리아를 효과적으로 예방할 수 있다고 오래전부터 알고 있었다. 그리하여 자신의 아프리카 여행을 마무리 지으면서 코흐는 모든 거주민에게 규칙적으로 염산키니네를 복용하도록 권장해야 한다고 충고했다. 아프리카 인들을 관찰한 결과, 코흐는 보통 사람들은 "순종적이고 총명하며" 무서운 재앙을 일소하는 데 유럽인들이 도와준다면 기뻐하리라는 걸 믿게 되었다.[164]

이런 점에서 코흐는 인본주의적이고 선한 의도를 지닌, 순수한 과학자였다. 사회적 다윈주의 시대에 유럽 고위급 인사들의 실제 생각은, 패트릭 맨슨에게 로널드 로스Ronald Ross가 넌지시 건넨 말이었다. 1899년 5월, 시에라리온에서 편지를 쓰면서 로스는 "원주민은…… 인간이라기보다는 정말이지 원숭이에 더 가깝다."고 주장했다.[165] 로스는 나중에 훨씬 상세하게 자신의 심경을 밝혔다.

> 말라리아 열병은…… 비옥하고 물이 잘 나고 풍요로운 지역에 더욱 특별하게 자주 출몰하죠…… 그런 곳에서 말라리아는 야만적인 토착 주민들뿐만 아니라 보다 더 확실하게 문명의 선구자들인 경작자, 무역상, 선교사, 군인들을 급습합니다. 그러므로 말라리아는 '야만주의의 거대한 주요 동맹자'인 셈이죠…… 말라리아로 인해 인류는 아프리카의 광대하고 비옥한 전체 지역에 접근할 수가 없었습니다.[166]

의학적으로 정보를 갖춘 그 밖의 저자들도 마찬가지로 거리낌 없이 말했다. (나병으로 유명한) 제임스 캔들리가 편집하는 『열대 의학 저널』에 기고한 글에서, 한 통신원은 시에라리온에서 벌어진 스튜어트 박사의 죽음을 다루었다. 그는 식인종들이 케이프 코스트캐슬 인접한 곳의 백인들을 주목할 것 같지는 않음을 지적하면서도, "그 지역을 아는 이들 가운데 (조금은 내륙의) 식인적 취향이 만연되어 있음을 부인하는 사람은 거의 없다."고 언급했다. 자신의 주제에 열중하면서 『열대 의학 저널』의 기고가는 다음과 같이 경고했다.

> 정말이지 지독하게 타고난 게 이런 미개성이라, 심지어 서인도 제도에서 명목상 (흑인 노예들 사이에서) 그리스도교 신앙이 몇 세대를 거친 뒤에조차도, (1865년의) 자메이카 반란은…… 유럽 희생자들의 뇌수를 퍼냈던 것과 같은 사건으로 유별났다…… 그런 사건이 특히 유별나게 드러낸 점은…… 유럽인들은 흑인을 자비롭지만 전제적으로 통치해야 하는 게 필수

사진 17_ 다지링에서 자신의 진단 현미경과 함께 한 로널드 로스 경의 사진, 1898년 5월.

적이라는 사실이었다…… 불쌍한 스튜어트 박사를 '잘게 썰었던' 바로 그 사람들은, 성가신 마을 보건 위원회에 부임한 뒤이은 후임자에게도 괴로움을 줄 가능성이 아주 농후하다.[167]

1911년에 『아프리카 사회 저널*Journal of the African Society*』에 기고한 글에서, 리버풀 열대 의학회 황열병 분과 창시자인 로버트 보이스Robert Boyce 는 아프리카 인들에 대해 다음과 같이 말했다.

아주 오랜 옛날부터 (서아프리카는) 조직적으로 질이 낮은 인간들이 생겨나면서 세계 도처 백인들이 노예를 마련하는 곳으로 정해졌다…… (이곳으로 들어왔던 유럽 무역상들은) 실제 아이들 떼거리와 너무도 단순한 인종과 마주치게 되었다…… 우리가 유럽에서 이해하고 있듯이, 아프리카에는 종교 전통이 거의 없고, 미술이 거의 없으며, 사업적 역량도 거의 찾아볼 수 없다.[168]

영국의 사회적 다원주의가 개화되는 데 도움을 주었던 의료-정치적 사건들이 여러 건 발생했다. 당시 프랑스가 알제리의 질병 환경을 정복한 일도 그중 하나였다. 1830년에 말라리아에 걸리기 쉬운 7만 5,000명의 프랑스 병사와 외인부대가 진군해 들어와, 상주하던 베르베르 족들로부터 넓은 띠 모양의 해안 지역에 대한 통제권을 강탈한 뒤, 말라리아 억지 작업을 개시했다. (1840년에 한 프랑스 장군이 점령한 알제리에 관해, 더욱 성장하고 있는 유일한 분야는 공동묘지라고 말했을 정도로) 부대원들의 고생이 막심했지만, 그러나 시간이 지나면서 말라리아는 통제 아래 들어왔다. 라브랑Laveran이 (1880년에) 말라리아 원충 인자의 위치를 파악하기 오래전에, 고대의 독기 이론은 인구가 밀집된 중심지 근처의 대규모 늪지 배수를 정당화하는 데 활용되었다. 병사들이 말라리아에 걸린 뒤에야 염산키니네 치료를 받았으니, 프랑스 의사들은 키니네의 예방적 속성에 무지했음이 틀림없었다. 1860년 무렵, 이러한 구체제적 의료 기법의 엄격한 적용으로 1,000명당 63명의 백인 사망자로부터 1,000명당 1명으로 사망률을 줄이는 데 성공했다.

이런 성공에 고무되어, 식민 모국 프랑스로부터 더욱더 많은 식민지 경작자들이 물밀듯이 들어왔다. 1900년 무렵, 당시 50만 명에 달하는 토지 강탈자들이 500만 명의 베르베르 족들로부터 거대한 땅 덩어리를 몰수해 감귤류, 포도주, 코르크, 광물 등의 이윤이 높은 수출 무역을 발전시켰다. 이런 현대화와 더불어 프랑스 개발업자들은 이슬람교도를 남부 사하라 사막 가장자리 쪽으로 더욱더 내몰아 그들을 효과적으로 자기 땅의 주변부로 물러나게 만들었다.[169]

침략해 오는 백인 정착민들에 맞선 알제리 질병 방책선의 붕괴가 사하라 사막의 대서양 쪽 해안에서 눈에 띄지 않은 채 그냥 지나갈 수는 없었다. 우선 경고의 종소리가 시에라리온 프리타운에 사는 크리올들 사이에서 울렸던 듯하다. 그들 자체가 본국으로 송환된 노예들의 후손이거나 혼혈이어서 내륙 사람들과는 혈연적 유대가 없었으므로, 해외 무역에 종사하는 프리타운 크리올들은 (너무나 세련되지 못해서 대부분 다시 고향으로 돌아가 사업 파트너로 받아들여지지는 않았던) 영국 무역상들과 더불어 창고업에 진출하고 배급 시설 활용을 공유했다. 포르투갈-아프리카 혼성 이름을 지닌 압둘 모르탈레스 같은 편집자와 기고가는 『시에라리온 위클리 뉴스』와 『시에라리온 타임스』의 지면을 통해, 1890년 이후 알제리의 '계절적 사유지' 붕괴에 관해 언급하면서 백인 정착민에 대한 혐오감과 두려움을 드러냈다.[170]

서아프리카 여타의 곳에 있다 해도 사려 깊은 아프리카 인이라면, 노예무역이 단계적으로 축소되기까지 200년 동안 그들 조상인 수백만 동포가 노예화되어 백인이 사는 신세계로 유괴되어 갔다가 죽는 걸 막을 수 없었다는 사실을 차마 잊을 수는 없을 터였다.[171] 자기들에게는 해안을 따라 자리한 집단 거주지나 배에 백인을 감금할 군사력이 없음을 절감하고, 서구적 교육을 받은 서아프리카 인들은 사망한 지 오래된 백인 노예제 폐지론자들의 정서에 호소함으로써 침략을 저지하려 했다. 이런 부드러운 접근 방식을 보여 주는 예가 1882년 7월 『라고스 타임스』의 한 기사인데, 그 기사에서는 독자들에게 다음과 같이 충고했다.

우리(아프리카 인들)는 윌버포스와 벅스턴의 나라, 선교사들 대부분의 모국을 존중하고 이런 나라들에 경외심을 드러내지만, 그렇다고 우리가 영국인은 아니다. 우리는 아프리카 인이며, 그 외 다른 국민이 될 생각은 추호도 없다.[172]

1867년, 영국 보호령 라고스 북쪽 요루바 족이 사는 아베오쿠타에서 전통적 종교인과 (상당수가 1865년의 대규모 반란에 뒤이어 자메이카로부터 온) 과거에 크리스천이었던 이들은 선교사들더러 옮겨 가도록 강요함으로써, 강점당했던 조상의 토지를 되찾고자 진작부터 시도했던 적이 있었다.[173] 선교사들에게 떠나라고 하면서 아베오쿠타 학자들은 뒤이어 요루바 어에 유럽식 철자법을 도입했고, 유럽의 팽창에 아주 비판적인 자체 모국어 신문을 창간했다. 이런 활동을 통해 아베로쿠타 원로와 학자들은 자기들과 나아가 전체 서아프리카가 스스로의 힘으로 현대화로 나아갈 수 있으며, 유럽 열강의 물리적 강점이 불필요함을 입증해 보였다.

그러나 결과적으로 식민지화 없는 현대화라는 선택을 통해선, 어느 것 하나 제대로 시작할 수가 없었다. 이는 영국 정책 결정권자들 심리 속에 든 수많은 요인들 때문일 수 있었다. 그 배경에는 (면방직 같은) 자신들의 북부 지방 산업이 시장 경쟁에서 시대에 뒤지고 있다는 곤혹스런 두려움이 깔려 있었다. 대충 개괄해 보더라도 (뉴잉글랜드의 공장과 과거 남부 지역 면화 농장을 소유한) 미국인들과 (화학과 전기 공학, 야금학 전문가인) 독일인들이 경쟁에서 앞서가고 있었다. 이외에도 영국인들이 자기들이 몰락하고 있다는 생각을 실감하게 된 계기는, 1873년에 오스트리아 은행들이 파산함으로써 야기된 경기 후퇴였다. 대공황에 접어들기 20년 전, 불확실한 세계에서 살아남기 위해 재력가들은 영국이 확보가 능한 시장과 원료를 무엇이든지 지체 없이 확보해야만 한다는 생각을 하기 시작했다. 유럽 열강이 소유를 주장하지 않은 아프리카 영토가 어디에 있든, 그걸 게걸스럽게 집어삼킬 태세가 되었던 나라가 프랑스였다. 비록 1890년 무렵 사하라 사막 이남의 프랑스 식민지는 비교적 작았지만, 프랑스가 이미 소유한 식민지에서 충원된 아프리카 외인부대를 활용해 프랑스 식민지는 급속히 팽창될 수 있을 것이 확실했다.

그러나 1895년 경, 아프리카 대륙을 전체적으로 관망하면서 런던의 자본가들은 서아프리카에 대해 두 가지 생각에 사로잡혔다. 그들은 (이집트를 정복했던) 1882년 이래 이집트가 자기들에게 상당한 이윤을 제공했음을 부인할 수 없었다. 이 정복을 통해 그들은 수단Sudan으로 알려진 남부 지역의 거대한 무한정 토지에 대한 간접적 지배권을 획득했기 때문이었다. 그들은 또한 남아프리카로부터도 역시 짭짤한 이윤을 얻고 있었다. 특히 1867년에 킴벌리에서 다이몬드 광산이 발견된 이래로 더욱 그랬다. 게다가 런던의 재정가들은 리스본에 대해 행사하는 지배적 영향력 덕분에, 더욱 북쪽인 앙골라로부터도 상당한 이윤을 끌어 모을 수 있었다.[174] 그러나 중상 무역으로부터 얻는 이윤보다 투자에 대한 배당 보상금에 더욱 관심을 가진 정치가들은 여러 가지 부정적인 요인들로 말미암아 서아프리카 개입을 마땅찮게 생각했다.

이런 요인들 가운데 가장 중요한 것은 1880년대 중반 이래로 서아프리카의 '합법적 무역'이 눈에 띄게 줄어들었던 사실이었다. 이 무역은 영국 북부에서 사용되는 면화, 야자유, 땅콩기름 등을 대상으로 한 원료 무역이었다.[175] 그러나 알프레드 존스 같은 유력한 북부 기업가들은 일단 적절한 플랜테이션 농장들이 확립되어 상주하는 유럽인들에 의해 운영된다면, 서아프리카 면화가 당시보다 훨씬 더 풍부하게 생산될 '잠재력'을 지녔다고 확신했다. 존스의 야망은 (물론 남북전쟁 기간인 1861~1865년간 완전히 끊겨 버렸긴 해도) 영국이 면화 공급망을 과도하게 미국에 의존하는 데서 탈피해, 나이지리아 면화로 이를 대체하려는 것이었다.[176]

또한 당시 향유되던 배당금보다 더 나은 배당금을 기약했던 것은 오늘날의 가나에 소재한 금광이었다. 영국 재정 체계가 바로 금에 의존한다는 인식과 더불어 일찍이 1877년에 광산은 기계화되었고, 수많은 아프리카 일꾼들이 투입되었다. 프랑스 인들이 가까이 있음을 감안할 때, 일부 사람들은 동쪽 나이지리아 지역에 대규모 영국군을 주둔시키는 정책이 필수적이라 생각했다.[177]

미래에 대한 낙관론과 함께 당시 상황에 대한 비관론에 입각해 리버풀, 맨체스터, 버밍검과 다른 북부와 중서부 도시들은 정부 (고위직) 인사들에게 서아프리카 지역을 직접 지배하라고 촉구했다. 이 지역이 오랫동안 '백인의 무덤'이자 오래된 말라리아 악령으로 평판이 나 있던 문제를 해결하기 위해, 가문이 출중한 북부 여성인 매리 킹슬리가 직접 해당 지역을 여행했다. 평범하고 참정권이 있는 중산층 독자들의 인기를 끌었던 저서 『아프리카 연구*African Studies*』와 『서아프리카 여행*West African Travels*』에서, 킹슬리는 다음과 같이 주장했다. "말라리아로 인해 질병이 덜한 지역보다는 투약에 좀 더 신경을 써야 하겠지만, 그렇다고 이로 인해 영국이 서아프리카 점유를 탐탁지 않게 생각한 것은 아니었다."[178]

식민지 확장이라는 복잡한 실타래를 잘 풀어 낸 주요 인사는 한때 버밍검의 개혁 시장이었던 조셉 체임벌린이었다. 1895년, 체임벌린은 식민지 장관에 취임했다. 체임벌린은 실제 정복의 짐을 왕립 니제르 회사의 대표자 조지 골디와 같은 비도덕적인 군인 무역상에게 떠넘겼다.[179] 약간의 곤경을 예상하면서 체임벌린은 다음과 같이 충고했다. "당신이 무력을 쓰지 않고 아프리카 내부를 여러 세기 동안 황폐화시켜 왔던 야만주의, 노예제, 미신의 관행을 쳐부술 수는 없소이다······ 계란을 깨뜨리지 않고 오믈렛을 만들 수는 없는 법이니까."[180]

이어지는 많은 조언에 맞춰 골디는 1897년 설날 바로 직후 라코자로부터 원정대를 이끌었다. 식민지 장관의 말을 곧이곧대로 믿고, 골디와 그의 아프리카 외인부대원들은 연발 소총과 대포, 속사 기관총으로 무장하여 북부 요루바 족 영토를 유린했고, 파죽지세로 북부 아랍 토후국인 일로린과 비다에 있는 누페 족에게 쉽게 승리를 거두었다. 남동부에서 속사 기관총을 활용해 영국은 베닌 시를 확실하게 정복했으니, 베닌 시는 영국인들한테 15세기의 청동 제품을 강탈당한 뒤 완전히 잿더미가 되었다. 1903년, 보다 북쪽에 위치한 하우사랜드에서 영국인 괴짜 프레드릭 루가드는 사하라 사막 남부의 이슬람 국가 소코토의 가장 대규모이자 가장 효율적인 군대를 무찔렀다. 루가드는 이 전투에서 소코토의 술탄을 추적해 살해했다. (대략 프랑크 족으로 알려진) 유럽인들에게서 당연히 예상되는 전형적 행동으로 여기면서 2만 5,000명의 술탄 지지자들은 얼마 전까지 (1898년 키체너 장군에게 패배한) 마흐디 추종자들 피로 물들었던 수단 블루나일 지역으로 후퇴하지 않을 수 없었다. 북부 나이지리아 보호령이란 이름이 붙은, 루가드의 새로운 영토 북부에서 프랑스 인들은 뒤이어 남아 있던 비 유럽인이 통치하는 서아프리카 모두를 "격렬한 불의 통치"하에 두었다.[181] 유일한 예외는 라이베리아였다. 미국 남북전쟁 이전에 귀환한 노예들의 피난처로 설립된 라이베리아는 미국의 위성국가였다.

일단 대다수 서아프리카를 점령하게 되자, 새로운 영국 지배자들에게 "백인의 무덤"과 같은 질병 환경을 처리하는 문제가 대두되었다. 이 문제를 제대로 해결해야, 이익을 얻으며 본국 제조업체들에다 주요 원료 수출을 개시할 수 있기 때문이었다. 문제 해결을 위해 식민지 장관 체임벌린은 면화와 해운업의 거물 알프레드 존스 경과 같은 부유한 중개상들을 설득해 (1899년에 리버풀에) 영국 최초의 '열대 의학 학교'를 설립하게 했다. 얼마 지나지 않아 체임벌린은 자신의 의학적 심복인 패트릭 맨슨 경을 '열대 의학 런던 학교' 교장으로 임명할 수 있었다.[182]

실제로 서아프리카를 방문한 새로운 계보의 열대 의학 전문가들 가운데 첫 번째 인물은 로널드 로스였다. 1899년, 그는 시에라리온에서 운명적인 3주를 보낸 뒤 리버풀로 돌아갔다. 로스는 리버풀에서 런던의 맨슨과 함께 식민지청이 더 나은 재원의 뒷받침을 받는 원정대를 보내도록 설득하는 일을 도왔다. 이를 통해, 리버풀의 전문가 J. W. 스티븐스Stephens와 S. R. 크리스토퍼스Christophers가 이끄는 '왕립 서아프리카 협회' 원정대가 탄생했다. 원정대는 1900년과 1903년 사이에 서아프리카를 들락날락했다. 나이지리아 말라리아를 연구하기 위해 특별하게 파견되었던 또 다른 리버풀 원정대를 세 명의 캐나다인 학위 소지자들이 이끌었는데, H. 아네트Annett, J. 듀턴Dutton, J. 엘리엇Elliott이었다.[183]

이들이 작성하고 체임벌린의 식민지청이 백인 소재지 어디서나 따라야 할 표준 과정으로 승인한 보고서에서 주거 격리 정책이 제시되었다. (어떤 나이나 피부색을 지닌 '누구든지' 말라리아에 감염될 수 있다는 사실을 간과한) 사이비 과학을 채택함으로써, 이 정책 입안자들은 다음에 동의했다.

유럽인들을 감염시키는 학질모기는 다른 유럽인들이 아니라 원주민들한 테서, 즉 거의 예외 없이 지속적인 말라리아로 고통받는 원주민 아이들한테 서 감염인자를 취한다.[184]

아프리카 아이들이 없는 곳으로 피신하기 위해, 그리고 아이들 주위를 떼지어 몰려다니는 모기를 피하기 위해, 백인들은 가장 가까운 아프리카 거주지로부터 800미터 가량 떨어져 집을 짓는 것은 모든 유럽 거주민에 게 있어 필수적이라 여겼다. 또한 대체로 백인의 보건상 요구에 주목하 기 위한 열대 의학을 "제국의 수단"으로 활용하는 것을 정당화시키기 위 해, 이 전문가들은 로버트 코흐를 논박했다.

코흐가 동아프리카 주민들이 대체로 "순종적이고 총명하다."는 사실 을 발견하고, 인간 숙주로부터 바이러스를 제거하기 위해 말라리아 예방 약을 기꺼이 투약하려 하자(1901년), 리버풀의 전문가 아네트와 듀턴, 엘 리엇은 냉혹하게 다음과 같이 주장했다.

북부 나이지리아 정부 소재지 올드 칼라바르 원주민들은 우둔하고, 총명 하지 못하며, 무관심하다…… 삼각주 다른 지역과 니제르 강독에 사는 원주 민들은 대체로 문명화되지 않았고, 유럽인 모습만 보여도 도망가는 경우가 많다. 한편 이따금씩 '백인들'이나 방문하고 절대적으로 개방되지 않은 내륙 마을들도 있다. 원주민 추장들이 총명하고 교양 있는 사람들인 경우가 많다 는 건 사실이지만, 그러나 이런 이들은 극히 소수다…… 우리가 나이지리아 전역을 통해 어떤 식으로든 "순종적이고 총명하다."고 분류될 수 있을 마을

사람들을 결코 만난 적이 없었다고 말해도 무방하리라.[185]

격리 정책은 리버풀과 런던 학교의 유력 인사들한테 (맨슨의 표현으로) "위생학의 첫 번째 법칙"으로 수용되었지만, 그러나 이 정책이 집행되는 정도는 해당 지역 식민지 당국자의 개인적 관점에 좌우되었다. 라고스에서 의료인이자 총독인 윌리엄 맥그리거(William MacGregor: 1899~1904)는 격리 정책은 사회적으로 분열을 가져오며 영국인이 서아프리카에 존재하는 공식적 이유, 즉 아프리카 형제들을 위한 인도주의적 교사로서의 역할에 완전히 모순된다고 생각했다. 맥그리거 자신의 접근 방식은 예방적이었다. 그는 (설사 신선한 공기가 원활하게 드나들지 못하더라도) 유리창과 문에 방충망을 설치하는 게 중요하다고 강조했고, 라고스 근처의 거대한 킴벌리 늪지대 배수 작업에 착수했다. 1906년 통계 수치는 맥그리거의 작업 덕분에 저 해안 마을 킴벌리에서 "방충망 설치를 비롯해 '백인이 주는 부담'을 견디고 있는 사람들" 중 말라리아 사망률이 1897년에 1,000명당 40명에서 9년 뒤에는 실제로 0명으로 떨어졌음이 밝혀졌다.[186]

라고스 상황과는 달리, (1900~1906년 동안 고위직 판무관이었고 1912~1919년 동안 통합 나이지리아 총독이었던) 루가드 경이 주재했던 북부 보호령에서는, 주거 격리 정책이 엄격하게 적용되었다.[187] 백인 주거지와 흑인 주거지 사이에 800미터 장벽을 고집한 것 이외에도, 루가드는 백인들이 결코 아프리카 인들 가까이 어디에서도 잠을 자지 말아야 한다는 크리스토퍼스와 스티븐스의 조언을 실행하는 데 특히 심혈을 기울였다. 여기엔 두 가지 이유가 있었다. 첫째는 말라리아 모기는 단지 밤에만 문다는 '과학적' 가정이었다. 또 하나는 성병인 매독이 이슬람교도가 거주하는 북부 지역에 만연돼 있고, 매독에 감염되는 성 관계는 오직 밤에만 행해진다는 '은밀한' 가정이었다. 1910년까지는 성병에 대해 충분하게 밝혀지지 않았긴 해도, 루가드는 일찍이 1900년에 성병 문제를 언급했다.

그해, 한 북부의 공식 의료 보고서를 통해 다음과 같은 조언이 제시되었다.

모기, 파리, 진드기가 옮기는 질병과 수인성 질병, 나병에 맞서 끊임없는 전쟁이 치러져야 할 필요가 있다. 서아프리카 전역에 걸친 사례들처럼. 그러나 북부 나이지리아에서 타의 추종을 불허할 정도로 가장 중요한 지역인 마호메단 지역에서, 위에서 언급한 모든 질병을 합한 것보다 성병이 훨씬 더 커다란 혼란을 야기하고 있다고 나는 확신한다.[188]

검열관 같은 유럽인의 눈에(대부분은 필시 성 관계를 통하지 않은 방식으로 전염된 열대 지방의 전염성 피부병인) 매독이 거의 모든 토착민들의 성기에 잠복해 있는 것으로 비쳤던 곳에서, 왕립 협회와 식민지청이(표면적으로 말라리아를 통제하기 위한) 거주민 격리 정책을 실시하자 온통 환영 일색이었다.[189]

리버풀 황열병 분과 창시자인 루버트 보이스 경Sir Rubert Boyce 명의로 한 의료인이 1911년에 "보건 개혁이 일시적인 불편을 낳을지 모르지만, 그러나 이내 식민지 발전을 엄청나게 촉진시킬 것"이라고 주장했다. 그러나 이 첫 번째 구절은 20세기에 대한 과소평가였다.[190] 이 주장은 '보건 개혁'으로서의 격리 정책이 아프리카의 종교 성직자들과 아프리카 도매업자들, 영국에서 교육받은 아프리카 의사들(1909년에 '아프리카 의료 서비스'에 더 이상 채용될 수 없었던) 사이에서 분노를 들끓게 만들었던 사실을 간과했다. 이 정책이 거둔 유일한 긍정적 사례는 소수 영국 회사들이 거둔 단기간의 이득이었다. 그리하여 시에라리온에서 유럽인들을 위한 '언덕 마을'을 짓기로 한 1903년의 결정으로, 23채의 미리 제작된 목조 단층집이 영국에서 수입되었는데, 이는 주위의(독기가 들어 있을 가능성이 높은) 토양을 덮는 시멘트 기초 위로 솟아난 지주 대에 설치되도록 고안된 것이었다. 또한 모든 시멘트와 건축 골재, 그 밖의 재료들도 특별히

수입되었다.[191]

1911년, 리버풀의 전문가 루버트 보이스 경은 식민지청의 요청에 따라 황금 해안과 남부 나이지리아, 시에라리온을 3개월 동안 시찰했다. 영국 사업가들로선 존재하지 않았으면 하고 바랐던 질병에 관한 권위자였음을 고려할 때, 과연 그가 왜 파견되었는지 그다지 확실치는 않다.[192] 그곳에 있는 동안, 주사위는 던져졌고 보이스는 돌연 자신이 "정식 통고의 두려움"이라 불렀던 '도덕적' 질병에 직면했다.

서아프리카 금광이 막 상당한 생산량을 기록하기 시작할 무렵, 당국자들은 금광 사업이 중단될까 봐 황열병이 돈다는 사실을 인정하길 꺼렸다. 베이커라는 조심성 없는 한 의사가 1901년에 자신의 요주의 환자 8명 중 7명이 황열병으로 사망했다고 밝혔을 때, 그의 상급자들은 명령조로 그에게 "열병이 덜했다 더했다 하는 담즙 이상 열 증세가 더 발견된다 해도, 부디 황열병으로 처리하시오."라고 빈정댔다고 한다.[193] 1901년, 베이커가 모욕을 당한 그해에 금 생산량은 2만 2,000파운드 값어치가 나갔다. 1903년, 현지의 황열병에도 불구하고 광산은 계속 운영되었는데, 당시 생산량은 25만 4,000파운드 값어치였다. 그리고 1907년의 생산량 가치는 100만 파운드 이상이었다. 이런 엄청난 생산액으로 인해 흑인 광부 수백 명의 황열병으로 인한 사망과, 무언가 문제가 있다는 사실에 대한 백인들의 부정은 정당화되었다.[194]

루버트 경이 서아프리카에서 직면한 상황은 이와 같았다. 런던으로 돌아가는 길에 그는 청중한테 "정식 통고의 두려움"을 지닌 (런던 학교 창립자) 패트릭 맨슨 경에 관한 충격적인 소식을 포함해, 황열병 사례를 인지했던 현대적인 젊은 의사들이 고위 당국자들한테 억압당했던 방식을 폭로하며 폭탄선언을 했다.[195] 이에 대응해 맨슨은 성을 냈다. 정확히 의도한 냉소적 어조로 그는 다음과 같이 지적했다.

의료인들은 오류투성이지만 그럴 듯한 생각을 제시하며, 바로 자신이 책임져야 할 행동으로 현장 공무원들을 오도하는 경우가 종종 있다. 그런데 그런 행동은 결국 오류가 탐지되기 전에 국가에 많은 대가를 치르게 할지 모른다…… 제대로 된 의료인이라면 순수하게 가설적인 견해에 입각해 행동하기 전에, 조금은 조심하는 버릇을 기르려고 할 것이다……[196]

황금 해안 금광 사업 당국자들이 갑자기 식민지청이 훨씬 일찍 포고했던 주거 격리 명령을 집행했던 까닭은, 아마도 런던과 런던 소재 열대 의학 학교로부터 하달된 명령 탓이었을 것이다. 준비할 여유도 주지 않고 통지를 하자, 많은 아프리카 가족들이 빗속으로 내쫓긴 가운데 그들의 가옥이 붕괴되었다. 2년 뒤인 1913년, 휴 클리포드 총독은 식민지가 '과대 선전되는' 것에 대한 자신의 '우려'를 표명하면서, 식민지가 건강에 해로운 곳이라는 평판에는 아무런 근거가 없다고 주장했다.[197]

루버트 보이스의 (반드시 세부에서 정확하지는 않아도) 가장 의미심장한 통찰 중 하나는, 모기라는 보균자 혹은 모기 숙주에 의한 황열병 확산이 '개발'과 밀접하게 관련되어 있다는 지적이었다. 그는 조금은 어색한 투로 다음과 같이 표현했다.

(대체로) 문제는 늪지대나 도랑 혹은 웅덩이에 번식하는 균이 아니라, 그 양이 얼마이든 깨끗한 물에 어쩌다 함유된, '모든 그릇'에서 번식하는 모기야말로 근본 원인이다…… 따라서 모든 버려진 깡통, 병과 같은 것 안에 존재하는 모기가 바로 문제다. 그런데 무역상들이 있는 곳에 모기가 가장 많고, 교역이 뜸한 내륙 지방에는 모기가 적다…… 증대된 무역과 상업 활동을 통해 온갖 종류의 기묘한 물이 담길 만한 용기가 늘어나므로, 당연히 이집트 모기도 늘어나게 되어 황열병에 걸릴 가능성이 커진다.[198]

말라리아에 관한 글에서, 국제 연맹의 한 위원회는 1927년에 다음과 같이 지적했다. "주민들의 빈번한 이동만큼 말라리아 발병과 심각성에 더 기여하는 것은 없다.”[199] 13년 일찍 북부 나이지리아에서 비슷한 심경을 밝히며, 영국의 의학 당국자들은 다음 사실을 인정했다. “(영국이 각 국가와 민족에게 발전의 길을 제시했다는 19세기 팍스 브리태니카 시대의 예의라고 하는) 노예 빼돌리기와 대 살육전의 종말을 통해, 상호 교류가 안전하게 이루어지게 되었고 전염성 질병의 교류 역시 확산되었다.”[200]

에밀 베일러Emile Baillaud라는 한 프랑스 정부 인사는 식민지 침략이 의미하는 것에 대한 선구적 통찰력을 제시했다.[201] 1905년에 쓴 글에서 베일러는 이미 유럽의 정복과 공포에 사로잡힌 피난민들이 도망가면서, 수많은 아프리카 인들이 낯선 환경에 처하게 되었음을 인식했다. 그는 또한 새로운 현지 ‘개발’이 질병에 대해 지니는 의미의 일부를 이해했던 듯하다.

개발 가운데 가장 중요한 것은 화폐 통용화였다. 화폐 통용화를 통해, 지역민들은 과거에 교환수단으로 사용했던 조개껍질이나 그밖에 통용되던 것이 아닌 유럽 동전으로 교환될 수 있는 금속화폐를 사용하지 않을 수 없었다. 교환 가능한 화폐를 강제로 사용하게 만드는 것은 지역민들로 하여금 세금을 내도록 강요하기 위한 식민주의자들의 술책의 일부임은 물론이다. 자기들에게 산정된 세금이 얼마이든 그걸 지불하는 데 필요한 현금을 벌기 위해 현지인들은 해외 판매 목적으로 재배되는 면화나 땅콩 같은 농작물 생산을 위해 새롭게 조성된 플랜테이션 농장에서 임금 노동 규율에 복종해야만 했다.

실행에 옮겨진 화폐 통용화를 통해, 서아프리카는 사회적 혁명을 겪으며 과거 대서양 노예 습격의 경우보다 훨씬 더 철저하게 변모했다. 그때그때의 습격과는 달리, 화폐 통용화는 몇 년이고 모두에게 영향을 미쳤기 때문이다. 만일 요구에 따른 세금을 내지 않을 경우, 아프리카 협력자들에게 가혹하게 매를 맞거나 심지어 살해당하리라는 걸 알았으므로, 아프리카 인 수만 명이 내륙의 고향 땅을 떠나 임금 노동 기회를 제공하는 백인 운영 기업체가 소재한 지역으로 일자리를 찾아 나섰다. 부르키나파소와 말리와 같은 메마른 토지로 된 내륙 프랑스 식민 지역에서 동전을 얻을 필요에 쫓겨, 젊은이들은 수백 킬로미터를 이동해 세네갈이나 감비아에서 일자리를 구했다.

1919년 이후 세금 징수원들의 위협에 반응하는 내륙 거주민들이 충분히 재빠르게 움직이지 않는 모습을 보자, 프랑스 개발업자들은 강제 노역의 방법을 썼다. 한편 (당시 전쟁에서 독일에 거의 패배해 고통받는) 인구가 부족한 프랑스는 모든 아프리카의 19세나 20세 남성들에게 군복무를 하라고 요구했는데, 이 군복무가 강제 노역을 보완했다. 이런 요구에 직면해 대규모 인구 이동이 발생했다. 곧 징집될 프랑스 통치 지역의 젊은이들이 해안 지역 영국 식민지로 수천 명씩 떼지어 도망쳤기 때문이다.[202]

1905년의 대규모 이주를 야기했던 '혁신적' 개발에 관한 글에서 베일러는 다음과 같이 언급했다.

현재 서아프리카에는 필요한 일손을 구하기가 용이하며, 또한 해안 지역 마을에는 일자리를 찾아 돌아다니는 사람들로 넘쳐난다. 우리 충고를 경청해 굶주려 죽지 않고 자유를 얻는 길을 알게 된 포로로 잡힌 이들은, 유럽인들과 함께 일할 자리를 찾을 수 있는 곳이면 어디든 떼를 지어 기업체로 갔다.[203]

되돌아보면, 의학적으로 감독되지 않는 대규모 이주의 결과는 불을 보듯 뻔했다. 그들이 직면한 지역적으로 다양한(각각의 유형은 시간이 지나면서 구축되는 자체의 면역성을 필요로 한다.) 말라리아에 대비가 되지 않은 면역 체계로 말미암아, 자발적 이주자나 비자발적 이주자들이 수만 명씩 사망했다. 이에 못지않게 비극적인 것은 사망의 네트워크가 해안으로부터 멀리 내륙까지 확대되었다는 사실이다. 제철이 지나 해안 지역을 떠나기 직전에 병원체를 보유한 모기로 인한 질병에 감염된 채 내륙 고향으로 돌아가기 시작하면서, 귀향하는 일꾼들 피 속에 질병 기생체가 서식하게 되었다. 어디에서 걸음을 멈추든, 그들은 피에 굶주린 모기들의 매혹적인 먹잇감이었다. 그들이 마침내 고향 마을에 도착했을 때조차 똑같은 상황이 발생했다. 그리하여 여성이나 아이가 해안 지역 말라리아에 면역성을 길렀을 리가 없었던 수백 킬로미터 내륙 지역에서, 자기들로서는 완전히 새로운 질병에 걸려 수많은 사람들이 사망했다.[204]

전통적 보건 종사자들로선 남부에서 발생한 낯설고 익숙지 않은 말라리아에 대처할 수 없다는 명제에 부합되었던 것이, 북부 보호령 나이지리아의 상황이었다. 1904년, 나이지리아에서 식민지 보건 의료원에 수용되었던 1만 3,356명의 '원주민' 중 925명이 말라리아 치료를 위해서였다. 남부의 개발과정이 훨씬 더 광범위하게 진행되어 북부의 노동력까지 고갈시키고 있던 그다음 해, 유럽 공무원들은 치료하고 있던 말라리아 발병자 수를 보고하는 일조차 포기했다.[205] 당시 유럽은 25년 동안의 통상적 인구 증가율이 5~6퍼센트 이상은 족히 되었으리란 점을 감안할 경우, 북부 보호령의 상황은 적잖이 놀라웠다. 기록을 남긴 한 공무원이 고백했다. "1926년 인구가 근본적으로 (규모에서) 1900년 인구와 다르지 않다는 공감대가 형성돼 있다는 생각이 듭니다."[206]

또한 특정 지역에 한정된 보건 문제를 광범위한 지역에 걸친 위기로 전환시키는 데 작용한 사실은, 다양한 질병 환경에서 온 수많은 아프리카 반￪임금 노동자와 반￪노예 노동자들을 단일한 작업장이나 플랜테이션 농장에다 집결시켜 놓았던 점이었다. 오늘날의 나이지리아에 해당하는 남부와 중부를 잇는 지역 전체를 통틀어, 식민지 당국자들은 알프레드 존스 같은 사업가들이 유럽에서 판매할 수 있는 면화, 코코아, 땅콩 및 그 밖의 제품들을 생산하기 위한 대규모 플랜테이션 농장 설립을 허가했다. 그러나 프랑스 정부 요원인 베일러가 이미 지적했듯이, 수출 작물 재배에 풀타임으로 일하도록 강요받았던 사람들에게는 자기들 스스로의 생계를 충족시킬 식량을 재배할 시간이 전혀 없었다. 유럽인들이 자유 기업으로 여기고 정상적인 것으로 간주했던 방식으로 이런 필요를 충족시켰던 이들은, 해안 지역 근처의 광범위한 내륙에서 차출된 식량 작물 생산자들이었다. (사람이 아니라 제품이 이동되었던 옛날식 릴레이 체계보다는) 두세 가지 질병 환경을 드나들며 일함에 따라, 이들 일꾼들의 이동을 통해 질병이 더욱 확산되었다.

숲을 파 뒤집어 조성된 수출 지향 플랜테이션 농장을 해안의 항구 시설과 연결시켰던 것은 체임벌린과 루가르, 클리포드와 같은 이들이 실질적 '진보'의 선구자로 간주했던 철도였다. 대체로 1906~1907년 동안 라고스에서 북쪽으로 400킬로미터 지점인 일로린 사이에 철로가 건설되면서, 감염되기 쉬운 수백 명이 전염병을 옮기는 최전선에 집결되는 형세가 되었다.[207] 이런 식의 말라리아 위기는 일회적 사건에 머물지는 않을 터였다. 지역적 특성으로 말미암아 영구적인 새로운 질병 환경이 조성될 터였기 때문이다.

베일러가 지적했듯이, 서아프리카의 토양은 유럽 대부분 지역과 북아메리카 동부 지역 및 이집트의 범람원이나 남동 아시아와는 사뭇 다르다. 서아프리카 토양은 깊은 층을 이룬 표토로 이루어지기보다는, 암석이 단단한 홍토 위에 부식토가 얇게 덮여 있는 구조다. 그런데 이런 얇은 토양은 플랜테이션 땅콩이나 면화 재배를 위해 조성된 대규모 숲 개간지에서 아프리카 인들이 보통 활용하는 혼작 방식 아래서는 결코 나타나지 않았던, 갈라진 채 표면에 드러나 있었다.

이와 유사하게, 1마일 철로가 놓일 때마다 필요한 철도 침목 재료로 나무 수백 그루가 베어지면서, 근처에 빈약하게 뿌리내린 나무들은 이내 쓰러뜨릴지도 모를 바람에 시달리게 되었고, 이런 나무들이 마침내 쓰러지면서 얇은 표토층 노출이 증대되었다. 건기 동안 햇빛에 말랐다가 우기 동안 폭우를 맞아 홍토층에 기반을 둔 이 토양들은 이내 걸러져, 암컷 모기들에게 매력적인 물이 찬 틈새와 움푹 팬 구멍을 만들어 놓았다.[208] 숲이 파괴되던 초창기에 갈라진 틈들이 생겨나기 시작한 지 수십 년이

지났는데도, 곤충들은 여전히 더욱 많은 새끼들을 부화시키고 있었다.

아프리카 인들이 세계 최대의 치명적 질병 보균자라는 구실 아래(1900년 격리 정책 포고령의 경우처럼), 서양의 행정가들은 체계적으로 토착 무역상들의 서구식 사업을 파탄시키면서 이를 대체하고자 사업을 레바논 인과 시리아 인, 그 밖의 중동 인들에게로 이전시켰다. 또한 아프리카 인들이 영원히 10세 정도의 정신 연령을 지녔다고 확신하여, 영국의 식민지 당국자들은 그들에게 유용한 과학 기술을 제공하게 될 산업 설비 구축에 주저했다. 크리스천 선교사들은 장기간에 걸쳐 더욱더 황폐화시키는 쪽으로 영향력을 발휘하면서, 아프리카 인들에게 그들의 역사적 문화 속의 모든 것이 무가치하며, '민족 국가'의 개념을 비롯한 유럽인들이 제공하는 모든 것은 좋다고 설득했다.[209]

그러다 유럽이 민족주의적 세계 대전으로 갈갈이 찢겨진 이후인 1920년이 되어서야, 새로운 진실이 마침내 눈앞에 드러났다. 이는 수많은 식민지 백성들이 고향 땅에서 죽거나 병에 걸리고 있는데, 그들 중 다수가 말라리아 희생자로 이런 상황은 영구적일 가능성이 높았던 현실이었다. 서아프리카의 말라리아가 수행한 역할에 힘을 보탠 것은 유럽인들 내부에 만연한 사고방식이었다. 한 의료 공무원의 말이다.

유럽 거주민들 일부 사이에서 말라리아를 예방하는 약으로서 염산키니네의 가치를 과소평가하는 경향이 늘고 있는 듯하다. 그들은 기억 상실, 신경염, 소화불량, 흑수열과 같은 특정 질병들과 일반적인 나쁜 건강이 키니네 사용 탓이라는 생각에 물들게 되었다. 이런 생각은 어느 정도 영국 의료인들 일부가 조장한 것이었다……[210]

그리하여 쿠바의 W. H. 호프만이 출석한 가운데 열대 의학에 관한 카이로 회의가 개최되었던 1928년 무렵, 살기 편한 장소를 찾고 있던 둔감한 백인들조차 유럽 본국과 미국에서 급속하게 조장되고 있던 질병 환경과 비교해 서아프리카가 단연 건강에 해롭다는 사실을 수용하게 되었다. 그리하여 호프만이 "서아프리카에서 전염병으로 인한 과도한 사망률로 인해 모든 이민자들이 떠날 수밖에 없게 되었으며, 어떠한 식민지화도 불가능하게 되고 있다."고 선언할 수밖에 없었던 상황이 조성되었다.[211] 이런 정착민이 없는 서아프리카의 상황은 알제리, 케냐의 고원 지대, 로디지아, 남아프리카 같은 정착민이 지배적인 지역과 뚜렷이 대조되었다.[212]

독립 시기인 1960년, 나이지리아에 영구 정착한 백인 수는 극소수로, 1,000명당 1명도 채 되지 않았다. 이후 반세기가 지나면서 아무리 온갖 문제가 있었어도, 나이지리아 지역은 '적어도' 자국 국민을 수많은 외국 이민자들로 대거 교체하는 상황에 직면할 필요까지는 없었다. 그럼에도 잘 알려져 있듯이, 최근 들어 나이지리아는 거대 다국적 기업들이 강요한 온갖 형태의 '개발'에 휘둘려 왔다. 이 얼굴 없는 기업들은 서아프리카인들을 자기들의 상주 요원이자 착취 현장의 경찰로 활용한다.

20세기 후반의 '개발'과 80년이나 90년 전에 기대되었던 개발 형태를 이어 주는 것은, 다름 아닌 다윈의 진화의 법칙을 따르는 피조물의 두 가지 범주다. 하나는 현대적 예방책에 면역이 생긴 말라리아 원충의 다양한 형태이다. 나머지 하나는 똑같이 면역성을 지닌 채 화학 약품 살포에도 살아남는 모기 숙주다. 오늘날 범汎서아프리카적 질병 환경 내의 주된 장본인으로서, 이런 생물은 저 끔찍한 현상이 최초로 벌어지게 만들었던 초기 식민주의적 '개발' 계획의 생생한 유산이다.

1905년에 쓴 글에서 베일러는 질문을 던졌다. "과연 (개발의) 취지가…… 충분하게 고려되었던가? 그렇지 않았던 건 아닐까 우려스럽다. 나로서는 개발로 인한 결과를 놓고 전혀 입장을 지닐 수가 없다고 말하지 않을 수 없다."[213] 1897년부터 헤아려 정복 100주년 되기 직전 해에 글을 쓰면서, 필자도 이런 정서를 공유하지 않을 수 없다.

끝맺는 말

: 전염병학상의 변화를 위하여

　지난 반세기 동안 우리는 생명을 위협하는 질병을 치료하고 예방하는
데서 효율성이 입증된 과학적인 의학이 의기양양하게 등장하는 모습을
지켜봐 왔다. 그러나 우리는 '또한' 특권층의 소수와 특권을 누리지 못하
는 다수에 대한 효율적 보건 서비스 간의 더욱 넓어지는 간극 역시 지켜
봐 왔다. 1995년의 분석에서 세계 보건 기구 사무총장은 대다수 세계인
들에게 닥치고 있는 "건강상의 위기를 극단적 가난의 탓"으로 돌렸다. 여
기에 네 가지 다른 죄악이 덧붙여질 수 있을 텐데 과잉 인구, 소비자 중심
주의/개발, 민족주의, 무지가 그것이다.[1] 이와 관련된 몇 가지 의미를 살
펴보도록 하자.

　무지는 두 가지 범주로 나뉘는데, 타고난 것과 외래적인 것이다. 고유
한 종류의 무지는 중세와 19세기에 위세를 떨쳤던 나병 구성개념이 지녔
던 지속적인 힘이 좋은 예가 된다. 이런 개념을 통해 여전히 육체적 이상
에 대해 가해지는 오명(한센병) 때문에 고통받는 환자들은 신경, 손가락,
발가락, 코의 영구적 상실을 예방하러 제때 진료소에 가서 자세한 진단
을 의뢰하기를 꺼린다. 다양한 이유로 나병에 관한 구성개념은 외부인들

에게서 광범위하게 계속 지지를 받고 있는 것이다.[2] 아프리카 인들은 황열병에 거의 걸리지 않는 편이라고 주장하는 구성개념 역시 마찬가지다. 미국과 영국에서 백색 인종주의가 강력할 때, 매체와 대학 역사학과에 근무하는 교육받은 사람들이 이런 유해한 구성개념을 시대에 뒤진 발상이라고 박물관에 옮겨 놓으리라 기대하는 것은 아마 비현실적이리라.[3]

현행 세계 보건 상황의 복잡성을 자세히 살필 경우, "전염병학의 변화"라는 용어를 지어 낸 카이로 시민 전염병학자 압델 옴란Abdel Omran은 유용한 출발점을 제공한다. 옴란은 구식의 "페스트과 기아의 시대"를 "퇴행성 질병 및 인간으로 인해 생겨난 질병"과 대비시켰는데, 후자의 경우 연례 사망률이 1,000명당 20명보다 훨씬 적었다.[4] 이로부터 계속해서 1960년과 1994년 사이 경제적으로 발전된 세계의 북부 지역에서, 탄생 시 수명 기대치가 60대 중반에서 70대 중반으로, 그리고 70대 후반으로 높아졌다. 다른 곳, 즉 (대부분이 사하라 사막 남쪽 아프리카에 소재한) 전 세계에서 가장 가난한 30개국을 제외한 모든 나라에서 평균 수명 기대치는 대략 46세에서 63세로 높아졌다.[5]

의료 전문가들 사이에서, '의료 전문 기술'이 인간의 수명을 늘린다는 격찬을 받을 자격이 있다고 말하는 사람들과, (영국에 관해 글을 쓰면서) 생활수준 향상이 늘어난 수명의 실질적 요인이라고 주장하는 토마스 맥퀸Thomas McKeown과 같은 격렬한 반대자들 사이에서, 명예가 앞서거니 뒤서거니 했다.[6] 둘 사이 어딘가에 자리한 '공중위생상의' 입장뿐만 아니라, 두 쪽 모두를 옹호하는 입장도 존재한다.[7] 1977년에 지구상에서 천연두를 일소시켰던 WHO 캠페인이 의학과 인류의 승리라는 점을 의심할 사람은 아무도 없다. 그럼에도 저쪽 바이러스 세계에서는 자리를 비웠던 생태적 지위가 이내 다시 채워진다. 오늘날 유아 사망의 주요한 원인인 천연두로부터 해방된 한 남쪽 지역에서 말라리아, 설사병, 급성 호흡기 전염병이 유아 사망의 주범으로서 천연두의 빈자리를 채우려고 한다.[8]

그러나 엄청난 사망률에도 불구하고 전 세계 인구는 소름끼칠 정도로 증가하고 있다.[9] 1750년에 지구는 7억 2천만 명을 수용했다. (옴란의 전염병상의 변화가 북반구에서 나타나기 시작하고 있던) 1900년 무렵, 세계 인구는 16억에 이르렀고, 1950년 무렵엔 25억으로 상승했다. 단지 36년 만에 2배로 되면서, 1986년 무렵 인구는 50억으로 증가했다. WHO 수치에 따르면 1995년의 세계 인구는 57억에 이르렀다. 이런 전례 없는 인구 증가의 추동력 가운데 일부는 천연두의 박멸과 의료 개입 탓이었다. 그러나 다른 인과적 요인 역시 고려되어야만 한다.

지역적 특성을 지닌 사회의 인구학적 역사를 공들여 재구축함으로써, 학자들은 옛 시절 인간이 지닌 재생산 전략의 풍부한 다양성을 밝혀내기 시작했다. 인간 대 토지 비율에 대한 각 지역 집단의 감각, 장기 생존에 대한 대가족의 헌신, 자기 신체를 통제할 여성들의 권리 및 그 밖의 변수들에 좌우되면서, 부적절한 후손의 생산을 가로막기 위해 항상성 규제가 이루어지게 된다. 이런 규제에 속하는 것에는 만혼, 강요된 독신, 낙태약, 낙태, 유아 살해 등이 있었다.[10] 마이클 왈저Michael Walzer의 "도덕적 유형"의 범주(1994년)를 감안해 우리는 이런 기법이 지역적 "특성을 짙게 풍기는 문화" 속에서 필수적이고 "도덕적으로 용인되는" 요소였다고 주장할 수 있다.[11]

과잉 인구라는 현대의 위기는 지구 남반부와 관련되고, 적절성에 대한 변화하는 부모의 감각과 관련되는 만큼이나, 지역주의 붕괴 및 국가 주권주의 출현과도 연관된다. 이 두 가지 현상 모두는, 필자가 이야기를 나누었던 일부 서양 '개발' 전문가들이 주장하듯 토착민 스스로의 "동물과 흡사한 성향"에서 출현했다기보다는 유럽의 식민주의로 인해 촉발되었다. 잘 알려진 사실로부터 좀 덜 친숙한 사실로 시야를 돌릴 때, 우리는 본격적으로 다음과 같은 관찰을 개시할 수 있다. 즉 식민주의를 낳았던 유럽의 식민 모국들 내에서 18세기 계몽주의의 임무란, '보편적' 교회가 일찍이 독점했던 지성화시키는 제반 활동을 '세속적으로' 통제하는 것이었다는 관찰이다. 그 결함이 무엇이든, 이런 보편적 교회는 적어도 자신의 가치가 이웃 이슬람 세계에서는 유효하지 않음을 인식했다. 영국령 인도와 뒤이어 제국의 지배를 받았던 아프리카와 태평양 상의 섬들에 적용하기 위해 제때에 '지역적' 보편주의로부터 '범세계적' 보편주의로 전환하면서 등장했던 것은, '모든' 인류가 가장 후진적인 유형으로부터 가장 온전한 유형으로 뻗어 있는 연속체의 일부라는 확신이었다. 이런 사상을 지닌 이들은 유럽만이 문명을 대표하며, 그 밖의 모든 갖가지 문화는 실제 결코 온전하게 문명화된 조건을 성취할 수 없을 원시적 형태라고 주장했다. 이런 전형적인 편협한 사상에 수반되었던 결함 있는 관념도 있었다. 즉 오직 단 하나의 '인간 본성'이 존재하며, 그 본성은 가장 세련되고 당연히 유럽적인 형태를 띠면서 미신과 관습이라는 장벽을 극복하는 자유로운 이성에 좌우된다는 관념이었다.

이런 사상을 1960년을 전후로 한 제국화된 세계와 관련시킬 때, (크로머 경Lord Cromer 자신뿐만 아니라 백색 피부를 지닌 그의 하인과 전령 같은 이들을 포함하는) 식민주의자들과 식민화된 사람들 사이에는 진정한 의미에서 결코 식민지적 분리가 존재하지 않았다는 사실을 깨닫는 게 중요하다. 오히려 정복한 지 한 세대도 지나지 않아 자기 가족이 성공으로 향하는 길은 유럽적 방식을 학습하고 모방함을 통해서라고 인식했던 지역 협력자들이 출현했다. 이미 계몽주의적 '진리'에 자극을 받은 19세기 말엽의 국가 개념 재구축을 통해, 훨씬 더 변화가 진전되었다. 헤겔이 규명한 "역사의 논리"라 여겼던 것에 입각해, 아프리카의 제국주의자들은 수백 개나 되는 다양한 종족 집단이 소유한, 한때는 분리되어 있던 영토를 통합시켜 거대한 식민지나 원시적 국가를 설립했다. '나이지리아' 같은 원시적 국가의 중추 신경으로서의 기능을 했던 건 해당 지역에서 충원된 하급 사무원들이 일하는, 작지만 고도로 권위주의적인 유럽의 관료제였다.

(인도의 경우는 아프리카보다 한 세기 이상 앞섰던) 초기 식민주의적 배경 속에서 토착 지배 엘리트가 부상했다. '식민지 지배자들'이 (태초 이래 변

화되지 않았다는) '전통적' 문화로 이름 지었던 것에 정통한 부상하는 엘리트층들은, 식민주의 반대에 헌신하는 비밀스런 단체와 정당을 설립했다. 그러나 서양 세계에 노출되어 있었으므로, 이들 민족주의자들은 자신의 아들들이 서양식 학교에서 교육받도록 신경 썼다. 그 아들들이 유럽에서 공부할 경우, 유럽 대학에서 몇 년간 체류하는 경우가 다반사였을 것이다. 이런 학교 당국자들은 이들에게 아무리 애써 봐야 유럽인들 바깥에 존재한다는 강박을 심어 주었다.

하지만 이보다 더 많은 비극의 내용이 존재한다. 도덕과 예의가 관련되는 인간의 행위 영역에는 대체로 유럽 지성인들이 생각하고 있었던 것과, 식민지하에 살면서 교육받은 토착 지배층 아들들의 마음속에 형성된 복합적 생각 간에는 상당한 시간의 지체가 존재하는 법이었다. 이런 지체가 지니는 의미는, (독립 시기에) 국가의 통제권을 건네받을 때 이 아들들은 식민지 지배자들이 가장 융통성 없고 오만했던 1920년대와 1930년대 기준을 자기들의 행동 지침으로 받아들일 경우가 많다는 것이었다.[12]

민족주의자들이 (어떠한 반대도 견디지 못하는 단일한 통치 엘리트의 이념과) 식민지 국가의 이념을 수용한 것은, 독립 이후 인구 증가에 대한 항상성 규제가 붕괴된 것과 직접적으로 관련되었다. 첫 번째 사례로 지도력이 (편협한 지역적 관심사를 지닌) 지역 사회를 벗어나 번성하는 새로운 영역을 후원하는 주요 도시로 옮겨갔다. 제 발로 투표를 해 보았던 대부분의 새로운 엘리트층들은 자신들이 떠났던 시골의 무지한 사람들을 경멸했다. 이런 나쁜 감정을 주고받으며, 대부분의 지역민들은 중앙 정부가 거대한 기만의 무리들이며, 가족의 생존을 위해 믿을 사람은 자신뿐이라는 확신을 갖게 되었다.

가족에 관한 그들의 생각을 새로운 현실에 맞추면서, 시골 사람들은 자기들에게 음식과 주거를 계속 제공해 줄 둘이나 그 이상의 살아남는 아들이 있을 경우에만 노년 들어 개인적 안정이 보장될 수 있으리라 판단했다. 유아기와 청년기에 사망할 위험성을 고려해, 부모들은 서너 세대 뒤로 가기만 해도 그들 '자신의' 조상들이라면 적절하리라 여겼을 수보다 더 많은 자녀를 철저히 자기들 감각에 따라 낳았다. 이렇게 해서 급격히 증가하던 인구로부터, 1993년 단 한 해 동안 세계의 남반구에 사는 5살 이하의 1,220만 명의 아이들이 사망했다.[13]

상호 관련된 많은 요인들로 인해 죽어 갔던 이 아이들이, 제때 의료 혜택을 누릴 수 없었다는 사실이 밝혀졌다. 불행히도 이런 요인들 가운데 하나는 남부에서 경력을 의식한 의사들이 고집했던 사상이 로버트 코흐의 것이었다는 점이다. (의심할 바 없이 코흐 자신에게 낯선) 이러한 제자 의식으로부터 등장했던 것은, '합당한' 의사라면 골수 이식이나 심장 수술과 같은 과학적으로 특별한 분야의 전문가가 되어야 한다는 일련의 생각이었다. 이를 규범으로 받아들이면서, 의학적으로 훈련된 많은 이들이 최신식 수술실과 실험실을 갖춘 대도시 병원에서 진료했다. 고위층 클럽은 이런 병원에서 그다지 멀리 떨어져 있지 않았다. 바로 길 아래쪽으로 유럽과 북아메리카 대도시로 주마다 운행되는 비행기가 있었다. 반면에, 시골 지역에는 현대적 의료 시설이 극히 부족한 상태에 처해 있었다.[14]

라틴 아메리카에 이와 아주 유사한 상황이 도래했다. 이곳에서 역사적 선도자들은 고르가스 대장과 시오도어 루스벨트였다. 이들은 아바나와 파나마 운하 지역으로부터 북아메리카의 이해관계를 위협했던 황열병과 말라리아를 제거했던, 세기 전환기의 실제보다 과장된 영웅들이었다. 그리하여 서유럽 민족 국가들이 아메리카 대륙의 자기네 사촌들한테 구조될 수밖에 없었던 제1차 세계 대전의 결과로서, (미국의) 록펠러 재단은 해외 보건 캠페인에 재원과 지침을 제공하기 시작했다. 스탠다드 석유 회사의 정당하게 축적한 부에 기반을 둔, 재단은 이미 일꾼들의 능률을 향상시킨다는 천명된 목표 아래 미합중국 남부 여러 주들에서 대규모 십이지장충 박멸 캠페인을 실시한 적이 있었다.[15]

아르만도 솔로르자노Armando Solórzano의 연구 「신제국주의 씨앗 뿌리기:멕시코에서 록펠러 재단의 황열병 캠페인」과 마르코스 쿠에토Marcos

Cueto의 연구 「'위로부터의 공중위생':1912~1922년 동안 페루에서의 황열병과 외국의 간섭」은 거대한 라틴 아메리카로부터 질병을 없애고, 그와 동시에 의학의 집중화를 조장했던 코흐에게서 영감을 받은 미국 의사들의 역할을 탐구한다.[16] 솔로르자노는 다음과 같이 말했다.

> 록펠러 재단이 제시한 해결책은 질병의 사회적·경제적 기원을 무시하는 '과학적 의학'에 기반을 두었다. 멕시코 인들은 자기들의 황폐해진 보건 환경에 대한 해결책으로 예방 접종, 실험실, 제도 의학에 의존하기 시작했다.[17]

1966년, 케냐 시골의 보건상 필요에 대한 지식에 기초한 글에서, 영국의 모리스 킹Maurice King은 자신이 "의학적 초벌 칠 재료"라 불렀던 것을 고안했다. 대부분의 케냐 인들이 의존하던 '전통적' 시술자들에 공감하지 않았으므로, 킹은 서구식 '의료화'의 바람직스러움을 수용했다. 이런 정통적 입장에서 출발했지만, 그러나 그는 계속해서 혁명적 제안을 했다. 즉 앞으로 나아갈 길은 첨단 과학적 경력이라는 이상을 잊어버리고, 그 대신에 (국외로 추방된 사람이거나 아프리카 인인) 지역에 기반을 둔 의사와 서구에서 훈련받은 반半숙련 조수들 간에 잠정 협정을 체결해야 한다는 제안이었다.

모리스 킹은 다음과 같이 주장했다. "개발도상 국가에서 의료 활동은 선진국과 사뭇 다르며, 질병의 주된 결정 요인은 따뜻한 기후보다는 가난이다." 그는 또한 "보통 사람에게 의료 서비스를 제공하는 일은 아주 가치 있는 일이며, 의학은 여전히 진정한 의미에서 동정과 자비심의 주요한 수단"이라고 주장하기도 했다.[18] 구식 도덕주의와 독립 후 낙관주의가 찬탄할 정도로 잘 혼합되어 있어서, 킹의 목소리는 광야에서 외치는 사자후였다. 중국에서 벌어진 일련의 사건이 없었더라면, 전 세계에서 기회를 엿보고 있는 '개발' 업자들은 이런 점을 완전히 무시했을지도

모를 일이었다.

1949년 경계선 안에 전 인류의 4분의 1을 지닌 채, 중국은 공산당 지도부의 통제를 받았다. 공산당은 자기들의 영토가 다시금 청나라 시절 지배 엘리트들이 말했던, 문명화된 세계를 전하는 문화적 스승이 되고자 굳게 결심했다. 권력을 잡게 된 지 몇 년이 채 지나지 않아, 공산주의자들은 페스트, 콜레라, 천연두, 매독을 거의 사라지게 만듦으로써 중국인들이 "아시아에서 가장 병든 사람들"이라는 평판에서 벗어나게 만들었다. 이런 (눈에 띄는) 성과는 통치자들이 서양 의학에서 수준 낮은 기법 가운데 최상으로 간주했던 것을, 보통 사람들의 의학적 지혜와 결합시킴으로써 가능했다. 마을마다 깨끗한 물, 하수 처리와 보건 위생 설비를 제공하는 대대적인 캠페인을 벌이며, 시골 사람들에게 기초적인 개인 위생에 관해 가르치는 선전 활동을 결합시켰다. 이 모든 것이 훌륭한 성과를 거두었던 것이다. 1950년대 말엽, 열정적인 중국 관측자들은 "맨발의 의사들"에 의해 실행되고 있는 놀라울 정도로 효율적인 성과에 대해 서구 쪽에다 대고 자랑을 늘어놓았다.[19]

새롭게 만들어진 천상의 왕국에서 실제로 일어난 많은 일들이 여전히 불투명했지만, 몇 가지 성과가 '이루어졌음'은 의심할 여지가 없었다. 생후 평균 수명 기대치가 아마도 35세 정도였던 1949년부터 시작해, 1957년 무렵 수명 기대치는 (괄목할 정도인) 57세로 높아졌고, 1990년 무렵에 대략 70세로 상승하였다. 이런 수치는 오늘날 압델 옴란 박사의 이집트에서 발견되는 출생 시 수명 기대치가 단지 60.3세밖에 안 되는 것과는 좋은 대조를 이룬다.

중국에서 낮은 수준의 의료 기법으로 거둔 성공이 서구의 최고 지도자들 눈에 띄지 않고 넘어갈 리가 없었다. 도처의 특혜를 누리지 못하는 이들이 아시아의 공산주의 괴물을 자기들의 길잡이로 여기리란 점에 경악해, 서방 지도자들은 자기네가 질병에 맞서는 십자군으로서 중국인들을 능가하는 모습으로 '비쳐져야' 한다는 점을 인식했다. 이런 정신으로

1965년에 미국 대통령 린든 존슨은 지구상에서 말라리아와 황열병, 콜레라를 박멸하는 높은 수준의 의학 기법을 활용하는 캠페인을 시작했다. 미국 제약 회사와 연구 실험실들은 이런 정치적 수완을 칭송했다.[20] 그러나 제3세계 민족 성원들 가운데 상당수가 이론상으로 코흐의 과학이 다스릴 수 있다던 전염병들로 인해 10년간 계속해서 사망했다.

1978년 소련의 알마아타에서 회동한 세계 보건 기구 인사들은 이런 상황을 숙고할 때가 되었다는 데 의견이 일치했다. 그들은 충격적인 선언을 통해 고급 기법의 의학으로부터 1차 의료PHC쪽으로 강조점을 바꾸도록 요청했다. 1979년, WHO는 공식적으로 이 정책을 승인했으며, 2000년까지 '만인을 위한 건강'을 요구했다.[21] WHO 수뇌부가 대체로 코흐의 패러다임을 따르는 의사들로 이루어졌으므로, 이는 상당한 방향 전환을 의미했다. 일꾼들 가운데는 저 깊은 마음속에서 온전하지 않은 정도로 밖에는 새로운 이상에 헌신하지 못했던 이들도 있었으리라.[22] 그럼에도 불구하고 일부 개별 국가들은 PHC 프로그램에서 두각을 나타내면서 자국민의 출생 시 수명 기대치가 60대로 연장되는, 압델 옴란 박사의 '전염병학상의 변화' 제2국면이나 제3국면으로 진입할 수 있었다.

본질적으로 1차 의료는 질병의 '예방'에 관심을 두었는데, 오직 재원이 허용할 경우에만 실제 치유에 관심을 두었다. PHC에 최우선 순위를 두었던 낮은 국민 총생산 규모를 지닌 나라나 주들의 사례로 빈번하게 인용되었던 것은 중국, 쿠바, 코스타리카, 스리랑카, (인도의) 케랄라 주였다. 자유 진영의 감각으로 볼 때, 이들 나라나 주 가운데 두 군데가 사회적 최하류 국가들이었으니, 공산주의 중국과 공산주의 쿠바(1990년에 수명 기대치가 75.4세였고 주민의 94퍼센트가 글자를 읽고 쓸 줄 알았음)가 이에 해당되었다. 그 밖의 가난하지만 비교적 건강한 두 나라는 남아시아 중부에 소재한 (과거의 실론인) 스리랑카와 케랄라 주였다. 케랄라 주는 봄베이 남쪽에 위치한 그리스도교와 비폭력적 마르크스주의가 기묘하게 혼재된 이문화 집단거주지였다. 이곳과 스리랑카 두 곳 모두에서 지역민들은 오랫동안 자기들의 건강에 대해 염려해 왔는데, 이들은 아유르베다적 의학 시술자들의 정기적인 고객이었다. 이 전통은 영국 점령하에서도 살아남았고, 1970년 이후 이 전통을 통해 시골 사람들은 PHC 프로그램 요원들과 편안하게 협력하도록 격려 받았다.[23]

그러나 예방 접종과 백신 접종에 부과되어야 할 역할에 관한 PHC의 입장은 출신 나라, 사회 계층, 관계된 일꾼들의 이념적 헌신도에 따라 상호 모순적인 상태였다. 실질적 현실 여건을 감안하건대, 이를테면 필요한 대부분의 재료는 서방으로부터 수입되는 상태였다. 그리하여 PHC 일꾼들 가운데는 서방 수입품에 의존하게 만드는 어떤 프로그램이든지, '개발'의 자기 본위적 요원들을 숨겨 놓은 트로이의 목마가 아니냐고 공공연하게 의혹을 제기하는 이들도 있었다.

미국과 유럽에서 제약 회사들은 정부의 규제 아래 적정한 이윤을 얻도록 허용된다면, 백신에 관한 필수적이고, 새로우며, 최고 수준의 연구를 기꺼이 실행하겠다고 천명했다. 외견상 사심 없는 노력 속에서 회사들을 고무시킨 것은 세계 보건 기구의 백신과 면역을 위한 범세계 프로그램을 운영하는 관록 있는 관료들이었는데, 그들 대부분은 의학적으로 코흐의 전통으로 훈련받은 터였다. 이렇게 동기가 유발되자, 제약 회사들은 홍역, 소아마비, 파상풍, 디프테리아에 맞서는 효과적인 백신을 개발했다. 이 백신은 전 세계적으로 놀라운 효능을 발휘했다. 그러나 범세계적이기보다는 대체로 지역적인(남반구에 해당하는) 질병 위협의 경우에 연구 재원은 빈약한 상태였다. 전반적으로 말해서, 여전히 제3세계를 위협하고 있는 열대성 질병에 사용되었던 재원은 가용 재원 가운데 3퍼센트가 채 안되었다. 이에 대해 의문이 제기되자, 스위스의 제약 회사 시바게이지의 전직 본부장은 연구 기금이 낮은 이유는, 대부분의 제3세계 환자들이 너무 가난해서 관련 있는 약품 시장에서 "관심을 유발할" 수 없기 때문이라는 점을 인정했다.[24]

과거 식민지 세계가 겪은 비극 중 하나는, 대부분의 새롭게 독립한 민족 국가들에서 '군부 인사들'이 정부의 수장이 되었거나 민주적으로 선출된 꼭두각시의 왕좌 배후에서 실권자가 되었다는 사실이었다. 영국 육군 사관학교인 샌드허스트나 포트베닝 미 육군 기지에서 공부하는 동안, 서구에서 생산된 값비싼 무기의 대량 파괴적 잠재력을 제대로 평가할 수 있게 훈련받은 터라, 일단 권좌에 오르면 이들 혈기 왕성한 군인들은 제트 비행기, 잠수함, 대인 지뢰, 폭동 진압 장비, 그리고 위험인물로 인지된 죄수를 고문하는 데 필요한 정교한 장비를 열심히 구입했다. 미국이 선두이고(매년 1,450억 달러) 영국(450억 달러)과 프랑스(400억 달러)가 뒤를 잇는 서방의 무기 제조업자들로서는, '우호적인' 제3세계 나라들에 '외상' 판매를 정당화시키기 위해 냉전(이어 국지적인 소규모 숲속 전쟁)이라는 수사학을 활용했다. 그들로서는 이를 통해 엄청난 이윤을 창출할 수 있었다.[25]

중간 수수료와 가격차를 통해 이는 또한 장비 수령 국가의 중개 알선 인사에게도 엄청나게 이득이 되었다. 그러나 수령국 정부의 재무부 상황은 사뭇 달랐다. (포르투갈 무역상들에 직면한 16세기 아프리카 해안 추장들의 궤적을 따라) '외상으로' 무기를 받아들임으로써 야기된 빚에 과중하게 시달리느라, 제3세계 나라들은 외국 채무자들에게 빚을 갚을 수 있도록 세계은행과 국제 통화 기금에 단기 융자를 간청해야만 했다. 일례로, 아프리카에서 인구로 볼 때 독보적인 대국인 나이지리아의 경우, 1990년 국가 채무가 국민 총생산의 111퍼센트에 달했다.[26]

1980년대 중반 세계적 경기 불황으로 말미암아, IMF와 세계은행을 운영했던 은행 카르텔은 고객 국가들이 해외 채권자들에게 채무를 갚으려고 더 많은 대출을 받고자 하기 이전에, 그들 경제에 자유 시장식 구조 조정을 도입해야 한다고 요구했다. (언제나 전체론적 접근이 아니고 인본주의적 접근도 아닌) 시카고 학파와 텍사스 경제학을 활용해, IMF와 세계은행은 공공 서비스를 이용하는 어떤 지역사회든지 돈을 지불해야만 한다고 주장했다. 이는 (전통 의학과 서양 의학의 상호 보완을 강조했던 알마아타 선언에 따라) 어렵사리 가동되게 만들었던 1차 의료 프로그램 기금이 거의 고갈되어 버렸음을 의미했다. 인구가 15퍼센트 늘어났던 1983~1990년 동안의 부르키나파소에서 보건 예산이 26퍼센트 삭감되었던 것은 그 전형적 사례였다.[27]

구조 조정 프로그램SAP으로 인해 교육 기금 역시 삭감되었다. 이는 과잉 인구라는 쟁점과 직접적으로 관련되었다. 이론 수준에서 제3세계 부모들은 (진작 낳았더라면 좋았을) 갓난아기와 어린이들이 만일 살아남아 성인으로 자란다면, 임신과 출산 고통을 덜 겪으리란 점이 오랫동안 제기되어 왔다. 1994년 카이로 인구 회담에서 여성 교육이 이 문제 해결에 미칠 수 있을 엄청난 영향력에 관한 여러 발표가 있었다. 1차적 수준에서 개인 위생과 유아 위생에 관해 교육을 받았던 여성이 아기를 더 적게 갖고, 더 건강한 아기를 낳는다는 사실이 밝혀졌다. 교육을 통해 젊은 여성들이 자기 자신의 삶에 대해 더 많은 힘과 통제력을 갖게 되는 능력, 즉 여성들이 서구적 목표로 언급된, 전 세계 민주화를 위한 필수적 선결 조건이라 할 능력을 갖게 된다는 점 역시 밝혀졌다.[28]

지역 학교와 1차 의료 시설들을 사실상 폐쇄시킴으로써 구조조정 프로그램은 초보적 수준의 인본주의적이고 민주적인 원칙과 직접적으로 모순되었던 듯이 보였을지 모른다. 그러나 조지 오웰의 소설 『1984년』에 나오는 "무지가 힘이다."라는 정당의 구호와 일치되게, 서방의 보건 경제학자들은 늘어나는 사망률과 급속히 악화되는 삶의 질 간의 연관성을 명확하게 드러내는 확고한 전염병학적 자료가 존재한다는 점을 부인했다.[29] 크리스토퍼 라쉬Christopher Lasch가 우리에게 다국적 엘리트들의 민주주의 배신에 관해 말했던 점을 감안할 경우, 이는 그다지 놀랄 일이 아니다.[30]

다른 방향에서 라쉬가 엘리트의 배신이라 불렀던 것의 또 다른 사례는 1970년 이후 제3세계 어머니들에게 아기한테 미국제 제품을 먹이도록 설득하려는, 쉽지 않고 삼킬 수 있는 미국의 유아용 유동식 산업체의 시도였다. (모유를 먹이는 동물 같은 경험을 하느니) 아이한테 유동식을 먹이는 게 지혜롭고 현대적이라고 주장하는 광고 캠페인으로, 유동식 우유 판매가 급증했고 회사 주주들의 만족도 덩달아 커졌다. 미국 회사들은 세계 보건 총회 회의석상에서 자유 기업적 입장을 옹호했다. 이어지는 투표에서 미국 이외 대부분의 나라들은 유아용 유동식에 반대하는 조치에 압도적인 찬성투표를 했다. 이렇게 함으로써 각 나라들은 WHO에 대한 미국의 기금을 상실할 위험에 처했다. 유동식 우유를 선전하는 광고판들은 여전히 카이로 거리에서 흔하게 볼 수 있다.[31]

또한 한때 서구의 도덕적 가치였던 "살인하지 말라."는 말에 도전했던 것은 제3세계에서 담배 제품을 팔아 치우기 위해 계속되고 있는, 고도로 성공적인 미국과 영국 회사들의 캠페인이다. 1970년대에 과학적 의구심의 그늘을 넘어서서 폐암의 '직접적인' 원인이며 심각한 심장 질환의 '원인을 제공하는' 요인임이 입증되었음에도 불구하고, 흡연은 제3세계 광고에서 성욕을 증대시키는 세련되고 현대적이며 확실한 방법이라 일컬어진다.[32] 대체로 도덕적 개혁 운동에 빠지지 않으면서 죽을 수밖에 없는 운명에 관한 학구적인 책에서, 알렉스 머서Alex Mercer는 이렇게 말한다.

> 담배 산업만큼 대규모로 사람들을 살해한 산업은 없으며, 일꾼이나 소비자들의 건강이 위협받을 때 활동이 억제되는 여타 산업과는 달리, 이 산업은 사람들더러 자기 제품을 소비하도록 설득하는 노력을 증대시킬 수 있게 실제 허락을 받아 왔다는 주장이 제기되었다. 역사적으로 볼 때, 극소수를 위한 재정상 이점이 인간의 건강보다 우위에 놓이는 경우가 많았다…… 이것이 사회적 살인이나 사회적 과실 치사에 해당하든 그렇지 않든, 법률적으로 약간이라도 쟁점이 된다면, 기득권이 없는 사람들이 제공하는 관련 있는 과학적 증거가 고려되어야 할 것이다.[33]

우리는 최근까지 개발도상국에서 펼쳐지고 있고 실제로 (1996년 이래로 러시아 남성들을 제외하고) 선진국들에서 완료된 전염병학적 변화를 다룬 논의와 더불어 이 '후기'를 시작했다. 남반구에서 인구 안정화로의 변화를 지체시키는 것으로 간주되는 요인에 서구인들이 초조해하는 한 가지 이유는, 자기들의 조상 역시 인구폭발을 겪었음을 망각했기 때문일 수 있다. 이를 테면 1991년 5,000만 명의 영국 인구는 1520년의 200만 명밖에 되지 않는 기반에서 출현했던 것이다. 또한 건망증으로 인해 서구인들은 1인당 기준으로 각 서구인이 남반구의 일반 거주민보다 훨씬 더 많은 세계의 재생 불가능 에너지를 소비한다는 점을 간과해 버린다.

1991년, 영국의 세계 에너지 소비 점유율은 (대체로 중동산 석유의 관점에서 측정될 경우) 단지 2.5퍼센트에 머물렀다.[34] 그러나 미합중국의 사정은 좀 달랐다. (1990년에) 2억 6,325만 명으로 세계 인구의 6퍼센트가 좀 못 되는 상태에서, 미국은 보수적으로 평가할 경우에 세계 에너지 생산량의 23.6퍼센트를 소비했다. 그러나 사기업과 민주적으로 선출된 주의 수장들은 16세 이상의 보통 시민에게 자동차를 이용할 권리가 있다고 주장했으므로, 이러한 미국으로서는 언급된 권리가 훼손되지 않도록 고안된 (중동, 아프가니스탄, 멕시코에서의) 대외 정책을 유지하지 않을 수 없다고 느꼈다. 이 정책은 대단히 (비극적으로) 성공적이었다. 1996년 9월, 오지브웨이 이웃들을 방문하러 북쪽으로 운전하다가, 필자는 (1.29달러인) 중서부 미국 주유소 휘발유 가격이 1973년의 중동 석유 위기 직후와 (달러의 견지에서) 거의 똑같은 상태임을 발견했다. 인플레이션을 감안할 경우, 실제 가격은 훨씬 떨어진 셈이었다.

1980년대 초반까지 (보호 구역에 사는 아메리카 원주민들 이외의) 온갖 계층과 신조를 지닌 미국인들은 스스로 역사상 가장 진보적이라 여겼다. 이런 믿음 속에서 그들을 강화시켰던 것은 (미국에서 태어났거나 탁월한 유럽 센터에서 영입한) 자기네 의사들이, 이내 모든 전염병을 박멸할 것이므로 박멸은 오직 시간문제일 뿐이라는 확신이었다. 그러다 1981년, 표본이 되는 성년 미국인에게 면역성이 없는 새로운 전염병이 미 대륙을 휩쓸고 있다고 보도되었다. '후천성 면역 결핍증AIDS'이었다. 이는 나중에 '인간 면역 결핍 바이러스HIV'에 감염된 사람들의 끝에서 두 번째 건강 상태로 이해되었다. 1992년 WHO는 바로 직전 10년 동안 전 세계 사망자 수치가 150만 명이며 1,100만 명에 이르는 사람들이 HIV 양성 반응을 보였다고 추산했다. 그러나 1996년 무렵, 이 추정치는 1,400~1,500만 명으로 늘어났다. 2000년 무렵이면 HIV 감염자가 필시 대략 2,000만 명 정도는 되리라는 경고였다.[35]

HIV/AIDS 전염병이 지닌 다양한 측면들로 인해, 각종 매체들은 이 전염병을 총괄적으로 보도했다. 제일 먼저, 비록 수억 달러의 연구 자금이 투여되었지만 이 글을 쓰는 현재까지도 과학을 통해 예방 백신이나 치유책이 마련되지 못한 상태라는 점이 지적되었다. 이로 인해 과학자들은 무능한 허풍선이들로 위선적 행위를 하고 있다는 비난이 일었다. 이어 HIV는 (초창기의 강제적 노예 이주의 희생자와 수혜자인) 아프리카와 미국이라는 밀접하게 서로 얽힌 두 지역에 집중 분포해 있는 것 같다는 점 역시 지적되었다. 이 전염병이 (특히 이성애자 아프리카 인과 동성애자 유럽계 미국인들 사이에서) 심각한 건상상의 위협임을 부정하지 않았어도, 세계 보건 기구가 (1993년의 경우) 이 '단 하나의' 질병에 1년 예산의 거의 3분의 1을 지출함으로써 좀 한도를 넘어선 게 아니냐고 의문을 제기하는 이들이 있었다. 같은 해, 전 세계적으로 5세 이하 어린이 사망 가운데 HIV 관련 사망률은 전체의 0.6퍼센트에 불과했다.[36]

현재 매체의 커다란 관심을 받진 못해도, 이와 관련해 발생한 한 가지 질병은 복합 약제 치료MDT에 저항력이 있는 다양한 형태의 결핵이었다. 잘 알려져 있듯이, 현대 과학적 의학의 뛰어난 창시자 로버트 코흐는 1882년에 결핵균TB 인자를 발견했고, 이어 '투베르쿨린'이라 명명한 진단을 위한 시약을 우연히 알아냈다. 그러나 얼마 지나지 않아 코흐에 대항하는 과학자들은 코흐의 '투베르쿨린' 자체가 치명적이라는 사실을 감지했다. 1950년대의 복합 약제 치료의 발견으로 과학자들은 자신들의 연구가 마침내 코흐 와해를 극복하게 되었다고 믿게 되었다. 그러나 복합 약제 치료에 저항력이 있는 계통의 결핵균 출현으로 말미암아, 고통스럽고 절박한 온갖 비난성 쟁점이 다시 등장했다.[37]

약제에 저항력이 있는 TB는 아픈 데를 또 한 군데 건드렸다. 이 질병은 미국과 영국, 러시아 도시들의 허약해진 신빈곤층 사이에 퍼짐으로써, "페스트과 기아"로 점철된 옴란의 시대가 다시 도래할 수 있음을 입증해 보였다. 미국에서 많은 저소득층 거주 지역 TB 환자들은 베트남전에 참전했다가, 나중에 정상적인 민간인으로서의 일상생활로 복귀하는 게 불가능하다는 걸 깨달은 사회적 낙오자들이었다. 그 밖의 흔한 환자들은 저소득층 거주 지역의 거리에서 살도록(그리고 죽도록) 퇴원해 '지역사회의 보살핌'에 맡겨진, 과거에 정신 병원에서 지냈던 환자들이었다. 또 다른 환자들로는 연금이 의식주를 제공하는 데 미치지 못해 노숙자가 되었던 노인들이었다.[38] 1996년 가을, 미국 복지서비스의 사영화私營化로 말미암아 TB로 사망하는 노숙자 수는 기하급수적으로 확대되리라 예상된다.

의료 연구 과학자들을 겸손하게 만드는 또 다른 교훈을 준 질병은 말라리아였다. 일찍이 제시된 대로, 500년 전 '개발 정책'이 시작되기 이전에 말라리아가 열대 지역 전체에 걸친 질환이 되었던 적은 없었던 듯하다. 그러다 1970년대 들어서부터 과학자들은 인간을 감염시키는 말라리아 기생충과 모기 숙주를 제거하는 데 사용되는 첨단 기술 장비와 분무액으로 인해, (다윈이 있었다면 예측했을 식으로) 기생충과 숙주 둘 다 새로운 변종 유형의 진화가 촉진되고 있을지 모른다는 사실을 발견하곤 경악했다. 오늘날 보통 한 해에 100만 명 이상의 환자를 발생시키면서, 말라리아는 열대 지역 어린이들의 주된 사망 원인 중 하나다.[39]

대체로 지역 말라리아 환자들 가운데 속하지 '않았던' 이들은, 새로이 지은 높은 댐이나 숲 개간 사업을 위한 타당성 연구를 하러 현장에 나와 있던 개발 공무원과 자문단 동료들이었다. 주요 고객들을 실망시키지 않으려는 결연한 입장에서 서구의 연구 실험실들은 2주일 정도 타당성 연구가 진행되는 동안, 혹은 현지로 건너온 기술자들이 건설 작업을 감독하는 동안, 좀 더 오랫동안 해당 부지를 안전하게 만들어 줄 값비싼 예방약과 분무액을 만들어 내었다. 그런데 개발되지 않았던 것은, 가난한 토착 민족들이 말라리아로부터 그리고 대가족을 낳을 필요로부터 그들 자신과 자녀들을 구하기 위해 사용할 수 있을 장기간 효능 있는, 비용이 저렴한 좋은 치료 기법이었다.[40]

필자가 글을 쓰는 곳에서 보이는 나일 강 서쪽 강둑에, 오늘날 소형차와 버스들로부터 나오는 오염 물질에 위협받는 거대한 석회석 스핑크스가 아무런 동요 없이 허공을 (그리고 근처 피자헛 식당의 2층을) 언제까지고 응시하고 있다. 4,500년 전, 저 스핑크스가 최초로 주위 돌로부터 캐내졌을 때, 파라오 백성들 가운데 부유층의 평균 수명 기대치는 40세나 45세였다. 이는 젊은 영국 역사가이자 여행자인 알렉산더 킹레이크가 스핑크스를 보기 위해 말을 타고 이곳으로 왔던 1835년에, 영국 시골 지방에서 기대되었던 수명과 실제로 똑같았다.

오늘날 이집트의 압델 옴란이 정확하게 지적한 전염병학상의 변화 덕분에 이런 상황은 바뀌었다. 전 세계적으로 말해, 대체로 남반구에 살고 있는 수명이 짧은 사람들 사이에서 인구가 엄청나게 증대되었다. 이는 대체로 북반구에 사는, 수명이 긴 '소수의 사람들'의 재생 불가능한 자원 소비가 폭발적으로 늘어난 것에 대비될 수 있다. 세계에서 가장 오래된 성스러운 장소 앞에서 킹레이크의 발자취를 밟다 보면, 이 엄청난 불균형이 지속되도록 허용해야 하는지 의문이 생길 수 있다. 하지만 이런 의문에 스핑크스는 아무 대답이 없다.

주

들어가는 말

1) Alexander William Kinglake, Eothen (London, Longman, Green, 1940), 169, 173쪽.

2) Geoffrey Lean, "One Western Life is Worth 15 in the Third World, Says UN Report," Independent on Sunday, 23 July 1995. 잇따르는 글:"Green Economist Faces Picket," The Times Higher Education Supplement 24 November 1995, 3쪽. 스핑크스 앞에 서 있으면서 "그리하여 여전히 항상 깨어 있는 저 바위는 새로이 바쁘게 움직이는 종족들(이집트와 인도의 정복자들)이 벌이는 일을 언제나 주시하며 있으리라던"(Eothen, 198쪽) 킹레이크의 묵상 내용은 1896년에 이집트 개발 현장요원으로 '공공토목공사 국가차관인 W. B. 델타의 승인으로 인용되었다.R. H. Brown, History of the Nile Delta, introduction by W. E. Garstin (Cairo, National Printing Department, 1896), x.

3) Roy Porter, "The Patient's View:Doing Medical History from Below," Theory and Society XIV (1995), 175~198쪽;Anne Digby, Making a Medical Living (Cambridge, Cambridge University Press, 1994), 302~ 310쪽 ;Andrew Wear, "Interfaces:Perceptions of Health and Illness in Early Modern England" in Roy Porter and Andrew Wear, eds, Problems and Methods in the History of Medicine (London, Croom Helm, 1987), 230~256쪽;Dorothy Porter and Roy Porter, Patient's Progress:Doctors and Doctoring in 18th Century England (stanford, CA, Stanford University Press, 1989), 208~214쪽;Matthew Ramsey, Professional and Popular Medicine in France, 1770~1830 (Cambridge, Cambridge University Press, 1988);William Coleman, "Health and Hygiene in the Encyclopédie:A Medical Doctrine for the Bourgeoisie," Journal of the History of Medicine XXIX (1974), 399 ~421쪽;Nancy G. Siraisi, Medieval & Early Renaissance of Chicago Press, 1990), 120~123, 136~137쪽;David Gentilcore, "Contesting Illness in Early Modern Naples:Miracolati, Physicians and the Congregation of Rites," Past and Present CXLVLIII(1995), 115, 124~125쪽;Carlo M. Cipolla, Miasmas and Disease:Public Health and the Environment in the Pre-Industrial Age, trans. Elizabeth Potter (London, Yale University Press, 1992);Charles E. Rosenberg, "The Therapeutic Revolution:Medicines, Meanings, and Social Change in Nineteenth in Nineteenth Century America," in his The Therapeutic Revolution:Essays in the Social History of

American Medicine (University Park, University of Pennsylvania Press, 1979), 3~
12, 21~22쪽;Steven M. Stowe, "Seeing Themselves at Work:Physicians and the
Case Narrative in the Mid-Nineteenth-Century American South," American
Historical Review CI no. 1 (February 1996), 43~46쪽.

4) "Robert Koch," Dictionary of Scientific Biography, ed. Charles Gillispie (New York,
Charles Scribner's Sons, 1981), 420~435쪽. 치료 활동이 마침내 비약적으로 발전하
고 있었던 시대의 여론을 반영한 소설 세계에서, 코흐는 모범적인 과학적 의사로 간주
된다.Sinclair Lewis, Arrowsmith (New York, Harcourt Brace & World, 1925) 또한 다
음을 참고하라. Roslynn D. Haynes, From Faust to Strangelove:Representations of
the Scientist in Western Literature (Baltimore, MD, Johns Hopkins University Press,
1995) 그리고 Gerald L. Geison, The Pasteur (Princeton, NJ, Princeton University
Press, 1995).

5) 보건 위원회 자체 과학 연구 분과 고참 성원들이 (1884년에 인도에 도착했던) 코흐의
전형적인 통찰력을 놓고 드러낸 노골적 적대감의 사례들을 보려면 다음을 참고하라.
Parliamentary Papers 1894 LX (Cd 7514), 79, 103, 162, 202쪽;P.P. 1898 LXIV (Cd
8688), 180;P.P. 1899 LXVI (part II) (Cd 9549), 218, 227, 234, 251쪽;P.P. 1900 LVIII
(Cd 397), 257쪽;P.P. 1906 LXXXII (Cd 2766), 149쪽.

6) Sir Charles Bruce, GCMG, "Tropical Medicine as Instrument of Empire," Journal of
Tropical Medicine and Hygiene XI (2 November 1908), 334쪽;Nancy Stepan, The
Idea of Race in Science:Great Britain 1800~1960 (London, Macmillan, 1982);Nancy
Stepan, Beginnings of Brazilian Science:Oswaldo Cruz, Medical Reseach and
Policy, 1890~1920 (New York, Science History Publications, 1976);Seymour
Drescher, "The Ending of the Slave Trade and the Evolution of European Scientific
Racism." in Joseph E. Inikori and Stanley L. Engerman, eds, The Atlantic Slave
Trade:Effects on Economies, Societies and People in Africa, the Americas, and
Europe (Durham, NC, Duke University Press, 1992);John Farley, Bilharzia:A History
of Imperial Tropical Medicine (Cambridge, Cambridge University Press,
1991);Michael Worboys, "The Emergence of Tropical Medicine:A Study in the
Establishment of a Scientific Specialty," in G. Lemaine et al., eds, Perspectives on
the Emergence of Scientific Disciplines (The Hague, Mouton, 1976), 89쪽. 또한 다
음을 참고하라. Roy MacLeod and Milton Lewis, eds, Disease, Medicine and
Empire:Perspectives on Western Medicine and the Experience of European
Expansion (London, Routledge, 1988) 그리고 Armando Solórzano, "Sowing the
Seeds of Neo-Imperialism:The Rockefeller Foundation's Yellow Fever Campaign in
Mexico," International Journal of Health Services, XXII no. 3 (1992), 529~554쪽.

7) 1492년 이후, 역사의 범세계화에 관한 개관을 보려면 다음을 참고하라. Jerry H.
Bentley, "Cross-Cultural Interaction and Periodization in World History," American
Historical Review CI no. 3 (June 1996), 749~770쪽;"신사 자본주의"에 관해서는 다

음을 참고하라. P.J. Cain and A. G. Hopkins, British Imperialism:Innovation and Expansion, 1688~1914, (London, Longman, 1993);신용관계에 관해서는 다음을 참고하라. Joseph C. Miller, Way of Death:Merchant Capitalism and the Angolan Slave Trade 1730~1830 (London, James Curry, 1988), 664~669쪽;Fernand Braudel, The Perspective of the World, trans. Siân Reynolds (London, Collins, 1984), 38, 44 쪽;소비자 중심주의에 관해서는 다음을 참고하라. Ralph Austen and Woodruff D. Smith, "Private Tooth Decay as Public Economic Virtue:The Slave-Suger Triangle, Consumerism, and European Industrialization." in Inikori and Engerman, The Atlantic Slave Trade, 183~203쪽;T. H. Breen, "'Baubles of Britain':The American and Consumer Revolutions of the Eighteenth Century," Past and Present CXIX (1988), 73~104쪽.

8) William McNeill, Plagues and Peoples (London, Doubleday, 1976);Alfred W. Crosby, The Columbian Exchange:Biological and Cultural Consequences of 1492 (Westport, CT, Greenwood Press, 1972);Alfred W. Crosby, Ecological Expansion of Europe, 900~1900 (Cambridge, Cambridge University Press, 1986);Mark Nathan Cohen, Health and the Rise of Civilization (New Haven, CT, Yale University Press, 1989).

9) 본서 제3장을 참고하라. Chapter 3, "Smallpox in the New World and in the Old:From Holocaust to Eradication, 1518 to 1977".

10) 본서 제2장과 제6장을 참고하라. Chapter 2, "Dark Hidden Meanings:Leprosy and Lepers in the Medieval West and in the Tropical World under the European Imperium" and Chapter 6, "Yellow Fever, Malaria and Development:Atlantic Africa and the New World 1647 to 1928." 대부분의 정치적 조직체들에서 의학적이거나 정치적인 새로운 반응을 거의 이끌어내지 못했던 질병위기의 한 가지 사례는, 전 세계에서 적어도 2,000만 명의 목숨을 앗아갔던 1918년의 인플루엔자 전염병이다:Alfred Crosby, America's Forgotten Pandemic:The Influenza of 1918 (Cambridge, Cambridge University Press, 1989). 그러나 최근에 영국에 식민지화된 나이지리아 지역의 요루바 지역에서 인플루엔자로 25만 명이 사망하자, 지역에서 운영되는 알라도라 신앙치유 교회들이 설립되었다:John Peel, Aladora (Oxford, Oxford University Press, 1968).

11) Sir Isaiah Berlin, The Crooked Timber of Humanity (New York, Alfred A. Knopf, 1991);Christopher Lasch, The Revolt of the Elites and the Betrayal of Democracy (New York, W. W. Norton, 1995), 93쪽;Edward Said, Culture and Imperialism (London, Chatto & Windus, 1993);Bhirkhu Paretkh, "Superior People:The Narrowness of Liberalism fro Mill to Rawls," Times Literary Supplement, 25 February 1994, II. 몇몇 지역들에서 '계몽'의 부정적 측면에 대해 논의할 경우, "계몽 프로젝트"라는 용어를 사용하는 게 유행으로 되었다.

12) McNeill, Plagues and Peoples. 부적절한 질병 결정주의에 대한 경고를 보려면 다음

을 참고하라. Bill Luckin, "States and Epidemic Threats," Bulletin of the Society for the Social History of Medicine XXXIV (1984), 25~27쪽.

13) 훨씬 더 많은 사람들의 목숨을 앗아갔던 (콜레라와 같은) 질병에서 벗어나 (대중적 공포를 불러일으키고 있었던) 페스트에 호의적인, 연구기금 제공상의 왜곡에 대한 초기 지적을 보려면 다음을 참고하라. Parliamentary Papers 1906 LXXXII (Cd 2766), 149쪽. 또한 다음을 참고하라. Rajnarayan Chandavarkar, "Plague Panic and Epidemic Politics in India, 1896~1914," in Terence Ranger and Paul Slack, eds, Epidemics and Ideas:Essays of the Historical Perception of Pestilence (Cambridge, Cambridge University Press, 1992), 203~240쪽.

14) 이런 지적은 다음에서 찾아볼 수 있다. The World Health Report 1996, Fighting Disease, Fostering Development:Report of the Director-General (Geneva, World Health Organization, 1996), 106~107, 110쪽. 또한 다음을 참고하라. 367쪽 fn 39.

15) 1996년 세계 보건 기구 보고서는 "(지중해 동부) 지역 국가들은 대체로 기술적·경제적 고려만이 팽배한 오늘날 세계에서 의료시술상의 윤리적 가치가 강화될 필요가 있음을 상기할 때라고 생각한다"고 밝힌다.World Health Report 1996, 97쪽. 사회적 평등과 삶의 질, 장수 사이의 직접적 상호관련성에 관해서는 다음을 참고하라. Richard Wilkinson, Unhealthy Societies, The Afflictions of Inequality (London, Routledge, 1996).

1장_ 1347년에서 1844년까지 서유럽과 중동에서 발생한 전염병에 대한 인간의 대응

1) 일반적 소개를 보려면 다음을 참고하라. Jean-Noël Biraben, Les hommes et la peste en France et dans les pays européens et méditerranéens:Tome I:La peste dans l'histoire (Paris, Mouton, 1976). 중동지방에 관해서는 다음을 참고하라. Michael W. Dols, The Black Death in the Middle East (Princeton, NJ, Princeton University Press, 1977). 1347~1353년 동안의 재앙은 '페스트'(the black death)으로 명명되었고, 나중에 똑같은 질병이었던 것으로 여겨진 재앙은 '역병'(plague) 혹은 '페스트'로 알려졌다. 1347년에 시작되어 1844년에 끝난 재앙의 사이클은 두 번째의 범세계적 전염병인데, (역시 중앙아시아에서 생겨난) 첫 번째 범세계적 전염병은 일반적으로 '유스티니아누스 역병'으로 명명되었으며, 기원후 541년에 서구를 강타해 775년까지 지속되었다.

2) 다음에서 인용함. Ann Montgomery Campbell, The Black Death and Men of Learning (New York, AMS Press, 1966), 52쪽.

3) David Herlihy and Christiane Klapisch-Zuber, Tuscans and their Families:A Study of the Florentine Catasto of 1427 (New Haven, CT, Yale University Press, 1985), 73~78쪽.

4) Dols, Black Death, 230~231쪽;Albert Hourani, A History of the Arab People

(London, Faber & Faber, 1991), 213쪽;Biraben, Tome I, 105～111쪽;Emmanuel Le Roy Ladurie, The Peasants of Languedoc, trans. John Day (Urbana, University of Illinois Press, 1974), 1～66쪽;Harry Miskimin, The Economy of Later Renaissance Europe 1460～1600 (Cambridge, Cambridge University Press, 1977), 20～21쪽;Paul Slack, The Impact of Plague in Tudor and Stuart England (London, Routledge & Kegan Paul, 1985), 15～17쪽;Roger Mols, "Population in Europe 1500～1700," in Carlo M. Cipolla, ed., The Fontana Economic History of Europe:The Sixteenth and Seventeenth Centuries (London, Collins/Fontana, 1974), 38～39쪽;William McNeill, Plagues and Peoples (Garden City, NY, Anchor Books, 1976), 150쪽. 17세기 중엽의 이탈리아 북부 도시 중심지의 페스트에 관해서는 다음을 참고하라. Richard Rapp, Industry and Economic Decline in Seventeenth-Century Venice (Cambridge, MA, Harvard University Press, 1976), 22, 42쪽;Carlo M. Cipolla, Cristofano and the Plague:A Study in the Age of Galileo (London, Collins, 1973), 20쪽;Ann G. Carmichael, "Contagion Theory and Contagion Practice in Fifteenth Century Milan," Renaissance Quarterly, XLIV no. 2 (summer 1991), 254쪽;Domenico Selle, Crisis and Continuity:The Economy of Spanish Lombardy in the Seventeenth Century (Cambridge, MA, Harvard University Press, 1979);Eric Cochrane, Italy 1530～1630, ed. Julius Kishner (London, Longman, 1988), 280～281쪽;Fernand Braudel, "Putting the Record Straight:The Age of the Genoese," in Civilization & Capitalism:15th～18th Century III:The Perspective of the World, trans. Siân Reynolds (London, Collins/Fontana, 1985), 157～173쪽. 1722년, 언론인이자 소설가이며 절호의 기회를 노리고 있던 인물 대니얼 디포Daniel Defoe는 자신의 유명한「페스트가 돌던 해의 일지(Journal of Plague Year)」를 출판했다. 상상속의 1665년 런던에 관한 디포의 이야기는 교양 있는 영국인들의 마음에 페스트의 위기가 필연적으로 수반하는 것에 대한 권위 있는 설명으로 자리 잡았다.

5) 다음에서 전환점이 규명된다. Ann G. Carmichael, Plague and the Poor in Renaissance Florence (Cambridge, Cambridge University Press, 1986).

6) Andrew B. Appleby, "The Disappearance of Plague:A Continuing Puzzle," Economic History Review 2nd series XXXIII no. 2 (May 1980), 161～173쪽;Kari Konkola, "More than a Coincidence? The Arrival of Arsenic and the Disappearance of Plague in Early Modern Europe," History of Medicine XLVII no. 2 (1992), 186～209쪽.

7) S. R. Epstein, "Cities, Regions and the Late Medieval Crisis:Sicily and Tuscany Conpared," Past and Present CXXX (1991), 3～50쪽. 지역적 변종의 중요성에 관해서는 다음을 참고하라. J. M. W. Bean, "The Black Death:The Crisis and its Social and Economic Consequences," in Daniel Williman, ed., The Black Death:The Impact of the Fourteenth Century Plague (Binghamton, NY, Center for Medieval and Early Renaissance Studies, 1982), 23～38쪽.

8) Anthony Molho, "Recent Worhs on the History of Tuscany:Fifteenth to Eighteenth Centuries," Journal of Modern History LXII (March 1990), 77쪽.

9) James Longrigg, "Epidemic, Ideas and Classical Athenian Society," in Terence Ranger and Paul Slack, eds, Epidemics and Ideas:Essays on the Historical Perception of Pestilence (Cambridge, Cambridge University Press, 1992), 21~44쪽, esp. 34, 39쪽. 론그리그Longrigg가 지적하듯이, 역사책 제2권의 47~57장은 투키디데스와 동시대의 어떤 저자도 언급하지 않았고, 살아남은 이들에게 면역력을 주었던 '페스트'에 관해 말한다. 그러나 실제 가래톳페스트의 경우 어떤 면역력도 생기지 않는다.

10) 다음에서 인용함. John Larner, Italy in the Age of Dante and Petrarch 1216~1380 (London, Longman, 1980), 265쪽.

11) 실제 경험이 없는 내과의사이자 베로나와 로마에서 활약한 문벌 좋은 시인인 지롤라모 프라카스트로Girolamo Fracastoro는 페스트이 병원체를 함유한 보이지 않는 입자로 인해 전염될 수 있다고 시사하는 1546년에 출간된 논문 한 편을 썼는데, 이런 발상은 수용되거나 19세기까지 기억이라도 되기에는 주류 의료계의 견해에서 너무나 벗어나 있었다. 전직 세계 보건 기구 관리가 내린 프라카스토로의 공헌에 대한 평가("모호하고 미신으로 뒤덮여 있으며…… 전염성 질환에 대한 현재의 지식과는 아무런 현실적 관계도 지니지 않았다")를 보려면 다음을 참고하라. Norman Howard Jones, "Fracastoro and Henle:A Reappraisal of their Contribution to the Concept of Communicable Diseases," Medical History, XXI (1977), 68쪽.

12) 다음에서 인용함. Cipolla, Cristofano, 17~18쪽. 세균 배양기간 동안 나는 내 의료책상에 놓인 표준 공중보건 소책자를 활용했다:Abram S. Benenson, Control of Communicable Diseases in Man, 15th edition (New York, American Publication Association, 1990), 326쪽.

13) M.C. 자콥Jacob은 자연철학자 갈릴레오와 뉴턴이 자기네 과학혁명은 오직 질이 좀 높은 부류의 사람들 생각만을 바꾸려 의도하지, 오랫동안 굳어진 그리스도교적이고 아리스토텔레스적인 권위에 젖은 "세속적인 인사들"의 확신을 뒤흔들고자 하지 않는다고 주장했음을 지적한다:(New York, Alfred A. Knopf, 1988), 3~9, 19~24, 34~35, 87~89, 109~111쪽. 전체 움직임에 관한 권위 있는 논의를 보려면 다음을 참고하라. H. Floris Cohen, The Scientific Revolution:A Historiograghical Inquiry (Chicago, University of Chicago Press, 1994).

14) A brief survey in Dols, Black Death, 68~70쪽;McNeill, Plagues and Peoples, 21쪽;Henri H, Mollaret, "Le cas de la peste," Annales de Démographie Historique (1989), 102쪽;F. F. Cartwright, A Social History of Medicine (New York, Longman, 1977), 71, 140~141쪽;M. W. Flinn, "Plague in Europe and the Mediterranean Countries," Journal of European Econocmic History VIII no. 1 (1979), 134~136, 146~147쪽;Oxford Companion to Medicine, John Walton, P. Beeson and R. Scott, eds. (New York, Oxford University Press, 1986), 634, 1480쪽.

15) Mollaret, "De la peste," 102~103;Biraben Tome I, 16~18쪽;Flinn "Plague," 134~

139쪽;John D. Post, "Famine, Mortality and Epidemic Disease in the Process of Modernization," Economic History Review 2nd series XXIX no. 1 (1976), 33~34쪽.

16) Biraben, Tome I, 86~87쪽;Dr Ahmed Kamel, Ishac Gayed, Mohd. Anwar, eds, "On the Epidemiology and Treatment of Plague in Egypt:The 1940 Epidemic," Journal of the Egyptian Public Health Association XVI no. 2 (January 1941), 55쪽.

17) Carmicheal, Plaugue and Poor, 94쪽;Biraben, Tome I, 130~131쪽;Suzanne Austin Alchon, Native Society and Disease in Colonial Ecuador (Cambridge, Cambridge University Press, 1991), 14, 37쪽. 포스트Post는 어떠한 장기간에 걸친 면역성도 존재하지 않는 것으로 병세의 결론을 내린다,"Famine," 34쪽. 똑같은 인용문에서 포스트는 또한 1814년 보스니아 노비바자르의 80퍼센트 사망률은, 이 수치가 "17세기 동안 서유럽이 평균적으로 경험한 것과 그다지 다르지 않기" 때문에, 시간이 지나도 "페스트 발병력이 전혀 자동적으로 약화"되지 않았음을 강력하게 시사한다고 주장한다.

18) Mollaret, "De la peste," 102쪽;Dols, Middle East, 71~74, 79~83, 213, 226~228쪽. 유럽에서는 오직 아비뇽의 로마교황 주치의인 거이 드 숄리아크Guy de Chauliac만이 경험적 관찰과 자료기록의 측면에서 현대 전문가들이 가래톳페스트의 특징과 폐렴형 페스트의 특징을 구별할 수 있게 해줄 정도로 아주 정확했다:Lise Wilkinson, "Review," Medical History XXIX (1985), 326쪽. 오늘날, 테트라사이클린과 스트렙토마이신 같은 항생제를 적기에 사용함으로써 폐렴형 페스트으로 인한 사망률은 0으로까지 떨어질 수 있다.

19) Carmichael, Plague and Poor, 5~6쪽;Flinn, "Plague," 134~138쪽.

20) Kamel et al., "Plague in Egypt," 53~54쪽.

21) Flinn, "Plague," 143~148쪽;Biraben, Tome II, 85~185쪽.

22) Luis García-Ballester, "Changes in the Regimina Sanitatis:The Role of the Jewish Physicians," in Sheila Campbell, Bert Hall and David Klausner, eds, Health, Disease and Healing in Medieval Culture (New York, St Martin's Press, 1992), 120~131쪽. Ann G. Carmichael, "Plague Legislation in the Italian Renaissance," Bulletin of the History of Medicine, LVII (1983), 508~511쪽.

23) 갈렌에게서 이끌어낸 6가지 자연의 이치에 어긋나는 것은 다음과 같다. (1)기후, (2) 운동과 휴식, (3) 식사, (4) 수면양식, (5) 배설과 성욕, (6) 영혼의 고통:García-Ballester, "Regimina Sanitatis," 121쪽. 또한 다음을 참고하라. Nancy G. Siraisi, Medieval & Early Renaissance Medicine:An Introduction to Knowledge and Practice (Chicago, University of Chicago Press, 1990), 101, 120~123쪽. 자연의 이치에 어긋나는 똑같은 것들의 목록을 보려면 다음을 참고하라. Roy Porter, "The Patient in England, c. 1660 ~c. 1800," in Andrew Wear, ed., Medicine in Society:Historical Essays (Cambridge, Cambridge University Press, 1992), 99쪽. 18세기 서양에서 토마스 시드넘(Thomas Sydenham:1689년 사망)이 기초한 프로그램을 따르는, 특정 질병 제각각의 자연사(질병분류학)를 탐구하는 과정에서 이런 발상들은 심한 압박을 당했다:Guenter Risse, "Medicine in the Age of Enlightenment," in Wear, Medicine in Society, 167~168쪽.

24) 1830년대 무렵, 발가벗겨진 채 궁수단 화살에 절명한 크리스천이자 로마군대 백부장인 성 세바스챤을 연상시키는 화살을 언급하기 위해, 질병이라는 신성한 화살을 취하는 경우가 많았다. 두 명의 전염병 성자들 가운데 두 번째 성자인 성 로흐St. Roch는 좋은 가문에서 태어난 14세기에 6각형 모양의 지형을 한 프랑스의 토착민이었다. 그는 전염병에 걸린 사람들 속에서 일하다 스스로 감염되었는데, 비열한 군중들과 다투다 최후를 맞이했다. 성 로흐는 중세 후기 의상을 입은 순례자로 보통 그려진다.Biraben, Tome II, 78~79쪽.

25) Carmichael, Plague and Poor, 98~99, 108~110쪽;John Henderson, "Epidemics in Renaissance Florence:Medical Theory and Government Responses," in Neithard Bulst and Robert Delort, eds, Maladie et société (XIIe-XVIIIe siècles) (Paris, Editions du CNRS, 1989) 165~167쪽;William Bowsky, "The Impact of the Black Death upon Sienese Government and Society," Speculum XXXIX (1964), 1~34쪽.

26) 부유하고 권세있는 사람들 사이에서, 자기보존 본능과 저속한 이들 사이에서 기강을 잡을 필요성 간의 갈등으로 인해, 모순적인 행동이 유발되는 경우가 가끔 있었다. 1656년 전염병 초기, 나폴리에서 대교구 추기경은 자기 교구 신부들이 떠나는 걸 금지한 것으로 알려져 있다. 그러나 추기경 자신은 안전한 시골 피난처(생 앨모 수녀원)로 도망가서 전염병이 물러갈 때까지 머물렀다.Jean Delumeau, La peur en Occident:XIVe-XVIIIe siècles:une cité assiégée (Paris, Fayard, 1978), 125쪽. 문학계에서, 전염병이 유행하는 플로렌스에서 도망간 뒤 1348년에 활기 넘치는 젊은 청춘남녀들이 어떻게 흥겹게 지냈는지에 대한 고전적 설명이 복카치오의 『데카메론』이었다.

27) 다음에서 인용함. Richard C. Trexler, Public Life in Renaissance Florence (New York, Academic Press, 1980), 362쪽.

28) Denys Hay, The Church in Italy in the Fifteenth Century (Cambridge, Cambridge University Press, 1977);64쪽;Richard Kieckhefer, Magic in the Middle Ages (Cambridge, Cambridge University Press, 1989), 56~68쪽;Aron Gurevich, Medieval Popular Culture:Problems of Belief and Perception, trans. János M. Bak and Paul A. Hollingworth (Cambridge, Cambridge University Press, 1990), 176ff.;S. J. Watts, A Social History of Western Europe 1450~1720:Tensions and Solidarities among Rural People (London, Hutchinson University Library, 1984), 164~173쪽.

29) R. I. Moore, The Formation of a Persecuting Society (Oxford, Basil Blackwell, 1987), 27~45쪽.

30) Biraben, Tome I, 60~61, 377쪽. 대학살 한 달 전 스트라스부르크의 주교는 유대인들이 지역 우물들에 독을 풀어놓고 있었다는 데 동의하는 결의안을 승인한 지역 유지들의 회합을 주재했다. 교황 클레멘트 6세의 주치의는 '눈에 확 띌 정도로' 페스트에 걸려버릴 수 있다고 주장했으니, 아마 이것이 교황이 거울 속 악마에 관해 염려했던 이유였을 것이다.Campbell, Men of Learning, 60~61쪽.

31) Biraben, Tome II, 68쪽.

32) 다음에서 인용함. Richard Palmer, "The Church, Leprosy and Plague in Medieval

and Early Modern Europe," in W. J. Shiels, ed., The Church and Healing (Oxford, Basil Blackwell, 1982), 96쪽.

33) Palmer, "The Church," 97쪽;Carlo Cipolla, Public Health and the Medical Profession in the Renaissance (Cambridge, Cambridge University Press, 1976), 36~37쪽;친족망으로 성직자와 권세 있는 인사들이 망라된 도시들에서, 보건 위원회 자리에 있는 친척들이 전염병을 언급하면서 성당을 폐쇄시키고 행진을 금하는 동안 성직자들은 이를 무시하는 경우가 많았다.

34) Roger French, "The Arrival of the French Disease in Leipzig," in Bulst and Delort, eds, Maladie et société, 136~137쪽;Siraisi, Medieval, 189쪽;Campbell, Men of Learning, 40쪽. 라틴 크리스천들과 대조적으로, 이븐 칼둔Ibn Khaldun 같은 교양 있는 14세기 후반의 회교도는 점성술 신앙이 이슬람교 신앙과 양립할 수 없다고 주장했다:Daniel Panzac, La Peste dans l'Empire Ottoman 1700~1850 (Paris, Éditions Peters, 1985), 188~189쪽.

35) García-Ballester, "Regimina Sanitatis," 121쪽;Siraisi, Medieval, 65~77쪽. 대학교육 프로그램 발전에서, 영국은 대륙보다 뒤처졌으니, 설립된 첫 번째가 1303년 옥스퍼드 대학교에서였다. 세기의 나머지 기간 동안 의학부 학생수는 작았고, 대부분이 의학공부와 신학공부를 병행했다:Mark Zier, "The Healing Power of the Hebrew Tongue:An Example from Late 13th Century England," in Sheila Campbell, Bert Hall and David Klausner, eds, Health, Disease and Healing in Medieval Culture (New York, St Martin's Press, 1992), 113쪽.

36) Harold J. Cook, "The New Philosophy and Medicine in Seventeenth Century England," in David C. Lindberg and Robert S. Westman, eds, Reappraisals of the Scientific Revolution (Cambridge, Cambridge University Press, 1990), 397~436쪽.

37) 다음에서 인용함. Cook, "Philosophy," 406~407쪽.

38) 경험주의자들에 대한 거이 드 숄리아크(Guy de Chauliac:1348년 아비뇽에서 교황의 주치의)의 부정적인 논평에 관해서는 다음을 참고하라. Siraisi, Medieval, 35쪽. "대학교에서 교육받는 시술자들과 외부에서 훈련받는 시술자들"에 관한 다른 논평을 보려면 다음을 참고하라. Katharine Park, "Medicine and Society in Medieval Europe, 500~1500," in Wear, Medicine in Society, 79~80쪽. "히포크라테스 전집에 따르면, '성스러운 것들은 성스러운 사람들한테만 드러난다. 세속적인 사람들은 과학(즉 자연철학)의 신비 속으로 첫발을 내딛기까지는 그런 것들을 경험하지 못할 것이다.'":다음에서 인용함. William Eamon, "From the Secrets of Nature to Public Knowledge," in Lindberg and Westman, Reappraisals of the Scientific Revolution, 333~334.

39) 다음에서 인용함. Cook, "Philosophy," 409쪽.

40) García-Ballester, "Regimina Sanitatis," 122~124쪽;Cook, "Philosophy," 410~411쪽;Siraisi, Medieval, 84~85, 97~107쪽. 갈렌은 페스트에 관해 어떠한 직접적인 지식도 지니지 못했던 듯하다. 그는 주요 전염병이 휩쓸기 바로 직전에 로마에서 도망쳤지만, 그러나 (그 당시에는 페스트 치료법이 존재하지 않았음에도) 문제의 질병이 쉽게

치유될 수 있으리라 주장했다. 그는 간혹 궤양성 상태에 있지만 항상 건조한 신체 각 부위를 언급했고, 갈렌이 말하는 '전염병'은 페스트보다는 발진티푸스나 천연두와 더욱 밀접하게 관련되었던 듯하다.

41) Vivian Nutton, "The Seeds of Disease:An Explanation of Contagion and Infection from the Greeks to the Renaissance," Medical History XXVII (1983), 15쪽;19세기에 계속 유행하던 질병에 관한 유사한 설명들을 보려면 다음을 참고하라. Charles Rosenberg, "Explaining Epidemics," in his Explaining Epidemics and Other Studies in the History of Medicine (Cambridge, Cambridge University Press, 1992), 295쪽.

42) Carcía-Ballester, "Regimina Sanitatis," 120~122쪽;Carmichael, Plague and Poor, 27쪽. A. 딕비Digby에 따르면, 20세기 초까지 "치유하기보다는 이런 돌보는 역할이 일상적인 의사노릇"이었다:Anne Digby, Making a Medical Living, (Cambridge, Cambridge University Press, 1994), 310쪽,또한 다음을 참고하라. 5~6, 302~312쪽.

43) 다음에서 인용함. Cipolla, Public Health, 77쪽.

44) 다음에서 인용함. Carmichael, Plague and Poor, 97쪽.

45) 다음에서 인용함. Cipolla, Public Health, 108쪽;유사한 논쟁을 보려면 다음을 참고하라. E. E. Evans-Pritchard, Witchcraft, Oracles and Magic among the Azande (Oxford, Clarendon Press, 1937) 갈렌적이고 힙포크라테스적인 의학에 대한 두 차례의 오래 끄는 비판의 일부로서, 스위스인/독일 마법사/과학자인 파라켈수스 (Paracelsus:1541년 사망)와 그의 추종자들은, 치료법을 얻어내고 공상적인 이론을 지어낼 시간을 자신한테 남겨놓기 위해 경험론자들의 실질적 도움을 활용했다고, 갈렌을 비난했다. 파라켈수스 스스로가 교활한 여성과 경험론자 들이 필시 학식있는 내과의사 만큼이나 질병 치유에 관해 많이 안다고 주장했다:Charles Webster, "Science and Medicine in Academic Studies before 1640," in his The Great Instauration:Science, Medicine and Reform, 1626~1660 (London, Duckworth, 1975), 248쪽.

46) 다음에서 인용함. Irma Naso, "Les Hommes et les epidémies dans l'Italie de la fin du Moyen Age:les réactions et les moyens de défense entre peur et méfiance," in Bulst and Delort, Maladie et société, 311쪽.

47) Siraisi, Medieval, 42~43쪽. 코흐 후기적 지식의 관점에서 해석된 1400년 이전에 씌어진 페스트에 관한 수십 편의 논문들에 관한 논평을 보려면 다음을 참고하라. Larner, Italy, 258쪽;이 논평들은 다음의 좀더 객관적인 평가와 대조된다:Siraisi, Medieval, 128 ~129쪽.

48) Robert Muchembled, Culture populaire et culture des élites dans la France moderne, XVe-XVllle siècles (Paris, Flammarion, 1978)

49) Biraben, Tome II, 164~167쪽.

50) 이 논문은 다음에 설명이 나온다. Carmichael, Plague and Poor, 127~128쪽.

51) George Holmes, Europe:Hierarchy and Revolt 1320~1450 (London, Fontana, 1975), 192~193, 311~312쪽.

52) George Holmes, The Florentine Enlightenment 1400~1450 (London, Weidenfeld

& Nicholson, 1969);Ronald Weissman, Ritual Brotherhood in Renaissance Florence (New York, Academic Press, 1982);Ronald Witt, "The Crisis after Forty Years," American Historical Review CI no. 1 (1996), 117~118쪽.

53) Bronislaw Geremek, Truands et misérables dans l'Europe moders, 1350~1600 (Paris, 1980)

54) 다음에서 인용함. Carmichael, "Plague Legislation," 522쪽.

55) Carmichael, Plague and Poor, 100~101쪽;Henderson, "Epidemics in Renaissance Florence," 170, 172쪽;Slack, Impact, 211, 303~309쪽;Giulia Calvi, Histories of a Plague Year:The Social and Imaginary in Baroque Florence, trans. Dario Biocca and Bryant Ragan Jr (Berkeley, University of California Press, 1989), 8쪽. 사실상, 페스트는 반드시 가난한 이들이 부유층을 증오함으로써 보복성으로 전파되지는 않았다:Paul Slack, "Responses to Plague in Early Modern Europe:The Implications of Public Health," Social Research LV no. 3 (1988), 448쪽.

56) Carmichael, Plague and Poor, 116~126쪽;Carmichael, "Milan," 255쪽;Palmer, "The Church," 94쪽;Slack, Impact, 1~6쪽;Giulia Calvi, "The Florentine Plague of 1630~1633:Social behavior and symbolic action," in Bulst and Delort, Maladie et société, 333쪽;Robert Favreau, La ville de Poitiers à la fin du Moyen Age:une capitale regionale I (Poitiers, 1978), 572쪽.

57) Paul Slack, "The Response to Plague in Early Modern England:Public Policies and their Consequences," in John Walter and Roger Schofield, eds, Famine, Disease and the Social Order in Early Modern Society (Cambridge, Cambridge University Press, 1991), 167쪽.

58) "Progetto di controllo e di mediazione sociale" quoted in Molho, "Tuscany," 70쪽.

59) 다음에서 인용함. Cipolla, Cristofano, 89~90쪽.

60) Biraben, Tome II, 103~105쪽;Slack, Impact, 45~47쪽;Carmichael, "Milan," 252~253쪽;Ole Peter Grell, "Plague in Elizabethan and Stuart London:The Dutch Response," Medical History XXXIV (1990), 425쪽.

61) Delumeau, La Peur, 115쪽 (저자의 번역)

62) 다음에서 인용함. Slack, Impact, 75쪽.

63) Per-Gunnar Ottosson, "Fear of the Plague and the Burial of Plague Victims in Sweden 1710~1711," in Bulst and Delort, Maladie et société, 376~392쪽;성인들로 하여금 크리스천 신앙을 배우도록 압박하는 데서 스웨덴 당국자들이 거둔 독특한 성공에 관해서는(결혼증서는 오직 성경 본문을 읽을 수 있을 사람들에게만 수여되었음) 다음을 참고하라. Geoffrey Parker, "Success and of the Reformation," Past and Present CXXXVI (1992), 77~79쪽.

64) Naso, "Entre peur et méfiance," 324~325쪽.

65) Calvi, "Florentine Plague of 1630~1633," 331쪽.

66) Carmichael, Plague and Poor and its references. Slack's Impact, 6~31 asks ques-

tions applicable to all polities.

67) Flinn, "Plague," 142쪽;Slack, "Responses," 181쪽.

68) Brian Pullan, "Plague and perceptions of the poor in early modern Italy," in Ranger and Slack, Epidemics and Ideas, 101, 111쪽;Rapp, Decline … in Venice, passim.

69) Naso, "Entre peur et méfiance," 325쪽;Calvi, "Symbolic Action," 331, 333쪽;Grell, "Stuart London," 425쪽.

70) Slack, "Responses," 183쪽;Pullan, "Plague and Perceptions," 121쪽;Biraben, Tome II, 170쪽.

71) 다음에서 인용함. Cipolla, Cristofano, 27쪽.

72) 다음에서 인용함. ibid., 120쪽.

73) Calvi, Histories, 196;Slack, Impact, 299쪽.

74) Grell, "Stuart London," 424~439쪽;Simon Schama, The Embarrassment of Riches:An Interpretation of Dutch Culture in the Golden Age (New York, Alfred Knopf, 1987), 341쪽;David Nicholas, "Town and Countryside:Social, Economic and Political Tensions in Fourteenth Century Flanders," Comparative Studies in Society and History X, no. 4 (1968), 458ff. 세계적 배경 속의 네덜란드 자본주의에 관해 더 많은 것을 보려면 다음을 참고하라. Chapter 6:"Yellow Fever, Malaria and Development."

75) Carmichael, Plague and Poor, 111~113쪽.

76) Biraben, Tome II, 86~90쪽.

77) Theodore K. Rabb, The Struggle for Stability in Early Modern Europe (New York, Oxford University Press, 1975), 116~124쪽. 또한 다음을 참고하라. E. L. Jones, The European Miracle:Environments, Economies and Geopolitics in the History of Europe and Asia, 2nd edition (Cambridge, Cambridge University Press, 1987), 125~126쪽.

78) John Elliott, "A Europe or Composite Monarchies," Past and Present CXXXVII (1992), 64~71쪽;William Doyle, "States and their Business' and the "Machinery of Government' in his The Old European Order, 1660~1800 (Oxford, Oxford University Press, 1978), 211~265쪽. 독일의 "특별한 경우."에 관해서는 다음을 참고하라. F Thomas Robisheaux, Rural Society and the Search for Oder in Early Modern Germany (Cambridge, Cambridge University Press, 1989), 1~43쪽.

79) Henry Kamen, Spain in the Later Seventeenth Century 1665~1700 (London, Longman, 1980), 50~53, 167쪽.

80) Flinn, "Plague," 139~144쪽.

81) Biraben, Tome I, 230~285쪽;Tome II, 85~158쪽;Jean-Pierre Filippini, "Information et stragégie des magistrats de la santé de la Méditerranée face à la peste au XVIIIe siècle," in Bulst and Delort, Maladie et société, 207~214쪽. 작은 섬 키오스가

오토만 제국에 병합되기 10년 전인 1551~53년 동안 치오스 섬에서 신봉되었던 표준적 보건검역조치에 관한 니콜라스 드 니콜라이Nicholas de Nicolay가 쓴 보고서를 보려면 다음을 참고하라. Panzac, La Peste, 209쪽.

82) Gunther E. Rothenberg, "The Austrian Sanitary Cordon and the Control of Bubonic Plague:1710~1871," Journal of the History of Medicine XXVIII (1973), 19 쪽;Flinn, "Plague," 143~145;Jones, European Miracle, 140~142쪽;Barbara Jelavich, History of the Balkans:Eighteenth and Nineteenth Centuries (Cambridge, Cambridge University Press, 1983), 144~148쪽.

83) A. W. Kinglake, Eothen (London, Longman, 1935), 1쪽.

84) . Panzac, La Peste, 516~517쪽. 인용된 OED의 언급은 다음에 있다. Medical Journal I, 411쪽. "페스트는 저개발된 전통적 사회의 질병"이라는 주장을 보려면 다음을 참고하라. Post, "Famine," 35~37쪽.

85) 맘루크 왕조를 소개한 글들은 다음과 같다. Ivan Hrbek, "Egypt, Nubia and the Eastern Deserts," in Roland Oliver, ed., The Cambridge History of Africa:III:From c. 1050~c. 1600 (Cambridge, Cambridge University Press, 1977), and Robert Irwin, The Middle East in the Middle East in the Middle Ages:The Early Mamluk Sultanate 1250~1382 (Carbondale, Southern Illinois University Press, 1986) 서양 역사가들의 맘루크족에 대한 대체로 부정적 해석(그들이 서구의 진화적 양식을 따르지 않았기 때문에 부정적이라 함)에 대한 평가를 보려면 다음을 참고하라. Jean-Claude Carcin, "The Mamluk Military System and the Blocking of Medieval Moslem Society," in Jean Baechler, John A. Hall and Michael MAnn, Europe and the Rise of Capitalism (Oxford, Basil Blackwell, 1988), 113~130쪽.

86) Hrbek "Egypt," 53쪽;Dols, Black Death, 154~156, 160~162쪽;Janet L. Abu-Laghod, Cairo:1001 Years of the City Victorious (Princeton, Princeton University Press, 1971), 37~38쪽;Irwin, Middle East, 146쪽.

87) Dols, Black Death, 154~169쪽.

88) Dols, Black Death, 162쪽;Irwin, Middle East, 141쪽.

89) 페스트이 유행했던 시절 시리아 상황은 다마스커스의 나이브와 카이로의 술탄 간의 험악한 상호관계로 꼬여들었다. 농촌 지역 상황에 대해서는 다음과 같이 개요를 언급할 수 있을 것이다. 즉 콧대 높은 늙은 맘루크 술탄이 자연사 하면서 1346년에 끝난 평화로운 60년 세월에 뒤이어, 페스트 전야의 부유한 이들 간의 동요, 페스트 정령의 도래, 생존자들이 남쪽으로 도주함, 적대적이라는 맘루크 군대 소식 등이 전해졌고, 고향 마을로 돌아가지 않기로 한 북부 시리아 농부들의 결정에서 절정에 이르렀다.Irwin, Middle East, 132~144쪽.

90) Hrbek, "Egypt," 48~49쪽. 그리하여 당시로서 다반사였던 일은 형제끼리 적대시하고, 연합한 형제들이 친족을 적대시하며, 연합한 친족들이 마을을 적대시하고, 연합한 마을들이 세상을 적대시하는 것이었다.

91) 이븐 알카티브Ibn al-Khatib는 '전염병'에 대한 외견상 진보적인 생각 때문에 서양 의

학사가들에게 인기가 좋았다. L. F. Hirst, The Conquest of Plague:A Study of the Evolution of Epidemiology (Oxford, Clarendon Press, 1953), 51쪽;Campbell, Men of Learning, 58~59쪽;Dols, Black Death, 94쪽. 페스트는 당연히 전염되지 않는다.

92) Joseph J. Hobbs, Bedouin Life in the Egyptian Wilderness (Austin, University of Texas Press, 1989), 24쪽.

93) 남부 러시아 대초원에서 심각한 페스트 사망률로 인해 맘루크 군복무를 위한 잠재적 지원자의 수가 대폭 축소되어, 더욱 동쪽 지역으로 모병 근거지를 변화시키지 않을 수 없게 되자 체르케스 맘루크들이 초창기 터키인들을 대체하였다고, 허백Hrbek은 제시한다. Hrbek, "Egypt," 53쪽. 또한 다음을 참고하라. Irwin, Middle East, 158~159쪽.

94) Robert Irwin, The Arabian Nights:A Companion Volume (London, Penguin Press, 1994);Irwin, Middle East, 107, 120, 136~137쪽;Hrbek, "Egypt," 40~41쪽;Dols, Black Death, 145~148쪽.

95) Hrbek, "Egypt," 47~48쪽;Garcin, "Mamluk Military System," 120~123쪽.

96) Dols, Black Death, 188~193쪽;Simon Pepper, "Crusaders' Crags," Times Literary Supplement 26 August 1995, 26쪽. 가르생Garcin은 (자치 임무를 지닌) 유럽식 부르조아가 도시 생활의 필연적 특징인지에 의문을 표시한다. 맘루크 왕족들이 조성한 사적 기부금(waqfs)으로 활력에 넘치는 도시생활의 두드러진 표식이라 할 병원, 학교, 모스크, 분수와 같은 대규모 문화시설들이 마련되었다:Garcin, "Mamluk Military System," 122쪽.

97) 맘루크 술탄과 왕족 들은 병원, 공공분수, 모스크와 종합 학교시설, 도시 중심가의 개인궁전, 동쪽과 남쪽 공동묘지의 무덤과 모스크, 혁신의 정신을 지닌 건축물 들의 후원자로 남았다. 오토만이 점령하기 14년 전에 지어진 알-구리Al-Ghuri의 무덤과 마드라사(학교)는 이런 점을 가장 전형적으로 보여준다.

98) 14세기 챈서리에서 고위직은 대체로 무슬림들을 위해, 특히 가족집단이 확대된 바누 파들라Banu Fadllah 성원들을 위해 예비되었다:Irwin, Middle East, 131~132쪽.

99) Garcin, "Mamluk Military System," 125~126쪽.

100) Dols, Black Death, 181~183쪽;카이로의 도시 쇠퇴의 여러 증거에도 불구하고, 유럽인들은 계속해서 이슬람적 통치하의 이집트에 대단히 강한 인상을 받았다:Garcin, "Mumluk Military System," 123쪽.

101) 그것은 푸스타트(구 카이로)의 게니자 예배당에 쌓여있던 과거식 사업기록들이다. 최근 몇 년 사이 이 기록들은 역사가들에게 인도양을 가로질렀던 맘루크 이집트인들의 무역에 관한 중요한 통찰력을 제공했다.

102) 오토만 시대에 관해서는 다음을 참고하라. Ashin Dad Gupta, Indian Merchants and the Decline of Surat c. 1700~1750 (Wiesbaden, Franz Steiner, 1979), 4~5쪽.

103) Abu-Lughod, City Victorious, 22~23쪽.

104) Dols, Black Death, 109~116, 119~121쪽.

105) Peter Brown, The World of Late Antiquity:AD 150~750 (New York, W. W. Norton, 1989), 93~94, 100, 143, 186~187쪽;Hrbek, "Egypt," 51쪽.

106) Dols, Black Death, 167~168쪽. 11세기와 12세기에 나병에 관한 서양 사상에 정보를 제공하는 데 기여했던 이념의 창출에서, 성 안토니우스와 사막의 신부들이 지니는 중요성에 대해서는 본서 제2장을 참고하라.

107) Abu-Lughod, City Victorious, 58~60쪽;Dols, Black Death, 33~34쪽;Peter Gran, "Medical Pluralism in Arab and Egyptian History:An Overview of Class Structures and Philosophies of the Main Phases," Social Science and Medicine XIII B (1979), 342~343쪽.

108) Lawrence I. Conrad, "Epidemic Disease in Formal and Popular Thought in Early Islamic Society," in Ranger and Slack, Epidemics and Ideas, 77~99쪽.

109) Panzac, La Peste, 292쪽.

110) Dols, Black Death, 110~121, 297, 335쪽;Panzac, La Peste, 291쪽.

111) Jonathan P. Berkey, "Tradition, Innovation and the Social Construction of Knowledge in the Medieval Islamic Near East," Past and Present CXXXVI (February 1995), 38~39, 64쪽.

112) Gran, "Medical Pluralism," 342~344쪽;Panzac, La Peste, 290쪽;Lawrence I. Conrad, "The Social Structure of Medicine in Medieval Islam," Social History of Medicine XXXVII (1985), 11~12쪽.

113) Panzac, La Peste, 284쪽 (my translation) 프랑스의 군의관 클로 베이Clot Bey는 1830년대에 비슷한 보고서를 작성했다:LaVerne Kuhnke, Lives at Risk:Public Health in Nineteenth Century Egypt (Berkeley, University of California Press, 1990), 74쪽. 필자로선 쿤케Kuhnke 박사의 작업을 주목하게 만들어준 윌리엄 맥닐William McNeill 교수께 감사드린다.

114) 카이로 시의 노동부족 또한 4~5,000명의 아프리카 흑인을 매년 수입하는 이유들 중 하나였던 듯하다:Terence Walz, "The Trade between Egypt and Bilad-a-Sudan 1700 ~1820," Boston University Graduate School, PhD thesis, submitted 1975. 필자가 이 논문에 주목하도록 해준 휴 버논-잭슨Hugh Vernon-Jackson 박사께 감사드린다.

115) Panzac, La Peste, 186, (my translation) 306쪽;Conrad, "Social Structure," 13~14 쪽;Dols, Black Death, 10, 117~118쪽.

116) 오토만 중심부의 의료상황의 배경에 관해서는 다음을 참고하라. Rhoads Murphey, "Ottoman Medicine and Transculturalism from the Sixteenth through the Eighteenth Century," Bulletin of the History of Medicine LXVI no. 3 (1992), 376~ 403쪽.

117) C. A. 베일리Bayly는 "대다수 이집트의 곡물과 심지어 이집트 면화의 일부조차 유럽이 아니라 서머나와 이스탄불로 팔려갔는데, 이는 오토만 제국 '자체 내의' 수요가 여전히 상당했음을 드러내는 것이라고" 지적한다. 그는 또한 하지(haj:순례)때 메카와 메디나로 오는 순례자들로부터 상인과 세금징수원 들한테서 생기는 이윤이 1년에 대략 300만 파운드였다는 취지의, (파샤가 현장에 도착하기 직전인) 1790년대로부터 나온 수치를 인용하는데, "이는 당시 영국이 뱅골과 무역하던 것과 비교된다. 무하마드 알리

Muhammad Ali가 '신성한 장소'의 '보호자'가 된 후, 이런 이윤의 상당액이 그의 국가 금고로 들어갔다":C. A. Bayly, Imperial Meridian:The British Empire and the World, 1780~1830 (London, Longman, 1989), 232쪽.

118) A convenient summary:"Muhammad Ali and the Egyptians," in Kuhnke, Lives at Risk, 17~32쪽.

119) P. J. Cain and A. G. Hopkins, British Imperialism:Innovation and Expansion, 1688~1914 (London, Longman, 1993), 363쪽. 무하마드 알리가 유럽의 반대에 직면해서도 이집트의 현대화에 성공한 것에 관해 논평하면서, 버널Bernal은 다음과 같이 지적한다. "현대 역사의 이런 독특한 사건이 그렇게나 거의 알려져 있지 않았다는 사실은 전혀 놀랄 일이 아니다. 그런 사건은 적극적인 유럽이 수동적인 외부세계로 확장된다는 이론적 틀에 걸맞지 않기 때문이다…… (사실상 무하마드 알리의 제국은) 람세스 2세 시절 이래로 가장 위대한 이집트 제국이었다":Martin Bernal, Black Athena:The Afroasiatic Roots of Classical Civilization I (New Brunswick, NJ, Rutgers University Press, 1987), 249쪽.

120) 그리스 반란군들은 스스로를 과거 비잔틴 제국의(그리고 정통교회의) 계승자로 여겼다. 이윽고 1756년에 그리스 펠로폰네수스 반도의 파트리아에서 페스트을 퍼뜨린다고 고발된 27명의 유대가족이, 정통 그리스 크리스천들에 의해 도시성벽에 둘러쳐진 벽돌담에 갇혀 질병과 기아로 사망했다:Panzac, La Peste, 310쪽. 현대의 질병관련 반反유대주의에 관해서는 다음을 참고하라. Bill Luckin, "States and Epidemic Threats," Bulletin of the Social History of Medicine XXXIV (1984), 25~27쪽.

121) Sir Richard F. Burton, Personal Narrative of a Pilgrimage to Al-Madinah and Meccah, I (London, Tylston & Edwards, 1893), 13쪽. 버턴Burton보다 덜한 인종주의자는 1835년에 이집트를 여행한 미국인 J. L 스티븐스Stephens였다:Lloyd Stephens, Incidents of Travel in Egypt, Arabia Petraea, and the Holy land, ed. Victor Wolfgang von Hagen (San Francisco, Chronicle Books, 1991)

122) A. B. Clot Bey, Mémoires de A. B. Clot Bey, annoté par Jacques Tagher (Le Caire, L'Institut Français d'Archéologie Orientale, 1949), 285쪽;Amira Sonbol, The Creation of a Medical Profession in Egypt 1800~1922 (Syracuse, NY, Syracuse University Press, 1992) 이 저서는 무하마드 알리 치하에서 의과대학 부속병원의 상황을 1882년 이후 영국 통치하에서 발견되는 상황과 대조하여, 후자가 대중들과의 관계에서 기본적 기술이 부족하다는 사실을 보여준다. 또한 다음을 참고하라. F. M. Sandwith, MD, "The History of Kasr el Ainy," in H. P. Keatinge, ed., Records of the Egyptian Government Faculty of Medicine (Cairo, Government Press, 1927), 1~19쪽.

123) 1834~36년 동안 전염성 페스트에 관한 실제 정보를 보려면 다음을 참고하라. Kuhnke, "The Plague Epidemic of 1835:Background and Consequences," in Lives at Risk, 69~91쪽.

124) Kuhnke, Lives at Risk, 85~86쪽.

125) Bayly, Imperial Meridian, 233쪽;Bernal, Black Athena, 249쪽.

126) 다음에 나오는 구절임. Bayly, Imperial Meridian, 234쪽.

127) 다음에서 인용함. Panzac, La Peste, 482~483쪽. 전염(검역)과 전염방지에 관한 상충하는 19세기의 발상들이 다음에 선별되어 있다. Margaret Pelling, Cholera, Fever and English Medicine 1825~1865 (Oxford, Oxford Uniersity Press, 1978), 1~19쪽.

128) Panzac, La Peste, 499~501쪽.

129) Ibid., 500쪽.

2장 숨겨진 의미들:유럽 제국주의 지배하에 있던 중서부 지역과 열대 지방에서의 나병과 나환자

1) Henry Wright, Leprosy and its Story:Segregation and its Remedy (London, Parker & Co., 1885), 103~104, 106쪽. 또한 다음을 참고하라. Henry Wright, Leprosy an Imperial Danger (London, Churchill, 1889) 신약성경에는 라자로가 언급된다. 요한복음(2:1~44)에서 예수가 죽음에서 깨어나게 했던 베사니의 라자로는 마리아와 마르타의 동생이다. 한편, 누가복음(16:19~31)에서 라자로는 부자집 문간에서 사망한 거지다. 누가복음(17:12~19)에는 예수와 예수가 치료하도록 제사장들에게 맡겼던 10명의 나병환자들에 관한 우화가 들어있다."The Colonization of Africa," Journal of the Royal Africal Society X no. 40 (July 1911), 397쪽.

2) George Thin, Leprosy (London, Percival, 1891), 7쪽.

3) Thin, Leprosy, 261쪽. 캘커타 보건청 액워스Acworth의 "제국지배의 위험성"에 대한 확언을 보려면 다음을 참고하라. Parliamentary Papers 1895, LXXIII (Cd 7846), 203쪽;H. A. Acworth, 'Leprosy in India," Journal of Tropical Medicine II (May 1899), 273쪽. 또한 다음을 참고하라. Sir Morell Mackenzie, "The Dreadful Revival of Leprosy," Wood's Medical and Surgical Monographs V (New York, Wood, 1890)

4) Patrick Feeny, The Fight against Leprosy (London, Elek Books, 1964), 75~92쪽. 1995년 6월에 교황은 다미앵을 위해 시복식을 주재했다.

5) Mary Douglas, "Witchcraft and Leprosy:Two Strategies of Exclusion," Man, new series, XXVI (December 1991), 723~736쪽;Charles Creighton, A History of Epidemics in Britain from AD 664 to the Extinction of Palgue (Cambridge, At the University Press, 1891), 69~113쪽;Jonathan Hutchinson, On Leprosy and Fish-Eating:A Statement of Facts and Explanations (London, Archibald Constable, 1906), 280~303쪽.

6) Zachary Gussow and George S. Tracy, "Stigma and the Leprosy Phenomenon:The Social History of a Disease in the Nineteenth and Twentieth Centuries," Bulletin of the History of Medicine XLIV (1970), 425~449쪽;Megan Vaughan, "Without the Camp:Institutions and Identities in the Colonial History of Leprosy," in her Curing

their Ills:Colonial Power and African Illness (Cambridge, Polity Press, 1991), 88쪽. 또한 다음을 참고하라. Rita Smith Kipp, "The Evangelical Uses of Leprosy," Social Science and Medicine XXXIX no. 2 (1994) 165~178쪽.

7) PP 1878~1879 LVI (Cd 2415), 118쪽.

8) Barry R. Bloom and Tore Godal, "Selective Primary Health Care:Strategies for Control of Disease in the Developing World. V. Leprosy," Reviews of Infectious Disease V no. 4 (1983), 765~780쪽;W. C. S. Smith, "Leprosy:Elimination of Leprosy and Prospects for Rehabilitation," The Lancet, CCCXLI (9 January 1993), 89쪽.

9) W. Felton Ross, "Leprosy Control:Past, Present and Future," Proceedings of the 3rd International Workshop of Leprosy Control in Asia (Taiwan Leprosy Relief Association, 1986), 113~114쪽;Stephen Ell, "Diet and Leprosy in the Medieval West:The Noble Leper," Janus:Revue Internationale LXXII (1985), 117쪽;S. Kartikeyan, "The Socio-Cultural Dimension in Leprosy Vaccine Trials," Leprosy Review LXI no. 50 (1990)

10) W. Felton Ross, "Leprosy Control:Past, Present and Future," Proceedings of the 3rd International Workshop of Leprosy Control in Asia (Taiwan Leprosy Relief Association, 1986), 113~114쪽;Stephen Ell, "Diet and Leprosy in the Medieval West:The Noble Leper," Janus:Revue Internationale LXXII (1985), 117쪽;S. Kartikeyan, "The Socio-Cultural Dimension in Leprosy Vaccine Trials," Leprosy Review LXI no. 50 (1990)

11) I. Santra, "Survey Reports:Leprosy Survey in the Punjab," Leprosy in India III no. 2 (April 1931), 78쪽;K. R. Chatterji, "Survey Reports:Report on Leprosy Survey Work Done at Salbani Police Station, Midnapore, Bengal," Leprosy in India IV no. 1 (January, 1932), 22쪽;Kenneth K. Kiple, The Caribbean Slave:A Biological History (Cambridge, Cambridge University Press, 1984), 139쪽;Hutchinson, On Leprosy:According to the Dictionary of National Biography 1912~1921, 허치슨 Hutchinson은 "(나병에 관한) 우리의 지식에 많은 걸 보탰고 많은 오류를 드러내기도 했지만, 그러나 그의 견해는 널리 수용되지 않았다. 비록 그가 자기 견해를 끝까지 당당하게 견지했지만."

12) L. M. Irgens, "Leprosy in Norway:An Epidemiology Study Based on a National Patient Registry," Leprosy Review LI, Supplement 1 (1980), 1~130쪽;Acworth, "Leprosy in India," 272쪽;Démétrius Al. Zambaco, La Lèpre à travers les siècles et les contrées (Paris, Masson & Cie, 1914), 180~195쪽.

13) 의사가 나병환자가 쓴 글들을 편집한 부분적 예외:A. Joshua-Raghavar, Leprosy in Malaysia, Past, Present and Future, ed. Dr K. Rajagopalan (A Joshua-Raghavar Sungai Buluh, Selangor, West Malaysia, 1983) Visit to Abou Zaabal courtesy of Dr Adel Abou-Saif of Suez Canal University.

14) Keith Manchester, "Leprosy:The Origin and Development of the Disease in

Antiquity," in Danielle Gourevitch, ed., Maladie et maladies, histoire et conceptualisation (Geneva, Librairie Droz, 1992), 31~49쪽.

15) F. F. Cartwright, A Social History of Medicine (London, Longman, 1977), 26쪽;회교라는 '타인'에 관해서는 다음을 참고하라. Edward Said, Orientalism (London:Routledge & Kegan Paul, 1978) and Culture and Imperialism (London, Chatto & Windus, 1993)

16) Mirko D. Grmek, Diseases in the Ancient Greek World, trans. Mireille Muellner and Leonard Muellner (Baltimore, MD, Johns Hopkins University Press, 1989), 153~176쪽;Manchester, "Leprosy," 40~41쪽. 누턴Nutton은 (주요 부분이 줄리어스 시이저에 의해 불살라졌던) "알렉산드리아의 도서관이 의학에 끼친 결정적 영향력"을 논의한다:Vivian Nutton, "Healers in the Medical Market Place:Towards a Social History of Graeco-Roman Medicine," in Andrew Wear, ed., Medicine in Society:Historical Essays (Cambridge, Cambridge University Press, 1992), 31~33쪽. 이 화재에 관해서는 다음을 참고하라. Mostafa El-Abbadi, Life and Fate of the Ancient Library of Alexandria (Paris, UNESCO/UNDP, 1992) 2nd edition;Christian Meier, Julius Caesar (London, HarperCollins, 1995), 410쪽.

17) Giovanni Tabacco, The Struggle for Power in Medieval Italy (Cambridge, Cambridge University Press, 1989), 49쪽;Mary Douglas, Purity and Danger:An Analysis of the Concepts of Pollution and Taboo (London, Routledge, 1966)

18) 다음에서 인용함. R. I. Moore, The Formation of a Persecuting Society:Power and Deviance in Western Europe 950~1250 (Oxford, Basil Blackwell, 1987), 48쪽.

19) 다음에서 인용함. A. Moreau-Neret, "L'Isolement des lepreux au Moyen-Age et le problème de 'lepreux errants'," Fédération des Sociétés d'Histoire et d'Archéologie de l'Aisne:Mémoires XVI (1970), 33쪽;Thin, Leprosy, 27쪽.

20) Mark Whittow, "Ruling the Late Roman and Early Byzantine City:A Continuous History," Past and Present CXXIX (November 1990), 3~29쪽;Nutton, "Graeco-Roman," 38ff.;Nancy G. Siraisi, Medieval & Early Renaissance Medicine (Chicago, University of Chicago Press, 1990), 10~13;Peter Brown, The World of Late Antiquity AD 150~750 (New York, W. W. Norton, 1989), 137~148쪽.

21) Richard Hodges and David Whitehouse, Mohammed, Charlemagne & the Origins of Europe (Ithaca, NY, Cornell University Press, 1983), 88쪽;Georges Duby, The Age of the Cathedrals:Art and Society 980~1420, trans. Eleanor Levieux and Barbara Thompson (Chicago, University of Chicago Press, 1981), 30~31, 34쪽.

22) T. N. Bisson, "The 'Feudal Revolution'," Past and Present CXLII (February 1994), 30~34쪽.

23) Katharine Park, "Medicine and Society in Medieval Europe, 500~1500," in Wear, Medicine in Society, 67, 72~ 75쪽 :Aron Gurevich, Medieval Popular Culture:Problems of Belief and Perception (Cambridge, Cambridge University

Press, 1990), 39~78쪽;Paul Fouracre, "Merovingian History and Merosingian Hagiography," Past and Present CXXVII (1990), 3~38쪽. 시라이시Siraisi는 16세기 텍스트에서 언급된 극소수 보건 담당자들 가운데 한 사람이 푸아티에에 사는 비잔틴에서 훈련받은 '거세된' 전문가였다;Siraisi, Medieval, 10쪽.

24) . Godfrey Goodwin, Islamic Spain (London, Penguin, 1990), 42~43쪽;Luis García-Ballester, "Changes in the Regimina Sanitatis:The Role of the Jewish Physicians," and Mark Zier, "The Healing Power of the Hebrew Tongue:An Example from Late Thirteenth-Century England," both in Sheila Campbell, Bert Hall and David Klausner, eds, Health, Disease and Healing in Medieval Culture (New York, St Martin's Press, 1992), 103~131쪽.

25) 다음에서 인용함. Grmek, Diseases, 171 and with slightly different wording, Michael W. Dols, "Leprosy in Medieval Arabic Medicine," Journal of the History of Medicine XXXIV (1979), 315쪽. 또한 다음을 참고하라. R. G. Cochrane and T. F. Davey, eds, Leprosy in Theory and Practice (Bristol, John Wright & Sons, 1964), 4쪽.

26) Dols, "Leprosy," 314~333쪽;Dols, "Djudhäm," The Encyclopedia of Islam, new edition, supplement (Leiden, E. J. Brill, 1980), 270~274쪽. 또한 다음을 참고하라. Haidar Abu Ahmed Mohamed, "Leprosy-The Moslem Attitude," Leprosy Review LVI (1985), 17~21쪽.

27) Hutchinson, On Leprosy, 109쪽. 언어에 관해서는 다음을 참고하라. Seth Schwartz, "Language, Power and Identity in Ancient Palestine," Past and Present CXLVIII (August 1995), 40~41쪽.

28) H. M. Koelbing and A. Stettler-Schär, "Leprosy, Lepra, Elephantiasis Graecorum-Leprosy in Antiquity," in H. M. Koelbibg et al., Beiträge zur Geschichte der Lepra (Zurich, Juris Druck, 1972), 101쪽. 돌스Dols는 1979년에 "뼈고고학적 증거에 따르면…… 성서시대 팔레스타인에 나병이 퍼졌다는 어떠한 암시도 없었다'고 단언했다. Dols, "Leprosy," 317쪽.

29) Samuel S. Kottek, Medicine and Hygiene in the Works of Flavius Josephus (Leiden, E. J. Brill, 1994), 42~45, 76, 78쪽.

30) 시간측정에 관한 서로 다른 해석에 관해 다음을 참고하라. Françoise Bériac, Histoire des lépreux au Moyen Age:une société d'exclus (Paris, Editions Imago, 1988), 38~42쪽;Grmek, Diseases, 164~170쪽;Dols, "Leprosy," 326쪽.

31) Moore, The Formation, 78쪽;Douglas, "Witchcraft and Leprosy," 723~736쪽.

32) Susan Reynolds, Kingdoms and Communities in Western Europe 900~1300 (Oxford, Clarendon Press 1984), 12~65쪽;Gerald Harriss, "Political Society and the Growth of Government in Late Medieval England," Past and Present CXXXVIII (February 1993), 46~53쪽. 영국에서 17세기의 '평판'을 보려면 다음을 참고하라. Annabel Gregory, "Witchcraft, Politics and "Good Neighbourhood'," Past and

Present CXXXIII (November 1991), 31~66쪽.

33) Siraisi, Medieval, 57~58쪽;Zier, "Healing Power," 113쪽;Park, "Medicine and Society," 79~80쪽.

34) Danielle Jacquart and Claude Thomasset, Sexuality and Medicine in the Middle Ages (Cambridge, Polity Press, 1988), 177쪽(my italics)

35) Carlo Ginzburg, Ecstasies:Deciphering the Witches' Sabbath, trans. Raymond Rosenthal (New York, Penguin, 1991), 63~86쪽.

36) Guy de Chauliac, La Grande Chirvrgie, ed. E. Nicaise (Paris, Félix Alcan, 1890), 404ff.

37) Luke Demaitre, "The Description and Diagnosis of Leprosy by Fourteenth Century Physicians," Bulletin of the History of Medicine LIX (1985), 327~344쪽;Peter Richards, The Medieval Leper and his Northern Heirs (London, D. S. Brewer, Rowman & Little-field, 1977), 98~99쪽;Moreau-Neret, "L'Isolement," 28쪽.

38) Michael R. McVaugh, Medicine Before the Plague:Practitioners and their Patients in the Crown of Aragon, 1285~1345 (Cambridge, Cambridge University Press, 1994), 219쪽.

39) Bériac, Histoire, 61쪽.

40) Michel Foucault, Madness and Civilization:A History of Insanity in the Age of Reason, trans. Richard Howard (London, Tavistock, 1967), 4~5쪽.

41) 파크는 "지배층이 나병에 관심을 기울인 최고의 정점인 12세기 무렵, 모든 새로운 병원들 가운데 대략 반 정도가 이런 종류(나병 요양소)였"음에 주목한다."Medicine and Society," 71쪽.

42) Robert S. Lopez, The Commercial Revolution of the Middle Ages, 950~1350 (Cambridge, Cambridge University Press, 1971);Georges Duby, Rural Economy and Country Life in the Medieval West, trans. Cynthia Postan (Columbia, University of South Carolina Press, 1968);Carlo M. Cipolla, Before the Industrial Revolution (New York, Norton, 1976);Janet L. Abu-Lughod, Before European Hegemony:The World System AD 1250~1350 (Oxford, Oxford University Press, 1989), 135~147 쪽.

43) R. W. Southern, Western Society and the Church in the Middle Ages (Harnondsworth, Penguin, 1970), 215쪽.

44) 다음에서 인용함. Bisson, "Feudal Revolution," 42쪽.

45) Jacques Le Goff, L'Imaginaire médiéval:essais (Paris, Gallimard, 1985), 145~148 쪽;Georges Duby, The Knight, the Lady and the Priest:The Making of Modern Marriage in Medieval France, trans. Barbara Bray (Harmonds-worth, Penguin, 1983)

46) L. K. Little, Religious Poverty and the Profit Economy in Medieval Europe (Ithaca, NY, Cornell University Press, 1978), 79~80쪽;Giles Constable, "Renewal and

Reform in Religious Life:Concepts and Realities," in Robert Benson and G. Constable, eds, Renaissance and Renewal in the Twelfth Century (Oxford, Clarendon Press, 1982), 56~57쪽.

47) Little, Religious Poverty, 79~80쪽.

48) 다음에서 인용함. John Larner, Italy in the Age of Dante and Petrarch 1216~1380 (London, Longman, 1980), 206쪽. 성 프란시스는 1219년에 이집트에서 술탄 알-카밀 Al-Kamil 앞에서 설교했다.

49) 다음에서 인용함. Saul Brody, The Disease of the Soul:Leprosy in Medieval Literature (Ithaca, NY, Cornell University Press, 1974), 135쪽. 맨수라에 있는 이 왕의 감옥은 현재 공공 박물관이다.

50) 다음에서 인용함. ibid., 127쪽.

51) Gussow and Tracy, "Stigma," 425~449쪽.

52) Marc Pegg, "Le Corps et l'authorité:la lèpre de Baudouin IV," Annales: Economies, Societís, Civilisations XL no. 2 (1990), 265~287쪽.

53) E. Jeanselme, "Comment l'Europe, au Moyen Age, se protégea contre la lèpres," Bulletin de la Société Française d'Histoire de la Médecine XXV (1931), 16쪽;Bériac, Histoire, 110쪽.

54) Creighton, Epidemics, 107쪽.

55) Marcus Bull, Knightly Piety and the Lay Response to the First Crusade:The Limousin and Gascony, c. 970~1130 (Oxford, Clarendon Press, 1993), 202~206 쪽;Bisson, "Feudal Revolution';J. H. Mundy, "Hospitals and Leprosaries in Twelfth and Early Thirteenth-Century Toulouse," in John H. Mundy, R. W. Emery and B. N. Nelson, eds, Essays in Medieval Life and Thought (New York, Columbia University Press, 1955), 189~191쪽.

56) Simone Mesmin, "Waleran, Count of Meulan and the Leper Hospital of S. Gilles de Pont-Audemer," Annales de Normandie XXXII (1982), 18쪽;François-Olivier Touati, "Une Approche de la maladie et du phénomène hospitalier aux XIIe et XIIIe siècles:la léproserie du Grand-Beaulieu à Chartres," Histoire des Sciences Médicales XIV no. 1 (1980), 422쪽;Bisson, "Feudal Revolution," 36쪽.

57) Albert Bourgeois, Lépreux et maladreries du Pas-de-Calais:(Xe-XVIIIe Siècles) (Arras, Commission Départementale des Monuments Historique, 1972), XIV, part 2, 35~36쪽;Peter Pooth, "Leprosaria in Medieval West Pomerania," International Journal of Leprosy VII (1939), 258쪽;Bériac, Histoire, 176쪽.

58) 다음에서 인용함. Little, Religious Poverty, 50쪽. Jacques Le Goff, Intellectuals in the Middle Ages (Oxford, Basil Blackwell, 1993) 이 책은 유대인의 기여에 대해서는 실제 전혀 언급하지 않는다.

59) Moore, The Formation, 140쪽. 또한 다음을 참고하라. Brian Stock, The Implications of Literacy:Written Language and Models of Interpretation in the

Eleventh and Twelfth Centuries (Cambridge, Cambridge University Press, 1983), 90 쪽.

60) Zier, "Healing Power" 114~115쪽(이탤릭체는 필자의 것).

61) Park, "Medicine and Society," 76쪽;Siraisi, Medieval, 29쪽.

62) Moore, The Formation, 99쪽;Kottek, Medicine and Hygiene, 43쪽;Ginzburg, Ecstasies, 38쪽;Thin, Leprosy, 3~4쪽;Mohamed Bey Khalil, ed., Comptes Rendus:V, Congrès Internationale de Médecine Tropicale et d'Hygiène, Le Caire, Egypte, Décembre, 1928 (Cairo, Government Printing Office, 1932), 295쪽.

63) Bourgeois, Lépreux, 68~69쪽;Bériac, Histoire, 72~73쪽;Johs. G. Andersen, Studies in the Medieval Diagnosis of Leprosy in Denmark:An Osteoarchaeolgical, Historical, and Clinical Study (Copenhagen, Useskrift for Laeger, 1969)

64) Keith Manchester and Charlotte Roberts, "The Palaeopathology of Leprosy in Britain:A Review," World Archaeology XII no. 2 (1989), 266~267쪽;Michael Farley and Keith Manchester, "The Cemetery of the Leper Hospital of St Margaret, High Wycombe, Buckinghamshire," Medieval Archaeology XXXIII (1989), 82~89쪽;Ell, "Diet and Leprosy," 120쪽;Manchester, "Leprosy," 42쪽.

65) 조각술 프로그램의 자세한 목록들을 보려면 다음을 참고하라. Etienne Houvet, Chartres Cathedral (Nancy-Paris, Les Fils d'E. Spillmann, 1961);또한 다음을 참고하라. David Marcombe and Keith Manchester, "The Melton Mowbray 'Leper Head':An Historical and Medical Investigation," Medical History XXXIV (1990), 86 ~91쪽;콜마르Colmar에 관한 입증되지 않은 주장을 보려면 다음을 참고하라 Shulamith Shahar, "Des Lépreux pas comme les autres:L'Order de Saint-Lasare dans le Royaume Latin de Jérusalem," Revue Historique CCLXVII (1982), 39쪽.

66) Hutchinson, On Leprosy, 284쪽;Peter Richards, Medieval Leper, 129~136쪽.

67) Bériac, Histoire, 202쪽.

68) Gerald Strauss, Law, Resistance, and the State:The Opposition to Roman Law in Reformation Germany (Princeton, Princeton University Press, 1986);John Langbein, Prosecuting Crime in the Renaissance:England, Germany, France (Cambridge, MA, Harvard University Press, 1974)

69) De Chauliac, La Grande Chirvrgie, 404쪽;Rotha Mary Clay, The Medieval Hospitals of England (London, Methuen, 1909), 61쪽.

70) De Chauliac, La Grande Chirvrgie, 404쪽;Rotha Mary Clay, The Medieval Hospitals of England (London, Methuen, 1909), 61쪽.

71) 다음에서 인용함. Creighton, Epidemics, 105쪽.

72) Foucault, Madness, 4쪽. 또한 다음을 참고하라. A. S. Lyons and R. J. Petrucelli, Medicine. An Illustrated History (New York, Abrahams, 1978), 345, 388쪽.

73) Creighton, Epidemics, 69~113쪽;Hutchinson, On Leprosy, 280~303쪽.

74) Moreau-Neret, "L'Isolement," 33쪽.

75) Richards, Medieval Leper, 131~132쪽.

76) Emannual Le Roy Ladurie, Montaillou:The Promised Land of Error, trans. B. Bray (New York, G. Braziller, 1978), 322쪽.

77) Jeanselme, "Cpmment l'Europe," 8~27쪽.

78) Bériac, Histoire, 202쪽;Moreau-Neret, "L'Isolement," 31~33쪽.

79) Richard Mortimer, "The Prior of Butley and the Lepers of West Somerton," Bulletin of the Institute of Historical Research LIII no. 127 (1980), 100쪽.

80) 위의 책에서 인용함. ibid., 101쪽.

81) 1321년에 대해 살펴보려면 다음을 참고하라. Malcolm Barber, "Lepers, Jews and Moslems:The Plot to Overthrow Christendom in 1321," History LXVI (1981), 1~17 쪽;Ginzburg, Ecstasies, 33~62쪽;Charles H. Taylor, "French Assemblies and Subsidy in 1321," Speculum:A Journal of Medieval Studies XLII no. 2 (1968), 217~ 44;C. J. Tyerman, "Philip V of France, the Crusade," Bulletin of the Institute of Historical Research LVII no. 135 (1984), 15~34쪽.

82) 다음에서 인용함. Barber, "Lepers," 14쪽.

83) McVaugh, Medicine, 220쪽.

84) Bourgeois, Lépreux, 68쪽;McVaugh, Medicine, 220쪽.

85) 다음에서 인용함. Le Roy Ladurie, Montaillou, 145쪽.

86) Bériac, Histoire, 201쪽;Ginzburg, Ecstacies, 49~53쪽;John B. Friedman, "'He hath a Thousand Slayn this Pestilence':The Iconography of the Plague in the Late Middle Ages," in Francis X. Newman, ed., Social Unrest in the Late Middle Ages (Binghamton, NY, Medieval & Renaissance Texts & Studies, 1986), 87쪽.

87) Bériac, Histoire, 201쪽;Ginzburg, Ecstacies, 49~53쪽;John B. Friedman, "'He hath a Thousand Slayn this Pestilence':The Iconography of the Plague in the Late Middle Ages," in Francis X. Newman, ed., Social Unrest in the Late Middle Ages (Binghamton, NY, Medieval & Renaissance Texts & Studies, 1986), 87쪽.

88) Ginzburg Ecstasies;Norman Cohn, Europe's Inner Demons (London, Chatto, 1975);Richard Kieckhefer, European Witch Trials:Their Foundations in Popular and Learned Culture, 1300~1500 (London, Routledge, 1976);Ann Hoeppner-Moran, Georgetown University, personal communication, March 1994;Demaitre, "Description and Diagnosis";Richards, Medieval Leper, 98~99쪽;Moreau-Neret, "L'Isolement," 34쪽.

89) Creighton, Epidemics, 107쪽;William McNeill, Plagues and Peoples (Garden City, NY, Anchor, 1976), 157쪽.

90) Douglas, "Witchcraft and Leprosy," 725, 735쪽;Stephen R. Ell, "Three Times, Three Places, Three Authors and One Perspective on Leprosy in Medieval and Early Modern Europe," International Journal of Leprosy LVII no. 4 (December 1989), 825~833쪽.

91) Roger Chartier, The Cultural Origins of the French Revolution, trans. Lydia G. Cochrane (Durham, NC, Duke University Press, 1991), 113~114쪽. Arlette Farge and Jacques Revel, Rules of Rebellion:Child Abductions in Paris in 1750 trans. Claudia Miéville (Cambridge, Polity Press 1992).

92) P. J. Cain and A. G. Hopkins, British Imperialism:Innovation and Expansion, 1688~1914 (London, Longman, 1993), 141 passim.

93) A. W. Crosby, "Hawaiian Depopulation as a Model for the Amerindian Experience," in Terence Ranger and Paul Slack, eds, Epidemics and Ideas:Essays on the Historical Perception of Pestilence (Cambridge, Cambridge University Press, 1992), 175~201쪽. The 1900 census listed 29, 799 Hawaiians;the 1930 only 22, 636:N. E. Wayson, "Leprosy in Hawaii," Leprosy Review III no. 1 (January 1932), 12 쪽. 1980년 무렵 하와이인의 종족의식 흐름에 영감을 받아 하나의 전환점이 생겼다. 또 한 다음을 참고하라. Marshall Sahlins, How "Natives" Think, About Captain Cook for Example (Chicago, University of Chicago Press, 1995)

94) 다음에서 인용함. David E. Stannard, American Holocaust:Columbus and the Conquest of the New World (Oxford, Oxford University Press, 1992), 144쪽. 또한 다음을 참고하라. Richard Henry Dana, Two Years Before the Mast, (first published Boston, 1840;New York, Penguin Books, 1948), 239쪽.

95) 다음에서 인용함. Ralph S. Kuykendall, The Hawaiian Kingdom, 1954~ 1874:Twenty Critical Years (Honolulu, University of Hawaii Press, 1953), 72쪽.

96) Ronald Takaki, Pau Hanu:Plantation Life and Labor in Hawaii, 1835~1920 (Honolulu, University of Hawaii Press, 1983), 100;Gussow and Tracy, "Stigma," 438 ~41:하와인들은 언제나 좋아서 "과학적 의학"을 회피하지는 않았다;Dana, Before the Mast, 240~241쪽.

97) 다음에서 인용함. James Cantlie, Report on the Conditions under which Leprosy Occurs in China, Indo-China, Malaya, the Archipelago, and Oceania. Compiled chiefly during 1894 (London, Macmillan, 1897), 132~133쪽;칸틸Cantlie은 1898년 에서 1925년까지 <열대 의학 및 보건학 저널(The Journal of Tropical Medicine and Hygiene)> 편집자였다.

98) Cantie, Report, 133쪽.

99) 다음에서 인용함. Kuykendall, Hawaiian Kingdom, 73쪽.

100) 다음에서 인용함. Wayson, "Leprosy in Hawaii," 14~15쪽;Acworth, "Leprosy in India," 270쪽.

101) 이 구절과 그다음 두 구절을 살피기 위해 다음을 참고하라. Edward Joesting, Kauai:The Separate Kingdom (Honolulu, University of Hawaii Press and Kauai Museum Association, 1984), 235~239쪽.

102) Charles S. Judd, Jr., "Leprosy in Hawaii, 1889~1976," Hawaii Medical Journal LXIII (1984), 328쪽.

103) 거소Gussow와 트레이시Tracy는 "하와이에서 나병 발생은 나병에 대한 현대 서양인의 태도를 형성하는 주목할 만한 사건이었다.":"Stigma," 432쪽. 또한 다음을 참고하라. Harm Johannes Schneider, Leposy and other Health Problems in Haraghe, Ethiopia (City University of Groningen, Haarlem, 1975), 113쪽.

104) 다음에서 인용함. Cantlie, Report, 126~127쪽.

105) Acworth, "Leprosy in India," 171~173쪽;Joshua-Raghavar, Leprosy in Malaysia, 53쪽.

106) R. C. Germond, "A Study of the Last Six Years of the Leprosy Campaign in Basutoland," International Journal of Leprosy IV (1936), 219~220쪽;John Iliffe, The African Poor:A History (Cambridge, Cambridge University Press, 1987), 217쪽;Vaughan, "Without the Camp," 77~78쪽.

107) Maryinez Lyons, "Sleeping Sickness, Colonial Medicine and Imperialism:Some Connections in the Belgian Congo," in Roy MacLeod and Milton Lewus, eds, Disease, Medicine, and Empire:Perspectives on Western Medicine and the Experience of European Expansion (London, Routledge, 1988), 250~251쪽. 또한 다음을 참고하라. Steven Feierman and John M. Janzen, "The Decline and Rise of African Population:The Social Context of Health and Disease:Introduction," in Feierman and Janzen, eds, The Social Basis of Health and Healing in Africa (Berkeley, University of California Press, 1992), 29쪽;Dr Stanley G. Browne, OBE, "Leprosy," in E. E. Sabben-Clare, D. J. Bradley and K. Kirkwood, eds, Health in Tropical Africa during the Colonial Period (Oxford, Clarendon Press, 1980), 75~78쪽;Joseph Conrad, Heart of Darkness (1899)

108) Cain and Hopkins, British Imperialism, 153~158, 293~295쪽;"Statistics of Kasr El Ainy Hospital, 1900," Records of the Egyptian Government Faculty of Medicine (Cairo, Government Press, 1927), 200~201쪽;Dr Naguib Scandar, "Le Lépre en Egypt," Comptes Rendus V, (1932), 296쪽;Robert G. Cochrane, Leprosy in India, A Survey (London, World Dominion Press, 1927), 22쪽;Amira el Azhary Sonbol, The Creation of a Medical Profession in Egypt, 1800~1922 (Syracuse, NY, Syracuse University Prss, 1991), 108쪽;Ronald Hyam, Empire and Sexuality:the British Experience (Manchester, Manchester University Press, 1990), 132쪽;H. H. Johnson, "Lord Cromer's 'Modern Egypt'," Journal of the African Society VII (October 1907), 247쪽. 1988년 이집트에서 다양한 의약요법의 소개와 더불어, 질병의 만연이 공식통계로 1만명당 0.8명으로 떨어졌지만, 그러나 실제 발견되는 비율은 계속 증대된다:Gobara Khalafalla, "The Optimism is Perhaps Justifiable," World Health Forum XVII no. 2 (1996), 131쪽.

109) Iliffe, African Poor, 227쪽.

110) O. F. Atkey, "Leprosy Control in South Sudan," International Journal of Leprosy I (1935), 78쪽;Iliffe, African Poor, 220쪽;Journal of Tropical Medicine (September

1898), 55쪽;Cochrane, Leprosy in India, 22~25쪽.

111) Beaven Rake et al., Leporosy in India:Report of the Leprosy Commission in India 1890~1891 (Calcuttam, Superintendent of Government printing, India, 1892), 150 쪽. 나병이 정부 비용으로 강제적 격리를 필요로 하는 "제국의 위험요인"이 아닌 사례 를 확인한 뒤, 판무관들은 자발적 격리가 허용되도록 뒷받침하고 권고했다. Khan Bahadur Choksy, MD, "Leprosy Legislation in India," Lepra X (1910), 134~141쪽.

112) Rake, Leprosy Commission Report, 140쪽;Ernest Muir, "Methods of Campaign against Leprosy in India," Leprosy Review III no. 2 (April 1931), 53쪽;V. S. Upadhyay, Socio-Cultural Implications of Leprosy:An essay in medical anthropology (Ranchi, Maitryee Publications, 1988), 6쪽;Khalil, Comptes Rendus V, 273 쪽;Ernest Muir, "Leprosy in Sierra Leone," Leprosy Review VII no. 4 (October 1936), 192쪽. 오늘날 모든 나병환자들 가운데 70퍼센트가 WHO "남동 아시아" 지역 (파키스탄은 제외)에서 발견된다.The World Health Report 1996:Fighting Disease, Fostering Development (Geneva, WHO, 1996), 29쪽.

113) Muir, "Methods of Campaign," 55쪽;Barry R. Bloom and Tore Godal, "Selective Primary Health Care:Strategies for Control of Disease in the Developing World:V. Leprosy," Reviews of Infectious Diseases IV (July-August 1983), 772쪽;R. Premkumar, "Understanding the Attitude of Multidisciplinary Teams Working in Leprosy." Leprosy Review LXV (1994), 74~75쪽;A. D. Power, "A British Empire Leprosarium," Journal of the Royal African Society XXXVIII no. 150 (January 1939), 467쪽. 나병 치료를 (헌신적인 자원봉사자들의 전통을 등에 엎고) 정기적인 지역보건 사업으로 통합시켜내는 데서 겪는 지속적인 어려움을 시사하는 논평을 보려면 다음을 참고하라. S. K. Noordeen, "Eliminating Leprosy as a Public Health services:S. K. Noordeen, "Eliminating Leprosy as a Public Health Problem-Is the Optimism Justified?," World Health Forum:and International Journal of Health Development (WHO, Geneva) XVII no. 2 (1996), 117쪽.

114) E. B. van Heyningen, "Agents of Empire:the medical profession in the Cape Colony, 1880~1910," Medical History XXXIII (1989), 456쪽.

115) E. B. van Heyningen, "Agents of Empire:the medical profession in the Cape Colony, 1880~1910," Medical History XXXIII (1989), 456쪽.

116) I. Santra, "Reports of Leprosy Survey," Leprosy in India II no. 4 (October 1930), 140쪽;Cochrane, Leprosy in India, 61쪽;T. G. Mayer, "Leprosy in Nigeria," Leprosy in India II no. 4 (October 1930), 132~133쪽.

117) G. Heaton Nicholls, "Empire Settlement in Africa in its Relation to Trade and the Native Races," Journal of the African Society XXV no. 98 (January 1926), 109 쪽;Iliffe, African Poor, 216~217쪽.

118) A. G. de la P., "Lundu, the Leper Isle," Central Africa XXVII (1909), 214쪽.

119) 다음에서 인용함. L. Langauer, "Leprosy in Benin and Warri Provinces of Nigeria,"

Leprosy Review XI no. 1 (January 1940), 97쪽. 또한 다음을 참고하라. "Report on Dr. Muir's Tour:Leprosy in Nigeria," Leprosy Review XI no. 1 (January 1940), 62쪽;Marc Dawson, "The Social History of Africa in the Future:Medical Related Issues," African Studies Review XXX 1987), 83~91쪽;van Heyningen, "Agents of Empire," 468 쪽;Charles M. Good, "Pioneer Medical Missions in Colonial Africa," Social Science and Medicine XXX no. 1 (1991), 8쪽;John Iliffe, "Leprosy," in his African Poor, 214 ~229쪽;Megan Vaughan, "The Great Dispensary in the Sky:Medical Misionaries," and "Without the Camp:Institutions and Identities in the Colonial History of Leprosy" in her Curing Their Ills, 55~59쪽;Terence Ranger, "Godly Medicine:The Ambiguities of Medical Mission in Southeast Tanzania, 1900~1945," in Feierman and Janzen, Social Basis, 256~282쪽;Kipp, "Evangelical Uses of Leprosy".

120) M. Elizabeth Duncan, "Leprosy and Procreation-A Historical Review of Social and Clinical Aspects," Leprosy Review LVI no. 2 (1985), 160쪽.

121) J. Mérab, Impressions d'Éthiopie:L'Abyssinie sous Ménélik II (Paris, H. Libert, 1921), 161쪽 (my translation)

122) H. W., "The Leper's Fate," Central Africa no. 110 (February 1892), 28쪽.

123) 다음에서 인용함. Vaughan, Curing Their Ills, 95쪽.

124) Gussow and Tracy, "Stigma," 446쪽;Vaughan, Curing Their Ills, 88쪽. 또한 다음을 참고하라. Marian Ulrich et al., "Leprosy in Women:Characteristics and Repercussions," Social Science and Medicine XXXVII no. 4 (1993), 445쪽.

125) H. W. "The Leper's Fate," 28쪽.

126) Ranger, "Godly Medicine'. 레인저는 1920년대와 30년대쯤 "아프리카 인들에게 질병이 줄기보다는 늘어나고 있는 것으로 인식했다"고 지적한다:Ranger, "Medical Science and Pentecost:The Dilemma of Anglicanism in Africa," in W. J. Shiels, ed., Studies in Church History, XIV:The Church and Healing (Oxford, Basil Blackwell, 1982), 338쪽.

127) E. Cannon, "The Preparation of Converts for Baptism," Report on a Conference of Leper Asylum Superintendents and Others (Cuttack, Orissa Mission Press, 1920), 136쪽.

128) W. C. Irvine, "Christian Teaching and Spiritual Work in the Asylums," ibid., 134~135쪽.

129) Ibid., 134쪽.

130) Frank Oldrieve, India's Lepers:How to Rid India of Leprosy (London, Marshall Brothers, 1924), 46~47쪽.

131) "Colonial Medical Report:No. 24:Southern Nigeria (1905)," Journal of Tropical Medicine IX (1906), 61쪽.

132) 다음에서 인용함. Iliffe, African Poor, 218쪽.

133) Rubert Boyce, "The Colonization of Africa," Journal of the African Society X no.

40 (1911), 395쪽.

134) 다음에서 인용함. Robert Strayer, The Making of Mission Communities in East Africa:Anglicans and Africans in Colonial Kenya, 1875~1935 (London, Heinemann, 1978), 5쪽.

135) Frederick Shelford, "Ten Years' Progress in West Africa," Journal of the African Society VI (1906~1907), 348쪽;Margery Perham, ed., The Diaries of Lord Lugard III (Evanston, IL, Northwestern University Press, 1959), 19~61쪽.

136) W. P., "The Black Man as Patient," Central Africa XX no. 231 (March 1902), 45~47쪽.

137) James Cantlie, "Livingstone College:Address, May 31, 1906," Journal of Tropical Medicine IX (16 July 1906), 222쪽(my italics)

138) Ronal Ross, "Missionaries and the Campaign against Malaria," Journal of Tropical Medicine and Hygiene XIII (15 June 1910), 183쪽.

139) "Two Scenes," Central Africa XXVII no. 317 (May 1909), 129쪽. 잔지바르에서 나온 유사한 UMCA 보고서를 보려면 다음을 참고하라. G. M. Dawson, "A Visit to the Lepers," Central Africa no. 531 (March 1927), 43쪽.

140) "Medical Missionaries," Journal of Tropical Medicine I (December 1898), 133쪽.

141) Cochrane, Leprosy in India, 61쪽;E. Muir, "Reports," Leprosy Review XI no. 1 (January 1940), 5쪽.

142) Sir Rupert Briercliffe, "Leprosy in Nigeria," Leprosy Review XI no. 1 (January, 1940), 86쪽;"Leprosy in Negeria," ibid., 53~54, 67쪽.

143) Justin Willis, "The Nature of a Mission Community:The Universities' Mission to Central Africa in Bonde," Past and Present CXL (August 1993), 127~154쪽. 유럽적 배경에 관해서는 다음을 참고하라. Strayer, Making of Mission Communities;T. O. Beidelman, Colonial Evangelism:A Socio-historical Study of an East African Mission at the Grassroots (Bloonington, Indiana University Press, 1982)

144) Willis, "Mission Community," 147쪽. 1912년 동아프리카 선교교육 공무원이 전해준 전형적인 말로 "아마도 종교적으로 말해서 모든 인간은 형제들이며, 정치적으로 말해서 흑인은 영원히 어린 아이일 것이다":다음에서 인용함. Strayer, Making of Mission Communities, 102쪽.

145) A. C. Howard, "Leprosy in Nigeria," International Journal of Leprosy Review XI no. 1 (January 1940), 122쪽. 또한 다음을 참고하라. Ernest Muir, "The Leprosy Situation in Africa," Journal of the Royal Africa," Journal of the Royal African Society XXXIX (1940), 142쪽.

146) "Editorials:Dr. Davey's Report on Leprosy Control in the Owerri Province, S. Nigeria," Leprosy Review XI no. 1 (January 1940), 122쪽. 또한 다음을 참고하라. Ernest Muir, 'The Leprosy Situation in Africa," Journal of the Royal African Society XXXIX (1940), 142쪽.

147) Muir, "1939 Tour," Leprosy Review XI no. 1 (January 1940)

148) H. C. Armstrong, "Account of Visit to Leprosy Institutions in Nigeria," Leprosy Review VI no. 3 (July 1935), 157~158쪽. 또한 다음을 참고하라. Willis, "Mission Community".

149) Bernard Moiser, "A Description of the Work at the Leprosy Hospital at Ngomahuru, Southern Rhodesia," Leprosy Review IV no. 1 (January 1933), 14 쪽;Browne, "Leprosy," 72~74쪽.

150) Browne, "Leprosy," 74쪽. 또한 다음을 참고하라. E. A. Ayandele, the Missionary Impact on Modern Nigeria:1842~1914:A Political and Social Analysis (London, Longman, 1966), 329쪽;Tim Keegan, "The Crushing of the Eastern Cape:Review of Les Switzer, Power and Resistance in an African Society:The Ciskei Xhosa and the Making of South Africa (1994)" in Times Literary Supplement 29 April 1994, 176쪽.

151) Review of Hansen's Leprosy, Journal of Tropical Medicine, 1 (10 November 1895), 176쪽.

152) Cochrane, Leprosy in India, 1;Iliffe, African Poor, 219쪽.

153) Iliffe, African Poor, 225쪽.

154) Cochrane, Leprosy in India, 1;Choksy, "Leprosy Legislation," 139쪽.

155) "Report on the Philippine Leprosy Commission," International Journal of Leprosy III no. 4 (1935), 392쪽;Khalil, Comptes Rendus V. 273쪽;Joshua Raghavar, Leprosy in Malaysia, 48쪽;Wayson, "Leprosy in Hawaii". 20세기 초기 홉스적인 접근방식의 계속되는 유산을 보려면 다음을 참고하라. Manuel G. Roxas," World Health Forum XVII no. 2 (1996), 119쪽. 또한 다음을 참고하라. Rodney Sullivan, "Cholera and Colonialism in the Philippines, 1899~1903," in MacLeod and Lewis, Disease, Medicine and Empire, 284~300, 296쪽.

156) Khalil, Comptes Rendus V, 285쪽.

157) Nicholls, "Empire Settlement," 105~116쪽;Muir, "Leprosy in Africa," 138 쪽;Randall M. Packard, White Plague, Black Labour:Tuberculosis and the Polirical Economy of Health and Disease in South Africa (London, James Currey, 1989)

158) Joshua-Raghavar, Leprosy in Malaysia, 59, 61쪽.

159) 다음에서 인용함. Vaughan, Curing Their Ills, 81쪽.

160) Muir, "Methods of Campaign," 52, 60쪽.

161) Santra, "Reports of Leprosy Survey," 138쪽;Chatterji, "Survey Reports," 22 쪽;Santra, "Leprosy Survey in the Punjab," 78, 이 글은 "나병환자 중 90퍼센트가 매독 이나 임질로 고통받게" 만드는, "병에 걸릴 가능성을 높이는 요인"을 열거한다.

162) A. C. Stanley Smith, "Leprosy in Kigezi, Uganda Protectorate," Leprosy Review II (4) 1931, 72쪽.

163) 다음에서 인용함. Mérab, Impressions, 166쪽. Richard Pankhurst, "The History of Leprosy in Ethiopia to 1935," Medical History XXVIII (1984), 57~72쪽;E. Muir,

"How Leprosy is Spread in the Indian Village," 64쪽;Cochrane, Leprosy in India, 25 ~26쪽.

164) F. Shelford, "Ten Years," 348쪽. 또한 다음을 참고하라. "Mohammedanism" The Encyclopedia of Missions(미국판) 1st edition 1891, 2nd edition 1904, 484~485쪽.

165) Strayer, Making of Mission Communites, 6~7쪽;Anon., "The Conversion of the Moslem World:A Suggestion," Central Africa XLV no. 53 (February 1927), 33 쪽;Nicholls, "Empire Settlement," 116쪽.

166) Schneider, Leprosy, 112쪽;Dols, entry for "Leprosy," Encyclopedia of Islam;Mohamed, "Leprosy-the Moslem Attitude," 19쪽.

167) Mayer, "Leprosy in Nigeria," 133쪽;Howard, "Lepsory in Nigeria," 77~78쪽. 1910~11년 동안 북부상황을 보려면 다음을 참고하라. R. R. Kuczynski, Demographic Survey of the British Colonial Empire 1, West Africa (Oxford, Royal Institute of International Affairs, Oxford University Press, 1948), 738~739쪽.

168) W. F. Ross, "Leprosy Control," 12쪽;S. K. Noordeen, B. Lopez and T. Sundaresan, "Estimated Number of Leprosy Cases in the World," Leprosy Review LXIII (3) 1992, 282~287쪽. 1993년에 90개국에서 "치료를 받으러 등록한 230만 명의 환자들('알려진 병의확산 정도')이 있었는데, 그중에서 단지 110만 건만 복합약제 치료를 받았다. 새로운 발병 건수의 추산치('발병률')는 1년에 90만 명이었다." 핀스트라Feenstra는 '알려진 병의 확산정도'(급선회한 MDT의 허가로 인해 빠르게 수가 줄고 있는 등록된 발병 건수)와 '발병률'(매년 새로 발병되는 건수인테 1982년에 MDT가 도입된 이래로 떨어지지 '않고' 있는 듯하다)을 조심스럽게 구분한다.D. Feenstra, "Will there be a need for Leprosy Control Services in the 21st Century?" Leprosy Review, LXV (1994), 298쪽. 또한 다음을 참고하라. Paul C. Y. Chen, "Bringing Leprosy into the Open," World Health Forum IX (1988), 323~325쪽. 구조조정 정책으로 인해 제3세계 나라들에서 보건사업이 붕괴되기 때문에, 나병은 적어도 한 세대 더 퍼지게 될 것이다.Sheena Asthana, "Economic Crisis, Adjustment and the Impact on Health," in David R. Phillips and Yola Verhasselt, eds, Heath and Development (London, Routledge, 1994), 50~64쪽. 이런 경향을 저지하려는 시도로, 일본의 사사카와 재단은 5년 동안 풍토성 나병이 퍼진 모든 나라들에게 MDT약을 공급하겠다고 서약했다.WHO, Leprosy News IV no. 1 (April 1995)

169) Upadhyay, Socio—Cultural Implications, 103쪽.

3. 신세계의 천연두와 구세계의 천연두:대학살에서 절멸로, 1518~1977년까지

1) 주류파의 입장을 보려면 다음을 참고하라. Douglas H.Ubelaker, "Patterns of Demographic Change in the Americas," Human Biology LXIV no. 3 (June 1992);John W. Verano and Douglas H. Ubelaker, eds, Disease and Demography in

the Americas (Washington, DC, Smithsonian Institution Press, 1992);Clark Spencer Larsen and George R. Milner, eds, In the Wake of Contact:Biological Responses to Conquest (New York, Wiley-Liss, 1994) 대표적인 문화상대주의자들을 보려면 다음을 참고하라. Henry F. Dobyns, Their Number Became Thinned:Native American Population Dynamics in Eastern North America (Knoxville, University of Tennessee Press, 1983);W. George Lovell, "'Heavy Shadows and Black Night':Disease and Depopulation in Colonial Spanish America," Annals of the Association of American Geographers LXXXII no. 3 (1992) 현대의 아메리카 원주민들에 대한 스미소니언 협회의 모순된 태도에 관해서는 다음을 참고하라. Donald J. Ortner, "Skeletal Paleopathology:Probabilities, Possibilities, and Impossiblities, Possibilities, and Impossibilities," in Verano and Ubelaker, Disease and Demography, 12~13쪽;David William Cohen, The Combing of History (Chicago, University of Chicago Press, 1994), 4ff.

2) 의문제기에 관하여 다음을 참고하라. Donald Joralemon, "New World Depopulation and the Case of Disease," Journal of Anthropological Research XXXVIII (1982);Lovell, "'Heavy Shadows and Black Night'";Russell Thornton, Tim Miller and Jonathan Warren;"American Indian Population Recovery Following Smallpox Epidemics," American Anthropologist XCIII (1991), 38~41쪽.

3) "천연두는 신대륙의 생물학적 전쟁에서 군대로 치면 사망의 '대위'급이었고, 발진티푸스는 '중위'급, 홍역은 '소위'급이었다…… 이런 질병들은 문명의 전조요, 기독교 정신의 동반자이며, 침략자의 친구들이었다":P. M. Ashburn, MD (1947), 다음에서 인용함. Joralemon, "The Case of Disease," 112쪽.

4) 머린Murrin은 만일 정말이지 그런 전염병이 살아남아 번식하는 상태였더라면, 1492년의 아메리카 원주민은 "1820년의 모든 유럽 이민자들보다 아마 25배 정도의 비율로 수적으로 압도했고, 미국으로 왔던 모든 아프리카 인들보다 9배는 수가 더 많았을" 터였음을 우리에게 상기시킨다:John M. Murrin, "Beneficiaries of Catastrophe:The English Colonies in America," in Eric Foner, ed., The New American History (Philadelphia, Temple University Press, 1990), 7쪽.

5) 중국에 관해서는 본서 제4장(매독)을, 인도에 관해서는 제5장(콜레라)을 참고하라. 우베레이커Ubelaker는 콜럼부스가 오기 전의 신대륙 사람들이 사실상 "신세계의 여러 군데를 통틀어 높은 유아사망률과 중대한 보건문제를 낳을 다양한 감염성 질병과 더불어, 결핵, 트레포네마균에 의한 질병, 호흡기 질병, 기생충 감염"으로 고통받았을 것이라 주장하면서, "질병없이 조화롭게 사는 거대한 수의 미국 인디언들이라는 루소식의 이미지"에 경고를 보낸다:Ubelaker, "Patterns of Demographic Change," 364~365쪽.

6) Alex Mercer, Disease Mortality and Population in Transition (Leicester, Leicester University Press, 1990), 70. 카마이클Carmichael과 실버스타인Silverstein은 영국에서 발병력의 변화가 나타난 연대를 매기는데, 필시 유럽에서는 17세기 중엽이 될 것이다. Ann G. Carmichael and Arthur M. Silverstein, "Smallpox in Europe before the

Seventeenth Century:Virulent Killer or Benign Disease?", Journal of the History of Medicine XLII (1987), 161쪽;그러나 하디Hardy는 점차로 증대되는 발병력이 '19세기 중엽'까지는 정점에 이르지 않았으며, "영국과 아마 유럽에서" 보다 초기의 경향성은 비교적 미약했다고 주장한다., Anne Hardy, "Smallpox in London:Factors in the Decline of the Disease in the Nineteenth Century," Medical History XXVII (1983), 113쪽.

7) Deborah Brunton, "Smallpox Inoculation and Demographic Trends in Eighteenth Century Scotland," Medical History XXXVI (1992), 409쪽;J. R. Smith, The Speckled Monster:Smallpox in England 1670~1970, with Particular Reference to Essex (Chelmsford, Essex Record Office, 1987), 173쪽.

8) Smith, Speckled Monster, 179~180쪽. 고전적인 의학적 식견에 입각한 설명은 다음에서 참고할 수 있다. C. W. Dixon, Smallpox (London, J. and A. Churchill, 1962)

9) Russell Thornton, J. Warren and T. Miller, "Depopulation in the Southeast after 1492," in Verano and Ubelaker, Disease and Demography, 191쪽.

10) 다음에서 인용함. Joralemon, "The Case of Disease," 118쪽.

11) Hanns J. Prem, "Disease Outbreaks in Central Mexico during the Sixteenth Century," in noble David Cook and W. George Lovell, "Secret Judgments of Cod":Old World Disease in Colonial Spanish America (Norman, Univeristy of Oklahoma Press, 1991), 31~33쪽;Cook and Lovell, "Unravelling the Web of Disease," in "Secret Judgments", 213~243쪽;Guenter Risse, "Medicine in New Spain," in Ronald L. Numbers, ed., Medicine in the New World:New Spain, New France, and New England (Knoxville, University of Tennessee Press, 1987), 27 쪽;Carmichael and Silverstein, "Smallpox in Europe," 151~154쪽;Raymond A. Anselment, "Smallpox in Seventeenth Century English Literature:Reality and the Metamorphosis of Wit," Medical History XXXIII (1989), 75쪽. 조라레몬Joralemon은 서로 다른 단계에서 천연두로 혼동된 질병들을 열거한다:"The Case of Disease," 120 쪽. 영향력 있는 영국의 임상의 존 헌터(John Hunter:1728~93)가 '자연'에 의해 한 번에 하나의 질병만이 생기며, 동시에 두 가지 질병을 앓는 사람은 결코 있을 수 없다고 발표한 뒤에, 복합질병 위기를 진단하는 문제해결이 더욱 어려워졌다:Yves-Marie Bercé, Le Chaudron et la lancette:croyances populaires et médecine préventive (1798~1830) (Paris, Presses de la Renaissance, 1984), 245쪽.

12) Suzanne Austin Alchon, Native Society and Disease in Colonial Ecuador (Cambridge, Cambridge University Press, 1991), 24쪽;Cook and Lovell, "Secret Judgments", 213쪽.

13) 다음에서 인용함. Ronald Wright, Stolen Continents:The Indian Story (London, Pimlico, 1993), 19~21, 30~32쪽. 또한 다음을 참고하라. Inga Clendinnen, "The Cost of Courage in Aztec Society," Past and Present CVII (1985), 44~46쪽. In 1506, 율리우스 2세 교황은 과거의 세인트피터스를 무너뜨림으로써, 계획적으로 만든

중세 도시구역을 또 하나의 황폐한 곳으로 만들어버렸다.

14) 다음에서 인용함. Dacid E. Stannard, American Holocaust:Columbus and the Conquest of the New World (New York, Oxford University Press, 1992), 7~8쪽.

15) David Henige, "When Did Smallpox Reach the New World (And Why Does It Matter)?," in Paul E. Lovejoy, ed., Africans in Bondage:Studies in Slavery and the Slave Trade:Essays in Honor of Philip D. Curtin (Madison, African Studies Program, University of Wosconsin Press, 1986), 11~26쪽.

16) Henige, "Why Does It Matter?" 17쪽;Francisco Guerra, "The Earliest American Epidemic:The Influenza of 1493," Social Science History XII (1988), 305~325쪽;Samuel M. Wilson, Hispaniola:Caribbean Chiefdoms in the Age of Columbus (Tuscaloosa, University of Alabama Press, 1990), 2, 95~96, 135쪽;Stannard, American Holocaust, 47~49쪽.

17) Henige, "Why Does It Matter?" 17쪽;Hugh Thomas, Conquest:Montezuma, Cortés, and the Fall of Old Mexico (New York, Simon & Schuster, 1993), xii;Wright, Stolen Continents, 44~47쪽.

18) Bernardino de Sahagén, Florentine Codex:General History of the Things of New Spain:Book 12-The Conquest of Mexico, trans. Arthur J. O. Anderson and Charles E. Dibble (Salt Lake City, University of Utah Press, 1955), 81쪽.

19) 다음에서 인용함. Stannard, American Holocaust, 79쪽.

20) 같은 데서 인용함. 엘리엇Elliott에 따르면, 노년에 퇴직해 마드리드의 시내 자기 가옥에 머물던 코르테스Cortés는, "인본주의적이고 종교적인 관심사에 관해 정기적인 토론의 자리를 개최하는 '아카데미'의" 중심이었다. 수도사들은 "인류의 복음화를 위한 길을 마련하기 위해 선택된 하나님의 사람으로서 그들의 정복 역사의" 글 속에서 그를 찬탄했다.J. H. Elliott, Spain and its World 1500~1700:Selected Essays (London, Yale University Press, 1989), 41쪽. 국제적 회의에서 발견된 사실을 요약한 그의 탁월한 글 속에 다음의 내용이 들어있다. "America in European Consciousness 1493~1750" at the John Carter Brown Library, Providence, Rhode Island, USA, 9 June 1991, 존John 경은 스페인 인과 포르투갈 인 들이 신세계에 안겨주었던 사소한 불유쾌에 대해 그럭저럭 언급을 회피하다가, 결국 이야기를 다음과 같이 수정하였다. "Final Reflections:The Old World and the New Revisited," in Karen Ordahl Kupperman, ed., America in European Consciousness 1493~1750 (Chapel Hill, University of North Carolina Press, 1995)

21) 아즈텍의 종교적 희생제의에 관해서는 다음을 참고하라. Clendinnen, "The Cost of Courage, 44~89쪽.

22) Serge Gruzinski., The Conquest of Mexico:The Incorporation of Insian Societies into the Western World, 16th~18th Centuries, trans. Eileen Corrigan (Cambridge, Polity Press, 1993), 81쪽;James Lockhart, The Nahuas after the Conquest:A Social and Cultural History of the Indians of Central Mexico, Sixteenth through Eighteenth

Centuries (Stanford, CA, Stanford University Press, 1992), 112~116쪽.

23) Lovell, "'Heavy Shadows and Black Night'," 435~437쪽;Woodrow Borah, "Intro-duction" in Cook and Lovell, "Secret Judgments", 15쪽;Wright, Stolen Continents, 64~83쪽.

24) Lovell, "'Heavy Shadows and Black Night'," 435~437쪽;Woodrow Borah, "Intro-duction" in Cook and Lovell, "Secret Judgments", 15쪽;Wright, Stolen Continents, 64~83쪽.

25) Clara Sue Kidwell, "Aztec and European Medicine in the New World, 1521~1600," in Lola Romanucci-Ross, D. Moerman and L. Tancredi, The Anthropology of Medicine:From Culture to Method (New York, Praeger, 1982), 23쪽;Borah, "Intro-duction" in "Secret Judgments," 13쪽. 또한 다음을 참고하라. Alfredo López Austin, The Human body and Ideology:Concepts of the Ancient Nahuas, trans. T. and B. Ortiz de Montellano (Salt Lake City, University of Utah, Press, 1988), 1, Chapters 5~6;Risse, "Medicine in New Spain," 51쪽. 경험주의자에 대한 유럽의 관념에 관해서는 본서 제1장 '페스트'을 참고하라.

26) 다음에서 인용함. Stannard, American Holocaust, 89, 다음과 같은 정평있는 연구로부터 인용함. John Hemming, The Conquest of the Incas (1970) (New York, Harcourt Brace Jovanovich, 1970), 372쪽.

27) Wright, Stolen Continents, 185쪽.

28) Noble D. Cook, Demographic Collapse:Indian Peru, 1520~1620 (Cambridge, Cambridge University Press, 1981), 60~61쪽.

29) Ann Ramenofsky, Vectors of Death:The Archaeology of European Contact (Albuquerque, University of New Mexico Press, 1987)

30) Henry F. Dobyns, "More Methodological Perspectives on Historical Demography," Ethno-history XXXVI no. 3 (Summer 1989) 288~289쪽;Wright, Stolen Continents, 123~124쪽.

31) 다음에서 인용함. Wright, Stolen Continents, 123쪽.

32) 다음에서 인용함. Andrew Delbanco, The Puritan Ordeal (Cambridge, MA, Harvard Univerisy Press, 1989), 106쪽. 이 질병의 규명에 관해서는 다음을 참고하라. Timothy L. Bratton, "The Identity of the New England Indian Epidemic of 1616~1619," Bulletin of the History of Medicine LXII (1988), 375~383쪽. 또한 다음을 참고하라. Catherine C. Carlson, George J. Armelagos and Ann L. Magennis, "Impact of Disease on the Precontact and Early Historic Populations of New England and the Maritimes," in Verano and Ubelaker, Disease and Demography, 148, 150쪽.

33) 다음에서 인용함. Bratton, "Identity of …… 1616~1619", 38쪽.

34) 다음에서 인용함. Alfred W. Crosby, Ecological Imperialism:The Biological Expansion of Europe, 900~1900 (Cambridge, Cambridge University Press, 1986), 208쪽;하트포드 주변 아메리카 원주민 1,000명 가운데 950명이 바로 그 해 겨울에 천

연두로 사망했다. Carolyn Merchant, Ecological Revolutions;Nature, Gender, and Science in New England (Chapel Hill, University of North Carolina Press, 1989), 90쪽.

35) Cook and Lovell, "Secret Judgments";Dauril Alden and Joseph C. Miller, "Out of Africa:The Slave Trade and the Transmission of Smallpox to Brazil, 1560~1831," Journal of Interdisciplinary History XVIII no. 2 (Autumn 1987), 199쪽;Stannard, American Holocaust, 91~93쪽;Claude Lévi-Strauss, "The River of Sorrows," The Times Higher Education Supplement, 1 September 1995, 15~17쪽.

36) 다음에서 인용함. Crosby, Ecological Imperialism, 215쪽. 아메리카 원주민들이 천연두와 같은 구세계 질병에 잘 걸리는 경향을 다루면서 미국 중남부 지역 역사가인 K. 키플Kiple은 다음과 같이 주장한다. "부분적으로 (1492년 이전의) 전염병학상의 예외가 일어났던 이유는, 대부분의 인디언 주민들이 문제가 되는 많은 질병들을 경험할 만큼 충분할 정도의 인구밀도를 이루고 있지 못했기 때문이었다…… 그러나 주요한 이유는 (높은 도시 인구밀도를 낳는) 더욱 더 고차원적인 문명을 확립하는 가운데 우연히 더욱 더 고차원적인 기생충 활동을 자극했던 세계로부터, 미국이 격리되어 있었기 때문이다."(이탤릭체는 필자의 것);Kenneth F. Kiple, The Caribbean Slave:A Biological History (New York, Cambridge University Press, 1984), 10쪽. 키플은 주1에 나왔던 스미소니언 협회에 기여했다.

37) 아메리카 원주민들을 '난쟁이'로 날조한 것은 신학자 후안 기네스 데 세풀베다Juan Ginés de Sepélveda가 1542년에 쓴 저서 <Democrates Alter O Secundus, Sive de Justis Belli Causis Apud Indos>의 주제였다. 그는 집에만 틀어박혀 있던 사람으로, 식민주의자들이 적합하다고 여기는 어떤 식으로든지 원주민들을 통치하는 스페인 식민주의자들의 권리를 옹호했다. 스페인의 법률가로 실제 1567년에 (원주민들이 전염성 질병과 노예노동으로 곳곳에서 죽어가고 있었던) 페루로 간 후안 데 마티엔쪼Juan de Matienzo는 원주민들을 "이성을 전혀 감지하지 못한 채 감정에만 지배되는 동물들"로 간주했다. 다음에서 인용함. H. C. Porter, The Inconstant Savage:England and the North American Indian, 1500~1660 (London, Duckworth, 1979), 167쪽. 또한 다음을 참고하라. Elliott, Spain and its World, 49쪽.

38) Porter, Inconstant Savage, 157쪽;Irving Rouse, The Tainos:Rise and Decline of the People Who Greeted Columbus (New Haven, CT, Yale University Press, 1993)

39) 다음에서 인용함. Thomas, Conquest, xii. 마르쿠스 아우렐리우스의 『명상록 Meditations』은 1558년에 처음 인쇄되어, 널리 대중적으로 보급되었다.

40) Angus MacKay, Spain in the Middle Ages:From Frontier to Empire, 1000~1500 (Basingstoke, Macmillan, 1977), 121~197쪽;Henry Kamen, Inquisition and Society in Spain in the Sixteenth and Seventeenth Century (Bloomington, Indiana University Press, 1985), 161~197쪽.

41) 다음에서 인용함. Henry Kamen, Spain 1469~1714:A Society of Conflict 2nd edition (London, Lonman, 1991), 18쪽.

42) Ida Altman, "A New World in the Old:Local Society and Spanish Emigration to the Indies," in Ida Altman and James Horn, eds, "To Make America":European Emigration in the Early Modern Period (Berkeley, University of California Press, 1991), 31쪽.

43) Porter, Inconstant Savage, 160쪽;Kamen, Spain 1469~1714, 38~44쪽;Jonathan I. Israel, European Jewry in the Age of Mercantilism 1550~1750, revised edition (Oxford, Clarendon Press, 1991), 3~4쪽.

44) Thomas, Conquest, 359쪽.

45) Bartholomé de Las Casas, History of the Indies, trans. J. Collard (New York, Harper & Row, 1971), 94쪽(my italics) 잘 알려져 있듯이, 스페인적 잔학성과 탐욕을 강조하는 '흑색 전설'을 만들어낼 때, 교훈적 이유 때문에 라스 카사스Las Casas는 아메리카 대륙의 인구를 앗아가고 있는 질병의 영향력에 관한 언급을 거의 무시했다;Cook and Lovell, "Secret Judgments". 241쪽.

46) Kamen, Spain 1469~1714, 18쪽. 이에 대한 고전적인 연구는 다음과 같다. Tzvetan Todorov, The Conquest of America, trans. Richard Howard (New York, Harper Torchbook, 1992), 이 책은 1982년에 처음 파리에서 출간되었는데, 스페인 인들의 재미를 위해 "개들이 게걸스레 먹어치운 한 마야 여인의 추모에" 헌정되었다.

47) 다음에서 인용함. Porter, Inconstant Savade, 162~163쪽.

48) 다음에서 인용함. Anthony Pagden, European Encounters with the New World:From Renaissance to Romanticism (New Haven, CT, Yale University Press, 1993), 67쪽;팍덴Pagden은 오비에도Oviedo의 자비로운 자기 이미지를 액면 그대로 받아들이는 듯하다. 오비에도를 교양있는 테러리스트로 다룬 글을 보려면 다음을 참고하라. Porter, Inconstant Savage, 161~166쪽;포터 책의 인쇄 연혁(톨레도, 1526)은 다음과 일치한다. Franciso Guerra, "The Dispute over Suphilis:Europe versus America," Clio Medica XII no. 1 (1978), 44, 46쪽.

49) 다음에서 인용함. Todorov, Conquest, 150~151쪽.

50) 다음에서 인용함. David Englander et al., Culture and Belief in Europe 1450~1600 (Oxford, Basil Blackwell, 1990), 323쪽. 세풀베다는 자기 혼자 힘으로 아즈텍 관습을 연구하러 아메리카 대륙으로 간 적이 한 번도 없었지만, 그럼에도 팍덴에 따르면 대서양을 네 차례 왕래했던 오비에도와 그다지 다르지 않은 결론에 도달했다;Pagden, European Encounters, 58쪽.

51) Porter, Inconstant Savage, 160쪽;Anthony Pagden, "Dispossessing the Barbarian:The Language of Spanish Thomism and the Debate over the Property Rights of the American Indians," in A. Pagden, ed., The Languages of Political Theory in Early Modern Europe, (Cambridge, Cambridge University Press, 1987), 79~98쪽. 홉스와 록크, 그리고 영국인들에 관해서는 다음을 참고하라. C. B. MacPherson, The Political Theory of Possessive Individualism (Oxford, Clarendon Press, 1962)

52) Altman and Horn, "To Make America", 2쪽.

53) "The devil stalked the America of the sixteenth century":Elliott, Spain and its World, 59쪽. '우리'와 '그밖의 타인들'이라는 이원적 관점에서 사고하는 사람들의 특징 가운데 하나는, 모든 외부인들이 차별화되지 않는 하나의 '타인'으로 뭉뚱그려진다는 점이다. 이러한 편협함은 필연적으로 문화적 다양성 이면의 실질적 정체를 드러낸다. 이에 관해서는 다음을 참고하라. Edward W. Said, Culture and Imperialism (London, Chatto & Windus, 1993), 23~24 and passim.

54) Gerénimoi de Mendieta, Franciscan, 다음에서 인용함. Stannard, American Holocaust, 219쪽.

55) 위와 같은 데서 인용함. 114쪽.

56) James Axtell, The European and the Indian:Essays in the Ethnohistory of Colonial North America (New York, Oxford University Press, 1981);John Demos, The Unredeemed Captive (New York, Alfred A. Knopf, 1994);Jack P. Greene, Imperatives, Behaviors, and Identities:Essays in Early American Cultural History (Charlottesville, University Press of Virginia, 1992), 1~11쪽.

57) 다음에서 인용함. John Keane, Thomas Paine:A Political Life (London, Bloomsbury, 1995), 150쪽. 키언Keane은 독립선언서에서 조지 3세가 아메리카 원주민들을 정직한 정착민 식민주의자들에 대항하는 "무자비한 인디언 미개족"이라 비난했다는 점을 우리한테 상기시킨다.

58) Norman Gelb, ed., Jonathan Carver's Travels Through America 1766~1768:An Eighteenth-Century Explorer's Account of Uncharted America (New York, John Wiley & Sons, 1994), 209~210쪽. 또한 다음을 참고하라. Frank Shuffleton, "Thomas Jefferson:Race, Culture and the Failure of the Anthropological Method," in Frank Shuffleton, ed., A Mixed Race:Ethnicity in Early America (New York, Oxford University Press, 1993), 265~268쪽.

59) 페너Fenner는 암허스트Amherst와 지역 사령관 간의 편지를 통한 상호교류를 인용한다. "암허스트:'이런 감염되지 않은 인디언 부족들 사이로 천연두를 퍼뜨리려는 시도가 저질러질 수 없는 걸까? 이럴 경우 우리는 인디언들을 줄이기 위해 우리 힘닿는 데까지 모든 방법을 써야만 합니다'.
지역 사령관:'나는 그들 손에 들어갈 수도 있을 담요들로 * * * *를 예방접종하고자 하는데, 내 자신이 그 질병에 걸린다 해도 신경쓰지 않겠소이다.' ":Frank Fenner, The History of Smallpox and its Spread around the World (Gereva, WHO, 1988), 239쪽.

60) 다음에서 인용함. D. Peter MacLeod, "Microbes and Muskets:Smallpox and the Participation of the Amerindian Allies of New France in the Seven Years' War," Ethnohistory, XXXI no. 1 (Winter 1992), 49~50쪽.

61), Wright, Stolen Continents, 211~221쪽;John C. Hudson, Making the Corn Belt:A Geographical History of Middle-Western Agriculture (Bloomington, University of Indiana Press, 1994);Hugh Brogan, The Pelican History of the United States of

America (London, Pelican, 1986), 55~70쪽.

62) 다음에서 인용함. Carolyn Gilman, The Grand Portage Story (St Paul, Minnesota Historical Society Press, 1992), 63, 145쪽.

63) Michael K. Trimble, "The 1832 Inoculation Program on the Missouri River," in Verano and Ubelaker, Disease and Demography, 257~265쪽;Richard H. Frost, "The Pueblo Indian Smallpox Epidemic in New Mexico, 1898~1899," Bulletin of the History of Medicine LXIV (1990), 417~418쪽;Robert Boyd, "Population Decline from Two Epidemics on the Northwest Coast," in Verano and Ubelaker, Disease and Demography, 251쪽.

64) Ralph W. Nicholas, "The Goddess Sitala and Epidemic Smallpox in Bengal," Journal of Asian Studies XLI no. 1 (1981), 2, 25~27쪽. 18세기 토착 인디언의 관습은 영국인들이라는 점령세력이 지닌 훗날의 관념과 대비될 수 있을 것이다. 1870년대에 육군위생위원회는 병자의 격리를 단순히 "이론적 조치"로 간주했고 천연두에 걸린 환자들이 정말로 심각해지지 않도록 하기 위해 "맑은 공기와 깨끗한 물"을 환자들에게 제공하는 '실질적' 지혜를 견지했다.Parliamentary Papers 1876 LVI (Cd 1615), 39쪽;P.P. 1878 LIX (Cd 2142), 139쪽.

65) Frost, "Pueblo," 440~445쪽.

66) Joralemon, "The Case of Disease," 114쪽.

67) Sahagún, Florentine Codex, 81쪽.

68) 다음에서 인용함. Crosby, Ecological Imperialism, 202쪽.

69) Frost, "Pueblo," 436쪽.

70) Frost, "Pueblo," 436쪽.

71) Georges Vigarello, Concepts of Cleanliness:Changing Attitudes in France since the Middle Ages, trans, Jean Birrell (Cambridge, Cambridge University Press, 1988) 팩덴에 따르면, "회교도에게 몸을 씻는 일은 의례적인 기도의 중요한 일부였으므로, 외래적이고 적대적인 신념체계의 필수적인 부분이었다":Pagden, European Encounters, 186쪽. 그라나다 이슬람교도의 주된 반대자인 이사벨라 여왕은 세 가지 경우에만 목욕을 했다는 말이 있는데, 한 번은 태어난 직후이고, 또 한 번은 그녀가 페르디난드와 결혼하기 전날 밤이며, 또 한 번은 죽은 뒤 매장을 위해 씻기는 경우였다. 그렇다면 누가 이질적이고, 누가 누구한데 이질적이란 말인가?

72) Gruzinski, Conquest of Mexico, 84쪽;James Axtell, Beyond 1492:Encounters in Colonial North America (Oxford, Oxford University Press, 1992), 105, 196 쪽;Dobyns, Their Number Became Thinned, 16쪽.

73) 다음에서 인용함. Axtell, Beyond 1492, 145쪽;또한 다음을 참고하라. Carver, ed. Gleb Travels, 180쪽;Sahagún, Florentine Codex, 81쪽.

74) Joralemon, 'The Case of Disease," 119쪽;Suzanne Austin Alchon, "Disease, Population, and Health in Eighteenth Century Quito," in Cook and Lovell, "Secret Judgments", 159, 161, 179쪽;S. J. Watts with Susan J. Watts, From Border to Middle

Shire:Northumberland 1586~1625 (Leicester, Leicester University Press, 1974), 68
쪽.

75) Nancy M. Farriss, Maya Society under Colonial Rule:The Colective Enterprise of Survival (Princeton, NJ, Princeton University Press, 1984), 78~95쪽;스페인의 납세 자 폭동에 관해서는 다음을 참고하라. Kamen, Spain 1469~1714, 223~231쪽.

76) Lockhart, Nahuas 44~45쪽;Mark A. Burkholder and Lyman L. Johnson, Colonial Latin America (New York, Oxford University Press, 1990), 102~103쪽;Joralemon, "The Case of Disease," 110쪽.

77) Alchon, Ecuador, 50~52쪽.

78) Daniel T. Reff, "Contact Shock in Northwestern New Spain, 1518~1764," in Verano and Ubelaker, Disease and Demography, 268쪽. 또한 다음을 참고하라. Robert H. Jackson, Indian Population Decline:The Missions of North-western New Spain, 1687~1840 (Albuquerque, University of New Mexico Press, 1994)

79) Printed by H. Cline in the Hispanic American Historical Review in 1964 and reprinted by Englander, Culture, 344~346, 351쪽.

80) Gruzinski, Conquest of Mexico, 80~89쪽.

81) Ibid., 87쪽;Clendinnen, "The Cost of Courage," 50쪽;Wright, Stolen Continents, 244쪽. "병에 걸리기 쉽게 만드는 요인들"의 일반적 역할에 관해서는 본서 제5장 '콜레 라'를 참고하라. 페루에서 스페인 통치에 대한 적응에 관해서는 다음을 참고하라. Kenneth Mills, "The Limits of Religious Coercion in Mid-Colonial Peru," Past and Present CXLV (November 1994,), 84~121쪽.

82) Prem, "Disease Outbreaks in Central Mexico", 38~42쪽;Wright, Stolen Continents, 152~153쪽.

83) Farriss, Maya Society, 278~279쪽;Richard Henry Dana, Two Years Before the Mast (New York, Penguin, 1948), 79~81쪽.

84) Thornton et al., "American Indian Population Recovery," 38~41쪽;Reff, "Contact Shock," 269쪽. 또한 다음을 참고하라. Lévi-Strauss, "River of Sorrows", 15~17 쪽;Dean R. Snow, "Disease and Population Decline in the Northeast," in Verano and Ubelaker, Disease and Demography, 185쪽. 또한 다음을 참고하라. Burkholder and Johnson, Latin America, 101, 102, 107쪽;Axtell, Beyond 1492, 237쪽.

85) Robin Price, "State Church Charity and Smallpox:An Epidemic Crisis in the City of Mexico 1797~1798," Journal of the Royal Society of Medicine LXXV (May 1982), 365~366쪽.

86) 다음에서 인용함. S. F. Cook, "The Smallpox Epidemic of 1797 in Mexico," Bulletin of the History of Medicine VII no. 6 (June, 1939), 962쪽.

87) 다음에서 인용함. Fernando Casanueva, "Smallpox and War in Southern Chile in the Late Eighteenth Century," in Cook and Lovell, "Secret Judgments", 197, 198, 208 쪽.

88) Casanueva, "Smallpox and War," 207~208쪽.

89) 팍덴Pagden은 일부 사람들로선 신스콜라철학적이라 여길 수도 있을 상반되는 견해
를 피력한다. "유럽문화를 통해 부당하게 이용당했고 압제당했거나 괴멸되었던 집단
들에 대한 유럽인들의 도덕적 관심은, '타인'과 관련해서 생겨나는 감상感傷에 그 뿌리
가 있는 듯하다. 우리 모두는 유럽 문명이 생산한 이민족들에게 겉으로 보기에 너무도
분명하게 보일 정도로 아주 탐욕적이고 파괴적이지는 않음을 스스로에게 납득시키기
위해, 잠재적으로나마 우리 자신을 자비로운 행위자로 보는 관념을 고수할 필요가 있
을 듯하다. 이런 목표를 달성하기 위해, 식민주의를 비판하는 이들은 그간 자기네 적수
들이 날조해낸 사람들만큼이나 얼토당토 않는 '타인들'을 꾸며내는 경향을 지녔
다.":Pagden, European Encounters, 186~187쪽. 팍덴이 말하는, '타인들'이 만들어냈
던 서구에 대한 이미지를 보려면 다음을 참고하라. Rhoda E. Howard, "Occidental-
ism, Human Rights, and the Obligations of Western Scholars," Canadian Journal of
African Studies/La Revue Canadienne des Etudes Africanes XXIX, no. 1 (1995), 110
~126쪽.

90) 헤니게Henige는 인디언 보호자라 스스로 자처한 라스 카사스Las Casas조차 미국 생
활 초창기에 "인디언들이 해왔던 일을 하도록" 아프리카에서 흑인노예를 들여오는 것
을 옹호했다고 단언한다.Henige, "Why Does It Matter?" 23. 토마스 제퍼슨 대통령이
구입한 광대한 루이지애나 지역에 필요한 노동력을 확보하는 문제와 관련해서, 토마스
페인은 대통령에게 자신이 '자유' 소작농으로 입국하게 될 아프리카 인들을 위한 이민
지원체계를 세우는 게 어떻냐고 제안했다.Paine, 508~509쪽.

91) James C. Boyajian, Portuguese Trade in Asia under the Hubsburgs, 1580~1640
(Baltimore, MD, Johns Hopkins University Press, 1993) 1560년대와 80년대 동안,
100명의 새로운 크리스천들이 화형당했고, 이단자 탄압으로 수십 명이 더 고아Goa에
서 체포되었다:ibid., 72쪽;A. J. R. Rusell-Wood, A World on the Move:The
Portuguese in Africa, Asia, and America, 1415~1808 (London, Carcanet, 1992), 107
~109쪽. "그밖의 타인", 이 경우에는 포르투갈 세계 제국과 16세기에 신세계로 파견되
었던 '비열한' 포르투갈 정착민들에 대한 신랄한 스코틀랜드인들의 문학적 비난을 보
려면 다음을 참고하라. Arthur H. Williamson, "Scots, Indians and Empire:The
Scottish Politics of Civilization 1519~1609," Past and Present CL (February 1996),
76~81쪽.

92) Joseph C. Miller, Way of Death:Merchant Capitalism and the Angolan Slave Trade
1730~1830 (London, James Currey, 1988), 673~674쪽;Philip D. Curtin, The Rise
and Fall of the Plantation Complex;Essays in Atlantic History (New York,
Cambridge Univeristy Press, 1990), 18~28, 81~85쪽;John Thornton, Africa and
Africans in the Making of the Atlantic World, 1400~1680 (Cambridge, Cambridge
University Press, 1992), 74~78쪽.

93) Joseph E. Inikori and Stanley L. Engerman, eds, The Atlantic Slave Trade:Effects
on Economies, Societies, and Peoples in Africa, the Americas, and Europe

(Durham, NC, Duke University Press, 1992), 6쪽.

94) 프렘Prem은 이 이야기에 대한 당시의 혹은 거의 당시에 가까운 자료를 열거하는데, 다음 이들의 설명을 포함한다:López de Gómara, Díaz del Castillo (1521년에 코르테스Cortés의 동료), Motolinía (1525년부터 크리스천이 아닌 프란시스코파 세례자), Mendieta(1604년 사망), Munoz Camargo, and Bernardino de Sahagún(『신스페인 상황의 일반역사General History of the Things of New Spain』의 저자로 프란시스코 파 수도회원):Prem, "Disease Outbreaks in Central Mexico," 24쪽. 또한 다음을 참고 하라. Alfred Crosby, The Columbian Exchange:Biological Consequences of 1492 (Westport CT, Greenwood Press, 1972), 49쪽;Alden and Miller, "Out of Africa," 214 쪽.

95) Parliamentary Papers 1895, LXXIII (Cd 7846), 112, 192쪽.

96) Herbert Klein, The Middle Passage (Princeton, Princeton University Press, 1978), 8 쪽. 또한 다음을 참고하라. Larry Stewart, "The Edge of Utility:Slaves and smallpox in the Early Eighteenth Century," Medical History XXIX (1985), 66쪽;James Walvin, Black Ivory, A History of British Slavery (Lodon, Fontana, 1992), 56쪽.

97) Eugenia W. Herbert, "Smallpox Inoculation in Africa," Journal of African History XVI, no. 4 (1975), 552~553쪽. 물가에서의 흑인 행동에 대한 다른 평가를 보려면 다 음을 참고하라. Alden and Miller, "Out of Africa," 195~234쪽.

98) Marc H. Dawson, "Socioeconomic Change and Disease:Smallpox in Colonial Kenya, 1880~1920," in S. Feierman and J. Janzen, eds, The Social Basis of Health and Healing in Africa (Berkeley, University of California Press, 1992), 90~93쪽.

99) Gerard Hartwig and K. Patterson, "Introduction," in G. Hartwig and K. David Patterson, eds, Disease in African History:An Introduction and Case Studies (Durham, NC, Duke University Press, 1975), 8, 10쪽.

100) Donald R. Hopkins, Princes and Peasants:Smallpox in History (Chicago, University of Chicago Press, 1983), 170쪽.

101) Ibid., 200~202쪽. 1903년의 요루바의 사당을 보려면 다음을 참고하라. R. R. Kuczinski, Demographic Survey of the British Colonial Empire, 1:West Africa (Oxford, Oxford University Press, 1949), 700쪽.

102) Dawson, "Smalpox," 96쪽.

103) 다음에서 인용함. Ahmed Bayoumi, "The History and Traditional Treatment of Smallpox in the Sudan," Journal of Eastern African Research and Development VI no. 1 (1976), 8쪽. 18세기와 19세기에 비서구 민족들 사이에서 보이는 후진성에 대한 설명으로 '태초부터'라는 표현이 고착된 것에 관해서는 다음을 참고하라. Ralph W. Nicholas, "The Goddess Sitala and Epidemic Smallpox in Bengal," Journal of Asian Studies XLI no. 1 (November 1981) 이외에 의회에 제출된 연례 위생보고서 속에 헤아 릴 수 없는 참고문헌들이 있는데, 임의로 그중 하나를 골라보면 다음과 같다. "Customs that have been in force from time immemorial";Parliamentary Papers 1878 LIX (Cd

2142), 106쪽.

104) 다음에서 인용함. Herbert, "Smallpox Inoculation," 544쪽.

105) hopkins, Princes and Peasants, 174쪽;Gerald W. Hartwig, "Smallpox in the Sudan," International Journal of African Historical Studies XIV no. 1 (1981), 13~15 쪽.

106) Murrin, "Beneficiaries," 11쪽;John J. McCusker and Russell R. Menard, The Economy of British America 1607~1789 (Chapel Hll, University of North Carolina Press, 1985), 54, 103쪽.

107) 다음에서 인용함. Stannard, American Holocaust, 238쪽. 커튼 매더Cotton Mather 의 논문은 다음과 같았다. Late Menorable Providences Relating to Witch-crafts and Possessions, Clearly Manifesting, Not only that there are Witches, But that Good Men (as well as Others) May Possibly have their Lives shortened by such Evil Instruments of Satan (London, 1691)

108) Hopkins, Princes and Peasants, 174, 이 책은 오네시무스가 남서 리비아에서 왔다 는 오래된 생각을 바로잡는다.

109) Genevieve Miller, "Putting Lady Mary in her Place:A Discussion of Historical Causation," Bulletin of the History of Medicine LV (1981), 4쪽;John T. Barrett, "The Inoculation Controversy in Puritan New England," Bulletin of the History of Medicine XII (1942), 171쪽. 터키에서 정체된 독성있는 공기에 대한 18세기의 당혹감 에 관해서는 다음을 참고하라. tempo Lady Montagu, 다음을 참고하라. Stewart, "The Edge of Utility," 59~60쪽.

110) C. J. Lawrence, "Medicine as Culture:Edinburgh and the Scottish Enlightenment," PhD Thesis, University College, University of London, 1984. 천연두로 사망한 또다 른 왕족은 루이15세로, 1750년에 폭도들로부터 처녀인 여아들을 길거리에서 납치해, 자신의 '나병'을 치료하려고 그들의 피로 목욕을 하려 했다고 비난받은 인기없는 통치 자였다.

111) Jean-François de Raymond, Querelle de l'inoculation ou préhistoire de la vacci-nation (Paris, Librairie Philosophique J. Wrin, 1982), 191쪽;Charles Rosenberg, "The Therapeutic Revolution," in his Explaining Epidemics and Other Studies in the History of Medicine (Cambridge, Cambridge University Press, 1992), 12~14쪽.

112) Brunton, "Scotland," 406쪽;Guenter Risse, "Medicine in the age of Enlightenment," in A. Wear, ed., Medicine in Society (Cambridge, Cambridge University Press, 1992), 12~14쪽.

113) Brunton, "Scotlan," 414~416쪽;Barrett, "Inoculation Controversy," 174~175쪽.

114) Mercer, Disease Mortality, 40, 73, 94쪽;E. A. Wrigley and R. Schofield, The Population History of England 1541~1871:A Reconstruction (London, Edward Arnold, 1981), 417, 453쪽;또한 다음을 참고하라. William McNeill, Plagues and Peoples (London, Doubleday, 1976), 231쪽. 보다 초기 문헌에 대한 유용한 논평을 보

려면 다음을 참고하라. Eric Mercer, "Smallpox and Epidemiological-Demographic Change in Europe:The Role of Vaccination," Population Studies XXXIX (1985), 287 ~307쪽;Michael Anderson, Population Change in North-Western Europe, 1750~ 1850 (London, Macmillan Education, 1988), 58~59쪽.

115) Mercer, Disease Mortality, 45, 51~52, 54, 181쪽. fn.95.

116) Dorothy Porter and Roy Porter, "The Politics of Prevention:Anti-Vaccination and Public Health in Nineteenth-Century England," Medical History XXXII (1988), 237, 234, 242쪽. 여기서 찰스 크레이튼Charles Creighton의 『제너와 그의 백신Jenner and his Vaccination』(1899)을 인용하는데, 이 책은 제너가 "과학계와 의학계 사람들을 속여 자기가 지어낸 가공의 방식을 믿게 만들었던 범죄자이자 수전노에 불과"했다고 주장했다. 또한 다음을 참고하라. S. A. K. Strahan, Marriage and Disease:A Study of Heredity and the More Important Family Degenerations (London, Kegan Paul, Trench, Trübner, 1892), 158쪽.

117) Peter Razzell, Edward Jenner's Cowpox Vaccine:The History of a Medical Myth (Firle, Sussex, Caliban Books, 1977), 105~107쪽;Peter Razzell, "Should Remaining Stocks of Smallpox Virus be Destroyed?", Social History of Medicine VIII (1995), 305~307쪽.

118) Bercé, Chaudron et lancette, 135~138, 299~302쪽.

119) Ibid., 135~139쪽.

120) 다음에서 인용함. John Z. Bowers, "The Odyssey of Smallpox Vaccination," Bulletin of the History of Medicine LV (1981), 19쪽. 백신 캠페인으로 대표되는 중앙 집중화하는 국가에 대한 19세기 후반 프랑스 농민의 저항에 관해서는 다음을 참고하라. Evelyn Bernette Ackerman, Health Care in the Parisian Countryside, 1800~1914 (New Brunswick, NJ, Rutgers Univeristy Press, 1990), 76, 165~168쪽.

121) 다음에서 인용함. José G. Rigau-Pérez, "Strategies that Led to the Eradication of Smallpox in Puerto Rico, 1882~1921," Bulletin of the History of Medicine LIX (1985), 82쪽.

122) José G. Rigau-Pérez, "Smallpox Epidemics in Puerto Rico during the Prevaccine Era (1518~1803)," Journal of the History of Medicine XXXVII no. 4 (1982), 423~ 438쪽;Rigau-Pérez, "Strategies," 75~78쪽;Bowers, "Odyssey," 26~28쪽.

123) 다음에서 인용함. Rigau-Pérez, "Strategies," 82(이탤릭체는 원본에 있음):이 슬로건 은 당연히 루디야드 키프링의 시 "백인의 짐(The White Man's Budren)"에서 따온 것 인데, 이 시의 첫 연은 다음과 같다.

백인의 짐을 져라――
그대가 낳은 최상의 것을
보내라――
그대 포로들의 욕구를 충족시키기 위해

가서 아들을 묶어 추방하라,
무거운 마구馬具를 찬 채
안절부절 못하는 사람들과 황무지에서——
그대의 새로 붙잡힌 부루퉁한
민족들은,
반쯤은 악마같고 반쯤은 아이같네.

124) Rigau-Pérez, "Strategies," 82, 87쪽.

125) 다음에서 인용함. Frost, "Pueblo," 440쪽.

126) Ibid., 443~445쪽. 푸에블로족, 호피족, 나바호족에 관해 공동체와 예방의학적 관점에서 전개된 논의를 보려면 다음을 참고하라. Stephen J. Kunitz, Disease and Social Diversity:The European Impact on the Health of Non-Europeans (New York, Oxford University Press, 1994), 185~186쪽.

127) Donald A. Henderson, "The History of Smallpox Eradication," in Abraham M. Lilienfeld, ed., Times, Places, and Persons:Aspects of the History of Epidemiology (Baltimore, MD, Johns Hopkins University Press, 1978), 99~108쪽;Hopkins, Princes and Persons, 304~4쪽

128) Genevieve Miller, "Discussion," in Lilienfeld, Times, Places and Persons, III.

129) Henderson, "Smallpox Eradication," 104~107쪽.

130) New York Times, 25 January 1996, A-1, A-5 col. 5:도널드 홉킨스Donald Hopkins 가 저자에게 팩스로 보낸 보고서. 보다 초기의 고급한 논의를 보려면 다음을 참고하라. Nature XXIII (December 1993).

4. 은밀한 전염병 : 1492~1965년까지의 서유럽과 동아시아에서의 매독

1) 다음에서 인용함. Lucinda McCray Beier, Sufferers & Healers:The Experience of Illness in Seventeenth-Century England (London, Routledge & Kegan Paul, 1987), 137쪽. 그런트Graunt는 229,250명의 사망자 가운데 단지 392명(0.0017퍼센트)만이 매독에 사망했던 것으로 기록되었다고 주장했다.

2) 정평있는 설명이 다음에 나와 있다. Claude Quétel, History of Syphilis, trans. Judith Braddock and Brain Pike (Cambridge, Polity Press, 1990) 또한 다음을 참고하라. André Basset, "Épidémiologie des tréponématoses:vrais et fauxsemblants de la syphilis," in Jean-Pierre Bardet et al., Peurs et terreurs fave à la contagion (Paris, Fayard, 1988), 362~372, 433~439쪽.

3) Alex Mercer, Disease, Mortality and Population in Transition:Epidemiological-Demographic Change in England Since the Eighteenth Century as Part of a Global Phenomenon (Leicester, Leicester University Press, 1990), 40~49쪽;Michael

Anderson, Population Change in North-Western Europe 1750~1850 (London, Macmillan Education, 1988), 43쪽;Anthony S. Wohl, Endangered Lives:Public Health in Victorian Britain (London, Methuen, 1983):자신이 연구하는 시대의 관례를 따라, 워홀Wohl은 매독을 무시하는 듯하다.

4) S. J. Watts, A Social History of Western Europe 1450~1720:Tensions and Solidarities, among Rural People (London, Hutchinson University Library, 1984), 58 ~59, 65~66쪽.

5) Michel Foucault, Histoire de la sexualité, Vol. 1:La Volonté du savoir (Paris, Editions Gallimard, 1976), 121, 194쪽. Sir Francis Bacon:"Knowledge itself is Power," in "Of Heresies" in his Religious Meditations (1597)

6) 다음에서 인용함. David Macey, The Lives of Michel Foucault (London, Vintage, 1993), 248쪽.

7) 남성과 여성의 재생산 기관이 본질적으로 유사하므로, 여성과 그녀의 남성 짝이 서로의 씨앗을 방출하지 않는다면 어떠한 여성도 임신할 수 없으리라는 것이 갈렌의 주장이었다. 이와 아주 다른 입장을 채택했던 아리스토텔레스와 그의 많은 추종자들은, 여성의 역할이 본질적으로 수동적이며, 남성이 방출하는 씨앗이 살아 있는 인간의 태아로 된다고 주장했다. 플라톤의 「티마에우스Timaeus」에서 자신의 생각을 취한 라블레 Rabelais는 여성의 돌아다니는 자궁이론을 고수했다."하나의 동물이자, 남성에게는 실재하지 않는 기관으로, 자궁을 통해 여성들의 전체 몸이 뒤흔들리고, 모든 감각이 전달되며, 모든 정열이 만족되고, 모든 생각이 뒤섞인다." Monica H. Green, "Sex and the Medieval Physician," History and Philosophy of the Life Sciences XIII no. 2 (1991), 288~289쪽;F. Rabelais, The Five Books of Gargantua and Pantagruel in the Modern Translation of Jacques LeClerq (New York, The Modern Library, 1944), 378 쪽.

8) 특정 형태의 성욕에 대한 억압적인 계몽적 태도가, 단지 보다 초기의 종교적 구조의 세속화된 형태에 지나지 않는다는 선구적인 시사를 보려면 다음을 참고하라. Théodore Tarczylo, "From Lascivious Erudition to the History of Mentalities," in G. S. Rousseau and Roy Porter, eds, Sexual Underworlds of the Enlightenment (Manchester, Manchester University Press, 1987), 40~41쪽.

9) 다음에서 인용함. Quétel, Syphilis, 10쪽.

10) 다음에서 인용함. Francisco Guerra, "The Dispute over Syphilis:Europe versus America," Clio Medica XIII no. 1 (1978), 54쪽.

11) 다음에서 인용함. Anna Foa, "The New and the Old:The Spread of Syphilis (1949~1530)," trans. Carole C. Gallucci, in Edward Muir and Guido Ruggiero, eds, Sex & Gender in Historical Perspective (Baltimore, MD, Johns Hopkins University Press, 1990), 29쪽. 또한 다음을 참고하라. Roger French, "The Arrival of the French Disease in Leipzig," in Neithard Bulst and Robert Delort, eds, Acts du Colloque de Bielefeld, Maladie et Société (XIIe~XVIIIe Siècles) (Paris, Editions de CNRS, 1989), 133~141

쪽.

12) 세계 보건 기구 1996년 보고서에는 '1973년 이래로' 인지된 30종의 새로운 전염성 질환이 명기되어 있다.Fighting Disease, Fostering Development (Geneva, WHO, 1996), 112쪽.

13) Basset, "Epidémiologie," 433~439쪽;Mirko D. Grmek, "The Origin and Spread of Syphilis," in his Diseases in the Ancient Greek World, trans. Muellner (Baltimore, MD, Johns Hopkins Univeristy Press, 1989), 134~144쪽. 질병변화에 대한 초기 다윈주의적 인식을 보려면 다음을 참고하라. James Y. Simpson, "Antiquarian Notice of Leprosy and Leper Hospitals in Scotland and England," Edinburgh Medical and Surgical Journal LVII (1841), 302쪽.

14) Megan Vaughan, "Syphilis and Sexuality:The Limits of Colonial Medical Power," in her Curing their Ills:Colonial Power and African Illness (Cambridge, Polity Press, 1991), 138쪽;John Orley, "Indigenous Concepts of Disease and Their Interaction with Scientific Medicine," in E. E. Sabben-Clare, D. J. Bradley and K. Kirkwood, eds, Health in Tropical Africa during the Colonial Period (Oxford, Clarendon Press, 1980), 130쪽.

15) Quétel, Syphilis, 39쪽;Anne Marie Moulin, "L'Ancien et le nouveau:la réponse médicale à l'épidémie de 1493,' in Bulst and Delort, Maladie et Société, 125쪽;볼테르가 쉽게 속아 미국기원으로 받아들이는 것을 보려면 다음을 참고하라. Sander L. Gilman, Sexuality:An Illustrated History (New York, John Wiley, 1989), 86~87쪽.

16) 적자생존과 다윈을 무시하는 자료를 보려면 다음을 참고하라. Donald J. Ortner, N. Tuross and A. Stix, "Disease in Archaeological New World Populations," Human Biology LXIV no. 3 (1992), 339~347쪽;Grmek. "The Origin and Spread," 142쪽;Danielle Jacquart and Claude Thomasset, Sexuality and Medicine in the Middle Ages, trans. Matthew Adamson (Cambridge, Polity Press, 1988), 178쪽;Gilman, Sexuality, 321쪽 ;Stanislav Andrewski, Syphilis, Puritanism and Witch Hunts:Historical Explanations in the Light of Medicine and Psychoanalysis with a Forecast about AIDS (London, Macmillan, 1989), 210쪽.

17) Frank B. Livingstone, "On the Origin of Syphilis:An Alternative Hypothesis," Current Anthropology XXXII no. 5 (December 1991), 587~590쪽. 리빙스턴 Livingstone과 그가 인용한 자료들에는, 유럽인들 도래 이후 미국에 들이닥친 갑작스런 매독의 습격에 강한 인상을 받아, 다시금 미국에서 매독은 완전히 새로운 질병이었다고 제시되어 있다. 또한 다음도 참고하라. Brenda J. Baker and George J. Armelagos, "The Origin and Antiquity of Syphilis:Paleo-pathological Diagnosis and Interpretation," Current Anthropolpgy XXIX no. 5 (December 1988), 732~737쪽.

18) Guerra, "The Dispute over Syphilis," 55쪽. 그러므로 갈렌 의학의 적수인 파라켈수스Paracelsus(1541년 사망)가 1493년에 '매독'과 임질을 하나의 질병으로 간주했을 때,

그가 완전히 틀린 건 아닐 수 있었다.

19) Moulin, "L'Ancien et le nouveau," 130쪽;August Hirsch, Handbook of Geographical and Historical Pathology, 2nd edition, trans. Charles Creighton (London, New Sydenham Society, CXII 1985), 64쪽;French, "The Arrival," 136쪽.

20) Guerra, "The Dispute over Syphilis," 46쪽;French, "Arrival of the French, Disease," 133~141쪽;Quétel, Syphilis, 52쪽.

21) 다음에서 인용함. Quétel, Syphilis, 28쪽;관습적 접근방식을 보려면 다음을 참고하라. Edward Shorter, Women's Bodies:A Social History of Women's Encounter with Health, Ill Health, and Medicine (New Brunswick, NJ, Transaction Publishers, 1991), 263~265쪽.

22) Margaret Pelling, "Appearance and Reality:Barber-Surgeons, the Body and Disease," in A. L. Beier and Roger Finlay, eds, London 1500~1700:The Making of the Metropolis (London, Longman, 1986), 97~98쪽.

23) John M Riddle, Contraception and Abortion from the Ancient World to the Renaissance (Cambridge, MA, Harvard University Press, 1992);Angus McLaren, A History of Contraception from Antiquity to the Present Day (Oxford, Basil Blackwell, 1990);Watts, Social History, 66~69쪽.

24) 다음에서 인용함. Quétel, Syphilis, 39쪽.

25) 오비에도Oviedo를 보려면 천연두에 관한 본서 제3장을 참고하라. 오비에도에 대해 논의하면서, 바르톨로뮤 데 라스 카사스Bartolomé de Las Casas는 주장했다. "그는 인도인들의 최대의 원수 중 하나로, 인도인들에게 최악의 해를 끼친 바 있으니, 진실을 알지 못했던 데서, 즉 자신의 남다른 탐욕과 야망으로 인해 인도제국을 파괴시켰던 특성과 관습을 잘 몰랐던 데서, 타인들보다 더 맹목적이었기 때문이었다." 다음에서 인용함. H. C. Porter, The Inconstant Savage:England and the North American Indian, 1500~1660 (London, Duckworth, 1979), 161쪽.

26) 다음에서 인용함. Guerra, "The Dispute over Syphilis, 46쪽;also printed by Quétel in Syphilis, 35쪽.

27) Quéétel, Syphilis, 29~32, 34~37쪽;Moulin, "L'Ancien et le nouveau," 129쪽;W. F. Bynum, "Treating the Wages of Sin:Venereal Disease and Specialism in Eighteenth Century Britain," in W. F. Bynum and Roy Porter, eds, Medical Fringe and Medical Orthodoxy 1750~1850 (London, Croom Helm, 1987), 15~17쪽;Guerra, "The Dispute over Syphilis," 48쪽;Bruce Thomas Boehrer, "Early Modern Syphilis," in John C. Fout, ed., Forbidden History:The State, Society and the Regulation of Sexuality in Modern Europe (Chicago, University of Chicago Press, 1992), 27쪽.

28) Boehrer, "Syphilis," 14쪽;Karl Sudhoff, ed., The Earliest Printed Literature on Syphilis, Being Ten Tractates from the Years 1495~1498 (Florence, Lier, 1925);Natalie Zemon Davis, "Printing and the People:Early Modern France," in Harvey Graff, ed., Literacy and Social Development in the West (Cambridge,

Cambridge University Press, 1981), 69~95쪽.

29) 다음에서 인용함. Quétel, Syphilis, 19쪽;퀘텔은 그룬펙Grunpeck이 81세까지 살았음을 우리에게 상기시킨다. 다음도 역시 참고하라. Boehrer, "Syphilis," 15~17, 19쪽.

30) Lyndal Roper, "Discipline and Respectability:Prostitution and the Reformation in Augsburg," History Workshop Journal XIX (1985), 14쪽.

31) 벰보Bembo 추기경의 이탈리아 문학계에 수행한 독창적인 역할은 다음에 잘 입증되어 있다. Brian Richardson, Print Culture in Renaissance Italy:The Editor and the Vernacular Text, 1470~1600 (Cambridge, Cambridge University Press, 1995)

32) Boehrer, "Syphilis," 20~ 24쪽 ;Geoffrey Eatough, Fracastoro's Syphilis:Introduction, Text, Translation and Notes with a Computer-Generated Word Index (Liverpool, Francis Cairns, 1984), 1~35쪽. WHO 공무원인 N. 하워드-존스의 프라스카토로에 대한 평가를 보려면 다음을 참고하라. p. 284 fn II. 또한 다음을 참고하라. Vivian Nutton, "The Seeds of Disease:An Explanation of Contagion and Infection from the Greeks to the Renaissance," Medical History XXVII (1983), 22~34쪽;Paul W. Ewald, Evolution of Infectious Disease (New York, Oxford University Press, 1994), 184쪽.

33) Pelling, "Appearance and Reality," 82~112쪽. 1747년에 자신의 저서 『런던 상인 London Tradesman』에서, R. 캠벨Campbell은 시내 외과의사들이 여전히 효과적으로 성병 치료를 독점했는데…… "그네들 시술의 4분의 3 정도는 자기네가 치유하는 척하는 바로 이 '성병'에 대한 무지에 토대해 있다"고 주장했다. 다음에서 인용함. Bynum, "Wages of Sin," 9쪽.

34) McLaren, History of Contraception. 또한 다음을 참고하라. Hilary Marland, "Intro-duction", and Marland, "The 'Burgerlijke' Midwife:The Stadsvroedvrouw of Eighteenth-Century Holland," and Merry Wiesner, "The Midwives of South Germany and the Public/Private Dichotomy," in Hilary Marland, ed., The Art of Midwifery:Early Modern Midwives in Europe (London, Routledge, 1993), 1~8, 77 ~94, 192~213쪽. 또한 다음을 참고하라. A. Myriam Greilsammer, "The Midwife, The Priest, and the Physician:The Subjugation of Midwives in the Low Counties at the End of the Middle Ages," Journal of Medieval and Renaissance Studies XXI (1991), 319쪽.

35) Alain Corbin, "La Grande Peur de la syphilis," in Bardet et al., Peurs et terreurs, 333쪽. 또한 다음을 참고하라. Roy Porter, "Love, Sex, and Madness in Eighteenth Century England," Social Research LIII no. 2 (1986), 235~236쪽.

36) 다음에서 인용함. Mattew Ramsey, Professional and Popular Medicine in France, 1770~1830 (Cambridge, Cambridge University Press, 1988), 189쪽. 또한 다음을 참고하라. Quétel, Syphilis, 86~93쪽.

37) 다음에서 인용함. Roy Porter, "Quacks and Sex:Pioneering or Anxiety Making?" in his Health for Sale:Quachery in England 1660~1850 (Manchester, Manchester

University Press, 1989), 151쪽.

38) Quétel, Syphilis, 29~30, 59~63, 83~86, 116~120쪽.

39) Jacques Rossiaud, Medieval Prostitution, trans. Lydia G. Cochrane (Oxford, Basil Balckwell, 1988), 72ff.;Leah Lydia Otis, Prostitution in Medieval Society:The History of an Urban Institution in Languedoc (Chicogo, University of Chicago Press, 1985)

40) Jacques Rossiaud, "Prostitution, Sex and Society in Franch Towns in the Fifteenth Century," in Philippe Ariés and André Béjin, eds, Western Sexuality:Practice and Precept in Past and Present Times (Oxford, Basil Blackwell, 1985), 76~94쪽.

41) Roper, "Discipline and Respectability," 4~5쪽;Boehrer, "Syphilis", 18~19쪽;Ian W. Archer, The Pursuit of Stability:Social Relations in Elizabethan London (Cambridge, Cambridge University Press, 1991), 211쪽.

42) Roper, "Discipline and Respectability," 5쪽.

43) Rossiaud, Medieval Prostitution, 160~165, 178쪽;Otis, Prostitution ······ in Languedoc, 42쪽. 개관을 보려면 다음을 참고하라. Peter Burke, Popular Culture in Early Modern Europe (London, Temple Smith, 1978) and Watts, Social History.

44) Ann G. Carmichael, "The Health Status of Florentines in the 15th Century," in Marcel Tetel, R. Witt and R. Goffen, eds, Life and Death in 15th Century Florence (Durham, NC, Duke University Press, 989), 29~31쪽.

45) 다음에서 인용함. Georges Wigarello, Concepts of Cleanliness:Changing Attitudes in France since the Middle Ages, trans. Jean Birrell (Cambridge, Cambridge University Press, 1988), 27쪽.

46) Jeffrey Richards, Sex, Dissidence and Damnation:Minority Groups in the Middle Ages (London, Routledge, 1990), 118~119쪽.

47) 다음에서 인용함. Susan C. Karant-Nunn, "Continuity and Change:Some Effects of the Reformation on the Women of Zwickau," Sixteenth Century Journal XII no. 2 (1982), 23~24쪽. 또한 다음을 참고하라. Roper, "Discipline and Respectability," 15, 18~19쪽;Otis, Prostitution ······ in Languedoc, 41쪽.

48) Karant-Nunn, "Continuity and Change," 25쪽.

49) Archer, Parsuit of Stability, 211~215, 231~233, 249~254쪽. 독일, 네덜란드, 영국에서 신교개혁을 하는 가운데 불법적 성 관계에 대한 비난의 중요성을 보려면 다음을 참고하라. Olwen Hufton, The Prospect Before Her:A History of Women in Western Europe, 1:1500~1800 (New York, HarperCollins, 1995)

50) Henry Kamen, Inquisition and Society in Spain in the Sixteenth and Seventeenth Centuries (Bloomington, Indiana, University Press, 1985), 185, 205쪽. 또한 다음을 참고하라. Mary Elizabeth Perry, "Deviant Insiders:Legalized Prostitutes and a Consciousness of Women in Early Modern .

51) 거의 처음부터 교회는 결혼 동의를 자유롭게 할 수 있어야 하며, 부모에 의해 강요되어서는 안된다는 점을 강조하는 정책을 폈다. Watts, Social History, 79쪽. Seville,"

Comparative Studies in Society and History XXVII no. 1 (1985), 138~158쪽.

52) Euan Cameron, The European Reformation (Oxford, Oxford University Press, 1991), 166~167, 247, 402~405쪽;Watts, Social History, 188~200쪽;Lyndal Roper, The Holy Household:Religion, Morals and Order in Reformation Augsburg (Oxford, Oxford Univeristy Press, 1989)

53) Karant-Nunn, "Continuity and Change," 23~24쪽;Susan Amussen, "Gender, Family and the Social Order, 1560~1725," in Anthony Fletcher and John Stevenson, eds, Order and Disorder in Early Modern England (Cambridge, Cambridge University Press, 1985), 203쪽.

54) 다음에서 인용함. Roper, "Discipline and Respectability," 13~14쪽;또한 다음을 참고하라. Quétel, Syphilis, 212쪽.

55) Natalie Zemon Davis, "Woman in the Crafts in Sixteenth Century Lyon," in Barbara A. Hanawalt, ed., Women and Work in Preindustrial Europe (Bloomington, Indiana University Press, 1986), 177쪽. 또한 다음을 참고하라. Judith Walkowitz, Prostitution and Victorian Society (Cambridge, Cambridge University Press, 1980).

56) Thomas Robisheaux, "Peasants and Pastors:Rural Youth Control and the Refornation in Hohenlohe, 1540~1680," Social History VI no. 3 (October 1981), 281~300쪽;David Warren Sabean, Property, Production, and Family in Neckarhausen, 1700~1870 (Cambridge, Cambridge University Press, 1990), 247~258, 329~344쪽;Sheilagh C. Ogilvie, "Coming of Age in a Corporate Society:Capitalism, Pietism and Family Authority in Rural Württemberg, 1590~1740," Continuity and Change 1 no. 3 (1986), 279~331쪽;Jean-Louis Flandrin, Families in Former Times:Kinship, Household and Sexuality, trans. Richard Southern (Cambridge, Cambridge University Press, 1979);Giovanni Levi, "Reciprocity and the Land Market," in his Inheriting Power:The Story of an Exorcist, trans. Lydia G. Cochrane (Chicago, University of Chicago Press, 1988), 66~99쪽.

57) Jean Frédéric Osterwald, The Nature of Uncleanness Considered (London, 1708) 1709년, 앙투완 데니스 로도Antoine Denis Raudot는 오스터왈드Osterwald의 농촌 소년과 소녀 간의 성적 관행에 대한 도덕적 비난을 거의 문자 그대로 이어받아, 퀘벡 아메리카 원주민들을 비판하는 데 활용했다. 이는 유럽인들, 특히 비유럽 지역으로 모험을 감행하는 유럽인들의 자기 이미지를 만들어내는 데서 오스터왈드가 지닌 역할을 시사한다.Antoine Denis Raudot, "Memoir Concerning the Different Indian Nations of North America," Appendix in W. Vernon Kinietz, The Indians of the Western Great Lakes, 1650~1760 (Ann Arbor, University of Michigan Press, 1965), 367쪽.

58) Michel Foucault, The History of Sexuality, III:The Care of Self, trans. Robert Hurley (London, Penguin, 1986), 140, 248쪽;Jean Stengers and Anne Van Neck, Histoire d'une grande Peur:la masturbation (Brussels, Editions d'Université de

Bruxelles, 1984), 42~43, 205, 488~489쪽;Rossiaud, Medieval Prostitution, 105~106;Roy Porter, "Love, Sex and Medicine:Nicolas Venette and his Tableau de l'Amour Conjugal," in Peter Wagner, ed., Erotica and the Enlightenment (Frankfurt am Main, Land, 1990), 90~122쪽;Rovert Maccubbin, ed., 'Tis Nature's Fault:Unauthorized Sexuality during the Enlightenment (Cambridge, Cambridge University Press, 1987), 43쪽.

59) Roy Porter, "The Language of Quackery in England, 1660~1800," in Peter Burke and Roy Porter, des, The Social History of Language (Cambridge, Cambridge University Press, 1987), 73~98쪽. 또한 다음을 참고하라. Porter, Health for Sale;Ramsey, Popular Medicine.

60). 「오나니아Onania」의 출판 역사를 보려면 다음을 참고하라. Stengers and Van Neck, Une Grande Peur, 49쪽. 또한 다음을 참고하라. Robert H. MacDonald, "The Frightful Consequences of Onanism:Notes on the History of a Delusion," Journal of the History of Ideas XXVIII (1967);H. Tristram Engelhardt, Jr., "The Disease of Masturbation:Values and the Concepts of Disease," in Arthur Caplan, H. Engelhardt Jr. and J. McCartney, Concepts of Health and Disease: Interdisciplinary Perspectives (Reading, MA, Addison-Wesley, 1981), 268쪽;J. Solé, L'Amour en Occident à l'époque modern (Paris, Librairie Hachette, 1976);A. D. Harvey, Sex in Georgian England:Attitudes and Prejudices from the 1720s to the 1820s (London, Duckworth, 1994), 118~122쪽.

61) 다음에서 인용함. MacDonald, "Frightful Consequences," 425쪽. 크라우치씨는 로이 포터가 사적 대화에서 다음과 같은 책의 출판자이자 배부자로서 거명했던 바로 그 배부업자였을 수 있다. John Martin's sexual advice book, Gonosologium Novum:Or a New System of All the Secret Infirmities and Diseases, Natural, Accidental and Venereal in Men and Women 6th edition (London, 1709).

62) Antoinette Emch-Dériaz, Tissot:Physician of the Enlightenment (Berne, Peter Lang, 1992);S.A.A.D. Tissot, Onanism or, A Treatise upon the Disorders Produced by Masturbation or, The Dangerous Effects of Secret and Excessive Venery, trans. A. Hume, MD (London, J. Pridden, 1756), 152쪽. 또한 다음을 참고하라. Jeffrey R. Watt, "The Control of Marriage in Reformed Switzerland, 1550~1800." in W. Fred Graham, ed., Later Calvinism:International Perspectives (Kirksville, MO, Sixteenth Century Essays & Studies XXII, 1994), 29~53쪽.

63) Stengers and Van Neck, Un Grande Peur, 18~19, 156쪽;R. P. Neuman, "Masturbation, Madness, and the Modern Concepts of Childhood and Adolescence," Journal of Social History VIII no. 1 (1975), 1~27쪽. 로렌스 스톤Lawrence Stone이 논의의 중심에 있다, Lawrence Stone, The Family, Sex and Marriage in England 1500~1800 (London, Weidenfeld & Nicolson, 1977);Edward Shorter, The Making of the Modern Family (London, Collins, 1976) 이런 저서들은 오늘날 다음과 같은 저서에 의

해 보충된다. Anthony Fletcher, Gender, Sex and Subordination in England 1500∼ 1800 (London, Yale University Press, 1995) 또한 다음을 참고하라. Michael Rey, "Parisian Homosexuals Create a Lifestyle, 1700∼1750:The Police Archives," in Maccubbin, 'Tis Nature's Fault, 179∼191쪽.

64) Jonathan Hutchinson, "On Circumcision as Preventive of Masturbation," Archives of Surgery, II (1890∼1891), 268쪽.

65) Michel Foucault, The Birth of the Clinic:An Archaeology of Medical Perception (초 판, 1963), trans. A. M. Sheridan (London, Routledge, 1989):파비아Pavia의 클리닉이 다음과 같은 페이지에 언급되어 있다. 57, 59, 60, 62, 125쪽.

66) Emch-Dériaz, Tissot. 또한 다음을 참고하라. Guenter B. Risse, "Medicine in the Age of Enlightenment," in Andrew Wear, ed., Medicine in Society:Historical Essays (Cambridge, Cambridge Univerisity Press, 1992), 186∼187쪽;Matthew Ramsey, "The Popularization of Medicine in France, 1650∼1900," in Roy Porter, ed., The Popularization of Medicine 1650∼1850 (London, Routledge, 1992), 109∼113쪽.

67) Emch-Dériaz, Tissot, 237쪽(이택릭체는 필자의 것)

68) Emch-Dériaz, Tissot;Ramsey, "Popularization," 110쪽.

69) P. du Toit de Mambrini, De l'Onanisme:ou discours philosophique et moral sur la luxure artificielle et sur tous les crimes relatifs (Lausanne, Antoine Chapuis, 1760), 6, 171쪽.

70) 다음에서 인용함. MacDonald, "Frightful Consequences," 425쪽;Tissot, Onanism, 152쪽.

71) Tissot, Onanism, 83쪽. 또한 다음을 참고하라. Porter, "Love, Sex, and Madness," 229쪽.

72) Jean Jacques Rousseau, Emile, or Education (초판, 1762), trans. Barbara Foxley (London, J. M. Dent & Sons, 1911), 298∼299쪽. '영국인들'의 「에밀Emile」에 대한 수 용성을 보려면 다음을 참고하라. Linda Colley, Britons:Forging the Nation 1770∼ 1837 (London, Pimlico, 1992), 239∼240, 273∼275쪽.

73) Tissot, Onanism, 152쪽. 이사야 벌린 경Sir Isaiah Berlin은 다음에서 계몽운동 진영 한테 자위행위가 무엇인지를 제시했다. "The Bent Twig" and other essays in his The Crooked Timber of Humanity (New York, Alfred A. Knopf, 1991) 1989년, 지성인들 이 서양전통을 비판적으로 볼 수 있게 해주었던, 공산주의라는 악령의 몰락 이후에 글 을 쓰면서 크리스토퍼 래쉬Christopher Lasch는 새로운 공감대를 다음과 같이 요약했 다. "계몽주의의 이성과 도덕성이 점점 더 권력의 외피로 여겨진다":C. Lasch, The Revolt of the Elites and the Betrayal of Democracy (New York, Norton, 1995), 93쪽.

74) Tissot, Onanism, 83쪽.

75) Tissot, Onanism 72, 82, 93쪽;또한 다음을 참고하라. Emch-Dériaz, Tissot, 51∼52 쪽;Lawrence Stone, "What Foucault Got Wrong," TLS 10 March 1995, 4∼5쪽.

76) 다 음 에 서 인 용 함. Leslie A. Hall, "Forbidden by God, Despised by

Men:Masturbation, Medical Warnings, Moral Panic and Manhood in Great Britain, 1850~1950," Journal of the History of Sexuality II no. 3 (1992), 370쪽. 또한 다음을 참고하라. Leslie A. Hall, Hiden Anxieties:Male Sexuality, 1900~1950 (Cambridge, Polity Press, 1992), 155쪽.

77) 다음에서 인용함. Hall, "Forbidden," 370쪽. 또한 다음을 참고하라. Michael Mason, The Making of Victorian Sexuality (Oxford, Oxford University Press, 1994), 73쪽.

78) Henry Maudsley, 'Illustrations of a Variety of Insanity," Journal of Mental Science July, 1868, 다음에서 인용함. Vieda Skultans, Madness and Morals:Ideas on Insanity in the Nineteenth Century (London, Routledge & Kegan Paul, 1975), 90~91 쪽;Hutchinson, "On Circumcision," 268쪽;Neuman, "Masturbation," 10쪽;Porter, "Love, Sex and Madness," 227~228쪽;Porter, "Quacks and Sex," 174쪽;Hall, Hidden Anxieties, 373쪽;Ronald Hyam, Empire and Sexuality:The British Experience (Manchester, Manchester University Press, 199), 66~67, 76~79 쪽;Frank Madden, "Thirty Years of Surgery in Qasr el Aini Hospital, 1898~1928," in Mohamed Bey Khalil, ed., Comptes Rendus III (Cairo, Imprimerie Nationale, 1931), 41~42쪽. 또한 다음을 참고하라 H. W. Hurt, ed., Handbook for Boys:Boy Scouts of America (출판 장소도 날짜도 없지만 H. Hoover가 의장(1929~1933)이었다):"보존:10대에 이르른 모든 소년의 몸에 우주의 창조주께서 매우 중요한 분비액을 하나 뿌려놓았다…… 그중 일부는 피속으로 들어가고, 그 피를 통해 근육에는 긴장이, 두뇌에는 능력이, 신경에는 힘이 생긴다. 이 분비액은 성적 분비액이다…… 이 분비액이 몸에서 분출되게 만드는 소년의 습관으로 인해, 그의 힘이 약화되고, 질병에 대한 저항력이 떨어지며, 불행히도 나중 인생에서 아주 힘겹게야 극복할 수 있을 습성에 그가 단단히 옥죄이게 되는 경우가 많다…… 사람이 강해지려면…… 생각이 순수하고 습관이 청결해야 한다. 내가 언급했던 이 힘은 보존되어야만 한다…… 그런데 굴복해버리는 것은 힘과 능력, 그리고 남성다움을 희생시키고자 함에 다름 아니다. Ibid. 519~520쪽.

79) H. Cohn, Eye-Diseases from Masturbation:Archives of Ophthalmology XI (1882), 428~441쪽, 다음에서 인용함. Sandra Dianne Lane, "A Biocultural Study of Trachoma in an Egyptian Hamlet" (doctoral dissertation in medical anthropology, University of California, San Francisco, 1988;Ann Arbor, Michigan University of California, San Francisco, 1988;Ann Arbor, Michigan University Microfilms, 1988), 119, 206쪽;Stengers and Van Neck, Une Grande Peur, 148쪽.

80) Michel Foucault, Power/Knowledge:Seclected Interviews and Other Writings, 1972~1977 (New York, Pantheon, 1980), 36, 108쪽;Neuman, "Masturbation," 12~13쪽;Stengers and Van Neck, Une Grande Peur, 157~158쪽;Emch-Dériaz, Tissot, 251쪽.

81) 다음에서 인용함. Hall, "Forbidden," 385쪽.

82) "Review," Journal of Tropical Medicine and Hygiene XI (November 1908), 33~34 쪽(이탤릭체는 필자의 것)

83) "Hygienic Measures against Syphilis:Harben Lecture No. III," Journal of Tropical Medicine VI (2 July 1906), 203쪽(my italics)

84) Michael Anderson, Population Change in North-Western Europe 1750~1850 (Houndsmill, Basingstoke, Macmillan Education, 1988), 21~26쪽;André Armengaud, "Population in Europe 1700~1914," in Carlo M. Cipolla, ed., The Fontana Economic History of Europe (London, Collins/Fontana, 1973), 29~34쪽.

85) 이것은 보수적 평가다.1902년, 파리에 소재한 유명한 파스퇴르 인스티튜트 이사는 프랑스에서만 전염성 있는 매독 건수가 100만 건 정도 되는 것으로 추산했다.Alain Corbin, Les Filles de noce:misére sexualle et prostitution (19e et 20e siècles) (Paris, Aubier Montaigne, 1978), 388쪽.

86) Roderick Floud, K. Wachter and A. Gregory, Height, Health and History:Nutritional Status in the United Kingdom, 1750~1980 (Cambridge, Cambridge University Press, 1989), 294~295쪽;Mercer, Disease ······ in Transition, 37~45쪽.

87) Wohl, Endangered Lives, 331~333쪽;Hyam, Empire and Sexuality, 73~75쪽. 신사 자본가들에 관해서는 다음을 참고하라. P. J. Cain and A. G. Hopkins, British Imperialism:Innovation and Expansion 1688~1914 (London, Longman, 1993), esp. 105~160.

88) 다음에서 인용함. Jean-Charles Sournia, Histoire de l'Alcoolisme (Paris, Flammarion, 1986), 151쪽. 프랑스 모국의 낮은 인구와 관련된 프랑스 공포증이, 북아프리카와 서아프리카에서 프랑스가 통치하는 지역들에 끼친 영향(20세와 20세 이상의 모든 강건한 토착 남성들에게 부과된 병역의무)에 관해서는 다음을 참고하라. Myron Echenburg, "'Faire du Nègre':Military Aspects of Population Planning in French West Africa, 1920~1940," in Dennis D. Cordell and Joel W. Gregory, eds, African Population and Capitalism:Historical Perspectives (Boulder, CO, Westview Press, 1987), 95~108쪽.

89) Quétel, syphilis, 135, 144, 177, 225~226, 325쪽;Armengaud, "Population," 30, 33, 53~54쪽;Eugene Weber, From Peasants into Frenchmen:The Modernization of Rural France (Stanford, CA, Stanford University Press, 1976);William Sewell, Work and Revolution in France:The Language of Labor from the Old Regime to 1848 (Cambridge, Cambridge University Press, 1980)

90) Corbin, "La Grande Peur," 337~348쪽.

91) Corbin, Filles de noce, 295~300쪽. 1860년대의 변화에 대해서는 다음을 참고하라. Corbin, "La Grande Peur";Quétel, Syphilis, 106~247쪽.

92) 다음에서 인용함. Quétel, Syphilis, 167쪽.

93) S. A. K. Strahan, MD, Marriage and Disease:A Study of Heredity and the More Important Family Degenerations (London, Kegan paul, Trench, Trübner, 1892), 154쪽.

94) Corbin, Filles de noce, 387~389쪽;Quétel, Syphilis, 165~172쪽;Elizabeth Lomax, "Infantile Syphilis as an Example of Nineteenth Century Belief in the Inheritance of Acquired Characteristics," Journal of the History of Medicine XXXIV (1979), 34~35쪽.

95) Corbin, Filles de noce, 445~447쪽. 다가오는 인류의 타락에 관한 최신유행의 편집 중 성찰하기:H. G. Wells, The Time Machine (초판, 1895) (London, Aerie Books, 1986),

96) Michelle Perrot, "Dames et conflits familiaux," in Philippe Ariès and Georges Duby, Histoire de la vie privée (Paris, Seuil, 1985), 270쪽;Jill Harsin, "Syphilis, Wives and Physicians:Medical ethics and the Family in Late Nineteenth-Century France," French Historical Studies XVI no. 1 (Spring 1989), 72~95쪽.

97) Quétel, Syphilis, 128~130, 164~165;Gustave Flaubert, Voyage en Êgypte, ed. Pierre-Marc de Biase (Paris, Bernard Grasset, 1991), 196~198쪽;English Penguin translation reviewed under the heading "The Bedbugs were the Best Part," TLS 4 October 1996, 7쪽. 또한 다음을 참고하라. Hyam, Empire and Sexuality, 2, 19쪽. 플로베르Flaubert는 (그가 카이로를 방문하기 전인) 1848년에 『성 안토니우스Saint Anthony』 집필작업을 시작해서, 1856년에 이 책을 다시 써서 증보판을 내었고 1874년에 최종 판본을 위해 다시 개작했다. 다른 용도로 활용된 『성 안토니우스』에 관해서는 나병에 관한 본서의 제3장을 참고하라.(보바리Bovary 씨와 같은) 의사들에 대해 비웃는 플로베르의 태도에 관해서는 『보바리 부인Madame Bovary』의 종결 구절을 참고하라. 또한 다음도 참고하라. Robert A. Nye, "Sex Difference and Male Homosexuality in French Medical Discourse, 1830~1930," Bulletin of the History of Medicine, LXIII (1989), 44, 38쪽;Robert A. Nye, Crime, Madness, and Politics in Modern France:The Medical Concept of National Decline (Princeton, NJ, Princeton University Press, 1984)

98) Dr Payenneville, "Rapport sur l'organization de la lutte anti-vénerienne en France," in Mohamed Abdul Khalil, ed., Comptes Rendus de Congrès International de Médecine Tropicale et d'Hygiène, Le Caire, Egypt December 1928:V (Cairo, Imprimerie Nationale, 1932), 707쪽.

99) Gregg S. Meyer, "Criminal Punishment for the Transmission of Sexually Transmitted Diseases:Lessons from Syphilis," Bulletin of the History of Medicine LXV no. 4 (Winter 1991), 551, 560쪽;Jay Cassel, The Secret Plague:Venereal Disease in Canada 1838~1839 (Toronto, University of Toronto Press, 1987), 89쪽. 알프레드 푸르니어Alfred Fournier의 『매독과 결혼Syphilis et mariage』을 미국 영어로 옮긴 번역가—번역가는 대체로 자신이 작업하는 작품의 핵심 메시지를 인정한다—로, 순수 십자군의 영웅인 프린스 모로우Prince Morrow의 업적에 관해서는 다음을 참고하라. Allan Brandt, No Magic Bullet:A Social History of Venereal Disease in the United States since 1880 (New York, Oxford University Press, 1985) 1940년대 미국에서 매

독에 걸렸다고 알려진 환자들에 대해 계속되는 의료상의 학대에 관해서는 다음을 참고하라. William Styron, "Personal History:A Case of the Great Pox," New Yorker 19 September 1995, 62~75쪽.

100) 다음에서 인용함. Corbin, Filles de noce, 392쪽.

101) Colley, Britons:Forging the Nation, 238쪽. 이 즈음 중동지방으로 여행한 많은 영국 여성들이 회교도 여성들에 비해 불이익을 당하고 있다고 느꼈던 이유에 관한 평가를 보려면 다음을 참고하라. Billie Melman, Women's Orients:English Women and the Middle East, 1718~1918 (London, Macmillan, 1993), 1~22쪽.

102) Eric Trudgill, "Prostitution and Paterfamilias," in H. J. Dyos and M. Wolff, eds, The Victorian City" Images and Realities (London, Routledge & Kegan Paul, 1973), 693~705쪽;Hyam, Empire and Sexuality, 60~63쪽.

103) Judith R. Walkowitz, Prostitution and Victorian Society:Women, Class and the State (Cambridge, Cambridge University Press, 1980), 42~47, 151~170, 201~213쪽;Richard Davenport-Hines, Sex, Death and Punishment:Attitudes to Sex and Sexuality in Britain since the Renaissance (London, Collins, 1990), 53쪽;Wilfrid S. Blunt, The Secret History of the English Occupation of Egypt (London, 1907)

104) 다음에서 인용함. Quétel, Syphilis, 235쪽. 버틀러의 "마술적 호소력"에 관한 논의를 보려면 다음을 참고하라. Walkowitz, Victorian Society, 114~118 and her more recent City of Dreadful Delight:Narratives of Sexual Danger in Late-Victorian London (Chicago, University of Chicago Press, 1992), 87~93쪽;Peter Gay, The Bourgeois Experience, Victoria to Freud, I:Education of the Senses (Oxford, Oxford University Press, 1984) See also:George Bernard Shaw, Mrs Warren's Profession (stage play) (1894) 버틀러의 인도여행에 관해서는 다음을 참고하라. Antoinette Burton, Burdens of History:British Feminists, Indian Women, and Imperial Culture, 1865~1915 (Chapel Hill, University of North Carolina Press, 1994);Hyam, Empire and Sexuality, 17~19쪽.

105) 다음에서 인용함. Walkowitz, Victorian Society, 256쪽;David Evans, "Tackling the 'hideous scourge'":417:the creation of venereal disease centres in early twentieth-century Vritain, Social History of Medicine V no. 3 (1992), 417쪽.

106) Edward J. Bristow, Vice and Vigilance:Purity Movements in Britain since 1700 (Dublin, Gill & Macmillan;Lanham, MD, Rowman & Littlefield, 1977), 125~153쪽. 리딩감옥의 힘/지식/가학성에 관해서는 다음을 참고하라. Oscar Wilde, "Two Letters to the Works (London, Collins, 1966), 958~969쪽.

107) 다음에서 인용함. John M. Eyler, "Poverty, Disease, Responsibility:Arthur Newsholme and the Public Health Dilemmas of British Liberalism," Milbank Quarterly LXVII (September 1989), 121~122쪽;Mason, Victorian Sexuality; Bristow, Vice and Vigilance. 폐기된 지 3년 지나 한 영국 판사는 에밀 졸라의 『대지(La Terre)』 (1886) 영어 번역판 출판업자에게 벌금을 부과했으니, 이 책에서 암소들도 성교를 한

다고 암시되었기 때문이었다. 이 명작의 대체 영어번역본은 68년간(1954년까지) 전혀 등장하지 않았다.

108) 오늘날 J. 버틀러의 노섬블랜드 출생지 근처의 주택단지에 사는 사람들처럼 아이를 갖길 원하지만 남편이 부담스러운 일부 여성들은, 인공수정을 원하기도 한다:Norman Dennis and George Erdoes, Families without Fatherhood (London, Institude of Economic Affairs, 1992), 1~127쪽. 인류를 재생산하는 미래의 방식은 복제를 통할 '수도' 있다.

109) Angus McLaren, "The Sexual Politics of Reproduction in Britain," in John R. Gillis, L. Tilly and D. Levine, The European Experience of Declining Fertility, 1850~ 1970:The Quiet Revolution (Oxford, Basil Blackwell, 1992) 이 책은 노동계급 여성들이 콘돔을 사용하는 결정을 남성에게 좌우되게 한 이래로, 거의 금세기에 이르기까지 낙태를 계속적으로 산아제한 기법으로 활용했다고 주장한다. 대체로 중산층 관점에서 글을 쓴 마이클 매이슨Michael Mason은 20년이나 30년 일찍 일반화된 콘돔 사용을 "흔하지 않은" 접근으로 취급한다:Mason, Victorian Sexuality, 57~64쪽.

110) Marie Carmichael Stopes, Married Love:A New Contribution to the Solution of Sex Difficulties (London, A. C. Fifield, 1918), 53, 91쪽. 세 번째 남편과 결혼한 직후 (그녀의 첫 두 남편은 그녀가 『부부애Married Love』를 썼던 처녀인 상태에서 그녀를 떠났다), 스톱스Stopes는 당연히 유명세를 탈 만했던 산아제한 클리닉을 설립했다. 여러 세대 여성들의 삶을 개선시키는 데서 그녀가 이룬 업적을 기리기 위해, 빅터 콜란츠 Victor Gollancz는 1995년 12월에 『부부애』를 재출간했다. 또한 다음을 참고하라. McLaren, "Sexual Politics," 92쪽;"Stopes, Marie Charlotte Carmichael," Dictionary of National Biography, 1951~1960, 930~931쪽.

111) Hyam, Empire and Sexuality, 65쪽;Peter Sterns, "Working-Class Women in Britain, 1890~1914," in Martha Vicinus, ed., Suffer and Be Still:Women in the Victorian Age (Bloomington, Indiana University Press, 1972);Patrick Joyce, "Work," in F. M. L. Thompson, ed., The Cambridge Social History of Britain II (Cambridge, Cambridge University Press, 1990)

112) Joanna Bourke, "Housewifery in Working-Class England 1860~1914." Past and Present CXLIII (May 1994), 167~197쪽.

113) Strahan, Marriage and Disease, 158쪽. 영국에서 전문지식이 있는 체 하는 협잡꾼과 그밖의 불법적인 치료사들이 계속해서 중요한 역할을 하는 현실이 드러나면서, 1917년에 '성병조례'를 통해 마침내 의학적으로 자격이 없는 인력이 성병을 치료하거나 처방하는 일이 금지되었다;Roger Davidson, "'A Scourge to be Firmly Fripped':The Campaign for VD Controls in Interwar Scotland," Social History of MEdicine VI no. 2 (1993), 214쪽.

114) Ute Frevert, "The Civilizing Tendency of Hygiene:Worging-Class Women under Medical Control in Imperial Germany," in John C. Fout, ed., German Women in the Nineteenth Century :A Social History (New York, Holmes & Meier, 1984), 326~327

쪽;R. P. Neuman, "Working-Class Birth Control in Wilhelmine Germany," Comparatives Studies in Society and History XX no. 3 (July 1975), 422쪽;R. P. Neuman, "The Sexual Question and Social Democracy in Imperial Germany," Journal of Social History VII (1974), 280~286쪽. 또한 다음을 참고하라. Richard Evans, "Prostitution, State and Society in Imperial Germany," Past and Present LXX (1976), 122~129쪽.

115) Ludwig Fleck, The Genesis and Development of a Scientific Fact (Berlin, 1935) 이 저작은 2차 세계 대전 이후까지 서양에서는 무시되었다. 플렉의 그밖의 중요한 발상들 가운데 하나는, 매독을 주요한 페스트의 하나로 '쾌락전염병(Lustseuche)'으로 간주하는 억제적 특성이었다. 플렉의 발상이 지닌 이런 성격 때문에, 매독에 대한 의미있는 탐구가 이루어지기보다는 도덕적 격분이 유발되었다; 이에 관해서는 다음을 참고하라. Gerrit K. Kimsma, "Frames of Reference and the Growth of Medical Knowledge:L. Fleck and M. Foucault," in Henk ten Have, G. Kimsman and S. Spicker, eds, The Growth of Medical Knowledge (Dordrecht, Kluwer Academic Publishers, 1990), 45~51쪽;Mary Douglas, How Institutions Think (Syracuse, NY, Syracuse University Press, 1986), 12~19쪽. 히틀러 이전 매독연구와 전후 미국에서 행해진 연구 간의 차이를 보려면 다음을 참고하라. James H. Jones, Bad Blood:The Tuskegee Syphilis Experiment (New York, The Free Press, 1981), 4쪽.

116) Quétel, Syphilis, 252쪽.

117) Evans, "Hideous Scourge", 413~433쪽.

118) Davidson, "VD Controls in Inter-war Scotland," 213~235쪽.

119) Payenneville, "Rapport," 707쪽;Quétel, Syphilis, 179~180쪽.

120) Quétel, Syphilis, 176~204쪽.

121) 1923년 『나의 투쟁Mein Kampf』에서, 아돌프 히틀러는 "특히 매독과 관련해, 나라와 각 주의 태도는 총체적 항복만이 예정돼 있을 뿐이다…… 그 이유는 주로 우리가 저지르는 매춘을 통한 사랑 때문이다…… 이러한 우리 영적 생활의 유대인화와 짝짓기 본능의 황금만능주의로 인해, 조만간 우리의 전체 후손들이 파멸하게 될 것이다":다음에서 인용함. Gilman, Sexuality, 259쪽.

122) Henri Pequignot, "L'Éclipse des maladies vénériennes en France (1944~1970)," in Bardet et al., Peurs et terreurs, 361~362쪽. Quétel, Syphilis, 251~255쪽, 이 책은 1986년에 전세계적으로 6,000만 건의 매독 사례가 있었다고 추정했다.

123) 선교 장소의 목록을 보려면 다음을 참고하라. Robert Cochrane, Leprosy in the Far East (London, World Dominion Press, 1929), 23~40쪽. 현대의 중국과 영국의 관계는 중국 정부가 승인하지 않았음에도 인도 아편을 중국에 판매함으로써 동인도 회사가 (서양과의) 적자를 보전했을 때 시작되었다. 1839~42년 간의 (자유로운 마약무역을 허용하기 위한) 제1차 아편전쟁에 뒤이어, 1858~60년에 제2차 아편전쟁이 벌어졌다. 이 전쟁에서 고든 장군은 황제의 여름 궁전을 약탈하고 전소시켰다:Cain and Hopkins, British Imperialism, 325, 425쪽.

124) Frank Dikötter, "The Discourse of Race and the Medicalization of Public and Private Space in Modern China (1895~1949)," History of Science XXIX part 4 no. 86 (December 1991), 411~420쪽;R. H. van Gulik, Sexual Life in Ancient China (Leiden, E. J. Brill, 1961), 311~312쪽.

125) Joseph Needham, "Medicine and Chinese Culture," in his Clerks and Craftsmen in China and the West:Lectures and Addresses on the History of Science and Technology (Cambridge, Cambridge University Press, 1970) 263~287쪽;Quétel, Syphilis, 151~152쪽.

126) Paul U. Unschuld, "Epistemological Issues and Changing Legitimation: Traditional Chinese Medicine in the Twentieth Century," in Charles Leslie and Allan Young, eds, Paths to Asian Medical Knowledge (Berkeley, University of California Press, 1992), 55, 58쪽;Hyam, Empire and Sexuality, 59쪽;Christian Henriot, "Prostitution et 'Police des Moeurs' à Shanghai aux XIXe~XXe siècles," in Christian Henriot, ed., La Femme en Asie Orientale (Lyon, Université Jean Moulin Lyon III, 1988), 65~67쪽.

127) Unschuld, "Epistemological Issues," 44~61쪽.

128) Ibid., 46, 59쪽. 1891년, 조지 신George Thin 박사는 중국인들이 절박하게 의료 선교사들한테 구조될 필요가 있다고 확신에 차서 글을 썼다:George Thin, Leprosy (London, Percival, 1891), 260쪽. 금세기 중반의 글에서 프레드릭 W. 파라르Frederic W. Farrar는 중국인들을 강하게 성토했다. 왜냐하면 중국인들이 모든 것을 "평탄한 실제 이익"으로 환원시켰고, 그들의 기술이란 고작해야 "공리주의적 평범함"(즉 베이컨주의적인 평범함)이라는 "악덕의 온상"이었기 때문이다. 다음에서 인용함. Michael Adas, Machines as the Measure of Men:Science, Technology and Ideologies of Western Dominance (Ithaca, NY, Cornell University Press, 1989), 189~190쪽.

129) 다음에서 인용함. Kerrie L. MacPherson, A Wilderness of Marshes:The Origins of Public Health in Shanghai, 1843~1893 (Hong Kong, Oxford University Press, 1987), 13쪽.

130) 다음에서 인용함. Harold Balme, China and Modern Medicine:A Study in Medical Missionary Development (London, United Council for Missionary Education, 1921), 5~6쪽.

131) 북부 나이지리아, 케냐, 우간다, 이집트에서 영국과 대영 제국 식민주의자들의 다소 유사한 인식을 보려면 다음을 참고하라. Randall M. Packard and Paul Epstein, "Epidemiologists, Social Scientists, and the Structure of Medical Research on AIDS in Africa," Social Science and Medicine XXXIII no. 7 (1990), 772쪽;Madden, "Thirty Years of Surgery," 18~19쪽. 그가 1904년에 발표했던 다시 쓴 한 논문에서, 매든 Madden은 주장했다. "우리가 적도를 향해 더욱 남쪽으로 진출하여 질병이 거의 문명화되지 않은 흑인종들에게 영향을 미침에 따라, 황폐화의 정도가 더욱 최악으로 되고, 이들 내에서 결코 제대로 발현된 적이 없는 저항력으로 봐서 이들은 매독성 바이러스

에 완전히 궤멸될 듯하다":Frank Cole Madden, MD (Melbourne) The Surgery of Egypt (Cairo, The Nile Mission Press, 1922), 55쪽.

132) Christian Hentiot, "Medicine, V.D. and Prostitution in Pre-Revolutionary China," Social History of Medicine V no. 1 (1992), 112쪽.

133) Needham, "Medicine," 287쪽;Mark Elvin, "Female Virtue and the State in China," Past and Present CIV (August 1984), 110~152쪽.

134) Elvin, "Female Virtue," 112쪽;Henriot, "Prostitution in à Shanghai," 64~93쪽.

135) Maria Jaschok, Concubines and Bondservants:A Social History (London, Zed Books, 1988), 143쪽.

136) 다음에서 인용함. Davidson, "VD Controls in Inter-war Scotland," 226쪽.

137) Morbidity and Mortality:Weekly Report XXXIV no. RR-16 (31 December 1993), 15쪽(이탤릭체는 필자의 것) 1906년 실론에서 쓴 글에서, 알도 카스텔라니Aldo Castellani 박사는 인도마마와 성교로 인한 매독이 (조나산 허친슨이 주장하듯이) 동일한 질병인지에 의문을 품었다. 중국인 32명에 대한 실질적인 검사를 통해 이 두 질병은 나병과 결핵만큼이나 서로 '다르다'는 점이 시사되었다;이 점에서 카스텔라니는 패트릭 맨슨의 지지를 받았다.Aldo Castellani, "Is Yaws Syphilis?" Journal of Tropical Medicine IX (1 January 1906), 1~4쪽.

138) Henriot, "Medicine," 110쪽:내가 헨리오트Henriot의 저서를 읽어보니, 서양의사들은 그렇게나 왕성하게 발표를 하는데, 매독에 관한 논의에서 서구에서 훈련받은 중국인 의사들이 아주 조금밖에 기여하지 못한 이유를 알 수 있었다. 즉 중국인들은 정확하게 백인 의료진이 중국에 대한 이미지를 갖는 데서 매독과 중국혐오증의 역할을 인식했기 때문이었다. 그런데 상하이 선교의사들은 이 점을 결코 깨닫지 못했음을 헨리오트의 저서가 시사해준다.

139) Dikötter, "Discourse of Race," 417~419쪽.

140) 다음에서 인용함. Joshua S. Horn, "Away with All Pasts ······":An English Surgeon in People's China (London, Paul Hamlyn, 1960), 89~90쪽.

141) 위의 책에서 인용함. ibid, 86쪽;S. M. Hillier and J. A. Jewell, Health Care and Traditional Medicine in China, 1800~1982 (London, Routledge & Kegan Paul, 1983), 159~161쪽. 1937년, 한 아시아 신문은 환자들을 학살한 일에 대해 보도했다. "광둥은 유럽과 미국의 지도적 과학자 및 사상가 들의 제안을 실행에 옮기고 있을 뿐이다. 어떤 식으론가 죽음을 맞이할 수밖에 없는 운명일진대, 환자들이 바로 살해당하는 편이 차라리 더 낫다";익명, "Shooting of Lepers in China," Leprosy Review VIII no. 2 (1937), 129~130쪽.

142) Henriot, "Medicine," 119쪽.

143) 트레포네마 팔리듐균이 결국은 승자가 되었던 듯하다. 1979년 무렵 이후, 매독이 중국에 다시 나타났기 때문이다.

제5장 콜레라와 문명 : 대영 제국과 인도, 1817~1920

1) Parliamentary Papers 1902 LXXIV (Cd 1357), 41, 192, 204. Indian figures from David Arnold, "Cholera Mortality in British India, 1817~1947," in Tim Dyson, ed., India's Historical Demography:Studies in Famine, Disease and Society (London, Curzon Press, 1989), 263~346쪽. David Arnold, "Cholera and Colonialism in British India," Past and Present CXIII(1986), 120 이 책에 따르면, 통계를 내기 이전 시대인 1817~65년에 사망자 총수는 1,000만 명에서 1,500만 명 사이였다. 추정치와 나중의 통계수치를 합할 경우, 낮게 잡은 총계가 2,575만 명이고 높게 잡은 총계는 3075만 명에 달한다. 영국의 경우:Michael Durey, The Return of the Plague:British Society and the Cholera 1831~32 (Dublin, Gill and Macmillan Humanities Press, 1979);William McNeill Plagues and Peoples (Garden City, NY, Anchor, 1976), 230~46쪽;R. J. Morris, Cholera 1832:The Social Response to an Epidemic (London, Croom Helm, 1979) 의학적인 정보에 입각한 표준적인 설명은 다음과 같다. R. Pollitzer, MD, Cholera (Geneva, World Health Organization, 1959) 또한 다음을 참고하라. André Dodin, "Les Persistances du XXe siècle," in Jean-Pierre Bardet et al., Peurs et terreurs face à la contagion (Paris, Fayard, 1988), 136~55쪽.

2) 인간의 작용이 수행하는 역할과, 침묵하는 정부가 꾸미는 음모의 역할이 다음 저서의 주된 테마다. Frank M. Snowden, Naples in the Time of Cholera, 1884~1911 (Cambridge, Cambridge University Press, 1995), 2ff.

3) Thomas r. Metcalf, Ideolgies of the Raj:The New Cambridge History of India Ⅲ part 4 (Cambridge, Cambridge University Press, 1994), x ;J. B. Foreman, ed., Complete Works of Oscar Wilde (London, Collins, 1977), 973.

4) 해리슨은 IMS의 사회적 기원을 분석해 그들이 압도적으로 중산층 하류계급임을 파악한다. 이는 "이 시기의 의료 공무원들에게 특징적인 신분상의 불안과 보수주의적 특징의 원인으로 파악되는" 요인이다:Mark Harrison, Public Health in British India:Anglo-Indian Preventive Medicine 1859~1914 (Cambridge, Cambridge University Press 1994), 29쪽. "소위 진정한 영국인"이라는 상류층에 대해서는 다음을 참고하라. Linda Colley, Britons:Forging the Nation 1707~1837 (London, Yale University Press, 1992).

5) "우리가 19세기 영국령 인도에 대해 지닌 유일한 문학적 이미지를" 낳았던 키플링 Kipling에 대해 쓰면서, 오웰Orwell은 키플링이 "결코 제국주의적 팽창 배후에 있는 경제적 영향력을 전혀 이해하지 못했으며…… 제국이란 주로 돈버는 데 관심을 지닌다는 사실을 평범한 병사나 식민지 행정관만큼이나 깨닫지 못했던 듯하다."고 지적했다:George Orwell, "Rudyard Kipling," in Orwell Selected Essays (London, Secker & Warbung, 1975), 181~83. "신사 자본주의"를 보려면 다음을 참고하라. P. C. Canin and A. G. Hopkins, British Imperialism:Innovation and Expansion 1688~1914 (London, Longman, 1993), 22ff., 319~24쪽.

6) Charles E. Rosenberg, "Cholera in Nineteen Century Europe:A Tool for Social and Economic Analysis," Comparative Studies in Society and History Ⅷ (1966), 135~62;Bill Luckin, "States and Epidemic Threats," Society fot the Social History of Medicine XXXIV (June 1984), 26쪽;Geroge Orwell, Nineteen Eight-Four:A Novel (first published 1950) (New York, Signet, 1956), 29쪽.

7) 다음에서 인용함. Charles E. Rosenberg, Explaining Epidemics and Other Studies in the History of Medicine (Cambridge, Cambridge University Press, 1992), 120. 또한 다음을 참고하라. P. E. Brown, "John Sonw—The Automn Loiterer," Bulletin of the History of Medicine XXXV (1961), 519~28쪽.

8) Paul W. Ewald, Evolution of Infectious Disease (Oxford, Oxford University Press, 1994), 23~27쪽, 74~82쪽;Patrice Bourdelais, J.-Y. Raulot and M. Demonet, "La Marche du choléra en France:1832 et 1854," Annales: Économies, Société, Civilizations XXX no. 1 (1978), 137, 142쪽;Snowden, Naples, 174쪽;J. E. Nicholson, "Flies and Cholera," Journal of Tropical Medicine Ⅸ (Ⅰ February 1906), 41~43쪽. 또한 다음을 참고하라. Richard J. Evans, "Blue Funk and Yellow Peril:Cholera and Society in Nineteenth Century France," European History Quarterly XX (1990), 111~19;Ric0hard J. Evans, "Epidemics and Revolutions:Cholera in Nineteenth Century Europe," Past and Present CXX (1988), 123~46쪽.

9) Dodin, "Les Persistances," 152쪽;Snowden, Naples, 42~43쪽, 116~17쪽;Evans, "Blue Funk," 116쪽;David Arnold, "Social Crisis and Epidemic Disease in the Famines of Nineteenth-century India," Social History of Medicine Ⅵ no. 3 (December 1993), 394쪽;Oscar Felsenfeld, "Some Observations on the Colera (El Tol) Epidemic in 1961~62," Bulletin of World Health Organization ⅩⅩⅧ (1963), 289, 291쪽;A. M. Kamal, "Cholera in Egypt," Journal of the Egyptian Health Association, Ⅲ (1948), 186쪽.

10) Lawrence I. Conrad, Michael Neve, Vivian Nutton, Roy Porter and Andrew Wear, The Western Medical Tradition:800 BC to AD 1800 (Cambridge, Cambridge University Press, 1995), 1~16쪽, 477~94쪽. 사회적 해석으로서의 의학에 관해서는 다음 글을 참고하라. Roger Cooter, "Anticontagionism and History's Medical Record," in Peter Wright and Andrew Treacher, eds, The Problem of Medical Knowledge (EdinbuP.rgh, Eidinburgh University Press, 1982), 87~108쪽.

11) Christopher Hamlin, "Predisposing Causes and Public Health in Early Nineteenth-Century Medical Thought," Social History of Medicine Ⅴ no. 1 (April 1992), 66;Evans, "Blue Funk," 114~15쪽;Michel Oris, "Cholèra et hygiéne publique en Belgique:les rèactions d'un systéme social face à une maladie sociale," in Bardet et al., Pour et terreurs, 86~89쪽;Frank M. Snowden, "Cholera in Barletta 1910," Past and Present CXXXII (August 1991), 90쪽;François Delaporte, Disease and Civilization:The Cholera in Pairs, 1832, trans. Arthur Goldhammer (Cambridge

MA, MIT Press, 1986), 69쪽;Charles Creighton, A History of Epidemics in Britain, II :From the Extintion of Plague to the Present Time (Cambridge, At the University Press, 1894), 830~31쪽.

12) P. P. 1887 LXIII (Cd 5209), 170쪽;P. P. 1899, LXVI Part II (Cd 9549), 257쪽.

13) P. P. 1878 LIX (Cd 2142), 39. 후기 코흐의 임의적 사례들;P. P. 1890 LIV (Cd 6124), 87, 104, 122~23, 132쪽.

14) Weekly Epidemiological Record (WHO Geneva) LXVII no. 34쪽, (1992), 253~ 60;"96 Cholera Cases in 1992 Are Most Since US Began Monitoring," New York Times, 11 September 1992, 10.

15) Dodin, "Les Persistences," 153;A. Q. Khan, "Role of Carriers in the Intrafamilial Spread of Cholera," The Lancet (4 February 1967), 245~46;M. I. Narkevich et al., "The Seventh Pandemic of Cholera in the USSR 1961~89," Bulletin of the World Health Organization LXI no. 2 (1993), 191~93쪽;Letter, "Cholera and the Environment," The Lancet CCCXXXIX (May 1992), 1167~68쪽;F. vay (수에즈 검역 사무소 소속), "Bacilli-Carriers and their Part in the Transmission of Infectious Diseases," Journal of Tropical Medicine and Hygiene XI (1 August 1908), 233~38 쪽;A. A. MacLaren, "Bourgeois Ideology and Victorian Philanthropy:The Contradictions of Cholera," in his Social Class in Scotland:Past and Present (Edinburgh, John Donald, 1976), 44쪽;Bernard Vincent, "Le Choléra en Espagne au XIXe siècle," in Bardet et al., Peurs et terreurs, 54~55쪽.

16) Patrice Bourdelais, "Cholera:A Victory for Medicine?" in R. Schofield, ed., The Decline of Mortality in Europe (Oxford Clarendon Press, 1991), 138쪽;Evans, "Epidemics and Revolutions," 132~ 34쪽 ;Philip D. Curtin, Death by Migration:Europe's Encounter with the Tropical World in the Nineteenth Century (Cambridge, Cambridge University Press, 1989), 72~75쪽.

17) 사실상 콜레라는 1832년에 프랑스 주협의회 의장 캐시미어 페리어를 포함해 일부 고위급 발병자들의 목숨을 빼앗았다. 족보학 참고서인 『버크 족보명감Burke's Peerage』 1865년판에 우발적으로 언급된 내용에 따르면, 인도로 나가 있는 지도급 일류 가문의 어린 아들들이 콜레라로 사망하는 일이 드물지 않았다.휴 버논-잭슨 박사의 호의로 얻은 정보임. 인도에서 가장 고위직 백인 희생자는 총독인 토마스 먼로 경으로, 1827년에 사망했다.

18) 치료에 관하여:Snowden, Naples, 121~8쪽;Delaporte Disease and Civilization, 115 ~37쪽.

19) Morris, Cholera, 122~24;Thierry Eggerick and Michel Poulain, "L'Épidémie de 1866:le cas de la Belgique," in Bardet et al., Peurs et terreurs, 56~82쪽.

20) P.P. 1878~79 LVI (Cd2415), 71쪽.

21) Snowden, Naples, 112~21쪽;Snowden, "Cholera in Barletta," 88~92;Jonathan Leonard, "Carlos Finlay's Life and the Death of Yellow Jack," Bulletin of Pan

American Health Organization XXⅢ no. 4 (1989), 440. 문학적 해석을 보려면 다음을 참고하라. Thomas Mann, Death in Venice (1911)

22) Beaven Rake et al., Report of the Leprosy Commission in India, 1890~91 (Calcutta, Printed by the Superintendent of Government Printing, 1892), 80, 83쪽.

23) W. W. Hunter, Orissa, Or, The Vicissitudes of an Indian Province under Native and British Rule: Ⅰ (London, Smith, Elder & Co., 1872), 167쪽.

24) P.P. 1889 LⅧ (Cd 5851), 109, 125, 183쪽;Mark Harrison, "Quarantine, Pilgrimage, and Colonial Trade:India 1866~1900," Indian Economic and Social History Review XXIX no. 2 (1992), 134쪽.

25) 출생률을 능가하는 지역적 사망률에 관한, 전형적이지 않다고 할 수 없는 통계적 보고 서를 보려면 다음을 참고하라. P. P. LXV (Cd 1843), 180. C. A. Bayly, Indian Society and the Makings of British India (Cambridge, Cambridge University Press, 1990), 29, 32;Michelle B. McAlpine, "Famines, Epidemics, and Population Growth:The Case of India," Journal of Interdisciplinary History XIV no. 2 (1983), 315쪽;L. Visaria and P. Visaria, "Population, 1757~1947," in D. Kumer, ed., The Cambridge Economic History of India, Ⅱ:1757~1970 (Cambridge, Cambridge Unversity Press, 1983), 463~532쪽.

26) J. Majeed, "James Mill's 'The History of British India' and Utilitarianism as a Rhetoric of Reform," Modern Asian Studies XXIV no. 2 (1990), 209~24;Michael Adas, Machines as the Measure of Men:Science, Technology, and Ideologies of Western Dominance (Ithaca, NY, Cornell University Press, 1989), 166~67, 169~72;John Strachey, India (London, Kegan Paul, Trench & Co. 1888), 194쪽;William J. Barber, British Economic Thought and India 1600~1858 (Oxford, Clarendon Press, 1975), 126~76쪽.

27) P.P. 1878 LIX (Cd 2142), 155쪽.

28) D. A. 워쉬브룩에 의해 도입된 수정주의자들의 해석인 "진보와 문제점"에 관해 다음 을 참고하라. South Asian Economic and Social History c. 1720~1860," Modern Aisian Studies XXⅡ no. 1 (1988), 57~96쪽.

29) Ashin Das Gupta, Indian Merchants and the Decline of Surat, c. 1700~1750 (Wiesbaden, FranzSteiner, 1979), 3~19쪽;Ashin, eds, India and the Indians 1500~1800 (Calcutta, Oxford University Press, 1987);Bayly, Indian Society, 36~37쪽.

30) Washbrook, "Progress and Problems," 63~65쪽.

31) Romila Thapar, "Imagined Religious Commnunities? Ancient History and the Modern Search for a Hindu Identity," Modern Asian Studies XXⅢ no. 2 (1989), 209~19쪽, 120~22;Susan Bayly, Saints, Goddesses, and Kings:Muslims and Christians in South Indian Society, 1700~1900 (Cambridge, Cambridge University Press, 1989)

32) Das Gupta, Indian Merchants, 3~19쪽;John E. Wills Jr, "European Consumption

and Aisan Production in the Seventeenth and Eighteenth Century," in John Brewer and Roy Porter, eds, Consumption and the World of Goods (London, Routelge, 1993), 135~46쪽.

33) Bayly, Indian Society, 45~46쪽, 49~53쪽.

34) 다음에 인용함. Ralph W. NIcholas, "The Goddess Sitala and Epidemic Smallpox in Bengal," Jornal of Asian Studies XL I no. 1 (November 1981), 33 또한 다음을 참고하라. John R. McLane, Land and Local Kingship in Eighteenth Century Bengal (Cambridge, Cambridge University Press, 1993), 194~96쪽.

35) Kapil Raj, "Knowledge, Power and Modern Science:The Brahmins Strike Back," in Deepak Kumar, ed., Science and Empire:Essays in Indian Context 1700~1947 (Anamika, Prakashan, 1991), 119쪽;Rudrangshu Mukherjee, " 'Satan Let Loose Upon the Earth':The Kanpur Massacures in India in the Revolt of 1857," Past and Present CXXVIII (August 1990), 92~116쪽.

36) Edward, Evolution, 80쪽;Aiden Cockburn, The Evolution and Eradiation of Infectious Diseases (Baltimore, Johns Hopkins University Press, 1963), 155쪽. 또한 다음을 참고하라. B. J. Terwiel, "Asiatic Cholera in Siam:Its First Occurrence in the 1820 Epidemic," in Norman G. Owen, ed., Death and Disease in Southeast Asia:Explorations in Social, Medical and Demographic History (Singapore, Oxford University Press, 1987), 142쪽.

37) 다음에서 인용함. O. P. Jaggi, Epidemics and Other Tropical Diseases (Delhi, Atma Ram and Sons, 1979), 15쪽.

38) R. Pollitzer, Cholera (Geneva, World Health Organization, 1959), 17쪽.

39) 다음에서 인용함. J. Semmelink, Geschiedenis der Cholera in Oost-Indië vóór 1817 (Utrecht, C. H. E. Breijer, 1885), 292쪽;또한 다음을 참고하라. Anon, "Annesley's Report," Edinburgh Medical and Surgical Journal XXXI (1826), 170쪽;Anon, "The Blue Cholera of India," The Lancet I (1831~2), 258~59쪽.

40) 다음에서 인용함. Jaggi, Epidemics, 13쪽.

41) K. D. M. Snell, Annals of the Labouring Poor:Social Change and Agrarian England, 1660~1900 (Cambridge, Cambridge University Press, 1987), 138~227쪽;C. A. Bayly, Imperial Meridian:The British Empire and the World 1780~1830 (London, Longman, 1989), 80~81쪽, 121~26쪽, 155~60쪽.

42) "Cornwallis," DNB;Bayly, Indian Society, 65~66쪽, 78쪽;V. G. Kiernan, The Lords of Human Kind:Black Man, Yellow Man, and White Man in an Age of Empire (New York, Columbia Unversity Press, 1986);John Hobson, Imperialism:A Study (1902년 에 초판이 간행됨) (London, Allen & Unwin, 1938);Ronald Hyam, Empire and Sexuality:The British Experience (Manchester, Manchester University Press, 1990), 203쪽.

43) 다음에서 인용함. Jaggi, Epidemics, 18 (이태릭체는 저자의 것).

44) Bayly, Indian Society, 76~78쪽, 148~51쪽;Raj, "Brahmins Strike Back," 120~22 쪽;G. Viswanatha, Masks of Conquest:Literary Study & British Rule in India (New York, Columbia University Press, 1989), 12~52쪽.

45) Wills, "European Consumption and Asian Production," 140쪽. 또한 다음을 참고하라. Fernand Braudel, Civilization and Capitalism:15th~18th Century Ⅲ The Prospective of the World trans. Siân Reynolds, (London Collins/Fontana, 1985), 506 ~7쪽;Arnold Pacy, Technology in World Civilization (Oxford, Basil Blackwell, 1990), 120~21쪽.

46) Abbé J. A. Dubbois, Hindu Manners, Customs and Ceremonies, 3rd edition, trans. Henry K. Beauchamp (Oxford, Clarendon Press, 1906;repr. 1959), 94~95쪽.

47) Bayly, Imperial Meridian, 147~48쪽;Bayly, Indian Society, 75~76;Adas, Machines, 103~104쪽,"Jones," DNB;"Colebrooke," DNB.

48) Bayly, Imperial Meridian, 103, 152, 160~61쪽;Pual Zanker, Augustus and the Power of Images (Munik, Becks, 1987);Elizabeth Rawson, "The Expansion of Rome," in John Boardman, J. Griffin and O. Murray, The Roman World (Oxford, Oxford University Press, 1988), 45쪽.

49) Bayly, Imperial Meridian, 52~53쪽. 또한 다음을 참고하라. Steward Gordon, Marathas, Marauders and State Formation in Eighteenthj Century India (Delhi, Oxford University Press, 1994), 연구자들이 '불변하는 인도'라는 밀리언의 개념을 훼손하지 못하도록 영국인들이 푸나의 문서보관소들을 계속 잠궈버렸다고 고든은 말한다.

50) Washbrook, "Progress and Problems," 79~80쪽;Bayly, Imperial Society, 28~32 쪽, 95~98쪽.

51) Bayly, Imperial Society, 140~47쪽.

52) Bayly, Imperial Meridian, 134, 157쪽;W. W. Hunter, The Indian Empire:Its History, People, and Products (London, Trübner & Co., 1882), 342쪽.

53) R. E. Enthoven, The Folklore of Bombay (Oxford, Clarendon Press, 1924), 258쪽.

54) John W. Cell, "Anglo-Indian Medical Theory and the Origins of Segregation in West Africa," American Historical Review XCI no. 2 (1986), 321쪽.

55) Arnold, "Cholera and Colonialism," 130~32쪽;David R. Nalin and Zahidul Haque, "Folk Belief about Cholera among Bengali Muslims and Mogh Buddhists in Chittagong, Bangladesh," Medical Anthropology Ⅰ no. 3 (Summer 1977), 55~66 쪽;G. O. Oddie, "Hook-Swinging and Popular Religion in South India during the Nineteenth Century," Indian Economic and Social History Review XXⅢ no. 1 (1986), 93~106쪽;I. J. Catanach, "Plague and the Indian Village, 1896~1914," in Peter Robb, ed., Rural India:Land, Power and Society under British Rule (London, Curzon Press, 1983), 241쪽.

56) Eggerick and Poulain, "L'Épidémie de 1866," 67~69쪽.

57) Margaret Trawick, "Death and Nurturance in Indian Systems of Healing," in Charles Leslie and Allan Young, eds, Paths to Asian Medical Knowledge (Berkeley, University of California Press, 1992), 130;Roger Jeffery, Politics of Health in India (Berkeley, University of California Press, 1988), 42~58;Adas, Machines, 55~57쪽.

58) J. C. Caldwell, P. H. Reddy and Pat Caldwell, "The Social Component of Mortality Decline:An Inverstigation in South India Employing Alternative Methodologies," Population Studies XXXVII (1983), 191쪽.

59) Adas, Machines, 279~80쪽.

60) Adam Smith, Theory of Moral Sentiments, ed. D. D. Raphael and A. L. MacFie (Oxford, Clarendon Press, 1976), 239쪽;John Locke, Some Thoughts Concerning Education (1693년에 처음 출간됨) (Cambridge, Cambridge University Press, 1927), 170~71쪽. 또한 다음을 참고하라. Bayly, Imperial Meridian, 150~52쪽.

61) 다음에서 인용함. Jaggi, Epidemics, 14쪽(이태릭체는 저자의 것)

62) 다음에서 인용함. Arnold, "Cholera and Colonialism," 122쪽.

63) Smith, Moral Sentiments, 239쪽.

64) Raj, "Brahmins Strike Back," 119~23;Tapan Raychaudhuri, "Europe in India's Xenology:The Nineteenth Century Record," Past and Present CXXXVII (1992), 160 ~72쪽, 182쪽.

65) Arnold, "Cholera and Colonialism," 151쪽.

66) 다음에서 인용함. Frank Mort, Dangerous Sexualities:Medico-Moral Politics in England since 1839 (London, Routeldge & Kegan Paul, 1987), 21쪽, 이는 다음에서 뽑은 것임. James Phillips Kay, The Moral and Physical Condition of the Working Classes Employed in the Cotton Manufacturer in Manchester 2nd edition (London, 1832) 또한 다음을 참고하라. Richard Johnson, "Education Policy and Social Control in Early Victorian England," Past and Present XXXX(1970), 98~99, 100~15, 119 쪽;John V. Picksotne, "Ferrier's Fever to Kay's Cholera:Disease and Social Structure in Cottonopolis," History of Science XXXVI (1984), 408쪽.

67) Bayly, Imperial Meridian, 100~2쪽, 121~26쪽, 133~63쪽;Snell, Annals of the Labouring Poor, 138~227. 또한 다음을 참고하라. Eric Hobsbawm and Geroge Rudé, Captain Swing (London, Pimlico, 1993);J. L. Hammond and B. Hammond, The Villiage Laborer Ⅱ (London, Penguin, 1951), 41~128쪽;Colley, Britons, 128~29쪽;Pat Thane, "Government and Society in England and Wales, 1750~1914," in F. M. L. Thomson, ed., The Cambridge Social History of Britain 1750~1950 Ⅲ (Cambridge, Cambridge University Press, 1990), 2~3쪽, 9~13쪽.

68) A. J. Youngson, After the Forty-Five:The Economic Impact on the Scottish Highlands (Edinburgh, Edinburgh University Press, 1973), 176~97쪽;Rosalind Mitchison, "Scotland 1750~1850," in F. M. L. Thompson, Cambridge Social History of Britain, 1750~1950, Ⅰ (Cambridge, Cambridge University Press, 1990), 191~92

쪽;C. J. Lawrence, "Medicine as Culture:Edinburgh and the Scottish Enlightenment," PhD Thesis, University College, London, 1984.

69) F. M. L. Thompson, The Rise of Respectable Society:A Social History of Victoria Britain 1830~1900 (Cambridge, MA, Harvard Unviersity Press, 1988), 29~30쪽, 58 ~61쪽, 63~65쪽;R. J. Morris, Class, Sect and Party:The Making of the British Middle Class:Leeds 1820~1850 (Manchester, Manchester University Press, 1990);Harold Perkin, The Making of Modern English Society (London, Routledge & Kegan Paul, 1969), 196쪽, 214~15쪽, 227쪽;Leonore Davidoff, "The Family in Britain," in F. M. L. Thomson, The Cambridge Social History of Britain, 1750~1950, II (Cambridge, Cambridge University Press, 1990), 77~85쪽;H. Cunningham, "Leisure and Culture," ibid., 294~96쪽;Spencer H. Brown, "British Army Surgeons Commissioned 1840~ 1909 with West Indian/West African Service:A Prosopographical Evaluation," Medical History XXXVII (1993), 418쪽. '현대적' 계급 구획을 위해, J. S. 밀(1859년 『자유론On Liberty』에서)은 유동성을 인식했으므로, 복수인 "중산층들"이란 말을 사용했다(예를 들어, "언제나 이 나라의 중산층들에 남아 있는…… 불관용이라는 강력한 영구적인 기미") 물론 "현재 왕국의 사회적·정치적 조건 내에서 상승하는 권력을 쥔 '중산층' "이라는 용어를 쓰기도 한다.J. S. Mill, On Liberty and Other Writings, ed. Stefan Collini (Cambridge, Cambridge University Press, 1989), 33, 87쪽.

70) W. D. Rubinstein, "The Victorian Middle Classes:Wealth, Occupation, and Geography," in Pat Thane and Antony Sutcliffe, eds, Essays in Social History (Oxford, Clarendon Press, 1986), 188~215;Perkin, Making of Modern English Society, 213~15쪽. 제임스 밀의 무절제한 언어의 사례보기:James Mill, Elements of Political Economy 3rd edition (London, Henry G. Bohn, 1844), 46~50쪽. 존 스튜어트 밀이 "고대적 정신 가운데 가장 존귀한 윤리적 산물"이라 이름지었던 마르쿠스 아우렐리우스에게 진 그의 신세에 대해서:On Liberty, 29, 59쪽;Bayly, Imperial Meridian, 103, 152, 160~61쪽. 벤자민 디즈레일리의 영국 사회와 그 초석들에 관한 기술(『커닝스비Coningsby』(1844)에서처럼)은 아주 정확히 정곡을 찌르는 것이었지만, 디즈레일리의 허구적 글쓰기의 중요성을 과소평가하는 것이 전문 역사가들 사이에서 유행했다.

71) Eric Stokes, "The First Century of British Colonial Rule in India:Social Revolution or Social Stagnation?," Past and Present LVIII (1973), 147. J. S. 밀의 말은 적절하다. "전제정치는 그 목적이 종국적으로 야만인들의 개선인 한에서 그들을 다루는 합법적인 양식의 정부다…… 하나의 원리로서 자유는 인류가 자유롭고 평등한 논의를 통해 개선될 수 있을 때까지는 어떠한 상황에도 적용되지 않는다. 그때까지는 만일 운종게도 찾아낼 수 있다면 악바르나 샤를마뉴 같은 폭군에게 무조건적으로 복종하는 길 이외에 그들에게는 별 다른 수가 없다":J. S. Mill, On Liberty, 13~14쪽. 거의 바로 시작부터 격렬한 지성적 비판이 존재했던 16세기 스페인 전제정치 경험과는 아주 대조적으로, 영국의 인도 정복과 통치 과정에서 20세기 초엽에 (홉슨Hobson, 에드워드 톰프슨Edward

Thompson, 레너드 울프Leonard Woolf의) 비판이 가해지게 될 때까지 어떠한 의미심장한 비판도 없었던 듯한 점은 아주 호기심을 자극한다.

72) Boyd Hilton, Age of Atonement:The Influence of Evangelicalism on Social and Economic Thought, 1795~1865 (Oxford, Clarendon, Press, 1988), 78, 100쪽;R. J. Morris, "Clubs, Societies and Associations," in Thompson, The Cambridge Social History Ⅲ, 406~19쪽.

73) Morris, "Clubs," 410쪽;Joan Thir나, Economic Policy and Projects;The Development of a Consumer Society in Early Modern England (Oxford, Oxford University Pres, 1978);Brewer and Proter, Consumption;Johnson, "Education Policy and Social Control," 104쪽.

74) Patrick Joyce, "Work," in Thompson, ed. The Cambridge Social History Ⅱ, 142~80, 183~84쪽, 346~51쪽;J. Zeitlin and C. Sabel, "Historcal Alternatives to Mass Production," Past and Present LVⅢ (1985);Ruth Richardson, Death, Dissection and the Destitute (London, Routledge, 1987), 275쪽.

75) E. P. Thompson, "Hunting the Jacobin Fox," Past and Present CXLⅡ (1994년 2월), 94~140쪽. 제1판(1798)에서 멜더스는 "긍정적인 억제"(전염병, 기근, 전쟁)만을 언급했고, 이어 나중 판본에서(분명 독자들이 그의 냉혹함에 항의했던 뒤에) 산아제한 같은 "예방적 억제책"을 도입했다.Patricia James, ed., Malthus, Essay On Population (1798년에 최초로 출판됨) (Cambridge University Press, 1989), iv, 207~8쪽.

76) Hilton, Age of Atonement, 78, 100쪽;Morris, "Clubs," 406~19쪽;Evans, "Epidemics and Revolutions," 131~32쪽.

77) Hilton, Age of Atonement, 78, 100쪽;Morris, "Clubs" 406~19쪽;Evans, "Epidemics and Revolutions," 131~32쪽.

78) Michel Foucalut, The Birth of the Clinic:An Archaeology of Medical Perception, trans. A. M. Sheridan (London, Routledge, 1976), 192;Delaporte, Disease and Civilization, 115~37쪽;Lindsay Granshaw, "The Rise of the Mordern Hospital in Britain," in Andrew Wear, ed., Medicine in Society:Historical Essays (Cambridge, Cambridge University Press, 1992), 202~205쪽.

79) Richardson, Death, Dissection, 95;Durey, Return of the Plague, 171~79쪽;Frank Mclynn, Crime & Punishment in Eighteenth-Century England (Oxoford, Oxford University Press, 1991), 271~74쪽;Perter Linebaugh, "The Tyburn Riot against the Surgeons," in Douglas Hay, E. P. Thompson et al., Albion's Fatal Tree:Crime and Society in Eighteenth Century Eangland (New York, Pantheon, 1975), 65~117쪽;E. P. Thompson, Whigs and Hunters (London, Allen Lane, 1975).

80) Anthony Brundage, England's "Prussian Minister":Edwin Chadwick and the Politics of Government Growth, 1832~1854 (University Park, Pennsylvania State University Press, 1988), 1~2쪽;Richardson, Death, Dissection. For the Auto-Ikon as now restored:The Observer 6 December 1992, 22.

81) Creighton, Epidemics, 797;Durey, Return of the Plague, 170, 195쪽.

82) Richardson, Death, Dissection, 175, 228~30쪽;Creighton, Epidemics, 828;Morris, Cholera, 110쪽.

83) Anon, "Cholera," The Lancet 1 (1831~32), 264;Cooter, "Anti-contagionism," 96, 101, 105~6쪽;M. Pelling, Cholera, Fever and English Medicine, 1825~1865 (Oxford, Oxford University Press, 1978), passim;Erwin Ackerknecht, "Anticontagionism between 1821 and 1867," Bulletin of the History of Medicine XXII (1948), 562~93쪽;DNB "Charles Maclean" (fl. 1788~1824).

84) Hamlin, "Predisposing Causes," 59~60;Hilton, Age of Atonement, 155쪽.

85) David Craigie, "An Account of the Epidemic Cholorea of Newburn in January and February 1832," Edinburgh Medical and Surgeon journal XXXVII(1832), 356. 벨기에에서 콜레라에 걸리기 쉬운 광부들에 관해서는 다음을 참고하라. Eggerick and Poulain, "L'Épidémie de 1866," 89~91쪽.

86) Anon., "Cholera at Sunderland," Edinburgh Medical and Surgeon journal XXXVII (1832), 215쪽.

87) MacLaren, "Bourgeois Ideology," 47;Johnson, "Education Policy and Social Control," 105~106쪽;Morris, Cholera, 34, 174쪽;Creighton, Epidemics, 830~31;Hamlin, "Predisposing Causes," 64쪽;Durey, Return of the Plague, 150쪽;Brian Harrison, Drink and Victorians:The Temperance Question in England 1815~72 (Stroke-on-Trent, Keele University Press, 1994).

88) 다음에서 인용함. Richardson, Death, Dissection, 227쪽. 자신의 저서 『맨체스터의 사악한 콜레라Malignant Cholera in Manchester』(1833)에서 헨리 고티에Henry Gaulter 박사는 격렬하게 이런 벽보붙이기 운동에 반대했다. "적절한 혜택이라는 균형 추가 없이…… 이런 운동은 콜레라의 요인이 작용하기 가장 알맞은 기분을 느끼게 만드는 흥분과 두려움을 일으켜 콜레라가 계속 유지되게 하는 커다란 잘못을 저질렀다": 다음에서 인용함. Morris, Cholera, 160쪽.

89) Pelling, Cholera, Fever, 7~10쪽, 19~20쪽. 1830년의 맥주법과 "주권을 가진 사람들이 추잡한 상태에 처해 있다"라는 격언이 미친 단기간의 영향력에 관해서는 다음을 참고하라. Thompson, Respectable Society, 312쪽.

90) Morris, Cholera, 105쪽.

91) 다음에서 인용함. Richardson, Death, Dissection, 76~77. 1833년 무렵 (스노우덴 Snowden의 『나폴리』라는 책에 나오는 이탈리아 정부의 콜레라 부인과 유사한) 뚜렷이 눈에 띄는 공식적 기억상실에 관해 다음을 참고하라. Morris, Cholera 197~98;Mort, Medico-Moral Politics, 18, 223쪽.

92) 다음에서 인용함. Hank Ten Have, "Knowledge and Practice in European Medicine:The Case of Infectious Diseases," in Hank Ten Have, G. Kimsma and S. Spicker, eds, The Growth of Medical Knowledge (Dordrecht, Kluwer, 1990), 33쪽.

93) Snell, "Social Relations—The Poor Law," in his Annals of the Labouring Poor, 104

~37쪽.

94) Morris, Cholera, 197~198쪽.

95) Snell, "The Poor Law";Richardson, Death, Dissection, xvi, 248, 270쪽;Davidoff, "The Family," 91쪽;Michael Anderson, "Social Implications of Demographic Change," in Thompson, Cambridge Sicial History II, 9~10쪽;Creighton, Epidemics, 841, 843쪽. Re:distress as a predisposing cause of cholera:John Burnett, Idle Hands:The Experience of Unemployment, 1790~1990 (London, Routledge, 1994), 이 글은 "1840년대에 실직으로 '파산한' 이들 가운데······ 신체의 불건강보다 훨씬 더 나쁜 심리적 고통이 끊임없이 실직과 연관된 병적 상태의 한 측면인 듯하다"는 점에 주목한다:Times Literary Supplement, 20 January 1995, 26쪽.

96) J. S. 밀은 보고서 초안을 보았고 채드윅더러 보고서에서 초점이 분명한 주제를 다루라고 충고했다. 채드윅은 이 충고를 받아들였음이 분명했다:Brundage, England's "Prussian Minister" 80쪽. See also:Hamlin, "Predisposing Causes," 62~70쪽;Anthony Wohl, Endangered Lives:Public Health in Victorian Britain (London, Methuen, 1983), 146~148쪽;Pelling, Cholera, Fever, 1~19쪽;Colley, Britons, 154~155쪽.

97) Pelling, Cholera, Fever, 1~32쪽.

98) Mort, Medico-Moral Politics, 30쪽. 1942년에 라이벌 관계에 있는 자문역 엔지니어들은 존 로와 채드윅에 대해 이렇게 말하지 않을 수 없었다:"진실은 (채드윅이) 대도시 하수문제를 놓고 한 개인의 의견을 특별히 참작하는 데 만족했음이 분명한데, 사실 그의 목표는 자기 발명품을 자랑하고, 자기 임무를 격상시키며, 자기 성공을 과장하고, 인접한 임무에 대해 온당치 못할 정도로 함부로 불공정하게 평가하여 주위 구역을 관할하는 동료 감독자들의 유능함을 훼손시킴으로써 스스로 잘난 체 하려는 것이었다":다음에서 인용함. Gerry Kearns, "Private Property and Public Health Reform in England 1830~1870," Social Science and Medicine XXVI no. 1 (1988), 192쪽.

99) Kearns, "Private Property," 194~196쪽;J. A. Hassan, "The Growth and Impact of the British Water Industry in the Nineteenth Century," Economic History Review 2nd series XXXVIII (1985), 543쪽. 이와 유사한 프랑스 자료를 보려면 다음을 참고하라. William Coleman, Death is a Social Disease:Public Health and Political Economy in Early Industrial France (Madison, University of Wisconsin Press, 1982), xvi~xxi, 171~238쪽;Ann F. La Berge, Mission and Method:The Early Nineteenth-Century French Public Health Movement (Cambridge, Cambridge University Press, 1994), 184~195,. 238~240쪽.

100) Christopher Hamlin, "Muddling in Bumbledom:On the Enormity of Large Sanitary Improvement in Four British Towns, 1855~1885," Victorian Studies XXXII no. 1 (Autumn 1988), 55~83쪽;Curtin, Death by Migration, 116쪽.

101) "John Snow," DNB;"John Snow," in Gillispie, ed., Dictionary of Scientific Biography;Brown, "John Snow";W. R. Winterton, "The Soho Cholera Epidemic

1854," History of Medicine VIII no. 2 (1980), 11~20쪽;Michel Dupéquier and Fred
Lewes, "Le Choléra en Angleterre au XIXe siècle:la médecine à l'épreuve de la sta-
tistique," Annales de Démographie Historique, 1989, 217~221쪽.

102) Hamlin, "Bumbledom," 59, 80쪽. 맨체스터에서 1866년에 이 회사가 수세식 변소를
광범위하게 채택하는 것을 막기 위해, 물세를 과도하게 매겼다고 보도 되었다. 1902년
에 가서도, 도시 옥외변소의 63퍼센트가 수세식이 아니어서 쓰레기 수거인의 손이 미
칠 때까지는 배설물이 주위에 널려 있었다:Pooley and Pooley, "Victorian
Manchester," 174, 234쪽.

103. Morris, Cholera, 200~206쪽;Durey, Return of the Plague, 107~112쪽;Snell,
"The Poor Law," 133쪽;Richardson, Death, Dissection, 268쪽;Creighton, Epidemics,
841, 843쪽;Kearns, "Private Property," 194쪽;Brundage, England's "Prussian
Minister", 84쪽.

104) 다음에서 인용함. Quoted in Durey, Return of the Plague, 206쪽. 1848~1849년 동
안의 콜레라 전염병이 지나가자, 네덜란드의 의사 J. 드보쉬 쳄퍼J. de Bosch Kemper
는 주민 각자에게 무엇이 최상인지를 아는 "각성된" 소수 의료인들의 목표는, "사회적
감독"을 통해 "자기 신체에 정통한 사람이 될 수 있고, 자기 열정과 습관을 통제할 수 있
을 사람을 길러내는 것"이라고 주장했다. 마치 아담 스미스의 『도덕감정론』에서처럼:
다음에서 인용함. Ten Have, Medical Knowledge, 33쪽.

105) M. Callcott, "The Challenge of Cholera:The Last Epidemic at Newcastle upon
Tyne," Northern History XX (1984), 175쪽.

106) Wohl, Endangered Lives, 111쪽;Hamlin, "Bumbledom," 61쪽.

107) Kearns, "Private Property";Gerry Kearns, "Environmental Management in
Islington 1830~1855," in W. F. Bynum and Roy Porter, eds, Living and Dying in
London, Medical History:Supplement XI (1991), 122~125쪽;Christopher Hamlin,
"Providence and Putrefaction:Victorian Sanitarians and the Natural Theology of
Health and Disease," Victorian Studies XXVIII no. 3 (Spring 1985), 393쪽. Charles
Dickens had pointed out the evils of the Circumlocution Office (the Court of
Chancery) in Bleak House (1852~1853)

108) M. J. Daunton, "Health and Housing in Victorian London," in Bynum and Porter,
Medical History:Supplement XI, 126~144쪽;Anne Hardy, "Parish Pump to Private
Pipes:London's Water Supply in the 19th Century," in Bynum and Porter, Medical
History:Supplement XI;Anne Hardy, "Public Health and the Expert:The London
Medical Officers of Health, 1856~1900," in Roy MacLeod and Milton Lewis, eds,
Government and Expertise:Specialists, Administrators, and Professionals 1860~
1919 (Cambridge, Cambridge University Press, 1988), 128~142쪽.

109) Pelling, Cholera, Fever, 196쪽;see also Howard Markel, "Cholera, Quarantines
and Immigration Restriction:The View from Johns Hopkins, 1892," Bulletin of the
History of Medicine LXVII (1993)

110) Harrison, "Quarantine," 126쪽;Norman Longmate, King Cholera:The Biograghy of a Disease (London, Hamish Hamilton, 1966), 237쪽. 또한 다음을 참고하라. The Lancet CCCXXXVIII (18 September 1991), 792쪽;WHO, Geneva, Weekly Epidemiological Record LXVI no. 10 (8 March 1991), 69쪽.

111) 다음에서 인용함. Raychaudhuri, "Europe in India's Xenology," 165쪽.

112) 재건된 의료시설에 관해서 다음을 참고하라. Mark Harrison, "The Foundations of Public Health in India:Crisis and Constraint," in his Public Health, 60~98쪽. 공공 토목공사에 관해서는 다음을 참고하라. P.P. 1878~1879 IX Report from the Select Committee on East India (Public Works);Ian Stone, Canal Irrigation in British India:Perspectives on Technological Change in a Peasant Economy (Cambridge, Cambridge University Press, 1984), 13~67쪽.

113) Arnold, "Cholera Mortality," 267~268쪽.

114) P.P. 1899 LXVI Part II (Cd 9549), 244쪽;P.P. 1902 LXXIV (Cd 1357), 93쪽. 정부 정책과 공공토목사업부를 무시했지만 기근 시기의 경제적 · 인구학적 지표에 관해서는 다음을 참고하라. Tim Dyson "On the Demography of South Asian Famines:Part I," Population Studies XLV (1991), 5~25쪽.

115) Charles Blair, Indian Famines:Containing Remarks on their Management (Edinburgh, William Blackwood & Sons, 1874), 182~185쪽(블레어Blair는 "인도공공작업부 상무이사"였다);David Arnold, Famine:Social Crisis and Historical Change (Oxford, Basil Black-well, 1988) 이 책은 PWD에 관한 모든 언급을 생략한다.

116) P.P. 1877 LXV (Cd 1707), 247~248쪽;Report of Committee on Natrition (London, British Medical Association, 1933), 327쪽.

117) 다음에서 인용함. Ira Kiein, "Population Growth and Mortality in British India:Part II:The Demographic Revolution," Indian Economic and Social History Review XXVII no. 1 (1990), 37쪽. 또한 다음을 참고하라. Michael Worboys, "The Discovery of Colonial Malnutrition between the Wars," in David Arnold, ed., Imperial Medicine and Indigenous Societies (Manchester, Manchester University Press, 1988), 208~225쪽;Lenore Manderson, "Health Services and the Legitimization of the British State:British Malaya 1786~1914," International Journal of Health Services XVII no. 1 (1987), 108쪽.

118) A. K. Sen, Poverty and Famines:An Essay on Entitlement and Deprivation (Oxford, Oxford University Press, 1981), 1~48쪽. 또한 다음을 참고하라. N. Twose, Behind the Weather:Why the Poor Suffer Most:Drought and the Sahel (Oxford, Oxfam, 1984);John Abraham, "The Causes of Famine," in his Food and Development:The Political Economy of Hunger and the Modern Diet (London, Kogan Page, 1991), 90~104쪽.

119) P.P. 1881 LXXI, Part III, "Famine Commission", 93쪽(my italics) 6년 일찍, 인도청 (the India Office)의 W. 쏜턴은 "공공 토목공사는 항상 영국의 통치를 받는 인도 행정

의 꽤 취약한 측면을 이루어왔다"고 당연한 투로 보고했다. William Thomas Thornton, Indian Public Works and Cognate Indian Topics (London, Macmillan, 1875), 1쪽.

120) P.P. 1881 LXXI, Part III, Famine Commission, 106, 128, 164, 175, 199, 216, 220쪽. 어느 그룹의 전문가들이 무얼 할 건지를 놓고 (전문지식을 주장하는) 기사들과 지역 재정 공무원들 간의 경쟁을 살피려면 다음을 참고하라. P.P. 1870, LIII, 56쪽.

121) P.P. 1881 LXVIII, "Financial Statement," 17쪽.

122) P.P. 1878~1879 IX, "Report, East India Public Works," 84쪽(my italics);P.P. 1881 LXVIII, "Financial Statement," 17쪽;Cain and Hopkins, British Imperialism, 316 ~350쪽. 또한 다음을 참고하라. Patrick K. O'Brien, "The Costs and Benefits of British Imperialism 1846~1914," Past and Present CXX (August 1988), 163~200쪽 esp. 187쪽.

123) 다음에서 인용함. Cain and Hopkins, British Imperialism, 341쪽. 메이오는 1872년 에 암살당했다.

124) P.P. 1895 LXXIII "Moral and Material Progress," xxii;P.P. 1878 LIX (Cd 2142), 3 쪽;David Hardiman, "Usury, Dearth and Famine in Western India," Past and Present CLII (August 1996), 126, 133, 145~146, 148쪽. 1845년과 1875년 사이에 영국이 투자한 9,500만 파운드에 관해서는 다음을 참고하라. W. J. Macpherson, "Investment in Indian Railways, 1845~1875," Economic History Review 2nd series, VII no. 2 (1955), 177~186쪽.

125) 시간상으로 지체되었지만, 1893년 (합스부르크 위기 몇 달 뒤) 의학학사로 외과의인 J. 류타스Lewtas 소령은 인도보건위원회 사무실에서 인도에서나 유럽에서나 어디에서도 기차여행이 콜레라 증대에 눈에 띌 만한 영향력을 미친 적이 없다고 주장하는 논문을 발표했다. P.P. 1895 LXXIII (Cd 7846), 102, 145쪽. 보다 초기의 주장을 보려면 다음을 참고하라. Max on Pettenkofer, MD, "Colera," The Lancet II (1 November 1884), 769쪽;P.P. 1877 LXV (Cd 1843), 182쪽;P.P. 1878 LIX (Cd 2142), 26쪽;P.P. 1878~ 1879 LVI (Cd 2415), 62쪽;P.P. 1890~1891 LIX (Cd 6735), 10쪽. 합스부르크에 관해서는 다음을 참고하라. Pollitzer Cholera, 39쪽;Richard Evans, Death in Hamburg:Society and Politics in the Cholera Years 1830~1910 (Cambridge, Cambridge University Press, 1987).

126) P.P. 1881 LXXI, "Irrigation as Protection against Famine" Part II, 71쪽;P.P. 1965 XXXIX, "Irri-gation," 549쪽;P.P. 1880 LIII (Cd 2737), 3쪽;Peter Harnetty, "Cotton Exports and Indian Agriculture, 1861~1870," Economic History Review 2nd series, XXIV no. 1 (1971) 414~429쪽.

127) Sir John Strachey, India (London, Kegan Paul, Trench & Co., 1888), 134쪽;P.P. 1895 LXXIII, "Material and Moral Progess," xxii;P.P. 1905 LVIII, "Material and Moral Progress," 141쪽;Hunter, Indian Empire, 419~424쪽. 또한 다음을 참고하라. "Richard Strachey," DNB. 증보된 공식 역사를 보려면 다음을 참고하라. P.P. 1904 LXVI (Cd 1851) "Report on the Indian Irrigation Commission 1901~1903," Part 1.

128) Strachey, India, 132~133쪽;Klein, "Population Growth and Mortality," 402쪽.

129) P.P. 1878 LIX (Cd 2142), 39쪽;P.P. 1878~1879 LVI (Cd 2415), 33쪽;P.P. 1881 LXIX (Cd 2981), 140쪽;P.P. 1895 LXXIII (Cd 7846), 111쪽.

130) 현대의 연구를 보려면 다음을 참고하라. Ann Cheesmond and Alan Fenwick, "Human Excretion Behaviour in a Schistosomiasis Endemic Area of the Geizira, Sudan," Journal of Tropical Medicine and Hygiene LXXXIV (1981), 101ff.

131) Khwaja Arif Hasan, The Cultural Frontier of Health in Village India:Case Study of a North India Village (Bombay, Manaktalas, 1967), 77~79쪽.

132) P.P. 1881 LXIX (Cd 2981), 176쪽.

133) 영국에서 토목기사들이 향유하는 중산층 신분에 관해서는 다음을 참고하라. R. A. Buchanan, "Engineers and Government in Nineteenth-Century Britain," in MacLeod and Lewis, Government and Expertise, 41~58쪽.

134) Elizabeth Whitcome, "Development Projects and Environmental Disruption:The Case of Uttar Pradesh, India," Social Science Information XI no. 1 (1972), 29~49쪽. 개요를 보려면 그녀의 다음 글을 참고하라. "Irrigation and Railways," in Kumar, Cambridge Economic History of India II, 677ff. 이집트에 관해서, 그리고 인도에서 건너온 기사들이 남긴 유산에 관해서는 다음을 참고하라. Thierry Ruf, "Histoire hydraulique et agricole et lutte contra la salinisation dans le Delta du Nil," Sécheresse VI (1995), 307~317쪽.

135) 캘커타의 본청으로 보낸 지방 보건소 보고들은 변함없이 맨 처음에 콜레라로 인한 연례 사망자들을 열거했으니, 이 질병에 대한 유럽인들이 품은 두려움의 반증이었다. 목록에서 다소 아래쪽에 위치한 것은 '열병'이었는데, 독기로 인해 야기된다고 여겨지는 광범위한 범주의 모든 질병이었다. 나는 기록된 내용들을 임의로 살펴보다가, 1885년에 뱅골에서 전체 사망률이 1,000명당 22.74인 가운데, 이들 1,000명 가운데 15,75명이 '열병'에 걸린 것으로 여겨졌다는 걸 발견했다. 사람 수로 나타낸다면, 이런 비율은 단 한 해 동안 뱅골 열병으로 인해 모두 합해 1,042,142명이 사망했다는 계산이 나왔다.P.P. 1887 LXIII (Cd 5209), 189, 196쪽.

136) P.P. 1904 LXVI (Cd 1851), 103, 123쪽;P.P. 1881 LXXI, Part III, "Famine", 444쪽.

137) Hobson, Imperialism, 303쪽. 이런 사정에 대해 글을 쓰면서 이사야 벌린Isaiah Berlin은 "사람들은 외국이나 낯선 계급, 환경 출신으로 드러내놓고 선심쓰는 이들이 아무리 호의적이라 해도, 그들의 감독을 받기보다는 설사 마구 혹사당하더라도 자기네와 같은 신앙이나 민족이나 계급 성원들한테 부림 당하길 선호한다." 풍조에 대해 말한다.Berlin, "The Bent Twig," in The Crooked Timber of Humanity (New York, Alfred A. Knopf, 1991), 251쪽.

138) P.P. 1900 LVIII (Cd 397), 249, 250쪽. 단순한 과학적 이론(세균)에 비한 정치적 우연성의 우위에 관해서도 역시 다음을 참고하라. The Metropolitan Water Commissions of 1867~1869 and 1892~1893," In MacLeod and Lewis, Government and Expertise, 110~127쪽.

139) 이런 사실은 "오랫동안 인도 보건 판무관이었던 커닝햄의 영향을 강하게 받은 인도 정부가 (낡은) 입장을 고수했다"는 아널드의 주장을 뒤엎는다.Arnold, "Cholera and Colonialism," 144쪽. 커닝햄 자신은 미국 전문 잡지에서 자신에 반대해 퍼부어진 집중 포화와 같은 비판에 분노했다.P.P. 1876 (Cd 1615), 40쪽.

140) 다음에서 부연해 다루었다. John Chandler Hume, Jr, "Colonialism and Sanitary Medicine:The Development of Preventive Health Policy in the Punjab, 1860 to 1900," Modern Asian Studies XX no. 4 (1986), 720쪽. 또한 다음을 참고하라. Harrison, Public Health, 102~105쪽;P.P. 1877 LXV (Cd 1843), 201쪽;P.P. 1881 LXIX (Cd 2981), 94~96, 144, 188쪽.

141) P.P. 1890~1891 LIX (Cd 6501), 98, 155쪽(이탤릭체는 필자의 것)

142) P.P. 1892 XXIV (Cd 6735), 9, 146, 174, 190, 220쪽;P.P. 1898 LXIV (Cd 8688), 180 쪽;P.P. 1899 LXVI Part II (Cd 9549), 218, 277, 234쪽. 과장을 보태 로스는 (1897년 말 라리아를 전파하는 모기의 발견자인 무하마드 벅스Muhmmad Bux와 더불어) 인도 과 학자들이 "로버트 코흐가 콜레라의 원인을 발견했던 이래로 16년이나 지나" (실제로는 코흐 이후 20년 지나) 1896년에 그 발견을 인지하게 되었다고 주장했다.Ronald Ross, Memoirs:with a Full Account of the Great Malaria Problem and its Solution (London, John Murray, 1923), 148~156쪽.

143) P.P. 1895 LXXIII (Cd 7846), 212쪽.

144) Anon, "The Depreciation of the Attractions of the Indian Medical Service and Its Remedies," Journal of Tropical Medicine IX (1 March 1906), 38쪽.

145) 다음에서 인용함. Dubois, Hindu Manners, xv.

146) P.P. 1878~1879 LVI (Cd 2415), 118쪽. 또한 다음을 참고하라. Anon, "Plague Administration in India," Journal of Tropical Medicine and Hygiene (16 December 1907), 400쪽, C. A. Bayly, "Knowing the Country:Empire and information in India," Modern Asian Studies XXVII (1993), 34ff.

147) "The White Man's Burden." 또한 다음을 참고하라. Edward Said, Culture and Imperialism (London, Chatto & Windus, 1993), 159~196쪽.

148) Anon, "The Training of the Indian Subordinate Medical Service," Journal of Tropical Medicine IX (2 July 1906), 203~204쪽. 또한 다음을 참고하라. Manderson, "Health Services and Legitimization," 95쪽. 영국에서 훈련받은 인도인이 내면화한 과 학의 본질, 즉 "(과학이 지닌) 합목적성과 극도로 수학적이고 시험성과는 거리가 먼…… 최첨단 과학의 어떤 특성"(즉 "사실에 대한 터무니없을 정도의 숭배의 또 다른 사례)에 관해서는 다음을 참고하라. Raj, "Brahmins Strike Back," 123쪽.

149) Anon, "Training," 204쪽;Anon, "Government Control over Medicine," Journal of Tropical Medicine and Hygiene X (16 December 1907), 399~401쪽;Poonam Bala, Imperialism and Medicine in Bengal:A Socio-Historical Perspective (New Delhi, Sage Publications, 1991), 81쪽;Pollitzer, Cholera 78쪽;Arnold, "Cholera Mortality Decline in Early Twentieth-century India:A Preliminary Enquiry," Indian Economic

and Social History Review XxvIII (4) (1991), 378쪽.

150) Derek Sayer, "British Reactions to the Amritsar Massacre 1919～1920," Past and Present CXXXI (May 1991), 134, 152쪽.

151) Pollitzer, Cholera, 82쪽;William C. Summers, "Cholera and Plague in India;The Bacteriophage Inquiry of 1927～1936," Journal of the History of Medicine and Allied Sciences XLVIII (1993), 299～300쪽;Rajnarayan Chandavarkar, "Plague panic and epidemic politics in India, 1896～1914," in Ranger and Slack, Epidemics and Ideas, 226쪽.

152) 다음에서 인용함. Harrison, Public Health, 233쪽. "Report of the Health Survey and Development Committee" (the Bhore Committee) (1946), 이 글에 대한 인도 정부의 요약을 보려면 다음을 참고하라. David Arnold, "The Rise of Western Medicine in India," The Lancet, CCCXLVII (19 October 1996), 1075쪽.

153) WHO, Geneva:"Cholera," Weekly Epidemiological Record, LXVI no. 10 (8 March 1991);W. E. Van Heyningen and John R. Seal, Cholera:The American Scientific Experience 1947～1980 (Boulder, CO, Westview Press, 1983);The Lancet CCCXLV (11 February 1995), 359～361쪽.

6. 황열병, 말라리아와 발병 : 대서양 연안 아프리카와 신세계(1647～1928년)

1) Patrick Manson, "The Malaria Parasite," Journal of the African Society VI no. 23 (April, 1907), 226～227쪽.

2) 다음에서 인용함. William Coleman, Yellow Fever in the North:The Methods of Early Epidemiology (Madison, University of Wisconsin Press, 1987), 5쪽. 또한 다음을 참고하라. James D. Goodyear, "The Sugar Connection:A New Perspective on the History of Yellow Fever," Bulletin of the History of Medicine LII (1978), 14쪽.

3) Sir Rubert Boyce, "The Distribution and Prevalence of Yellow Fever in West Africa," Journal of Tropical Medicine and Hygiene XIII (1 December 1910), 362쪽.

4) George Pinckard, MD, Royal College of Physicians, Notes on the West Indies Written during the Expedition under the Command of the Late Gen. Sir Ralph Abercromby III (London, Longman, Hurst, Reis & Orme, 1806), 138쪽.

5) Donald Joralemon, "New World Depopulation and the Case of Disease," Journal of Anthropological Research XXXVIII (1982), 111, 127쪽.

6) Roy M. Anderson and Robert M. May, Infectious Diseases in Humans (Oxford, Oxford University Press, 1991), 374～418쪽.

7) Edward Said, Culture and Imperialism (London, Chatto & Windus, 1993), 69～70, 106～116쪽;Fernand Braudel, Civilization and Capitalism:15th～18th Century, III:The Perspective of the World, trans. Siân Reynolds (London, Collins/Fontana,

1985), 392~393쪽.

8) Joseph C. Miller, Way of Death:Merchant Capitalism and the Angolan Slave Trade, 1730~1830 (London, James Currey, 1988), 306~307, 674~675, 682쪽.

9) R. J. Morris, "Clubs, Societies and Associations," in F. M. L. Thompson, ed., The Cambridge Social History of Britain 1750~1950 III (Cambridge, Cambridge University Press, 1990), 409, 433쪽. 본서 제5장 '콜레라' 편을 참고하라.

10) Robert William Fogel, "After-word:The Moral Problem of Slavery" in his Without Consent or Contract:The Rise and Fall of American Slavery (New York, W. W. Norton, 1991), 388~417쪽.

11) 다음에서 인용함. Basil Davidson, The Black Man's Burden:Africa and the Curse of the Nation State (New York, Times Books, 1992), 24쪽.

12) Suzanne Miers and Richard Roberts, eds, The End of Slavery in Africa (Madison, Univeristy of Wisconsin Press, 1989);Paul E. Lovejoy and Jan S. Hogendorn, Slow Death for Slavery:The Course of Abolition in Northern Nigeria, 1897~1936 (Cambridge, Cambridge University Press, 1993).

13) Nancy Stepan, The Idea of Race in Science:Great Britain 1800~1960 (London, Macmillan Press, 1982);Seymour Drescher, "The Ending of the Slave Trade and the Evolution of European Scientific Racism," in Joseph E. Inikori and Stanley L. Engerman, eds, The Atlantic Slave Trade:Effects on Economies, Societies, and Peoples in Africa, the Americas and Europe (Durham, NC, Duke University Press, 1992), 361~396쪽.

14) W. H. Hoffmann, "Yellow Fever in Africa from the Epidemiological Standpoint," in Mohamed Bay Khalil, ed., Proceedings:Congrès International de Médecine Tropicale et d'Hygiène:Le Caire, Egypte, Décembre 1928 V, (Cairo, Government Printing Office, 1932), 920쪽;Coleman, Yellow Fever in the North, 14쪽.

15) 인도에서 최고위층 영국 의료 공무원들 사이에서 장소특정적인 발상은 1898년까지 굳건하게 고수되었다.Parliamentary Papers 1899 LXVI pt 1 (Cd 9549), 254쪽.

16) World Health Organization, Prevention and Control of Yellow Rever in Africa (Geneva, WTO, 1986), 1;Philip D. Curtin, Death by Migration:Europe's Encounter with the Tropical World in the Nineteenth Century (Cambridge, Cambridge University Press, 1989), 132~140쪽;Anderson and May, Infectious Diseases, II;Hoffmann, "Yellow Fever," 917~919쪽;Bruno Latour, The Pasteurization of France, trans. Alan Sheridan and John Law (Cambridge, MA, Harvard University Press, 1988), 144쪽.

17) Thomas P, Monath, "Yellow Fever:Victor, Victoria? Conqueror, Conquest? Epidemics and Research in the Last Forty Years and the Prospects for the Future," American Journal of Tropical Medicine and Hygine XLV no. 1 (1991), 27쪽;World Health Organization, Yellow Fever, 22쪽;Hoffmann, "Yellow Fever," 917~919쪽.

18) W. C. Gorgas, "Recent Experiences of the United States Army with Regard to Sanitation of Yellow Fever in the Tropics," Journal of Tropical Medicine VI (2 February 1903), 49쪽; "Professor Hoch's Investigations on Malaria," British Medical Journal, 12 May 1900, 1183~1184쪽; Thomas E. Skidmore, "Racial Ideas and Social Policy in Brazil, 1870~1940," in Richard Graham, ed., The Idea of Race in Latin America, 1870~1940 (Austin, University of Texas Press, 1990), 9쪽.

19) Joralemon, "New World Depopulation," 111~112쪽; R. Hoeppli, Parasitic Disease in Africa and the Western Hemisphere:Early Documentation and Transmission by the Slave Trade (Basil, Verlag Für Recht und Gesellschaft, 1969), 52~55 쪽; Colemanm, Yellow Fever in the North, 190~193쪽.

20) Hoffmann, "Yellow Fever," 918쪽; Monath, "Yellow Fever," 34쪽.

21) Monath, "Yellow Fever," 30, 32~35쪽; WHO, Yellow Fever, 3~5, 25~27쪽; K. M. De Cock et al., "Epidemic Yellow Fever in Eastern Nigeria, 1986," The Lancet, 19 March 1988, 630~632쪽.

22) Hoffmann, "Yellow Fever," 915쪽. 루버트 보이스 경Sir Rubert Boyce은 서아프리카의 '풍토병'을 "매우 많은 중심지의 원주민 사이에서 생겨나지만 그러나 반드시 모든 중심지에서 그렇지는 않으며…… 모든 마을과 도시에서 반드시 풍토적이지는 않다"고 규정했다."The Discussion on the Distribution and Prevalence of Yellow Fever in West Africa at the Society of Tropical Medicine and Hygiene," Journal of Tropical Medicine and Hygiene XIV (1 February 1911), 76쪽.

23) Hoffmann, "Yellow Fever," 919~920쪽; James Cantlie, "The Education and Position of the Sanitarian in the Tropics," Journal of Tropical Medicine and Hygiene XVII (15 August 1914), 296쪽; Anderson and May, Infectious Diseases, 10, 426~427 쪽.

24) WHO, Yellow Fever, 18쪽; Monath, "Yellow Fever," 30, 32~35쪽.

25) WHO, Yellow Fever, 4~5, 18쪽; De Cock et al., "Epidemic Yellow Fever," 630 쪽; Boyce, "Yellow Fever," 358쪽.

26) WHO, Yellow Fever, 5쪽; Monath, "Yellow Fever," 29쪽.

27) "공중보건과 관련된 쟁점, 예를 들어 아프리카계 미국인이 황열병에 저항력이 있다는 소문과 같은 쟁점을 다루는 학자들 사이에 벌어진 최근 토론의 어느 것도 인정하지 않는" 할레드 J. 브룸Khaled J. Bloom의 저서 『1878년의 미시시피 계곡 대형 전염성 열병 (The Mississippi Valley's Great Fever Epidemic of 1878)』 (Baton Gouge, Louisiana State University Press, 1993)에 대한 비판을 보려면 다음을 참고하라. Todd L. Savitt (of East Carolina University) writing in the American Historical Review C no. 5 (December 1995), 1698. 또한 다음을 참고하라. Philip D. Curtin, "The End of the 'White Man's Grave?':Nineteenth-Century Mortality in West Africa," Journal of Interdisciplinary History XXI no. 1 (1990), 63쪽.

28) Jill Dubisch, "Low Country Fevers:Cultural Adaptations to Malaria in Antebellum

South Carolina," Social Science and Medicine XXI no. 6 (1985), 641~642쪽.

29) Mary J. Dobson, "Mortality Gradients and Disease Exchanges:Comparisons from Old England and Colonial America," Social History of Medicine II (1989), 266~267 쪽;John Duffy, "The Impact of Malaria on the South," in Todd L. Savitt and James Harvey Young, eds, Disease and Distinctiveness in the American South (Hnoxville, University of Tennessee Press, 1988), 34쪽.

30) Mark Ridley, "The Microbe's Opportunity," Times Literary Supplement, 13 January 1995, 6쪽.

31) 다음에서 인용함. Karen Kupperman, "Fear of Hot Climates in the Anglo-American Experience," William and Mary Quarterly XLI (1984), 237쪽.

32) Duffy, "Impact of Malaria," 29쪽.

33) Frank B. Livingstone, "Anthropological Implications of Sickle Cell Gene Distribution in West Africa," American Anthropologist LX (1958), 549~551쪽;Carol Lederman, "Malaria and Ecological Considerations," Social Science and Medicine IX (1975), 591쪽.

34) I. Hrbek, ed., UNESCO General History of Africa, III:Africa from the Seventh to the Eleventh Century, abridged edition (London, James Currey, 1992), 81쪽.

35) Walter A. Schroeder, Edwin Munger and D. Powers, "Sickle Cell Anaemia, Genetic Variations, and the Slave Trade to the United States," Journal of African History XXXI (1990), 168~169쪽;Joao Lavinha et al., "Importation Route of the Sickle Cell Trait into Portugal:Contribution of Molecular Epidemiology," Human Biology LXIV no. John M. Janzen, "Health, Religion, and Medicine in Central and Southern African Traditions," in Lawrence E. Sullivan, ed., Healing and Restoring:Health and Medicine in the World's Religious Traditions (New York, Macmillan, 1989), 230 쪽;Thurstan Shaw, "The Guinea Zone," in Hrbek, UNESCO ······ Africa, 228쪽.

36) Ancerson and May, Infectious Diseases, 374쪽.

37) Livingstone, "Sickle Cell";Frank B. Livingstone, "The Duffy Blood Groups, Vivax Malaria, and Malaria Selection in Human Populations:A Review," Human Biology LVI no. 3 (September 1984), 413~425쪽;Stephen L. Wisenfeld, "Sickle-Cell Trait in Human Biological and Cultural Evolution," Science CLVIII (1967), 1134~1140 다음 에서 인용함. K. David Patterson and Gerald W. Hartwig, "The Disease Factor:An Introductory Overview," in Patterson and Hartwig eds, Disease in African History (Durham, NC, Duke University Press, 1978), 6, 21쪽;Lederman, "Malaria," 588쪽.

38) Anderson and May, Infectious Diseases, 419, 이 책은 다음을 인용함. Armstrong (1978) and Forsyth et al. (1988);Chris Newbold, Alister Craig and Adrian Hill, "Malaria Genes and Genomes:A YAC, a Map, a TRAP and a STARP," Wellcome Trust Review IV (1995), 24~25쪽.

39) Anderson and May, Infectious Diseases, 409~419쪽.

40) Stephen Frenkel and John Western, "Pretext or Prophylaxis" Racial Segregation and Malarial Mosquitoes in a British Tropical Colony:Sierra Leone," Annals of the Association of American Geographers LXXVIII (June 1988), 216쪽. 인도 아동(식민지적 화법으로 '흑인'으로 명명됨)에 책임을 전가하는 주장을 보려면 다음을 참고하라. Colonel P. Hehir, IMS, "Prevention of Malaria in the Troops of Our Indian Empire," Journal of Tropical Medicine and Hygiene XVII (1 October 1914), 297쪽.

41) 다음에서 인용함. D. Maier, "Nineteenth-Century Asante Medical Practices," Comparative Studies in Society and History XXI (1979), 64쪽.

42) 다음에서 인용함. ibid., 65쪽. 또한 다음을 참고하라. H. M. Feinberg, "New Data on European Mortality in West Africa:The Dutch on the Gold Coast, 1719~1760," Journal of African History XV no. 3 (1974), 370~371쪽;Anon, "Epidemic Visitations," Journal of Tropical Medicine and Hygiene XIII (1 November 1910), 324 ~328쪽;Hoffmann, "Yellow Fever," 915쪽;Henry Rose Carter, Yellow Fever:An Epidemiological and Historical Study of Its Place of Origin, ed. Laura Armistead Carter and Wade Hampton Frost (Baltimore, Williams & Wilkins, 1931), 254쪽.

43) Ralph Austen, Africa in Economic History (London, James Currey, 1987), 91~95 쪽;Patterson and Hartwig, Disease in African History, 6~7쪽.

44) John Hunwick, "The Early History of the Western Sudan to 1500", in J. F. A. Ajayi and Michael Crowder, eds, History of West Africa I, 2nd edition (New York, Columbia University Press, 1976), 145~149쪽;Thirstan Shaw, "The Pre-history of West Africa," in Ajayi and Crowder, History of West Africa, 68쪽;T. Lewicki, "Trade and Trade Routes in West Africa," in Hrbek, UNESCO Gerneral History of Africa III, 190~193, 200~215쪽.

45) James C. Boyajian, Portuguese Trade in Asia under the Hapsburgs, 1580~1640 (Baltimore, MD, Johns Hopkins University Press, 1993);A. J. R. Russell-Wood, A World on the Move:The Portuguese in Africa, Asia and America, 1415~1808 (London, Carcanet, 1992), 59쪽;Fernand Braudel, The Mediterranean and the Mediterranean World in the Age of Philip II (London, Fontana/Collins, 1976), trans Siân Reynolds;포르투갈 인의 항해를 가능하게 했던 아랍의 기술지원에 관해서 다음을 참고하라. Abbas Hamdani, "An Islamic Background to the Voyages of Discovery," in The Legacy of Muslim Spain, ed. Salma Jayyusi (Leiden, E. J. Brill, 1992), 289~ 295쪽;아프리카에 관해서는 다음을 참고하라. Austen, Africa, 85~86쪽;John Thornton, Africa and Africans in the Making of the Atlantic World, 1400~1680 (Cambridge, Cambridge University Press, 1992), 26~28, 37~39, 44~53, 115~116 쪽;George E. Brooks, Landlords and Strangers:Ecology, Society, and Trade in Western Africa, 1000~1630 (Boulder, CO, Westview Press, 1993), 135쪽;F. Guerra, "Aleixo de Abreu (1568~1630)," Journal of Tropical Medicine and Hygiene LXXI (1968), 55~69쪽;Goodyear, "The Sugar Connection," 9쪽.

46) 다음에서 상세히 논의된다. Miller, Way of Death;Lovejoy and Hogendorn, Slow Death for Slavery, 682쪽;P. C. Lloyd, The Political Development of Yoruba Kingdoms in the Eighteenth and Nineteenth Centuries, Occasional Paper no. 31 (London, Royal Anthropological Institute, 1971);Robin Law, The Oyo Empire c. 1600~1836:A West African Imperialism in the Era of the Atlantic Slave Trade (Oxford, Oxford University Press, 1977);M. Gleave, "Hill Settlements and their Abandonment in Western Yorubaland," Africa XXXIII (1963), 343~352쪽;M. Gleave and R. M. Prothero, "Population Density and Slave Raiding," Journal of African History XII (1971), 319~327쪽.

47) Johannes Menne Postma, The Dutch in the Atlantic Slave Trade 1600~1815 (Cambridge, Cambridge University Press, 1990), 9, 176쪽;Braudel, Civilization and Capitalism, 48쪽;Jonathan I. Israel, European Jewry in the Age of Mercantilism, 1550~1750 (Oxford, Clarendon Press, 1989), 84~85쪽;Miller, Way of Death, 665, 667, 672, 675, 681, 684쪽.

48) J. F. A. Ajayi, Christian Missions in Nigeria 1814~1891 (London, Heinemann, 1965), 53~56, 465쪽;J. Suret-Canale and Boubacar Barry, "The Western Atlantic Coast to 1800," in Ajayi and Crowder, History of West Africa, 343쪽;Robert S. Smith, Kingdoms of the Yoruba (London, James Currey, reprint 1988), 96쪽;J. Eades, The Yoruba Today (Cambridge, CAmbridge University Press, 1980);K. M. Buchanan and J. C. Pugh, Land and People in Nigeria:The human Geography of Nigeria and its Environmental Background (London, University of London Press, 1955);Bernard Lewis, "Slaves in Arms," in his Race and Slavery in the Middle East:An Historical Enquiry (New York, Oxford University Press, 1990), 63, 65~66, 68~71, 157~159쪽;Allan Fisher and H. J. Fisher, Slavery and Muslim Society in Africa:The Institution in Saharan and Sudanic Africa and the Trans-Saharan Trade (London, C. Hurst 1970);M. Hiskett, "The Image of Slaves in Hausa Literature," in J. S. Willis, ed., Slaves and Slavery in Muslim Africa (Totowa, NJ, F. Cass 1985), 106~124쪽;Kwame Anthony Appiah, "The Invention of Africa," in his In My Father's House:Africa in the Philosophy of Culture (New York, Oxford University Press, 1992), 3~27쪽.

49) 다음에서 인용함. Miller, Way of Death, 673쪽.

50) Joseph E. Inikori and Stanley L. Engerman, "Introduction:Gainers and Losers in the Atlantic Slave Trade," in Inikori and Engerman, Atlantic Slave Trade, 5~6 쪽;Philip Curtin, The Atlantic Slave Trade:A Census (Madison, University of Wisconsin Press, 1969);Ralph Austen, "The Trans-Saharan Slave Trade:A Tentative Census," in H. A. Gemery and J. S. Hogendorn, eds, The Uncommon Market:Essays in the Economic History of the Atlantic Slave Trade (New York, 1979);Paul E. Lovejoy, 'The Volume of the Atlantic Slave Trade:A Synthesis," Journal of African

History XXIII (1982), 473~502쪽.

51) Miller, Way of Death, 157~158쪽;H. G. Wells, The Time Machine (1895), Chapter 6, "Among the Morlocks";Anon, "The Death of Dr Stewart," Journal of Tropical Medicine IX (1 February 1906), 40~41쪽;Curtin, "End of the 'White Man's Grave'?", 63~88쪽. 또한 다음을 참고하라. Amin Maalouf, Les Croisades vues par les Arabes (Paris, Editions J'ai Lu, 1983), 55~56쪽.

52) Kenneth F. Kiple and Brian T. Higgins, "Yellow Fever and the Africanization of the Caribbean," in John W. Verano and Douglas H. Ubelaker, eds, Disease and Demography in the Americas (Washington, Smithsonian Institution Press, 1992), 237~248쪽;Kenneth Kiple, The Caribbean Slave:A Biological History (Cambridge, Cambridge University Press, 1984), 12~22, 161~176쪽;Kenneth F. Kiple, "A Survey of Recent Literature on the Biological Past of the Black," in Kiple, ed., The African Exchange:Towards a Biological History of Black People (Durham, NC, Duke University Press, 1987), 8쪽;Kenneth F. Kiple and V. H. King, Another Dimension to the Black Diaspora (Cambridge, Cambridge University Press, 1993), 1102쪽. 질병 결정론이라는 쟁점을 회피하려는 최근의 시도를 보려면 다음을 참고하라. Steven M. Stowe, "Seeing Themselves at Work:Physicians and the Case Narrative in the Mid-Nineteenth Century American South," American Historical Review CI no. 1 (February 1996), 57~58쪽.

53) Jack Greene, "Changing Identity in the British West Indies in the Early Modern Era:Barbados as a Case Study," in his Imperatives, Behaviors, and Identities:Essays in Early American Cultural History (Charlottesville, University Press of Virginia, 1992), 38쪽;John J. McCusker and Russell R. Menard, The Economy of British America, 1607~1789 (Chapel Hill, NC, Institute of Early American History and Culture, 1985), 153쪽.

54) 다음에서 인용함. Green, Imperatives, 19쪽.

55) 다음에서 인용함. ibid., 38쪽(이택릭 체는 저자의 것).

56) McCusker and Menard, Economy, 153, Greene, Imperatives, 38쪽.

57) Ralph A. Austen and Woodruff D. Smith, "Private Tooth Decay as Public Economic Virtue:The Slave-Sugar Triangle, Consumerism, and European Industrialization," in Inikori and Engerman, Atlantic Slave Trade, 183~203 쪽;McCusker and Menard, Economy, 156쪽;Basil Davidson, The Fortunate Isles:A Study in African Transformation (London, Hutchinson, 1989), 10, 38~39쪽.

58) Philip D. Curtin, The Rise and Fall of the Plantation Complex:Essays in Atlantic History (Cambridge, Cambridge University Press, 1990) 또한 다음을 참고하라. Jan De Vries, The Economy of Europe in an Age of Crisis, 1600~1750 (Cambridge, Cambridge University Press, 1976), 137~138쪽.

59) Austen and Smith, "Private Tooth Decay," 193~195쪽;McCusker and Menard,

Economy, 150쪽;Brian Dietz, "Overseas Trade and Metropolitan Growth," in A. L. Beier and Roger Finlay, eds, London 1500~1700:The Making of the Metropolis (London, Longman, 1986), 132쪽;John Chartres, "Food Consumption and Internal Trade," in Beier and Finlay, London 1500~1700, 176쪽;D. C. Coleman, The Economy of England 1459~1750, 176쪽;D. C. Coleman, The Economy of England 1459~1750 (Oxford, Oxford University Press, 1977), 118쪽;Daniel Roche, The People of Paris:An Essay on Popular Culture in the 18th Century, trans. Marie Evans (Leamington Spa, Berg, 1987), 11쪽.

60) Stuart B. Schwartz, Reconsidering Brazilian Slavery (Urbana, University of Illinois Press, 1992), 42~45쪽;Fogel, Without Consent Or Contract, 24~25쪽.

61) Greene, Imperatives, 33쪽;McCusker and Menard, Economy, 152쪽.

62) 다음에서 인용함. David W. Galenson, "White Servitude and the Growth of Black Slavery in Colomial America," Journal of Economic History XLI no. 1 (March 1981), 42쪽. 또한 다음을 참고하라. Larry Gragg, "'To Procure Negroes':The English Slave Trade to Barbados, 1627~1660," Slavery and Abolition XVI no. 1 (April 1995), 70 쪽.

63) Mark A. Burkholder and Lyman L. Johnson, Colonial Latin America (New York, Oxford University Press, 1990), 121쪽;Goodyear, "The Suger Connection." 10~17 쪽;K. David Patterson, "Yellow Fever Epidemics and Mortality in the United States, 1693~1905," Social Science and Medicine XXXIV no. 8 (1992), 855~865쪽. '시간 엄수'에 관해서는 다음을 참고하라. Mark M. Smith, "Time, Slavery and Plantation Capitalism in the Ante-Bellum American South," Past and Present CL (February 1996), 142~168쪽.

64) Paraphrased in Greene, Imperatives, 22쪽.

65).H. Roy Merrens and George D. Terry, "Dying in Paradise:Malaria, Mortality, and the Perceptual Environment in Colonial South Carolina," Journal of Southern History L no. 4 (November 1984), 533~550쪽. 또한 다음을 참고하라. Thornton, Africa and Africans, 142~148쪽.

66) Eric Mercer, Disease, Mortality and Population in Transition (Leicester, University of Leicester Press, 1990), 37, 164쪽;Gloria L. Main, Tobacco Colony:Life in Early Maryland 1650~1720 (Princeton, Princeton University Press, 1982), 99~102 쪽;David Galenson, Traders, Planters, and Slaves:Market Behavior in Early English America (Cambridge, Cambridge University Press, 1986), 37쪽. Relevant essays in Thad W. Tate and David L. Ammerman, eds, The Chesapeake in the Seventeenth Century:Essays on Anglo-American Society (Chapel Hill, University of North Carolina Press, 1979), including:James Horn, "Servant Emigration to the Chesapeake in the Seventeenth Century," 51ff.;Carville V. Earle, "Environment and Mortality in Early Virginia," 96ff.;Lois Green Carr and Russell R. Menard, "Immigra-

tion and Opportunity:the Freedman in Early Colonial Maryland," 238ff.

67) Joan Thirsk, Economic Policy and Projects:The Development of a Consumer Society in Early Modern England (Oxford, Oxford University Press, 1978);Peter Kriedte, Hans Medick and Jürgen Schlumbohm, Industrialization before Industrialization, trans. Beate Scheupp (Cambridge, Cambridge University Press, 1981);Hermann Kellenbenz, "Rural Industries in the West from the End of the Meddle Ages to the Eighteenth Cenrury," in Peter Earle, ed., Essays in European Economic History (Oxford, Oxford University Press, 1974).

68) Greene, Imperatives, 26쪽.

69) Postma, The Dutch, 126, 280~291쪽;오스터발트에 관해 보려면 본서 제4장 '매독' 편을 참고하라.

70) Greene, Imperatives, 22쪽.

71) 위의 책에서 인용함. ibid., 37쪽.

72) Richard S. Dunn, Sugar and Slaves:The Rise of the Planter Class in the English West Indies (Chapel Hill, University of North Carolina Press, 1972), 312쪽.

73) 다음에 바꾸어 표현되어 있다. Greene, Imperatives, 37쪽.

74) Fogel, Without Consent or Contract, 142~147쪽;J. R. Ward, British West Indian Slavery, 1750~1834:The Process of Amelioration (Oxford, Clarendon Press, 1988), 155~156쪽;Kiple, "Survey of Recent Literature," 8쪽.

75) 다음에서 인용함. B. W. Higman, Slave Populations of the British Caribbean 1807 ~1834 (Baltimore, MD, Johns Hopkins University Press, 1988), 264쪽. 또한 다음을 참고하라. Todd Savitt, "Slave Health and Southern Distinctiveness," in Savitt and Young, Disease and Distinctiveness, 131쪽.

76) 다음에서 인용함. Jack Eckert, "Every Prospect of a Healthy Summer:The 1839 Outbreak of Yellow Fever in Charleston, South Carolina," Transactions & Studies of the College of Physicians of Philadelphia:Medicine & History Series V vol. XIV no. 2 (June 1992) 171쪽.

77) Pinckard, Notes on the West Indies, 145쪽.

78) Higman, Slave Populations, 266쪽;Raymond Dumett, "Disease and Mortality among Gold Miners of Ghana:Colonial Government and Mining Company Attitudes and Policies, 1900~1938," Social Science and Medicine XXXVII (1993), 214쪽.

79) Sidney W. Mintz, Sweetness and Power:The Place of Sugar in Modern World History (New York, Viking, 1985, 99~100쪽;Curtin, Rise and Fall of the Plantation Complex, 146ff.;Dale W. Tomich, Slavery in the Circuit of Sugar:Martinique and the World Economy 1830~1848 (Baltimore, MD, Johns Hopkins University Press, 1990), 15~21쪽;Paul Farmer, "Many Masters:The European Domination of Haiti," in his AIDS and Accusation:Haiti and the Geography of Blame (Berkeley,

University of California Press, 1992), 155쪽.

80) 다음에서 인용함. Farmer, Haiti, 156쪽.

81) James E. McClellan III, "Science, Medicine and French Colonialism in Old-Regime Haiti," in Teresa Meade and Mark Walker, eds, Science, Medicine and Cultural Imperialism (London, Macmillan, 1991), 47~48쪽.

82) J. M. Powell, Bring Out Yout Dead:The Great Plague of Yellow Fever in Philadelphia in 1793 (first published 1949) (Philadelphia, University of Pennsylvania Press, 1993), 4~7쪽;Martin S. Pernick, "Politics, Parties, and Pestilence:Epidemic Yellow Fever in Philadelphia and the Rise of the First Party System," in Judith Walzer Leavitt and Ronald L. Numbers, eds, Sickness and Health in America:Readings in the History of Medicine and Public Health 2nd edition, revised (Madison, University of Wisconsin Press, 1985), 241~256쪽. 또한 다음을 참고하라. William S. Middleton, "Felix Pascalis-Ouvrière and the Yellow Fever Epidemic of 1797," Bulletin of the History of Medicine XXXVIII (1964), 497~515쪽.

83) Robin Blackburn, The Overthrow of Colonial Slavery, 1776~1848 (London, Verso, 1988), 231~264쪽.

84) David Geggus, "Yellow Fever in the 1790s:The British Army in Occupied Saint Domingue," Medical History XXIII (1979), 38~58쪽.

85) 다음에서 인용함. ibid. 57 and Braudel, Civilization and Capitalism, 412쪽. 또한 다음을 참고하라. Blackburn, Overthrow, 247~251쪽;John B. Blake, "Yellow Fever in Eighteenth Century America," Bulletin of the New York Academy of Medicine XLIV no. 6 (1968), 676쪽.

86) 다음에서 인용함. Blackburn, Overthrow, 250쪽.

87) Farmer, Haiti, 164쪽.

88) Gorgas, "Recent Experiences," 49쪽.

89) M. B. Akpan, "Liberia and Ethiopia, 1880~1914:The Survival of Two African States," in A. Ado Boahen, ed., UNESCO General History of Africa, VII:Africa under Colonial Domination 1880~1935 (London, Heinemann Education, 1981), 270~273쪽.

90) Drescher, "Ending of the Slave Trade," 372쪽;Ronald Hyam, Empire and Sexuality:The British Experience (Manchester, Manchester University Press, 1990), 200쪽;Farmer, Haiti, 269쪽;Blackburn, Overthrow, 257~258쪽;Said, Culture and Imperialism, 309, 338, 349쪽.

91) Blackburn, Overthrow, 254쪽.

92) Farmer, Haiti, 156~159, 174~175쪽;Eugene D. Genovese, Roll, Jordan Roll:The World the Slave Made (New York, Vintage Books, 1974), 174~175쪽. "190년 간 41명의 아이티 국가 수반 가운데 9명이 종신형에 처해졌고, 29명이 암살되거나 타도되었다":The Egyptian Gazette, 2 April 1995, 4. "현대에 들어 아이티만큼 외국 논평자들로

부터 그렇게나 부당한 비판을 받았던 나라는 거의 없었다":Sidney W. Mintz, Caribbean Transformations (Chicago, Aldine, 1974), 267쪽.

93) 미국의 면화생산은 1830년에 70만 배일bale로부터 1840년에 180만 베일로, 그리고 1854년에 270만 배일로 증대되었는데, 이 대부분은 대영 제국의 공장으로 수출 되었다. Fogel, Without Consent or Contract, 30쪽. 단일작물 경제의 위험성에 관해서는 다음을 참고하라. James O. Breeden, "Disease as a Factor in Southern Distinctiveness," in Savitt and Young, Disease and Distinctiveness, 17쪽.

94) McCusker and Menard, Economy, 170쪽;Jack Greene, Pursuits of Happiness:The Social Development of Early Modern British Colonies and the Formation of American Culture (Chapel Hill, University of North Carolina Press, 1988), 143, 147 쪽;Eugene Genovese and Elizabeth Fox-Genovese, "The Fruits of Merchant Capital," in J. William Harris, ed., Society and Culture in the Slave South (London, Routledge, 1992), 31쪽;Smith, "Time, Slavery and Plantation Capiralism," 96~97쪽.

95) Fogel, Without Consent or Contract;Robert W. Fogel and Stanley L. Engerman, Time on the Stanley L. Engerman, Time on the Cross:The Economics of American Negro Slavery (Boston, Little, Brown, 1974);Michael Kammen, People of Paradox:An Inquiry Concerning the Origins of American Civilization (Ithaca, NY, Cornell University Press, 1972), 247쪽;Greene, Imperatives, 1~2쪽. "만일 미국이 위대한 혁명을 경험한다면, 그런 혁명은 미합중국이라는 실재에 의해 가능할 것이다. 즉 그런 혁명을 낳는 것은 조건의 평등이라기보다는 조건의 불평등이다." Alexis de Tocqueville, Democracy in America II (New York, Vintage Books, 1945), 270쪽. 해리엇 비처 스토우Harriet Beecher Stowe는 급진주의로 돌변한 자신의 소설 「톰 아저씨의 오두막Uncle Tom's Cabin」을 1852년에 출판했다.

96) Fogel, Without Consent or Contract, 281~387쪽.

97) Jo Ann Carrigan, "Yellow Fever:Scourge of the South," in Savitt and Young, Disease and Distinctiveness, 62~63쪽;Todd L. Savitt, "Slave Health," 123쪽;Mirko Grmek, Disease in the Ancient Greek World, trans. Mircelle and Leonard Mueller (Baltimore, MD, Johns Hopkins University Press, 1989), 265~266쪽;Livingstone, "The Duffy Blood Groups," 416쪽. "남부는…… 무엇보다도 백인들에게, 굴하지 않고 유지하는 공통의 결의, 즉 남부는 백인의 나라가 되고 백인의 나라로 남을 것이라는 신조를 지닌 사람들의 땅이다." 다음에서 인용함. Breeden, "Disease as a Factor", 4쪽.

98) Patterson, "Yellow Fever," 857~858, 860쪽;Breeden, "Disease as a Factor," 10 쪽;Carrigan, "Scourge of the South," 57쪽.

99) Carrigan, "Scourge of the South," 59쪽. "(황열병은) 대체로 흑인들, 특히 흑인 아이들을 통해 전파되었고 현재도 그러하다." Carter, Yellow Fever, 264쪽.

100) Margaret Humphreys, Yellow Fever and the South (New Brunswick, NJ, Rutgers University Press, 1992), 51~52쪽;Shane White and Graham White, "Slave Clothing and African-American Culture in the Eighteenth and Nineteenth Centuries," Past

and Present CXLVIII (August 1995), 149~186쪽;Elizabeth Fox-Genovese, Within the Plantation House-hold:Black and White Women of the Old South (Chapel Hill, University of North Carolina Press, 1988), 169~172, 318쪽.

101) Ronald Ross, Memoirs:With a Full Account of the Great Malaria Problem and its Solution (London, John Murray, 1923), 123쪽;Howard L. Holley, The History of Medicine in Alabama (Birmingham, AL, University of Alabama School of Medicine, 1982), 15, 18쪽;Michael Adas, Machines as the Measure of Men:Science, Technology, and Ideologies of Western Dominance (Ithaca, NY, Cornell University Press, 1989), 154, 299, 301, 406쪽.

102) 다음에서 인용함. Kiple and King, Another Dimension, 44쪽.

103) Samuel A. Cartwright, MD, "Report on the Diseases and Physical Peculiarities of the Negro Race," in Arthur L. Caplan, H. Engelhardt, J. McCartney, Concepts of Health and Disease:Interdisciplinary Perspectives (Reading, MA, Addison-Wesley, 1981), 314쪽. 그밖의 카트라이트의 통찰은 "흑인의 피는 자기네 피를 활성화시키고 탄소를 제거하기에" 충분할 정도의 운동을 통해 야기되는 게 아니라는 것과, "두뇌 네트워크에다 무지와 미신 및 야만주의를 살포하는 흑인의 피는 문명과 도덕적 문화 및 종교적 진리에 반대하는 문에다 빗장을 걸어 잠근다"는 것이었다. ibid., 324쪽.

104) 다음에서 인용함. Carrigan, "Scourge of the South," 또한 다음을 참고하라. Stowe, "Physicians and the Case Narrative," 57~58쪽.

105) 다음에서 인용함. John Duffy, Sword of Pestilence:The New Orleans Yellow Fever Epidemic of 1853 (Baton Rouge, Louisiana State University Press, 1966), 8쪽 (이탤릭체는 나의 것임).

106) 다음에서 인용함. Hugh Brogan, The Pelican History of the United States of America (London, Penguin, 1986), 356쪽.

107) Carter, Yellow Fever, 264쪽. 또한 다음을 참고하라. Yellow Fever Bureau Bulletin III no. 3 (1914), 350~357쪽.

108) Mary Kingsley, West African Studies (London, Macmillan, 1901) 또한 다음을 참고하라. Curtin, Death by Migration, 67~68쪽.

109) Humphreys, Yellow Fever, 7쪽.

110) Duffy, "Impact of Malaria," 51쪽.

111) 다음에서 인용함. Duffy, Sword of Pestilence, 10쪽.

112) Ibid. 167쪽;Carrigan, "Scourge of the South," 60쪽.

113) 다음에서 인용함. Humphreys, Yellow Fever, 23쪽.

114) Ibid. 12쪽;Duffy, Sword of Pestilence, 6, 171쪽.

115) Bloom, Great Yellow Fever Epidemic of 1878, 230~231쪽;Humphreys, Yellow Fever, 50, 100~102쪽;Thomas H. Baker, "Yellowjack:The Yellow Fever Epidemic of 1878 in Memphis Tennessee," Bulletin of the History of Medicine XLII (1968), 241~264쪽;J. M. Keating, The Yellow Fever Epidemic of 1878, in Memphis, Tenn.

(Memphis TN, The Howard Association, 1879);Carrigan, "Scourge of the South," 66
～67쪽. "예상과는 달리, 멤피스 흑인들은 아주 쉽사리 이 전염병에 걸렸다. 9월 10일
에 공식적으로 기록된 99명의 황열병 억류자들 가운데 35명이 흑인이었다":Bloom,
Great Yellow Fever Epidemic 1878, 170쪽:다음을 참고하라. Savitt, Review of
Bloom, American Historical Review C no. 5 (December 1995), 1698.

116) Baker, "Yellowjack";Humphreys, Yellow Fever, 100쪽;John H. Ellis, Yellow
Fever & Public Health in the New South (Lexington, University of Kentucky Press,
1992), 158, 160쪽. 1870년으로부터 10년 동안(멤피스에서 가장 큰) 쉘비 카운티의 인
구가 22퍼센트까지 줄었고, 제조업에 고용된 일꾼 수는 30퍼센트까지 떨어졌으니, 벽
돌 공장은 9개에서 3개로 양조장은 2개에서 1개로 줄었고, 묘비 제작소는 5군데서 6군
데로 늘었으며, 쉘비 카운티에서 흑인 비율은 48퍼센트에서 56퍼센트로 늘었다.
Bloom, Great Yellow Fever Epidemic of 1878, 230쪽.

117) Carrigan, "Scourge of the South," 67～68쪽;Humphreys, Yellow Fever, 138, 145
쪽.

118) 다음에서 인용함. Carrigan, "Scourge of the South," 68쪽.

119) 다음에서 인용함. Humphreys, Yellow Fever, 149쪽.

120) 다음에서 인용함. Bloom, Great Yellow Fever Epidemic of 1878, 255쪽.

121) Breeden, "Disease as a Factor," 13쪽.

122) 다음에서 인용함. Humphreys, Yellow Fever, 165쪽.

123) Ibid.

124) Brogan, History of the United States, 415쪽.

125) Breeden, "Disease as a Factor," 13～14쪽.

126) Jo-Ann Carrigan, "Mass Communication and Public Health:The 1905 Campaign
against Yellow Fever in New Orleans," Actes Proceedings I:XXVIIIth International
Congress for History of Medicine (Paris, Les Editions de Médecine Pratique, 1983),
234～235쪽.

127) P. J. Cain and A. G. Hopkins, "Brazil," in Cain and Hopkins, British
Imperialism:Innovation and Expansion 1688～1914 (London, Longman, 1993),
298～306쪽.

128) Curtin, Plantation Complex, 46～56쪽.

129) Cain and Hopkins, British Imperialism, 298쪽;Braudel, Givilization and
Capitalism, 421쪽;Teresa Meade, "Cultural Imperialism in Old Republic Rio de
Janeiro:The Urban Renewal and Public Health Project," in T. Meade and Mark
Walker, eds, Science, Medicine and Cultural Imperialism (London, Macmillan,
1991), 95쪽. 포르투갈령 아프리카에서 영국의 영향력을 보려면 다음을 참고하라. G.
Heaton Nicholls, "Empire Settlement in Africa in its Relation to Trade and the
Native Races," Journal of the African Society XXV no. 48 (January 1926), 111쪽.

130) Burkholder and Johnson, Colonial Latin America, 119쪽. 또한 다음을 참고하라.

Stuart B. Schwartz, Slaves, Peasants, and Rebels:Reconsidering Brazilian Slavery (Urbana, University of Illinois Press, 1992).

131) 다음에서 인용함. Blackburn, Overthrow, 414쪽.

132) Cain and Hopkins, British Imperialism, 90, 300쪽.

133) G. Couto and C. de Rezende, "Control of Especially in Rio de Janeiro," Yellow Fever Bureau Bulletin II (1913), 297쪽;Donald B. Cooper, "Brazil's Long Fight against Epidemic Disease, 1849~1917, with Special Emphasis on Yellow Fever," Bulletin of the New York Academy of Medicine LI, no. 5 (May 1975), 665쪽.

134) 다음에서 인용함. Cooper, "Brazil's Long Fight," 672쪽.

135) Nancy Stepan, Beginnings of Brazilian Science:Oswaldo Cruz, Medical Research and Policy, 1890~1920 (New York, Science History Publications, 1976), 48쪽.

136) Skidmore, "Racial Ideas ····· in Brazil";George Reid Andrews, "Racial Inequality in Brazil and the United States:A Statistical Comparison," Journal of Social History XXVI no. 2 (1992), 233쪽.

137) 이와 대조적으로 미국에서는 혼혈의 피가 16분의 1, 32분의 1에 불과할 정도로 적더라도 혼혈인들에게 노예라는 법적 신분이 부과되었다. 이 피의 비율에 대해서는 다음을 참고하라. Main, Tobacco Colony, 127쪽. "(현대의) 북아메리카인들이 단 한 명의 아프리카 조상조차 '아프리카계 미국인'이나 '아프리카 인의 후손'을 낳기에 충분한 반면에, 브라질인들은 자기네 모든 조상들로부터 온갖 특성을 모두 물려받는다고 믿는 편이다." Peter Fry, "Why Brazil is Different," Times Literary Supplement 8 December 1995, 7쪽.

138) Blackburn, Overthrow, 381~417쪽.

139) Cooper, "Brazil's Long Fight," 679쪽;Couto and De Rezende, "Control of Infectious Diseases in Brazil." 298쪽;Stepan, Beginnigs, 59쪽;Ilana Löwy, "Yellow Fever in Rio de Janeiro and the Pasteur Institute Mission (1901~1905):The Transfer of Science to the Periphery," Medical History XXXIV (1990), 156쪽.

140) 다음에서 인용함. Cooper, "Brazil's Long Fight," 679쪽.

141) Couto and De Rezende, "Control of Infectious Disease in Brazil," 298쪽.

142) Andrews, "Racial Inequality," 233쪽;Carlos E. A. Coimbra, Jr., "Human Factors in the Epidemiology of Malaria in the Brazilian Amazon," Human Organization XLVII no. 3 (1988) 257쪽.

143) Anon., "Sanitary Environment a Bar to the Spread of Yellow Fever," Journal of Tropical Medicine I (November 1898), 105쪽;"Compilation of Reports on Yellow Fever," ibid. 106쪽.

144) Meade, "Cultural Imperialism," 95~119쪽. 크로머 경 지휘 아래 카이로에서 벌어졌던 유사한 상황을 보려면 다음을 참고하라. 1001 Years of the City Victorious (Princeton, NJ, Princeton University Press, 1991), 150~151쪽.

145) Cain and Hopkins, British Imperialism, 303~304쪽.

146) Meade, "Cultural Imperialism," 114~116쪽.

147) Löwy, "Pasteur Institute Mission," 160쪽;Stepan, Beginnings, 85~91쪽;Journal of Tropical Medicine and Hygiene XIV (March 1911), 76쪽.

148) Blackburn, Overthrow, 383~417쪽;Braudel, Civilization and Capitalism, 440 쪽;David Brion Davis, Slavery and Human Progress (Oxford, Oxford University Press, 1984), 287쪽.

149) Curtin, Plantation Complex, 196~197쪽.

150) Juliet Barclay, Havana:Portrait of a City (London, Cassell, 1993).

151) Curtin, Death by Migration, 131쪽;Davis, Slavery, 238, 286쪽;Jack Ericson Eblen, "On the Natural Increase of Slave Populations:The Example of the Cuban Black Population, 1775~1900," in Stanly Engerman and Eugene Genovese, eds, Race and Slavery in the Western Hemisphere:Quantitative Studies (Princeton, NJ, Princeton University Press, 1975), 211~245쪽.

152) Jonathan Leonard, "Carlos Finlay's Life and the Death of Yellow Jack," Bulletin of Pan-American Health Organization XXIII no. 4 (1989), 446쪽;Löwy, "Pasteur Institute Mission," 146쪽;María Maltilde Suárez and Walewska Lemoine, "From Internalism to Externalism:A Study of Academic Resistance to New Scientific Findings," History of Science XXIV (1986), 390, 400쪽.

153) 다음에서 인용함. Brogan, History of the United States, 386쪽.

154) Hoffmann, "Yellow Fever," 915쪽;J. Guiteras, "Endemicity of Yellow Fever," Yellow Fever Bureau Bulletin II (1913), 365~374쪽.

155) François Delaporte, The History of Yellow Fever:An Essay on the Birth of Tropical Medicine (Cambridge, MA, MIT Press, 1991), 141쪽;"Henry Rose Carter," Dictionary of American Biography.

156) Rodney Sullivan, "Cholera and Colonialism in the Philippines, 1899~1903," in Roy MacLeod and Milton Lewis, eds, Disease, Medicine, and Empire:Perspectives on Western Medicine and the Experience of European Expansion (London, Routledge, 1988), 284~300쪽;Humphreys, Yellow Fever, 146, 210, 214쪽.

157) 다음에서 인용함. John Farley, Bilharzia:A History of Imperial Tropical Medicine (Cambridge, Cambridge University Press, 1991), 39쪽. 키플링은 1899년에 "백인의 책무(The White Man's Burden)"라는 제목의 시를 발표했다.

158) Raymond Buell, ed, Report on the Commission on Cuban Affairs (New York, Foreign Policy Association Inc., 1935), 103쪽.

159) Hoffmann, "Yellow Fever," 916쪽;Ronald Ross, "The Progress of Tropical Medicine," Journal of the African Society XV (April 1905), 283쪽;Leonard, "Carlos Finlay's, Life," 449쪽;Löwy, "Pasteur Institute Mission," 150, 153~154쪽;Delaporte, Birth of Tropical Medicine, 125~146쪽;Margaret Warner, "Hunting the Yellow Fever Germ:The Principle and Practice of Etiological Proof in Late Nineteenth-

Century America," Bulletin of the History of Medicine LIX (1985), 361〜382
쪽;Curtin, Death by Migration, 132쪽.

160) Joseph A. Le Prince and A. J. Orenstein, Mosquito Control in Panama:The
Eradication of Malaria and Yellow Fever in Cuba and Panama (New York, The
Knickerbocker Press, 1916), 242〜243쪽. 또한 다음을 참고하라. Gorgas, "Recent
Experiences," 49〜52쪽.

161) Burkholder and Johnson, Colonial Latin America, 91〜94쪽.

162) Ibid., 126〜127쪽;Ross, "Progress of Tropical Medicine," 288쪽. 소설적 통찰을 보
려면 다음을 참고하라. Graham Greene, Getting to Know the General (New York,
Pocket Books/Simon & Schuster, 1984), 14〜16쪽.

163) Patrick Manson, "An Exposition of the Mosquito-Malaria Theory and its Recent
Developments," Journal of Tropical Medicine I (August 1898), 4〜8쪽. 로스Ross의
충고를 활용한 1901-1903년 동안의 성공적인 말라리아 박멸에 관해서 다음을 참고하
라. Anon., "The Suppression of Malaria at Ismailia" (Suez Canal), Journal of Tropical
Medicine IX, (August 1906), 243〜244쪽.

164) "Professor Koch's Investigations on Malaria," British Medical Journal (10
February 1900), 326쪽;ibid. (12 May 1900), 1183〜1184쪽;ibid. (30 June 1900),
1598쪽. 또한 다음을 참고하라. Anderson and May, Infectious Diseases, 377쪽.

165) 다음에서 인용함. Gordon Harrison, Mosquitoes, Malaria and Man:a History of
Hostilities since 1880 (New York, Dutton, 1978), 94쪽.

166) 다음에서 인용함. Rubert W. Boyce, Mosquito or Man? The Conquest of the
Tropical World (London, John Murray, 1910), 61쪽. 로스가 쓴 것으로 알려진 말라리
아가 퍼진 지역 거주민들에게 활용토록 한 말라리아 열병 예방지침에서("원주민들이
주민 대다수를 이루는 지역사회에서, 대규모의 지혜로운 협력은 거의 찾아볼 수 없음
이 분명하다"), 로스는 유사한 인종주의적 관점을 표현한다. British Medical Journal I
(10 February 1900), 329쪽. 또한 다음을 참고하라. Major R. Ross, "The Fight against
Malaria:An Industrial Necessity for our African Colonies," Journal of the African
Society VI (January 1903), 149〜151쪽.

167) Anon., "The Death of Dr Stewart," Journal of Tropical Medicine IX (1 February
1906), 41쪽.

168) Rubert Boyce, "The Colonization of Africa," Journal of the African Society X no.
40 (July 1911), 394〜396쪽. 또한 다음을 참고하라. Stepan, Idea of Race ⋯⋯ 1800〜
1960;Drescher, "Ending of the Salve Trade," 361〜396쪽;Nicholls, "Empire
Settlement," 108쪽.

169) William B. Cohen, "Malaria and French Imperialism," Journal of African History
XXIV (1983);Ross, "Progress of Tropical Medicine," 277쪽;A. Kassab, "The Colonial
Economy:North Africa," in A. Adu Boahen, ed., UNESCO General History of Africa
VII:Africa under Colonial Domination 1880〜1935 (London, Heinemann

Educational, 1985), 420~422, 430~431, 440쪽;Said, Culture and Imperialism, 207 쪽;Curtin, Death by Migration, 132~137쪽. 또한 다음을 참고하라. Anne Marcovich, "French Colonial Medicine and Colonial Rule:Algeria and Indochina," in MacLeod and Lewis, Disease, Medicine, and Empire, 104~109쪽.

170) Leo Spitzer, "The Mosquito and Segregation", Journal of African Studies II no. 1 (Spring 1968), 58~59쪽;Boyce, "The Colonization of Africa," 395쪽.

171) Joseph E. Inikori, "Under-Population in Nineteenth Century West Africa:The Role of the Export Slave Trade," African Historical Demography II (Edinburgh, Center of African Studies University of Edinburgh, 1981), 302쪽;Abdullahi Mahadi and J. E. Inikori, "Population and Capitalist Development in Precolonial West Africa:Kasar Kano in the Nineteenth Century," in Dennis D. Cordell and Joel W. Gregory, eds, African Population and Capitalism:Historical Perspectives (Boulder, CO, Westview Press, 1987), 62~73쪽;Patterson and Hartwig, Disease in African History, 8~10 쪽;Steven Feierman and John M. Janzen, The Social Basis of Health & Healing in Africa (Berkeley, University of California Press, 1992), 29~30쪽.

172) 다음에서 인용함. E. A. Ayandele, The Missionary Impact on Modern Nigeria (London, Longman, 1966), 240쪽.

173) Ajahi and Crowder, History of West Africa.

174) Cain and Hopkins, British Imperialism, 351~362, 381~384쪽;Austen, Africa, 109 ~110, 112~113쪽;Walter Rodney, "The Colonial Economy," in UNESCO General History of Africa VII, 335~336쪽;Martin Lynn, "'The Imperialism of Free Trade' in West Africa, c. 1800~c. 1870," Journal of Imperial and Commonwealth History XV (1986).

175) Austen, Africa, 114, 117쪽;Cain and Hopkins, British Imperialism, 383~384 쪽;Kingsley, West African Studies, 294~295쪽.

176) Emile Baillaud, "The Problem of Agricultural Development in West Africa," Journal of the African Society XVIII (January 1906), 206쪽;P. N. Davies, Sir Alfred Jones:Shipping Entrepreneur Par Excellence (London 1978);Ross, Memoirs, 372~ 373쪽. (존스가 리버풀 영사로서 일했던) '콩고 자유국'과 그와의 관계에 대해 알려면 다음을 참고하라. Maryinez Lyons, "Sleeping Sickness, Colonial Medicine and Imperialism:Some Connections in the Belgian Congo," in MacLeod and Lewis, Disease, Medicine and Empire, 247쪽.

177) Frderic Shelford, "Ten Years' Progress in West Africa," Journal of the African Society VI (1906), 345쪽;Dumett, "Disease and Mortality among Gold Miners of Ghana," 213~214쪽.

178) Kingsley, West African Studies, 283쪽. 킹슬리를 기념해 '왕립아프리카협회'가 창립 되었고 협회지가 창간되었으며, 그녀를 기리는 기념비가 최근 보어전쟁에서 간호원으 로 봉직하다 사망한 사이먼즈타운에 세워졌다. African Affairs:The Journal of the

Royal African Society XCV no. 380 (July 1996), 432쪽.

179) J. D. Hargreaves, "The European Partition of West Africa," in J. F. A. Ajayi and Michael Crowder, eds., History of West Africa II (New York, Columbia University Press, 1973), 402~423쪽;G. N. Uzoigwe, "European Partition and Conquest of Africa:An Overview," in UNESCO General History of Africa VII 19~44쪽;M. H. Y. Kaniki, "The Colonial Economy:The Former British Zones," in Boahen, UNESCO General History of Africa VII, 383쪽. "영국이 산업의 몰락이라는 위기에 직면했음을 깨달은 첫 번째 정치가이자, 국가의 힘을 사용해 무언가 그에 대한 조치를 취하고자 애썼던 첫 번째 정치가"인 체임벌린에 관해 다음을 참고하라. Peter Marsh, Joseph Chamberlain:Entrepreneur in Politics (London, Yale University Press, 1994).

180) 다음에서 인용함. Michael Crowder, West Africa under Colonial Rule (London, Hutchinson, 1968), 128쪽.

181) John Flint, Sir George Goldie and the Making of Nigeria (London, Oxford University Press, 1960), 304~306쪽;Crowder, Under Colonial Rule;William F. S. Miles, "Colonial Hausa Idioms:Towards a West African Ethno-Ethnohistory," African Studies Review XXXVI no. 1 (September 1993), 15, 17쪽. 일로린은 저자의 아프리카 고향이다.

182) Michael Worboys, "Manson, Ross and Colonial Medical Policy:Tropical Medicine in London and Liverpool, 1899~1914," in MacLeod and Lewis, Disease, Medicine, and Empire, 21~37쪽;Michael Worboys, "The Emergence of Tropical Medicine:A Study in the Establishment of a Scientific Specialty," in Gérard Lemaine et al., Perspectives on the Emergence of Scientific Disciplines (The Hague, Mouton, 1976), 85쪽. 맨슨에 따르면, "이 열대 의학의 문제에서 체임벌린 씨는 제국주의자라는 딱지보다는 훨씬 더 명예로운 인도주의자라는 직함을 받을 자격이 있다"는데, 다음을 참고하라. "Sir P. Manson on the London School of Tropical Medicine," Journal of Tropical Medicine VII (1 January 1904), 11쪽.

183) H. E. Annett, J. E. Dutton and J. H. Elliot, Report on the Malaria Expedition to Nigeria of the Liverpool School of Tropical Medicine and Medical Parasitology (Liverpool, At the University Press, 1901);Sir S. R. Christophers, Report on Housing and Malaria extract no. 6 (1) from the Quarterly Bullerin of the Health Organisation of the League of Nations, II (1933), 431~432쪽;Philip D. Curtin, "Medical Knowledge and Urban Planning in Tropical Africa," American Historical Review XC no. 3 (1985), 598ff.;Frenkel and Western, "Pretext or Prophylaxis?', 214~217 쪽;John W. Cell, "Anglo-Indian Medical Theory and the Origins of Segregation in West Africa," American Historical Review XCI no. 2 (1986), 330~335쪽;Spitzer, "The Mosquito and Segregation," 56쪽;Thomas S. Gale, "Segregation in British West Africa," Cahiers d'Études Africaines XX no. 4 (1980), 498쪽.

184) 다음에서 인용함. Frenkel and Western, "Pretext or Prophylaxis?" 216쪽.

185) Annett et al., "Report," 47쪽;H. E. Annett, "The Work of the Liverpool School of Tropical Medicine," Journal of the African Society, I (October 1900), 209쪽.

186) Anon:"The Housing of Europeans on the West Coast of Africa," Journal of Tropical Medicine and Hygiene IX (15 December 1906), 376쪽;Curtin, "Medical Knowledge and Urban Planning," 602~603쪽;Donald Denoon, "Temperate Medicine and Settler Capitalism:On the Reception of Western Medical Ideas," in MacLeod and Lewis, Disease, Medicine, and Empire, 121~122, 133쪽;옥스퍼드 영어사전(1908~1914)은 패트릭 맨슨이 1904년에 <영국의학저널(British Medical Journal)>에 게재한 글에서 '격리(segregation)'란 단어를 고안했다고 제시한다.

187) Dr S. W. Thompstone, Northern Nigeria, Medical Report for 1904," Journal of Tropical Medicine IX (February 1906), 12쪽.

188) R. R. Kuczynski, Demographic Survey of the British Colonial Empire, I :West Africa (Oxford, for the Royal Institute of International Affairs, Oxford University Press, 1948), 684쪽.

189) Thompstone, "Northern Nigeria, Medical Report, 1904," 15쪽;Thompstone, "Northern Nigeria, Medical Report for the Year 1905," Journal of Tropical Medicine IX (September 1906), 55, 59쪽;Megan Vaughan, "Syphilis in Colonial East and Central Africa:The Social Construction of an Epidemic," in Terence Ranger and Paul Slack, eds, Epidemics and Ideas:Essays on the Historical Perception of Pesrilence (Cambridge, Cambridge University Press, 1992), 279~281, 300~302쪽. 또한 본서 제4장에서 매독관련 사항을 참고하라.

190) "Yellow Fever in West Africa," Yellow Fever Bureau Bulletin II (1913), 249쪽.

191) Frenkel and Western, "Pretext or Prophylaxis?" 217~218쪽;Gale, "Segregation," 505쪽;Curtin, "Medical Knowledge and Urban Planning," 604쪽.

192) Sir Rubert Boyce, "The Distribution and Prevalence of Yellow Fever in West Africa," Journal of Tropical Medicine and Hygiene XIII (1 December 1910), 357 쪽;Curtin, "Medical Knowledge and Urban Planning," 606쪽. 또한 다음을 참고하라. Boyce, "The Colonization of Africa," 394~396쪽.

193) 다음에서 인용함. Discussion on Yellow Fever," Yellow Fever Bureau Bulletin IV (August 1911), 284~285쪽. 또한 다음을 참고하라. Boyce, "Distribution and Prevalence of Yellow Fever," 362쪽;Gale, "Segregation," 498쪽.

194) Shelford, "Ten Years' Progrss," 345쪽.

195) "West Africa-Reports on Certain Outbreaks of Yellow Fever in 1910 and 1911," Yellow Fever Bureau Bulletin II (1912), 272~294쪽. 유럽인들은 오직 오전 7시와 오후 5시 사이 동안만 세곤디 항으로 출입이 허용되었는데, 이는 말라리아 모기의 행동과 황열병 모기의 행동 사이에 존재하는 유사성에 근거했다. 그러나 황열병 모기는 통상적으로 낮 동안 물기 때문에, 이런 유사성은 오류임이 오늘날 밝혀졌다. ibid., 377 쪽;WHO, Prevention and Control of Yellow Fever in Africa, 23쪽. 또한 다음을 참고

하라. "Yellow Fever in West Africa," Yellow Fever Bureau Bulletin IV (August 1911), 129쪽.

196) "The Discussion of the Distribution and Prevalence of Yellow Fever in West Africa at the Society of Tropical Medicine and Hygiene," Journal of Tropical Medicine and Hygiene XIV (1 March 1911), 75쪽.

197) Dumett, "Disease and Mortality among Gold Miners of Ghana," 217~218, 229쪽. 황열병과 (세네갈) 다카르의 프랑스 인들에 관해서는 다음을 참고하라. Daniel R. Headrick, The Tentacles of Progress:Technology Transfer in the Age of Imperialism, 1850~1940 (New York, Oxford University Press, 1988), 160~167쪽. 1900년과 1909년 사이에 토고와 다호메이(베냉의 옛 이름)에서 황열병이 발생했으며, 세네갈에는 다섯 가지 전염병이 존재했다. Gale, "Segregation," 409쪽.

198) Boyce, "Distribution and Prevalence:of Yellow Fever," 357쪽.

199) 다음에서 인용함. Cohen, "Malaria and French Imperialism," 34쪽.

200) Kuczynski, Demographic Survey, 701쪽.

201) Baillaud, "Problem of Agricultural Development," 117~129쪽.

202) M. H. Y. Kaniki, "The Colonial Economy:The Former British Zones," UNESCO General History of Africa VII, 404~405쪽;C. Caldwell, "The Social Repercussions of Colonial Rule:Demographic Aspects," UNESCO General History of Africa VII, 474 쪽;Myron Echenberg, "'Faire du Nègre':Military Aspects of Population Planning in French West Africa, 1920~1940," in Cordell and Gregory, African Population and Capitalism, 95~108쪽;Roger Tangri, Politics in Sub-Saharan Africa (London, James Currey, 1985), 2쪽;Patterson and Hartwig, "The Disease Factor;An Introductory Overview," 13~14쪽.

203) Baillaud, "Problem of Agricultural Development," 127쪽.

204) R. Mansell Prothero, Migrants and Malaria (London, Longman, 1965), 1~7, 25~ 46쪽;Caldwell, "Social Repercussions," 474쪽;Steven Feierman and John M. Janzen, "Decline and Rise of African Population" in their Social Basis of Health, 30쪽. 또한 다음을 참고하라. Randall M. Packard, "Agricultural Development, Migrant Labour and the Resurgence of Malaria in Swaziland," Social Science and Medicine XXII no. 9 (1986), 861~867쪽.

205) Thompstone, "Northern Nigeria, Medical Report, 1905," 15쪽. 또한 다음을 참고하라. Nina L. Etkin and Paul J. Ross, "Malaria, Medicine, and Meals:Plant Use among the Hausa and Its Impact on Disease," in Lola Romanucci-Ross, D. Moerman and L. Tancredi, The Anthropology of Medicine:From Culture to Method (New York, Praeger, 1982), 252쪽. 해안지역 말라리아가 내륙지방으로 이동한 경로에 관해서는 다음 자료 역시 참고하라. Meredeth Tushen, "Population Growth and the Deterioration of Health:Mainland Tanzania, 1920~1960," in Cordell and Gregory, African Population and Capitalism, 193쪽;Marc Dawson, Health, Nutrition, and

Population in Central Kenya, 1890∼1945," ibid., 202∼203, 205∼206쪽;카메룬 사람들에 관해서는 다음을 참고하라. Mark W. DeLancey, "Health and Disease on the Plantations of Cameroon, 1884∼1939," in Patterson and Hartwig, Disease in African History, 153, 160, 174쪽.

206) Kuczynski, Demographic Survey, 761쪽.

207) Shelford, "Ten Years' Progress," 347쪽;Percy Girourd, "The Development of Northern Nigeria," Journal of the African Society VII no. 28(July 1908), 334∼337쪽. Overview of "economic dislocation" in northern Nigeria in 1900∼1908 followed by resettlement and adjustment 1909∼1916 in Lovejoy and Hogendorn, Slow Death for Slavery, 216∼220쪽.

208) Baillaud, "Problem of Agricultural Development," 120쪽. 숲의 개간과 말라리아에 관해서는 다음을 참고하라. Feierman and Janzen, Social Basis of Health, 1쪽.

209) Davidson, The Black Man's Burden.

210) Anon., "Colonial Medical Report, Southern Nigeria, for 1905," Journal of Tropical Medicine IX (1906), 55쪽. 또한 다음을 참고하라. P.P. 1912∼1913 LXII (Cd 6538), 12, 67, 69쪽;P.P. 1914 LXIII (Cd 7519), 7쪽;Cohen, "Malaria and French Imperialism," 29쪽.

211) Hoffmann, "Yellow Fever," 920쪽;Manson, "The Malaria Parasite," 226쪽;Curtin, "End of the 'White Man's Grace'?" 88쪽.

212) 나이지리아 영토를 비아프리카 인에게 양도하는 것을 금지한 1926년 7월의 의회입법에 관해서 다음을 참고하라. Crowder, Under Colonial Rule, 319쪽;이탈리아 파시스트 정부의 리비아 식민지화, 프랑스의 모로코, 튀니지, 아이보리코스트 식민지화, 독일의 두알라와 카메룬 식민지화에 관해 다음을 참고하라. J. D. Fage and Roland Oliver, eds, Cambridge History of Africa, VII:From 1905 to 1940 (Cambridge, Cambridge University Press, 1986), 297, 344, 410∼411쪽.

213) Baillaud, "Problem of Agricultural Development," 127∼128쪽.

7. 후기 : 전염병학상의 변화를 위하여?

1) The World Health Report 1995, Bridging the Gaps (Geneva, WHO, 1995) v. 1942년 12월 1일에 윌리엄 베버리지가 열거한 다섯 가지 '거대한 죄악'은 결핍, 질병, 무지, 더러움, 게으름이었다.

2) Anon., "Benelovence" (sic), Maadi Messenger of the Maadi Community Church (Cairo, Egypt) XVIII no. 15 (15 May 1994), 5쪽;BBC World Service program 17 April 1994, "Hymns of Praise," 라자루스가 베르디와 베를리오즈가 만든 극적 합창음악을 성가시게 교체해야 하는 문제 속에 숨겨진 어두운 의미를 토론함;Reuters report, "Russians Try to Come to Terms with Leprosy," Egyptian Gazette, 13 November

1996, 8 "십자군 전쟁 이후 유럽에 도래한 뒤 유럽에 만연했던 질병"이라는 동양학자의 언급이 포함되어 있음.

3) 제 6장의 주 52를 참고하라. Party slogan "Ignorance is Strength," George Orwell, Nineteen Eighty-Four:A Novel (New York, Signet, 1950), 15쪽. 비텝스키Vitebsky에 따르면, "바로 '개발'의 본질이야말로 누군가 다른 사람들 내부의 본질을 알리고자 함인데, 이는 그들이 지닌 이전 상태의 지식을 무지로 바꿈으로써 끝장내기 위함이다. 이는 일종의 뒤집기 비법이다";Piers Vitebsky, "Is Death the Same Everywhere? Contexts of Knowing and Doubting," in Mark Hobart, ed., An Anthropological Critique of Development:The Growth of Ignorance (London, Routledge, 1993), 108쪽.

4) Abdel R. Omran, "The Epidemiologic Transition:A Theory of the Epidemiology of Population Change," Milbank Memorial Fund Quarterly XLIX no. 4 part 1 (October 1971), 509~538쪽. 또한 다음을 참고하라. Abdel R. Omran, "The Epidemiologic Transition Theory:A Preliminary Update," Journal of Tropical Pediatrics XXIX (1983), 305~316쪽. 의료인으로서 옴란Omran은 특히 사망률에 관심을 가졌다. 그러나 어떠한 인구성장의 방정식에서든지 출산률은 또 다른 중요한 요인이다. 여기서 구식의 '인구변천이론'(산업혁명 이후 서구의 인구변동을 모형으로 하여 사망률과 출산률의 변화를 근대화 과정과 연관시켜 인구변동 과정을 일반화한 이론: 역자)은 세계 전역에서, 특히 사하라 사막 이남 지역의 아프리카에서 똑같은 상관성을 지니지 못한다. 이런 통찰로 가장 먼저 나아간 사례를 보려면 다음을 참고하라. Gavin Kitching, "Proto-industrialization and Demographic Change," Journal of African History XXIV (1983), 221~240쪽.

5) David R. Phillips and Yola Verhasselt, "Health and Development:Retrospect and Prospect," in Phillips and Verhasselt, eds, Health and Development (London, Routledge, 1994), 307쪽;"Table Four, Trends in Human Development," Human Development Report 1993:published for the United Nations Development Programme (Oxford, Oxford University Press, 1993), 142~143쪽;Steven Feierman and John M. Janzen, "The Decline and Rise of African Population:The Social Context of Health and Disease," in Feierman and Janzen, eds, The Social Basis of Health and Healing in Africa (Berkeley, University of California Press, 1992), 25ff.

6) Omran, "Epidemiologic Transition (1991)," 536쪽;Thomas McKeown, The Modern Rise of Population (London, Edward Arnold, 1976), 152~163쪽;Thomas McKeown, The Origins of Human Disease (Oxford, Basil Blackwell, 1988), 9~10, 60~61, 84~87쪽. 평가를 보려면 다음을 참고하라. Massimo Livi-Bacci, "The Nutrition-Mortality Link in Past Times:A Comment," in Robert I. Rotberg and Theodore K. Rabb, eds, Hunger and History:The Impact of Changing Food Production and Consumption Patterns on Society (Cambridge, Cambridge University Press, 1985), 95~100쪽;Alex Mercer, Disease Mortality and Population in Transition (Leicester, Leicester University Press, 1990), 4~6쪽. (미국과는 반대로

스웨덴에서처럼) "사회적 평등"과 짝지워질 때 "높아지는 생활수준론"에 대한 한 경제 학자의 찬동을 보려면 다음을 참고하라. Richard G. Wilkinson, Unhealthy Societies:The Afflictions of Inequality (London, Routledge, 1996).

7) Anne Hardy, The Epidemic Streets:Infectious Disease and the Rise of Preventive Medicine, 1856~1900 (Oxford, Clarendon Press, 1993);Simon Szreter, "The Importance of Social Intervention in Britain's Mortality Decline c.1850~1914:A Reinterpretation of the Role of Public Health," Social History of Medicine 1 (1988), 1 ~37쪽.

8) Paul Ewald, Evolution of Infectious Disease (New York, Oxford University Press, 1994).

9) Ian Scott and David Seemungal, "A Growing Problem:Human Population Growth and the Population Studies Programme," TRP3:Reseach and Funding News from the Wellcome Trust V (1995), 7~9쪽. 그러나 세계의 남반구에 있는 서구적으로 교육 받은 사람들 모두가 급격한 인구증가가 긴급한 문제라고 생각하지는 않는다.

10) 선구적 모델을 보려면 다음을 참고하라. David Levine, Reproducing Families:The Political Economy of English population History (Cambridge, Cambridge University Press, 1988);Kitching, "Proto-industrialization," 221, 239~240쪽. 사하라 남부 지역 아프리카에 대한 적용을 보려면 다음을 참고하라. Jay O'Brien, "Differential High Fertility and Demographic Transition:Peripheral Capitalism in Sudan," in Dennis D. Cordell and Joel W. Gregory, eds, African Population and Capitalism:Historical Perspectives (Boulder, CO, Westview Press, 1987), 185쪽;Meredeth Turshen, "Population Growth and the Deterioration of Health:Mainland Tanzania, 1920~ 1960," in Cordell and Gregory, African Population and Capitalism, 195~199쪽;Marc Dawson, "Health, Nutrition, and Population in Central Kenya, 1890~1945," Bogumil Jewsiewicki, "Towards a Historical Sociology for the Analysis," ibid., 272 ~274쪽.

11) Michael Walzer, Thick and Thin:Moral Arguments at Home and Abroad (Notre Dame, IN, Notre Dame University Press, 1994), 64, 93쪽.

12) Basil Davidson, Black Man's Burden:The Curse of the Nation State (London, James Currey, 1992), 46~51, 197~242, 290~322쪽;Michael Geyer and Charles Bright, "World History in a Global Age," American Historical Review C no. 4 (October 1995), 1049쪽;Yasmin Alibhai-Brown, "For Africa, the Only Answer Lies Within," The Independent, 15 October 1994, 14쪽.

13) WHO, Bridging the Gaps, 4쪽;Omran, "Epidemiologic Transition (1971)," 530쪽.

14) Patrick A. Twumasi, "Colonial Rule, International Agency, and Health:The Experience of Ghana," in Toyin Falola and Dennis Ityavyar, eds, The Political Economy of Health in Africa (Athens, OH, Ohio, University Monographs in International Studies, 1992), 114~115쪽;F. M. Mburu, "The Impact of Colonial

Rule on Health Development:The Case of Kenya," ibid., 100~104쪽;Dennis A. Ityavyar, "The Colonial Origins of Health Care Services:The Nigeria Example,", ibid., 83~85쪽;John Farley, Bilharzia:A History of Imperial Tropical Medicine (Cambridge, Cambridge University Press, 1991), 292쪽;B. Hyma and A. Ramesh, "Traditional Medicine:Its Extent and Potential for Incorporation into Modern National Health Systems," in Phillips and Verhasselt, Health and Development, 65 ~82쪽;U. A. Igun, "The Underdevelopment of Traditional Medicine in Africa," 143~183쪽;and the six chapters in the section "Twentieth-Century African Medicine," in Feierman and Janzen, Social Basis of Health, 285~406쪽;Mark Hobart, An Anthropological Critique, 1~30쪽. 이런 문제를 극복하기 위해(필자 자신이 다녔던 사하라 사막 이남의 대학인) 나이지리아 일로린 의과대학은 지역사회에 기반한 보건 관심사를 의학 교육과 연구의 출발점으로 삼았다.

15) Farley, Bilharzia, 72~ 75쪽 ;E. Richard Brown, Rockefeller Medicine Men:Capitalism and Medical Care in America (Berkeley, University of California Press, 1979):다음에서 비판받았다. Ronald Numbers in American Historical Review LXXXV no. 3 (June 1980), 227~228쪽.

16) Armando Solórzano, "Sowing the seeds of Neo-Imperialism:The Rockefeller Foundation's Yellow Fever Campaign in Mexico," International Journal of Health Services XXII no. 3 (1992), 529~554쪽;Marcos Cueto, "'Sanitation from Above':Yellow Fever and Foreign Intervention in Peru, 1919~1922," Hispanic American Historical Review LXXII no. 1 (1992) 1~22쪽.

17) Solórzano, "Neo-Imperialism," 550쪽.

18) Maurice King, Medical Care in Developing Countries:A Primer on the Medicine of Poverty and A Symposium from Makerere (Nairobi, Oxford University Press, 1966), 1:4, 1:8~9.

19) Fang Ru-Kang, "Health, Environment and Health Care in the People's Republic of China," in Phillips and Verhasselt, Health and Development, 259, 262쪽;Frank Dikötter, "The Discourse of Race and the Medicalization of Public and Private Space in Modern China (1895~1949)," History of Science XXIX part 4 no. 86 (December 1991), 410~414, 419쪽;Joshua S. Horn, "Away With All Pests":An English Surgeon in People's China, (London, Paul Hamlyn, 1960);Noshir H. Antia, "Leprosy Control by People's Program:'A New Concept in Technology Transfer'," International Journal of Health Services XVII no. 2 (1987), 327~331쪽;Teresa Poole, "Chinese Peasants Encouraged to Heal Themselves," The Independent 19 April 1995, 10쪽;Griffith Feeney and Yuan Jianbau, "Below Replacement Fertility in China? A Close Look at Recent Evidence," Population Studies XLVIII (1994), 381~ 394쪽.

20) Andrew Spielman, Uriel Kitron and Richard J. Pollack, "Time Limitation and the

Rise of Research in the Worldwide Attempt to Eradicate Malaria," Journal of Medical Entomology XXX no. 1 (1993), 10쪽.

21) Toyin Falola, "The Crisis of African Health Care Services," in Falola and Ityavyar, Political Economy of Health in Africa, 21~23쪽.

22) Gill Walt, "WHO under Stress:Implications for Health Policy," Health Policy XXIV, (1993), 138~140쪽. 파올라Falola는 식민지 시대로부터 물려받은 과학적 의학의 "치유적 접근"과 관련된 문제를 열거한다:"(a) 좋은 건강이란 좋은 음식, 위생적 환경, 깨끗한 물과 같은 기본적 편의시설의 제공과 관련되어 있다는 사실을 받아들이지 못하는 무능력함;(b) 현대적 의료설비로 인해 의료시술 비용이 대다수 주민이 감당할 수 없을 정도로 증대됨. 의료기술에 예산의 대부분을 지출하는 데 기반한 정책은 결국 부유한 소수의 비위를 맞추는 것으로 귀결됨":Falola, "Crisis," 19~20쪽.

23) John C. Caldwell and Pat Caldwell, "What Have We Learned about the Cultural, Social and Behavioral Determinants of Health? From Selected Readings to the First Health Transition Workshop," Health Transition Review 1 no. 1 (1991), 13쪽.

24) Tim Beardsley, "Trends in Preventative Medicine:Better Than a Cure," Scientific American, January 1995, 88~95쪽;M. King, "Health is a Sustainable State," The Lancet CCCXXXI (1990), 664~~667쪽;Axel Kroeger, "Past and Present Trends of Community Health in Tropical Countries", Transactions of the Royal Society of Tropical Medicine and Hygiene LXXXVIII (1994), 497쪽. Faiza Rady, "Health in the Market," ed. Gamal Nkrumah, Al Ahram Weekly, 27 July-2 August 1995, 5쪽;Wil Gesler, "The Global Pharmaceutical Industry:Health, Development and Business," in Phillips and Verhasselt, Health and Development, 97~108쪽, and the editors' wrap-up comments, ibid., 311~312쪽.

25) Human Development Report 1993, 205쪽.

26) 세계은행 수치는 저개발국가(LDC) 채무가 1980년에서 1989년 사이에 5,800억 달러로부터 1조 3,410억 달러로 증가되었으며, 이 나라들은 새로운 대부로 받은 훨씬 많은 돈을 이자와 채무상환으로 지불하고 있다는 점을 보여준다. 1983년과 1989년 사이에 "최종 합계로 2,230억 달러가 남반구의 보다 가난한 나라들로부터 북반구의 재정기관으로 이전되었다:Sheena Asthana, "Economic Crisis, Adjustment and the Impact on Health," in Phillips and Verhasselt, Health and Development, 52쪽;Davidson, Balck Man's Burden, 218~222쪽;David Orr, "Aid May Dry Up as Donors Lose Patience with Kenya," Lose Patience with Kenya," The Independent, 28 May 1995, 8쪽.

27) Asthana, "Economic Crisis," 55~63쪽;Rady, "Health in the Market," 5쪽. 로마에서 1996년 11월 13~15일간 열린 세계식량 정상회담 석상에서 보고하면서, 타리즈 타드로스Tariz Tadros는 사하라 이남의 아프리카 국가들이 인구의 반이었던 30년 전보다 당시 훨씬 적은 식량을 생산하고 있다고 언급했다. "Food for All?" Al-Ahram Weekly (14~20 November 1996), 7쪽.

28) Penny Price, "Maternal and Child Health Care Strategies," in Phillips and

Verhasselt, Health and Development, Health and Development, 145쪽. 최근 발생한 나이지리아 여성교육 자원 삭감에 관해 다음을 참고하라. Asthana, "Economic Crisis," 61~62쪽. 유아 돌보기에 관해 여성들을 가르치기 위한 초보교육의 중요성에 관한 세계은행의 인식을 보려면 다음을 참고하라. Julio Frenk et al., "Elements for a Theory of Health Transition," Health Transition Review I no. 1 (1991), 28쪽. 또한 다음을 참고하라. John C. Caldwell, "'Health Transition' The Cultural, Social and Behavioral Determinants of Health in the Third World," Social Science and Medicine XXXVI no. 2 (1993), 125~135쪽, esp. 131~134쪽. 여성에게 기본적 위생원칙을 교육하는 것이 중요한 지역 보건상의 이점을 지니리라는 발상은 전혀 새로운 게 아니었다. 1887년, 봄베이 지방 위생 감찰관인 T. G. 휴렛Hewlett은 일찍이 10년 전에 마을 학교가 여학생들에게 위생교육을 시켜야 한다고 강력하게 권고했지만, 그 동안 아무런 조치도 없었음을 고위 당국자들에게 상기시켰다. Parliamentary Papers 1887 LXIII (Cd 5209), 128쪽.

29) 캐롤 블라소프Carol Vlassoff는 "전염병학상의 자료"가 어떤 뚜렷한 연관도 밝히지 못한다는 최근의 다음과 같은 논문들을 인용한다. J. Leslie, M. Lycette and M. Buvinic, "Weathering Economic Crisis: The Crucial Role of Women in Health," in D. Bell and M. Reich, eds, Health, Nutrition and the Economic Crisis: Approaches to Policy in the Third World (Dover, MA, Auburn House, 1988); L. M. Whiteford, "Maternal Health in the Dominican Republic," Social Science and Medicine XXXVII (1993); Carol Vlassoff, "Gender Inequalities in Health in the Third World: Uncharted Ground," Social Science and Medicine XXXIX no. 9 (1994), 1256쪽.

30) Christopher Lasch, The Revolt of the Elites & the Betrayal of Democracy (New York, Norton, 1995), 3~4, 25~49쪽. 모리스 킹은 인본주의적 원리가 존재한다는 언급은 "오늘날 거의 존중조차 받지 못한다"는 점을 지적했다. King, Medical Care, 1:8.

31) Walt, "WHO under Stress", 136~37; Price, "Maternal and Child," 145쪽. Reviewing Rima D. Apple's Mothers and Medicine: A Social History of Infant Feeding 1890~1950 (Madison, University of Wisconsin Press, 1987), 자넷 골든Janet Golden은 사망의 원인제공자로서 유아용 유동식 제조업체의 문제를 무시한 채, 저자가 "의료 전문직과 제조업체 간의 관련성"을 입증했던 방식에 감동 받았고, "어떻게 의학이론이 의학적 시술로 해석되었는지를 보여주는 그녀의 능력"에 매료되었다. Isis LXXX no. 1 (1989), 109~110쪽.

32) WHO 사무총장인 히로시 나카지마는 담배가 매년 300만 명의 사망원인임을 폭로함으로써 "1995년 담배없는 날"을 돋보이게 했다. 제3세계에서 광고가, 특히 젊은이와 여성 들을 노린다는 언급도 있었다. Reuters Report, Egyptian Gazette, 31 May 1995, 4쪽. 그보다 몇 일 전, 전직 영국 수상 마거릿 대처 여사가 "담배회사 필립 모리스의 사외이사"로 임명됨으로써 "매년 55만 파운드를 벌게 된다"는 사실이 폭로되었다. "Iron Lady with the Midas Touch," The Independent 27 May 1995, 25쪽. 한 페이지 가득 수록된, 흡연선택의 자유를 옹호하는 필립 모리스 회사의 광고에 뒤이어 다음 논문이 이어졌

다:"Philip Morris Memo Likens Nicotine's Effect to Drugs:Tobacco Component
'Alters' Smoker's State;Firm Plays Down Draft (Memo)," Wall Street Journal Europe
II December 1995, 5~6쪽.

33) Mercer, Disease Mortality, 165~166쪽. 빠르게 변화하는 법률적 상황에 관한 최신정
보를 얻으려면 다음 논문들을 참고하라. the Independent 22 March 1997, 4쪽;"All
companies now under siege in US," "Tories accused of tobacco industry pay off,"
"'This is the Start of the facade cracking.'"

34) 찰스 글래스Charles Glass는 식자층들에게 구 오토만 제국을 분할했던 영국과 프랑
스 간의 사이크스-피코 협정과 로잔느 조약(1922)이 모술 유전을 영국이 완전히 통제
할 수 있도록 사이크스와 W. S. 처칠 및 그밖의 인사들에 의해 주도면밀하게 계획되었
음을 상기시켰다."How the Kurds Were Betrayed," Times Literary Supplement 6
September 1996, 14쪽.

35) The Lancet CCCXLVIII (19 October 1996), 1071쪽.

36) John W. Peabody, "An Organizational Analysis of the World Health
Organization:Narrowing the Gap between Promise and Performance," Social
Science and Medicine LX no. 6 (1995), 737~740쪽;Editorial, "Fortress WHO," The
Lancet CCCXLV (28 January 1995), 204쪽;WHO, Bridging the Gaps, 9쪽. 또한 다음
을 참고하라. Randy Shilts, And the Band Played On:Politics, People & the AIDS
Epidemic (New York, Viking Penguin, 1993);Paul Farmer, AIDS & Accusation:Haiti
and the Geography of Blame (Berkeley, University of California Press, 1993);Allan
Brandt, "The Syphilis Epidemic and its Relation to AIDS," Science CCXXXIX (1988),
63쪽;Karen A. Stanecki and Peter O. Way, "Negative Population Growth:Is it Likely
for Africa?" AIDS & Society:International Reseach and Policy Bulletin IV no. 1
(October/November 1992), 4~5쪽;James N. Gribble and Samuel H. Preston, eds,
The Epidemiological Transition:Policy and Planning Implications for Developing
Countries:Workshop Proceedings (Washington, DC, National Academy Press,
1993), 39~40쪽;Susan Watts, Sheldon Watts and Rose Okello, "Medical Geography
and AIDS," Annals of the Association of American Geographers LXXX no. 2 (June
1990), 301~304쪽.

37) "Koch," Dictionary of Scientific Biography, 425~427쪽. 또한 다음을 참고하라.
Linda Bryder, Below the Magic Mountain:A Social History of Tuberculosis in
Twentieth Century Britain (Oxford, Oxford University Press, 1988);Allan Mitchell,
"Obsessive Questions and Faint Answers:The French Response to Tuberculosis in
the Belle Epoque," Bulletin of Medical History LXII (1988), 215~235쪽.

38) WHO는 "새로운 결핵의 연례 발병건수가 1990년 750만 명에서 2000년 1,020만 명으
로 증대될 것이라 추산한다":"The Global Challenge of Tuberculosis," The Lancet
CCCXLIV (30 Julty 1994), 277쪽.

39) Spielman et al., "Attempt to Eradicate Malaria," 116~117쪽;Ewald, Evolution of

Infectious Disease, 207~212쪽. "WHO 추산에 따르면 100개 이상의 나라에서 세계 인구의 거의 절반(대략 1억 1,000만 건의 발병 건수와 말라리아 기생충을 지닌 2억 7,000만 명)이 위험에 처해 있다…… 말라리아는 여전히 사망의 주요한 원인이다(매년 100만~150만 명의 사망률을 보이며, 특히 어린 아이들에게 심각하다)":Phillips and Verhasselt, "Introduction," in Health and Development, 8쪽;Anon., Implementation of the Global Malaria Control Strategy (Geneva, WHO, 1993), 16쪽. 또한 다음을 참고하라. "Time to put malaria control on the global agenda," Nature CCCLXXXVI (10 April 1997), 535, 535~541쪽:notes:"백신연구와 말라리아 퇴치약 개발로부터 전례없는 후퇴를 역전시킬 방도를 찾으려는 제약회사"와 논의가 진행중이다.

40) 헌터Hunter에 따르면, "경제개발로 인해 병에 걸리는 사람이 생기거나 질병이 돌게 되어서는 안된다는 원칙이 확립되어야만 한다(즉 아직 확립되지 않았다).":J. M. Hunter et al., Water Resource Development:The Need for Intersectoral Negotiation (Geneva, WHO, 1993), 100쪽.

찾아보기

전염병과 역사

제국은 어떻게 전염병을 유행시켰는가

초판 1쇄 인쇄일 · 2009년 9월 21일
초판 1쇄 발행일 · 2009년 9월 25일

지은이 · 셸던 와츠
옮긴이 · 태경섭, 한창호
펴낸이 · 양미자

디자인 · 이춘희

펴낸곳 · 도서출판 **모티브북**
등록번호 · 제 313-2004-00084호
주소 · 서울시 마포구 토정로 222, 304호
전화 · 010-8929-1707 / 팩스 · 0303-3130-1707
e-mail · motivebook@naver.com

ISBN 978-89-91195-37-0 03900